VORLESUNGEN

AUS DER

ANALYTISCHEN GEOMETRIE

DER

KEGELSCHNITTE

VON

SIGMUND GUNDELFINGER.

HERAUSGEGEBEN

VON

FRIEDRICH DINGELDEY.

MIT IN DEN TEXT GEDRUCKTEN FIGUREN UND EINEM ANHANGE, ENTHALTEND AUFGABEN UND WEITERE AUSFÜHRUNGEN.

LEIPZIG,
DRUCK UND VERLAG VON B. G. TEUBNER.
1895.

Vorrede.

Das vorliegende Buch ist eine Ausarbeitung von Vorlesungen, welche Herr Gundelfinger seit über zwanzig Jahren an der Universität Tübingen und an der technischen Hochschule zu Darmstadt gehalten hat. Bei der Ausarbeitung benutzte ich theilweise das von einem früheren Hörer nachgeschriebene Collegienheft, ferner Manuscripte von Herrn Gundelfinger selbst, sowie dessen zweites und drittes Supplement zu Hesse's Vorlesungen über analytische Geometrie des Raumes; endlich aber war es ganz besonders ein fortwährend reger persönlicher Verkehr, während dessen mich Herr Gundelfinger in seine Methoden einführte. Diesem persönlichen Verkehr verdanke ich überhaupt die Anregung zur Herausgabe des Buches, bei der ich für die stilistische Durchführung und theilweise Anordnung des Stoffes natürlich die volle Verantwortlichkeit selbst übernehme.

Es gibt zwar eine grosse Zahl guter Lehrbücher der analytischen Geometrie der Kegelschnitte; sie sind jedoch entweder zum grössten Theil elementar gehalten, oder bieten zu wenig, wie z. B. Hesse's bekannte sieben Vorlesungen über dieses Gebiet, die doch eigentlich nur ein werthvolles Bruchstück darstellen. Das ausgezeichnete Werk über Kegelschnitte von Salmon-Fiedler ist zwar von grosser Vollständigkeit und von höchstem pädagogischem Werth namentlich durch den Umstand, dass mitunter ein und dasselbe Theorem an verschiedenen Stellen wiederkehrt und demgemäss von mehreren Seiten beleuchtet wird; aber gerade dieser Vorzug des Buches musste nothwendig die harmonische Einheit der Darstellung etwas Noth leiden lassen. Das vortreffliche Werk über Geometrie der Ebene von Clebsch-Lindemann endlich verfolgt ein viel weiter gehendes Ziel als dasjenige, welches einer Geometrie der Kegelschnitte gesteckt werden muss. Das Lindemann'sche Buch füllt eine wesentliche Lücke in der mathematischen Litteratur aus, indem es in seinem Hauptinhalte eine Theorie der Curven beliebig hoher Ordnung und der mit ihnen im Zusammenhang stehenden algebraischen Functionen (resp. Abel'schen Integrale) gibt. Die beiden zuletzt erwähnten Werke lösen ausserdem die wichtigsten metrischen Probleme über Kegelschnitte für Parallel- und Dreieckscoordinaten getrennt; für die letzteren fast immer in einer Gestalt, dass die entsprechenden Formeln in Parallelcoordinaten nicht ohne weiteres aus ihnen folgen können.

In den hier herausgegebenen Vorlesungen des Herrn Gundelfinger sind sämmtliche Probleme vermittelst der („Staudt-Fiedler'schen") projectivischen Coordinaten behandelt, so dass die Formeln für Parallel- und specielle Dreieckscoordinaten sich ohne weiteres durch besondere Annahmen ergeben.

Da für die Geometrie der geraden Linie und des Punktes Hesse's „Vorlesungen aus der analytischen Geometrie der geraden Linie, des Punktes und des Kreises in der Ebene" vorhanden sind, habe ich dieses Gebiet bei der Herausgabe von Herrn Gundelfinger's Vorlesungen ausser Acht gelassen, und nur mit Rücksicht auf spätere Paragraphen sind in §§ 1—3 des Buches die endgiltigen Formeln für die Theorie der allgemeinen projectivischen Coordinaten nach einer Methode von Herrn Gundelfinger entwickelt. §§ 4—7 behandelt die Curven zweiter Ordnung und zweiter Classe (Pol, Polare u. s. w.), die Classification und Kriterien der Kegelschnitte (wohl in vollständig neuer Ableitung), sowie das Kreispunktepaar. In §§ 8—9 werden gewisse Gleichungen mit nur reellen Wurzeln betrachtet und der Invariantenbegriff entwickelt; § 10 ist der Transformation der Curven zweiter Ordnung auf die Hauptaxen gewidmet. Es wird dabei im Anschluss an § 8 im Principe die interessante Aufgabe gelöst, zwei quadratische Formen mit contragredienten Veränderlichen (im speciellen Falle den Ausdruck für die gegebene Curve zweiter Ordnung und denjenigen für das imaginäre Kreispunktepaar) gleichzeitig in eine Summe von Quadraten zu verwandeln. Die §§ 11 und 12 enthalten in Kürze die elementaren Eigenschaften der nicht ausartenden Kegelschnitte, sowie das Wichtigste über die Erzeugung der Curven zweiten Grades durch projective Strahlenbüschel und Punktreihen.

Die bisher genannten §§ 1—12 bilden den ersten Abschnitt des Werkes, während der zweite Abschnitt (§§ 13—26) den Kegelschnittbüscheln, Kegelschnittnetzen und dualistisch entsprechenden Gebilden gewidmet ist. In §§ 13—16 werden die Schnittpunkte und gemeinsamen Tangenten zweier Kegelschnitte bestimmt und die allgemeinen Eigenschaften des Kegelschnitt-Büschels, resp. -Schaar, entwickelt, in § 17 einige algebraische Formen geometrisch gedeutet. Hieran reiht sich in §§ 18 und 19 eine Untersuchung der confocalen Kegelschnitte und der zwei mit ihnen in Zusammenhang stehenden Systeme doppeltberührender Kreise. § 20 behandelt die wichtigsten Curven mit invarianter Beziehung zu einem Kegelschnitt-Büschel, resp. -Schaar (insbesondere auch Mittelpunktskegelschnitt, Steiner'sche Parabel, die ihr reciprok entsprechende bekannte gleichseitige Hyperbel), § 21 enthält die Formeln für Mittelpunkt und Radius des Krümmungskreises, der irgend einem Punkte einer Curve k^{ter} Classe oder n^{ter} Ordnung zugehört, ferner die Gleichungen für die Evolute einer Curve zweiter Classe oder Ordnung. In §§ 22—25 wird die Theorie der Kegelschnitt-Netze und -Gewebe dargelegt, § 26 ist gewissen conjugirten, linearen Kegelschnittsystemen gewidmet.

Die letzteren Paragraphen enthalten vielfach nur die Grundzüge der betreffenden Theorie, soweit sie für die Anwendung in dem das Buch abschliessenden Anhange erforderlich sind. Dieser Anhang soll im wesentlichen zeigen, in welcher Weise die im Haupttexte entwickelten Methoden fruchtbar gemacht werden können zur Lösung allgemeinerer Aufgaben und zum Beweise von Sätzen; übrigens sind mitunter auch Methoden angewandt, die sich im Haupttexte nicht finden. Besonders werden zahlreiche Sätze abgeleitet, welche Steiner in seinen Abhandlungen (fast sämmtlich ohne Beweis) aufgestellt hat.

Als eine hübsche Anwendung der Lehre von den Poldreiecken und der Theorie der Kegelschnittbüschel sind am Schlusse des Anhanges zwei von Herrn Gundelfinger seit längerer Zeit vollendete Untersuchungen über specielle Classen algebraischer Integrale aufgenommen worden.

Die Zahl der im Anhange enthaltenen Aufgaben und Sätze hätte sich leicht vermehren, insbesondere auf Curven höherer Ordnung ausdehnen lassen; doch unterblieb dies, um das Buch nicht zu umfangreich zu gestalten. Die meisten Aufgaben und Sätze des Anhanges nebst Lösungen und Beweisen rühren von Herrn Gundelfinger her, mehrere hat auch der Herausgeber theils selbständig hinzugefügt, theils auf Anregung von Herrn Gundelfinger bearbeitet.

Diejenigen Nummern des Anhanges, welche schwierigere Aufgaben behandeln, oder zu deren Erledigung noch andere als nur analytisch-geometrische Hilfsmittel nöthig waren, sind durch * bezeichnet.

Um Missdeutungen zu entgehen, möge zum Schlusse noch bemerkt werden, dass die meisten Citate sich auf Steiner'sche Sätze beziehen, die mitunter wörtlich angeführt sind; die übrigen vereinzelt auftretenden Citate kamen meist zur Anwendung, wenn die ursprüngliche Quelle eines Theorems nicht als allgemein bekannt vorausgesetzt werden durfte.

Darmstadt, den 9. Januar 1895.

Friedrich Dingeldey.

Inhaltsverzeichniss.

I. Abschnitt.

Einleitende Betrachtungen. Die fundamentalen Eigenschaften eines Kegelschnitts.

II. Abschnitt.

Kegelschnittbüschel und Kegelschnittnetze, sowie die dualistisch entsprechenden Gebilde.

§ 22—25.

Kegelschnittnetz und Kegelschnittgewebe.

Anhang.

Ergänzungen zur voranstehenden Theorie und Lösung von Aufgaben.

Verbesserungen.

Seite 2, Zeile 14 von unten ist nach den Worten „des Dreieckswinkels A_2“ einzufügen: und E im Inneren des Dreiecks.

„ 23, „ 17 von oben lies „projectiven“ statt projectiven.

„ 51, „ 2 von unten lies 1) statt 2).

„ 54, „ 11 von oben **lies $F(p, p) > 0$ statt $F(p, p) < 0$.**

„ 111, „ 3 von unten lies $[a, \omega]^2$ statt $[a, \omega]$.

„ 144, „ 15 von unten sind die Worte „nur dann“ zu streichen.

„ 289. Ein etwas einfacherer Ausdruck für die Axe der Parabel ergibt sich, wenn eine der beiden Gleichungen in (122) mit $\cos w$ multiplicirt und zur anderen addirt wird. Man erhält alsdann

$$a_{11}x + a_{12}y + \frac{a_{13}(a_{11} + a_{22} - 2a_{12}\cos w) + A_{13} + A_{23}\cos w}{a_{11} + a_{22} - 2a_{12}\cos w} = 0$$

oder auch

$$a_{21}x + a_{22}y + \frac{a_{23}(a_{11} + a_{22} - 2a_{12}\cos w) + A_{13}\cos w + A_{23}}{a_{11} + a_{22} - 2a_{12}\cos w} = 0.$$

„ 358, Zeile 12 von oben lies 316 statt 216.

„ 374, „ 15 „ „ lies gleiche (positive) Vorzeichen statt gleiche Vorzeichen.

„ 18—21 sind die Worte „hieraus folgt, dass auch $\Psi_{33} = \psi_{11}\psi_{22} - \psi_{12}^2 > 0$ sein muss“ zu streichen.

I. Abschnitt.

Einleitende Betrachtungen. Die fundamentalen Eigenschaften eines Kegelschnitts.

§ 1.

Das Coordinatendreieck. Punkt- und Liniencoordinaten.

Die Grundlage der analytischen Geometrie bildet bekanntlich eine Methode, die uns in den Stand setzt, jeden beliebigen Punkt der Ebene oder des Raumes durch Zahlen der Art festzulegen, dass bei Angabe dieser Zahlen die Lage des Punktes eindeutig bestimmt ist. Ein Mittel hierzu bieten z. B. die recht- oder schiefwinkligen Coordinaten von Descartes oder die Polarcoordinaten oder irgend eine Art Dreiecks-coordinaten u. s. w.

Auch im Folgenden werde ein Dreieck, das Coordinatendreieck, zu Grunde gelegt, ausserdem innerhalb desselben ein fester Punkt, der sogenannte Einheitspunkt[1]). Es seien a_1, a_2, a_3 die Geraden, welche das Dreieck bilden, A_1, A_2, A_3 die ihnen resp. gegenüberliegenden Ecken und Winkel, E der Einheitspunkt. Dabei mögen a_1, a_2, a_3 je nach Bedarf bald Bezeichnungen für jene Geraden sein in ihrer unendlichen Ausdehnung, bald die absoluten Längen der Dreiecksseiten bedeuten. Bezüglich des Punktes E werde angenommen, dass er von den Seiten a_1, a_2, a_3 resp. die Abstände e_1, e_2, e_3 habe, wobei die zwar willkürliche, aber zweckmässigste Verabredung getroffen werden möge, diese Abstände stets als positiv anzunehmen.

Sind nun q_1, q_2, q_3 die Abstände eines beliebigen Punktes P von den Seiten des Dreiecks, so verstehen wir nach v. Staudt und Fiedler[2])

---

1) Davon abgesehen, dass dieser Punkt mit keiner Ecke des Dreiecks zusammenfallen darf, könnte man ihn ganz beliebig in der Ebene annehmen, doch erweist sich die Lage innerhalb des Coordinatendreiecks als die zweckmässigste, da bei ihr keine der Seiten des Dreiecks irgendwie ausgezeichnet ist.

2) v. Staudt: „Beiträge zur Geometrie der Lage", 2. Heft, Nürnberg 1857, S. 266 f.; W. Fiedler: „Ueber die projectivischen Coordinaten", Vierteljahrsschrift der naturforschenden Gesellschaft in Zürich, 15. Jahrgang, 1870, S. 152—182, oder auch „Analytische Geometrie der Kegelschnitte", nach G. Salmon

unter den Coordinaten dieses Punktes Zahlenwerthe x_1, x_2, x_3, welche die Relation erfüllen:

$$(1) \qquad x_1 : x_2 : x_3 = \frac{q_1}{e_1} : \frac{q_2}{e_2} : \frac{q_3}{e_3}.$$

Die Coordinaten eines Punktes sind demnach Zahlen, welche proportional sind den Abständen des Punktes von den Seiten des Coordinatendreiecks, jeder Abstand dividirt durch die Entfernung des Einheitspunktes von denselben Seiten.

Rückt der Punkt P insbesondere in den Einheitspunkt E, so werden die q_i und e_i ($i = 1, 2, 3$) bezüglich gleich und (1) verwandelt sich in $x_1 : x_2 : x_3 = 1 : 1 : 1$. Weil in diesem Falle die Verhältnisse der Coordinaten sämmtlich gleich der Einheit werden, hat man den Punkt E den Einheitspunkt genannt.

In (1) sind die Abstände q_i mit dem positiven oder negativen Vorzeichen zu versehen, je nachdem die Punkte P und E in Bezug auf die Gerade a_i auf gleichen oder verschiedenen Seiten liegen.

Durch die drei Geraden a_i entstehen in der Ebene, vom Coordinatendreieck abgesehen, noch sechs Bezirke, von denen drei begrenzt werden durch die Verlängerungen je zweier Seiten des Dreiecks über ihren Schnittpunkt hinaus und durch die unendlich ferne Gerade: sie mögen als die drei trigonalen Felder bezeichnet werden; die drei anderen, die tetragonalen Felder, werden begrenzt durch eine Seite des Dreiecks, die Verlängerungen der beiden anstossenden Seiten und die unendlich ferne Gerade. Es sind daher je nach der Lage des Punktes P bezüglich der Vorzeichen der Abstände q_i im ganzen sieben verschiedene Fälle möglich. Liegt z. B. P im Scheitelwinkel des Dreieckswinkels A_2, so ist q_2 positiv, q_1 und q_3 sind negativ.

Man sieht leicht, dass das Produkt $q_1 q_2 q_3$ positiv oder negativ ist, je nachdem der Punkt P in einem trigonalen oder tetragonalen Felde liegt; dabei ist vorausgesetzt, dass der Einheitspunkt in einem trigonalen Felde angenommen wird. Das Umgekehrte findet statt, wenn der Einheitspunkt in einem der tetragonalen Felder liegt.

Aus (1) ersieht man, dass die Coordinaten x_1, x_2, x_3 selbst nicht völlig bestimmt sind, wohl aber ihre Verhältnisse. Mit Benutzung eines Proportionalitätsfactors ϱ lässt sich daher die laufende Proportion

---

frei bearbeitet von W. Fiedler, 5. Aufl., 1. Theil, S. 141 ff., 1887. Vgl. übrigens auch W. R. Hamilton: „Elements of Quaternions", edited by W. E. Hamilton, London 1866, S. 27, sowie die nach dem Manuscript einer Vorlesung von Herrn Gundelfinger gegebene Darstellung bei Herrn H. Cranz: „Lehrbuch der analytischen Geometrie der Ebene", 1. Theil, Stuttgart 1892, S. 162—183.

(1) ersetzen durch die Gleichungen:

(2) $$q_1 = \varrho e_1 x_1, \qquad q_2 = \varrho e_2 x_2, \qquad q_3 = \varrho e_3 x_3.$$

Zwischen diesen drei Abständen q_i und den Höhen h_1, h_2, h_3 des Dreiecks besteht nun die Relation[1])

(3) $$\frac{q_1}{h_1} + \frac{q_2}{h_2} + \frac{q_3}{h_3} = 1;$$

führt man in dieselbe die Werthe der q_i aus (2) ein, so ergibt sich

(4) $$\varrho\left(\frac{e_1 x_1}{h_1} + \frac{e_2 x_2}{h_2} + \frac{e_3 x_3}{h_3}\right) = 1.$$

Für die Coefficienten $\frac{e_i}{h_i}$ in dieser Gleichung wollen wir die kürzere Bezeichnungsweise anwenden:

(5) $$\frac{e_1}{h_1} = p_1, \qquad \frac{e_2}{h_2} = p_2, \qquad \frac{e_3}{h_3} = p_3$$

und erhalten alsdann durch Substitution des aus (4) folgenden Werthes von ϱ in die drei Gleichungen (2) die Formeln

(6) $$q_1 = \frac{e_1 x_1}{\sum_1^3 p_i x_i}, \quad q_2 = \frac{e_2 x_2}{\sum_1^3 p_i x_i}, \quad q_3 = \frac{e_3 x_3}{\sum_1^3 p_i x_i},$$

mit deren Hilfe die Abstände eines Punktes von den Seiten des Coordinatendreiecks berechnet werden können, wenn die Verhältnisse $x_1 : x_2 : x_3$ der Coordinaten des Punktes gegeben sind.

Da für $\sum_1^3 p_i x_i = 0$ diese Abstände unendlich gross werden, so wird durch

(7) $$p_1 x_1 + p_2 x_2 + p_3 x_3 = 0$$

der geometrische Ort aller Punkte dargestellt, die von den Seiten des Coordinatendreiecks unendlich weit entfernt sind, d. h. es ist (7) die Gleichung der unendlich fernen Geraden.

Nachdem wir im Vorhergehenden in (1) Werthe für die Dreieckscoordinaten eines Punktes gegeben haben, handelt es sich nun noch darum, auch eine gerade Linie durch Coordinaten festzulegen.

Es sei also wieder gegeben ein Coordinatendreieck $A_1 A_2 A_3$, ferner ein beliebiger Punkt P und eine beliebige Gerade Π. Sind dann q_1,

---

1) Der Inhalt $\varDelta$ des Dreiecks $A_1 A_2 A_3$ besitzt nämlich einerseits den Werth $\varDelta = \frac{1}{2}(a_1 q_1 + a_2 q_2 + a_3 q_3)$, und andrerseits ist $a_i = \frac{2\varDelta}{h_i}$ $(i = 1, 2, 3)$; substituirt man nun die Werthe der a_i in diesen Ausdruck für $\varDelta$ und dividirt die so entstehende Gleichung durch ihren Factor $\varDelta$, so erhält man (3). Ein Beweis, der die geometrische Anschauung nicht benutzt, folgt in der Fussnote zu (11), S. 4.

q_2, q_3, q die Abstände des Punktes P resp. von den Seiten des Dreiecks und von der Geraden Π, bedeuten ferner $\varkappa$, λ, μ drei Constanten, die nur von der Gestalt des Coordinatendreiecks und von der Lage der Geraden Π gegen dasselbe abhängen, so ist stets:

$$(8) \qquad q = \varkappa q_1 + \lambda q_2 + \mu q_3.$$

Sind nämlich $U_1 = 0$, $U_2 = 0$, $U_3 = 0$, $U = 0$ die Gleichungen der Seiten unseres Coordinatendreiecks und der Geraden Π, bezogen auf ein beliebiges, z. B. rechtwinkliges, Coordinatensystem mit dem Anfangspunkte in E, so lassen sich bekanntlich drei Factoren $\varkappa$, λ, μ der Art bestimmen, dass die Identität besteht:

$$(9) \qquad U \equiv \varkappa U_1 + \lambda U_2 + \mu U_3.$$

Wir dürfen auch annehmen, dass U, U_1, U_2, U_3 in der Hesse'schen Normalform gegeben sind, in welchem Falle die Ausdrücke $-U$, $-U_1$ u. s. w. bekanntlich den senkrechten Abstand[1]) des Punktes P von den betreffenden Geraden ausdrücken, wenn man an die Stelle der Variabeln die Coordinaten dieses Punktes einsetzt, d. h. wir erhalten

$$q = \varkappa q_1 + \lambda q_2 + \mu q_3.$$

Die Constanten $\varkappa$, λ, μ bestimmen sich natürlich aus den Coefficienten der Gleichungen jener Geraden, hängen also in der That nicht von der Lage des Punktes P, sondern nur von der Lage der Seiten des Coordinatendreiecks und der Geraden Π ab. Diese Constanten lassen sich daher auch leicht bestimmen durch specielle Annahmen hinsichtlich der Lage des Punktes P. Wir bezeichnen zu dem Zweck die Abstände der Ecken A_1, A_2, A_3 des Coordinatendreiecks von der Geraden Π resp. durch π_1, π_2, π_3 und verlegen nun den Punkt P in die Ecke A_1. Alsdann ist $q = \pi_1$, $q_1 = h_1$, $q_2 = q_3 = 0$, und die Gleichung (8) liefert $\pi_1 = \varkappa h_1$, woraus folgt

$$(10) \qquad \varkappa = \frac{\pi_1}{h_1}, \text{ und analog wird } \lambda = \frac{\pi_2}{h_2}, \quad \mu = \frac{\pi_3}{h_3}.$$

Mit Hilfe dieser Werthe verwandelt sich die Gleichung (8) in

$$(11) \qquad q = \frac{\pi_1}{h_1} q_1 + \frac{\pi_2}{h_2} q_2 + \frac{\pi_3}{h_3} q_3.$$ [2])

Liegt nun der Punkt P irgendwo auf der Geraden Π, so verschwindet

1) Die Ableitung zeigt, dass der Abstand eines Punktes P von einer Geraden Π positiv oder negativ zu nehmen ist, je nachdem die Punkte P und E auf derselben oder auf entgegengesetzten Seiten von Π liegen.

2) Es möge noch bemerkt werden, dass sich auch aus (11) leicht die Formel (3) ergibt; dividirt man nämlich (11) durch q und lässt man die Gerade Π ins Unendliche rücken, so wird $\frac{\pi_1}{q} = \frac{\pi_2}{q} = \frac{\pi_3}{q} = 1$, und es bleibt $1 = \frac{q_1}{h_1} + \frac{q_2}{h_2} + \frac{q_3}{h_3}$.

q, und mit Hilfe von (2) erhält man

$$\frac{e_1 \pi_1}{h_1} x_1 + \frac{e_2 \pi_2}{h_2} x_2 + \frac{e_3 \pi_3}{h_3} x_3 = 0. \tag{12}$$

Diese Gleichung wird nur von solchen Werthsystemen x_1, x_2, x_3 erfüllt, welche den Coordinaten eines auf Π gelegenen Punktes zugehören, wobei die Gerade Π von den Ecken des Coordinatendreiecks die Entfernungen π_1, π_2, π_3 hat; es kann daher (12) als die Gleichung dieser Geraden bezeichnet werden. Die Coefficienten von x_1, x_2, x_3 nennt man die Coordinaten der Geraden, es sind dies hiernach Werthe u_1, u_2, u_3, welche die Relation erfüllen:

$$u_1 : u_2 : u_3 = \frac{e_1 \pi_1}{h_1} : \frac{e_2 \pi_2}{h_2} : \frac{e_3 \pi_3}{h_3}, \tag{13}$$

d. h.:

Die Coordinaten einer Geraden sind Zahlen, welche proportional sind den Abständen der betreffenden Geraden von den Ecken des Coordinatendreiecks, sowie den Abständen des Einheitspunktes von den gegenüberliegenden Seiten, umgekehrt proportional den Höhen des Coordinatendreiecks.

Eine Gleichung von der Form

$$u_1 x_1 + u_2 x_2 + u_3 x_3 = 0 \tag{14}$$

drückt hiernach die vereinigte Lage des Punktes x_1, x_2, x_3 und der Geraden u_1, u_2, u_3 aus[1]); andrerseits wird (14) für gegebene Coordinaten eines Punktes $\left(\text{etwa für } x_1 : x_2 : x_3 = \frac{q_1}{e_1} : \frac{q_2}{e_2} : \frac{q_3}{e_3}\right)$ nur dann von den Coordinaten u_1, u_2, u_3 gerader Linien erfüllt, wenn diese durch den gegebenen Punkt hindurchgehen, man nennt daher eine Gleichung von der Form

$$\frac{q_1}{e_1} u_1 + \frac{q_2}{e_2} u_2 + \frac{q_3}{e_3} u_3 = 0 \tag{15}$$

die Gleichung jenes Punktes.

Auch die Coordinaten u_1, u_2, u_3 einer Geraden sind nach (13) nicht völlig bestimmt, sondern nur ihre Verhältnisse. Setzen wir, mit σ einen Proportionalitätsfactor bezeichnend,

$$\sigma u_1 = \frac{e_1 \pi_1}{h_1}, \quad \sigma u_2 = \frac{e_2 \pi_2}{h_2}, \quad \sigma u_3 = \frac{e_3 \pi_3}{h_3}, \tag{16}$$

so lässt sich dieser Factor σ leicht durch die Coordinaten u_i der Geraden, e_i des Einheitspunktes, sowie die Winkel des Coordinatendreiecks ausdrücken.

---

1) Wir werden im Folgenden statt Punkt mit den Coordinaten x_1, x_2, x_3 gewöhnlich kürzer sagen Punkt x_1, x_2, x_3 oder auch Punkt x und in analoger Weise von einer Geraden u_1, u_2, u_3 oder einer Geraden u reden.

Sind nämlich

$$(17)\qquad U \equiv x\cos\alpha + y\sin\alpha - \delta = 0,\quad U_i \equiv x\cos\alpha_i + y\sin\alpha_i - \delta_i = 0 \quad (i = 1, 2, 3)$$

die Gleichungen der Geraden Π und der drei Seiten des Coordinatendreiecks, bezogen auf irgend ein rechtwinkliges System, so bestehen auf Grund der Identität (9) die Relationen:

$$(18)\quad \cos\alpha = \varkappa\cos\alpha_1 + \lambda\cos\alpha_2 + \mu\cos\alpha_3,\quad \sin\alpha = \varkappa\sin\alpha_1 + \lambda\sin\alpha_2 + \mu\sin\alpha_3,$$

und hieraus folgt durch Quadriren und Addiren beider Gleichungen:

$$(19)\quad 1 = \varkappa^2 + \lambda^2 + \mu^2 + 2\varkappa\lambda\cos(a_1, a_2) + 2\lambda\mu\cos(a_2, a_3) + 2\mu\varkappa\cos(a_3, a_1),$$

wo (a_i, a_k) den Winkel bezeichnet, den die vom Coordinatenanfang auf die Geraden a_i, a_k gefällten Lothe mit einander bilden und der zugleich kleiner ist als zwei Rechte, d. h. (a_i, a_k) ist derjenige Winkel der beiden Geraden, in welchem der Coordinatenanfang nicht liegt. Gehen wir nun wieder zu unserem Coordinatendreieck zurück und substituiren wir die in (10) gegebenen Werthe von $\varkappa$, λ, μ in die Gleichung (19), so verwandelt sich dieselbe in

$$(20)\qquad 1 = \frac{\pi_1^2}{h_1^2} + \frac{\pi_2^2}{h_2^2} + \frac{\pi_3^2}{h_3^2} + 2\frac{\pi_1\pi_2}{h_1h_2}\cos(a_1, a_2) + 2\frac{\pi_2\pi_3}{h_2h_3}\cos(a_2, a_3) + 2\frac{\pi_3\pi_1}{h_3h_1}\cos(a_3, a_1),$$

wo unter (a_i, a_k) derjenige Winkel der beiden Geraden a_i, a_k zu verstehen ist, in welchem der Einheitspunkt nicht liegt. Speciell bei der früher getroffenen Verabredung den Einheitspunkt in das Innere des Dreiecks $A_1A_2A_3$ zu verlegen, ist daher (a_i, a_k) nicht etwa der Dreieckswinkel der beiden Seiten a_i, a_k, sondern dessen Nebenwinkel, ein Aussenwinkel des Dreiecks.

Ferner folgt aus (20) mit Berücksichtigung von (16):

$$\sigma^2\left(\frac{u_1^2}{e_1^2} + \frac{u_2^2}{e_2^2} + \frac{u_3^2}{e_3^2} + 2\frac{u_1u_2}{e_1e_2}\cos(a_1, a_2) + 2\frac{u_2u_3}{e_2e_3}\cos(a_2, a_3) + 2\frac{u_3u_1}{e_3e_1}\cos(a_3, a_1)\right) = 1,$$

und wenn man zur Abkürzung setzt

$$(21)\qquad \frac{u_1^2}{e_1^2} + \frac{u_2^2}{e_2^2} + \frac{u_3^2}{e_3^2} + 2\frac{u_1u_2}{e_1e_2}\cos(a_1, a_2) + 2\frac{u_2u_3}{e_2e_3}\cos(a_2, a_3) + 2\frac{u_3u_1}{e_3e_1}\cos(a_3, a_1) \equiv \omega(u_1, u_2, u_3),$$

folgt:

$$(22)\qquad \sigma = \frac{1}{\pm\sqrt{\omega(u_1, u_2, u_3)}}.$$

Hierbei ist in (22) das Vorzeichen der Quadratwurzel so zu wählen, dass der Abstand des Einheitspunktes von der Geraden Π positiv wird; denn dieser Punkt hat von allen Geraden der Ebene positiven Abstand, da auch seine Abstände von den Seiten des Coordinatendreiecks als positiv angenommen wurden. Es muss daher auf Grund von (11) stets die Ungleichung erfüllt sein:

$$\frac{e_1 \pi_1}{h_1} + \frac{e_2 \pi_2}{h_2} + \frac{e_3 \pi_3}{h_3} > 0,$$

welche sich mit Benutzung von (16) verwandelt in

$$(23) \qquad \sigma(u_1 + u_2 + u_3) > 0,$$

woraus hervorgeht, dass σ stets dasselbe Vorzeichen zu erhalten hat wie die Summe $u_1 + u_2 + u_3$ [1]).

Es möge nun noch an zwei Beispielen gezeigt werden, wie manche vielfach gebräuchliche Coordinatensysteme nur einen speciellen Fall des bisher betrachteten Systems bilden, das ein Coordinatendreieck nebst einem Einheitspunkte benutzt.

Das erste Beispiel seien die barycentrischen oder Flächencoordinaten, welche von Möbius in seinem barycentrischen Calcul vielfach benutzt wurden [2]). Man erhält dieselben dadurch, dass man den Einheitspunkt in den Schwerpunkt des Coordinatendreiecks legt; alsdann ist $e_i = \frac{1}{3} h_i$ $(i = 1, 2, 3)$ und für die Coordinaten x_i eines Punktes P folgt aus (1):

$$x_1 : x_2 : x_3 = \frac{q_1}{h_1} : \frac{q_2}{h_2} : \frac{q_3}{h_3}.$$

Es sei nun $\varDelta$ der Inhalt des Dreiecks $A_1 A_2 A_3$, $\varDelta_1$ der Inhalt des Dreiecks PA_2A_3, ferner $\varDelta_2 = PA_3A_1$, $\varDelta_3 = PA_1A_2$; mit Hilfe von $2\varDelta = a_i h_i$ $(i = 1, 2, 3)$ verwandelt sich daher unsere laufende Proportion in

$$(24) \quad x_1 : x_2 : x_3 = a_1 q_1 : a_2 q_2 : a_3 q_3 \quad \text{oder in } x_1 : x_2 : x_3 = \varDelta_1 : \varDelta_2 : \varDelta_3.$$

Jetzt sind demnach die Coordinaten eines Punktes P proportional zu den Inhalten derjenigen Dreiecke, welche durch den betreffenden Punkt P und die Endpunkte der ihm gegenüberliegenden Seite des Coordinatendreiecks bestimmt sind. Man pflegt daher in diesem Falle von den Flächencoordinaten des Punktes P zu reden. Natürlich ist das Vorzeichen der Dreiecksinhalte wohl zu berücksichtigen. Es wird

---

1) In § 7 wird auch analytisch bewiesen, dass $\omega(u_1, u_2, u_3)$ für reelle Werthe der u niemals negativ, also $\sqrt{\omega(u_1, u_2, u_3)}$ nie imaginär werden kann.

2) „Der barycentrische Calcul“. Leipzig, 1827. § 23 und 31, oder auch in den „Gesammelten Werken“, Bd. I, S. 45 und 51 f.

z. B., wenn wir den Inhalt von $A_1 A_2 A_3$ als positiv voraussetzen, derjenige von $\varDelta_1 = PA_2A_3$ positiv oder negativ, je nachdem man bei einem Umlauf um $\varDelta_1$ von P aus über A_2 nach A_3 die Fläche dieses Dreiecks auf derselben (linken oder rechten) Seite hat, wie die Fläche von $\varDelta$ bei einem Umlauf von A_1 aus über A_2 nach A_3, oder je nachdem dies nicht der Fall ist.

Das zweite Beispiel seien die gewöhnlichen schiefwinkligen Parallelcoordinaten. Um diese zu erhalten, lassen wir eine Seite des Dreiecks, etwa a_3, mit der unendlich fernen Geraden zusammenfallen und verlegen den Einheitspunkt E auf die Halbirungslinie des Winkels $A_2A_3A_1 = w$ der Art, dass die von E bis an die Seite a_1 gezogene Parallele EM zu a_2 die Länge 1 hat, ebenso wie die von E bis an die Seite a_2 gezogene Parallele EN zu a_1. Es ist alsdann

Fig. 1.

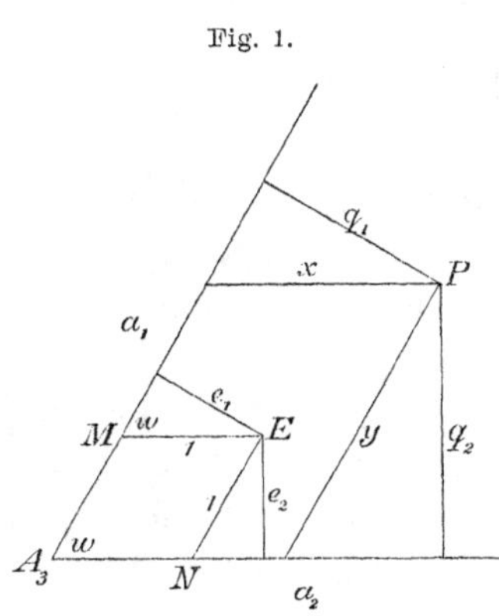

$$e_1 = e_2 = \sin w\,,\quad e_3 = \infty\,,\quad \frac{q_3}{e_3} = 1\,,$$
$$h_1 = h_2 = h_3 = \infty\,,\quad \frac{e_1}{h_1} = \frac{e_2}{h_2} = 0\,,\quad \frac{e_3}{h_3} = 1\,.$$

Betrachten wir ferner a_2 und a_1 als die Abscissen- bezw. Ordinatenaxe eines Systems schiefwinkliger Parallelcoordinaten mit dem Axenwinkel w und sind x, y die auf dieses System bezogenen Coordinaten des Punktes P, so ist $q_1 = x \sin w$, $q_2 = y \sin w$ und $\frac{q_1}{e_1} = x$, $\frac{q_2}{e_2} = y$, so dass sich die Proportion (1) verwandelt in

$$x_1 : x_2 : x_3 = x : y : 1, \tag{25}$$

und umgekehrt ist $x = x_1 : x_3$, $y = x_2 : x_3$, wir haben demnach hier die bekannten homogenen Coordinaten, die besonders von Plücker und Hesse mit grossem Erfolg angewandt wurden.

§ 2.

Elementare metrische Beziehungen zwischen Punkten und geraden Linien.

Wir wollen uns nunmehr die Aufgabe stellen, den Abstand eines Punktes y_1, y_2, y_3 von einer Geraden u_1, u_2, u_3 zu berechnen.

Dieser Abstand ist zunächst nach Gleichung (11) des vorhergehenden Paragraphen bestimmt durch

$$q = \frac{\pi_1}{h_1} q_1 + \frac{\pi_2}{h_2} q_2 + \frac{\pi_3}{h_3} q_3\,,$$

ein Ausdruck, der sich mit Benutzung von (16) verwandelt in

$$q = \sigma\left(\frac{u_1}{e_1} q_1 + \frac{u_2}{e_2} q_2 + \frac{u_3}{e_3} q_3\right),$$

und wenn man hier für die q_i ihre Werthe aus (6) einsetzt, sowie die Gleichung (22) benutzt, ergibt sich für den gesuchten Abstand die Formel:

$$(1) \qquad q = \frac{u_1 y_1 + u_2 y_2 + u_3 y_3}{\pm\sqrt{\omega(u_1, u_2, u_3)} \sum_1^3 {}^i\, p_i y_i}.$$

Ertheilt man hier der Wurzel dasselbe Vorzeichen, welches $u_1 + u_2 + u_3$ hat, so liegt der Punkt y mit dem Einheitspunkt auf derselben Seite der Geraden, wenn q einen positiven Werth erhält; hingegen sind der Punkt y und der Einheitspunkt durch die Gerade getrennt, wenn q negativ ist.

Man erkennt auch aus (1), dass für alle Punkte, welche auf einer und derselben Seite der Geraden $u_1 x_1 + u_2 x_2 + u_3 x_3 = 0$ liegen, das Vorzeichen von $\frac{u_1 y_1 + u_2 y_2 + u_3 y_3}{p_1 y_1 + p_2 y_2 + p_3 y_3}$ dasselbe bleibt; denn für alle diese Punkte hat q dasselbe Vorzeichen, da das Zeichen bei $\sqrt{\omega(u_1, u_2, u_3)}$ von der Lage des Punktes y unabhängig ist und nur mit dem Zeichen von $u_1 + u_2 + u_3$ übereinstimmen muss.

Eine besondere Erwähnung erfordert der Fall, dass $u_1 + u_2 + u_3 = 0$ ist, also die Gerade $u_1 x_1 + u_2 x_2 + u_3 x_3 = 0$ durch den Einheitspunkt hindurchgeht. Man zieht hier bei Entscheidung der Frage, auf welcher Seite der Geraden $u_1 x_1 + u_2 x_2 + u_3 x_3 = 0$ ein gegebener Punkt y liegt, die Ecken des Coordinatendreiecks zu Hilfe. Hat dann

$$\frac{u_1 y_1 + u_2 y_2 + u_3 y_3}{p_1 y_1 + p_2 y_2 + p_3 y_3}$$

dasselbe Zeichen wie $\frac{u_i}{p_i}$ ($i = 1$ oder 2 oder 3), so liegt der Punkt y mit der Ecke $u_i = 0$ des Coordinatendreiecks auf derselben Seite der Geraden $u_1 x_1 + u_2 x_2 + u_3 x_3 = 0$; hingegen werden y und $u_i = 0$ durch diese Gerade getrennt, falls $\frac{u_1 y_1 + u_2 y_2 + u_3 y_3}{p_1 y_1 + p_2 y_2 + p_3 y_3}$ und $\frac{u_i}{p_i}$ entgegengesetzte Vorzeichen haben.

Liegen schiefwinklige Parallelcoordinaten zu Grunde, so ist, wie bereits in § 1 bemerkt wurde, $e_1 = e_2 = \sin w$, $e_3 = \infty$,

$$h_1 = h_2 = h_3 = \infty, \quad \frac{e_3}{h_3} = 1, \quad y_1 : y_2 : y_3 = x : y : 1;$$

ferner wird $\cos(a_1, a_2) = \cos(2R - w) = -\cos w$, denn (a_1, a_2) ist derjenige Winkel der beiden Coordinatenaxen, in welchem der Einheitspunkt nicht liegt. Der Ausdruck für $\omega(u_1, u_2, u_3)$ (Gleichung (21) des vorhergehenden Paragraphen) vereinfacht sich daher im jetzigen Falle in:

$$(2) \qquad \omega(u_1, u_2, u_3) = \frac{u_1^2 + u_2^2 - 2u_1u_2\cos w}{\sin^2 w},$$

während sich $\sum_1^3 p_i y_i$ auf y_3 reducirt; für q erhält man also nunmehr

$$(3) \qquad q = \frac{(u_1 x + u_2 y + u_3)\sin w}{\pm\sqrt{u_1^2 + u_2^2 - 2u_1u_2\cos w}}.$$

In Analogie zu der Hesse'schen Normalform der Gleichung der geraden Linie $x\cos\alpha + y\sin\alpha - \delta = 0$ bei rechtwinkligen Cartesischen Coordinaten werden wir die Gleichung einer beliebigen Geraden $u_1x_1 + u_2x_2 + u_3x_3 = 0$ bei Dreieckscoordinaten durch Division mit $\sqrt{\omega(u_1, u_2, u_3)}$ auf die Normalform bringen und wir werden sagen, die Gerade u sei in ihrer Normalform gegeben, wenn

$$\sqrt{\omega(u_1, u_2, u_3)} = +1,$$

wobei nach (22) und (23) in § 1 das Vorzeichen der Wurzel mit demjenigen von $u_1 + u_2 + u_3$ übereinzustimmen hat.

Die Gleichung (21), durch welche $\omega(u_1, u_2, u_3)$ definirt wurde, lässt sich übrigens mit Hilfe von $\omega_{ik} = \frac{1}{2}\frac{\partial^2\omega(u_1, u_2, u_3)}{\partial u_i \cdot \partial u_k}$ auch schreiben in der Form

$$(4) \qquad \omega(u_1, u_2, u_3) = \omega_{11}u_1^2 + \omega_{22}u_2^2 + \omega_{33}u_3^2 + 2\omega_{12}u_1u_2 + 2\omega_{13}u_1u_3 + 2\omega_{23}u_2u_3,$$

wobei

$$(5) \qquad \begin{vmatrix} \omega_{11} & \omega_{12} & \omega_{13} \\ \omega_{21} & \omega_{22} & \omega_{23} \\ \omega_{31} & \omega_{32} & \omega_{33} \end{vmatrix} = 0,$$

denn diese Determinante ist nach Einführung der Werthe der ω_{ik} gleich

$$\frac{1}{e_1^2 e_2^2 e_3^2}\begin{vmatrix} 1 & \cos(a_1, a_2) & \cos(a_1, a_3) \\ \cos(a_2, a_1) & 1 & \cos(a_2, a_3) \\ \cos(a_3, a_1) & \cos(a_3, a_2) & 1 \end{vmatrix}$$

und verschwindet zufolge der Relation

$$1 + 2\cos(a_1, a_2)\cdot\cos(a_2, a_3)\cdot\cos(a_3, a_1) - \cos^2(a_1, a_2) - \cos^2(a_2, a_3) - \cos^2(a_3, a_1) = 0,$$

welche besteht, so lange die Summe der Winkel (a_1, a_2), (a_2, a_3), (a_3, a_1) vier Rechte beträgt, was hier der Fall ist, da diese Winkel der Seiten des Dreiecks nach unseren früheren Verabredungen über die Lage des

Einheitspunktes diejenigen sind, in welchen der Einheitspunkt nicht liegt, also die Aussenwinkel des Dreiecks. (Vgl. auch S. 14.)

Während die Determinante (5) zwar den Werth Null hat, lässt sich andrerseits nachweisen, dass nicht alle Unterdeterminanten von (5) verschwinden können, so lange das Coordinatendreieck ein eigentliches ist. Für die Unterdeterminanten Ω_{ii} der Diagonalelemente findet man nämlich die Werthe

$$(6) \qquad \Omega_{11} = \frac{\sin^2(a_2, a_3)}{e_2^{\,2} e_3^{\,2}}, \quad \Omega_{22} = \frac{\sin^2(a_3, a_1)}{e_3^{\,2} e_1^{\,2}}, \quad \Omega_{33} = \frac{\sin^2(a_1, a_2)}{e_1^{\,2} e_2^{\,2}},$$ [1])

und diese drei können niemals gleichzeitig verschwinden, so lange zwei Seiten des Dreiecks im Endlichen liegen ohne zusammenzufallen. Würde eine Seite, z. B. a_3, ins Unendliche rücken, so wäre allerdings $e_3 = \infty$, daher $\Omega_{11} = \Omega_{22} = 0$, aber Ω_{33} ist dann immer noch von Null verschieden.

Wir wollen nunmehr den Winkel bestimmen, welchen zwei durch ihre Gleichungen gegebene beliebige Geraden mit einander bilden; zuvor mögen speciell die Winkel berechnet werden, die eine beliebige Gerade mit den Seiten des Coordinatendreiecks bildet.

Zu diesem Zweck benutzen wir die Gleichungen (18) des vorhergehenden Paragraphen, und zwar multipliciren wir, um den Cosinus des Winkels $\alpha - \alpha_1$ der Geraden $U = 0$ mit der Seite $U_1 = 0$ des Coordinatendreiecks zu erhalten, die erste jener Gleichungen mit $\cos \alpha_1$, die zweite mit $\sin \alpha_1$ und addiren beide. Hierdurch entsteht

$$\cos(\alpha - \alpha_1) = \varkappa + \lambda \cos(\alpha_1 - \alpha_2) + \mu \cos(\alpha_1 - \alpha_3),$$

und unter Berücksichtigung von $\alpha - \alpha_1 = (\Pi, a_1)$, $\alpha_1 - \alpha_2 = (a_1, a_2)$, $\alpha_1 - \alpha_3 = (a_1, a_3)$, $\varkappa = \frac{\pi_1}{h_1}$, $\lambda = \frac{\pi_2}{h_2}$, $\mu = \frac{\pi_3}{h_3}$ wird

$$(7) \qquad \cos(\Pi, a_1) = \frac{\pi_1}{h_1} + \frac{\pi_2}{h_2} \cos(a_1, a_2) + \frac{\pi_3}{h_3} \cos(a_1, a_3).$$

Hier ist wieder $\cos(\Pi, a_1)$ der Cosinus desjenigen Winkels der beiden Geraden Π und a_1, in welchem der Einheitspunkt **nicht** liegt. Ganz analog findet man

$$(7\text{a}) \qquad \begin{cases} \cos(\Pi, a_2) = \frac{\pi_1}{h_1} \cos(a_2, a_1) + \frac{\pi_2}{h_2} + \frac{\pi_3}{h_3} \cos(a_2, a_3) \\ \cos(\Pi, a_3) = \frac{\pi_1}{h_1} \cos(a_3, a_1) + \frac{\pi_2}{h_2} \cos(a_3, a_2) + \frac{\pi_3}{h_3}. \end{cases}$$

---

1) Mit Rücksicht auf spätere Betrachtungen sei bemerkt, dass die übrigen Unterdeterminanten von (5) die Werthe besitzen:

$$\Omega_{23} = \frac{\sin(a_3, a_1)\sin(a_1, a_2)}{e_1^{\,2} e_2 e_3}, \quad \Omega_{31} = \frac{\sin(a_1, a_2)\sin(a_2, a_3)}{e_1 e_2^{\,2} e_3}, \quad \Omega_{12} = \frac{\sin(a_2, a_3)\sin(a_3, a_1)}{e_1 e_2 e_3^{\,2}}.$$

Es sei nun noch eine weitere Gerade Π_0 gegeben durch ihre Gleichung in der Hesse'schen Normalform

$$U_0 \equiv x \cos \alpha_0 + y \sin \alpha_0 - \delta_0 = 0;$$

multiplicirt man die erste der Gleichungen (18) in § 1 mit $\cos \alpha_0$, die zweite mit $\sin \alpha_0$ und addirt beide, so entsteht

$$(8) \qquad \cos(\Pi, \Pi_0) = \frac{\pi_1}{h_1} \cos(\Pi_0, a_1) + \frac{\pi_2}{h_2} \cos(\Pi_0, a_2) + \frac{\pi_3}{h_3} \cos(\Pi_0, a_3).$$

Hier lassen sich die rechts stehenden Cosinus leicht in anderer Weise ausdrücken; sind nämlich $\varkappa_1, \varkappa_2, \varkappa_3$ die Abstände der Ecken des Coordinatendreiecks von der Geraden Π_0, so ist nach (7)

$$\cos(\Pi_0, a_1) = \frac{\varkappa_1}{h_1} + \frac{\varkappa_2}{h_2} \cos(a_1, a_2) + \frac{\varkappa_3}{h_3} \cos(a_1, a_3),$$

und analoge Werthe besitzen $\cos(\Pi_0, a_2)$ und $\cos(\Pi_0, a_3)$. Durch Substitution derselben in (8) erhält man

$$(9) \qquad \cos(\Pi, \Pi_0) = \frac{\pi_1 \varkappa_1}{h_1^2} + \frac{\pi_2 \varkappa_2}{h_2^2} + \frac{\pi_3 \varkappa_3}{h_3^2} + \frac{(\pi_2 \varkappa_3 + \pi_3 \varkappa_2)}{h_2 h_3} \cos(a_2, a_3)$$
$$+ \frac{(\pi_3 \varkappa_1 + \pi_1 \varkappa_3)}{h_3 h_1} \cos(a_3, a_1) + \frac{(\pi_1 \varkappa_2 + \pi_2 \varkappa_1)}{h_1 h_2} \cos(a_1, a_2).$$

Durch diese Formel ist ein leichter Uebergang gegeben zu dem Falle, dass die Gleichungen der Geraden vorliegen in der allgemeinen Form

$$(10) \qquad \begin{cases} \Pi \equiv u_1 x_1 + u_2 x_2 + u_3 x_3 = 0 \\ \Pi_0 \equiv v_1 x_1 + v_2 x_2 + v_3 x_3 = 0, \end{cases}$$

bezogen auf $A_1 A_2 A_3$ als Coordinatendreieck. Nach (16) in § 1 ist nämlich

$$(11) \qquad \frac{\pi_i}{h_i} = \frac{\sigma u_i}{e_i}, \quad \frac{\varkappa_i}{h_i} = \frac{\sigma_0 v_i}{e_i} \quad (i = 1, 2, 3),$$

wo σ durch (22) in § 1 definirt ist und σ_0 aus σ dadurch hervorgeht, dass man die u ersetzt durch die v; ferner werde noch daran erinnert, dass σ dasselbe Vorzeichen zu erhalten hat wie $u_1 + u_2 + u_3$, σ_0 dasselbe wie $v_1 + v_2 + v_3$. Alsdann verwandelt sich (9) unter Benutzung von (11) in

$$(12) \qquad \cos(\Pi, \Pi_0) =$$
$$\frac{\frac{u_1}{e_1}\left(\frac{v_1}{e_1} + \frac{v_2}{e_2}\cos(a_1, a_2) + \frac{v_3}{e_3}\cos(a_1, a_3)\right) + \frac{u_2}{e_2}\left(\frac{v_1}{e_1}\cos(a_2, a_1) + \frac{v_2}{e_2} + \frac{v_3}{e_3}\cos(a_2, a_3)\right) + \frac{u_3}{e_3}\left(\frac{v_1}{e_1}\cos(a_3, a_1) + \frac{v_2}{e_2}\cos(a_3, a_2) + \frac{v_3}{e_3}\right)}{\sqrt{\omega(u_1, u_2, u_3)}\sqrt{\omega(v_1, v_2, v_3)}},$$

wobei die u offenbar mit den v vertauschbar sind.

Man kann diesen Ausdruck auch in der Form schreiben

$$\text{(12a)} \qquad \cos(\Pi, \Pi_0) = \frac{1}{2} \frac{v_1 \omega'(u_1) + v_2 \omega'(u_2) + v_3 \omega'(u_3)}{\sqrt{\omega(u_1, u_2, u_3)}\sqrt{\omega(v_1, v_2, v_3)}},$$

wobei $\omega'(u_i)$ zur Abkürzung gesetzt ist für $\frac{\partial \omega(u_1, u_2, u_3)}{\partial u_i}$.

Eine andere Bezeichnungsweise, die später angewandt wird, besteht darin, dass man setzt

$$\frac{1}{2}\omega'(u_1)v_1 + \frac{1}{2}\omega'(u_2)v_2 + \frac{1}{2}\omega'(u_3)v_3 = \omega(u, v),$$

$$\omega(u_1, u_2, u_3) = \omega(u, u), \quad \text{sowie } \omega(v_1, v_2, v_3) = \omega(v, v),$$

indem man mit den zwei Buchstaben u bei $\omega(u, u)$ andeutet, dass ω die u im zweiten Grade enthält; alsdann ist

$$\text{(12b)} \qquad \cos(\Pi, \Pi_0) = \frac{\omega(u, v)}{\sqrt{\omega(u, u)}\sqrt{\omega(v, v)}}.$$[1]

Gibt man den Wurzeln dasselbe Zeichen, welches auch $u_1 + u_2 + u_3$ resp. $v_1 + v_2 + v_3$ hat, so stellt diese Formel den Cosinus desjenigen Winkels der beiden Geraden Π und Π_0 dar, in welchem der Einheitspunkt nicht liegt.

Als Bedingung dafür, dass zwei gerade Linien mit den Coordinaten u_1, u_2, u_3 resp. v_1, v_2, v_3 auf einander senkrecht stehen, folgt hieraus sofort

$$\text{(13)} \qquad v_1\omega'(u_1) + v_2\omega'(u_2) + v_3\omega'(u_3) = 0$$

$$\text{oder auch } u_1\omega'(v_1) + u_2\omega'(v_2) + u_3\omega'(v_3) = 0,$$

wo $\omega'(v_i)$ den Werth bedeutet, der aus $\omega'(u_i)$ durch Vertauschen der u mit den v hervorgeht.

Fixirt man hier die Gerade u, so sind $\omega'(u_i)$ $(i = 1, 2, 3)$ die Coordinaten eines ganz bestimmten Punktes mit der Gleichung

$$\omega'(u_1)v_1 + \omega'(u_2)v_2 + \omega'(u_3)v_3 = 0$$

in veränderlichen Liniencoordinaten v_i, und diese Gleichung wird befriedigt durch die Coordinaten jeder Geraden v, die zu u normal ist, es müssen daher alle Normalen von u durch den betreffenden Punkt hindurchgehen, und da diese Normalen einander parallel sind, liegt ihr gemeinsamer Schnittpunkt im Unendlichen; er werde das **Normalencentrum der gegebenen Geraden** u genannt. Dass dasselbe der unendlich fernen Geraden angehört, wird auch bestätigt, wenn man in (13) an Stelle von v_i die Coordinaten der unendlich fernen Geraden

$$v_1 : v_2 : v_3 = \frac{e_1}{h_1} : \frac{e_2}{h_2} : \frac{e_3}{h_3},$$

---

1) Andere Ausdrücke für den Winkel zweier Geraden folgen in § 7.

wofür der Kürze halber $p_1 : p_2 : p_3$ gesetzt wurde, einführt. Alsdann erhält die Gleichung (13) die Gestalt

$$(14) \qquad u_1 \omega'(p_1) + u_2 \omega'(p_2) + u_3 \omega'(p_3) = 0$$

$$\text{oder auch } p_1 \omega'(u_1) + p_2 \omega'(u_2) + p_3 \omega'(u_3) = 0.$$

In der ersten Gleichung (14) verschwinden nun die drei Coefficienten der u[1]), sie wird also erfüllt, welche Werthe die u haben mögen, womit ausgesagt wird, dass die unendlich ferne Gerade überhaupt keine bestimmte Richtung hat, sondern zu jeder Geraden der Ebene normal ist. Bei dieser Auffassungsweise erfüllen die Normalencentra sämmtlicher Geraden der Ebene die unendlich ferne Gerade.

Man könnte in vorliegendem Paragraphen noch die Ableitung der Formel für die Entfernung zweier durch ihre Coordinaten gegebenen Punkte erwarten; doch wird dieselbe erst in § 7 gelegentlich der Untersuchungen über den Kreis gegeben werden, da diese Formel mit der Gleichung eines Kreises in Punktcoordinaten in offenbar engem Zusammenhange steht.

§ 3.

Die Transformation der Coordinaten.

Bei der Transformation der Coordinaten handelt es sich darum, aus den auf ein Dreieck D bezogenen Coordinaten x_1, x_2, x_3 eines Punktes P die Coordinaten X_1, X_2, X_3 desselben Punktes abzuleiten, wenn diese bezogen sind auf ein anderes Dreieck $\varDelta$.

Die Einheitspunkte e und E mögen von den Seiten der ihnen zugehörigen Dreiecke D und $\varDelta$ die Abstände haben e_1, e_2, e_3, resp. E_1, E_2, E_3. Alsdann ist

$$(1) \qquad \begin{cases} x_1 : x_2 : x_3 = \dfrac{q_1}{e_1} : \dfrac{q_2}{e_2} : \dfrac{q_3}{e_3} \\ X_1 : X_2 : X_3 = \dfrac{Q_1}{E_1} : \dfrac{Q_2}{E_2} : \dfrac{Q_3}{E_3}, \end{cases}$$

wobei die q_i die Abstände des Punktes P von den Seiten des Drei-

1) In der That hat z. B. der Coefficient $\omega'(p_1)$ von u_1 den Werth

$$\frac{2}{e_1}\left\{\frac{1}{e_1}\frac{e_1}{h_1} + \frac{1}{e_2}\frac{e_2}{h_2}\cos(a_1, a_2) + \frac{1}{e_3}\frac{e_3}{h_3}\cos(a_1, a_3)\right\};$$

beachtet man aber, dass $h_i = 2\varDelta : a_i$, sowie dass (a_1, a_2) und (a_1, a_3) als Aussenwinkel des Dreiecks $A_1 A_2 A_3$ gleich $2R - A_3$, resp. $2R - A_2$ sind, so wird dieser Coefficient gleich $\frac{1}{\varDelta e_1}(a_1 - a_2 \cos A_3 - a_3 \cos A_2)$, wobei nun der Klammerausdruck verschwindet, da $a_1 = a_2 \cos A_3 + a_3 \cos A_2$. Ein anderer Beweis folgt aus (7), wenn man, wie in der Anm. zu S. 4, Π ins Unendliche rücken lässt, durch q dividirt und berücksichtigt, dass $\frac{\pi_1}{q} = \frac{\pi_2}{q} = \frac{\pi_3}{q} = 1$.

ecks D, die Q_i dessen Abstände von den Seiten des Dreiecks Δ bezeichnen.

Zwischen den q_i und Q_i bestehen nun, wie wir in § 1 sahen, Relationen von der Form

$$(2)\qquad \begin{cases} Q_1 = \alpha_1 q_1 + \alpha_2 q_2 + \alpha_3 q_3 \\ Q_2 = \beta_1 q_1 + \beta_2 q_2 + \beta_3 q_3 \\ Q_3 = \gamma_1 q_1 + \gamma_2 q_2 + \gamma_3 q_3, \end{cases}$$

wobei die α Constanten sind, welche nur abhängen von der Gestalt des Dreiecks D und von der Lage derjenigen Seite des Dreiecks Δ, die von dem Punkte P die Entfernung Q_1 hat, und Analoges gilt von den β und γ. Es ist nämlich nach (10) oder (11) in § 1

$$(3)\qquad \begin{cases} \alpha_1 = \dfrac{\pi_1'}{h_1}, & \alpha_2 = \dfrac{\pi_2'}{h_2}, & \alpha_3 = \dfrac{\pi_3'}{h_3}, \\ \beta_1 = \dfrac{\pi_1''}{h_1}, & \beta_2 = \dfrac{\pi_2''}{h_2}, & \beta_3 = \dfrac{\pi_3''}{h_3}, \\ \gamma_1 = \dfrac{\pi_1'''}{h_1}, & \gamma_2 = \dfrac{\pi_2'''}{h_2}, & \gamma_3 = \dfrac{\pi_3'''}{h_3}. \end{cases}$$

Hier sind π_1', π_2', π_3' die Abstände der Seite $X_1 = 0$ des neuen von den Ecken des ursprünglich gegebenen Dreiecks D; die π_i'' und π_i''' $(i = 1, 2, 3)$ haben die analoge Bedeutung für die beiden anderen Seiten $X_2 = 0$ und $X_3 = 0$.

Ersetzt man die Gleichungen (1) mit Einführung zweier Proportionalitätsfactoren ϱ und P durch

$$\varrho x_i = \frac{q_i}{e_i}, \quad P X_i = \frac{Q_i}{E_i} \quad (i = 1, 2, 3)$$

und führt man die hieraus folgenden Werthe der q_i und Q_i in (2) ein, so entstehen drei Gleichungen von der Form

$$(4)\qquad \begin{cases} \mu X_1 = a_1 x_1 + a_2 x_2 + a_3 x_3 \\ \mu X_2 = b_1 x_1 + b_2 x_2 + b_3 x_3 \\ \mu X_3 = c_1 x_1 + c_2 x_2 + c_3 x_3, \end{cases}$$

in welchen μ zur Abkürzung gesetzt ist für $\frac{P}{\varrho}$, während die a, b, c Grössen sind, die von den e_i und E_i, sowie resp. von den α_i, β_i, γ_i in einfacher Weise abhängen. Es ist nämlich

$$(5)\qquad \begin{cases} a_1 = \dfrac{\pi_1' e_1}{E_1 h_1}, \quad a_2 = \dfrac{\pi_2' e_2}{E_1 h_2}, \quad a_3 = \dfrac{\pi_3' e_3}{E_1 h_3}, \\ b_1 = \dfrac{\pi_1'' e_1}{E_2 h_1}, \text{ u. s. w.} \end{cases}$$

daher $a_1 : b_1 : c_1 = \frac{\pi_1'}{E_1} : \frac{\pi_1''}{E_2} : \frac{\pi_1'''}{E_3}$, so dass hiernach die a_1, b_1, c_1 die

Coordinaten der Ecke A_1 des ursprünglichen Dreiecks D, bezogen auf das neue Dreieck Δ sind. Analoge Bedeutung haben $a_2 : b_2 : c_2$ und $a_3 : b_3 : c_3$. Will man von dem System x_1, x_2, x_3 zu dem System X_1, X_2, X_3 übergehen, so hat man die Gleichungen (4) nach x_1, x_2, x_3 aufzulösen. Man erhält:

$$(6)\qquad \begin{cases} \frac{R}{\mu} x_1 = A_1 X_1 + B_1 X_2 + C_1 X_3 \\ \frac{R}{\mu} x_2 = A_2 X_1 + B_2 X_2 + C_2 X_3 \\ \frac{R}{\mu} x_3 = A_3 X_1 + B_3 X_2 + C_3 X_3, \end{cases}$$

wobei

$$(7)\qquad R = \begin{vmatrix} a_1 & a_2 & a_3 \\ b_1 & b_2 & b_3 \\ c_1 & c_2 & c_3 \end{vmatrix}$$

und die A_i, B_i, C_i in bekannter Weise Unterdeterminanten von R sind.

Die geometrische Bedeutung der von der Lage des Punktes P ganz unabhängigen A, B, C erhält man in einfachster Weise dadurch, dass man diesen Punkt etwa in die Ecke $X_2 = X_3 = 0$ des neuen Dreiecks verlegt; aus (6) folgt dann sofort $x_1 : x_2 : x_3 = A_1 : A_2 : A_3$, es sind daher die A die Coordinaten der Ecke $X_2 = X_3 = 0$ des neuen Dreiecks bezogen auf das ursprüngliche, und analoge Bedeutung haben die B und C.

Legt man eine Seite des Coordinatendreiecks D ins Unendliche und bestimmt man die Lage des Einheitspunktes e der Art, dass die x_1, x_2, x_3 homogene Parallelcoordinaten sind, nämlich $\frac{x_1}{x_3} = x$, $\frac{x_2}{x_3} = y$ (vgl. (25) in § 1), so verwandeln sich die Gleichungen (4) nach Division durch x_3 in

$$(8)\qquad \begin{cases} \varrho X_1 = a_1 x + a_2 y + a_3 \\ \varrho X_2 = b_1 x + b_2 y + b_3 \\ \varrho X_3 = c_1 x + c_2 y + c_3, \end{cases}$$

wobei $\varrho = \frac{\mu}{x_3}$. Um x und y durch X_1, X_2 und X_3 auszudrücken, denkt man sich die rechten Seiten von (8) erst wieder durch eine dritte Variabele z in homogene Form gebracht, löst das System (8) nach x, y, z auf und setzt dann wieder $z = 1$. Man erhält auf solche Weise unter Anwendung des Proportionalitätsfactors σ:

$$(9)\qquad \begin{cases} \sigma x = A_1 X_1 + B_1 X_2 + C_1 X_3 \\ \sigma y = A_2 X_1 + B_2 X_2 + C_2 X_3 \\ \sigma\ = A_3 X_1 + B_3 X_2 + C_3 X_3, \end{cases}$$

oder auch

$$(9a)\quad \begin{cases} x = \dfrac{A_1 X_1 + B_1 X_2 + C_1 X_3}{A_3 X_1 + B_3 X_2 + C_3 X_3} \\ y = \dfrac{A_2 X_1 + B_2 X_2 + C_2 X_3}{A_3 X_1 + B_3 X_2 + C_3 X_3}. \end{cases}$$

Es erübrigt nun noch die Transformation der Coordinaten u_1, u_2, u_3 einer Geraden zu betrachten.

Sei $u_1 x_1 + u_2 x_2 + u_3 x_3 = 0$ die Gleichung einer Geraden bezogen auf das Dreieck D und $U_1 X_1 + U_2 X_2 + U_3 X_3 = 0$ ihre Gleichung bezogen auf das Dreieck Δ. Führt man für die x_i ihre Werthe aus (6) in $u_1 x_1 + u_2 x_2 + u_3 x_3 = 0$ ein, so entsteht nach Wegfall des Factors $\frac{R}{\mu}$:

$$(10)\quad (u_1 A_1 + u_2 A_2 + u_3 A_3) X_1 + (u_1 B_1 + u_2 B_2 + u_3 B_3) X_2 + (u_1 C_1 + u_2 C_2 + u_3 C_3) X_3 = 0$$

als Gleichung der Geraden, bezogen auf das neue System. Mit Anwendung eines Proportionalitätsfactors σ ist daher

$$(11)\quad \begin{cases} \sigma U_1 = A_1 u_1 + A_2 u_2 + A_3 u_3 \\ \sigma U_2 = B_1 u_1 + B_2 u_2 + B_3 u_3 \\ \sigma U_3 = C_1 u_1 + C_2 u_2 + C_3 u_3, \end{cases}$$

woraus nach Multiplication der drei Gleichungen resp. mit a_i, b_i, c_i durch Auflösung nach den u_i folgt:

$$(12)\quad \begin{cases} \dfrac{R}{\sigma} u_1 = a_1 U_1 + b_1 U_2 + c_1 U_3 \\ \dfrac{R}{\sigma} u_2 = a_2 U_1 + b_2 U_2 + c_2 U_3 \\ \dfrac{R}{\sigma} u_3 = a_3 U_1 + b_3 U_2 + c_3 U_3. \end{cases}$$

Hier sind, wie man aus (5) sofort erkennt, die Coefficienten a_1, a_2, a_3 die Coordinaten der Seite $X_1 = 0$ des neuen Dreiecks bezogen auf das ursprüngliche, und analoge Bedeutung besitzen die b und c. Lässt man ferner die Gerade u_1, u_2, u_3 mit der Seite $x_1 = 0$ des ursprünglichen Dreiecks zusammenfallen ($u_2 = u_3 = 0$), so folgt aus (11)

$$A_1 : B_1 : C_1 = U_1 : U_2 : U_3,$$

es sind daher A_1, B_1, C_1 die Coordinaten der Seite $x_1 = 0$ des ursprünglichen Dreiecks bezogen auf das neue, und analoge Bedeutung besitzen die anderen Coefficienten in (11).

§ 4.

Die Curven zweiter Ordnung.

Als Curve zweiter Ordnung bezeichnet man den geometrischen Ort aller Punkte, deren Coordinaten x_1, x_2, x_3 einer homogenen Gleichung zweiten Grades in x_1, x_2, x_3, also einer Gleichung von der Form

$$(1) \quad a_{11}x_1^2 + 2a_{12}x_1x_2 + a_{22}x_2^2 + 2a_{13}x_1x_3 + 2a_{23}x_2x_3 + a_{33}x_3^2 = 0$$

genügen. Wir wollen die linke Seite dieses Ausdrucks kurz bezeichnen durch $f(x, x)$, wobei das doppelte x anzeigen möge, dass (1) in den x vom zweiten Grade ist; ausserdem lässt sich unter der für das Folgende stets giltigen Voraussetzung, dass $a_{ik} = a_{ki}$ sei, (1) ersetzen durch $\sum_1^3{}^i \sum_1^3{}^k a_{ik}x_ix_k = 0$.

Für die weitere Untersuchung ist ein Ausdruck von Wichtigkeit, der bereits hier erwähnt werden möge, nämlich:

$$(2) \quad f(x,y) \equiv (a_{11}y_1 + a_{12}y_2 + a_{13}y_3)x_1 + (a_{21}y_1 + a_{22}y_2 + a_{23}y_3)x_2 + (a_{31}y_1 + a_{32}y_2 + a_{33}y_3)x_3.$$

Derselbe ändert sich nicht bei Vertauschung der y_i und x_i, weil $a_{ik} = a_{ki}$, es ist daher auch

$$(3) \quad f(x,y) \equiv f(y,x) \equiv (a_{11}x_1 + a_{12}x_2 + a_{13}x_3)y_1 + (a_{21}x_1 + a_{22}x_2 + a_{23}x_3)y_2 + (a_{31}x_1 + a_{32}x_2 + a_{33}x_3)y_3.$$

Setzt man in (2) oder (3) die y_i gleich den x_i $(i = 1, 2, 3)$, so entsteht, wie man sofort sieht, aus $f(x, y)$ wieder die Function $f(x, x)$. Ferner sind die nach den x_i genommenen ersten Ableitungen von $f(x, x)$ nach Multiplication mit $\frac{1}{2}$ gleich den in (3) auftretenden Klammern, oder wenn man in diesen Ableitungen die x_i durch die y_i ersetzt, gleich den Klammerausdrücken in (2). Es ist demgemäss

$$(4) \quad f(x, y) \equiv \frac{1}{2}\{f'(y_1)x_1 + f'(y_2)x_2 + f'(y_3)x_3\} \equiv \frac{1}{2}\{f'(x_1)y_1 + f'(x_2)y_2 + f'(x_3)y_3\}$$

und, wie auch aus dem Euler'schen Satz über homogene Functionen folgt:

$$(5) \quad f(x, x) \equiv \frac{1}{2}\{f'(x_1)x_1 + f'(x_2)x_2 + f'(x_3)x_3\}.$$

Es wird übrigens im Folgenden statt $\frac{1}{2}f'(x_i)$ zuweilen auch f_i gesetzt werden, alsdann ist kürzer

$$(6) \quad f(x, x) \equiv f_1x_1 + f_2x_2 + f_3x_3.$$

Nach diesen Bemerkungen über Bezeichnungsweisen wollen wir nun die durch (1) dargestellte Curve näher untersuchen. Zunächst sei erwähnt, dass, wie in der analytischen Geometrie des Raumes gezeigt wird, die Gleichung (1) jene Curve darstellt, die man durch den Schnitt eines Kegels zweiter Ordnung mit einer Ebene erhält, also einen Kegelschnitt.

Da man in (1) durch einen der Coefficienten dividiren kann und alsdann noch fünf von einander unabhängige Coefficienten vorhanden sind, von denen sich keiner mehr durch Division wegbringen lässt, so ist ein Kegelschnitt im allgemeinen durch fünf Bedingungen zwischen den Coefficienten, z. B. durch fünf seiner Punkte bestimmt. Sind die Bedingungen für die Coefficienten nicht linear, sondern von höherem Grade, so wird es zwar mehrere Kegelschnitte geben, welche diese Bedingungen erfüllen, aber im allgemeinen doch nur eine endliche Anzahl.

Die Gleichung eines Kegelschnitts, der durch fünf Punkte $x_1^{(i)}, x_2^{(i)}, x_3^{(i)}$ $(i = 1, 2, .. 5)$ geht, besteht in einer gleich Null gesetzten Determinante sechsten Grades, die in der ersten Reihe die sechs Quadrate und Producte enthält $x_1^2, x_1x_2, x_2^2, x_1x_3, x_2x_3, x_3^2$, während die fünf anderen Reihen die entsprechenden Quadrate und Producte $x_1^{(i)2}, x_1^{(i)}x_2^{(i)}, x_2^{(i)2}, x_1^{(i)}x_3^{(i)}, x_2^{(i)}x_3^{(i)}, x_3^{(i)2}$ $(i = 1, 2, .. 5)$ enthalten. Soll ein Kegelschnitt durch die fünf Punkte $x^{(i)}$ gehen, so muss jedenfalls diese Determinante sechsten Grades verschwinden, wenn an Stelle von x_1, x_2, x_3 die Coordinaten eines sechsten Punktes der Curve gesetzt werden. Umgekehrt, wenn die Determinante verschwindet, gibt es immer Werthe a_{ik}, welche die sechs Gleichungen befriedigen von der Form

$$\sum_1^3{}_i \sum_1^3{}_k a_{ik} x_i^{(i)} x_k^{(i)} = 0, \; ((i) = 1, 2, 3, 4, 5), \quad \sum_1^3{}_i \sum_1^3{}_k a_{ik} x_i x_k = 0;$$

es fragt sich aber, ob es nicht vielleicht unendlich viele solcher Werthe a_{ik}, also unendlich viele solcher Kegelschnitte gibt, die durch die fünf Punkte gehen.

Es gibt nur einen Kegelschnitt, so lange die sechs Coefficienten von $x_1^2, x_1x_2, x_2^2, x_1x_3, x_2x_3, x_3^2$ in jener Determinante nicht gleichzeitig Null sind. Bei beliebiger Lage der fünf Punkte (sie mögen a, b, c, d, e heissen) kann dies nicht eintreten, weil schon in dem speciellen Falle, dass drei von den fünf Punkten, z. B. $a, b, c,$ auf einer Geraden, die zwei übrigen nicht auf dieser Geraden liegen, der Kegelschnitt vollständig bestimmt ist, nämlich aus dem Geradenpaare abc, *de* besteht[1]). Der Kegelschnitt ist daher um so mehr bestimmt, wenn die fünf Punkte keine specielle Lage haben, also von den 10 Determinanten dritten Gerades, die man aus den Coordinaten der fünf Punkte bilden kann, keine verschwindet. Eine Unbestimmtheit tritt erst ein, wenn von den fünf Punkten vier auf einer Geraden liegen, indem alsdann der Kegelschnitt aus dieser Geraden und einer beliebig durch den fünften Punkt gelegten Geraden besteht; die Gleichung des Kegelschnitts verschwindet in diesem Falle identisch. Man vergleiche hierzu auch die Fussnote zu (5) in § 12.

Wir wollen ferner die Frage beantworten, in wieviel Punkten ein Kegelschnitt von einer beliebigen Geraden, z. B. von der Verbindungslinie zweier Punkte mit den Coordinaten x_1, x_2, x_3 und y_1, y_2, y_3 geschnitten wird. Zur Lösung dieser Aufgabe werde vorerst daran erinnert, dass ein jeder Punkt dieser Verbindungslinie Coordinaten hat von der Form $y_1 + \lambda x_1, y_2 + \lambda x_2, y_3 + \lambda x_3$, wo λ einen von Punkt zu Punkt variirenden Parameter bedeutet. Sind nämlich $U_1 = 0$ und $U_2 = 0$ die Gleichungen zweier Punkte x und y in Dreieckscoordinaten, so kann, wie wir hier als bekannt voraussetzen, die Gleichung eines beliebigen anderen Punktes der betreffenden Verbindungslinie in die Form gebracht werden $\lambda U_1 + U_2 = 0$; hierin sind alsdann die Coefficienten von u_1, u_2, u_3 die Dreieckscoordinaten des dem Parameter λ entsprechenden Punktes; diese Coefficienten besitzen aber gerade die oben genannten Werthe.

Die Coordinaten der Schnittpunkte der Curve (1) und jener Verbindungslinie müssen nun die Gleichung der Curve erfüllen, d. h. es muss sein

$$f(y_1 + \lambda x_1, y_2 + \lambda x_2, y_3 + \lambda x_3) = 0, \tag{7}$$

und wenn man nach Potenzen von λ entwickelt:

$$f(y, y) + 2\lambda f(y, x) + \lambda^2 f(x, x) = 0. \tag{8}$$

Diese Gleichung ist in λ vom zweiten Grade, woraus hervorgeht, dass die Curve (1) von der Verbindungslinie der Punkte x und y in zwei Punkten geschnitten wird, deren Coordinaten von der Form $y_i + \lambda x_i$ $(i = 1, 2, 3)$ sind, wobei sich für λ aus (8) zwei im allgemeinen verschiedene Werthe ergeben. Wir haben demnach den Satz:

(9) Jede Curve zweiter Ordnung wird von einer Geraden im allgemeinen in zwei Punkten geschnitten[2]).

---

1) Zufolge eines in der Fussnote zu S. 21 erwähnten Satzes muss nämlich eine Gerade, die mit einer Curve zweiter Ordnung drei Punkte gemeinsam hat, ganz der Curve angehören.

2) Wären wir von einer Gleichung n^{ten} Grades in x_1, x_2, x_3 ausgegangen,

Offenbar sind die Schnittpunkte **reell**, wenn

$$f^2(x, y) - f(x, x) \cdot f(y, y) > 0;$$

sie sind **imaginär**, wenn $f^2(x, y) - f(x, x) \cdot f(y, y) < 0$; sie **fallen zusammen**, wenn $f^2(x, y) - f(x, x) \cdot f(y, y) = 0$ [1]). In letzterem Falle ist die Gerade im allgemeinen eine **Tangente** der Curve, so lange nämlich die Curve einen eigentlichen, nicht in zwei gerade Linien zerfallenden Kegelschnitt darstellt. Auf den Fall, dass $f(x, x) = 0$ zerfällt, werden wir später zurückkommen.

Nehmen wir an, der Punkt y liege fest, während x variabel ist, so stellt daher

$$(10) \qquad f^2(x, y) - f(x, x) \cdot f(y, y) = 0$$

die Bedingung dar, der die x_i genügen müssen, um auf einer vom Punkte y an den Kegelschnitt gezogenen Tangente zu liegen, d. h. (10) ist die Gleichung des vom Punkte y an den Kegelschnitt gelegten Tangentenpaares und zwar eines **Paares**, weil (10) in den x vom zweiten Grade ist.

Sind λ_1 und λ_2 die Wurzeln der quadratischen Gleichung (8), so besitzt das Doppelverhältniss des Punktepaares x, y zu dem Paare $\lambda_1 x + y$, $\lambda_2 x + y$ den Werth $\alpha = \frac{\lambda_1}{\lambda_2}$ oder auch $\alpha' = \frac{\lambda_2}{\lambda_1}$; wir berücksichtigen zunächst nur α. Aus $\alpha = \frac{\lambda_1}{\lambda_2}$ folgt nun $\frac{\alpha + 1}{\alpha - 1} = \frac{\lambda_1 + \lambda_2}{\lambda_1 - \lambda_2}$ und $(\alpha + 1)^2[(\lambda_1 + \lambda_2)^2 - 4\lambda_1\lambda_2] = (\alpha - 1)^2(\lambda_1 + \lambda_2)^2$; mit Rücksicht auf (8) ist aber $\lambda_1 + \lambda_2 = -2\frac{f(x, y)}{f(x, x)}$, $\lambda_1\lambda_2 = \frac{f(y, y)}{f(x, x)}$, es ergibt sich daher zur Bestimmung des Doppelverhältnisses α die Gleichung

$$(11) \quad (\alpha + 1)^2[f^2(x, y) - f(x, x) \cdot f(y, y)] - (\alpha - 1)^2 f^2(x, y) = 0.$$

Dieselbe ist in α vom zweiten Grade, und zwar sind ihre Wurzeln von der Form α und $\alpha' = \frac{1}{\alpha}$, denn (11) ändert sich nicht bei Vertauschung von α mit $\frac{1}{\alpha}$; hieraus geht auch hervor, dass es erlaubt war nur α zu berücksichtigen.

---

von einer sogenannten Curve n^{ter} Ordnung, so würde man auf gleiche Weise finden, dass dieselbe von einer Geraden im allgemeinen in n Punkten geschnitten wird. Deshalb heisst eben die Curve von der n^{ten} Ordnung.

1) Man kann noch fragen, welche geometrische Bedeutung es hat, wenn in (8) $f(y, y) = 0$, $f(y, x) = 0$ und $f(x, x) = 0$. Es lässt sich nun algebraisch leicht zeigen, dass die Gleichung (8) für drei verschiedene Werthe $\lambda = \lambda_1$, $\lambda = \lambda_2$, $\lambda = \lambda_3$ nur befriedigt werden kann, wenn ihre Coefficienten verschwinden und dass alsdann die Gleichung für jeden Werth von λ befriedigt wird. Darin liegt auf Grund obiger Discussion der Satz: **Wenn eine gerade Linie drei verschiedene Punkte mit dem Kegelschnitt gemeinsam hat, so muss sie demselben ganz angehören.**

Man findet aus (11) übrigens

(12) $$\frac{\alpha+1}{\alpha-1}=\frac{f(x,y)}{\sqrt{f^2(x,y)-f(x,x)\cdot f(y,y)}}$$

und hieraus durch correspondirende Addition und Subtraction

(13) $$\alpha=\frac{f(x,y)+\sqrt{f^2(x,y)-f(x,x)\cdot f(y,y)}}{f(x,y)-\sqrt{f^2(x,y)-f(x,x)\cdot f(y,y)}}.$$

Denken wir uns y wieder fest gegeben, x variabel und α einen bestimmten Zahlenwerth ertheilt, so stellt (11) einen Kegelschnitt dar, der zu der gegebenen Curve (1) in folgender Beziehung steht:

(14) Legt man durch einen beliebig gegebenen Punkt y der Ebene ein Strahlenbüschel und construirt man auf jedem Strahl desselben zu seinen zwei Schnittpunkten mit dem Kegelschnitt (1) und zu y einen vierten Punkt x der Art, dass diese vier Punkte auf jedem Strahl dasselbe Doppelverhältniss α bilden, so liegen alle diese vierten Punkte x auf dem Kegelschnitt (11).

Bei beliebiger Aenderung von α ergibt sich natürlich ein ganzes System von Kegelschnitten.

Von besonderer Wichtigkeit sind hierbei die den Werthen $\alpha=+1$ und $\alpha=-1$ des Doppelverhältnisses entsprechenden Fälle. Für $\alpha=+1$ verwandelt sich (11) in (10), der Kegelschnitt (11) zerfällt dann in das vom Punkte y an (1) gelegte Tangentenpaar.

Für $\alpha=-1$, wenn also die vier Punkte harmonisch liegen sollen, ergibt sich aus (11)

(15) $$f^2(x,y)=0,$$

eine doppelt zu zählende Gerade, die man als Polare des Punktes y in Bezug auf den Kegelschnitt bezeichnet[1]). In (3) oder auch (4) ist die Gleichung der Polare ausführlich angegeben. Wir haben somit den Satz:

(16) Zieht man durch einen Punkt y beliebig viele Strahlen und construirt man auf jedem derselben den vierten harmo-

---

1) Es werde bei dieser Gelegenheit darauf aufmerksam gemacht, dass der Ausdruck $f(x,y)$ der Coefficient von 2λ ist in der durch (8) gegebenen Entwickelung von $f(y_1+\lambda x_1, y_2+\lambda x_2, y_3+\lambda x_3)$ nach Potenzen von λ. Bildet man diese Entwickelung auch in dem allgemeinen Falle, dass $f(x_1,x_2,x_3)=0$ die Gleichung einer Curve n^{ter} Ordnung ist, so stellt der Coefficient von λ^k, gleich Null gesetzt, eine dem Punkte y zugeordnete Curve k^{ter} Ordnung dar, die sogenannte $(n-k)^{\text{te}}$ Polare des Punktes y in Bezug auf die gegebene Curve $f(x_1,x_2,x_3)=0$. Diese Art der Einführung der Grösse λ findet sich wohl zuerst bei Joachimsthal in Crelle's Journal, Bd. 33, S. 373 f., 1846.

nischen Punkt zu y und zu den beiden Schnittpunkten des betreffenden Strahles mit einer Curve zweiter Ordnung, so liegen alle diese vierten harmonischen Punkte auf einer und derselben Geraden, der Polare des Punktes y.

Es seien nun t und z irgend zwei Punkte der Polare von y; alsdann hat jeder Punkt dieser Polare Coordinaten von der Form $x_i = t_i + \lambda z_i$ $(i = 1, 2, 3)$, und weil er auf $f(x, y) = 0$ liegt, ist für ihn $f(t + \lambda z, y) = 0$. Andrerseits ist $f(t + \lambda z, x) = 0$ die Gleichung der Polare jenes Punktes; dieselbe wird offenbar erfüllt durch $x_i = y_i$, woraus folgt, dass die Polare irgend eines auf $f(x, y) = 0$ gelegenen Punktes durch y geht. Da ferner vier Punkten mit den Coordinaten $t_i + \lambda_k z_i$ $(i = 1, 2, 3; k = 1, 2, 3, 4)$ die Polaren zugehören $f(x, t + \lambda_k z) = 0$ oder $f(x, t) + \lambda_k f(x, z) = 0$ und sonach das Doppelverhältniss der vier Punkte gleich demjenigen der entsprechenden Polaren ist, folgt:

(17) Durchläuft ein Punkt eine Punktreihe, so beschreibt seine Polare in Bezug auf eine Curve zweiter Ordnung einen zur Punktreihe projectiven Strahlenbüschel[1]).

Ein weiterer wichtiger Satz lautet:

(18) Die Polare eines Punktes y geht durch die Berührungspunkte der von y an den Kegelschnitt gelegten Tangenten hindurch, fällt also mit der Verbindungslinie dieser beiden Punkte zusammen.

Die Gleichung des Tangentenpaares ist nämlich nach (10)

$$f^2(x, y) - f(x, x) \cdot f(y, y) = 0;$$

für die Schnittpunkte der Polare $f(x, y) = 0$ mit diesen Tangenten fällt nun das Glied $f^2(x, y)$ weg, die betreffenden Schnittpunkte sind daher dieselben, wie diejenigen der Polare mit dem Kegelschnitt $f(x, x) = 0$, w. z. b. w.

Bisher wurde angenommen, dass der Punkt y nicht auf seiner Polare $f(x, y) = 0$ liege, also $f(y, y) \gtrless 0$ sei; wir wollen nun fragen, was für eine geometrische Bedeutung $f(x, y) = 0$ hat, wenn y auf seiner Polare liegt. Jedenfalls ist alsdann $f(y, y) = 0$, d. h. y liegt in diesem Falle auch auf dem Kegelschnitt, und die Gleichung (8) zur Berechnung der Schnittpunkte einer Geraden mit einer Curve zweiter Ordnung hat zwei Wurzeln $\lambda = 0$, die Gerade $f(x, y) = 0$ hat also

---

1) Die Fassung dieses Satzes muss etwas modificirt werden, wenn der Kegelschnitt ein Geradenpaar ist, durch dessen Schnittpunkt der Träger der Punktreihe hindurchgeht; sämmtliche Strahlen des Büschels fallen dann offenbar zusammen mit dem vierten harmonischen Strahle zu dem Geradenpaar und dem Träger der Punktreihe. Dieser vierte harmonische Strahl ist jetzt die Polare eines jeden Punktes der Punktreihe.

zwei zusammenfallende Punkte mit der Curve gemeinsam oder ist eine Tangente der Curve, und zwar im Punkte y, da dieser jetzt auf der Curve und auf $f(x, y) = 0$ liegt. Man hat daher den Satz:

(19) Die Polare eines auf der Curve zweiter Ordnung $f(x, x) = 0$ gelegenen Punktes y fällt mit der in diesem Punkte gezogenen Tangente zusammen; die Gleichung derselben ist $f(x, y) = 0$.

Wenn der Punkt y in beliebiger Richtung ins Unendliche rückt, so werden die durch ihn gezogenen Strahlen einander parallel, die vierten harmonischen Punkte zu y und zu den Schnittpunkten der einzelnen Strahlen mit der Curve fallen mit den Halbirungspunkten der durch die Strahlen gebildeten parallelen Sehnen zusammen und liegen natürlich auch auf der Geraden $f(x, y) = 0$. Falls jene Richtung zu der Geraden $u_1 x_1 + u_2 x_2 + u_3 x_3 = 0$ normal ist, wird der unendlich ferne Punkt y zum Normalencentrum dieser Geraden und hat nach § 2 (am Schluss) die Coordinaten $\omega'(u_1)$, $\omega'(u_2)$, $\omega'(u_3)$; die Gleichung der zugehörigen Polare ist $\omega'(u_1) f'(x_1) + \omega'(u_2) f'(x_2) + \omega'(u_3) f'(x_3) = 0$. Man kann somit sagen:

(20) Zieht man bei einer Curve zweiter Ordnung ein System paralleler Sehnen, so liegen deren Mittelpunkte auf einer und derselben Geraden; ihre Gleichung ist

(20a) $$\omega'(u_1) f'(x_1) + \omega'(u_2) f'(x_2) + \omega'(u_3) f'(x_3) = 0,$$

wobei $\omega'(u_i)$ $(i = 1, 2, 3)$ die Coordinaten des in Richtung der parallelen Sehnen im Unendlichen gelegenen Punktes bezeichnen.

Man nennt die Gerade (20a) den zur Richtung der parallelen Sehnen conjugirten Durchmesser der Curve $f(x, x) = 0$.

Der Grund zu dieser Bezeichnungsweise liegt darin, dass jede Gerade (20a), zu welcher Richtung sie auch conjugirt sein mag, stets durch einen und denselben Punkt z geht, für welchen $\frac{f'(z_1)}{p_1} = \frac{f'(z_2)}{p_2} = \frac{f'(z_3)}{p_3}$, unter p_1, p_2, p_3 die Coordinaten der unendlich fernen Geraden verstanden. Ein solcher Punkt z genügt nämlich immer der Gleichung (20a), weil nach (14) in § 2 $\omega'(u_1) \cdot p_1 + \omega'(u_2) \cdot p_2 + \omega'(u_3) \cdot p_3 = 0$.

Ausserdem hat der Punkt z die Eigenschaft, dass er jede durch ihn gezogene Sehne der Curve zweiter Ordnung halbirt. Zum Beweise lege man durch z irgend eine Sehne; der zur Richtung derselben conjugirte Durchmesser geht gleichfalls, wie eben gezeigt wurde, durch z und halbirt nach (20) die Sehne, und zwar gilt dies für jede durch z gezogene Sehne und ihre conjugirte Gerade, da die Richtung des unendlich fernen Punktes $\omega'(u_i)$ ganz willkürlich war.

Man nennt einen derartigen Punkt z **Mittelpunkt** der Curve zweiter Ordnung, jede durch ihn gezogene Sehne einen **Durchmesser** der Curve, und in diesem Sinn kann man sagen:

(21) **Jede zu einer gegebenen Richtung** $\omega'(u_i)$ **in Bezug auf den Kegelschnitt** $f(x, x) = 0$ **conjugirte Gerade (20a) ist ein Durchmesser des Kegelschnitts.**

Der Punkt z ist, so lange nicht als Curve $f(x, x) = 0$ ein Parallelenpaar vorliegt, derjenige Punkt, in welchem sich die Polaren irgend zweier Punkte der unendlich fernen Geraden schneiden; im Falle zweier Parallelen hat man für diese Polaren zufolge der Fussnote S. 23 keinen bestimmten Schnittpunkt, sondern der Ort der Schnittpunkte wird der vierte harmonische Strahl zu dem Parallelenpaar und zu der unendlich fernen Geraden, also die in der Mitte zwischen den beiden Parallelen verlaufende Gerade; es existirt, wie man sieht, in diesem Falle eine „Mittelpunktslinie".

Durch die Relationen

$$(22) \qquad \frac{1}{2}\frac{f'(z_1)}{p_1} = \frac{1}{2}\frac{f'(z_2)}{p_2} = \frac{1}{2}\frac{f'(z_3)}{p_3},$$

denen die Coordinaten z des Mittelpunktes genügen, sind gewissermassen zwei Gleichungen gegeben, die in den veränderlichen Punktcoordinaten z_i zwei gerade Linien repräsentiren. Letztere können folgende verschiedene Lagen zu einander haben:

1) sie schneiden sich in einem einzigen Punkte und zwar:
   a) im Endlichen: dann existirt ein einziger im Endlichen gelegener Mittelpunkt des Kegelschnitts;
   b) im Unendlichen: dann existirt ein einziger im Unendlichen gelegener Mittelpunkt;
2) sie fallen zusammen: dann existirt eine ganze Mittelpunktslinie.

Wir setzen nun

$$(23) \qquad \frac{1}{2}f'(z_1) = \mu p_1, \quad \frac{1}{2}f'(z_2) = \mu p_2, \quad \frac{1}{2}f'(z_3) = \mu p_3,$$

wo μ einen Proportionalitätsfactor bedeutet. Es lässt sich alsdann nachweisen und ist für weitere Untersuchungen von Wichtigkeit, dass die Grösse $\frac{\mu}{p_z}$ nicht nur in jedem der Fälle 1), sondern auch im Falle 2) einen ganz bestimmten Werth besitzt, und zwar ist es im letztgenannten Falle gleichgiltig, welchen Punkt der Mittelpunktslinie man auch als Punkt z wählen mag. Hat derselbe die Coordinaten z_1', z_2', z_3', so gelten für ihn Gleichungen von der Form

$$(24) \qquad \frac{1}{2}f'(z_1') = \nu p_1, \quad \frac{1}{2}f'(z_2') = \nu p_2, \quad \frac{1}{2}f'(z_3') = \nu p_3;$$

durch Multiplication derselben mit z_1, z_2, z_3 und Addition erhält man mit Rücksicht auf (23)

$$\nu p_z = \mu p_{z'}, \quad \text{also } \frac{\mu}{p_z} = \frac{\nu}{p_{z'}}, \tag{25}$$

w. z. b. w. Die Bestimmung von $\frac{\mu}{p_z}$ wird später (S. 31) erfolgen.

Aus den vorhergehenden Betrachtungen, insbesondere aus (18), folgt noch, dass der zur Richtung nach dem Punkte $\omega'(u_1), \omega'(u_2), \omega'(u_3)$ conjugirte Durchmesser die Curve $f(x, x) = 0$ in zwei Punkten trifft, deren Tangenten sich in $\omega'(u)$, also im Unendlichen, schneiden; diese Tangenten sind demnach einander parallel und zwar von gleicher Richtung, wie das Sehnensystem, zu welchem der Durchmesser conjugirt ist.

Ein zu einem System paralleler Sehnen conjugirter Durchmesser bildet zusammen mit demjenigen Durchmesser, der in dem System selbst enthalten ist, ein Paar zu einander conjugirter Durchmesser. Der eine halbirt die zu dem anderen parallel gezogenen Sehnen.

Aus der Gleichung $f(x, y) = 0$ der Polare eines Punktes y in Bezug auf die Curve (1) folgt durch Vergleichen mit $u_1x_1 + u_2x_2 + u_3x_3 = 0$, dass die Coordinaten dieser Polare die Werthe besitzen

$$\left\{\begin{aligned} \varrho u_1 &= a_{11}y_1 + a_{12}y_2 + a_{13}y_3 = \frac{1}{2}f'(y_1) \\ \varrho u_2 &= a_{21}y_1 + a_{22}y_2 + a_{23}y_3 = \frac{1}{2}f'(y_2) \\ \varrho u_3 &= a_{31}y_1 + a_{32}y_2 + a_{33}y_3 = \frac{1}{2}f'(y_3), \end{aligned}\right. \tag{26}$$

wo ϱ einen Proportionalitätsfactor bedeutet. Umgekehrt entspricht auch jeder Polare mit den Coordinaten u_i ein Punkt y, wenn sich die Gleichungen (26) eindeutig nach den y_i auflösen lassen; man nennt dann y den Pol der Polare u. Die Auflösung von (26) ist eindeutig möglich, wenn

$$A \equiv \begin{vmatrix} a_{11} & a_{12} & a_{13} \\ a_{21} & a_{22} & a_{23} \\ a_{31} & a_{32} & a_{33} \end{vmatrix} \gtrless 0; \tag{27}$$

diese Determinante wird die Discriminante oder Determinante des Kegelschnitts genannt. Man findet, wenn $A \gtrless 0$, für die Coordinaten des Pols die Werthe

$$\left\{\begin{aligned} \sigma y_1 &= A_{11}u_1 + A_{21}u_2 + A_{31}u_3 \\ \sigma y_2 &= A_{12}u_1 + A_{22}u_2 + A_{32}u_3 \\ \sigma y_3 &= A_{13}u_1 + A_{23}u_2 + A_{33}u_3, \end{aligned}\right. \tag{28}$$

wobei A_{ik} die Unterdeterminante von a_{ik} in A bedeutet und $\sigma = \frac{A}{\varrho}$ ist.

Nach (19) fällt die Polare u eines Curvenpunktes y mit der in y gezogenen Tangente der Curve zusammen; da in diesem Falle der Punkt y auf seiner Polare liegt, ist

$$u_1 y_1 + u_2 y_2 + u_3 y_3 = 0,$$

und wenn man aus dieser Gleichung und aus (26) die y_i eliminirt, erhält man die Bedingung dafür, dass eine Gerade u Tangente der Curve $f(x, x) = 0$ sei in der Form

$$(29) \qquad \begin{vmatrix} a_{11} & a_{12} & a_{13} & u_1 \\ a_{21} & a_{22} & a_{23} & u_2 \\ a_{31} & a_{32} & a_{33} & u_3 \\ u_1 & u_2 & u_3 & 0 \end{vmatrix} = 0,$$

ein Ausdruck, der nach Multiplication mit -1 identisch ist mit

$$(30) \qquad F(u, u) \equiv A_{11} u_1^2 + 2 A_{12} u_1 u_2 + A_{22} u_2^2 + 2 A_{13} u_1 u_3 + 2 A_{23} u_2 u_3 + A_{33} u_3^2 = 0$$

und als Gleichung der Curve zweiter Ordnung in Liniencoordinaten bezeichnet wird[1]).

Dieselbe steht in einer einfachen Beziehung zu der Gleichung $f^2(x, y) - f(x, x) \cdot f(y, y) = 0$, welche nach (10) die Bedingung dafür ausdrückt, dass die Verbindungslinie zweier Punkte x und y eine Tangente der Curve $f(x, x) = 0$ sei. Sind nämlich

$$(31) \qquad u_1 = x_2 y_3 - x_3 y_2, \quad u_2 = x_3 y_1 - x_1 y_3, \quad u_3 = x_1 y_2 - x_2 y_1$$

die Coordinaten der Tangente, so müssen sich diese in (10) einführen lassen, und kann alsdann (10) von dem Ausdruck (30) nur um einen Zahlenfactor verschieden sein. Man findet in der That

$$(32) \quad f(x, x) \cdot f(y, y) - f^2(x, y) \equiv A_{11} u_1^2 + 2 A_{12} u_1 u_2 + A_{22} u_2^2 + 2 A_{13} u_1 u_3 + 2 A_{23} u_2 u_3 + A_{33} u_3^2,$$

wobei die u_i durch (31) definirt sind.

Es möge nunmehr angenommen werden, dass zwar A verschwinde, jedoch nicht sämmtliche Unterdeterminanten von A.[2])

---

1) Vgl. über diese Bezeichnungsweise die Fussnote zu (9) in § 5.

2) Es muss dann mindestens eine der drei „Hauptunterdeterminanten" A_{11}, A_{22}, A_{33} von Null verschieden sein; denn würden diese drei verschwinden, so wäre zufolge der bekannten Relationen aus der Determinantentheorie

$$A_{22} A_{33} - A_{23}^2 = A a_{11}, \quad A_{33} A_{11} - A_{31}^2 = A a_{22}, \quad A_{11} A_{22} - A_{12}^2 = A a_{33}$$

In diesem Falle lassen sich die Gleichungen (26) nicht mehr eindeutig nach den y auflösen; zu einem beliebigen Punkte y gehört dann zwar noch im allgemeinen eine bestimmte Polare u, aber zu einer beliebigen Polare nicht umgekehrt ein bestimmter Pol.

Jedoch gibt es zufolge $A = 0$ ein bestimmtes Werthsystem von $y_1 : y_2 : y_3$ (dasselbe werde mit $\eta_1 : \eta_2 : \eta_3$ bezeichnet), das die drei Gleichungen erfüllt:

$$(33) \quad \begin{cases} a_{11}\eta_1 + a_{12}\eta_2 + a_{13}\eta_3 = 0 \\ a_{21}\eta_1 + a_{22}\eta_2 + a_{23}\eta_3 = 0 \\ a_{31}\eta_1 + a_{32}\eta_2 + a_{33}\eta_3 = 0; \end{cases}$$

für diesen Punkt η wird auch die zugehörige Polare unbestimmt.

Berechnet man die Verhältnisse $\eta_1 : \eta_2 : \eta_3$ aus je zweien dieser drei Gleichungen, so ergibt sich aus der zweiten und dritten $\eta_1 : \eta_2 : \eta_3 = A_{11} : A_{12} : A_{13}$, aus der dritten und ersten $\eta_1 : \eta_2 : \eta_3 = A_{21} : A_{22} : A_{23}$, aus der ersten und zweiten $\eta_1 : \eta_2 : \eta_3 = A_{31} : A_{32} : A_{33}$, und wenn man die linken Seiten dieser drei laufenden Proportionen erweitert resp. durch η_1, η_2, η_3 und die Identitäten $A_{ik} = A_{ki}$ berücksichtigt, folgt $\eta_1^2 : \eta_1\eta_2 : \eta_2^2 : \eta_1\eta_3 : \eta_2\eta_3 : \eta_3^2 = A_{11} : A_{12} : A_{22} : A_{13} : A_{23} : A_{33}$, oder unter Anwendung eines Proportionalitätsfactors ϱ:

$$(34) \quad \begin{cases} \varrho\eta_1^2 = A_{11} & \varrho\eta_2\eta_3 = A_{23} \\ \varrho\eta_2^2 = A_{22} & \varrho\eta_3\eta_1 = A_{31} \\ \varrho\eta_3^2 = A_{33} & \varrho\eta_1\eta_2 = A_{12}. \end{cases}$$

Die Frage nach der geometrischen Bedeutung dieses ganz bestimmten Punktes η erledigt sich zugleich mit Beantwortung der Frage, wie überhaupt die Curve $f(x, x) = 0$ im Falle $A = 0$ beschaffen ist. Um dies zu erfahren, beziehen wir die Curve auf ein neues Coordinatendreieck. Da nicht alle Hauptunterdeterminanten A_{11}, A_{22}, A_{33} verschwinden sollen, sei etwa A_{33} von Null verschieden, und unter dieser Voraussetzung werde jetzt das neue Coordinatendreieck mit dem ursprünglichen verbunden durch die Relationen:

$$(35) \quad \begin{cases} x_1' = x_1 - \dfrac{A_{13}}{A_{33}} x_3 & \qquad x_1 = x_1' + \dfrac{A_{13}}{A_{33}} x_3 \\ x_2' = x_2 - \dfrac{A_{23}}{A_{33}} x_3 & \text{oder } x_2 = x_2' + \dfrac{A_{23}}{A_{33}} x_3 \\ x_3' = x_3 & \qquad x_3 = \qquad \dfrac{A_{33}}{A_{33}} x_3. \end{cases}$$

---

wegen $A = 0$ auch $A_{23} = A_{31} = A_{12} = 0$, was ausgeschlossen sein sollte. Ausserdem erkennt man, dass im Falle $A = 0$ die drei Hauptunterdeterminanten gleiches Vorzeichen besitzen.

Mit Benutzung der Relation

$$a_{i1}A_{k1} + a_{i2}A_{k2} + a_{i3}A_{k3} = 0 \text{ für } i \gtrless k$$

erhält man alsdann

$$\frac{1}{2}f'(x_1) \equiv a_{11}x_1 + a_{12}x_2 + a_{13}x_3 = a_{11}x_1' + a_{12}x_2'$$

$$\frac{1}{2}f'(x_2) \equiv a_{21}x_1 + a_{22}x_2 + a_{23}x_3 = a_{21}x_1' + a_{22}x_2'$$

$$\frac{1}{2}f'(x_3) \equiv a_{31}x_1 + a_{32}x_2 + a_{33}x_3 = a_{31}x_1' + a_{32}x_2' + \frac{A}{A_{33}}x_3,$$

und die Gleichung unseres Kegelschnitts

$$f(x,x) \equiv \frac{1}{2}\{f'(x_1)\cdot x_1 + f'(x_2)\cdot x_2 + f'(x_3)\cdot x_3\} = 0$$

verwandelt sich durch die Transformation (35) in

$$(36) \qquad a_{11}x_1'^2 + 2a_{12}x_1'x_2' + a_{22}x_2'^2 + \frac{A}{A_{33}}x_3^2 = 0.$$

Diese Gleichung enthält im Falle $A = 0$ nur noch die zwei Variabeln x_1' und x_2', in denen sie homogen ist, lässt sich daher sofort in zwei Factoren zerfällen, so dass sie von der Form wird

$$(37) \qquad a_{11}(x_1' - \alpha x_2')(x_1' - \beta x_2') = 0.$$

Da aber jeder dieser Factoren eine Gerade darstellt, die durch den Punkt $x_1' = x_2' = 0$ geht, artet im Falle $A = 0$ der Kegelschnitt in ein Geradenpaar aus, das den Punkt $x_1' = x_2' = 0$ zum Schnittpunkt oder zur Spitze hat, und aus den Gleichungen (35) folgt sofort, dass diese Spitze, auf das ursprüngliche Dreieck bezogen, die Coordinaten hat $x_1 : x_2 : x_3 = A_{13} : A_{23} : A_{33}$, also mit dem oben betrachteten Punkte η identisch ist[1]). Wir können daher sagen:

(38) Sobald die Determinante A des Kegelschnitts $f(x,x) = 0$ verschwindet, zerfällt derselbe in ein Geradenpaar[2]).

(39) Man kann auch umgekehrt zeigen, dass die Determinante A verschwindet, wenn der Kegelschnitt aus einem Geradenpaar besteht.

---

1) Uebrigens ist die Spitze des Geradenpaares zugleich der Mittelpunkt desselben, denn ihre Coordinaten erfüllen die Gleichungen $\frac{f'(\eta_1)}{p_1} = \frac{f'(\eta_2)}{p_2} = \frac{f'(\eta_3)}{p_3}$, aus denen, wie wir oben sahen, die Coordinaten des Mittelpunktes zu berechnen wären; im vorliegenden Fall ist Null der gemeinsame Werth der drei Quotienten.

2) In dem zu vorliegendem Paragraphen gehörigen Theile des Anhangs sind die beiden Geraden einzeln dargestellt. Die Frage nach dem Winkel, den zwei durch $f(x, x) = 0$ dargestellte Geraden mit einander bilden, wird in § 7 beantwortet.

Sind nämlich $U = 0$, $V = 0$ die Gleichungen der beiden Geraden, so ist $f(x, x) \equiv UV$, daher

$$(40) \qquad f'(x_i) \equiv U\frac{\partial V}{\partial x_i} + V\frac{\partial U}{\partial x_i} \quad (i = 1, 2, 3)$$

und wenn man hier für die x die Coordinaten η des Schnittpunktes der beiden Geraden U und V einsetzt, erhält man an Stelle der $f'(x_i)$ die in (33) links stehenden Ausdrücke, während die rechten Seiten von (40) für die Coordinaten des Schnittpunktes verschwinden. Die Gleichungen (33) können aber nach einem bekannten Satze der Determinantentheorie nur dann zusammen bestehen, wenn ihre Determinante, die mit A identisch ist, verschwindet.

Wir betrachten nunmehr den Fall, dass in der Determinante A der Curve $f(x,x) = 0$ auch sämmtliche Unterdeterminanten A_{ik} verschwinden. Es soll jedoch mindestens einer der drei Coefficienten a_{11}, a_{22}, a_{33} von Null verschieden sein, denn für $a_{11} = a_{22} = a_{33} = 0$ müsste wegen $A_{11} = A_{22} = A_{33} = 0$ auch $a_{23} = a_{31} = a_{12} = 0$ sein. Wir dürfen deshalb annehmen, es sei etwa $a_{11} \gtrless 0$ und multipliciren nun die Gleichung (1) der Curve mit a_{11}; unter Rücksicht darauf, dass $a_{11}a_{22} = a_{12}^2$, $a_{11}a_{33} = a_{13}^2$, $a_{22}a_{33} = a_{23}^2$, verwandelt sich dann (1) in

$$(41) \qquad (a_{11}x_1 + a_{12}x_2 + a_{13}x_3)^2 = 0,$$

woraus folgt, dass der Kegelschnitt (1) im gegenwärtigen Fall eine doppelt zu zählende Gerade darstellt.

Ist umgekehrt $f(x, x)$ das Quadrat eines linearen Ausdrucks, so verschwinden alle Unterdeterminanten A_{ik}, denn für

$$f(x\,x) \equiv (\alpha_1 x_1 + \alpha_2 x_2 + \alpha_3 x_3)^2 = 0$$

wird $a_{ik} = \alpha_i \alpha_k$, und eine beliebige Unterdeterminante $\begin{vmatrix} a_{il} & a_{im} \\ a_{kl} & a_{km} \end{vmatrix}$ erhält daher den Werth $\alpha_i \alpha_k \begin{vmatrix} \alpha_l & \alpha_m \\ \alpha_l & \alpha_m \end{vmatrix}$, welcher identisch Null ist.

Man kann somit sagen:

(42) Wenn sämmtliche Unterdeterminanten A_{ik} der Determinante A einer Curve zweiter Ordnung verschwinden, reducirt sich die Curve auf eine doppelt zu zählende Gerade (Doppelgerade), und umgekehrt.

Wir wollen jetzt die Beantwortung einer Frage wieder aufnehmen, die gelegentlich der Einführung des Mittelpunktes z eines Kegelschnitts berührt wurde; es hatte sich in (25) gezeigt, dass auch bei Curven mit Mittelpunktslinie die Grösse $\frac{\mu}{p_z} (= \varkappa)$ einen ganz bestimmten Werth besitzt, und es handelt sich nun darum, die Bestimmung dieses Werthes wirklich durchzuführen. Die Auflösung der Gleichungen

$$(43)\quad \begin{cases} \frac{1}{2}f'(z_1) = \mu p_1, \quad \frac{1}{2}f'(z_2) = \mu p_2, \quad \frac{1}{2}f'(z_3) = \mu p_3, \\ p_1 z_1 + p_2 z_2 + p_3 z_3 = \frac{\mu}{\varkappa}, \end{cases}$$

denen die Coordinaten z_1, z_2, z_3 des Mittelpunktes genügen, ergibt

$$(44)\quad A \cdot z_i = \mu(A_{i1}p_1 + A_{i2}p_2 + A_{i3}p_3),$$

woraus folgt

$$\begin{aligned} Ap_z &= \mu\,\{A_{11}p_1^2 + 2A_{12}p_1p_2 + A_{22}p_2^2 + 2A_{13}p_1p_3 + 2A_{23}p_2p_3 + A_{33}p_3^2\} \\ &= \mu \cdot F(p,p), \end{aligned}$$

daher

$$(45)\quad \frac{\mu}{p_z} = \frac{A}{F(p,p)}.$$

Wenn nun A und $F(p,p)$ verschwinden, ist von den drei Gleichungen (43) je eine die Folge der beiden anderen (vgl. 2), S. 25). Lassen wir daher die erste dieser Gleichungen ganz ausser Acht und ersetzen sie durch $u_1z_1 + u_2z_2 + u_3z_3 = 0$, wo u_1, u_2, u_3 beliebige Zahlen bedeuten, die jedoch den p_i nicht proportional sein sollen, so erhält man in gleicher Weise wie oben

$$(46)\quad \frac{\mu}{p_z} = \frac{A_{11}u_1 + A_{12}u_2 + A_{13}u_3}{\begin{vmatrix} a_{21} & a_{22} & a_{23} & p_2 \\ a_{31} & a_{32} & a_{33} & p_3 \\ p_1 & p_2 & p_3 & 0 \\ u_1 & u_2 & u_3 & 0 \end{vmatrix}},$$

wo für den Nenner auch $\frac{\partial F(p,p)}{\partial a_{11}}u_1 + \frac{\partial F(p,p)}{\partial a_{12}}u_2 + \frac{\partial F(p,p)}{\partial a_{13}}u_3$ gesetzt werden kann.

Zwei ähnliche Gleichungen wie (46) ergeben sich, wenn man in dem System (43) die zweite, resp. dritte Gleichung durch $u_1z_1 + u_2z_2 + u_3z_3 = 0$ ersetzt, nämlich:

$$(46a)\quad \begin{cases} \frac{\mu}{p_z} = \frac{A_{21}u_1 + A_{22}u_2 + A_{23}u_3}{\frac{\partial F(p,p)}{\partial a_{21}}u_1 + \frac{\partial F(p,p)}{\partial a_{22}}u_2 + \frac{\partial F(p,p)}{\partial a_{23}}u_3} \\ \text{und } \frac{\mu}{p_z} = \frac{A_{31}u_1 + A_{32}u_2 + A_{33}u_3}{\frac{\partial F(p,p)}{\partial a_{31}}u_1 + \frac{\partial F(p,p)}{\partial a_{32}}u_2 + \frac{\partial F(p,p)}{\partial a_{33}}u_3}. \end{cases}$$ [1]

1) Setzt man von den willkürlichen u_i je zwei gleich Null, das dritte gleich 1, so entsteht $\mu : p_z = A_{11} : \frac{\partial F}{\partial a_{11}} = A_{12} : \frac{\partial F}{\partial a_{12}} = \cdots = A_{33} : \frac{\partial F}{\partial a_{33}}$.

Endlich erhält man aus den drei Gleichungen (46) und (46a) unter Anwendung eines elementaren Satzes aus der Lehre von den Proportionen:

$$(47)\quad \frac{\mu}{p_z} = \frac{A_{11}u_1^2 + 2A_{12}u_1u_2 + A_{22}u_2^2 + 2A_{13}u_1u_3 + 2A_{23}u_2u_3 + A_{33}u_3^2}{\begin{vmatrix} a_{11} & a_{12} & a_{13} & p_1 & u_1 \\ a_{21} & a_{22} & a_{23} & p_2 & u_2 \\ a_{31} & a_{32} & a_{33} & p_3 & u_3 \\ p_1 & p_2 & p_3 & 0 & 0 \\ u_1 & u_2 & u_3 & 0 & 0 \end{vmatrix}},$$

und hier ist $\frac{\mu}{p_z}$ für beliebige Werthe der u_i bestimmt, auch wenn A und $F(p, p)$ verschwinden.

Zwei Sehnen, die durch den Mittelpunkt des Kegelschnitts gehen und zu einander conjugirt sind (vgl. S. 26), bilden mit der unendlich fernen Geraden ein Dreieck, zu dessen wahrer projectiver Verallgemeinerung wir nun übergehen wollen.

Auf Grund des Satzes (16) liegen alle vierten harmonischen Punkte zu einem festen Punkte y und zu den Schnittpunkten der durch y gezogenen Strahlen mit der Curve zweiter Ordnung $f(x, x) = 0$ auf einer Geraden, der Polare des Punktes y. Die Gleichung derselben war $f(x, y) = 0$. Man nennt nun überhaupt zwei Punkte x und y, die zu den Schnittpunkten ihrer Verbindungslinie mit einer Curve zweiter Ordnung harmonisch liegen, conjugirte oder harmonische Pole in Bezug auf die Curve; die Bedingung, dass x und y solche Pole seien, ist $f(x, y) = 0$. Der eine Pol liegt immer auf der Polare des anderen. Offenbar gilt auch der Satz:

(48) Die einzelnen Paare conjugirter Pole, die derselben Punktreihe angehören, bilden eine Involution; die Doppelpunkte der Involution sind die der Curve zweiter Ordnung angehörigen Punkte der Reihe.

Drei Punkte, von denen je zwei harmonische Pole in Bezug auf dieselbe Curve zweiter Ordnung sind, bestimmen ein Dreieck, das man als Poldreieck zu bezeichnen pflegt. Wir behaupten nun:

(49) Für eine gegebene Curve zweiter Ordnung gibt es dreifach unendlich viele Poldreiecke.

Denn zunächst ist eine Ecke dieses Dreiecks willkürlich gewählt, ihre Bestimmung hängt jedoch von zwei Constanten, nämlich von zwei Verhältnissen ihrer Coordinaten ab; durch diese erste Ecke ist die Gegenseite als Polare festgelegt, hingegen kann auf dieser Polare die zweite Ecke beliebig gewählt werden, wozu noch eine Constante erforderlich ist. Alsdann aber ist das Dreieck festgelegt, denn die Polare dieser zweiten Ecke schneidet auf der Polare der ersten die dritte Ecke aus; die Willkürlichkeit ist daher in der That eine dreifache.

Ferner gilt der Satz:

(50) Bezieht man eine Curve zweiter Ordnung auf ein Poldreieck als Coordinatendreieck, so kann ihre Gleichung nur noch die Quadrate der Variabeln enthalten.

Für die Polare eines beliebigen Punktes y hat man nämlich die in (3) ausführlich angegebene Gleichung $f(x, y) = 0$; lässt man y etwa in die Ecke $x_1 = x_2 = 0$ des Coordinatendreiecks rücken, so wird die zugehörige Polare $a_{31}x_1 + a_{32}x_2 + a_{33}x_3 = 0$. Diese muss nun mit der Gegenseite $x_3 = 0$ der Ecke $x_1 = x_2 = 0$ zusammenfallen, falls das Dreieck ein Poldreieck sein soll, d. h. es müssen a_{31} und a_{32} wegfallen, wodurch man als Gleichung der Curve erhält

$$a_{11}x_1^2 + 2a_{12}x_1x_2 + a_{22}x_2^2 + a_{33}x_3^2 = 0.$$

Verfährt man in solcher Weise auch bei den übrigen Ecken, so zeigt sich, dass überhaupt die Glieder mit a_{12}, a_{31}, a_{23} wegfallen. Die Gleichung einer auf ein Poldreieck bezogenen Curve zweiter Ordnung lautet daher

(51) $$a_{11}x_1^2 + a_{22}x_2^2 + a_{33}x_3^2 = 0,$$

sie enthält nur noch die Quadrate.

Offenbar gilt auch die Umkehrung des Satzes (50):

(52) Enthält die Gleichung einer Curve zweiter Ordnung nur die Quadrate der Variabeln, so kann dieselbe als auf ein Poldreieck bezogen angesehen werden.

Es möge zum Schlusse die Bestimmung der Coordinaten der Schnittpunkte einer Geraden mit einer Curve zweiter Ordnung in andrer Weise erfolgen als zu Anfang dieses Paragraphen.

Sei $f(x, x) = 0$ die Gleichung der Curve, $u_1x_1 + u_2x_2 + u_3x_3 = 0$ oder, wie wir häufig kürzer setzen werden, $u_x = 0$ diejenige der Geraden und sind x_1, x_2, x_3 die Coordinaten eines der gesuchten Schnittpunkte, also $x_1v_1 + x_2v_2 + x_3v_3 = 0$ dessen Gleichung in Liniencoordinaten v_i, so erhält man die Bedingung für die Coordinaten einer durch einen Schnittpunkt gehenden Geraden $v_x = 0$, wenn es gelingt, aus den drei Gleichungen $f(x, x) = 0$, $u_x = 0$, $v_x = 0$ eine Combination abzuleiten, welche die x nicht mehr enthält. Diese Combination stellt das Product der beiden Schnittpunkte dar, wenn sie in den v vom zweiten Grade wird.

In Folge von $x_1 : x_2 : x_3 = (u_2v_3 - u_3v_2) : (u_3v_1 - u_1v_3) : (u_1v_2 - u_2v_1)$ erhält man sofort für das Product der beiden Schnittpunkte die Gleichung[1])

1) Die der Kürze halber in (53) nur durch Punkte angedeuteten Glieder

(53) $a_{11}(u_2v_3-u_3v_2)^2+\cdots+2a_{23}(u_3v_1-u_1v_3)(u_1v_2-u_2v_1)+\cdots=0,$
wofür man auch setzen kann

$$(53\text{a})\qquad \binom{uv}{uv}\equiv\begin{vmatrix} a_{11} & a_{12} & a_{13} & u_1 & v_1\\ a_{21} & a_{22} & a_{23} & u_2 & v_2\\ a_{31} & a_{32} & a_{33} & u_3 & v_3\\ u_1 & u_2 & u_3 & 0 & 0\\ v_1 & v_2 & v_3 & 0 & 0\end{vmatrix}=0\ ^{1)}.$$

Falls der Kegelschnitt $f(x,x)=0$ von $u_x=0$ in zwei zusammenfallenden Punkten getroffen wird, stellt (53a) den betreffenden Punkt doppelt zählend dar. Sollte ferner (53a) für alle Werthe der v_i $(i=1,2,3)$ befriedigt werden, so würde jede Gerade $v_x=0$ der Ebene durch einen Schnittpunkt von $f(x,x)=0$ und $u_x=0$ gehen, d. h. die Gerade $u_x=0$ würde einen Theil des alsdann ausgearteten Kegelschnitts bilden.

Die Gleichung der Schnittpunkte von $f(x,x)=0$ mit der Seite $x_1=0$ des Coordinatendreiecks erhält man aus (53a) durch die Substitution $u_1=1$, $u_2=u_3=0$ in der Gestalt

$$(54)\qquad a_{33}v_2^2-2a_{23}v_2v_3+a_{22}v_3^2=0;$$

die Schnittpunkte mit den Seiten $x_2=0$ und $x_3=0$ sind analog gegeben durch

$$(54)\quad a_{33}v_1^2-2a_{31}v_1v_3+a_{11}v_3^2=0 \text{ und } a_{22}v_1^2-2a_{12}v_1v_2+a_{11}v_2^2=0.$$

Die beiden in (53a) enthaltenen Factoren lassen sich übrigens auch einzeln darstellen, und zwar in folgender Weise:

Sind s_1, s_2, s_3 drei willkürlich gewählte Grössen, so besteht, wie in der Determinantentheorie gezeigt wird, die Relation

$$(55)\qquad \binom{us}{us}\binom{uv}{uv}=\binom{u}{u}\binom{usv}{usv}+\binom{us}{uv}^2;$$

---

ergeben sich aus dem den Punkten vorausgehenden vollständig angegebenen Gliede durch cyklische Vertauschung der Indices.

1) Die durch „Rändern" mit zwei Reihen von Grössen u_i resp. v_i $(i=1,2,3)$ aus A hervorgehende Determinante werde kurz durch $\binom{uv}{uv}$ bezeichnet; wird A auf der einen Seite mit den u, auf der anderen mit den v gerändert, so sei dies kurz durch $\binom{u}{v}$ bezeichnet, während $\binom{uvw}{uvw}$ ausdrückt, dass die Determinante A mit drei Reihen von Grössen u_i, v_i, w_i $(i=1,2,3)$ gerändert ist. Wird eine andere Determinante, z. B. eine aus Elementen b_{ik} zusammengesetzte Determinante gerändert, so werde dies, um Verwechselung zu vermeiden, durch Zufügen des Index b_{ik} bezeichnet; so bedeutet z. B. $\binom{u}{u}_{b_{ik}}$, dass die Determinante der b_{ik} mit je einer Reihe von Elementen u_1, u_2, u_3 gerändert ist.

da nun $\binom{u\,s\,v}{u\,s\,v} = -\sum \pm (u_1 s_2 v_3)^2$, so hat man

$$\binom{u\,s}{u\,s}\binom{u\,v}{u\,v} = -\binom{u}{u}\sum \pm (u_1 s_2 v_3)^2 + \binom{u\,s}{u\,v}^2 \text{ oder auch}$$

$$(56)\qquad \binom{u\,s}{u\,s}\binom{u\,v}{u\,v} = \left\{\binom{u\,s}{u\,v} + \sqrt{\binom{u}{u}}\cdot\sum \pm (u_1 s_2 v_3)\right\}$$
$$\cdot\left\{\binom{u\,s}{u\,v} - \sqrt{\binom{u}{u}}\cdot\sum \pm (u_1 s_2 v_3)\right\}\ ^{1)}.$$

Hiermit sind die Factoren von $\binom{u\,v}{u\,v}$ gegeben, wobei s_1, s_2, s_3 beliebige Grössen bezeichnen, die nur den u_1, u_2, u_3 nicht proportional sein dürfen.

Eine andere Methode zur Bestimmung der Schnittpunkte einer Geraden und einer Curve zweiter Ordnung ist die folgende[2]). Wenn die Curve dargestellt ist durch $f(x, x) = 0$ oder nach (6) durch $f_1 x_1 + f_2 x_2 + f_3 x_3 = 0$, die Gerade durch $u_1 x_1 + u_2 x_2 + u_3 x_3 = 0$, so folgen aus beiden Gleichungen zur Berechnung der Coordinaten x_1, x_2, x_3 der Schnittpunkte die drei in den x linearen Gleichungen

$$(57)\qquad \varrho x_1 = f_2 u_3 - f_3 u_2,\quad \varrho x_2 = f_3 u_1 - f_1 u_3,\quad \varrho x_3 = f_1 u_2 - f_2 u_1,$$

in denen ϱ einen noch zu bestimmenden Proportionalitätsfactor bedeutet. Um ϱ zu finden, substituiren wir die Werthe (57) in die Gleichung $x_1 v_1 + x_2 v_2 + x_3 v_3 = 0$ eines der Schnittpunkte und erhalten so:

$$(58)\qquad \varrho(x_1 v_1 + x_2 v_2 + x_3 v_3) = \sum \pm (f_1 u_2 v_3).$$

Für das Quadrat $\varrho^2(x_1 v_1 + x_2 v_2 + x_3 v_3)^2$ folgt hieraus eine Darstellung in Form einer Determinante sechsten Grades

$$\varrho^2(x_1 v_1 + x_2 v_2 + x_3 v_3)^2 = -\begin{vmatrix} a_{11} & a_{12} & a_{13} & f_1 & u_1 & v_1 \\ a_{21} & a_{22} & a_{23} & f_2 & u_2 & v_2 \\ a_{31} & a_{32} & a_{33} & f_3 & u_3 & v_3 \\ f_1 & f_2 & f_3 & 0 & 0 & 0 \\ u_1 & u_2 & u_3 & 0 & 0 & 0 \\ v_1 & v_2 & v_3 & 0 & 0 & 0 \end{vmatrix}.$$

Wird hier die erste Verticalreihe mit x_1, die zweite mit x_2, die dritte mit x_3 multiplicirt und werden diese Reihen von der vierten

1) Vgl. Gundelfinger: „Intorno ad alcune formole della teoria delle curve di secondo e terzo ordine". Annali di Matematica, Serie II, Bd. 5, S. 225. 1872.

2) Diese Methode hat Aronhold gegeben in einer Abhandlung über die Integration irrationaler Differentiale, Journal für die reine und angewandte Mathematik, Bd. 61, S. 103 f., 1862.

subtrahirt, verfährt man hierauf in gleicher Weise mit den Horizontalreihen und beachtet, dass für die Coordinaten x_1, x_2, x_3 eines Schnittpunktes sowohl $f(x, x)$ als u_x verschwinden, so wird

$$\varrho^2(x_1v_1+x_2v_2+x_3v_3)^2 = -\begin{vmatrix} a_{11} & a_{12} & a_{13} & 0 & u_1 & v_1 \\ a_{21} & a_{22} & a_{23} & 0 & u_2 & v_2 \\ a_{31} & a_{32} & a_{33} & 0 & u_3 & v_3 \\ 0 & 0 & 0 & 0 & 0 & -v_x \\ u_1 & u_2 & u_3 & 0 & 0 & 0 \\ v_1 & v_2 & v_3 & -v_x & 0 & 0 \end{vmatrix} = (x_1v_1+x_2v_2+x_3v_3)^2\binom{u}{u},$$

daher

$$(59)\quad \varrho^2 = \binom{u}{u} = -(A_{11}u_1^2 + 2A_{12}u_1u_2 + A_{22}u_2^2 + 2A_{13}u_1u_3 + 2A_{23}u_2u_3 + A_{33}u_3^2)$$

oder

$$(60)\qquad \varrho = \pm\sqrt{-F(u,u)},$$

wenn zur Abkürzung gesetzt wird

$$(61)\qquad F(u, u) \equiv \sum_1^3{}^i \sum_1^3{}^k A_{ik}u_iu_k.$$

Man hat nun die beiden Hauptfälle zu unterscheiden:

$$1)\ \varrho \gtrless 0, \qquad 2)\ \varrho = 0.$$

1) Im allgemeineren Falle $\varrho \gtrless 0$ erhält man, entsprechend den zwei verschiedenen Werthen von ϱ, mit Hilfe der Gleichungen (57) zwei verschiedene Punkte, die dem Kegelschnitt und der Geraden gemeinsam sind, und zwar sind dieselben reell oder imaginär, je nachdem $F(u, u)$ negativ oder positiv ist[1]).

2) Wenn $\varrho = 0$, kann die Gerade $u_x = 0$ mit der Curve

a) zwei zusammenfallende Punkte,

b) unendlich viele Punkte

gemeinsam haben, ist also entweder (a) eine Tangente der Curve (im eigentlichen oder uneigentlichen Sinne) oder (b), sie bildet einen Theil der Curve.

Die Gleichungen (57) verwandeln sich im Falle 2) in

$$(62)\qquad \frac{f_1}{u_1} = \frac{f_2}{u_2} = \frac{f_3}{u_3}, \quad \text{wobei } f_i = \frac{1}{2}f'(x_i),$$

1) Sind u_1, u_2, u_3 die Coordinaten der Verbindungslinie zweier Punkte y und z, so kann man setzen $u_1 = y_2z_3 - y_3z_2$, $u_2 = y_3z_1 - y_1z_3$, $u_3 = y_1z_2 - y_2z_1$; nach (32) ist alsdann $f(y, y) \cdot f(z, z) - f^2(y, z) = F(u, u)$, daher $f(y, y) \cdot f(z, z) = f^2(y, z) + F(u, u)$. Wenn nun die Gerade u die Curve in imaginären Punkten trifft, ist $F(u, u)$, somit auch $f(y, y) \cdot f(z, z)$ positiv, es müssen daher in diesem Falle die Ausdrücke $f(y, y)$ und $f(z, z)$ gleiche Vorzeichen haben.

und diese zwei Gleichungen ergeben entweder einen einzigen Schnittpunkt oder unendlich viele (die Gerade $u_x = 0$ selbst).

Im Falle a) setze man $f_i = \sigma u_i$ $(i = 1, 2, 3)$, wo σ einen Proportionalitätsfactor bedeutet, und für beliebige y_i wird

(63) $$f_1 y_1 + f_2 y_2 + f_3 y_3 = \sigma(u_1 y_1 + u_2 y_2 + u_3 y_3).$$

Da die y_i beliebig sind, kann man für sie auch die Coordinaten irgend eines auf der Geraden $u_x = 0$ gelegenen Punktes wählen, also bei völlig willkürlichen Werthen der w_i setzen $y_1 = u_2 w_3 - u_3 w_2$, $y_2 = u_3 w_1 - u_1 w_3$, $y_3 = u_1 w_2 - u_2 w_1$. Die Coordinaten x_i des gemeinschaftlichen Punktes der Curve $f(x, x) = 0$ und der Geraden $u_x = 0$ ergeben sich nun aus den zwei linearen Gleichungen:

(64) $$f'(x_1) y_1 + f'(x_2) y_2 + f'(x_3) y_3 = 0 \text{ und } u_1 x_1 + u_2 x_2 + u_3 x_3 = 0,$$

oder unter Beibehaltung der völlig willkürlichen w_i aus:

(65) $$\sum \pm (f'(x_1) u_2 w_3) = 0 \text{ und } u_1 x_1 + u_2 x_2 + u_3 x_3 = 0.$$

Im Falle b) gehört jeder Punkt der Geraden $u_x = 0$ dem Kegelschnitt an; da nun ein solcher Punkt Coordinaten von der Form besitzt $x_1 = u_2 w_3 - u_3 w_2$, $x_2 = u_3 w_1 - u_1 w_3$, $x_3 = u_1 w_2 - u_2 w_1$ bei völlig willkürlichen Werthen der w_i, so ergibt sich als nothwendige und ausreichende Bedingung für diesen Fall

(66) $$\binom{u\,w}{u\,w} \equiv 0,$$

wie auch bereits S. 34 auf andere Weise gefunden wurde.

Umgekehrt sagt diese Bedingung aus, dass jeder Punkt von $u_x = 0$ dem Kegelschnitt angehört, also die Gerade einen Theil desselben bildet.

Es werde noch bemerkt, dass man im Falle 2a) für die Coordinaten des gemeinsamen Punktes aus (64) erhält

$$x_1 : x_2 : x_3 = (f'(y_2) u_3 - f'(y_3) u_2) : (f'(y_3) u_1 - f'(y_1) u_3) : (f'(y_1) u_2 - f'(y_2) u_1),$$[1]

die Gleichung $x_1 v_1 + x_2 v_2 + x_3 v_3 = 0$ dieses Punktes wird daher

(67) $$\sum \pm (f'(y_1) u_2 v_3) = 0,$$

oder auch

(67a) $$\begin{vmatrix} a_{11} & a_{12} & a_{13} & u_1 & v_1 \\ a_{21} & a_{22} & a_{23} & u_2 & v_2 \\ a_{31} & a_{32} & a_{33} & u_3 & v_3 \\ u_1 & u_2 & u_3 & 0 & 0 \\ w_1 & w_2 & w_3 & 0 & 0 \end{vmatrix} = 0, \text{ d. h. } \binom{u\,v}{u\,w} = 0,$$

bei völlig willkürlichen Werthen der w_i.

---

1) In der ersten Gleichung (64) wurden die x_i und y_i mit einander vertauscht.

Sollte der Ausdruck (67) für alle Werthe der y_i identisch verschwinden (also auch für solche Werthe, welche $u_y = 0$ nicht erfüllen), so würde $f(x, x) = 0$ mit der Doppelgeraden $u_x \cdot u_x = 0$ identisch sein.

Wir wollen im Anschluss an (66) die wichtige Aufgabe lösen: Wenn $f(x, x) = 0$ die Gleichung einer in ein Geradenpaar zerfallenen Curve zweiter Ordnung ist und $u_x = 0$ die eine Gerade des Paares darstellt, die Gleichung der anderen Geraden zu bilden.

Jedenfalls geht jede Gerade $v_x = 0$ der Ebene durch einen Schnittpunkt von $f(x, x) = 0$ mit $u_x = 0$ hindurch; die in (53a) abgeleitete Gleichung $\binom{uv}{uv} = 0$ des Schnittpunktepaares wird nun für beliebige Werthe der v erfüllt, und wir können daher setzen $v_1 = x_2 y_3 - x_3 y_2$, $v_2 = x_3 y_1 - x_1 y_3$, $v_3 = x_1 y_2 - x_2 y_1$, wobei die y_i ganz willkürlich sind, jedoch $u_y = 0$ nicht erfüllen dürfen. Es wird

$$a_{11}(u_2 v_3 - u_3 v_2) + a_{12}(u_3 v_1 - u_1 v_3) + a_{13}(u_1 v_2 - u_2 v_1)$$
$$= \begin{vmatrix} a_{11} & a_{12} & a_{13} \\ u_1 & u_2 & u_3 \end{vmatrix} \begin{vmatrix} x_1 & x_2 & x_3 \\ y_1 & y_2 & y_3 \end{vmatrix} = \frac{1}{2} f'(x_1) \cdot u_y - \frac{1}{2} f'(y_1) \cdot u_x ,$$
$$u_2 v_3 - u_3 v_2 = x_1 u_y - y_1 u_x ,$$

also

$$(68) \qquad \binom{uv}{uv} = f(x, x) \cdot u_y^2 - 2 f(x, y) \cdot u_x \cdot u_y + f(y, y) \cdot u_x^2 \equiv 0.$$

Hieraus folgt

$$(69) \qquad f(x, x) \cdot u_y^2 \equiv \{2 f(x, y) \cdot u_y - f(y, y) \cdot u_x\} u_x = 0,$$

womit als Gleichung der zweiten Geraden des Paares $f(x, x) = 0$ gefunden ist

$$(70) \qquad 2 f(x, y) \cdot u_y - f(y, y) \cdot u_x = 0.$$

Besonders einfach wird die Rechnung natürlich, wenn man für die y_i die Coordinaten einer Ecke des Coordinatendreiecks wählt; nur ist dabei zu beachten, dass man keine solche Ecke wählt, welche eventuell auf $u_x = 0$ liegt.

§ 5.

Die Curven zweiter Classe.

Nachdem im vorhergehenden Paragraphen der geometrische Ort aller Punkte untersucht wurde, deren Coordinaten x_1, x_2, x_3 einer Gleichung zweiten Grades in x_1, x_2, x_3 genügen, wollen wir nun fragen, welche Eigenschaft alle geraden Linien besitzen, deren Coordinaten

u_1, u_2, u_3 einer Gleichung zweiten Grades

$$(1)\qquad \varphi(u, u) \equiv \alpha_{11}u_1^2 + 2\alpha_{12}u_1u_2 + \alpha_{22}u_2^2 + 2\alpha_{13}u_1u_3 + 2\alpha_{23}u_2u_3 + \alpha_{33}u_3^2 = 0$$

genügen.

Während man sich die Curve $f(x, x) = 0$ entstanden denken kann durch Bewegung eines Punktes x, der die Curve beschreibt, stellt jedenfalls $\varphi(u, u) = 0$ ein Gebilde dar, das umhüllt wird von allen Geraden, deren Coordinaten u_i der Gleichung $\varphi(u, u) = 0$ genügen. Man nennt dieses Gebilde eine Curve zweiter Classe.

Wird (1) der analogen algebraischen Behandlung unterworfen wie $f(x, x) = 0$ im vorhergehenden Paragraphen, so gelangt man zu Sätzen, die den früheren über Curven zweiter Ordnung entsprechen, es findet ein vollständiger Dualismus statt, indem jedem Satze über Curven zweiter Ordnung „dualistisch" ein Satz über Curven zweiter Classe entspricht. Es ist demnach auch unnöthig diese dualistischen Sätze besonders abzuleiten, sie gehen aus den früheren hervor, indem man dort auftretende Punkte durch gerade Linien und umgekehrt gerade Linien durch Punkte ersetzt. Insbesondere ist die Verbindungslinie zweier Punkte nunmehr zu ersetzen durch den Schnittpunkt zweier Geraden, ein Punkt der Curve $f(x, x) = 0$ durch eine Tangente der Curve $\varphi(u, u) = 0$; an Stelle der Schnittpunkte einer Geraden mit einer Curve zweiter Ordnung treten die Tangenten, welche von einem Punkte an die Curve zweiter Classe gezogen werden können.

Wie bei Curven zweiter Ordnung sind auch jetzt zwei Hauptfälle zu unterscheiden, je nachdem nämlich die Discriminante

$$(2)\qquad \mathsf{A} \equiv \begin{vmatrix} \alpha_{11} & \alpha_{12} & \alpha_{13} \\ \alpha_{21} & \alpha_{22} & \alpha_{23} \\ \alpha_{31} & \alpha_{32} & \alpha_{33} \end{vmatrix}, \quad \alpha_{ik} = \alpha_{ki},$$

von Null verschieden oder gleich Null ist.

Wir behaupten, dass im Falle $\mathsf{A} \gtrless 0$ jede Gerade, deren Coordinaten u_i die Gleichung $\varphi(u, u) = 0$ befriedigen, Tangente des Kegelschnitts ist, dessen Gleichung in Punktcoordinaten lautet:

$$(3)\qquad \Phi(x, x) \equiv \mathsf{A}_{11}x_1^2 + 2\mathsf{A}_{12}x_1x_2 + \mathsf{A}_{22}x_2^2 + 2\mathsf{A}_{13}x_1x_3 + 2\mathsf{A}_{23}x_2x_3 + \mathsf{A}_{33}x_3^2 = 0\ ^{1)}.$$

Leitet man nämlich die Gleichung in Liniencoordinaten ab, welche

1) Es werde noch bemerkt, dass im Folgenden für das Functionszeichen und die Coefficienten der Gleichung einer gegebenen Curve zweiter Ordnung meistens kleine lateinische Buchstaben, für die Coefficienten der zugehörigen Gleichung in Liniencoordinaten grosse lateinische Buchstaben gewählt werden sollen. Ferner

der Curve (3) zugehört, so ergibt sich nach (30) in § 4 und mit Benutzung bekannter Relationen aus der Determinantentheorie, wie z. B.

$$A_{22}A_{33} - A_{23}^2 = A\alpha_{11}, \quad A_{13}A_{23} - A_{12}A_{33} = A\alpha_{12},$$

u. s. w., das Resultat

$$(4) \quad A(\alpha_{11}u_1^2 + 2\alpha_{12}u_1u_2 + \alpha_{22}u_2^2 + 2\alpha_{13}u_1u_3 + 2\alpha_{23}u_2u_3 + \alpha_{33}u_3^2) = 0$$

oder $\varphi(u, u) = 0$, da $A \gtrless 0$ vorausgesetzt wurde.

Auf Grund dieser Thatsache und des analogen im vorhergehenden Paragraphen erhaltenen Resultates kann man sagen:

(5) Eine nicht ausartende Curve zweiter Classe kann immer auch betrachtet werden als eine Curve zweiter Ordnung, die nicht ausartet, und umgekehrt.

Im Falle $A = 0$ ist uns aus § 4 bekannt, dass der Ausdruck (1) in zwei lineare Factoren zerfallen muss, die von einander verschieden oder einander gleich sind, je nachdem auch nur eine der drei „Hauptunterdeterminanten" A_{11}, A_{22}, A_{33} von Null verschieden ist, oder diese drei gleich Null sind[1]). Also

(6) Sobald die Determinante A der Curve zweiter Classe $\varphi(u, u) = 0$ verschwindet, zerfällt die Curve in ein Punktepaar, und umgekehrt[2]).

(7) Wenn sämmtliche Unterdeterminanten A_{ik} der Determinante A einer Curve zweiter Classe verschwinden, reducirt sich die Curve auf einen doppelt zu zählenden Punkt (Doppelpunkt), und umgekehrt.

Auf Grund des Resultates (5) gelten alle in § 4 für nicht ausartende Curven zweiter Ordnung gefundenen Sätze auch für Curven zweiter Classe.

Weitere Theoreme ergeben sich durch dualistische Uebertragung aus denen von § 4, z. B.:

(8) Eine Curve zweiter Classe ist im allgemeinen durch fünf Tangenten bestimmt; gehen drei derselben durch einen und denselben Punkt, so zerfällt die Curve in ein Punktepaar; der eine Punkt dieses Paares wird unbestimmt, falls vier der Tangenten einem und demselben Büschel angehören.

---

mögen im allgemeinen kleine griechische Buchstaben bei der Gleichung einer gegebenen Curve zweiter Classe benutzt werden, grosse griechische Buchstaben bei der zugehörigen Gleichung in Punktcoordinaten.

1) Das Verschwinden dieser drei hat ja im Falle $A = 0$ das Verschwinden aller A_{ik} zur Folge.

2) In dem zu vorliegendem Paragraphen gehörigen Theil des Anhangs sind die beiden Punkte einzeln dargestellt.

Dem Satze (9) in § 4 entspricht:

(9) A n j e d e C u r v e z w e i t e r C l a s s e l a s s e n s i c h v o n e i n e m b e l i e b i g e n P u n k t e d e r E b e n e i m a l l g e m e i n e n z w e i T a n g e n t e n l e g e n [1].

Ist dieser Punkt der Schnitt zweier beliebigen Geraden mit den Coordinaten u_i resp. v_i $(i = 1, 2, 3)$, so sind die beiden Tangenten reell, wenn $\varphi^2(u, v) - \varphi(u, u) \cdot \varphi(v, v) > 0$, sie sind imaginär, wenn $\varphi^2(u, v) - \varphi(u, u) \cdot \varphi(v, v) < 0$; sie fallen zusammen, wenn

$$\varphi^2(u, v) - \varphi(u, u) \cdot \varphi(v, v) = 0.$$

Dabei ist $\varphi(u, v)$ definirt durch

$$(10) \quad \begin{aligned} \varphi(u, v) &\equiv (\alpha_{11}u_1 + \alpha_{12}u_2 + \alpha_{13}u_3)v_1 + (\alpha_{21}u_1 + \alpha_{22}u_2 + \alpha_{23}u_3)v_2 \\ &\qquad + (\alpha_{31}u_1 + \alpha_{32}u_2 + \alpha_{33}u_3)v_3 \\ &\equiv \frac{1}{2}(v_1\varphi'(u_1) + v_2\varphi'(u_2) + v_3\varphi'(u_3)) \\ &\equiv \frac{1}{2}(u_1\varphi'(v_1) + u_2\varphi'(v_2) + u_3\varphi'(v_3)), \end{aligned}$$

da $\alpha_{ik} = \alpha_{ki}$.

Nehmen wir an, die Gerade v liege fest, während u variabel ist, so stellt

$$(11) \qquad \varphi^2(u, v) - \varphi(u, u) \cdot \varphi(v, v) = 0$$

die Bedingung dar, der die u_i genügen müssen, damit die Gerade $u_x = 0$ durch einen der Geraden v und der Curve $\varphi(u, u) = 0$ gemeinsamen Punkt gehe, d. h. (11) ist die Gleichung des Schnittpunktepaars von $u_x = 0$ mit der Curve und zwar eines Paares, weil (4) in den u vom zweiten Grade ist. Da $v_x = 0$ eine beliebig gewählte Gerade ist, kann man auch sagen: es stellt (11) die Bedingung dar, dass $u_x = 0$ und $v_x = 0$ sich in einem Punkte der Curve (1) schneiden. Sind

$$(12) \qquad x_1 = u_2v_3 - u_3v_2, \; x_2 = u_3v_1 - u_1v_3, \; x_3 = u_1v_2 - u_2v_1$$

die Coordinaten des Punktes, so müssen sich diese in (11) einführen lassen, und kann alsdann (11) von der Gleichung der Curve $\varphi(u, u) = 0$ in Punktcoordinaten nur um einen Zahlenfactor verschieden sein. In der That findet man

$$(13) \quad \begin{aligned} &\varphi(u, u) \cdot \varphi(v, v) - \varphi^2(u, v) \\ &\equiv A_{11}x_1^2 + 2A_{12}x_1x_2 + A_{22}x_2^2 + 2A_{13}x_1x_3 + 2A_{23}x_2x_3 + A_{33}x_3^2 \\ &\equiv - \begin{vmatrix} \alpha_{11} & \alpha_{12} & \alpha_{13} & x_1 \\ \alpha_{21} & \alpha_{22} & \alpha_{23} & x_2 \\ \alpha_{31} & \alpha_{32} & \alpha_{33} & x_3 \\ x_1 & x_2 & x_3 & 0 \end{vmatrix}, \end{aligned}$$

wobei die x_i durch (12) definirt sind.

1) Der Fussnote 2) zu S. 20 entsprechend wäre zu erwähnen, dass man an eine

Den Sätzen (16)—(19) in § 4 entsprechen dualistisch die folgenden (14)—(17):

(14) Nimmt man auf einer Geraden v beliebig viele Punkte an und construirt man den durch irgend einen dieser Punkte gehenden vierten harmonischen Strahl zu v und zu den beiden Tangenten, die vom Punkte an eine Curve zweiter Classe gezogen werden können, so gehen alle diese vierten harmonischen Strahlen durch einen und denselben Punkt, den Pol der Geraden v. Seine Gleichung ist $\varphi(u, v) = 0$.

(15) Dreht sich eine Gerade um einen auf ihr gelegenen Punkt, beschreibt sie also ein Strahlenbüschel, so durchläuft der in Bezug auf eine Curve zweiter Classe genommene Pol der Geraden eine zum Strahlenbüschel projective Punktreihe[1]).

(16) Der Pol einer Geraden v liegt auf den beiden Tangenten, welche in den der Geraden und der Curve zweiter Classe gemeinsamen Punkten gezogen werden können, er ist also der Schnittpunkt dieser beiden Tangenten.

(17) Der Pol einer Tangente v der Curve $\varphi(u, u) = 0$ fällt mit dem Berührungspunkt dieser Tangente zusammen, seine Gleichung ist $\varphi(u, v) = 0$.

Den Formeln (26) in § 4 für die Coordinaten der Polare des Punktes y entsprechen folgende Formeln für die Coordinaten x_i des Pols einer Geraden v in Bezug auf $\varphi(u, u) = 0$:

$$(18)\quad \begin{cases} \varrho x_1 = \alpha_{11} v_1 + \alpha_{12} v_2 + \alpha_{13} v_3 = \frac{1}{2} \varphi'(v_1) \\ \varrho x_2 = \alpha_{21} v_1 + \alpha_{22} v_2 + \alpha_{23} v_3 = \frac{1}{2} \varphi'(v_2) \\ \varrho x_3 = \alpha_{31} v_1 + \alpha_{32} v_2 + \alpha_{33} v_3 = \frac{1}{2} \varphi'(v_3). \end{cases}$$

Hiernach gehört zwar zu jeder Geraden v bei Curven zweiter Classe ein ganz bestimmter Pol x, dagegen zu jedem Punkte x nur dann eine bestimmte Polare v, wenn sich die Gleichungen (18) ein-

---

Curve, die durch eine Gleichung n^{ten} Grades in u_1, u_2, u_3 gegeben ist, an eine sogenannte Curve n^{ter} Classe, im allgemeinen von einem Punkte aus n Tangenten ziehen kann. Deshalb wird sie eben von der n^{ten} Classe genannt.

1) Die Fassung dieses Satzes muss etwas modificirt werden, wenn der Kegelschnitt ein Punktepaar ist, auf dessen Träger das Centrum des Strahlenbüschels liegt; sämmtliche Punkte der Punktreihe fallen dann offenbar zusammen mit dem vierten harmonischen Punkte zu dem gegebenen Paare und dem Centrum des Strahlenbüschels. Dieser vierte harmonische Punkt ist jetzt der Pol eines jeden Strahles im Büschel.

deutig nach den v_i auflösen lassen, also wenn $A \gtrless 0$. Bei nicht ausartenden Kegelschnitten ist das Verhältniss zwischen Pol und Polare überhaupt ein völlig eindeutiges. Daraus und aus den Bemerkungen S. 25 über den Mittelpunkt z einer Curve zweiter Ordnung geht hervor, dass derselbe auch angesehen werden kann als der Pol[1]) der unendlich fernen Geraden in Bezug auf den Kegelschnitt, und es möge dies auch für zerfallende Curven zweiter Classe gelten, da bei diesen jeder Geraden der Ebene eindeutig ein Pol zugehört.

Die Coordinaten der unendlich fernen Geraden sind nun die durch (7) und (5) in § 1 definirten Grössen $p_i = \frac{e_i}{h_i}$ $(i = 1, 2, 3)$; daher findet man durch Auflösung von (26) in § 4, wenn daselbst u_i durch p_i, y_i durch z_i ersetzt wird, für den Mittelpunkt z einer nicht ausartenden Curve zweiter Ordnung $f(x, x) \equiv \sum_1^3{}_i \sum_1^3{}_k\, a_{ik} x_i x_k = 0$ die Coordinaten

$$(19)\qquad \begin{cases} \sigma z_1 = A_{11} p_1 + A_{12} p_2 + A_{13} p_3 = \frac{1}{2} F'(p_1) \\ \sigma z_2 = A_{21} p_1 + A_{22} p_2 + A_{23} p_3 = \frac{1}{2} F'(p_2) \\ \sigma z_3 = A_{31} p_1 + A_{32} p_2 + A_{33} p_3 = \frac{1}{2} F'(p_3), \end{cases}$$

wobei σ ein Proportionalitätsfactor, während sich für die Coordinaten des Mittelpunktes einer beliebigen Curve zweiter Classe

$$\varphi(u, u) \equiv \sum_1^3{}_i \sum_1^3{}_k\, \alpha_{ik} u_i u_k = 0$$

aus (18) in vorliegendem Paragraphen direct die Werthe ergeben

$$(20)\qquad \begin{cases} \varrho z_1 = \alpha_{11} p_1 + \alpha_{12} p_2 + \alpha_{13} p_3 = \frac{1}{2} \varphi'(p_1) \\ \varrho z_2 = \alpha_{21} p_1 + \alpha_{22} p_2 + \alpha_{23} p_3 = \frac{1}{2} \varphi'(p_2) \\ \varrho z_3 = \alpha_{31} p_1 + \alpha_{32} p_2 + \alpha_{33} p_3 = \frac{1}{2} \varphi'(p_3). \end{cases}$$

Wir wollen nun untersuchen, was für eine Bedeutung die Gleichung in Liniencoordinaten $F(u, u) \equiv \sum_1^3{}_i \sum_1^3{}_k\, A_{ik} u_i u_k = 0$ einer Curve zweiter Ordnung $f(x, x) = 0$ besitzt, falls die Determinante A der Curve verschwindet. Nach (34) in § 4 stehen in diesem Falle die

---

1) Vgl. für den Fall einer Mittelpunktslinie die Fussnote zu S. 23.

A_{ik} in einfachem Zusammenhange mit den Coordinaten η_i der Spitze des Geradenpaars, das von $f(x, x) = 0$ dargestellt wird, der Art dass A_{ik} proportional ist zu $\eta_i \eta_k$. Die Substitution dieser Werthe der A_{ik} in $F(u, u) = 0$ liefert

$$(\eta_1 u_1 + \eta_2 u_2 + \eta_3 u_3)^2 = 0,$$

also:

(21) Bildet man für einen in ein Geradenpaar ausgearteten Kegelschnitt die Gleichung in Liniencoordinaten, so repräsentirt dieselbe doppelt zählend die Spitze des Geradenpaars.

Dualistisch folgt:

(22) Bildet man für einen in ein Punktepaar ausgearteten Kegelschnitt die Gleichung in Punktcoordinaten, so repräsentirt dieselbe doppelt zählend den Träger des Punktepaars.

Wenn ferner $f(x, x) = 0$ eine doppelt zu zählende Gerade darstellt, kann natürlich von einer zugehörigen Gleichung in Liniencoordinaten $F(u, u) = 0$ überhaupt nicht mehr die Rede sein, da alle A_{ik} in diesem Falle gleich Null sind; analoges gilt, wenn $\varphi(u, u) = 0$ einen Doppelpunkt darstellt, es gibt alsdann keine zugehörige Gleichung in Punktcoordinaten.

Den conjugirten Polen bei Curven zweiter Ordnung entsprechen dualistisch die conjugirten oder harmonischen Polaren bei Curven zweiter Classe: zwei gerade Linien, die harmonisch liegen zu den von ihrem Schnittpunkt an die Curve gezogenen Tangenten. Die Bedingung, dass zwei gerade Linien mit den Coordinaten u_i resp. v_i $(i = 1, 2, 3)$ conjugirte Polaren seien in Bezug auf die Curve $\varphi(u, u) = 0$, wird offenbar $\varphi(u, v) = 0$.

Drei Geraden, von denen je zwei harmonische Polaren in Bezug auf dieselbe Curve zweiter Classe sind, bestimmen ein Dreiseit, das man als Poldreiseit bezeichnet.

Für conjugirte Polaren gelten Sätze, die den früheren (48)—(50) und (52) in § 4 über conjugirte Pole dualistisch entsprechen. Es werde nur der folgende besonders hervorgehoben:

(23) Die einzelnen Paare conjugirter Polaren, die demselben Strahlenbüschel angehören, bilden eine Involution; die Doppelstrahlen der Involution bestehen aus denjenigen Geraden des Büschels, welche zugleich Tangenten der Curve zweiter Classe sind.

Ein wichtiges Beispiel bilden die bereits im vorhergehenden Paragraphen erwähnten Paare conjugirter Durchmesser; jedes Paar derselben liegt harmonisch zu den beiden Tangenten, die man vom Mittelpunkt der Curve ziehen kann und deren Berührungspunkte auf der

Polare des Mittelpunktes, d. h. auf der unendlich fernen Geraden liegen. Man bezeichnet diese zwei Tangenten speciell als Asymptoten der Curve. Für sie gilt daher der Satz:

(24) Jedes Paar conjugirter Durchmesser eines Kegelschnitts liegt harmonisch zum Asymptotenpaar.

Es möge nun noch die Gleichung dieses Asymptotenpaares für eine Curve zweiter Ordnung $f(x, x) = 0$ abgeleitet werden. Zuvor werde die allgemeinere Aufgabe gelöst:

Die Gleichung des Tangentenpaares aufzustellen, das in den Schnittpunkten der Curve zweiter Ordnung $f(x, x) = 0$ und der Geraden $u_x = 0$ gezogen werden kann.

Die Coordinaten y_i des Pols dieser Geraden sind nach Früherem proportional zu $\frac{1}{2} F'(u_i)$, und diese Werthe wären nun an Stelle von y_i einzusetzen in $f(x, x) \cdot f(y, y) - f^2(x, y) = 0$. Hierdurch verwandelt sich $f(x, y)$ lediglich in $A(u_1 x_1 + u_2 x_2 + u_3 x_3)$, indem alle übrigen Glieder von $f(x, y)$ wegfallen auf Grund des bekannten Determinantensatzes, dass die Summe der Producte aus den Elementen einer Reihe und den Unterdeterminanten der Elemente einer zweiten Reihe verschwindet oder gleich der Determinante selbst ist, je nachdem die zweite Reihe von der ersten verschieden ist oder nicht. Ferner wird $f(y, y) = AF(u, u)$, daher verwandelt sich $f(x, x) \cdot f(y, y) - f^2(x, y) = 0$ in $A\{F(u, u) \cdot f(x, x) - A \cdot u_x^2\} = 0$. Da bei nicht zerfallenden Kegelschnitten $A \gtrless 0$, bleibt

(25) $$F(u, u) \cdot f(x, x) - A \cdot u_x^2 = 0$$

als Gleichung des Tangentenpaares.

Tritt speciell an die Stelle der Geraden $u_x = 0$ die unendlich ferne Gerade $p_x = 0$, so erhält man die Gleichung des Asymptotenpaares in der Form:

(26) $$F(p, p) \cdot f(x, x) - A \cdot p_x^2 = 0.$$

Zum Schlusse werde noch bemerkt, dass dualistisch zu (53a) in § 4 nunmehr

(27) $$\begin{pmatrix} y\,x \\ y\,x \end{pmatrix}_{\alpha_{ik}} = 0$$

das Tangentenpaar darstellt, welches vom Punkte y an die Curve $\varphi(u, u) \equiv \sum_1^3{}^i \sum_1^3{}^k \alpha_{ik} u_i u_k = 0$ gezogen werden kann.

§ 6.

Classification der Kegelschnitte.

Aus den Betrachtungen der beiden vorhergehenden Paragraphen geht hervor, dass man sowohl bei Curven zweiter Ordnung als auch bei solchen der zweiten Classe zwei Hauptarten zu unterscheiden hat: die eigentlichen, bei denen die Discriminante von Null verschieden ist, und die zerfallenden mit verschwindender Discriminante. Man theilt die Kegelschnitte noch weiter ein nach ihren Schnittpunkten mit der unendlich fernen Geraden, je nachdem nämlich diese Schnittpunkte von einander verschieden sind oder zusammenfallen; auch die Realität der Schnittpunkte ist zu berücksichtigen. Die Kriterien für die einzelnen Fälle ergeben sich leicht im Anschluss an die in § 4 ausführlich behandelte Methode zur Bestimmung der Schnittpunkte einer Geraden und eines Kegelschnitts.

Es werde begonnen mit

A) Curven zweiter Ordnung.

Zunächst werde vorausgesetzt, dass die Curve $f(x, x) = 0$ nicht zerfalle, mithin $A \gtrless 0$ sei. Wir schneiden die Curve mit der unendlich fernen Geraden

(1) $$p_1 x_1 + p_2 x_2 + p_3 x_3 = 0,$$

deren Coordinaten p_i nach (5) in § 1 die Werthe haben

(2) $$p_1 = \frac{e_1}{h_1}, \quad p_2 = \frac{e_2}{h_2}, \quad p_3 = \frac{e_3}{h_3}.$$

Zur Bestimmung der Coordinaten der Schnittpunkte dieser Geraden mit der Curve

(3) $$f(x,x) \equiv a_{11} x_1^2 + 2 a_{12} x_1 x_2 + a_{22} x_2^2 + 2 a_{13} x_1 x_3 + 2 a_{23} x_2 x_3 + a_{33} x_3^2 = 0$$

ist dann auf Grund der Resultate von § 4 die Grösse

(4) $$\varrho = \pm \sqrt{- F(p,p)}$$

zu substituiren in die Gleichungen

(5) $$\varrho x_1 = f_2 p_3 - f_3 p_2, \quad \varrho x_2 = f_3 p_1 - f_1 p_3, \quad \varrho x_3 = f_1 p_2 - f_2 p_1.$$

Die Schnittpunkte werden daher

reell, wenn $F(p,p) < 0$ (Hyperbel),
imaginär, wenn $F(p,p) > 0$ (Ellipse),
sie fallen zusammen, wenn $F(p,p) = 0$ (Parabel).

Die drei diesen Fällen entsprechenden Kegelschnitte bezeichnet man resp. als Hyperbel, Ellipse, Parabel; letztere wird von der unendlich fernen Geraden berührt.

Was den Fall $F(p,p) > 0$ betrifft, so kann es hier vorkommen, dass nicht nur die unendlich ferne Gerade, sondern überhaupt jede Gerade der Ebene den Kegelschnitt in imaginären Punkten trifft, die Curve ist alsdann imaginär, und es wäre nun zu untersuchen, unter welcher Bedingung für die Coefficienten der Gleichung $f(x,x) = 0$ dies eintritt.

Zu dem Zweck wählen wir auf der unendlich fernen Geraden einen beliebigen Punkt y; seine Polare $f(y,x) = 0$ ist nach § 4 ein Durchmesser des Kegelschnitts, und wenn die Curve auch imaginär sein sollte, ist die Polare jedenfalls eine Gerade, die sich um den zu y conjugirten Pol (Mittelpunkt) dreht, also die ganze Ebene überstreicht, wenn y die unendlich ferne Gerade durchläuft. Schneidet keine dieser unendlich vielen Polaren die Curve in reellen Punkten, so hat daher die Curve überhaupt keine reellen Punkte; die Bedingung hierfür ist nach (60) in § 4, dass $F(u,u) > 0$ sei, wo nun

$$u_i = a_{i1}y_1 + a_{i2}y_2 + a_{i3}y_3 \quad (i = 1, 2, 3)$$

die Coordinaten der Polare bedeuten. Aus dem in Form der Determinante $-\binom{u}{u}$ in § 4 angegebenen Werthe von $F(u,u)$ ist nun ersichtlich, dass sich diese Grösse bei Einführung der u_i verwandelt in $Af(y,y)$, man braucht nur die drei ersten Verticalreihen jener Determinante zu multipliciren resp. mit y_1, y_2, y_3 und von der vierten Reihe zu subtrahiren. Als Bedingung dafür, dass unsere Curve imaginär (eine imaginäre Ellipse) sei, tritt demnach zu $F(p,p) > 0$ noch hinzu

$$(6) \qquad Af(y,y) > 0,$$

wo y_i $(i = 1, 2, 3)$ die Coordinaten eines im Unendlichen gelegenen Punktes bezeichnen. Wenn diese Ungleichung für irgend einen bestimmten Punkt y der unendlich fernen Geraden $p_x = 0$ erfüllt wird, findet sie auch für jeden anderen Punkt z dieser Geraden statt, denn $f(y,y)$ und $f(z,z)$ haben zufolge der Fussnote zu S. 36 gleiches Vorzeichen, wenn die Gerade yz die Curve in imaginären Punkten trifft. Zugleich erkennt man, dass $Af(y,y) < 0$ in Verbindung mit $F(p,p) > 0$ das Kriterium für eine reelle Ellipse abgibt. Uebrigens ist aus der soeben durchgeführten Betrachtung ersichtlich, dass im Falle der imaginären Curve das Product $Af(y,y)$ für jeden beliebigen Punkt y der Ebene positiv wird. Doch ist es bei Untersuchung der Realität einer durch $f(x,x) = 0$ gegebenen Curve nöthig, einen unendlich fernen Punkt y zu wählen, weil bei Annahme eines ganz beliebigen Punktes y der Ausdruck $Af(y, y)$ im Fall der reellen Ellipse verschiedene Vorzeichen hat, je nachdem der Punkt y im Innern der Curve oder ausserhalb derselben liegt; denn beim Ueberschreiten der Curve muss ein Wechsel des Vorzeichens stattfinden.

Der Ausdruck $A \cdot f(y, y)$ kann noch in eine andere wichtige Gestalt gebracht werden; die Coordinaten eines auf der unendlich fernen Geraden gelegenen Punktes sind nämlich von der Form

$$\sigma y_1 = p_2 v_3 - p_3 v_2, \quad \sigma y_2 = p_3 v_1 - p_1 v_3, \quad \sigma y_3 = p_1 v_2 - p_2 v_1,$$

wobei die v_i völlig willkürliche Zahlenwerthe besitzen, nur nicht den p_i proportional sein dürfen. Daher kann das Kriterium $Af(y, y) \gtrless 0$ auch ersetzt werden durch $\sigma^2 A \binom{v\,p}{v\,p} \gtrless 0$, was hier gleichbedeutend ist mit

$$(7) \qquad A \binom{v\,p}{v\,p} \gtrless 0.$$

Man kann beispielsweise $v_1 = v_3 = 0$, $v_2 = 1$ setzen, wodurch sich $A \binom{v\,p}{v\,p}$ verwandeln würde in $A(a_{11} p_3^2 + a_{33} p_1^2 - 2 a_{13} p_1 p_3)$, und eine weitere Vereinfachung würde eintreten, wenn statt der eigentlichen Dreieckscoordinaten homogene Parallelcoordinaten zu Grunde liegen. Alsdann wären etwa, wie am Schlusse von § 1 gezeigt wurde, die Coordinaten p_1 und p_2 der unendlich fernen Geraden gleich Null, $p_3 = 1$, und der obige Ausdruck würde sich reduciren auf $A \cdot a_{11}$. Bei allgemeinen Dreieckscoordinaten dürfte die Rechnung am kürzesten sein bei Benutzung von $Af(y, y)$, wobei y_1, y_2, y_3 Zahlen bedeuten, die lediglich der Bedingung $p_1 y_1 + p_2 y_2 + p_3 y_3 = 0$ genügen müssen, im übrigen aber völlig willkürlich gewählt sind.

Man kann noch die Frage aufwerfen, ob z. B. in der als Hyperbel bezeichneten Curvengattung nicht noch andere Kegelschnitte enthalten sind, die zwar gleichfalls die unendlich ferne Gerade in zwei verschiedenen reellen Punkten treffen, aber von einander wesentlich verschiedene Eigenschaften und Gestalten besitzen; und die analoge Frage wäre aufzuwerfen bei den als Ellipse und Parabel bezeichneten Curvengattungen.

Zur Entscheidung dieser Frage führen wir ein specielles Coordinatensystem ein.

Bei der Hyperbel ist das Tangentenpaar $T . T_1$ der Curve in ihren Schnittpunkten mit der unendlich fernen Geraden $p_x = 0$ (das sogenannte Asymptotenpaar) reell und hat nach (26) in § 5 die Gleichung

(8) $$F(p,p) \cdot f(x,x) - A \cdot p_x^2 \equiv T \,.\, T_1 = 0;$$

hieraus folgt, dass $f(x,x) = 0$ in die Form gebracht werden kann $T \,.\, T_1 - c \cdot p_x^2 = 0$, wo c eine Constante darstellt, auf die es im Folgenden nicht weiter ankommt. Durch die Substitution: $T : p_x = x$, $T : p_x = y$ [1]) führen wir nun ein System schiefwinkliger Parallelcoordinaten ein und erhalten dann für die Hyperbel die Gleichung

(9) $$x \cdot y = \text{const.}, = c,$$

deren geometrische Deutung aussagt:

(10) Zieht man durch einen beliebigen Punkt der Hyperbel Parallelen zu den zwei Asymptoten, so hat das so entstehende Parallelogramm denselben Inhalt, wo der Punkt auch auf der Hyperbel liegen mag.

Durch diese Eigenschaft $y = c : x$ wird also eine ganz bestimmte Curvengestalt (und nicht mehrere) charakterisirt.

In analoger Weise zeigt man, dass auch die als Ellipse bezeichnete Curvengattung nur eine Form enthält. Das Tangentenpaar in den unendlich fernen Punkten der Curve ist jetzt imaginär, es wird daher TT_1 von der Form $X_1^2 + X_2^2$, und zwar kann TT_1 auf unendlich viele verschiedene Arten in diese Form gebracht werden, denn auch wenn X_1 und X_2 ersetzt werden durch $X_1 \cos\alpha - X_2 \sin\alpha$, resp. $X_1 \sin\alpha + X_2 \cos\alpha$, wird die Summe der Quadrate dieser beiden Grössen gleich $X_1^2 + X_2^2$. [2]) Wenn bei Herstellung der Normalform (vgl. S. 10) die Gleichungen der Geraden $X_1 = 0$ und $X_2 = 0$ übergehen in $aX_1 = 0$, resp. $bX_2 = 0$ und man setzt $\frac{aX_1}{p_x} = x \sin w$, $\frac{bX_2}{p_x} = y \sin w$, so tritt an Stelle von $f(x,x) \equiv X_1^2 + X_2^2 - cp_x^2 = 0$ eine Gleichung von der Form (vgl. auch (51) und (52) in § 4, wenn $p_x = X_3$):

(11) $$\frac{x^2}{a^2} + \frac{y^2}{b^2} = 1,$$

oder

(11a) $$\frac{x^2}{a^2} + \frac{y^2}{b^2} = -1,$$

wenn man die noch auftretende Constante c in den Nenner der linken Seite eingehen lässt. Sehen wir von dem Fall der sogenannten ima-

1) Wir denken uns die etwa hinzuzufügenden constanten Factoren in T und T_1 eingegangen.

2) Es sei noch darauf hingewiesen, dass man $\operatorname{tg}\alpha$ so bestimmen kann, dass die zwei Geraden $X_1 \cos\alpha - X_2 \sin\alpha = 0$ und $X_1 \sin\alpha + X_2 \cos\alpha = 0$ zu einander normal sind.

ginären Ellipse (11a) ab, so kann man durch passende Bestimmung von $\operatorname{tg}\alpha$ bewirken, dass (11) sogar in die Form gebracht werden kann $x^2 + y^2 = C^2$, worin offenbar C die gemeinsame Länge der sogenannten gleichen conjugirten Durchmesser bedeutet. Indem man also diese letzteren als Coordinatenaxen zu Grunde legt, zeigt sich auch die Ellipse (wie die Hyperbel) nur von der einen Constante C abhängig und charakterisirt sich (vgl. § 11) durch Auflösung nach y als ein in sich geschlossenes Oval, mit dem Coordinatenanfang als Mittelpunkt.

Im Falle der als Parabel bezeichneten Curvengattung fixiren wir auf der Curve einen beliebigen Punkt und ziehen in ihm die Tangente $T = 0$, welche die unendlich ferne Gerade in einem Punkte y schneiden möge, so dass das von y nach der Curve gezogene Tangentenpaar aus $T = 0$ und aus $p_x = 0$ besteht. Es gibt demnach zufolge (10) in § 4 eine Relation von der Form $f^2(x, y) - f(x, x) \cdot f(y, y) \equiv T \cdot p_x$, d. h. $f(x, x) = 0$ wird identisch mit $f^2(x, y) - T \cdot p_x = 0$. Führt man auch hier schiefwinklige Parallelcoordinaten ein durch die Substitution $\frac{f(y, x)}{p_x} = y$, $\frac{T}{p_x} = c \cdot x$, so erhält man

$$y^2 - cx = 0, \tag{12}$$

also wieder nur eine bestimmte Curvengestalt[1]).

Betrachten wir nun die zerfallenden Curven zweiter Ordnung ($A = 0$).

Zunächst werde der Fall berücksichtigt, dass nicht alle Unterdeterminanten A_{ik} verschwinden, dass also zwei verschiedene Geraden vorliegen, und zwar möge vorläufig noch vorausgesetzt werden, dass keine derselben mit der unendlich fernen Geraden zusammenfällt. Ferner kann die Forderung, dass nicht alle A_{ik} verschwinden sollen, auf Grund der Fussnote zu S. 27 durch die einfachere ersetzt werden, dass nicht alle Hauptunterdeterminanten A_{11}, A_{22}, A_{33} verschwinden; auch werde daran erinnert, dass im Falle $A = 0$ die nicht verschwindenden Hauptunterdeterminanten gleiches Vorzeichen besitzen.

Man hat alsdann wieder die drei Möglichkeiten

$$F(p, p) < 0, \quad F(p, p) > 0, \quad F(p, p) = 0,$$

denen resp. entsprechen:

ein reelles Geradenpaar, ein imaginäres Geradenpaar (jedesmal mit einem im Endlichen gelegenen Schnittpunkt), zwei Parallelen.

1) Die nähere Discussion der drei Curvenspecies: Hyperbel, Ellipse und Parabel erfolgt in § 11.

Um zu entscheiden, ob die Parallelen reell oder imaginär sind, schneidet man dieselben mit einer beliebigen im Endlichen gelegenen Geraden $u_x = 0$. Für $F(u, u) > 0$ hat man alsdann zwei imaginäre, für $F(u, u) < 0$ zwei reelle Parallelen, während $F(u, u) = 0$ noch keine Entscheidung liefert. Man nimmt, wenn $F(u, u) = 0$, noch die Seiten des Coordinatendreiecks zu Hilfe, die man überhaupt praktischer Weise am besten als schneidende Geraden $u_x = 0$ wählt. Schneidet man mit $x_i = 0$, so reducirt sich $F(u, u)$ auf $A_{ii}u_i^2$, es liefert daher jede nicht verschwindende Hauptunterdeterminante die Entscheidung. Das Parallelenpaar ist demnach reell oder imaginär, je nachdem irgend eine der drei Hauptunterdeterminanten A_{ii} negativ oder positiv ist[1]).

Verschwinden A und alle Hauptunterdeterminanten A_{ii}, so stellt $f(x, x) = 0$ eine Doppelgerade dar.

Bei den bisherigen Betrachtungen war angenommen, dass die unendlich ferne Gerade keinen Theil des Kegelschnitts $f(x, x) = 0$ bilde. Sollte eine Gerade des Geradenpaares $f(x, x) = 0$ mit der unendlich fernen Geraden zusammenfallen, so besteht zufolge der Betrachtungen am Schlusse von § 4 bei völlig willkürlichen Werthen der w_i $(i = 1, 2, 3)$ die Relation

$$\binom{pw}{pw} \equiv 0. \tag{13}$$

B) Curven zweiter Classe.

Auch bei Curven zweiter Classe hat man zunächst zwei Hauptarten zu unterscheiden: die eigentlichen, für welche die Determinante der Curvengleichung nicht verschwindet, und die in ein Punktepaar ausartenden mit verschwindender Determinante. Es sei

$$\begin{aligned}\varphi(u, u) \equiv \alpha_{11}u_1^2 + 2\alpha_{12}u_1u_2 + \alpha_{22}u_2^2 + 2\alpha_{13}u_1u_3 \\ + 2\alpha_{23}u_2u_3 + \alpha_{33}u_3^2 = 0\end{aligned} \tag{14}$$

die Gleichung einer Curve zweiter Classe, deren Determinante

$$\mathsf{A} \equiv \begin{vmatrix} \alpha_{11} & \alpha_{12} & \alpha_{13} \\ \alpha_{21} & \alpha_{22} & \alpha_{23} \\ \alpha_{31} & \alpha_{32} & \alpha_{33} \end{vmatrix} \tag{15}$$

vorläufig als von Null verschieden vorausgesetzt werden möge.

---

2) Bei gewöhnlichen homogenen Coordinaten fällt die eine Seite des Coordinatendreiecks (etwa $x_3 = 0$) mit der unendlich fernen Geraden zusammen

Wir erhalten dann die Kriterien für die einzelnen nicht ausartenden Curvenarten dadurch, dass wir die Gleichung der Curve (14) in Punktcoordinaten aufstellen und auf sie die oben abgeleiteten Kriterien für Curven zweiter Ordnung anwenden; diese Gleichung ist:

$$(16) \qquad \Phi(x,x) \equiv \mathsf{A}_{11}x_1^2 + 2\mathsf{A}_{12}x_1x_2 + \mathsf{A}_{22}x_2^2 + 2\mathsf{A}_{13}x_1x_3 + 2\mathsf{A}_{23}x_2x_3 + \mathsf{A}_{33}x_3^2 = 0.$$

Die Function $F(p,p)$, gebildet für (16), wird hier einfach $\mathsf{A}\varphi(p,p)$, wie man unter Berücksichtigung der bekannten Relationen wie

$$\mathsf{A}_{22}\mathsf{A}_{33} - \mathsf{A}_{23}^2 = \mathsf{A}\alpha_{11}, \quad \mathsf{A}_{12}\mathsf{A}_{13} - \mathsf{A}_{11}\mathsf{A}_{23} = \mathsf{A}\alpha_{23},$$

u. s. w. leicht findet.

Für $\mathsf{A}\varphi(p,p) > 0$ stellt (14) eine Ellipse dar,
für $\mathsf{A}\varphi(p,p) < 0$ eine Hyperbel,
für $\varphi(p,p) = 0$ eine Parabel.

Besondere Beachtung verdient wieder der Fall, dass die Ellipse imaginär ist. Offenbar tritt dies ein, wenn sich aus einem beliebigen im Unendlichen gelegenen Punkte y keine reellen Tangenten an die Curve ziehen lassen; überhaupt wird im Falle $\mathsf{A}\varphi(p,p) > 0$ die Gleichung $\varphi(u,u) = 0$ eine reelle oder imaginäre Ellipse darstellen, je nachdem die aus einem unendlich fernen Punkte y an die Curve gezogenen Tangenten reell oder imaginär sind. Wie nun bei einer Curve zweiter Ordnung $f(x,x) = 0$ die Bedingung für die Realität der Schnittpunkte mit einer Geraden $u_x = 0$ ausgedrückt war durch $F(u,u) < 0$, so ist jetzt dualistisch die Bedingung für die Realität der von dem unendlich fernen Punkte y an die Curve $\varphi(u,u) = 0$ gezogenen Tangenten gegeben durch $\Phi(y,y) < 0$, während im Falle $\Phi(y,y) > 0$ diese Tangenten und damit die Curve $\varphi(u,u) = 0$ überhaupt imaginär werden. Auch hier ist ähnlich wie oben (S. 47) zu bemerken, dass die Ungleichung $\Phi(y,y) > 0$ für jeden anderen Punkt der unendlich fernen Geraden erfüllt wird, sobald sie nur für einen Punkt y dieser Geraden erfüllt ist.

Dass die zerfallende Curve zweiter Classe ($\mathsf{A} = 0$) ein Punktepaar darstellt, ist bereits in § 5 erwähnt worden. In dualistisch analoger Weise, wie oben die Kriterien für ein reelles oder imaginäres Parallelenpaar gefunden wurden, lassen sich auch die Kriterien für ein reelles oder imaginäres Punktepaar entwickeln. Man hat zu

---

$(p_1 = p_2 = 0,\ p_3 = 1)$; ausserdem ist alsdann im Falle der Parallelen stets $A_{33} = 0$ (wegen $F(p,p) = 0$); die Entscheidung der Realität hängt daher bei solchen Coordinaten von A_{11} oder A_{22} ab.

prüfen, ob die Tangenten, welche von beliebigen Punkten x der Ebene, am zweckmässigsten von den Ecken des Coordinatendreiecks, nach dem Punktepaar gezogen werden können, reell oder imaginär sind; wählt man etwa die Ecke $u_i = 0$, so reducirt sich $\Phi(x, x)$ auf $\mathsf{A}_{ii}x_i^2$, und da die drei Hauptunterdeterminanten A_{ii} im Falle $\mathsf{A} = 0$ gleiches Vorzeichen haben, auch nicht gleichzeitig Null sind, falls $\varphi(u, u) = 0$ zwei verschiedene Punkte darstellt, ist das Punktepaar reell oder imaginär, je nachdem irgend eine der drei Hauptunterdeterminanten A_{ii} negativ oder positiv ist.

Liegt einer der beiden Punkte im Unendlichen, so ist $\varphi(p, p) = 0$; liegen jedoch beide Punkte im Unendlichen, so stellt die Gleichung (16), wie wir früher sahen, doppelt zählend die Verbindungslinie der Punkte des Paares dar und (16) muss daher durch die Coordinaten

$$y_1 : y_2 : y_3 = (p_2v_3 - p_3v_2) : (p_3v_1 - p_1v_3) : (p_1v_2 - p_2v_1)$$

eines beliebigen unendlich weiten Punktes erfüllt werden, d. h. es muss der Ausdruck $\Phi(y, y)$ verschwinden für völlig willkürliche Werthe der v. Es ist aber $\Phi(y, y) \equiv 0$ gleichbedeutend mit

$$\varphi(p, p) \cdot \varphi(v, v) - \varphi^2(p, v) \equiv 0,$$

wofür auch $\varphi(p, v) = 0$ gesetzt werden kann, da

$$\varphi(p, p) = 0.$$

Die willkürliche Wahl der v hat dann zur Folge, dass im gegenwärtigen Falle

$$(17) \qquad \varphi'(p_1) = 0, \quad \varphi'(p_2) = 0, \quad \varphi'(p_3) = 0.$$ [1]

Es bleibt endlich noch der Fall zu erledigen, dass (14) einen einzigen doppelt zu zählenden Punkt darstellt. In § 5 wurde gezeigt, dass alsdann alle Unterdeterminanten A_{ik} verschwinden; tritt hierzu noch $\varphi(p, p) = 0$, so liegt der Doppelpunkt auf der unendlich fernen Geraden.

Wir wollen nun die erhaltenen Resultate über die Classification der Curven zweiter Ordnung und zweiter Classe übersichtlich zusammenstellen.

---

1) In § 2 (Fussnote zu S. 14) wurde bereits von einer durch (21) in § 1 definirten Function $\omega(u, u)$ bewiesen, dass sie den Gleichungen (17) genügt; diese Function stellt also, gleich Null gesetzt, ein im Unendlichen liegendes Punktepaar dar, welches überdies imaginär ist; denn die Hauptunterdeterminanten Ω_{11}, Ω_{22}, Ω_{33} sind nach (6) in § 2 positiv. Im nächsten Paragraphen wird dieses Punktepaar eingehender behandelt werden.

Curven zweiter Ordnung.

Es sei im Folgenden

$$f(x, x) \equiv a_{11}x_1^2 + 2a_{12}x_1x_2 + a_{22}x_2^2 + 2a_{13}x_1x_3 + 2a_{23}x_2x_3 + a_{33}x_3^2 = 0$$

die Gleichung der Curve, $A \equiv \sum \pm (a_{11}a_{22}a_{33})$ ihre Determinante; ferner sei

$$F(u,u) \equiv A_{11}u_1^2 + 2A_{12}u_1u_2 + A_{22}u_2^2 + 2A_{13}u_1u_3 + 2A_{23}u_2u_3 + A_{33}u_3^2 = 0$$

die Gleichung der Curve $f(x, x) = 0$ in Liniencoordinaten, und y_1, y_2, y_3 seien die Coordinaten eines beliebig fixirten Punktes auf der unendlich fernen Geraden $p_1x_1 + p_2x_2 + p_3x_3 = 0$.

I) $A \gtrless 0$: nicht ausartender Kegelschnitt.

1) $F(p,p) < 0$, Ellipse.
   a) imaginär, wenn $Af(y, y) > 0$,[1])
   b) reell, wenn $Af(y, y) < 0$.[1])
2) $F(p,p) < 0$, Hyperbel.
3) $F(p,p) = 0$, Parabel.

II) $A = 0$, nicht aber alle A_{ii} gleich Null: zwei verschiedene Geraden.

1) $F(p,p) > 0$, imaginäres Geradenpaar mit reeller Spitze im Endlichen.
2) $F(p,p) < 0$, reelles Geradenpaar mit reeller Spitze im Endlichen.
3) $F(p,p) = 0$, Parallelenpaar, und zwar
   a) imaginär, wenn unter den drei Grössen A_{ii} eine willkürlich ausgewählte positiv ist[2]),
   b) reell, wenn unter den drei Grössen A_{ii} eine willkürlich ausgewählte negativ ist[3]).

III) $A = 0$ und alle A_{ii} gleich Null[4]): eine Doppelgerade.

Bildet die unendlich ferne Gerade einen Theil des Kegelschnitts, so ist für völlig willkürliche Werthe w_1, w_2, w_3: $\binom{pw}{pw} \equiv 0$.

---

1) Wenn diese Ungleichung für irgend einen bestimmten Punkt y auf $p_x = 0$ stattfindet, findet sie auch für jeden anderen Punkt von $p_x = 0$ statt.

2) Es ist dann für jedes Werthsystem $u_1 : u_2 : u_3$, welches $F(u, u) = 0$ nicht erfüllt, $F(u, u) > 0$.

3) Es ist dann für jedes Werthsystem $u_1 : u_2 : u_3$, welches $F(u, u) = 0$ nicht erfüllt, $F(u, u) < 0$.

4) Man könnte auch sagen $F(u, u) \equiv 0$.

Curven zweiter Classe.

Es sei im Folgenden

$$\varphi(u,u) \equiv \alpha_{11} u_1^2 + 2\alpha_{12} u_1 u_2 + \alpha_{22} u_2^2 + 2\alpha_{13} u_1 u_3 + 2\alpha_{23} u_2 u_3 + \alpha_{33} u_3^2 = 0$$

die Gleichung der Curve, $\mathsf{A} \equiv \sum \pm (\alpha_{11} \alpha_{22} \alpha_{33})$ ihre Determinante; ferner sei

$$\Phi(x,x) \equiv \mathsf{A}_{11} x_1^2 + 2\mathsf{A}_{12} x_1 x_2 + \mathsf{A}_{22} x_2^2 + 2\mathsf{A}_{13} x_1 x_3 + 2\mathsf{A}_{23} x_2 x_3 + \mathsf{A}_{33} x_3^2 = 0$$

die Gleichung der Curve $\varphi(u,u) = 0$ in Punktcoordinaten, und y_1, y_2, y_3 seien die Coordinaten eines beliebig fixirten Punktes auf der unendlich fernen Geraden $p_1 x_1 + p_2 x_2 + p_3 x_3 = 0$.

I) $\mathsf{A} \gtrless 0$: **nicht ausartender Kegelschnitt.**

1) $\mathsf{A}\varphi(p,p) > 0$, Ellipse.
   a) imaginär, wenn $\Phi(y,y) > 0$,[1])
   b) reell, wenn $\Phi(y,y) < 0$.[1])

2) $\mathsf{A}\varphi(p,p) < 0$, Hyperbel.

3) $\varphi(p,p) = 0$, Parabel.

II) $\mathsf{A} = 0$, nicht aber alle A_{ii} gleich Null: **zwei verschiedene Punkte.**

1) $\varphi(p,p) \gtrless 0$, beide Punkte liegen im Endlichen, und zwar sind dieselben
   a) imaginär, wenn unter den drei Grössen A_{ii} eine willkürlich ausgewählte positiv ist[2]),
   b) reell, wenn unter den drei Grössen A_{ii} eine willkürlich ausgewählte negativ ist[3]).

2) $\varphi(p,p) = 0$, nicht aber alle $\varphi'(p_i)$ gleich Null: ein Punkt des Punktepaares im Endlichen, der andere im Unendlichen.

3) $\varphi(p,p) = 0$ und alle $\varphi'(p_i) = 0$: beide Punkte im Unendlichen, und zwar sind dieselben
   a) imaginär
   b) reell
   } unter gleichen Bedingungen wie bei 1).

III) $\mathsf{A} = 0$ und alle A_{ii} gleich Null[4]): **ein Doppelpunkt.**

1) $\varphi(p,p) \gtrless 0$, der Doppelpunkt liegt im Endlichen.

2) $\varphi(p,p) = 0$, der Doppelpunkt liegt im Unendlichen.

---

1) Wenn diese Ungleichung für irgend einen bestimmten Punkt y auf $p_x = 0$ stattfindet, findet sie auch für jeden anderen Punkt von $p_x = 0$ statt.

2) Es ist dann für jedes Werthsystem $x_1 : x_2 : x_3$, welches $\Phi(x,x) = 0$ nicht erfüllt, $\Phi(x,x) > 0$.

3) Es ist dann für jedes Werthsystem $x_1 : x_2 : x_3$, welches $\Phi(x,x) = 0$ nicht erfüllt, $\Phi(x,x) < 0$.

4) Man könnte auch sagen $\Phi(x,x) \equiv 0$.

Liegen insbesondere schiefwinklige Parallelcoordinaten zu Grunde, so werden die Kriterien für Curven zweiter Ordnung und Classe äusserst einfach; man hat nur zu setzen $p_1 = p_2 = 0$, $p_3 = 1$.

Die Gleichung $f(x, x) = 0$ stellt daher im Falle $A \gtrless 0$ eine Ellipse, Hyperbel oder Parabel dar, je nachdem $A_{33} > 0$, < 0, $= 0$, und zwar ist die Ellipse imaginär, wenn Aa_{11} oder Aa_{22} positiv, reell, wenn Aa_{11} oder Aa_{22} negativ[1]). Ferner wird im Falle $A = 0$ das sich im Endlichen schneidende Geradenpaar imaginär oder reell, je nachdem $A_{33} > 0$ oder < 0, man erhält ein Parallelenpaar für $A_{33} = 0$, und zwar ein imaginäres, wenn A_{11} oder A_{22} positiv ist, ein reelles, wenn A_{11} oder A_{22} negativ ist.

Die Gleichung $\varphi(u, u) = 0$ einer Curve zweiter Classe stellt bei schiefwinkligen Parallelcoordinaten ($p_1 = p_2 = 0$, $p_3 = 1$) im Falle $\mathsf{A} \gtrless 0$ eine Ellipse oder Hyperbel dar, je nachdem $\mathsf{A}\alpha_{33} > 0$, oder < 0, eine Parabel, wenn $\alpha_{33} = 0$, und zwar ist die Ellipse imaginär, wenn A_{11} oder A_{22} positiv, reell, wenn A_{11} oder A_{22} negativ[2]). Ferner liegt im Falle $\mathsf{A} = 0$ das Punktepaar im Endlichen, wenn $\alpha_{33} \gtrless 0$; ein Punkt des Paares liegt im Unendlichen, wenn $\alpha_{33} = 0$, ohne dass noch α_{13} und α_{23} gleichzeitig verschwinden; beide Punkte liegen im Unendlichen, wenn $\alpha_{13} = \alpha_{23} = \alpha_{33} = 0$.

§ 7.

Der Kreis, die imaginären Kreispunkte und ihre Beziehung zu dem Winkel zweier Geraden.

Die in § 2 abgeleitete Formel

$$(1) \qquad q = \frac{u_1 y_1 + u_2 y_2 + u_3 y_3}{\pm \sqrt{\omega(u, u)} \cdot \sum_1^3 {}^i\, p_i y_i}$$

für den Abstand eines Punktes y von einer Geraden u enthält bei constanten q und y_1, y_2, y_3 die Bedingung, der die Coordinaten u_i von geraden Linien genügen müssen, wenn diese Geraden von einem festen Punkte y gleichen Abstand haben, d. h. einen Kreis umhüllen sollen. Bezeichnet man diesen Abstand, also die Länge des Kreisradius, mit r, so ergibt sich

1) Da $A_{33} = a_{11}a_{22} - a_{12}^2 > 0$, ist das Product $a_{11}a_{22}$ positiv, d. h. a_{11} und a_{22} haben im Fall der Ellipse gleiche Vorzeichen.

2) Da $\mathsf{A}\alpha_{33} = \mathsf{A}_{11}\mathsf{A}_{22} - \mathsf{A}_{12}^2 > 0$, ist das Product $\mathsf{A}_{11}\mathsf{A}_{22}$ positiv, d. h. A_{11} und A_{22} haben im Fall der Ellipse gleiche Vorzeichen.

$$(2)\quad r^2(p_1y_1+p_2y_2+p_3y_3)^2\,\omega(u,u)-(u_1y_1+u_2y_2+u_3y_3)^2=0$$

als Gleichung in Liniencoordinaten des Kreises mit dem Mittelpunkte y und dem Radius r.

Hierbei ist nach (21) in § 1:

$$(3)\quad \omega(u,u)=\frac{u_1^2}{e_1^2}+\frac{u_2^2}{e_2^2}+\frac{u_3^2}{e_3^2}+\frac{2u_1u_2}{e_1e_2}\cos(a_1,a_2)+\frac{2u_1u_3}{e_1e_3}\cos(a_1,a_3)$$
$$+\frac{2u_2u_3}{e_2e_3}\cos(a_2,a_3).$$

Speciell für $r=0$ reducirt sich der Kreis auf den doppelt zu zählenden Mittelpunkt y; für $r=\infty$ erhält man $\omega(u,u)=0$, eine Curve zweiter Classe, die in ein Punktepaar zerfällt, da die Determinante dieses Ausdrucks nach § 2 verschwindet. Unter Anwendung der in § 6 abgeleiteten Kriterien[1]) erkennt man, dass $\omega(u,u)=0$ ein im Unendlichen gelegenes imaginäres Punktepaar darstellt, das sogenannte Paar der „imaginären Kreispunkte"; bevor wir dasselbe näher betrachten, möge noch die Gleichung des Kreises in Punktcoordinaten abgeleitet werden. Man erhält dieselbe leicht aus (2) mit Hilfe des in § 2 definirten Normalencentrums einer Geraden.

Ein Punkt x_1, x_2, x_3 des Kreises liegt zugleich auf einer Tangente der Curve, erfüllt also die Gleichung $u_1x_1+u_2x_2+u_3x_3=0$, wobei die u_i Werthe sind, welche die Gleichung (2) befriedigen. Verbindet man den Punkt x mit dem Mittelpunkte y des Kreises, so steht diese Verbindungslinie bekanntlich auf der Tangente senkrecht, geht daher auch durch deren Normalencentrum, so dass dieses mit dem Mittelpunkte y und dem Punkte x der Kreisperipherie auf einer und derselben Geraden liegt. Hieraus folgt, dass für die Coordinaten des Punktes x die Gleichungen bestehen

$$(4)\qquad \varrho x_i=y_i+\frac{\lambda}{2}\,\omega'(u_i)\quad(i=1,2,3),$$

in denen ϱ und λ irgend welche Zahlenfactoren bedeuten. Uebrigens erweist es sich als zweckmässig, die Gleichungen (4) durch λ zu dividiren, so dass man erhält

$$(4a)\qquad \sigma x_i=\frac{1}{\lambda}\,y_i+\frac{1}{2}\,\omega'(u_i),$$

wobei $\sigma=\frac{\varrho}{\lambda}$. Hierfür kann man, da $\frac{1}{2}\,\omega'(u_i)=\omega_{i1}u_1+\omega_{i2}u_2+\omega_{i3}u_3$, auch setzen:

$$(5)\qquad \sigma x_i=\frac{1}{\lambda}\,y_i+\omega_{i1}u_1+\omega_{i2}u_2+\omega_{i3}u_3\quad(i=1,2,3).$$

---

1) Vgl. auch die Fussnote 1) zu S. 53.

Durch Multiplication dieser drei Gleichungen mit u_1, u_2, resp. u_3 und darauf folgende Addition folgt ferner

$$\sigma u_x = \frac{1}{\lambda} u_y + \omega(u, u),$$

und da die x_i die Gleichung $u_x = 0$ erfüllen, hat man

$$\frac{1}{\lambda} u_y + \omega(u, u) = 0. \tag{6}$$

Der hieraus hervorgehende Werth von $\omega(u, u)$ möge in die Gleichung (2) des Kreises in Liniencoordinaten substituirt werden, die sich alsdann nach Ausscheidung des Factors u_y verwandelt in

$$\frac{1}{\lambda}(p_1 y_1 + p_2 y_2 + p_3 y_3)^2 r^2 + u_1 y_1 + u_2 y_2 + u_3 y_3 = 0. \tag{7}$$

Für die fünf Grössen u_1, u_2, u_3, $\frac{1}{\lambda}$, σ haben wir nun fünf homogene lineare Gleichungen, nämlich die drei Gleichungen (5), ferner (7) und $u_x = 0$; das Resultat der Elimination dieser Grössen stellt sich als folgende Determinante dar:

$$\begin{vmatrix} \omega_{11} & \omega_{12} & \omega_{13} & y_1 & x_1 \\ \omega_{21} & \omega_{22} & \omega_{23} & y_2 & x_2 \\ \omega_{31} & \omega_{32} & \omega_{33} & y_3 & x_3 \\ y_1 & y_2 & y_3 & r^2 p_y^2 & 0 \\ x_1 & x_2 & x_3 & 0 & 0 \end{vmatrix} = 0. \tag{8}$$

Durch Auflösung nach r^2 erhält man

$$r^2 p_y^2 (\Omega_{11} x_1^2 + \cdots + 2\Omega_{23} x_2 x_3 + \cdots) = [\omega],$$

wobei $[\omega]$ aus $\omega(u, u)$ dadurch hervorgeht, dass man u_1, u_2, u_3 resp. ersetzt durch $x_2 y_3 - x_3 y_2$, $x_3 y_1 - x_1 y_3$, $x_1 y_2 - x_2 y_1$. Hier ist nun $\Omega_{11} x_1^2 + \cdots + 2\Omega_{23} x_2 x_3 + \cdots$ nach (22) in § 5 proportional dem Quadrat des Ausdrucks für die unendlich ferne Gerade, etwa gleich τp_x^2, wobei mit Hilfe der Formeln (6) in § 2 nebst zugehöriger Fussnote für τ gefunden wird[1] $\frac{16\Delta^4}{(e_1 e_2 e_3)^2 (a_1 a_2 a_3)^2}$; daher ergibt sich

$$r^2 = \frac{(e_1 e_2 e_3)^2 (a_1 a_2 a_3)^2 \cdot [\omega]}{16\Delta^4 p_x^2 \cdot p_y^2}, \tag{9}$$

und wenn man statt $[\omega]$ unter Anwendung einer in der Fussnote zu S. 34 erklärten Schreibweise einsetzt $\begin{pmatrix} y\,x \\ y\,x \end{pmatrix}_{\omega_{ik}}$, folgt

1) Weiter unten (Gl. (17)—(24)) werden noch andere Ausdrücke für die Constante τ abgeleitet.

(10) $$r^2 = \frac{\binom{yx}{yx}_{\omega_{ik}}}{\tau \cdot p_x^2 p_y^2}$$

oder

(10a) $$\binom{yx}{yx}_{\omega_{ik}} - r^2 \tau p_x^2 p_y^2 = 0.$$

Diese Gleichung stellt in Punktcoordinaten dar den Kreis mit dem Mittelpunkte y und mit dem Radius r. Zugleich ist (10) die Formel für das Quadrat der Entfernung zweier Punkte, die durch ihre Coordinaten x_i, resp. y_i ($i = 1, 2, 3$) gegeben sind.

Speciell für $r = \infty$ reducirt sich der Kreis auf die doppelt zu zählende unendlich ferne Gerade; für $r = 0$ erhält man

(11) $$\binom{yx}{yx}_{\omega_{ik}} = 0,$$

und diese Gleichung repräsentirt zufolge einer Bemerkung am Schlusse von § 5 das Tangentenpaar, welches vom Mittelpunkte y an die Curve zweiter Classe $\omega(u, u) = 0$ gezogen werden kann, d. h. (11) ist die Gleichung des imaginären Tangentenpaares, das vom Mittelpunkte y der für variabele r in (10a) enthaltenen concentrischen Kreise an die imaginären Kreispunkte gelegt ist[1]).

Wir wollen nun das Paar der imaginären Kreispunkte näher untersuchen. Von ihm gilt der Satz:

(12) D a s i m a g i n ä r e K r e i s p u n k t e p a a r $\omega(u, u) = 0$ g e h ö r t a l l e n K r e i s e n d e r E b e n e a n.

Haben nämlich die beiden Punkte des Paares die Coordinaten $\alpha_1, \alpha_2, \alpha_3$, resp. $\beta_1, \beta_2, \beta_3$, so ist:

(13) $$\omega(u, u) \equiv (\alpha_1 u_1 + \alpha_2 u_2 + \alpha_3 u_3)(\beta_1 u_1 + \beta_2 u_2 + \beta_3 u_3),$$

und aus der Gleichung eines Kreises in Liniencoordinaten

(14) $$\psi(u, u) \equiv r^2 \cdot p_y^2 \cdot \omega(u, u) - (u_1 y_1 + u_2 y_2 + u_3 y_3)^2 = 0$$

erkennt man, dass die Gerade, welche etwa durch den Punkt α und den Mittelpunkt y des Kreises (14) geht, eine Tangente von (14) ist, denn ihre Coordinaten v_1, v_2, v_3 bringen die beiden linearen Ausdrücke $\alpha_1 u_1 + \alpha_2 u_2 + \alpha_3 u_3$ und $y_1 u_1 + y_2 u_2 + y_3 u_3$ zum Verschwinden.

---

1) Es gibt noch eine andere Ausartung des Kreises, die nicht in der Form (10a) dargestellt werden kann und einen n i c h t im Endlichen gelegenen Mittelpunkt besitzt. Aus der elementaren Planimetrie ist nämlich bekannt, dass in einem System von Kreisen, die sämmtlich durch dieselben zwei (reellen oder imaginären) Punkte gehen, sich stets ein ausartender Kreis befindet, bestehend aus der Potenzlinie und der unendlich fernen Geraden.

Gleiches gilt von der Verbindungslinie des Punktes β mit dem Mittelpunkte y.

Aber α und β sind auch geradezu die Berührungspunkte der vom Mittelpunkte y aus an den Kreis gelegten (natürlich imaginären) Tangenten. Für v_1, v_2, v_3 als Coordinaten derjenigen Tangente der Curve (14) $\psi(u, u) = 0$, welche etwa die Punkte y und α verbindet, hat nämlich der Berührungspunkt nach (17) in § 5 die Gleichung $\psi(u, v) = 0$, und hierfür würde man aus (14) finden:

$$\begin{aligned} r^2 \cdot p_y^2 \{ (\alpha_1 u_1 + \alpha_2 u_2 + \alpha_3 u_3)(\beta_1 v_1 + \beta_2 v_2 + \beta_3 v_3) \\ + (\alpha_1 v_1 + \alpha_2 v_2 + \alpha_3 v_3)(\beta_1 u_1 + \beta_2 u_2 + \beta_3 u_3) \} \\ - 2(y_1 u_1 + y_2 u_2 + y_3 u_3)(y_1 v_1 + y_2 v_2 + y_3 v_3) = 0. \end{aligned}$$

Da nun unsere Tangente sowohl durch den Punkt y, als auch durch α geht, verschwinden $y_1 v_1 + y_2 v_2 + y_3 v_3$ und $\alpha_1 v_1 + \alpha_2 v_2 + \alpha_3 v_3$, es reducirt sich also die Gleichung des Berührungspunktes auf

$$r^2 \cdot p_y^2 (\alpha_1 u_1 + \alpha_2 u_2 + \alpha_3 u_3)(\beta_1 v_1 + \beta_2 v_2 + \beta_3 v_3) = 0,$$

und dieser Ausdruck ist gleichbedeutend mit $\alpha_1 u_1 + \alpha_2 u_2 + \alpha_3 u_3 = 0$, d. h. α ist der Berührungspunkt. Analoges gilt von β.

Hiermit ist zugleich bewiesen, dass das Punktepaar $\omega(u, u) = 0$ allen Kreisen der Ebene angehört, denn die Function $\omega(u, u)$ ist unabhängig vom Mittelpunkt und Radius des Kreises, und auf Grund dieser Eigenschaft hat man den zwei Punkten $\omega(u, u) = 0$ den Namen der „imaginären Kreispunkte“ gegeben.

Auch erkennt man nunmehr, weshalb ein Kreis schon durch drei Punkte vollständig bestimmt ist, während bei einem beliebigen Kegelschnitt im allgemeinen fünf Punkte zur eindeutigen Bestimmung erforderlich sind: es treten eben zu jenen drei Punkten noch die beiden, allen Kreisen der Ebene gemeinsamen imaginären Kreispunkte.

In § 5 war gezeigt worden, dass die Verbindungslinie der beiden Punkte einer in ein Punktepaar ausgearteten Curve zweiter Classe doppelt zählend durch die Gleichung dieser Curve in Punktcoordinaten dargestellt wird. Unter Anwendung dieses Satzes auf das Paar der imaginären Kreispunkte $\omega(u, u) = 0$ muss daher

$$(15) \qquad \begin{aligned} \Omega(x, x) \equiv \Omega_{11} x_1^2 + 2\Omega_{12} x_1 x_2 + \Omega_{22} x_2^2 + 2\Omega_{13} x_1 x_3 \\ + 2\Omega_{23} x_2 x_3 + \Omega_{33} x_3^2 = 0 \end{aligned}$$

die zugehörige Verbindungslinie, also die unendlich ferne Gerade, doppelt zählend darstellen, oder es muss sein

$$(16) \qquad \Omega(x, x) = \tau(p_1 x_1 + p_2 x_2 + p_3 x_3)^2, \quad \text{d. h. } \Omega_{ik} = \tau p_i p_k,$$

wobei τ einen Proportionalitätsfactor bedeutet.

Wir wollen nun untersuchen, welchen Werth diese Constante τ besitzt. Durch Vergleichen der Coefficienten von x_1^2, x_2^2, x_3^2 ergibt sich, wenn man für die Ω_{ii} und p_i aus (6) in § 2 und (5) in § 1 die Werthe einsetzt:

$$(17)\qquad \frac{\tau e_1^2}{h_1^2} = \frac{\sin^2(a_2, a_3)}{e_2^2 e_3^2}, \quad \frac{\tau e_2^2}{h_2^2} = \frac{\sin^2(a_3, a_1)}{e_3^2 e_1^2}, \quad \frac{\tau e_3^2}{h_3^2} = \frac{\sin^2(a_1, a_2)}{e_1^2 e_2^2}.$$

Der Inhalt des Coordinatendreiecks ist ferner gegeben durch $\Delta = \frac{a_3 h_3}{2}$, und bezeichnet man mit r den Radius des dem Dreieck umschriebenen Kreises, so ist $a_3 = 2r \sin(a_1, a_2)$, daher $\Delta = r h_3 \sin(a_1, a_2)$ und $h_3 \sin(a_1, a_2) = \frac{\Delta}{r}$. Durch Substitution dieses Werthes in die Gleichung $\tau = \frac{h_3^2 \sin^2(a_1, a_2)}{(e_1 e_2 e_3)^2}$ ergibt sich für die Proportionalitätsconstante τ der Ausdruck

$$(18)\qquad \tau = \frac{\Delta^2}{r^2 (e_1 e_2 e_3)^2}.$$

Unter Anwendung der bekannten Formeln

$$\Delta = 2r^2 \sin(a_2, a_3) \cdot \sin(a_3, a_1) \cdot \sin(a_1, a_2) \quad \text{und} \quad r = \frac{a_1 a_2 a_3}{4\Delta}$$

kann man r aus (18) eliminiren und erhält dann

$$(19)\qquad \tau = \frac{2\Delta \cdot \sin(a_2, a_3) \cdot \sin(a_3, a_1) \cdot \sin(a_1, a_2)}{(e_1 e_2 e_3)^2},$$

resp.

$$(20)\qquad \tau = \frac{16\Delta^4}{(e_1 e_2 e_3)^2 (a_1 a_2 a_3)^2},$$

eine Grösse, die auch bereits in der Gleichung (9) eines Kreises in Punktcoordinaten auftrat.

Durch Elimination von Δ mit Hilfe der Relation $r = \frac{2\Delta^2}{h_1 h_2 h_3}$ ergibt sich aus (18):

$$(21)\qquad \tau = \frac{h_1 h_2 h_3}{2r (e_1 e_2 e_3)^2},$$

oder auch

$$(22)\qquad \tau = \frac{1}{2r e_1 e_2 e_3 p_1 p_2 p_3}.$$

Eine weitere Bestimmung von τ besteht ebenfalls in der Vergleichung der Coefficienten von $\tau \left(\frac{e_1 x_1}{h_1} + \frac{e_2 x_2}{h_2} + \frac{e_3 x_3}{h_3}\right)^2$ und $\Omega(x, x)$ und Addition der so entstehenden sechs Gleichungen. Man erhält nämlich zunächst:

$$(23)\qquad \frac{\tau e_i^2}{h_i^2} = \Omega_{ii}, \quad \frac{\tau e_i e_k}{h_i h_k} = \Omega_{ik},$$

und hieraus

$$\tau\left(\frac{e_1}{h_1}+\frac{e_2}{h_2}+\frac{e_3}{h_3}\right)^2=\Omega_{11}+\Omega_{22}+\Omega_{33}+2\Omega_{12}+2\Omega_{13}+2\Omega_{23};$$

nach (3) in § 1 ist aber $\frac{e_1}{h_1}+\frac{e_2}{h_2}+\frac{e_3}{h_3}=1$, folglich

$$\tau=\Omega_{11}+\Omega_{22}+\Omega_{33}+2\Omega_{12}+2\Omega_{13}+2\Omega_{23}. \tag{24}$$

Man kann die Function $\omega(u, u)$ auch als Summe zweier Quadrate darstellen, denn es ist beispielsweise

$$\omega(u, u)=\left\{\frac{u_1}{e_1}+\frac{\cos(a_1, a_2)}{e_2}u_2+\frac{\cos(a_1, a_3)}{e_3}u_3\right\}^2 + \left\{\frac{\sin(a_1, a_2)}{e_2}u_2-\frac{\sin(a_1, a_3)}{e_3}u_3\right\}^2, \tag{25}$$

woraus folgt:

(26) Die Function $\omega(u, u)$ kann für reelle Werthe der Variabeln u_1, u_2, u_3 nur Zahlenwerthe von gleichem Vorzeichen annehmen, es ist $\omega(u, u)$ eine sogenannte definite Form[1]).

Nach (12 b) in § 2 ist der Winkel zweier Geraden mit den Coordinaten u_i, resp. v_i $(i=1, 2, 3)$ gegeben durch

$$\cos(u, v)=\frac{\omega(u, v)}{\sqrt{\omega(u, u)}\sqrt{\omega(v, v)}}. \tag{27}$$

Für $\omega(u, v)=0$ sind die beiden Geraden zu einander normal; andrerseits ist nach S. 44 $\omega(u, v)=0$ die Bedingung dafür, dass zwei gerade Linien u und v harmonische Polaren seien in Bezug auf das Paar der imaginären Kreispunkte, d. h.:

(28) Zwei Geraden, die zu einander normal sind, können stets betrachtet werden als harmonische Polaren in Bezug auf das Paar der imaginären Kreispunkte, und umgekehrt: Wenn zwei gerade Linien harmonische Polaren sind in Bezug auf das Punktepaar $\omega(u, u)=0$, sind sie zu einander normal.

Aus (27) folgt noch

$$\sin(u, v)=\frac{\pm\sqrt{\omega(u, u)\cdot\omega(v, v)-\omega^2(u, v)}}{\sqrt{\omega(u, u)}\cdot\sqrt{\omega(v, v)}}; \tag{29}$$

andrerseits ist nach (13) in § 5 $\omega(u, u)\cdot\omega(v, v)-\omega^2(u, v)=\Omega(x, x)$, wenn

$$x_1=u_2v_3-u_3v_2,\quad x_2=u_3v_1-u_1v_3,\quad x_3=u_1v_2-u_2v_1$$

gesetzt wird, daher nach (16) in vorliegendem Paragraphen

1) Näheres über solche Formen folgt in § 8.

$$\omega(u,u)\cdot\omega(v,v)-\omega^2(u,v)=\tau\cdot p_x^2=\tau\sum\pm(p_1u_2v_3)^2$$

oder:

$$(30)\qquad \sin(u,v)=\frac{\pm\sum\pm(p_1u_2v_3)\cdot\sqrt{\tau}}{\sqrt{\omega(u,u)}\sqrt{\omega(v,v)}}.$$

In noch ganz anderer Weise ist das Paar der imaginären Kreispunkte von Wichtigkeit bei Bestimmung der Grösse des Winkels zweier Geraden.

Das Doppelverhältniss α zwischen zwei Punkten x und y und dem Schnittpunktepaar des Kegelschnitts $f(x,x)=0$ mit der Verbindungslinie der beiden Punkte ist nämlich nach (13) in § 4 gegeben durch

$$(31)\qquad \alpha=\frac{f(x,y)+\sqrt{f^2(x,y)-f(x,x)\cdot f(y,y)}}{f(x,y)-\sqrt{f^2(x,y)-f(x,x)\cdot f(y,y)}};$$

dualistisch stellt

$$(32)\qquad \alpha'=\frac{\varphi(u,v)+\sqrt{\varphi^2(u,v)-\varphi(u,u)\cdot\varphi(v,v)}}{\varphi(u,v)-\sqrt{\varphi^2(u,v)-\varphi(u,u)\cdot\varphi(v,v)}}$$

das Doppelverhältniss zweier Geraden mit den Coordinaten u_i, resp. v_i zu dem von ihrem Schnittpunkte an irgend eine Curve zweiter Classe $\varphi(u,u)=0$ gelegten Tangentenpaare dar.

Der Winkel ϑ_0 zweier Geraden u und v ist nun nach (27) gegeben durch

$$\cos\vartheta_0=\frac{\omega(u,v)}{\sqrt{\omega(u,u)}\cdot\sqrt{\omega(v,v)}}.$$

Nehmen wir im Nenner der rechten Seite nur den absoluten Werth $\left|\sqrt{\omega(u,u)}\sqrt{\omega(v,v)}\right|$, so hängt das Vorzeichen von $\cos\vartheta_0$ ab von $\omega(u,v)$; je nachdem $\dfrac{\omega(u,v)}{\left|\sqrt{\omega(u,u)\cdot\omega(v,v)}\right|}$ positiv oder negativ ist, liegt ϑ_0 zwischen 0 und $\frac{\pi}{2}$ oder zwischen $\frac{\pi}{2}$ und π. Zugleich folgt

$$(33)\qquad \vartheta_0=\text{arc}\cos\frac{\omega(u,v)}{\left|\sqrt{\omega(u,u)\cdot\omega(v,v)}\right|}.$$

Es handle sich nun darum einen zwischen 0 und π gelegenen Werth ϑ_0 zu bestimmen der Art, dass $e^{\vartheta_0 i}=z+i\sqrt{1-z^2}$; hierzu ist nöthig $\cos\vartheta_0=z$, $\sin\vartheta_0=+\sqrt{1-z^2}$, und hieraus ergibt sich, dass der Bogen $\vartheta_0=\text{arc}\cos z$ im vorliegenden Falle zwischen 0 und π liegt. Hätte man noch einen anderen Werth ϑ gefunden, für den $\cos\vartheta_0=\cos\vartheta$, so müsste $\vartheta\pm\vartheta_0=\pm 2\varkappa\pi$ sein, wo $\varkappa$ irgend eine ganze Zahl bedeutet, denn alle Werthe w, für die $e^{iw}=1$, sind von der Form $w = \pm 2\varkappa\pi$. Man hat daher $\vartheta_0 i = \ln(z + i\sqrt{1 - z^2})$, wobei nun ϑ_0 identisch ist mit dem zwischen 0 und π gelegenen Werthe von $\arccos z$. Ferner ist auch $\vartheta_0 i = \ln \frac{1}{z - i\sqrt{1 - z^2}}$, mithin

$$2\vartheta_0 = \frac{1}{i}\ln\frac{z + i\sqrt{1 - z^2}}{z - i\sqrt{1 - z^2}} \text{ oder } \vartheta_0 = \frac{1}{2i}\ln\frac{z + \sqrt{z^2 - 1}}{z - \sqrt{z^2 - 1}}.$$

Durch Substitution des Werthes $z = \cos\vartheta_0 = \frac{\omega(u, v)}{|\sqrt{\omega(u, u)\cdot\omega(v, v)}|}$ in diese Gleichung erhält man:

$$(34) \qquad \vartheta_0 = \frac{1}{2i}\ln\frac{\omega(u, v) + |\sqrt{\omega^2(u, v) - \omega(u, u)\cdot\omega(v, v)}|}{\omega(u, v) - |\sqrt{\omega^2(u, v) - \omega(u, u)\cdot\omega(v, v)}|},\text{[1]}$$

und hieraus folgt mit Rücksicht auf (32):

(35) Der Winkel zweier Geraden ist gleich dem durch $2i$ dividirten natürlichen Logarithmus des Doppelverhältnisses, welches die beiden Geraden mit dem von ihrem Schnittpunkte nach dem imaginären Kreispunktepaar gezogenen Geradenpaare bilden.

Wir wollen bei dieser Gelegenheit noch den Winkel α bestimmen, welchen zwei durch $f(x, x) = 0$ gegebene Geraden mit einander bilden.

Wären $u_x = 0$ und $v_x = 0$ die Gleichungen der beiden Geraden, daher $\sum_1^3{}^i \sum_1^3{}^k a_{ik}x_i x_k \equiv u_x v_x$, so hätte man nach (27) und (29):

$$\cos\alpha = \frac{\omega(u, v)}{\sqrt{\omega(u, u)}\sqrt{\omega(v, v)}},$$

$$\sin\alpha = \frac{\sqrt{\omega(u, u)\cdot\omega(v, v) - \omega^2(u, v)}}{\sqrt{\omega(u, u)}\sqrt{\omega(v, v)}} = \frac{p_x\sqrt{\tau}}{\sqrt{\omega(u, u)}\sqrt{\omega(v, v)}},$$

wobei $x_1 = u_2v_3 - u_3v_2$, $x_2 = u_3v_1 - u_1v_3$, $x_3 = u_1v_2 - u_2v_1$ die Coordinaten des Schnittpunktes der zwei Geraden bedeuten; andrerseits ist aber nach (34) in § 4 das Product $x_i x_k$ proportional zu A_{ik}, und zwar findet man leicht $x_i x_k = -4A_{ik}$, daher $\tau p_x^2 = -4\tau F(p, p)$. Aus $2a_{ik} = u_i v_k + v_i u_k$ folgt

$$\begin{aligned}\omega(u, v) &= \omega_{11}u_1v_1 + \omega_{12}(u_1v_2 + u_2v_1) + \cdots + \omega_{33}u_3^2 \\ &= a_{11}\omega_{11} + 2a_{12}\omega_{12} + a_{22}\omega_{22} + 2a_{13}\omega_{13} + 2a_{23}\omega_{23} + a_{33}\omega_{33},\end{aligned}$$

---

1) Die Vorzeichen der Wurzeln in (34) sind zu vertauschen, wenn ϑ_0 zwischen 0 und $-\pi$ liegt. Für beide Fälle hat man in (34) bei dem Logarithmus den Hauptwerth zu setzen, d. h. denjenigen, dessen imaginärer Theil zwischen $+i\pi$ und $-i\pi$ liegt.

wofür $[a, \omega]$ gesetzt werde; endlich ist

$$\omega(u, u) \cdot \omega(v, v) = \omega^2(u, v) - 4\tau F(p, p) = [a, \omega]^2 - 4\tau F(p, p),$$

es ergibt sich also

$$(36) \qquad \cos^2 \alpha = \frac{[a, \omega]^2}{[a, \omega]^2 - 4\tau F(p, p)}, \quad \sin^2 \alpha = \frac{-4\tau F(p, p)}{[a, \omega]^2 - 4\tau F(p, p)},$$

$$\mathrm{tg}^2\, \alpha = -\frac{4\tau F(p, p)}{[a, \omega]^2}.$$

§ 8.

Ueber einen fundamentalen Satz aus der Theorie der definiten quadratischen Formen und über zwei Gattungen von Gleichungen mit nur reellen Wurzeln.

Im vorhergehenden Paragraphen wurde gezeigt, dass $\omega(u, u)$ eine sogenannte definite Form, d. h. eine ganze homogene Function ist, welche für reelle Werthe der Variabeln nur Zahlenwerthe von gleichem Vorzeichen anzunehmen vermag.

Man bezeichnet überhaupt als „Form“ eine ganze homogene Function mehrerer Variabeln, um eine Ausdrucksweise für die Gesammtheit aller Glieder zu haben, welche, in den Variabeln sämmtlich von gleicher Dimension, die Function zusammensetzen. Nach ihrer Dimension in den Variabeln heisst die Form von der 1., 2., 3., ... n^{ten} Ordnung, oder auch linear, quadratisch, kubisch, ...; nach der Anzahl der Variabeln heisst sie, von 2 beginnend, binär, ternär, ... So ist z. B. $a_{11}x_1^2 + 2a_{12}x_1x_2 + a_{22}x_2^2 + 2a_{13}x_1x_3 + 2a_{23}x_2x_3 + a_{33}x_3^2$ eine ternäre quadratische Form.

Ueber definite quadratische Formen gibt es nun einen für spätere Untersuchungen wichtigen Satz, den wir allgemein für den Fall von n Variabeln beweisen wollen unter Anwendung eines von Kronecker bei ähnlicher Gelegenheit benutzten Raisonnements[1]). Dieser Satz lautet:

(1) Ist $\varphi(u_1, u_2, \ldots u_n) \equiv \sum_1^n{}^i \sum_1^n{}^k \varphi_{ik} u_i u_k$ eine quadratische Form mit n Variabeln $u_1, u_2, \ldots u_n$, welche für beliebige reelle Werthe der u nur Zahlenwerthe mit demselben Vorzeichen annimmt (definit ist), und verschwindet diese Form für die Werthe $p_1, p_2, \ldots p_n$ der Variabeln, unter denen mindestens einer von Null verschieden ist, so verschwinden auch immer die Ausdrücke $\varphi'(p_1), \varphi'(p_2), \ldots \varphi'(p_n)$.

[1]) Vgl. Kronecker in den Monatsberichten der Berliner Akademie der Wissenschaften, Jahrgang 1868, S. 339 f.

Zum Beweis dieses Satzes setze man:

(2) $u_1 = v_1 + \lambda p_1,\ u_2 = v_2 + \lambda p_2, \cdots u_{n-1} = v_{n-1} + \lambda p_{n-1},\ u_n = 0 + \lambda p_n,$

wobei etwa $p_n \gtrless 0$ sei. Alsdann wird

(3) $$\begin{aligned}\varphi(u_1, u_2, \cdots u_{n-1}, u_n) &= \varphi(v_1, v_2, \cdots v_{n-1}, 0) \\ &+ \lambda\{\varphi'(p_1)\cdot v_1 + \varphi'(p_2)\cdot v_2 + \cdots + \varphi'(p_{n-1})\cdot v_{n-1}\} \\ &+ \lambda^2\varphi(p_1, p_2, \cdots p_{n-1}, p_n);\end{aligned}$$

doch hat hierin der Factor von λ^2 nach Voraussetzung den Werth Null.

Um nun zu zeigen, dass die Ausdrücke $\varphi'(p_1), \varphi'(p_2), \ldots \varphi'(p_n)$ verschwinden, nehme man an, es sei etwa $\varphi'(p_k)$ von Null verschieden und setze $v_1 = v_2 = \cdots = v_{k-1} = v_{k+1} = \cdots = v_n = 0,\ v_k = 1;$ hierdurch verwandelt sich $\varphi(u_1, u_2, \ldots u_n)$ in

$$\varphi(0, 0, .., 1, 0, .., 0) + \lambda\varphi'(p_k),$$

und da hier λ jeden beliebigen Werth annehmen kann, so ist dies auch, so lange $\varphi'(p_k) \gtrless 0$, mit $\varphi(u_1, u_2, \ldots u_n)$ der Fall, was aber der über das Wesen der Function gemachten Voraussetzung definit zu sein widerspricht. Mithin muss $\varphi'(p_k)$ verschwinden, und zwar zunächst für $k = 1, 2, \cdots (n-1)$, weil nur $\varphi'(p_1), \varphi'(p_2), \ldots \varphi(p_{n-1})$ in dem Factor von λ in (3) auftreten. Da aber

$$\varphi(p_1, p_2, \cdots p_n) = p_1\varphi'(p_1) + p_2\varphi'(p_2) + \cdots + p_{n-1}\varphi'(p_{n-1}) + p_n\varphi'(p_n) = 0,$$

so muss auch noch $\varphi'(p_n)$ verschwinden; denn p_n wurde als von Null verschieden angenommen.

Für den Fall der durch $\omega(u, u)$ definirten und im vorhergehenden Paragraphen näher betrachteten Form, welche gleich Null gesetzt die zwei imaginären Kreispunkte darstellt, sind die Coordinaten der unendlich fernen Geraden $p_i = \frac{e_i}{h_i}$ $(i = 1, 2, 3)$ solche Werthe, für welche $\omega(u, u)$ verschwindet; denn diese Gerade ist Trägerin des Punktepaars. Es ist dann zufolge des Satzes (1) stets $\omega'(p_i) = 0$, $(i = 1, 2, 3)$, wie übrigens auch schon in § 2 erwähnt wurde.

Um den Nutzen des Fundamentaltheorems (1) darzulegen, wollen wir einige Sätze über zwei Gattungen von Gleichungen beweisen, die im Folgenden, wie überhaupt in vielen Theilen der reinen und angewandten Mathematik, eine wichtige Rolle spielen. Der erste Satz lautet:

(4) Bezeichnet $\varphi(u_1, u_2, \cdots u_n) \equiv \sum_1^n{}^i \sum_1^n{}^k \alpha_{ik} u_i u_k$ eine beliebige quadratische Form der n Variabeln $u_1, u_2, \cdots u_n$, ferner

$$\omega(u_1, u_2, \cdots u_n) \equiv \sum_1^n{}^i \sum_1^n{}^k \omega_{ik} u_i u_k$$

eine definite quadratische Form derselben Veränderlichen und setzt man $-\lambda\alpha_{ik} + \omega_{ik} = \gamma_{ik}$, so besitzt die Gleichung n^{ten} Grades in λ:

(4a) $$\Gamma \equiv \sum \pm (\gamma_{11}\gamma_{22} \cdots \gamma_{nn}) = 0, \quad (\gamma_{ik} = \gamma_{ki})$$

stets nur reelle Wurzeln.

Ist nämlich λ eine von Null verschiedene Wurzel dieser Gleichung, so gibt es zufolge (4a) stets Werthe $c_1, c_2, \ldots c_n$, die nicht sämmtlich Null sind und die n Gleichungen befriedigen:

(5) $$-\lambda\varphi'(c_i) + \omega'(c_i) = 0 \;(i = 1, 2, \cdots n).$$

Ist allgemein $c_i = c_i^0 + c_i'\sqrt{-1}$, so folgt durch Multiplication der n Gleichungen (5) mit $c_i^0 - c_i'\sqrt{-1}$ und Addition derselben:

(6) $$-\lambda\{\varphi(c_1^0, c_2^0 \cdots c_n^0) + \varphi(c_1', c_2', \cdots c_n')\} + \omega(c_1^0, c_2^0, \cdots c_n^0) + \omega(c_1', c_2', \cdots c_n') = 0.$$

Hier kann nun der Coefficient von λ nicht verschwinden, denn sonst würde auch die Summe der beiden ω verschwinden müssen, d. h. die c_i^0 und c_i' wären nach (1) solche Werthe, für die $\omega'(c_i^0) = 0$ und $\omega'(c_i') = 0$; dann wäre nach (5) neben $\omega'(c_i) = 0$ auch noch $\varphi'(c_i) = 0$ $(i = 1, 2, \ldots n)$, d. h. die Gleichung (5) wäre für beliebige Werthe von λ giltig, somit die Determinante $\sum \pm (\gamma_{11}\gamma_{22} \cdots \gamma_{nn})$ identisch Null, und dieser Fall war bisher eo ipso ausgeschlossen. Der Coefficient von λ in (6) ist demnach von Null verschieden, und in Folge dessen λ gleich dem Quotienten zweier reellen Grössen, also in der That reell.

Für die Gleichung (4a) bestehen noch zwei weitere Sätze, die später von Wichtigkeit sind und daher hier bewiesen werden sollen[1]), nämlich:

(7) A) Jeder l-fache Factor $(\lambda - \lambda_1)$ von $\Gamma = 0$, wobei $\lambda_1 \gtrless 0$, ist mindestens $(l-1)$ mal in der Unterdeterminante Γ_{ik} eines beliebigen Elementes γ_{ik} der Determinante Γ als Factor enthalten.

1) Das Princip der hier angewandten Beweismethode ist eine Umformung derjenigen, welche Herr Weierstrass gegeben hat in den Monatsberichten der Akademie der Wissenschaften zu Berlin, Jahrgang 1858, S. 207—220.

(8) B) Jede l-fache verschwindende Wurzel $\lambda = 0$ der Gleichung $\Gamma = 0$ ist mindestens $(l-2)$fache Wurzel von $\Gamma_{ik} = 0$.

Zum Beweise des Satzes A) gehen wir aus von dem Quotienten

$$(9) \qquad \chi(\lambda) \equiv \frac{-\begin{vmatrix} \gamma_{11} & \gamma_{12} & \cdots & \gamma_{1n} & x_1 \\ \gamma_{21} & \gamma_{22} & \cdots & \gamma_{2n} & x_2 \\ \cdot & \cdot & \cdot & \cdot & \cdot \\ \gamma_{n1} & \gamma_{n2} & \cdots & \gamma_{nn} & x_n \\ y_1 & y_2 & \cdots & y_n & 0 \end{vmatrix}}{\sum \pm (\gamma_{11}\gamma_{22}\cdots\gamma_{nn})}$$

oder

$$\chi(\lambda) = \frac{\Gamma_{11}x_1y_1 + \Gamma_{12}(x_1y_2 + x_2y_1) + \cdots}{\sum \pm (\gamma_{11}\gamma_{22}\cdots\gamma_{nn})},$$

in welchem die y_i willkürlich fixirte Constanten, die x_i irgend welche variabele Grössen bedeuten. Die Anwendung einer Partialbruchzerlegung auf (9) möge alsdann, soweit sich die Brüche auf die Wurzel $\lambda = \lambda_1$ von $\Gamma = 0$ beziehen, eine Summe liefern von der Form:

$$(10) \qquad \chi(\lambda) = \frac{\sum_1^n {}_i\, c_i x_i}{(\lambda - \lambda_1)^e} + \frac{\sum_1^n {}_i\, c_i' x_i}{(\lambda - \lambda_1)^{e-1}} + \frac{\sum_1^n {}_i\, c_i'' x_i}{(\lambda - \lambda_1)^{e-2}} + \cdots,$$

wobei die $c, c', c'', \ldots$ abhängen von den willkürlich fixirten y und von den γ_{ik}, und wir behaupten nun, dass hier, so lange $\lambda_1 \gtrless 0$, der Exponent e nicht grösser sein kann als 1. Da nämlich vorausgesetzt ist, dass Γ nicht identisch verschwindet, kann man in (9) und (10) setzen

$$(11) \qquad x_i = -\frac{1}{2}\lambda\varphi'(u_i) + \frac{1}{2}\omega'(u_i),$$

wodurch sich der Zähler von (9) verwandelt in $(y_1u_1 + y_2u_2 + \cdots + y_nu_n)\Gamma$, also $\chi(\lambda)$ nach Wegheben von Γ in $y_1u_1 + y_2u_2 + \cdots + y_nu_n$. Für $\lambda = \lambda_1 + h$ erhält man alsdann nach Multiplication mit h^e an Stelle von (10) die Gleichung

$$(12) \qquad \begin{aligned} u_y \cdot h^e = {} & \{-(\lambda_1 + h)\varphi(c, u) + \omega(c, u)\} \\ & + h\{-(\lambda_1 + h)\varphi(c', u) + \omega(c', u)\} \\ & + h^2\{-(\lambda_1 + h)\varphi(c'', u) + \omega(c'', u)\} + \cdots. \end{aligned}$$

Für $e > 1$ müssten mindestens die Coefficienten von h^0 und h^1 der rechten Seite gleich Null sein, es wäre daher

(13) $$\omega(c, u) - \lambda_1 \varphi(c, u) = 0$$
und
(14) $$\omega(c', u) - \lambda_1 \varphi(c', u) - \varphi(c, u) = 0$$ [1]).

Setzt man nun $u_i = c_i'$ in (13), dagegen $u_i = c_i$ in (14) und subtrahirt man beide Gleichungen von einander, so folgt $\varphi(c, c) = 0$, somit nach (13) auch $\omega(c, c) = 0$; nach dem Fundamentaltheoreme (1) ist dann auch $\omega(c, u) = 0$, denn $\omega(u, u)$ ist eine definite Form, und nach (13) nunmehr $\varphi(c, u) = 0$, da $\lambda_1 \gtrless 0$, d. h. für jeden Werth von λ hätte man $\omega(c, u) - \lambda \varphi(c, u) = 0$, die Determinante Γ würde identisch verschwinden gegen die Voraussetzung. So lange $\lambda \gtrless 0$ kann folglich e in (10) nicht grösser als 1 sein, d. h. in dem Quotienten $\chi(\lambda)$ muss sich die l-fache Wurzel $\lambda_1 = \lambda$ von $\Gamma = 0$ mindestens $(l-1)$mal in Zähler und Nenner wegheben lassen, oder es muss wegen der Willkürlichkeit der x_i und y_i in $\chi(\lambda)$ der Factor $\lambda - \lambda_1$ in jeder Unterdeterminante Γ_{ik} von Γ mindestens $(l-1)$mal enthalten sein.

Zum Beweis des Satzes B) in (8) verfahren wir zunächst gerade so wie bei A) und gelangen hierdurch zur Gleichung (12), in der jedoch nunmehr $\lambda_1 = 0$ zu setzen ist. Alsdann behaupten wir, dass für $\lambda_1 = 0$ der Exponent e in (12) nicht grösser sein kann als 2. Für $e > 2$ müsste nämlich neben den Coefficienten von h^0 und h^1 mindestens auch derjenige von h^2 verschwinden; in Folge von $\lambda_1 = 0$ gehen aber die Gleichungen (13) und (14) über in

(15) $$\omega(c, u) = 0$$
und
(16) $$\omega(c', u) - \varphi(c, u) = 0,$$

während das Verschwinden des Coefficienten von h^2 für $\lambda_1 = 0$ liefert:

(17) $$\omega(c'', u) - \varphi(c', u) = 0.$$

Setzt man nun $u_i = c_i$ in (17), dagegen $u_i = c_i''$ in (15) und subtrahirt man beide Gleichungen von einander, so folgt $\varphi(c', c) = 0$,

---

1) Es lassen sich die y_i stets so fixiren, dass nicht alle c_i $(i = 1, 2, \cdots n)$ Null sind, denn sonst wäre für beliebige x_i und y_i der Factor $\lambda - \lambda_1$ auch l-fach in der Determinante $\binom{x}{y}_{\gamma_{ik}}$ enthalten, d. h. l-fach in jeder Unterdeterminante Γ_{ik}. Dies ist aber unmöglich, da alsdann auf Grund von

$$\Gamma'(\lambda) = \sum_1^n{}_i \sum_1^n{}_k \frac{\partial \Gamma}{\partial \gamma_{ik}} \frac{\partial \gamma_{ik}}{\partial \lambda} = - \sum_1^n{}_i \sum_1^n{}_k \Gamma_{ik} \alpha_{ik} = 0$$

auch $\Gamma'(\lambda)$ den Factor $(\lambda - \lambda_1)^l$ enthalten würde.

daher ist alsdann für $u_i = c_i'$ in (16) $\omega(c', c') = 0$ und nach dem Fundamentaltheorem (1) $\omega(c', u) = 0$; hierdurch liefert (16) $\varphi(c, u) = 0$, es wäre also mit Rücksicht auf (15) für jeden Werth von λ $\omega(c, u) - \lambda\varphi(c, u) = 0$, d. h. die Determinante Γ würde identisch verschwinden, was ausgeschlossen war. Für $\lambda_1 = 0$ kann folglich e in (10) nicht grösser als 2 sein, d. h. in dem Quotienten $\chi(\lambda)$ muss sich die etwa auftretende l-fache Wurzel $\lambda = 0$ von $\Gamma = 0$ mindestens $(l-2)$-mal in Zähler und Nenner wegheben lassen, oder es muss in jeder Unterdeterminante Γ_{ik} von Γ der Factor λ mindestens $(l-2)$ mal enthalten sein.

Wir wollen nun noch eine zweite Gattung von Gleichungen betrachten, die ähnliche Eigenschaften haben wie die Gleichungen von der Form (4a).

Es sei nämlich $f \equiv \sum_1^n{}_i \sum_1^n{}_k a_{ik} x_i x_k$ eine beliebige quadratische Form der n Variabeln $x_1, x_2, \cdots x_n$, $\omega \equiv \sum_1^n{}_i \sum_1^n{}_k \omega_{ik} u_i u_k$ eine quadratische Form der Variabeln $u_1, u_2, \ldots u_n$, welche für reelle Werthe der u nur Zahlenwerthe von demselben Vorzeichen annimmt[1]). Alsdann bilde man den Ausdruck

$$\Psi(u, x) \equiv \frac{1}{4} \sum_1^n{}_i f'(x_i) \cdot \omega'(u_i) \equiv \frac{1}{4} \sum_1^n{}_i \sum_1^n{}_k a_{ik} \omega'(u_i) \cdot x_k$$

$$\equiv \frac{1}{4} \sum_1^n{}_i \sum_1^n{}_k \alpha_{ik} u_i x_k,$$

wobei zur Abkürzung gesetzt ist

(18) $$\alpha_{ik} = \omega_{1i} a_{1k} + \omega_{2i} a_{2k} + \cdots + \omega_{ni} a_{nk}$$

und im allgemeinen α_{ik} nicht gleich α_{ki}; ferner setze man

$$u_x \equiv u_1 x_1 + u_2 x_2 + \cdots + u_n x_n$$

und definire Grössen β_{ik} durch

$$\Psi(u, x) - \lambda \cdot u_x \equiv \sum_1^n{}_i \sum_1^n{}_k \beta_{ik} u_i x_k.$$

Es besteht alsdann der Satz:

(19) Unter den soeben gemachten Voraussetzungen hat die Gleichung n^{ten} Grades in λ:

---

1) Es ist nicht nöthig, dass die Determinante von $\omega(u, u)$ verschwinde. Andererseits ist vorausgesetzt $a_{ik} = a_{ki}$ und $\omega_{ik} = \omega_{ki}$.

(19a) $$\sum \pm (\beta_{11}\beta_{22}\cdots\beta_{nn}) = 0,$$
oder auch

$$\begin{vmatrix} \alpha_{11}-\lambda & \alpha_{12} & \cdots & \alpha_{1n} \\ \alpha_{21} & \alpha_{22}-\lambda & \cdots & \alpha_{2n} \\ \cdot & \cdot & \cdot & \cdot \\ \alpha_{n1} & \alpha_{n2} & \cdots & \alpha_{nn}-\lambda \end{vmatrix} = 0$$

stets nur relle Wurzeln.

Zum Beweis dieses Satzes werde zunächst bemerkt, dass es zufolge Verschwindens der Determinante (19a) Werthe $t_1, t_2, \ldots t_n$ gibt, für welche

(20) $$\begin{cases} (\alpha_{11}-\lambda)t_1 + \alpha_{12}t_2 + \cdots + \alpha_{1n}t_n = 0 \\ \alpha_{21}t_1 + (\alpha_{22}-\lambda)t_2 + \cdots + \alpha_{2n}t_n = 0 \\ \cdot\quad\cdot\quad\cdot\quad\cdot\quad\cdot\quad\cdot\quad\cdot \\ \alpha_{n1}t_1 + \alpha_{n2}t_2 \qquad + \cdots + (\alpha_{nn}-\lambda)t_n = 0. \end{cases}$$

Zwei conjugirt complexen Wurzeln λ von (19a) würden dann zwei conjugirt complexe Werthsysteme der t zugehören, sie seien etwa

(21) $$t_i = v_i + \sqrt{-1}\,w_i \quad \text{und} \quad \bar{t}_i = v_i - \sqrt{-1}\,w_i \quad (i = 1, 2, \cdots n).$$

Wir multipliciren nun die Gleichungen (20), nachdem in ihnen die mit dem Factor λ behafteten Glieder auf die rechte Seite gebracht sind, resp. mit $\frac{1}{2}\omega'(\bar{t}_i)$ und summiren über i, wodurch man erhält:

(22) $$\frac{1}{4}\sum_1^n{}_i \sum_1^n{}_k a_{ki}\,\omega'(t_k)\cdot\omega'(\bar{t}_i) = \lambda\cdot\sum_1^n{}_i \frac{1}{2}\,\omega'(\bar{t}_i)\cdot t_i;$$

bei Substitution der für t_i und $\bar{t}_i$ angenommenen conjugirt imaginären Werthe (21) verwandelt sich aber die rechte Seite dieser Gleichungen in $\lambda(\omega(v, v) + \omega(w, w))$, und hier können $\omega(v, v)$ und $\omega(w, w)$ nach unseren Voraussetzungen über die Function ω nie entgegengesetzte Vorzeichen besitzen[1]). Ferner ändert sich zufolge $a_{ik} = a_{ki}$ die linke Seite von (22) nicht, wenn man die t_i mit den $\bar{t}_i$ vertauscht, also $+\sqrt{-1}$ mit $-\sqrt{-1}$ vertauscht, es würde daher der den t_i ent-

1) Wäre etwa $\omega(v, v) = \omega(w, w) = 0$, so müssten die v_i und w_i den Gleichungen genügen $\omega'(v_i) = 0$, $\omega'(w_i) = 0$, $(i = 1, 2, \ldots n)$, so dass auch $\omega'(t_i) = 0$; aus (20) würden also Gleichungen folgen von der Form

$$\sum_1^n{}_k a_{ki}\cdot\frac{1}{2}\,\omega'(t_k) = \lambda\,t_i,$$

was nur möglich, wenn $\lambda = 0$, da $\omega'(t_k)$ verschwindet.

sprechende Werth von λ derselbe sein, wie der den $\bar{t}_i$ entsprechende, d. h. der imaginäre Theil von λ muss Null, λ muss reell sein, w. z. b. w.

Auch für die Gleichung (19a) gelten die analogen Sätze wie (7) und (8) bei der Gleichung (4a), nämlich:

(23) A) Jeder l-fache Factor $(\lambda - \lambda_1)$, wobei $\lambda_1 \gtrless 0$, von $\mathsf{B} \equiv \sum \pm (\beta_{11}\,\beta_{22} \cdots \beta_{nn}) = 0$ ist mindestens $(l-1)$mal in der Unterdeterminante B_{ik} eines beliebigen Elementes β_{ik} der Determinante B als Factor enthalten.

(24) B) Jede l-fache verschwindende Wurzel $\lambda = 0$ der Gleichung $\mathsf{B} = 0$ ist mindestens $(l-2)$fache Wurzel von $\mathsf{B}_{ik} = 0$.

Zum Beweis dieser Sätze gehen wir aus von dem Quotienten

$$(25)\qquad \mathsf{X}(\lambda) \equiv \frac{-\begin{vmatrix} \beta_{11} & \beta_{12} & \cdots & \beta_{1n} & v_1 \\ \beta_{21} & \beta_{22} & \cdots & \beta_{2n} & v_2 \\ \cdot & \cdot & \cdot & \cdot & \cdot \\ \beta_{n1} & \beta_{n2} & \cdots & \beta_{nn} & v_n \\ w_1 & w_2 & \cdots & w_n & 0 \end{vmatrix}}{\sum \pm (\beta_{11}\,\beta_{22} \cdots \beta_{nn})}$$

oder

$$\mathsf{X}(\lambda) = \frac{\mathsf{B}_{11} v_1 w_1 + \mathsf{B}_{12} v_1 w_2 + \mathsf{B}_{21} v_2 w_1 + \cdots}{\sum \pm (\beta_{11}\,\beta_{22} \cdots \beta_{nn})},$$

in welchem die w_i willkürlich fixirte Constanten, die v_i irgend welche variabele Grössen bedeuten. Die Anwendung einer Partialbruchzerlegung möge alsdann, soweit sich die Brüche auf die Wurzel $\lambda = \lambda_1$ von $\mathsf{B} = 0$ beziehen, eine Summe liefern von der Form

$$(26)\qquad \mathsf{X}(\lambda) = \frac{\sum_1^n c_i v_i}{(\lambda - \lambda_1)^e} + \frac{\sum_1^n c_i' v_i}{(\lambda - \lambda_1)^{e-1}} + \frac{\sum_1^n c_i'' v_i}{(\lambda - \lambda_1)^{e-2}} + \cdots,$$

wobei die $c, c', c'', \ldots$ abhängen von den willkürlich fixirten w_i und von den β_{ik}, und wir behaupten nun, dass hier, so lange $\lambda_1 \gtrless 0$, der Exponent e nicht grösser sein kann als 1. Denn setzt man

$$(27)\qquad \begin{cases} v_1 = \beta_{11} x_1 + \beta_{12} x_2 + \cdots + \beta_{1n} x_n \\ v_2 = \beta_{21} x_1 + \beta_{22} x_2 + \cdots + \beta_{2n} x_n \\ \cdot \quad \cdot \quad \cdot \quad \cdot \quad \cdot \quad \cdot \quad \cdot \quad \cdot \\ v_n = \beta_{n1} x_1 + \beta_{n2} x_2 + \cdots + \beta_{nn} x_n, \end{cases}$$

so verwandelt sich $X(\lambda)$ in $w_1 x_1 + w_2 x_2 + \cdots + w_n x_n$[1]), und für $\lambda = \lambda_1 + h$ erhält man nach Multiplication mit h^e an Stelle von (26) die Gleichung

$$(28) \quad w_x \cdot h^e = \{\Psi(c, x) - (\lambda_1 + h) c_x\} \\ + h\{\Psi(c', x) - (\lambda_1 + h) c_x'\} + h^2\{\Psi(c'', x) - (\lambda_1 + h) c_x''\} + \cdots.$$

Für $e > 1$ müssten mindestens die Coefficienten von h^0 und h^1 der rechten Seite gleich Null sein, man hätte daher

$$(29) \qquad \Psi(c, x) - \lambda_1 c_x = 0$$

und

$$(30) \qquad \Psi(c', x) - \lambda_1 c_x' - c_x = 0.$$

Ist nun $p_1, p_2, \ldots p_n$ ein Werthsystem, für welches $\omega(p, p) = 0$, daher nach (1) auch $\omega'(p_i) = 0$, so können jedenfalls die c_i nicht proportional sein den p_i, denn sonst wäre auch

$$\Psi(c, x) \equiv \frac{1}{4} \sum_1^n {}_i\, f'(x_i) \cdot \omega'(c_i)$$

identisch Null, daher nach (29) $c_x \equiv 0$, was nicht denkbar[2]). Man setze jetzt in (29) $x_i = \frac{1}{2} \omega'(c_i')$, dagegen in (30) $x_i = \frac{1}{2} \omega'(c_i)$; alsdann werden $\Psi(c, x)$ und $\Psi(c', x)$ identisch mit $\frac{1}{4} \sum_1^n {}_i \sum_1^n {}_k\, a_{ik}\, \omega'(c_i) \cdot \omega'(c_k')$ und wegen $a_{ik} = a_{ki}$ einander gleich. Zieht man daher nach diesen Substitutionen (29) und (30) von einander ab, so bleibt übrig $\omega(c, c) = 0$, was nicht möglich ist, wie soeben erwiesen. Im Falle $\lambda_1 \gtrless 0$ kann folglich e nicht grösser als 1 sein, u. s. w. (wie oben beim Beweis des Satzes (7)).

Zum Beweis des Satzes (24) verfahren wir zunächst gerade so wie bei (23) und gelangen hierdurch zur Gleichung (28), in der jedoch $\lambda_1 = 0$ zu setzen ist. Alsdann behaupten wir, dass für $\lambda_1 = 0$ der Exponent e in (28) und (26) nicht grösser sein kann als 2. Für $e > 2$ müsste nämlich neben den Coefficienten von h^0 und h^1 in (28) mindestens auch derjenige von h^2 verschwinden; in Folge von $\lambda_1 = 0$ gehen aber die Gleichungen (29) und (30) über in

$$(31) \qquad \Psi(c, x) = 0$$

und

$$(32) \qquad \Psi(c', x) - c_x = 0,$$

---

1) Man hat wie Seite 68, Zeile 8—9 von unten, die letzte Verticalreihe des Zählers in (25) vermöge der vorausgehenden Reihen zu transformiren.

2) Vgl. die Fussnote zu S. 69.

während das Verschwinden des Coefficienten von h^2 für $\lambda_1 = 0$ liefert:

(33) $$\Psi(c'', x) - c_x' = 0.$$

Jetzt sind die c_i in (31) proportional den p_i, denn setzt man in (31) $x_i = \frac{1}{2}\omega'(c_i')$, in (32) $x_i = \frac{1}{2}\omega'(c_i)$ und zieht beide Gleichungen von einander ab, so bleibt $\omega(c, c) = 0$. Dagegen sind die c_i' in (32) nicht den p_i proportional, sonst wäre auch $\Psi(c', x) = 0$, somit wegen (32) $p_x \equiv 0$, was nicht denkbar. Wird nun in (32) gesetzt $x_i = \frac{1}{2}\omega'(c_i'')$, in (33) $x_i = \frac{1}{2}\omega'(c_i')$, so erhält man durch Subtraction $\omega(c', c') = 0$, was nicht statthaben kann, denn die c_i' sind den p_i nicht proportional.

Für $\lambda_1 = 0$ kann folglich e in (26) nicht grösser sein als 2, u. s. w. (wie beim Beweis des Satzes (8)).

Wir wollen noch bemerken, dass die Sätze (4), (7) und (8) auch dann bestehen bleiben, wenn an Stelle der Formen $\varphi(u_1, u_2, \ldots u_n)$ und $\omega(u_1, u_2, \ldots u_n)$ zwei bilineare Formen treten

$$\varphi(z, \zeta) \equiv \sum_1^n{}_i \sum_1^n{}_k \alpha_{ik} z_i \zeta_k \quad \text{und} \quad \omega(z, \zeta) \equiv \sum_1^n{}_i \sum_1^n{}_k \omega_{ik} z_i \zeta_k,$$

welche folgende Bedingungen erfolgen: α_{ik} muss complex conjugirt sein zu α_{ki}, analog ω_{ik} zu ω_{ki}, so dass also α_{ii} und ω_{ii} reell sind; ferner müssen z_z und ζ_k complex conjugirte Werthe haben, z. B.

$$z_k = x_k + y_k\sqrt{-1}, \quad \zeta_k = x_k - y_k\sqrt{-1};$$

endlich darf die Form $\omega(z, \zeta)$ (eventuell auch mit verschwindender Determinante) nur Zahlenwerthe von gleichem Vorzeichen annehmen. Der Beweis obiger Behauptung beruht auch hier auf dem Satze, dass, wenn die Form $\omega(z, \zeta)$ für zwei bestimmte Werthsysteme

$$p_k = p_k^0 + p_k'\sqrt{-1} \quad \text{und} \quad \pi_k = p_k^0 - p_k'\sqrt{-1}$$

der Variabeln z_k und ζ_k $(k = 1, 2, \ldots n)$ verschwindet, immer auch $\omega(p, \zeta)$ und $\omega(z, \pi)$ identisch verschwinden[1]).

Es möge noch besonders der Fall hervorgehoben werden, dass in der Form $\varphi(z, \zeta)$ die Coefficienten $\alpha_{11}, \alpha_{22}, \ldots \alpha_{nn}$ sämmtlich Null, dagegen α_{ik} $(i \gtrless k)$ rein imaginär sind, so dass $\alpha_{ik} = i\beta_{ik}$, $\alpha_{ki} = -i\beta_{ik}$

1) Für den Fall, dass $\sum \pm (\omega_{11}\, \omega_{22} \ldots \omega_{nn}) \gtrless 0$ hat Herr Christoffel einen bindenden algebraischen Beweis der verallgemeinerten Sätze (4) und (7) gegeben: „Verallgemeinerung einiger Theoreme des Herrn Weierstrass", Journal für die reine und angewandte Mathematik, Bd. 63, S. 255—272, 1864.

und $\varphi(z, \zeta)$ eine „alternirende bilineare Form" darstellt. In der nun analog zu (4a) gebildeten Determinante sind $\omega_{11}, \omega_{22}, \ldots \omega_{nn}$ die Diagonalelemente, die übrigen Elemente sind von der Form $-\lambda i\beta_{ik} + \omega_{ik}$, bezw. $+\lambda i\beta_{ik} + \omega_{ki}$. Es folgt daher der Satz: Wenn die oben definirte Form $\omega(z, \zeta)$ definit ist und die bilineare Form $\sum_1^n{}_i \sum_1^n{}_k \beta_{ik} z_i \zeta_k$ reelle Coefficienten hat der Art, dass $\beta_{ii} = 0$, $\beta_{ik} = -\beta_{ki}$ ist, so ergibt die Determinante von $\omega(z, \zeta) - \mu \sum_1^n{}_i \sum_1^n{}_k \beta_{ik} z_i \zeta_k$ gleich Null gesetzt eine Gleichung, welche rein imaginäre Wurzeln $\mu = \lambda i$ hat und für welche die weiteren in (7) und (8) ausgedrückten Eigenschaften bestehen[1]).

Zum Schluss dieses der Algebra gewidmeten Paragraphen sei noch ein Satz erwähnt, der zwar mit den vorhergehenden Theoremen in keinem Zusammenhang steht, aber hier Stelle finden soll, weil er bei späteren Betrachtungen ein wichtiges algebraisches Hilfsmittel bildet. Derselbe lautet:

(34) W e n n z w e i g a n z e h o m o g e n e F u n c t i o n e n k^{ten} G r a d e s d e r n V a r i a b e l n $x_1, x_2, \ldots x_n$ f ü r a l l e W e r t h e d e r x i d e n t i s c h s i n d, s o s i n d d i e C o e f f i c i e n t e n g l e i c h e r P o t e n z e n d e r V a r i a b e l n e i n a n d e r g l e i c h.

Zum Beweis dieses Satzes denkt man sich etwa $x_2, x_3, \ldots x_n$ beliebig fixirt, x_1 veränderlich; dann müssen nach einem bekannten Fundamentaltheorem die Coefficienten der gleichen Potenzen von x_1 identisch sein; alsdann fixirt man nur $x_3, x_4, \ldots x_n$ und lässt x_2 veränderlich u. s. w.

Ist z. B. $\sum_1^3{}_i \sum_1^3{}_k a_{ik} x_i x_k$ für alle Werthe der x gleich

$$\sum_1^3{}_i \sum_1^3{}_k b_{ik} x_i x_k,$$

so muss $a_{ik} = b_{ik}$ $(i, k = 1, 2, 3)$ sein. Daraus folgt nach Multiplication der gleichen Coefficienten a_{ik} und b_{ik} mit beliebigen Zahlen

1) Vergleiche W e i e r s t r a s s: „Ueber ein die homogenen Functionen zweiten Grades betreffendes Theorem", Monatsberichte der Akademie der Wissenschaften zu Berlin, Jahrgang 1879, S. 430—439, sowie L i p s c h i t z: „Beiträge zu der Theorie der gleichzeitigen Transformation von zwei quadratischen oder bilinearen Formen", Sitzungsberichte der Akademie der Wissenschaften zu Berlin, 1. Halbband des Jahrgangs 1890, S. 509 f.

α_{ik} die Gleichung

$$a_{11}\alpha_{11} + 2a_{12}\alpha_{12} + a_{22}\alpha_{22} + 2a_{13}\alpha_{13} + \cdots$$
$$= b_{11}\alpha_{11} + 2b_{12}\alpha_{12} + b_{22}\alpha_{22} + 2b_{13}\alpha_{13} + \cdots.$$

Dieses specielle Verfahren zeigt, dass man den Satz (34) allgemein auch in folgender Form aussprechen kann:

(35) Wenn eine homogene Gleichung k^{ten} Grades zwischen den n Variabeln $x_1, x_2, \ldots x_n$ für alle Werthe der x besteht, so bleibt sie auch noch richtig, wenn man die Producte der Variabeln durch die Coefficienten einer beliebigen Form k^{ten} Grades von n Veränderlichen ersetzt.

§ 9.

Ein Excurs über Invarianten.

Um eine Erklärung des Begriffs der Invariante zu geben, knüpft man am besten an das Multiplikationstheorem der Determinanten an.

Wenn n lineare Ausdrücke

(1) $$u_i \equiv a_{1i}x_1 + a_{2i}x_2 + \cdots + a_{ni}x_n \ (i = 1, 2, \ldots n),$$

wobei im allgemeinen $a_{ik} \gtrless a_{ki}$ sei, durch die Substitution

(2) $$x_i = \alpha_i X_1 + \beta_i X_2 + \cdots + \pi_i X_n \ (i = 1, 2, \ldots n)$$

übergehen in

(3) $$\mathfrak{u}_i = \mathfrak{a}_{1i} X_1 + \mathfrak{a}_{2i} X_2 + \cdots + \mathfrak{a}_{ni} X_n \ (i = 1, 2, \ldots n),$$

so ist nach dem Multiplicationstheorem der Determinanten

(4) $$\sum \pm (\mathfrak{a}_{11}\, \mathfrak{a}_{22} \cdots \mathfrak{a}_{nn}) = r \cdot \sum \pm (a_{11}\, a_{22} \cdots a_{nn}),$$

wobei

(5) $$r = \sum \pm (\alpha_1\, \beta_2 \cdots \pi_n)$$

die Determinante der Substitutionen (2) bezeichnet.

Wir bilden nun mit Hilfe eines neuen Systems von Veränderlichen $y_1, y_2, \ldots y_n$ den linearen Ausdruck

(6) $$\mathfrak{u}_1 y_1 + \mathfrak{u}_2 y_2 + \cdots + \mathfrak{u}_n y_n$$

und transformiren denselben durch die Substitution

(7) $$y_k = \alpha_k' Y_1 + \beta_k' Y_2 + \cdots + \pi_k' Y_n \ (k = 1, 2, \ldots n),$$

so dass sich (6) verwandelt in

(8) $$\sum_1^n{}_i \sum_1^n{}_k A_{ik} X_i Y_k,$$

wobei

$$(9)\qquad \begin{cases} A_{i1} = \mathfrak{a}_{i1}\alpha_1' + \mathfrak{a}_{i2}\alpha_2' + \cdots + \mathfrak{a}_{in}\alpha_n' \\ A_{i2} = \mathfrak{a}_{i1}\beta_1' + \mathfrak{a}_{i2}\beta_2' + \cdots + \mathfrak{a}_{in}\beta_n' \\ \cdot\;\cdot\;\cdot\;\cdot\;\cdot\;\cdot\;\cdot\;\cdot\;\cdot\;\cdot\;\cdot\;\cdot\;\cdot\;\cdot \\ A_{in} = \mathfrak{a}_{i1}\pi_1' + \mathfrak{a}_{i2}\pi_2' + \cdots + \mathfrak{a}_{in}\pi_n'. \end{cases}$$

Alsdann ist nach (4) mit den entsprechenden Vertauschungen, resp. direct:

$$(10)\qquad \sum \pm (A_{11}\, A_{22} \cdots A_{nn}) = r' \sum \pm (\mathfrak{a}_{11}\, \mathfrak{a}_{22} \cdots \mathfrak{a}_{nn})$$
$$= rr' \sum \pm (a_{11}\, a_{22} \cdots a_{nn}),$$

wobei

$$(11)\qquad r' = \sum \pm (\alpha_1'\, \beta_2' \cdots \pi_n')$$

die Determinante der Substitutionen (7) bezeichnet.

Hierbei lassen sich die A_{ik} auch dadurch definiren, dass man sagt, durch die Substitutionen (2) und (7) sei der Ausdruck

$$(12)\qquad u_1 y_1 + u_2 y_2 + \cdots + u_n y_n \quad \text{oder} \quad \sum_1^n {}_i \sum_1^n {}_k\, a_{ik} x_i y_k$$

übergeführt worden in

$$(13)\qquad \sum_1^n {}_i \sum_1^n {}_k\, A_{ik} X_i Y_k.$$

Die Determinante

$$(14)\qquad \sum \pm (a_{11}\, a_{22} \cdots a_{nn})$$

ist nach dem Vorausgehenden eine derartige Verbindung der Coefficienten der gegebenen n Formen (1), dass bei Bildung des entsprechenden Ausdrucks mit den Coefficienten der linear transformirten Formen (3) sich (14) zufolge (4) reproducirt bis auf die erste Potenz der Substitutionsdeterminante (5).

Allgemein nennt man nun Invariante eine solche Function der Coefficienten einer oder mehrerer Formen, welche, gebildet für die Coefficienten der durch eine und dieselbe Substitution linear transformirten Formen, sich bis auf eine Potenz der Substitutionsdeterminante reproducirt. Eine Invariante ist daher eine Function φ jener Coefficienten a_{ik} resp. $\mathfrak{a}_{ik}$, welche die Gleichung erfüllt

$$(15)\qquad \varphi(\mathfrak{a}_{ik}) = r^{\lambda} \cdot \varphi(a_{ik}).$$

Den Exponenten λ der Substitutionsdeterminante nennt man das Gewicht des betreffenden invarianten Ausdrucks.

Als **absolute Invariante** bezeichnet man eine solche Function der Coefficienten, welche bei linearer Transformation völlig ungeändert bleibt, also das Gewicht $\lambda = 0$ besitzt.

Enthält eine Verbindung von der Form (15) ausser den Coefficienten auch noch die Variabeln, so wird sie als **Covariante** bezeichnet; letztere würde daher eine Gleichung erfüllen von der Gestalt

$$\varphi(\mathfrak{a}_{ik};\ X_1, X_2, \cdots X_n) = r^\lambda \cdot \varphi(a_{ik};\ x_1, x_2 \cdots x_n). \tag{16}$$

Setzt man in (12) speciell $a_{ik} = a_{ki}$, sowie $x_i = y_i$ und $X_i = Y_i$ $(i = 1, 2, \ldots n)$, so verwandelt sich (12) in eine quadratische Form von n Variabeln $x_1, x_2, \ldots x_n$:

$$f(x, x) \equiv \sum_1^n{}^i \sum_1^n{}^k a_{ik} x_i x_k, \tag{17}$$

welche durch die Substitutionen (2) übergeführt wird in

$$F(X, X) \equiv \sum_1^n{}^i \sum_1^n{}^k A_{ik} X_i X_k; \tag{18}$$

die beiden Transformationen (2) und (7) werden dann einander gleich und daher $r = r'$.

Die Gleichung $f(x, x) = F(X, X)$ gilt nun, welche Werthe die x und in Folge davon auch die X haben mögen, sie gilt daher noch, wenn man x_i ersetzt durch $x_i + \lambda y_i$ und X_i durch $X_i + \lambda Y_i$, es ist

$$\begin{aligned} f(x_1 + \lambda y_1, x_2 + \lambda y_2, \cdots x_n + \lambda y_n) \\ = F(X_1 + \lambda Y_1, X_2 + \lambda Y_2, \cdots X_n + \lambda Y_n), \end{aligned} \tag{19}$$

und da diese Gleichung für ganz beliebige Werthe des Parameters λ stattfindet, müssen die Coefficienten gleicher Potenzen von λ links und rechts einander gleich sein. Berücksichtigen wir nur die erste Potenz, so ist demnach

$$\frac{\partial f}{\partial x_1} y_1 + \frac{\partial f}{\partial x_2} y_2 + \cdots + \frac{\partial f}{\partial x_n} y_n = \frac{\partial F}{\partial X_1} Y_1 + \frac{\partial F}{\partial X_2} Y_2 + \cdots + \frac{\partial F}{\partial X_n} Y_n; \tag{20}$$

durch Anwendung der Formel (10) folgt alsdann

$$\sum \pm (A_{11} A_{22} \cdots A_{nn}) = r^2 \cdot \sum \pm (a_{11} a_{22} \cdots a_{nn}). \tag{21}$$

Die hier auftretenden Determinanten der A_{ik} resp. a_{ik} nennt man die **Discriminante** der Formen (18), resp. (17);[1]) wie aus (21) er-

1) Wir sind dieser Discriminante im Falle dreier Variabeln bereits in § 4 begegnet; es wurde dort gezeigt, dass ihr Verschwinden die Ausartung des Kegelschnitts zur Folge hat.

sichtlich, ist eine solche Discriminante zugleich eine Invariante, und zwar vom Gewicht 2.

Man kann auch, statt von einer einzigen Form $f(x, x)$ auszugehen, die lineare Combination $\lambda g(x, x) - f(x, x)$ oder ausführlicher

$$\lambda \sum_1^n{}^i \sum_1^n{}^k b_{ik} x_i x_k - \sum_1^n{}^i \sum_1^n{}^k a_{ik} x_i x_k$$

zu Grund legen; dieselbe werde kurz durch

$$h(x, x) \equiv \sum_1^n{}^i \sum_1^n{}^k c_{ik} x_i x_k$$

bezeichnet, wobei $c_{ik} = \lambda b_{ik} - a_{ik}$. Würde jetzt $h(x, x)$ durch die Substitution (2) transformirt in

$$H(X, X) = \sum_1^n{}^i \sum_1^n{}^k C_{ik} X_i X_k,$$

so wäre nach (21):

$$(22) \qquad \sum \pm (C_{11} C_{22} \cdots C_{nn}) = r^2 \cdot \sum \pm (c_{11} c_{22} \cdots c_{nn}).$$

Die zwei hier auftretenden Discriminanten enthalten nun die λ bis zum n^{ten} Grade, und da (22) gilt, welche Werthe man auch dem Parameter λ ertheilen mag, müssen die Coefficienten gleicher Potenzen von λ links und rechts einander gleich sein. Die auf solche Weise einander entsprechenden Coefficienten sind überdies beiderseits gleich gebaut, nur besitzen die rechts stehenden noch den Factor r^2, die genannten Coefficienten müssen also Invarianten sein; sie heissen simultane Invarianten des Systems der beiden Formen $f(x, x)$ und $g(x, x)$.

In dem für das später Folgende wichtigen Falle dreier Variabeln x_1, x_2, x_3 erhält man

$$(23) \qquad \sum \pm (c_{11} c_{22} c_{33}) = \lambda^3 B - 3\lambda^2 \Theta + 3\lambda \mathrm{H} - A,$$

wo A und B die Discriminanten von $f(x, x)$ resp. $g(x, x)$ bedeuten, während Θ und H, wie die Ausrechnung zeigt, bestimmt sind durch

$$(24) \quad \begin{cases} 3\Theta = a_{11} B_{11} + a_{22} B_{22} + a_{33} B_{33} + 2a_{12} B_{12} + 2a_{13} B_{13} + 2a_{23} B_{23} \\ 3\mathrm{H} = b_{11} A_{11} + b_{22} A_{22} + b_{33} A_{33} + 2b_{12} A_{12} + 2b_{13} A_{13} + 2b_{23} A_{23}. \end{cases}$$

Hierbei sind die A_{ik} und B_{ik} die Unterdeterminanten der Elemente a_{ik} und b_{ik} in den Determinanten A resp. B.

Die Ausdrücke (24) geben somit Beispiele ab für simultane Invarianten der beiden Formen $f(x, x)$ und $g(x, x)$; das Gewicht ist jedesmal gleich 2.

Auch für Covarianten möge noch ein Beispiel gegeben werden, das überhaupt zeigt, wie man eine ganze Reihe solcher Functionen erhalten kann. Statt der quadratischen Formen (17) und (18) seien Formen beliebiger Ordnung gegeben; auf gleichem Wege wie oben gelangt man zu (19), und hieraus durch Vergleich der Coefficienten von λ^2 zu

$$(25)\quad \frac{\partial^2 f}{\partial x_1^2}y_1^2 + 2\frac{\partial^2 f}{\partial x_1 \cdot \partial x_2}y_1 y_2 + \cdots = \frac{\partial^2 F}{\partial X_1^2}Y_1^2 + 2\frac{\partial^2 F}{\partial X_1 \cdot \partial X_2}Y_1 Y_2 + \cdots.$$

Denkt man sich hier den $x_1, x_2, \ldots x_n$ irgend welche bestimmte Werthe ertheilt und $\frac{\partial^2 f}{\partial x_i \partial x_k} = a_{ik}$ gesetzt, so würde (25) aussagen, dass eine quadratische Form $\sum\limits_1^n{}_i \sum\limits_1^n{}_k a_{ik} y_i y_k$ durch die Substitutionen (2)[1] übergeführt sei in $\sum\limits_1^n{}_i \sum\limits_1^n{}_k A_{ik} Y_i Y_k$; dann ist auch

$$r^2 \sum \pm (a_{11}\, a_{22} \cdots a_{nn}) = \sum \pm (A_{11}\, A_{22} \cdots A_{nn});$$

nach Wiedereinführung der zweiten Differentialquotienten verwandelt sich aber diese Relation in

$$(26)\quad r^2 \cdot \sum \pm \left(\frac{\partial^2 f}{\partial x_1^2}\frac{\partial^2 f}{\partial x_2^2} \cdots \frac{\partial^2 f}{\partial x_n^2}\right) = \sum \pm \left(\frac{\partial^2 F}{\partial X_1^2}\frac{\partial^2 F}{\partial X_2^2} \cdots \frac{\partial^2 F}{\partial X_n^2}\right).$$

Die hierdurch definirte Covariante der Form n^{ter} Ordnung $f(x_1, x_2 \ldots x_n)$ ist also die aus den zweiten partiellen Differentialquotienten von f gebildete Determinante und wird die Hesse'sche Covariante oder Determinante von f genannt; sie wird zur Discriminante, wenn f von der zweiten Ordnung ist.

Es möge noch erwähnt werden ein Beispiel für eine simultane Invariante einer quadratischen und beliebig vieler linearer Formen von n Variabeln, um zu zeigen, wie man noch zu einer anderen Art von invarianten Bildungen, zu den sogenannten Contravarianten gelangt. Der Einfachheit halber seien ausser der quadratischen Form (17) nur zwei lineare Formen gegeben, nämlich

$$(27)\quad \begin{cases} v_x \equiv v_1 x_1 + v_2 x_2 + \cdots + v_n x_n \\ \text{und } w_x \equiv w_1 x_1 + w_2 x_2 + \cdots + w_n x_n. \end{cases}$$

---

1) Es ist in (2) jedoch zu ersetzen x_i durch y_i, X_i durch Y_i $(i = 1, 2, \ldots n)$.

Es wird sich dann zeigen, dass die Determinante

$$(28)\qquad J = \begin{vmatrix} a_{11} & a_{12} & \dots & a_{1n} & v_1 & w_1 \\ a_{21} & a_{22} & \dots & a_{2n} & v_2 & w_2 \\ \cdot & \cdot & \cdot & \cdot & \cdot & \cdot \\ \cdot & \cdot & \cdot & \cdot & \cdot & \cdot \\ a_{n1} & a_{n2} & \dots & a_{nn} & v_n & w_n \\ v_1 & v_2 & \dots & v_n & 0 & 0 \\ w_1 & w_2 & \dots & w_n & 0 & 0 \end{vmatrix}$$

eine simultane Invariante der Formen $f(x, x)$, v_x und w_x ist.

Zum Beweis führen wir mit Hilfe der beiden weiteren Variabeln x_{n+1} und x_{n+2} die Form ein:

$$(29)\qquad \varphi(x, x) = f(x, x) + 2x_{n+1}v_x + 2x_{n+2}w_x$$

und transformiren dieselbe durch

$$(30)\qquad \begin{cases} x_i = \alpha_i X_1 + \beta_i X_2 + \cdots + \pi_i X_n \quad (i = 1, 2, \dots n) \\ x_{n+1} = X_{n+1} \\ x_{n+2} = X_{n+2}, \end{cases}$$

wodurch (29) übergehen möge in

$$(31)\qquad \Phi(X, X) = \sum_1^n{}_i \sum_1^n{}_k A_{ik} X_i X_k + 2X_{n+1}(V_1 X_1 + V_2 X_2 + \cdots + V_n X_n) + 2X_{n+2}(W_1 X_1 + W_2 X_2 + \cdots + W_n X_n).$$

Die Determinante der $n + 2$ Substitutionen (30) ist hierbei, wie man leicht sieht, keine andere, als die früher mit r bezeichnete Determinante der n Substitutionen

$$x_i = \alpha_i X_1 + \beta_i X_2 + \cdots + \pi_i X_n$$

allein; ferner erkennt man, dass die Discriminante von (29) identisch ist mit dem durch (28) definirten Ausdruck J, während die Discriminante von (31) gegeben ist durch

$$(32)\qquad I = \begin{vmatrix} A_{11} & A_{12} & \dots & A_{1n} & V_1 & W_1 \\ A_{21} & A_{22} & \dots & A_{2n} & V_2 & W_2 \\ \cdot & \cdot & \cdot & \cdot & \cdot & \cdot \\ \cdot & \cdot & \cdot & \cdot & \cdot & \cdot \\ A_{n1} & A_{n2} & \dots & A_{nn} & V_n & W_n \\ V_1 & V_2 & \dots & V_n & 0 & 0 \\ W_1 & W_2 & \dots & W_n & 0 & 0 \end{vmatrix}.$$

In Analogie zu (21) besteht aber die Relation

$$I = r^2 J, \tag{33}$$

es ist daher J eine Invariante der Form (29) allein, oder auch der Formen $f(x, x)$, v_x und w_x, wenn wir die nur hilfsweise eingeführten Variabeln x_{n+1} und x_{n+2} wieder bei Seite lassen.

Fügt man statt nur zweier linearer Formen v_x und w_x zu $f(x, x)$ beliebig viele hinzu, so erkennt man aus dem Vorhergehenden nicht nur, in welcher Weise auch dann die zu (28) analoge Determinante angeordnet ist, sondern man sieht auch, dass diese Determinante eine simultane Invariante der Form $f(x, x)$ und der beliebig vielen hinzugefügten linearen Formen ist.

Beschränken wir uns auf den Fall einer quadratischen Form $f(x, x)$ und einer linearen Form von je drei Variabeln x_1, x_2, x_3, so ist die Determinante

$$\begin{vmatrix} a_{11} & a_{12} & a_{13} & u_1 \\ a_{21} & a_{22} & a_{23} & u_2 \\ a_{31} & a_{32} & a_{33} & u_3 \\ u_1 & u_2 & u_3 & 0 \end{vmatrix} \tag{34}$$

jedenfalls eine Invariante vom Gewicht 2; dabei ist es ganz gleichgiltig, welche Werthe oder was für eine Bedeutung die u_1, u_2, u_3 haben. Fassen wir nun die gleich Null gesetzte Form $f(x, x)$ als Gleichung einer Curve zweiter Ordnung auf, $u_x = 0$ als Gleichung einer Geraden, so sind die u_i variabele Liniencoordinaten, und (34) stellt gleich Null gesetzt nach § 4 die Gleichung des Kegelschnitts $f(x, x) = 0$ in Liniencoordinaten dar.

Die Invariante (34) ist ein Beispiel aus einer grossen Gattung von Invarianten, zu denen man in folgender Weise gelangt: Es seien mehrere Formen beliebiger Ordnung und mit beliebig vielen Veränderlichen $x_1, x_2, \ldots x_n$ gegeben, darunter mindestens eine lineare Form $u_1 x_1 + u_2 x_2 + \cdots + u_n x_n$; sie werden sämmtlich der Transformation (2) unterworfen, wodurch speciell u_x übergehe in

$$U_1 X_1 + U_2 X_2 + \cdots + U_n X_n,$$

wobei alsdann

$$\left\{ \begin{array}{l} U_1 = \alpha_1 u_1 + \alpha_2 u_2 + \cdots + \alpha_n u_n \\ U_2 = \beta_1 u_1 + \beta_2 u_2 + \cdots + \beta_n u_n \\ \cdot \quad \cdot \quad \cdot \quad \cdot \quad \cdot \quad \cdot \quad \cdot \quad \cdot \quad \cdot \quad \cdot \quad \cdot \quad \cdot \\ U_n = \pi_1 u_1 + \pi_2 u_2 + \cdots + \pi_n u_n. \end{array} \right. \tag{35}$$

Irgend eine Invariante des gegebenen Formensystems erfüllt nach (15) eine Gleichung von der Gestalt

$$(36)\qquad r^{\lambda}\cdot J(a_{ik};\ u_1, u_2, \ldots u_n) = J(\mathfrak{a}_{ik};\ U_1, U_2, \ldots U_n),$$

und man nennt eine Function der Coefficienten a_{ik} einer oder mehrerer Formen $f(x, x)$, u. s. w., sowie eines Systems von Veränderlichen $u_1, u_2, \ldots u_n$ (für $n = 3$: Liniencoordinaten), welche durch die sogenannte „transponirte Substitution" (35) mit den neuen Veränderlichen $U_1, U_2 \ldots U_n$ zusammenhängen, eine Contravariante der Formen mit den Coefficienten a_{ik}, wenn jene Function einer Gleichung wie (36) genügt.

Zwischenformen nennt man mit Invarianteneigenschaft versehene Functionen der Coefficienten $a_{ik}, \ldots$ und der Veränderlichen $x_1, x_2, \ldots x_n$ mehrerer simultaner Formen, unter denen wieder eine identisch ist mit $u_1 x_1 + u_2 x_2 + \cdots + u_n x_n$; demnach sind die Zwischenformen auch Functionen der $u_1, u_2, \ldots u_n$. Geometrisch würde dies im Falle dreier Variabeln bedeuten, dass eine Function J der Coefficienten einer oder mehrerer Formen vorläge, welche überdies die Coordinaten eines veränderlichen Punktes und einer veränderlichen Geraden enthält und gleich Null gesetzt eine vom Coordinatendreieck unabhängige Eigenschaft der einem bestimmten Punkte x, resp. einer bestimmten Geraden u zugehörigen Curve ausdrückt.

Zum Schluss dieses Paragraphen wollen wir noch als eine Anwendung der Gleichung (21) zeigen, dass und auf welche Weise die Gleichung eines Kegelschnitts in Punktcoordinaten

$$(37)\qquad f(x, x) \equiv \sum_1^3{}^{i} \sum_1^3{}^{k} a_{ik} x_i x_k = 0 \quad (a_{ik} = a_{ki})$$

in die Form gebracht werden kann (vgl. (10), § 4 und (25), § 5):

$$(38)\qquad X_1 X_3 - c \cdot X_2^2 = 0,$$

in welcher c ein Zahlenfactor ist und $X_1 = 0$, $X_2 = 0$, $X_3 = 0$ die Gleichungen dreier Geraden bedeuten, von denen $X_1 = 0$ und $X_3 = 0$ die Curve je in zwei zusammenfallenden Punkten schneiden, die auf der Geraden $X_2 = 0$ gelegen sind, d. h. $X_1 = 0$ und $X_3 = 0$ sind Tangenten des Kegelschnitts, $X_2 = 0$ die zugehörige Berührungssehne. Dass eine Transformation der Gleichung $f(x, x) = 0$ in die Form $X_1 X_3 - X_2^2 = 0$ möglich ist, unterliegt nach dieser Bemerkung keinem Zweifel mehr: man hat nur die beiden Tangenten und die Berührungssehne als Seiten des neuen Coordinatendreiecks zu Grunde zu legen. Es bleibt daher nur noch zu zeigen, in welcher Weise die Transformation durchzuführen ist, wenn die Coordinaten der beiden

Berührungspunkte, die offenbar auch zur Fixirung des neuen Coordinatendreiecks ausreichen, gegeben sind.

Es seien y_1, y_2, y_3 und z_1, z_2, z_3 die Coordinaten dieser beiden Punkte, t_1, t_2, t_3 drei zunächst ganz willkürliche Grössen; alsdann denken wir uns die Gleichung $f(x, x) = 0$ der Transformation unterworfen

$$(39)\qquad \begin{cases} x_1 = t_1\xi_1 + y_1\xi_2 + z_1\xi_3 \\ x_2 = t_2\xi_1 + y_2\xi_2 + z_2\xi_3 \\ x_3 = t_3\xi_1 + y_3\xi_2 + z_3\xi_3, \end{cases}$$

wodurch sich $f(x, x)$ verwandelt in:

$$f(t,t)\cdot\xi_1^2 + 2f(t,y)\cdot\xi_1\xi_2 + f(y,y)\cdot\xi_2^2 + 2f(t,z)\cdot\xi_1\xi_3 + 2f(y,z)\cdot\xi_2\xi_3 + f(z,z)\cdot\xi_3^2 = 0.$$

Hier fallen nun sofort die Glieder $f(y, y)\cdot\xi_2^2$ und $f(z, z)\cdot\xi_3^2$ weg, da die Punkte y und z auf $f(x, x) = 0$ gelegen sind. Ferner besteht zufolge (21) die Relation

$$(40)\qquad A\cdot\sum\pm(t_1y_2z_3)^2 = \begin{vmatrix} f(t,t) & f(t,y) & f(t,z) \\ f(t,y) & 0 & f(y,z) \\ f(t,z) & f(y,z) & 0 \end{vmatrix},$$

wobei $A = \sum\pm(a_{11}a_{22}a_{33})$, und aus dieser Gleichung folgt

$$f^2(y,z)\cdot f(t,t) = 2f(y,z)\cdot f(z,t)\cdot f(t,y) - A\,.\sum\pm(t_1y_2z_3)^2,$$

und wenn wir statt der willkürlichen Grössen t_i überall x_i setzen, so hat man

$$(41)\quad f^2(y,z)\cdot f(x,x) = 2f(y,z)\cdot f(x,y)\cdot f(x,z) - A\cdot\sum\pm(x_1y_2z_3)^2.$$

Hier ist nun $f(y, z)$ ein reiner Zahlenfactor, $f(x, y) = 0$ und $f(x, z) = 0$ stellen nach § 4 die Tangenten des Kegelschnitts in den Punkten y und z dar, $\sum\pm(x_1y_2z_3) = 0$ die Berührungssehne. Setzen wir demnach

$$f(x,y) = X_1,\quad f(x,z) = X_3,\quad \sum\pm(x_1y_2z_3) = X_2,$$

so verwandelt sich $f(x, x) = 0$ in

$$(42)\qquad 2f(y,z)\cdot X_1X_3 - AX_2^2 = 0,$$

und dieser Ausdruck ist in der That von derselben Form wie (38).

Analog folgt, dass die Gleichung einer Curve zweiter Classe $\varphi(u, u) = 0$ in die Form gebracht werden kann

$$(43)\qquad 2\varphi(v,w)\cdot U_1U_3 - \mathsf{A}\,U_2^2 = 0,$$

wobei $U_1 \equiv \varphi(u,v) = 0$ und $U_3 \equiv \varphi(u,w) = 0$ die Berührungspunkte zweier Tangenten darstellen, deren Liniencoordinaten v_i resp. w_i $(i=1,2,3)$ gegeben sind, während $U_2 \equiv \sum \pm (u_1 v_2 w_3) = 0$ die Gleichung des Schnittpunktes dieser beiden Tangenten (des Pols der Berührungssehne) ist.

§ 10.

Transformation der Curven zweiter Ordnung auf die Hauptaxen.

Als Hauptaxe einer Curve zweiter Ordnung

(1) $$f(x, x) \equiv a_{11}x_1^2 + 2a_{12}x_1x_2 + a_{22}x_2^2 + 2a_{13}x_1x_3 + 2a_{23}x_2x_3 + a_{33}x_3^2 = 0$$

möge eine im Endlichen gelegene Gerade bezeichnet werden, die mit der Polare ihres Normalencentrums zusammenfällt. Es sei

(2) $$u_1x_1 + u_2x_2 + u_3x_3 = 0$$

die Gleichung einer Hauptaxe; die Coordinaten ihres Normalencentrums sind dann nach § 2: $\frac{1}{2}\omega'(u_1)$, $\frac{1}{2}\omega'(u_2)$, $\frac{1}{2}\omega'(u_3)$, und die Gleichung

(3) $$\frac{1}{4}\left\{\omega'(u_1)f'(x_1) + \omega'(u_2)f'(x_2) + \omega'(u_3)f'(x_3)\right\} = 0$$

oder

$$\frac{1}{4}\sum_1^3{}_i\, \omega'(u_i) \cdot f'(x_i) = 0$$

stellt die Polare des Normalencentrums dar. Soll diese mit (2) zusammenfallen, so muss die Identität stattfinden

(4) $$\frac{1}{4}\{\omega'(u_1) \cdot f'(x_1) + \omega'(u_2) \cdot f'(x_2) + \omega'(u_3) \cdot f'(x_3)\} = \lambda(u_1x_1 + u_2x_2 + u_3x_3),$$

wobei λ ein passend zu bestimmender Proportionalitätsfactor ist[1]).

Durch Vergleichen der Coefficienten von x_1, x_2, x_3 erhält man:

(5) $$\sum_1^3{}_i\, \frac{1}{2}\omega'(u_i) \cdot a_{ik} = \lambda u_k \quad (k = 1, 2, 3),$$

wofür mit Hilfe der abkürzenden Bezeichnung

(6) $$\alpha_{ik} = \omega_{1i}a_{1k} + \omega_{2i}a_{2k} + \omega_{3i}a_{3k}$$

---

1) Die Zweckmässigkeit der Behandlung des Hauptaxenproblems mit Hilfe des Normalencentrums ist von Herrn Gundelfinger auch betont worden in seiner Abhandlung „Note sur un article de M. Brisse", Nouvelles Annales de Mathématiques, Bd. 3 (3. Serie), S. 18, 1882.

auch gesetzt werden kann

(7) $$\alpha_{1k}u_1 + \alpha_{2k}u_2 + \alpha_{3k}u_3 = \lambda u_k\,^{1)} \quad (k = 1, 2, 3).$$

Dabei ist im allgemeinen α_{ik} von α_{ki} verschieden, wie (6) zeigt. Aus den drei Gleichungen (7) folgt durch Elimination der u_i:

(8) $$\begin{vmatrix} \alpha_{11} - \lambda & \alpha_{21} & \alpha_{31} \\ \alpha_{12} & \alpha_{22} - \lambda & \alpha_{32} \\ \alpha_{13} & \alpha_{23} & \alpha_{33} - \lambda \end{vmatrix} = 0,$$

eine Determinante, deren Elemente mitunter auch durch β_{ik} bezeichnet werden sollen, so dass (8) gleichbedeutend ist mit:

(8a) $$\mathsf{B}(\lambda) \equiv \begin{vmatrix} \beta_{11} & \beta_{21} & \beta_{31} \\ \beta_{12} & \beta_{22} & \beta_{32} \\ \beta_{13} & \beta_{23} & \beta_{33} \end{vmatrix} \equiv \begin{vmatrix} \alpha_{11} - \lambda & \alpha_{21} & \alpha_{31} \\ \alpha_{12} & \alpha_{22} - \lambda & \alpha_{32} \\ \alpha_{13} & \alpha_{23} & \alpha_{33} - \lambda \end{vmatrix} = 0.$$

Die Gleichung $\mathsf{B}(\lambda) = 0$ ist in den λ vom dritten Grad, reducirt sich aber sofort auf eine solche vom zweiten Grad, da sie eine Wurzel $\lambda''' = 0$ besitzt; ihre beiden anderen Wurzeln seien λ' und λ''. Das absolute Glied in (8) besitzt nämlich den Werth $\sum \pm (\alpha_{11}\alpha_{22}\alpha_{33})$, der nach dem Multiplicationstheorem der Determinanten in das Product

(9) $$\sum \pm (\omega_{11}\omega_{22}\omega_{33}) \cdot \sum \pm (a_{11}a_{22}a_{33})$$

zerfällt, dessen erster Factor nach (5) in § 2 verschwindet. In Folge hiervon ist $\mathsf{B}(\lambda) = 0$ gleichbedeutend mit der Gleichung zweiten Grades:

(10) $$\lambda^2 - (\alpha_{11} + \alpha_{22} + \alpha_{33})\lambda + (\alpha_{11}\alpha_{22} - \alpha_{12}\alpha_{21} + \alpha_{22}\alpha_{33} - \alpha_{23}\alpha_{32} + \alpha_{33}\alpha_{11} - \alpha_{31}\alpha_{13}) = 0.$$

Mit Anwendung eines Satzes von Hesse[2]), demzufolge z. B. der Theil $\alpha_{11}\alpha_{22} - \alpha_{12}\alpha_{21} = \mathsf{A}_{33}$ des absoluten Gliedes in dieser Gleichung

1) Beiläufig werde bemerkt, dass man durch Vergleichen der Coefficienten von u_1, u_2, u_3 erhält: $\alpha_{i1}x_1 + \alpha_{i2}x_2 + \alpha_{i3}x_3 = \lambda x_i$.

2) Vgl. Hesse „Ueber Determinanten und ihre Anwendung in der Geometrie, insbesondere auf Curven vierter Ordnung". Crelle's Journal, Bd. 49, S. 243 f. (1853), oder auch die Brochüre: „Die Determinanten", 2. Aufl., S. 47 (1872), oder auch Hesse's „Vorlesungen über analytische Geometrie des Raumes", revidirt und mit Zusätzen versehen von Gundelfinger, 3. Aufl., S. 98 f. (1876). — Nach diesem Satze von Hesse ist überhaupt die Unterdeterminante A_{ik} des Elementes α_{ik} der Determinante $\sum \pm (\alpha_{11}\alpha_{22}\alpha_{33})$ gleich $\Omega_{1i}A_{1k} + \Omega_{2i}A_{2k} + \Omega_{3i}A_{3k}$, oder nach (16) in § 7 gleich
$$\tau p_i(A_{1k}p_1 + A_{2k}p_2 + A_{3k}p_3) = \tau p_i \cdot \frac{1}{2} F'(p_k).$$

gleich $\Omega_{13}A_{13} + \Omega_{23}A_{23} + \Omega_{33}A_{33}$ ist, erhält das absolute Glied die Gestalt

$$\Omega_{11}A_{11} + 2\Omega_{12}A_{12} + \Omega_{22}A_{22} + 2\Omega_{13}A_{13} + 2\Omega_{23}A_{23} + \Omega_{33}A_{33}$$

oder nach (16) in § 7:

$$\tau(A_{11}p_1^2 + 2A_{12}p_1p_2 + A_{22}p_2^2 + 2A_{13}p_1p_3 + 2A_{23}p_2p_3 + A_{33}p_3^2),$$

d. h. $\tau F(p,p)$, wenn $F(u,u) = 0$ die Gleichung der Curve (1) in Liniencoordinaten ist. Ferner findet man $\alpha_{11} + \alpha_{22} + \alpha_{33}$ nach (6) gleich

$$a_{11}\omega_{11} + 2a_{12}\omega_{12} + a_{22}\omega_{22} + 2a_{13}\omega_{13} + 2a_{23}\omega_{23} + a_{33}\omega_{33},$$

wofür wie in (36), § 7 gesetzt werden möge $[a, \omega]$, so dass sich (10) verwandelt in

(11) $$\lambda^2 - [a, \omega]\lambda + \tau F(p,p) = 0.$$

Diese Gleichung hat stets reelle Wurzeln, denn sie ist mit (8) gleichbedeutend; von (8) wurde aber die Realität der Wurzeln in § 8 nachgewiesen.

Der Fall zweier gleichen Wurzeln von (8), also auch der Fall, dass eine weitere Wurzel $\lambda = 0$ von (8) auftritt, werde vorerst ausgeschlossen, und es seien u_1', u_2', u_3' resp. u_1'', u_2'', u_3'' die Werthe der u, welche den zwei verschiedenen nicht verschwindenden Wurzeln λ' und λ'' von (8a) oder (11) nach (7) entsprechen. Der Wurzel $\lambda''' = 0$ von (8a) würde entsprechen $u_i = p_i$ $(i = 1, 2, 3)$, denn nach (5) wäre

$$\sum_1^3{}_i \frac{1}{2}\omega'(u_i) \cdot a_{ik} = 0 \quad (k = 1, 2, 3),$$

und diese drei Gleichungen werden erfüllt durch das Werthsystem $u_i = p_i$ $(i = 1, 2, 3)$. Andrerseits können die u_i' und u_i'', so lange λ' und λ'' von Null verschieden sind, den p_i nicht proportional sein, sonst wäre nach (5) $\sum_1^3{}_i \frac{1}{2}\omega'(p_i) \cdot a_{ik} = \lambda p_k$; nun ist aber $\omega'(p_i) = 0$, mithin müsste auch $\lambda = 0$ sein und (8a) hätte ausser λ''' eine weitere verschwindende Wurzel.

Die Geraden

$$u_1'x_1 + u_2'x_2 + u_3'x_3 = 0 \text{ und } u_1''x_1 + u_2''x_2 + u_3''x_3 = 0$$

sind hiernach die Hauptaxen der Curve (1), [1]) während die unendlich ferne Gerade $p_1x_1 + p_2x_2 + p_3x_3 = 0$ als eine uneigentliche Hauptaxe

1) Unter den obigen Voraussetzungen gibt es auch nur je ein Werthsystem der u_i' und eines der u_i'', denn wären zwei der Gleichungen (7) eine Folge der

(der Wurzel $\lambda''' = 0$ entsprechend) angesehen werden kann, da sie keine bestimmte Stellung in der Ebene hat.

Ersetzt man in (5) λ durch λ', die u_i durch u_i', multiplicirt man ferner (5) mit $\frac{1}{2}\omega'(u_k'')$ und summirt hierauf über k, so entsteht

$$\lambda' \sum_1^3{}^k u_k' \cdot \frac{1}{2}\omega'(u_k'') = \sum_1^3{}^i \sum_1^3{}^k \frac{1}{2}\omega'(u_i') \cdot a_{ik} \cdot \frac{1}{2}\omega'(u_k''),$$

und auf analoge Weise erhält man auch

$$\lambda'' \sum_1^3{}^k u_k'' \cdot \frac{1}{2}\omega'(u_k') = \sum_1^3{}^i \sum_1^3{}^k \frac{1}{2}\omega'(u_k') \cdot a_{ki} \cdot \frac{1}{2}\omega'(u_i'').$$

Zufolge $a_{ik} = a_{ki}$ sind aber die rechten Seiten dieser beiden Gleichungen identisch und durch Subtraction folgt daher

$$(12) \qquad (\lambda' - \lambda'') \sum_1^3{}^k u_k' \cdot \frac{1}{2}\omega'(u_k'') = 0,$$

oder, da $\lambda' \gtrless \lambda''$, bleibt lediglich $\omega(u', u'') = 0$, d. h. die Geraden u_x' und u_x'' sind zu einander normal (nach (28) in § 7).

Aus dem Vorhergehenden folgt:

(13) Bei jedem Kegelschnitt, für den die Gleichung (8a) nur verschiedene Wurzeln hat, gibt es zwei Hauptaxen, die überdies zu einander normal sind.

Wir wollen nun als Seiten eines neuen Coordinatendreiecks die beiden Hauptaxen und die unendlich ferne Gerade einführen; sind $X_1 = 0$, $X_2 = 0$, $X_3 = 0$ die Gleichungen der Seiten dieses Dreiecks, so ist daher

$$(14) \qquad \begin{cases} X_1 \equiv u_1'x_1 + u_2'x_2 + u_3'x_3 \\ X_2 \equiv u_1''x_1 + u_2''x_2 + u_3''x_3 \\ X_3 \equiv p_1x_1 + p_2x_2 + p_3x_3, \end{cases}$$

wobei die Verhältnisse der u so bestimmt seien, dass

$$(15) \qquad \omega(u_1', u_2', u_3') = 1 \quad \text{und} \quad \omega(u_1'', u_2'', u_3'') = 1,$$

also $X_1 = 0$ und $X_2 = 0$ Gleichungen gerader Linien in der Normalform darstellen. Vgl. S. 10.

Für u_1, u_2, u_3, resp. U_1, U_2, U_3 als Coordinaten einer Geraden,

---

dritten, so müssten alle Unterdeterminanten B_{ik} von (8a) verschwinden. Es ist aber $\mathsf{B}'(\lambda) = \sum_1^3{}^i \sum_1^3{}^k \frac{\partial \mathsf{B}}{\partial \beta_{ik}} \frac{d\beta_{ik}}{d\lambda} = -(\mathsf{B}_{11} + \mathsf{B}_{22} + \mathsf{B}_{33})$, daher würde sich ergeben $\mathsf{B}'(\lambda) = 0$, was unmöglich ist, da (8a) keine Doppelwurzel besitzen sollte.

bezogen auf das ursprüngliche, resp. neue Dreieck, gilt nun die Relation

$$(16)\qquad u_1x_1 + u_2x_2 + u_3x_3 = U_1X_1 + U_2X_2 + U_3X_3\,,$$

und wenn man für die X_i ($i = 1, 2, 3$) ihre Werthe aus (14) einsetzt, entsteht beim Vergleichen der Coefficienten von x_1, x_2, x_3 links und rechts das System von Gleichungen:

$$(17)\qquad \begin{cases} u_1 = u_1' U_1 + u_1'' U_2 + p_1 U_3 \\ u_2 = u_2' U_1 + u_2'' U_2 + p_2 U_3 \\ u_3 = u_3' U_1 + u_3'' U_2 + p_3 U_3\,. \end{cases}$$

Um dieses System nach U_1, resp. U_2 aufzulösen, addiren wir die drei Gleichungen, nachdem sie der Reihe nach mit

$$\frac{1}{2}\omega'(u_1'),\ \frac{1}{2}\omega'(u_2'),\ \frac{1}{2}\omega'(u_3'),\ \text{resp.}\ \frac{1}{2}\omega'(u_1''),\ \frac{1}{2}\omega'(u_2''),\ \frac{1}{2}\omega'(u_3'')$$

multiplicirt sind. Unter Berücksichtigung von (15) und (12), sowie des Umstandes, dass die p_i die Coordinaten der unendlich fernen Geraden sind, erhält man auf solche Weise

$$(18)\qquad \begin{cases} U_1 = \frac{1}{2}\omega'(u_1')u_1 + \frac{1}{2}\omega'(u_2')u_2 + \frac{1}{2}\omega'(u_3')u_3 \\ U_2 = \frac{1}{2}\omega'(u_1'')u_1 + \frac{1}{2}\omega'(u_2'')u_2 + \frac{1}{2}\omega'(u_3'')u_3. \end{cases}$$

Die Auflösung des Systems (17) nach U_3 wird weiter unten (Gl. (31)) erfolgen.

Aus den drei Gleichungen (17) entstehen, indem man sie resp. mit $\omega_{i1}, \omega_{i2}, \omega_{i3}$ multiplicirt und dann addirt, drei andere entsprechend den Werthen $i = 1, 2, 3$ bei dieser Operation, nämlich:

$$(19)\qquad \begin{cases} \frac{1}{2}\omega'(u_1) = \frac{1}{2}\omega'(u_1')U_1 + \frac{1}{2}\omega'(u_1'')U_2 \\ \frac{1}{2}\omega'(u_2) = \frac{1}{2}\omega'(u_2')U_1 + \frac{1}{2}\omega'(u_2'')U_2 \\ \frac{1}{2}\omega'(u_3) = \frac{1}{2}\omega'(u_3')U_1 + \frac{1}{2}\omega'(u_3'')U_2, \end{cases}$$

und wenn man diese Gleichungen resp. mit $\frac{1}{2}f'(x_1),\ \frac{1}{2}f'(x_2),\ \frac{1}{2}f'(x_3)$ multiplicirt und addirt, folgt unter Rücksicht auf (4) und (14):

$$(20)\qquad \frac{1}{4}\sum_1^3{}_i\, \omega'(u_i)\cdot f'(x_i) = \lambda' U_1X_1 + \lambda'' U_2X_2.\text{[1]}$$

---

1) Die hier gegebene Methode dürfte auch in synthetischer Uebertragung die zweckmässigste Bestimmung der Hauptaxen einer Curve oder Fläche zweiter Ordnung gewähren. Man vergleiche übrigens für den algebraischen Theil die Abhandlung von Clebsch und Gordan „Ueber biternäre Formen mit contragredienten Variabeln", Math. Annalen, Bd. 1, S. 385 ff., 1868.

Ferner erhält man durch Multiplication des Systems (19) mit u_1, u_2, u_3 und Addition unter Berücksichtigung von (18):

$$(21) \qquad \omega(u_1, u_2, u_3) = U_1^2 + U_2^2.$$

Es waren nun die Ausdrücke $\frac{1}{2}\omega'(u_i)$ $(i = 1, 2, 3)$ die Coordinaten des Normalencentrums der Geraden u_x, also die Coordinaten eines unendlich weit gelegenen Punktes; wir können für dieselben Werthe einführen von der Form $x_i + \varrho y_i$, wobei ϱ so zu bestimmen ist, dass diese Werthe der Gleichung der unendlich fernen Geraden genügen, dass also $p_x + \varrho p_y = 0$, und hieraus folgt $\varrho = -\frac{p_x}{p_y}$; man kann demnach stets setzen

$$(22) \qquad \frac{1}{2}\omega'(u_i) = x_i - \frac{p_x}{p_y} y_i \quad (i = 1, 2, 3),$$

wo für beliebige u_i die x_i und y_i ganz beliebige Zahlen sein dürfen, nur sei $p_y \gtrless 0$. Diese Ausdrücke (22) führen wir in (20) ein und erhalten hierdurch mit Rücksicht auf (18), sowie auf (14) die Relation:

$$(23) \quad f(x,x) - f(x,y)\cdot\frac{p_x}{p_y} = \lambda' X_1^2 + \lambda'' X_2^2 - \frac{p_x}{p_y}(\lambda' X_1 Y_1 + \lambda'' X_2 Y_2),$$

wobei die Y_i aus den X_i hervorgehen, indem man in (14) die Coordinaten x_i durch die y_i ersetzt.

Gäbe es nun einen Punkt y, dessen Coordinaten die Ausdrücke Y_1 und Y_2 zum Verschwinden bringen, ohne dass p_y gleich Null ist, so würde sich (23) verwandeln in

$$(24) \qquad f(x,x) - f(x,y)\frac{p_x}{p_y} = \lambda' X_1^2 + \lambda'' X_2^2.$$

Zufolge (20) wäre für einen solchen Punkt jedenfalls

$$(25) \qquad \frac{1}{4}\sum_1^3{}^i \omega'(u_i)\cdot f'(y_i) = 0,$$

woraus sich durch Einführung der Werthe (22) die für beliebige x_i giltige Gleichung ergeben würde

$$\sum_1^3{}^i \frac{1}{2} f'(y_i)\cdot x_i - \sum_1^3{}^i \frac{1}{2} f'(y_i)\cdot y_i \cdot \frac{p_x}{p_y} = 0$$

oder

$$\sum_1^3{}^i \frac{1}{2} f'(y_i) x_i = \frac{p_x}{p_y} f(y, y).$$

Durch Gleichsetzen der beiderseitigen Coefficienten von x_i erhält man hieraus

(26) $$\frac{1}{2}f'(y_1):p_1 = \frac{1}{2}f'(y_2):p_2 = \frac{1}{2}f'(y_3):p_3 = f(y,y):p_y.$$

Nun stimmen diese Gleichungen (26) genau überein mit den Gleichungen (22) und (23) in § 4, denen die Coordinaten des Mittelpunktes einer Curve zweiter Ordnung genügen. Man hat nur in (26) die Quotienten gleich μ zu setzen. Demnach sind die Coordinaten des Mittelpunktes solche Zahlenwerthe, welche die Gleichungen $Y_1 = 0$ und $Y_2 = 0$ befriedigen. Ausserdem folgt aus (26)

$$f(x,y) = \mu(p_1x_1 + p_2x_2 + p_3x_3),$$

und wenn man diesen Ausdruck in (24) einführt, entsteht schliesslich

(27) $$f(x,x) = \lambda' X_1^2 + \lambda'' X_2^2 + \frac{\mu \cdot p_x^2}{p_y}.$$

Die Constante $\frac{\mu}{p_y}$ ist dabei durch (45) in § 4 bestimmt; der Kürze halber werde gesetzt

(28) $$\frac{\mu}{p_y} = \varkappa,$$

ferner ist p_x nach (14) identisch mit X_3, so dass sich (27) verwandelt in:

(29) $$f(x,x) = \lambda' X_1^2 + \lambda'' X_2^2 + \varkappa X_3^2.$$

Hiermit wäre die Transformation der allgemeinen Gleichung $f(x,x) = 0$ einer Curve zweiter Ordnung auf die Hauptaxen durchgeführt, unter der Voraussetzung allerdings, dass die Gleichung (8a) nur verschiedene Wurzeln besitzt.

Es möge nun noch die Auflösung des Systems (17) nach U_3 vollzogen werden. Jedenfalls stellt $U_3 = 0$ den Schnittpunkt der beiden Seiten $X_1 = 0$, $X_2 = 0$ des Coordinatendreiecks dar und, wie aus dem Vorhergehenden folgt, ist dieser Punkt zugleich der Mittelpunkt unseres Kegelschnitts. Seine Coordinaten genügen nach (20) in § 5, sowie nach (44) in § 4 den Relationen

(30) $$y_1 : y_2 : y_3 = F'(p_1) : F'(p_2) : F'(p_3),$$

wenn $F(u,u) = 0$ die Gleichung der Curve $f(x,x) = 0$ in Liniencoordinaten bedeutet. Multiplicirt man nun die Gleichungen (17) resp. mit $\frac{1}{2}F'(p_1)$, $\frac{1}{2}F'(p_2)$, $\frac{1}{2}F'(p_3)$ und addirt dieselben, so verschwinden rechts in der Summe die Coefficienten von U_1 und U_2, denn die Coordinaten $F'(p_i)$ oder y_i bringen die mit jenen Coefficienten identischen Ausdrücke Y_1 und Y_2 zum Verschwinden, und es bleibt nur

$$\frac{1}{2}F'(p_1)\cdot u_1+\frac{1}{2}F'(p_2)\cdot u_2+\frac{1}{2}F'(p_3)\cdot u_3$$
$$=U_3\left\{\frac{1}{2}F'(p_1)\cdot p_1+\frac{1}{2}F'(p_2)\cdot p_2+\frac{1}{2}F'(p_3)\cdot p_3\right\}$$
$$=U_3\cdot F(p,p),$$

man hat demnach

$$(31)\qquad U_3=\left\{\frac{1}{2}F'(p_1)\cdot u_1+\frac{1}{2}F'(p_2)\cdot u_2+\frac{1}{2}F'(p_3)\cdot u_3\right\}:F(p,p).$$

Auch die Auflösung der Gleichungen (14) nach x_1, x_2, x_3 ist nun in einfachster Weise möglich. Wir machen zu dem Zweck lediglich Gebrauch von der Identität (16)

$$u_1x_1+u_2x_2+u_3x_3=U_1X_1+U_2X_2+U_3X_3,$$

sowie von den Gleichungen (18) und (31), indem wir, um z. B. x_1 zu finden, in (16) setzen $u_1=1$, $u_2=u_3=0$ und die Werthe, welche U_1, U_2, U_3 für diesen Fall erhalten, aus (18) und (31) entnehmen. Man findet auf solche Weise

$$(32)\qquad\begin{cases} x_1=\frac{1}{2}\,\omega'(u_1')X_1+\frac{1}{2}\,\omega'(u_1'')X_2+\frac{1}{2}\,\frac{F\;(p_1)}{F(p,p)}X_3, \text{ und analog:}\\ x_2=\frac{1}{2}\,\omega'(u_2')X_1+\frac{1}{2}\,\omega'(u_2'')X_2+\frac{1}{2}\,\frac{F'(p_2)}{F(p,p)}X_3\\ x_3=\frac{1}{2}\,\omega'(u_3')X_1+\frac{1}{2}\,\omega'(u_3'')X_2+\frac{1}{2}\,\frac{F'(p_3)}{F(p,p)}X_3.\end{cases}$$

Die Bestimmung der Determinante

$$(33)\qquad r=\sum\pm(u_1'u_2''p_3)$$

der Transformation (14) ist folgendermassen zu erreichen. Gerade diese Determinante tritt auf bei den Gleichungen (17), vermöge deren, wie (21) zeigt, $\omega(u_1,u_2,u_3)$ übergeführt wird in $U_1^2+U_2^2$. Nach § 9 (dualistisch zu (34) daselbst) besteht alsdann die Relation

$$\begin{vmatrix}\omega_{11} & \omega_{12} & \omega_{13} & x_1\\ \omega_{21} & \omega_{22} & \omega_{23} & x_2\\ \omega_{31} & \omega_{32} & \omega_{33} & x_3\\ x_1 & x_2 & x_3 & 0\end{vmatrix} r^2=\begin{vmatrix}1 & 0 & 0 & X_1\\ 0 & 1 & 0 & X_2\\ 0 & 0 & 0 & X_3\\ X_1 & X_2 & X_3 & 0\end{vmatrix}=-X_3^2;$$

andrerseits ist der Factor von r^2 nach (16) in § 7 gleich $-\tau p_x^2$, daher $-\tau p_x^2\cdot r^2=-X_3^2$ oder

$$(34)\qquad r^2=\frac{1}{\tau},$$

denn es ist $p_x=X_3$. Auch die Determinante der Transformation (32) lässt sich nun leicht berechnen. Denkt man sich nämlich das

System (14) nach x_1, x_2, x_3 aufgelöst und setzt man etwa

$$x_i = \alpha_i X_1 + \beta_i X_2 + \gamma_i X_3,$$

so wird $\sum \pm (\alpha_1 \beta_2 \gamma_3)$ gleich der aus den Unterdeterminanten von r gebildeten Determinante, dividirt durch r^3, also gleich

$$\frac{r^2}{r^3} = \frac{1}{r} = \sqrt{\tau}.$$

Für die Transformation (32) ist daher die Determinante gleich $\frac{1}{r}$ oder gleich $\sqrt{\tau}$.

Auch die Gleichungen für die beiden Hauptaxen, sowie für deren Schnittpunkte mit der unendlich fernen Geraden lassen sich leicht aufstellen.

Nach (20) ist

$$\lambda' U_1 X_1 + \lambda'' U_2 X_2 = \frac{1}{4} \sum_1^3 {}^i\, \omega'(u_i) \cdot f'(x_i);$$

durch Subtraction der Identität

$$\lambda''(U_1 X_1 + U_2 X_2 + U_3 X_3) = \lambda''(u_1 x_1 + u_2 x_2 + u_3 x_3)$$

folgt hieraus

$$(35) \qquad (\lambda' - \lambda'') U_1 X_1 = \frac{1}{4} \sum_1^3 {}^i\, \omega'(u_i) \cdot f'(x_i) + \lambda'' U_3 X_3 \\ - \lambda''(u_1 x_1 + u_2 x_2 + u_3 x_3),$$

und in ganz analoger Weise

$$(35\text{a}) \qquad (\lambda'' - \lambda') U_2 X_2 = \frac{1}{4} \sum_1^3 {}^i\, \omega'(u_i) \cdot f'(x_i) + \lambda' U_3 X_3 \\ - \lambda'(u_1 x_1 + u_2 x_2 + u_3 x_3).$$

Dabei ist auf der rechten Seite auf Grund von (14) und (31) zu setzen

$$X_3 = p_1 x_1 + p_2 x_2 + p_3 x_3,$$

$$U_3 = \frac{1}{2} \{ F'(p_1) u_1 + F'(p_2) u_2 + F'(p_3) u_3 \} : F(p, p).$$

Da ferner die rechten Seiten in (35) von der Form sein müssen

$$(\alpha_1 u_1 + \alpha_2 u_2 + \alpha_3 u_3)(\beta_1 x_1 + \beta_2 x_2 + \beta_3 x_3),$$

so erhält man die Ausdrücke für die beiden Axen in einfachster Weise dadurch, dass man in den zwei Gleichungen (35) rechts irgend zwei der Grössen u_1, u_2, u_3 gleich 0, die dritte gleich 1 setzt oder, was auf dasselbe hinauskommt, man erhält die Gleichungen der Axen dadurch, dass man in (35) rechts den Factor irgend einer der drei Grössen u_1, u_2, u_3 gleich Null setzt. In entsprechender Weise wäre mit den x zu verfahren, um die Gleichungen der unendlich fernen Punkte der beiden Axen zu erhalten.

Während bisher vorausgesetzt wurde, dass die beiden nicht verschwindenden Wurzeln λ' und λ'' der Gleichung (8a) von einander verschieden seien, werde nun angenommen, dass $\lambda' = \lambda''$ sei, aber von $\lambda''' = 0$ verschieden. Alsdann verschwinden nach (23) in § 8 auch sämmtliche Unterdeterminanten B_{ik}, wenn man in ihnen für λ den Werth der Doppelwurzel einsetzt; diese Wurzel findet man nach (11) gleich $\frac{1}{2}[a, \omega]$, da die Discriminante von (11) jetzt verschwindet.

Von Wichtigkeit ist hier zunächst die aus (4) gebildete Form

$$(36) \qquad \frac{1}{4}\sum_1^3{}^i\, \omega'(u_i)\cdot f'(x_i) - \lambda'(u_1x_1 + u_2x_2 + u_3x_3),$$

welche nach (7) und zufolge der Definition der β_{ik} identisch ist mit

$$(36\text{a}) \qquad \sum_1^3{}^i \sum_1^3{}^k \beta_{ik}x_iu_k.$$

Wir behaupten, dass diese in den x_i und u_i lineare und deshalb als „bilinear" bezeichnete Form im gegenwärtigen Falle in ein Product zweier Factoren zerfällt, von denen der eine die x_i, der andere die u_i separat enthält. In Folge von $\mathsf{B}_{ik} = 0$ ist nämlich

$$\beta_{11} : \beta_{12} : \beta_{13} = \beta_{21} : \beta_{22} : \beta_{23} = \beta_{31} : \beta_{32} : \beta_{33},$$

daher besteht u. a. die Proportion

$$(37) \quad (\beta_{11}u_1 + \beta_{12}u_2 + \beta_{13}u_3) : (\beta_{21}u_1 + \beta_{22}u_2 + \beta_{23}u_3) \\ : (\beta_{31}u_1 + \beta_{32}u_2 + \beta_{33}u_3) = \beta_{11} : \beta_{21} : \beta_{31}.$$

Hieraus geht hervor, dass die Coefficienten von x_1, x_2, x_3 zu drei von den u_i unabhängigen Grössen proportional sind, daher muss der Ausdruck (36) in zwei Factoren zerfallen, von denen der eine nur die u_i, der andere nur die x_i enthält, d. h. man kann setzen

$$(38) \quad \frac{1}{4}\sum_1^3{}^i\, \omega'(u_i)\cdot f'(x_i) - \lambda'(u_1x_1 + u_2x_2 + u_3x_3) = -\lambda' U_3 X_3.$$

Diese Gleichung gilt für alle Werthe der u_i und x_i; setzt man $u_i = p_i$, ferner $x_i = \frac{1}{2}F'(p_i) : F(p, p)$ $(i = 1, 2, 3)$, so verschwindet jedesmal $\frac{1}{4}\sum_1^3{}^i\, \omega'(u_i)\cdot f'(x_i)$, und man erkennt, dass U_3 proportional ist zu

$$\frac{1}{2}(F'(p_1)u_1 + F'(p_2)u_2 + F'(p_3)u_3) : F(p, p),$$

X_3 proportional zu $p_1x_1 + p_2x_2 + p_3x_3$; man kann die Proportionalitätsconstante auch U_3 zuschieben und $X_3 = p_1x_1 + p_2x_2 + p_3x_3$ setzen. Demnach ist wieder $U_3 = 0$ die Gleichung des Mittelpunkts der Curve, $X_3 = 0$ diejenige der unendlich fernen Geraden. Es seien nun U_1, U_2 lineare Ausdrücke in Liniencoordinaten, X_1, X_2 solche in Punktcoordinaten, die mit U_3 und X_3 der Relation genügen

(39) $$u_1x_1 + u_2x_2 + u_3x_3 = U_1X_1 + U_2X_2 + U_3X_3$$

und wobei X_1, X_2, X_3 in der Normalform vorliegen; ausserdem seien $U_1 = 0$ und $U_2 = 0$ die Gleichungen von irgend zwei beliebigen harmonischen Polen des imaginären Kreispunktepaars $\omega(u, u) = 0$, so dass $X_1 = 0$ und $X_2 = 0$ zwei zu einander normale Geraden darstellen. Man kann alsdann setzen

(40) $$\begin{cases} U_1 = \frac{1}{2}\omega'(u_1')u_1 + \frac{1}{2}\omega'(u_2')u_2 + \frac{1}{2}\omega'(u_3')u_3 \\ U_2 = \frac{1}{2}\omega'(u_1'')u_1 + \frac{1}{2}\omega'(u''_2)u_2 + \frac{1}{2}\omega'(u_3'')u_3 \end{cases}$$

(41) $$\begin{cases} X_1 = u_1'x_1 + u_2'x_2 + u_3'x_3 \\ X_2 = u_1''x_1 + u_2''x_2 + u_3''x_3, \end{cases}$$

wobei $\omega(u', u'') = 0$. Durch Addition von (38) zu der mit λ' multiplicirten Relation (39) folgt

(42) $$\frac{1}{4}\sum_1^3{}^i \omega'(u_i) \cdot f'(x_i) = \lambda'(U_1X_1 + U_2X_2),$$

und nun lassen sich dieselben Operationen anwenden, wie bei dem oben ausführlich behandelten Falle zweier verschiedener Wurzeln λ' und λ''. Man gelangt hierdurch ähnlich wie bei (29) zu dem Resultat

(43) $$f(x, x) = \lambda'(X_1^2 + X_2^2) + \varkappa X_3^2.$$

Für diese Curve gibt es unendlich viele zu einander normale Hauptaxen, denn die Axen $X_1 = 0$ und $X_2 = 0$ haben lediglich der Forderung zu genügen, dass sie zu einander normal sind.

Die Bedingung, dass die zwei Wurzeln λ' und λ'' von (11) einander gleich seien, wird dargestellt durch das Verschwinden der Discriminante von (11), also durch

(44) $$[a, \omega]^2 - 4\tau F(p, p) = 0.$$

In Folge des Umstandes, dass es immer zu einander normale Axen $X_1 = 0$, $X_2 = 0$ gibt (im Falle $\lambda' = \lambda''$ sogar unendlich viele), können wir auch ein ganzes System von Bedingungen ableiten, welche die Coefficienten von $f(x,x)=0$ erfüllen müssen, damit diese Curve einen Kreis darstelle.

Der Kürze halber werde gesetzt

$$(45) \qquad \frac{1}{4}\sum_{1}^{3}{}^{i}\,\omega'(u_i)f'(x_i)\equiv\Psi(u,x);$$

alsdann ist nach (20)

$$(45\text{a}) \qquad \Psi(u,x)=\frac{\partial\Psi}{\partial x_1}x_1+\frac{\partial\Psi}{\partial x_2}x_2+\frac{\partial\Psi}{\partial x_3}x_3=\lambda' U_1X_1+\lambda'' U_2X_2;$$

ferner bestehen die Gleichungen

$$u_1x_1+u_2x_2+u_3x_3=U_1X_1+U_2X_2+U_3X_3,$$
$$p_1x_1+p_2x_2+p_3x_3=X_3.$$

Betrachtet man hier X_1, X_2, X_3 als die ursprünglichen Veränderlichen, welche durch die Gleichungen (14) transformirt wurden, so besteht nach (4) in § 9 die Beziehung

$$(46) \qquad \begin{vmatrix}\frac{\partial\Psi}{\partial x_1} & \frac{\partial\Psi}{\partial x_2} & \frac{\partial\Psi}{\partial x_3}\\ u_1 & u_2 & u_3\\ p_1 & p_2 & p_3\end{vmatrix}=r\begin{vmatrix}\lambda' U_1 & \lambda'' U_2 & 0\\ U_1 & U_2 & U_3\\ 0 & 0 & 1\end{vmatrix}=r(\lambda'-\lambda'')U_1U_2.$$

Da die Curve $f(x,x)=0$ im Falle $\lambda'=\lambda''$ einen Kreis darstellt, ist die Bedingung hierfür gleichbedeutend mit

$$(47) \qquad \begin{vmatrix}\frac{\partial\Psi}{\partial x_1} & \frac{\partial\Psi}{\partial x_2} & \frac{\partial\Psi}{\partial x_3}\\ u_1 & u_2 & u_3\\ p_1 & p_2 & p_3\end{vmatrix}=0,$$

und zwar muss diese Gleichung erfüllt werden, welche Werthe auch die u_i haben mögen, d. h. in (47) müssen die Coefficienten von u_1^2, u_2^2, u_3^2, u_1u_2, u_1u_3, u_2u_3 einzeln verschwinden, womit das oben erwähnte System von Bedingungen nun gefunden ist.

Man erkennt übrigens auch aus (46), dass

$$\sum\pm\left(\frac{\partial\Psi}{\partial x_1}u_2p_3\right)=0$$

das Product der Gleichungen für die unendlich fernen Punkte der beiden Axen ist. In ähnlicher Weise kann man ein Product bilden für die Axen selbst; aus

$$(48) \qquad \left\{\begin{aligned}\frac{\partial\Psi}{\partial u_1}u_1+\frac{\partial\Psi}{\partial u_2}u_2+\frac{\partial\Psi}{\partial u_3}u_3&=\lambda' X_1U_1+\lambda'' X_2U_2\\ x_1u_1+x_2u_2+x_3u_3&=X_1U_1+X_2U_2+X_3U_3\\ \frac{1}{2}F'(p_1)u_1+\frac{1}{2}F'(p_2)u_2+\frac{1}{2}F'(p_3)u_3&=F(p,p)\cdot U_3\end{aligned}\right.$$

folgt nämlich

$$(49)\qquad r\begin{vmatrix} \frac{\partial \Psi}{\partial u_1} & \frac{\partial \Psi}{\partial u_2} & \frac{\partial \Psi}{\partial u_3} \\ x_1 & x_2 & x_3 \\ \frac{1}{2}F'(p_1) & \frac{1}{2}F'(p_2) & \frac{1}{2}F'(p_3) \end{vmatrix} = \begin{vmatrix} \lambda' X_1 & \lambda'' X_2 & 0 \\ X_1 & X_2 & X_3 \\ 0 & 0 & F(p,p) \end{vmatrix}$$

$$= F(p,p)\cdot(\lambda' - \lambda'')X_1 X_2,$$

wobei vorausgesetzt ist $F(p,p) \gtrless 0$.

Hierbei ist

$$\frac{\partial \Psi}{\partial u_1} = \frac{1}{4}\omega_{11}f'(x_1) + \frac{1}{4}\omega_{12}f'(x_2) + \frac{1}{4}\omega_{13}f'(x_3) = \frac{1}{2}\omega'(f_1),$$

analog

$$\frac{\partial \Psi}{\partial u_2} = \frac{1}{2}\omega'(f_2), \quad \frac{\partial \Psi}{\partial u_3} = \frac{1}{2}\omega'(f_3).$$

Der Umstand, dass sich für den Fall eines Kreises aus (46) (und analog aus (49)) mehrere Bedingungen ergeben, obgleich doch schon die eine $\lambda' = \lambda'' \gtrless 0$ ausreichen würde, beruht darin, dass nach (23) in § 8 für die Doppelwurzel ein ganzes System von Werthen B_{ik} verschwindet. Auf Grund eines Satzes von Kronecker[1]) müssen sich diese Bedingungen nach Elimination von λ schliesslich aber auf zwei reduciren. Man kann dies folgendermassen einsehen: Bei nicht ausartenden Kegelschnitten ($A \gtrless 0$) kann man nämlich die kubische Gleichung $\mathsf{B}(\lambda)$ in die Gestalt einer symmetrischen Determinante bringen, indem man (8a) mit

$$\begin{vmatrix} A_{11} & A_{21} & A_{31} \\ A_{12} & A_{22} & A_{32} \\ A_{13} & A_{23} & A_{33} \end{vmatrix}$$

multiplicirt; unter Benutzung von

$$\alpha_{ik} = \omega_{1i}a_{1k} + \omega_{2i}a_{2k} + \omega_{3i}a_{3k}$$

folgt

$$(50)\qquad \begin{vmatrix} A\omega_{11} - \lambda A_{11} & A\omega_{12} - \lambda A_{12} & A\omega_{13} - \lambda A_{13} \\ A\omega_{21} - \lambda A_{21} & A\omega_{22} - \lambda A_{22} & A\omega_{23} - \lambda A_{23} \\ A\omega_{31} - \lambda A_{31} & A\omega_{32} - \lambda A_{32} & A\omega_{33} - \lambda A_{33} \end{vmatrix} = 0,$$

wofür auch eine Determinante gesetzt werden könnte, deren Elemente von der Form sind $\omega_{ik} - \mu A_{ik}$, wenn $\mu = \frac{\lambda}{A}$ ist. Diese kubische Gleichung (50) ersetzt also bei Curven zweiter Ordnung die frühere

1) Vgl. Baltzer „Theorie und Anwendung der Determinanten", 5. Aufl., Leipzig 1881, S. 58.

kubische Gleichung (8) in allen Fällen, in welchen der Kegelschnitt nicht ausartet. Man vergleiche hierzu auch die analoge Behandlung der confocalen Curven zweiter Classe in § 18. Nennen wir die Elemente von (50) γ_{ik}, ihre Unterdeterminanten Γ_{ik}, so kann man drei Grössen Γ_{ik} der Art wählen, dass ihr Verschwinden auch das Verschwinden aller übrigen Unterdeterminanten zur Folge hat; solche drei Grössen wären z. B. $\Gamma_{11}, \Gamma_{22}, \Gamma_{12}$, falls $\gamma_{33} \gtrless 0$. Durch Elimination von λ reduciren sich die drei Bedingungen schliesslich auf zwei.

Darauf beruht auch die Thatsache, dass die Discriminante der quadratischen Gleichung (11) als Summe zweier Quadrate dargestellt werden kann. Bei Anwendung schiefwinkliger Parallelcoordinaten mit dem Axenwinkel w ergibt sich zufolge der Bemerkungen zu (2) in § 2 an Stelle der quadratischen Gleichung (11) die folgende:

$$\lambda^2 \sin^2 w - \lambda(a_{11} + a_{22} - 2a_{12} \cos w) + (a_{11}a_{22} - a_{12}{}^2) = 0, \tag{51}$$

deren Discriminante

$$4(a_{11}a_{22} - a_{12}{}^2) \sin^2 w - (a_{11} + a_{22} - 2a_{12} \cos w)^2$$

in die Form gebracht werden kann:

$$(a_{11} - a_{22})^2 \sin^2 w + [(a_{11} + a_{22}) \cos w - 2a_{12}]^2 = 0. \tag{52}$$

Um zu sehen, wie sich diese Bedingung im allgemeinen Falle gestaltet, wollen wir statt der Dreieckscoordinaten in $f(x, x) = 0$ schiefwinklige Parallelcoordinaten einführen, bei welchen x, y die schiefwinkligen Coordinaten eines Punktes P, q_1 und q_2 seine senkrechten Abstände von der x-Axe, resp. y-Axe bedeuten mögen. Diese Axen sollen mit den Seiten $x_1 = 0$, resp. $x_2 = 0$ des Coordinatendreiecks zusammenfallen. Alsdann hat man nach nebenstehender Figur und nach (1) in § 2 die Gleichungen

Fig. 2.

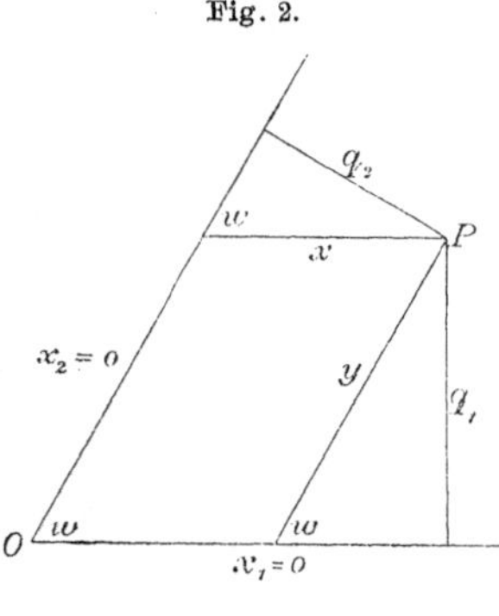

$$q_1 = \frac{x_1}{\sqrt{\omega_{11}} \cdot p_x}, \quad q_2 = \frac{x_2}{\sqrt{\omega_{22}} \cdot p_x}$$

$$x = \frac{q_2}{\sin w} = \frac{x_2}{\sin w \cdot \sqrt{\omega_{22}} \cdot p_x}, \quad y = \frac{q_1}{\sin w} = \frac{x_1}{\sin w \cdot \sqrt{\omega_{11}} \cdot p_x}.$$

Setzt man noch $\varrho p_x = 1$, so folgt hieraus

$$\left\{ \begin{aligned} \varrho x_1 &= y \sin w \cdot \sqrt{\omega_{11}}, \quad \varrho x_2 = x \sin w \cdot \sqrt{\omega_{22}}, \\ \varrho x_3 &= \frac{1 - \varrho(p_1 x_1 + p_2 x_2)}{p_3} = \frac{1 - \sin w (y \sqrt{\omega_{11}} p_1 + x \sqrt{\omega_{22}} p_2)}{p_3}. \end{aligned} \right. \tag{53}$$

Mit Hilfe dieser Transformationsformeln, welche natürlich $p_3 \gtrless 0$ voraussetzen, wird nun die Gleichung der Curve zweiter Ordnung

$$f(x, x) \equiv \sum_1^3{}^i \sum_1^3{}^k a_{ik} x_i x_k = 0$$

transformirt in eine Gleichung von der Form

$$b_{11} x^2 + 2 b_{12} xy + b_{22} y^2 + 2 b_{13} x + 2 b_{23} y + b_{33} = 0,$$

für welche sich die Bedingung des Kreises aus (52) ergibt durch Vertauschung von a_{11}, a_{22}, a_{12} resp. mit b_{11}, b_{22}, b_{12}. Die Werthe dieser drei Grössen b_{ik} sind leicht zu berechnen; durch Einführung derselben in (52) verwandelt sich diese Gleichung in:

$$\text{(54)} \quad \begin{aligned} &\{\omega_{22}(a_{22}p_3^2 + a_{33}p_2^2 - 2a_{23}p_2p_3) \\ &\qquad - \omega_{11}(a_{11}p_3^2 + a_{33}p_1^2 - 2a_{13}p_1p_3)\}^2 \sin^2 w \\ &+ \{[\omega_{22}(a_{22}p_3^2 + a_{33}p_2^2 - 2a_{23}p_2p_3) \\ &\qquad + \omega_{11}(a_{11}p_3^2 + a_{33}p_1^2 - 2a_{13}p_1p_3)] \cos w \\ &- 2\sqrt{\omega_{11}\omega_{22}}(a_{12}p_3^2 + a_{33}p_1p_2 - a_{13}p_2p_3 - a_{23}p_1p_3)\}^2 = 0. \end{aligned}$$

Ausser dieser Darstellung der Discriminante von (11) als Summe zweier Quadrate sind noch unendlich viele andere möglich; man darf nämlich in (54) nicht nur die Indices 1, 2, 3 cyklisch vertauschenf sondern kann auch von dem Umstande Gebrauch machen, dass die Summe zweier Quadrate $M^2 + N^2$ wieder erhalten wird, wenn man M ersetzt durch $M \cos \alpha - N \sin \alpha$, N durch $M \sin \alpha + N \cos \alpha$, wobei $\sin \alpha$ und $\cos \alpha$ Werthe sind, welche die Brüche

$$\sin \alpha = \frac{2t}{1 + t^2}, \quad \cos \alpha = \frac{1 - t^2}{1 + t^2}$$

bei beliebigem t annehmen.

Wir wollen diese Untersuchungen über den Kreis nicht abschliessen, ohne noch einen Ausdruck für die Potenz eines Punktes in Bezug auf einen Kreis abzuleiten.

Nach (43) ist $f(x, x)$ für den Fall eines Kreises transformirbar in

$$\lambda'(X_1^2 + X_2^2) + \varkappa X_3^2 = 0,$$

wobei λ' Doppelwurzel ist der quadratischen Gleichung

$$\lambda^2 - [a, \omega]\lambda + \tau F(p, p) = 0,$$

daher den Werth besitzt $\lambda' = \frac{1}{2}[a, \omega]$. Setzen wir

$$X_3 = p_x, \quad \frac{X_1}{X_3} = X, \quad \frac{X_2}{X_3} = Y,$$

so ist die Gleichung des Kreises bezogen auf rechtwinklige Coordinaten;

dividirt man noch durch λ' und setzt $-\frac{\varkappa}{\lambda'}$ gleich dem Quadrat des Radius r^2, so lautet die Gleichung des Kreises $X^2 + Y^2 - r^2 = 0$. Die Potenz P eines Punktes mit den rechtwinkligen Coordinaten x, y in Bezug auf diesen Kreis ist nun $x^2 + y^2 - r^2$, geht also aus

$$\lambda'(X_1^2 + X_2^2) + \varkappa p_x^2$$

hervor durch Division mit $\lambda' p_x^2$ oder mit $\frac{1}{2}[a, \omega]p_x^2$ und Substitution der Coordinaten des betreffenden Punktes. Allgemein stellt daher

$$P = \frac{2f(y, y)}{[a, \omega]p_y^2} = \frac{f(y, y)}{\lambda' p_y^2} \tag{55}$$

die Potenz des Punktes y_1, y_2, y_3 dar in Bezug auf den Kreis $f(x, x) = 0$.

Kehren wir nun wieder zur Untersuchung der kubischen Gleichung (8a) zurück!

Der Fall, dass diese Gleichung eine von Null verschiedene Doppelwurzel $\lambda' = \lambda''$ besitzt, für welche nicht nur alle B_{ik}, sondern auch

$$\frac{1}{2}\mathsf{B}''(\lambda) = \alpha_{11} - \lambda + \alpha_{22} - \lambda + \alpha_{33} - \lambda$$

verschwindet, kann nicht eintreten. Denn es wäre nun $\lambda' = \lambda''$ eine dreifache Wurzel der kubischen Gleichung (8a), also wegen $\lambda''' = 0$ auch $\lambda' = \lambda'' = 0$. Wie weiter unten gezeigt wird, besteht die Curve alsdann, so lange nicht auch alle α_{ik} verschwinden, aus einer im Endlichen und der im Unendlichen gelegenen Geraden (vgl. auch die Fussnote zu S. 59).

Es möge nunmehr angenommen werden, dass die kubische Gleichung (8a) als Doppelwurzel $\lambda'' = \lambda''' = 0$ besitzt, dagegen sei die Wurzel λ' von Null verschieden; hier ist $\lambda = 0$ einfache Wurzel von (11), also nothwendig $F(p, p) = 0$ und $\lambda' = [a, \omega]$. Für $\lambda = 0$ können jetzt nach (24) in § 8 die Unterdeterminanten B_{ik} von Null verschieden sein, müssen es aber nicht; nehmen wir zuerst an die B_{ik} oder, was nun wegen $\lambda'' = \lambda''' = 0$ auf dasselbe hinauskommt, die A_{ik} seien nicht alle gleich Null.

In diesem Falle ist die Determinante A der Curve $f(x, x) = 0$ von Null verschieden. Wie in der Determinantentheorie gezeigt wird, besteht nämlich die Relation[1])

$$A\binom{up}{up} = \binom{u}{u}\binom{p}{p} - \binom{u}{p}^2; \tag{56}$$

1) Vgl. über die Bezeichnungsweise die Fussnote zu S. 34.

nach Voraussetzung ist aber $\binom{p}{p} = - F(p, p) = 0$, für $A = 0$ müsste daher auch $\binom{u}{p}$ verschwinden, d. h. es wäre

$$F'(p_1)u_1 + F'(p_2)u_2 + F'(p_3)u_3 = 0$$

bei allen Werthen der u_i, folglich $F'(p_k) = 0$ $(k = 1, 2, 3)$, oder nach der Fussnote zu S. 86 $\mathsf{A}_{ik} = 0$ $(i, k = 1, 2, 3)$, was vorläufig ausgeschlossen wurde.

Der Kegelschnitt ist daher jedenfalls nicht ausartend und nach § 6 eine Parabel. Hier wird durch passende Bestimmung linearer Ausdrücke X_1, X_2, X_3 die Gleichung der Curve $f(x, x) = 0$ in die Form gebracht werden können

$$f(x, x) = \lambda' X_1^2 + 2\varrho X_2 X_3 = 0, \tag{57}$$

wobei

$$X_3 = p_1 x_1 + p_2 x_2 + p_3 x_3 = 0$$

die unendlich ferne Gerade darstellt, während $X_1 = 0$ und $X_2 = 0$ die in der Normalform gegebenen Gleichungen zweier zu einander senkrechten Geraden sind.

Man könnte diese Transformation analog wie bisher erledigen, indem man zwei Gleichungen herstellen würde von der Form

$$\frac{1}{4}\sum_1^3{}^i \omega'(u_i) \cdot f'(x_i) = \lambda' U_1 X_1 + \varrho U_2 X_3, \tag{58}$$

$$u_1 x_1 + u_2 x_2 + u_3 x_3 = U_1 X_1 + U_2 X_2 + U_3 X_3.$$

Nimmt man einen Punkt y (den Scheitel der Curve $f(y, y) = 0$) zu Hilfe, dessen Tangente als Normalencentrum den Berührungspunkt der Parabel mit der unendlich fernen Geraden hat, so wäre für diesen Punkt

$$f'(y_1) \cdot x_1 + f'(y_2) \cdot x_2 + f'(y_3) \cdot x_3 = 0$$

oder kürzer $f_1 x_1 + f_2 x_2 + f_3 x_3 = 0$ die Gleichung der Tangente, daher sind $\frac{1}{2}\omega'(f_1)$, $\frac{1}{2}\omega'(f_2)$, $\frac{1}{2}\omega'(f_3)$ die Coordinaten des Normalencentrums der Tangente; andrerseits stellt nach (17) in § 5

$$\frac{1}{2}F'(p_1)u_1 + \frac{1}{2}F'(p_2)u_2 + \frac{1}{2}F'(p_3)u_3 = 0$$

den Berührungspunkt der Parabel mit der unendlich fernen Geraden dar, wenn $F(u, u) = 0$ die Gleichung der Curve in Liniencoordinaten ist. Man hat daher die Gleichungen

$$\frac{\omega'(f_1)}{F'(p_1)} = \frac{\omega'(f_2)}{F'(p_2)} = \frac{\omega'(f_3)}{F'(p_3)} \tag{59}$$

und würde nun durch eine Transformation analog derjenigen auf den

Mittelpunkt, wie sie oben für $f(x, x) = 0$ durchgeführt wurde, die Form erhalten

(60) $$\lambda' X_1^2 + 2\varrho X_2 X_3 = 0.$$

Diesen umständlichen und nur schwer zu den letzten Ergebnissen führenden Weg kann man auf folgende Art umgehen.

Die Gleichung des Berührungspunktes der Parabel $f(x, x) = 0$ mit der unendlich fernen Geraden ist nach (53a) in § 4 doppelt zählend gegeben durch

(61) $$\binom{p\,u}{p\,u} = 0.$$

Ist nun $U_1 = 0$ die Gleichung des Punktes, der auf der unendlich fernen Geraden zusammen mit dem unendlich fernen Berührungspunkt der Parabel ein zum imaginären Kreispunktepaar harmonisch gelegenes Punktepaar bildet, so wird U_1^2 von der Form sein

(62) $$U_1^2 \equiv \omega(u, u) \cdot \lambda + \binom{p\,u}{p\,u} = 0.$$

Hier ist λ so zu bestimmen, dass die Coefficienten der zu (62) gehörigen Gleichung in Punktcoordinaten verschwinden, denn nur dann repräsentirt (62) nach (7) in § 5 einen Doppelpunkt. Als Punktcoordinatengleichung für (62) findet man

$$\lambda^2 \Omega(x, x) + \lambda[a, \omega] p_x^2 = 0,$$ [1])

---

1) Dass der Coefficient von λ^2 in der Gleichung in Punktcoordinaten mit $\Omega(x, x)$ übereinstimmt, und dass der Coefficient von λ^0 identisch verschwindet, (denn $\binom{pu}{pu}$ ist ein vollständiges Quadrat) ist klar; es wäre also nur noch zu zeigen, dass der Coefficient von λ^1 gleich $[a, \omega] p_x^2$ ist. Zu dem Zweck werde für den Augenblick gesetzt $\binom{pu}{pu} = (z_1 u_1 + z_2 u_2 + z_3 u_3)^2$; stellt man nun für $\lambda \omega(u, u) + z_u^2 = 0$ die Gleichung in Punktcoordinaten auf, etwa in Gestalt einer Determinante wie (13) in § 5, so erkennt man, dass der Coefficient von λ^1 identisch ist mit $\binom{zx}{zx}_{\omega_{ik}}$. Dies gilt, welche Werthe die ω_{ik} haben mögen, daher auch noch, wenn man die Grössen ω_{ik} ersetzt durch Producte $y_i y_k$, wodurch sich $\binom{zx}{zx}_{\omega_{ik}}$ verwandelt in $\sum \pm (y_1 z_2 x_3)^2$, und dieser Ausdruck geht aus z_u^2 oder aus $\binom{pu}{pu}_{a_{ik}}$ hervor durch die Substitution

$$u_1 = y_2 x_3 - y_3 x_2, \quad u_2 = y_3 x_1 - y_1 x_3, \quad u_3 = y_1 x_2 - y_2 x_1.$$

Andrerseits erhält hierdurch, wie aus einer am Schlusse von § 4 durchgeführten Rechnung hervorgeht, $\binom{pu}{pu}_{a_{ik}}$ den Werth

$$f(x, x) \cdot p_y^2 - 2 f(x, y) \cdot p_x \cdot p_y + f(y, y) \cdot p_x^2;$$

es muss demnach, da $\Omega(x, x) = \tau p_x^2$, die Gleichung erfüllt werden

$$p_x^2(\lambda^2\tau + \lambda[a, \omega]) = 0,$$

und dies ist der Fall für $\lambda = -\frac{[a, \omega]}{\tau}$. In Folge von $\lambda' = [a, \omega]$ kann man auch setzen $\lambda = -\frac{\lambda'}{\tau}$, daher wird $U_1^2 = 0$ gleichbedeutend mit $-\lambda'\omega(u_1, u_2, u_3) + \tau\binom{p\,u}{p\,u}$; es sei

$$(63) \qquad -\lambda' U_1^2 = -\lambda' \cdot \omega(u_1, u_2, u_3) + \tau\binom{p\,u}{p\,u}.$$

Als Punkt $U_2 = 0$ wählen wir den Berührungspunkt der Parabel mit der unendlich fernen Geraden, und zwar sei (vgl. (61))

$$(64) \qquad \lambda' U_2^2 = \tau \cdot \binom{p\,u}{p\,u},$$

so dass in Folge der beiden letzten Gleichungen:

$$(65) \qquad \omega(u, u) = U_1^2 + U_2^2.$$

Die **Axe** der Parabel ist die Polare des Punktes U_1; für y_1, y_2, y_3 als Coordinaten dieses Punktes sei

$$-\lambda' U_1^2 = (y_1 u_1 + y_2 u_2 + y_3 u_3)^2;$$

die Gleichung der Polare wird

$$y_1 \cdot f'(x_1) + y_2 \cdot f'(x_2) + y_3 \cdot f'(x_3) = 0,$$

oder auch für beliebige Werthe der u_i:

$$(66) \quad (y_1 \cdot f'(x_1) + y_2 \cdot f'(x_2) + y_3 \cdot f'(x_3))(u_1 y_1 + u_2 y_2 + u_3 y_3) = 0.$$

Dies ist aber derselbe Ausdruck, den man erhält, wenn in (63) auf der linken Seite an Stelle von u_i gesetzt wird $u_i + \lambda \cdot \frac{1}{2} f'(x_i)$ und nun der Coefficient von λ^1 berechnet wird; auf der rechten Seite von (63) ergibt dagegen der Coefficient von λ^1 nach dieser Substitution die Formel:

$$(67) \quad -\frac{1}{4}\lambda' \sum_1^3 {}_i\, \omega'(u_i) \cdot f'(x_i) + \tau\binom{p\,u}{p\,f} \equiv -\lambda'^2 X_1 U_1 \text{ (vgl. 58)},^{1)}$$

---

dies ist richtig, welche Werthe auch die Producte $y_i y_k$ haben mögen, gilt daher nach (35) in § 8 auch dann noch, wenn man wieder rückwärts $y_i y_k$ ersetzt durch ω_{ik}. Alsdann verschwindet aber p_y, während $f(y, y)$ übergeht in $[a, \omega]$, es bleibt daher statt des Coefficienten $\binom{z\,x}{z\,x}_{\omega_{ik}}$ von λ^1 lediglich $[a, \omega]p_x^2$.

1) Der Factor $-\lambda'^2$ ist hinzugefügt worden, damit $X_1 = u_1' x_1 + u_2' x_2 + u_3' x_3$ in der Normalform dargestellt werde: durch die Substitution $u_i = u_i'$ in (67) folgt

$$\frac{1}{4} \sum_4^3 {}_i\, \omega'(u_i') \cdot f'(x_i) = \lambda' X_1 \sqrt{\omega(u_1', u_2', u_3')},$$

wo f_i zur Abkürzung gesetzt ist für $\frac{1}{2}f'(x_i)$. Hiermit ist die Axe der Parabel bestimmt, wir wählen sie als Seite $X_1 = 0$ des Coordinatendreiecks. Doppelt zählend ergibt sich die Axe, wenn in (63) u_i ersetzt wird durch $\frac{1}{2}f'(x_i)$; der Ausdruck, welcher hierdurch aus U_1 hervorgeht, ist nach (4) gleich $\lambda' X_1$, man hat daher nach (63):

$$(68) \qquad - \lambda' \cdot \omega(f_1 f_2 f_3) + \tau \binom{p\,f}{p\,f} = - \lambda'^3 X_1^2.$$

Durch Multiplication der drei ersten Verticalreihen der Determinante $\binom{p\,f}{p\,f}$ mit x_1, x_2 resp. x_3 und Subtraction von der fünften Reihe und durch analoges Verfahren bei den Horizontalreihen verwandelt sich nun $\binom{p\,f}{p\,f}$ in $f(x,x) \cdot F(p,p) - Ap_x^2$ oder in $-Ap_x^2$, da $F(p,p) = 0$, so dass an Stelle von (68) die Gleichung tritt

$$(68\text{a}) \qquad \lambda' \omega(f_1, f_2, f_3) + \tau A p_x^2 = \lambda'^3 X_1^2.$$

Das Tangentenpaar, welches vom Punkte $U_1 = 0$ mit den Coordinaten y_1, y_2, y_3 an die Parabel gezogen werden kann, besteht aus der unendlich fernen Geraden und der Scheiteltangente; die Gleichung dieses Geradenpaares ist

$$f(y,y) \cdot f(x,x) - f^2(x,y) = 0.$$

Nun geht $f(y,y)$ aus der linken Seite $-\lambda' U_1^2$ von (63) hervor, wenn man die Producte $u_i u_k$ ersetzt durch a_{ik}, es wird daher

$$f(y,y) = -\lambda'[a,\omega] + 2\tau F(p,p) = -\lambda'[a,\omega],$$

da $F(p,p) = 0$; ferner geht $f^2(x,y)$ oder

$$\left\{y_1 \cdot \frac{1}{2}f'(x_1) + y_2 \cdot \frac{1}{2}f'(x_2) + y_3 \cdot \frac{1}{2}f'(x_3)\right\}^2$$

aus (63) hervor, wenn man u_i ersetzt durch $\frac{1}{2}f'(x_i)$, wodurch sich, wie oben gezeigt wurde, der Ausdruck (68a) ergibt. An Stelle der Gleichung des Tangentenpaares $f(y,y) \cdot f(x,x) - f^2(x,y) = 0$ erhält man somit:

$$(69) \qquad -\lambda'[a,\omega] f(x,x) + \lambda' \omega(f_1, f_2, f_3) + \tau A p_x^2 = 0,$$

---

mit Rücksicht auf (63), und durch die Bedingung $\sqrt{\omega(u_1', u_2', u_3')} = 1$ ist in der That λ' der richtige Factor von X_1, in Uebereinstimmung mit der Fundamentalgleichung (4). Aus (67) folgt für $x_i = \frac{1}{2}\omega'(u_i')$, wieder mit Rücksicht auf (4),

$$U_1 = \frac{1}{2}\omega'(u_1')u_1 + \frac{1}{2}\omega'(u_2')u_2 + \frac{1}{2}\omega'(u_3')u_3.$$

oder auch in Folge von $\lambda' = [a, \omega]$:

(69a) $$[a, \omega]^2 f(x, x) - [a, \omega] \cdot \omega(f_1, f_2, f_3) - \tau A p_x^2 = 0.$$

Diese Gleichung stellt das Product aus der Scheiteltangente in die unendlich ferne Gerade dar; will man die Scheiteltangente einzeln haben, so ist nach der am Schlusse von § 4 gegebenen Methode zu verfahren. Jedenfalls kann man setzen:

(70) $$[a, \omega]^2 f(x, x) - [a, \omega] \cdot \omega(f_1, f_2, f_3) - \tau A p_x^2 = 2\varrho\lambda'^2 X_2 X_3,$$

wobei der Factor ϱ so bestimmt sei, dass $X_2 = 0$ in der Normalform vorliegt; X_3 sei identisch mit $p_1 x_1 + p_2 x_2 + p_3 x_3$. Aus (70) folgt

(71) $$[a, \omega]^2 f(x, x) = [a, \omega] \cdot \omega(f_1, f_2, f_3) + \tau A p_x^2 + 2\varrho\lambda'^2 X_2 X_3,$$

daher mit Benutzung von (68a)

$$[a, \omega]^2 f(x, x) = \lambda'^3 X_1^2 + 2\varrho\lambda'^2 X_2 X_3$$

und nach Wegfall des gemeinsamen Factors $\lambda' = [a, \omega]$:

(72) $$f(x, x) = \lambda' X_1^2 + 2\varrho X_2 X_3.$$

Für X_1, X_2, X_3, U_1 und U_2 sind im Vorhergehenden Ausdrücke angegeben; U_3 ist vorläufig nur insofern bestimmt, als $U_3 = 0$ den Schnittpunkt von $X_1 = 0$ und $X_2 = 0$ repräsentirt; der in U_3 enthaltene Factor werde so fixirt, dass

$$u_1 x_1 + u_2 x_2 + u_3 x_3 = U_1 X_1 + U_2 X_2 + U_3 X_3.$$ [1]

Für die Determinante r der analogen Transformation wie in dem oben behandelten Falle zweier nicht verschwindenden Wurzeln λ' und λ'' findet man auch hier analog der Ableitung von (34) den Werth

(73) $$r^2 = \frac{1}{\tau}.$$

Ferner ist $A = -\varrho^2 \lambda' r^2$ oder

(74) $$\varrho^2 = -\frac{A\tau}{\lambda'};$$

wenn über das Vorzeichen von ϱ verfügt ist, so ist damit auch über dasjenige von X_2 verfügt, weil $\varrho X_2 X_3$ ein rationaler Ausdruck ist.

---

1) Dass in dieser Gleichung der Factor von $U_1 X_1$ wirklich gleich 1 ist, erweist die Substitution $x_i = \frac{1}{2}\omega'(u_i')$, $u_i = u_i'$; man erhält durch sie

$$\omega(u_1', u_2', u_3') = \sqrt{\omega(u_1', u_2', u_3')} \cdot \omega(u_1', u_2', u_3')$$

(mit Hilfe von (63) oder (65)), also in Uebereinstimmung mit der obigen Forderung $\omega(u_1', u_2', u_3') = 1$. Analog erhält man durch die Substitution $x_i = \frac{1}{2}\omega'(u_i'')$, $u_i = u_i''$ links $\omega(u_1'', u_2'', u_3'')$, rechts nach (65) $\sqrt{\omega(u_1'', u_2'', u_3'')}$.

Es sei noch erwähnt, dass die Grösse $2p = 2\left|\frac{\varrho}{\lambda'}\right|$ Parameter der Parabel genannt wird; näheres hierzu in § 11.

Uebrigens lässt sich auch noch das Product aus dem Ausdruck für den Scheitel $U_3 = 0$ und demjenigen für den unendlich fernen Punkt der Axe elegant berechnen. Für die Gleichung der Parabel in Liniencoordinaten findet man nämlich nach (34), S. 82:

$$(75) \qquad F(u, u) = -(\varrho^2 U_1^2 + 2\lambda' \varrho U_2 U_3) r^2$$

oder also

$$\tau F(u, u) + \varrho^2 U_1^2 = -2\lambda' \varrho U_2 U_3$$

und mit Benutzung von (74):

$$(76) \qquad \tau F(u, u) - \frac{A\tau}{\lambda'} U_1^2 = -2\lambda' \varrho U_2 U_3;$$

durch Substitution des für U_1^2 in (63) gefundenen Werthes folgt

$$(77) \qquad \lambda'^2 F(u, u) + A\left[\tau\binom{p\,u}{p\,u} - \lambda' \omega(u, u)\right] = -\frac{2\lambda'^3 \varrho}{\tau} U_2 U_3,$$

so dass hiernach

$$(78) \qquad \lambda'^2 F(u, u) + A\left[\tau\binom{p\,u}{p\,u} - \lambda' \cdot \omega(u, u)\right] = 0, \quad \text{wobei } \lambda' = [a, \omega],$$

das oben verlangte Product darstellt. Da der Berührungspunkt $U_2 = 0$ der Parabel mit der unendlich fernen Geraden bekannt ist, kann mit Hilfe von (78) die Gleichung des Scheitels $U_3 = 0$ gefunden werden; man hat nur die am Schlusse von § 4 gegebene Methode anzuwenden.

Während bisher vorausgesetzt wurde, dass für die Doppelwurzel $\lambda'' = \lambda''' = 0$ der kubischen Gleichung (8a) die Unterdeterminanten B_{ik} nicht alle verschwinden, wollen wir nun untersuchen, was eintritt, wenn alle B_{ik} und daher auch die Grössen A_{ik}, nicht aber $\alpha_{11} + \alpha_{22} + \alpha_{33}$ verschwinden. Aus (20) folgt für diesen Fall

$$(79) \qquad \frac{1}{4} \sum_1^3{}_i\, \omega'(u_i) \cdot f'(x_i) = \lambda' U_1 X_1,$$

für jeden Punkt y der Geraden $X_1 = 0$ ist daher

$$\frac{1}{4} \sum_1^3{}_i\, \omega'(u_i) \cdot f'(y_i) = 0,$$

d. h. es muss $f'(y_i)$ proportional sein zu p_i, welchen Punkt y von $X_1 = 0$ man auch wählen mag; es gibt zufolge § 4 nicht einen einzigen Mittelpunkt, sondern eine Mittelpunktslinie $X_1 = 0$. Die Curve $f(x, x) = 0$ stellt in diesem Falle zwei parallele Geraden dar. Dass die Determinante A von $f(x, x)$ verschwindet, geht auch aus dem gleichzeitigen Bestehen der Gleichungen $\mathsf{A}_{ik} = 0$ hervor, welche nach der Fussnote zu S. 86 $\frac{1}{2}F'(p_k) = 0$ $(k = 1, 2, 3)$ zur Folge haben. Diese bestehen nur dann neben einander, wenn ihre Determinante, d. i. A^2, verschwindet. Da ausserdem $F(p, p) = 0$, liegt in der That auch zufolge der in § 6 abgeleiteten Kriterien ein Parallelenpaar vor. Durch Coordinatentransformation kann jetzt $f(x, x)$ übergeführt werden in

(80) $$f(x, x) = \lambda' X_1^2 + \varkappa X_3^2,$$

wo $\varkappa = \frac{\mu}{p_y}$ durch eine der Gleichungen (46) oder (47) in § 4 bestimmt ist.

Der Fall endlich, dass für $\lambda'' = \lambda''' = 0$ auch $\beta_{11} + \beta_{22} + \beta_{33}$ verschwindet, also auch $\alpha_{11} + \alpha_{22} + \alpha_{33}$ Null ist, hat zur Folge, wie übrigens bereits S. 100 bemerkt wurde, dass überhaupt eine dreifache Wurzel $\lambda = 0$ der Gleichung (8a) vorliegt. Jetzt verschwindet nach (11) neben $F(p, p)$ auch $[a, \omega]$, und dass $A = 0$ ist, wurde soeben gezeigt. Jedenfalls liegt also ein Geradenpaar vor, etwa

$$f(x, x) = u_x \cdot v_x;$$

zufolge $F(p, p) = 0$ ist auch $\sum \pm (u_1 v_2 p_3) = 0$. Ferner besteht nach (13) in § 5 die Relation

$$\omega(u, u) \cdot \omega(v, v) - \omega^2(u, v) = \tau \sum \pm (u_1 v_2 p_3)^2;$$

da die rechte Seite dieser Gleichung verschwindet und $\omega(u, v)$ mit $[a, \omega]$ identisch ist, mithin gleichfalls den Werth Null hat, bleibt $\omega(u, u) \cdot \omega(v, v) = 0$, d. h. für eine der beiden Geraden, etwa für $u_x = 0$, muss sein $\omega'(u_i) = 0$, die u_i müssen den p_i proportional sein: eine Gerade des Paares $f(x, x) = 0$ liegt im Unendlichen.

Wären schliesslich alle Grössen α_{ik} Null, so hätte man für irgend einen bestimmten, aber willkürlich gewählten Index k $(k = 1, 2, 3)$ die drei Gleichungen:

(81) $$\omega_{1i} a_{1k} + \omega_{2i} a_{2k} + \omega_{3i} a_{3k} = 0 \quad (i = 1, 2, 3),$$

aus denen folgt

(82) $$a_{1k} : a_{2k} : a_{3k} = p_1 : p_2 : p_3;$$

mithin wäre jetzt $f(x, x) = 0$ gleichbedeutend mit $p_x^2 = 0$, es würde $f(x, x) = 0$ doppelt zählend die unendlich ferne Gerade darstellen.

Wir wollen nun untersuchen, welche speciellen Fälle in der Gleichung (29) enthalten sind; wir schreiben (29) zu dem Zweck in der Form:

(83) $$\frac{X^2}{-\frac{\varkappa}{\lambda'}} + \frac{Y^2}{-\frac{\varkappa}{\lambda''}} - 1 = 0,$$

wobei $X = \frac{X_1}{X_3}$, $Y = \frac{X_2}{X_3}$ gesetzt wurde. Zufolge (11) bestehen hierbei für λ' und λ'' die Relationen

(84) $$\lambda' + \lambda'' = [a, \omega], \quad \lambda'\lambda'' = \tau F(p, p);$$

ferner ist $\varkappa = \frac{A}{F(p, p)}$, und wenn $A = F(p, p) = 0$, ist $\varkappa$ durch eine der Gleichungen (46) oder (47) in § 4 bestimmt.

Es sei nun zunächst $F(p, p) \gtrless 0$ und

I) $A \gtrless 0$.

Im Falle 1) $F(p, p) < 0$ haben λ' und λ'' nach (84) verschiedene Vorzeichen, und umgekehrt ist bei ungleichen Vorzeichen von λ der Ausdruck $F(p, p)$ negativ, der Kegelschnitt eine Hyperbel.

Im Falle 2) $F(p, p) > 0$ haben λ' und λ'' gleiche Vorzeichen und dasselbe Vorzeichen hat alsdann auch $\lambda' + \lambda'' = [a, \omega]$; die Curve (83) ist daher reell, wenn dieses Zeichen mit demjenigen von $-\varkappa$ übereinstimmt, d. h. für $-\varkappa(\lambda' + \lambda'') > 0$, oder auch für $F(p, p) > 0$ und $A[a, \omega] < 0$ ist die Curve (83) eine reelle Ellipse, während $F(p, p) > 0$ und $A[a, \omega] > 0$ eine imaginäre Curve (imaginäre Ellipse) ergibt[1]).

Es sei

II) $A = 0$.

Da immer noch $F(p, p) \gtrless 0$ vorausgesetzt werden möge, ist hier $\varkappa = 0$ und (29) verwandelt sich in

(85) $$\lambda' X^2 + \lambda'' Y^2 = 0.$$

Diese Gleichung ist in zwei lineare Factoren zerlegbar, stellt also ein imaginäres oder reelles Geradenpaar dar, je nachdem λ' und λ'' gleiche oder verschiedene Vorzeichen haben, d. h. je nachdem $F(p, p) > 0$ oder < 0 ist. Die Spitze des Geradenpaares liegt im Endlichen, weil nur im Falle $F(p, p) = 0$ die unendlich ferne Gerade zwei zusammenfallende Punkte mit $f(x, x) = 0$ gemeinsam hat.

---

1) Um nachzuweisen, dass diese Kriterien für die reelle und imaginäre Ellipse mit den in § 6 aufgestellten Kriterien übereinstimmen, wäre zu zeigen, dass $[a, \omega]$ und $f(y, y)$ so lange $F(p, p) > 0$ stets gleiche Vorzeichen haben, wobei y_1, y_2, y_3 die Coordinaten irgend eines auf der unendlich fernen Geraden gelegenen Punktes darstellen. Dieser Nachweis wird in dem zu vorliegendem Paragraphen gehörigen Theile des Anhangs geliefert; auch wird gezeigt, dass die eben aufgestellte Behauptung noch im Falle $F(p, p) = 0$ richtig ist.

Während bisher stets $F(p,p) \gtrless 0$ angenommen wurde, sei nun $F(p,p) = 0$ und

I) $A \gtrless 0$. Jetzt stellt $f(x,x) = 0$, wie wir sahen, eine Parabel dar, $\varkappa$ wird unendlich gross und in Folge dessen musste $f(x,x)$ auf eine von (29) verschiedene Form transformirt werden. Wenn hingegen

II) $A = 0$, so ist $\varkappa$ durch einen der Werthe (46) oder (47) in § 4 bestimmt; eine Wurzel der Gleichung (11) ist Null (etwa λ''), so dass an Stelle von (29) die Gleichung tritt

$$\lambda' X^2 + \varkappa = 0, \tag{86}$$

welche ein Parallelenpaar darstellt. Dasselbe ist imaginär oder reell, je nachdem λ und $\varkappa$ gleiche oder verschiedene Vorzeichen besitzen, d. h. je nachdem das Product $\lambda'\varkappa$, welches nach (47) in § 4 durch den Ausdruck

$$\frac{[a,\omega]\, F(u,u)}{\binom{p\,u}{p\,u}} \tag{87}$$

ersetzt werden kann, positiv oder negativ ist; hierbei sind u_1, u_2, u_3 irgend welche Zahlen, die nur den p_1, p_2, p_3 nicht proportional sein sollen. Durch Einführung der Coordinaten

$$y_1 = p_2 u_3 - p_3 u_2, \quad y_2 = p_3 u_1 - p_1 u_3, \quad y_3 = p_1 u_2 - p_2 u_1$$

eines unendlich fernen Punktes verwandelt sich $\binom{p\,u}{p\,u}$ in $f(y,y)$; ferner haben nach der Fussnote zu S. 108 nunmehr $[a,\omega]$ und $f(y,y)$ gleiche Vorzeichen, so dass bei (87) nur noch das Vorzeichen von $F(u,u)$ in Betracht kommt. Hier darf etwa $u_1 = 1$, $u_2 = u_3 = 0$ angenommen werden, wonach nur A_{11} übrig bleibt; zufolge des Umstandes, dass im Falle $A = 0$ die Hauptunterdeterminanten A_{11}, A_{22}, A_{33} gleiche Vorzeichen besitzen und nicht gleichzeitig verschwinden können[1]), so lange $f(x,x) = 0$ zwei verschiedene Geraden darstellt, erhält man in Uebereinstimmung mit § 6 das Resultat, dass die beiden Parallelen imaginär oder reell sind, je nachdem unter den drei Grössen A_{ii} $(i = 1, 2, 3)$ eine willkürlich ausgewählte nicht verschwindende positiv, oder negativ ist.

§ 11.

Nähere Untersuchung der nicht ausartenden Kegelschnitte.

Wie im vorhergehenden Paragraphen gezeigt wurde, stellt die Gleichung

$$\lambda' X^2 + \lambda'' Y^2 + \varkappa = 0 \tag{1}$$

1) Vgl. die Fussnote zu S. 27.

eine reelle Ellipse dar, wenn λ' und λ'' dasselbe Vorzeichen haben wie $-\varkappa$; man kann in diesem Falle setzen

$$(2) \qquad -\frac{\varkappa}{\lambda'} = a^2, \quad -\frac{\varkappa}{\lambda''} = b^2,$$

wo a^2 und b^2 positiv sind, und erhält hierdurch an Stelle von (1) die Gleichung

$$(3) \qquad \frac{X^2}{a^2} + \frac{Y^2}{b^2} - 1 = 0.$$

Hierbei fallen die rechtwinkligen Coordinatenaxen[1]) mit den beiden Hauptaxen der Curve zusammen, der Coordinatenanfang mit dem Mittelpunkt der Ellipse; die Stücke von der Länge a, resp. b, welche durch die Curve auf den Coordinatenaxen abgeschnitten werden, bezeichnet man als die halben Axen der Ellipse, und zwar je nach ihrer Grösse als halbe grosse und halbe kleine Axe. Die Curve liegt überhaupt symmetrisch zur X- und Y-Axe, wie nicht nur aus der Gleichung (3) hervorgeht, in der die Glieder mit ungeraden Exponenten der Variabeln fehlen, sondern auch aus der Definition der Hauptaxen als zweier zu einander senkrechten conjugirten Durchmesser folgt. Bei Untersuchung der Gestalt kann man sich daher auf den Verlauf der Curve in einem, etwa im ersten Quadranten beschränken; alsdann folgt aus (3) $Y = +\frac{b}{a}\sqrt{a^2 - X^2}$; für $X = 0$ wird $Y = +b$, mit wachsendem Werthe von X nimmt Y ab und verschwindet für $X = a$. Die Ellipse hat demnach eine Gestalt, wie sie etwa in Fig. 3, S. 117 zum Ausdruck kommt. Für $a = b$ geht die Ellipse in einen Kreis über.

Die Gleichung (1) repräsentirt eine Hyperbel, wenn λ' und λ'' ungleiche Vorzeichen haben; es sei nun etwa $-\frac{\varkappa}{\lambda'}$ positiv, gleich a^2, so wird $-\frac{\varkappa}{\lambda''}$ negativ, gleich $-b^2$, und (1) verwandelt sich nach Einführung dieser Grössen in

$$(4) \qquad \frac{X^2}{a^2} - \frac{Y^2}{b^2} - 1 = 0.$$

Man erkennt aus dieser Gleichung, dass nur die eine der beiden Coordinatenaxen (in (4) die X-Axe) die Curve in reellen Punkten trifft; die Länge dieser Axenabschnitte (in (4) von der Grösse a) bezeichnet man als Länge der halben reellen Axe. Die andere Coordinatenaxe (in (4) die Y-Axe) schneidet die Curve nicht reell, sie wird die Nebenaxe genannt. Die Grösse b in (4) ist für die zu (4)

1) Vgl. auch S. 49 f.

„conjugirte Hyperbel“ $\frac{Y^2}{b^2} - \frac{X^2}{a^2} - 1 = 0$ die analoge Grösse (halbe reelle Axe) wie a bei (3).

Zur Discussion der Gleichung (4) wollen wir Polarcoordinaten einführen durch die Substitution $X = \varrho \cos \vartheta$, $Y = \varrho \sin \vartheta$; alsdann ergibt sich

$$(5) \qquad \varrho = \frac{ab}{\sqrt{b^2 \cos^2 \vartheta - a^2 \sin^2 \vartheta}} \quad \text{oder} \quad \varrho = \frac{ab}{\sqrt{b^2 - (a^2 + b^2) \sin^2 \vartheta}}.$$

Auch hier genügt es den Verlauf der Curve im ersten Quadranten zu untersuchen; die Winkel ϑ werden von der positiven X-Axe aus gerechnet und nehmen zu in dem der Bewegung eines Uhrzeigers entgegengesetzten Sinne. Für $\vartheta = 0$ wird $\varrho = a$, mit wachsendem Werthe von ϑ wächst auch ϱ und erreicht einen unendlich grossen Werth für $\operatorname{tg} \vartheta = \frac{b}{a}$; dieser unendlich grosse Radiusvector trifft die Curve in zwei zusammenfallenden Punkten im Unendlichen, er ist eine Asymptote der Curve (die zweite Asymptote, welche den zweiten und vierten Quadranten durchschneidet, entspricht einem Winkel ϑ, für den $\operatorname{tg} \vartheta = -\frac{b}{a}$).[1]) Wächst der Winkel ϑ noch weiter, so dass $\operatorname{tg} \vartheta > \frac{b}{a}$, so sind die Schnittpunkte des zugehörigen Radiusvectors imaginär. Die Hyperbel hat demnach eine Gestalt, wie sie etwa in Fig. 4, S. 118 zum Ausdruck kommt. Im Falle $a = b$ heisst die Curve gleichseitige Hyperbel; bei ihr ist $\vartheta = 45^0$, bezw. 135^0, die Asymptoten sind als dann zu einander normal und halbiren die Winkel der Hauptaxen, wie überhaupt zweier conjugirten Durchmesser. Das letztere folgt daraus, dass nach (24) in § 5 bei einem beliebigen Kegelschnitt jedes Paar solcher Durchmesser harmonisch liegt zu dem Asymptotenpaar; stehen die Asymptoten speciell auf einander senkrecht, so halbiren sie daher die Winkel zweier conjugirten Durchmesser.

Das Asymptotenpaar eines beliebigen Kegelschnitts $f(x, x) = 0$ ist nach (26) in § 5 gegeben durch $F(p, p) \cdot f(x, x) - Ap_x^2 = 0$; wendet man auf dieses, im Fall der Ellipse natürlich imaginäre, bei der Hyperbel reelle Geradenpaar eine der Formeln (36) in § 7 für den Winkel α zweier Geraden an, so verschwinden zufolge der Relationen $\omega'(p_i) = 0$ $(i = 1, 2, 3)$ die durch Ap_x^2 auftretenden Glieder, man hat daher z. B.

$$(6) \qquad \operatorname{tg}^2 \alpha = - \frac{4\tau F(p, p)}{[a, \omega]} = - \frac{4\lambda'\lambda''}{(\lambda' + \lambda'')^2},$$

woraus hervorgeht, dass dieser Winkel nur abhängig ist von dem Ver-

1) Vgl. auch die Bemerkungen über Asymptoten in § 5.

hältniss $\lambda' : \lambda''$, oder was dasselbe aussagt, nur abhängig ist von dem Verhältniss der Axen $b : a$.

Im Falle der Hyperbel $\frac{X^2}{a^2} - \frac{Y^2}{b^2} - 1 = 0$ ist $-\frac{\lambda'}{\lambda''} = +\frac{b^2}{a^2}$; setzt man diesen Quotienten gleich μ, so wird

$$\operatorname{tg}^2 \alpha = \frac{4\mu}{(1-\mu)^2}, \quad \operatorname{tg} \alpha = \frac{\pm 2\sqrt{\mu}}{1-\mu},$$

und unter Rücksicht auf die Formel $\operatorname{tg} \alpha = \frac{2 \operatorname{tg} \frac{\alpha}{2}}{1 - \operatorname{tg}^2 \frac{\alpha}{2}}$ erkennt man sofort, dass $\sqrt{\mu} = \pm \frac{b}{a}$ gleich ist der Tangente des halben Asymptotenwinkels in Uebereinstimmung mit der oben gefundenen Formel

$$\operatorname{tg} \vartheta = \pm \frac{b}{a}.$$

Man nennt übrigens solche Kegelschnitte, für welche das Verhältniss $\lambda' : \lambda''$ oder auch der Winkel der beiden Asymptoten gleich gross ist, ähnliche Kegelschnitte.

Betrachten wir nun noch die Parabel. Die Gleichung dieser Curve wurde in die Form gebracht

$$\lambda' X_1^2 + 2\varrho X_2 X_3 = 0, \tag{7}$$

wofür nach Einführung von $\frac{X_1}{X_3} = Y$, $\frac{X_2}{X_3} = X$ und nach Einführung des Parameters $2p = -\frac{2\varrho}{\lambda'}$ gesetzt werden kann

$$Y^2 - 2pX = 0. \tag{8}$$

Man erkennt aus dieser Gleichung sofort, dass die Curve zur X-Axe symmetrisch liegt und dass bei positivem p nur zu positiven Abscissen X reelle Ordinaten Y gehören, während bei negativem p nur zu negativen Abscissen reelle Ordinaten gehören, d. h. die Curve liegt nur auf einer Seite der Y-Axe; letztere ist zugleich Tangente im Coordinatenanfang (Scheitel). Aus $Y = \sqrt{2pX}$ folgt noch, dass die absoluten Längen der Ordinaten Y mit wachsenden X gleichfalls zunehmen, doch ist das Wachsthum von Y, wie (8) zeigt, im allgemeinen geringer als dasjenige von X. Dass die Parabel die unendlich ferne Gerade zur Tangente hat, ist bereits früher erwähnt worden.

Gehen wir nun wieder zurück zu den durch die Gleichung

$$\lambda' X_1^2 + \lambda'' X_2^2 + \varkappa X_3^2 = 0 \tag{9}$$

dargestellten Kegelschnitten, und zwar werde vorläufig stets angenommen, dass die Curve nicht ausarte, also eine Ellipse oder Hyperbel vorliege. Die Gleichung in Liniencoordinaten wird alsdann

(10) $$F(u, u) \equiv (\lambda'' \varkappa U_1^2 + \lambda' \varkappa U_2^2 + \lambda' \lambda'' U_3^2) r^2,$$

wo r die im vorhergehenden Paragraphen definirte Transformationsdeterminante bedeutet; ferner ist

(11) $$A = \lambda' \lambda'' \varkappa r^2,$$

so dass man mit Benutzung von (11) aus (10) erhält:

(12) $$\frac{F(u, u)}{A} \equiv \frac{U_1^2}{\lambda'} + \frac{U_2^2}{\lambda''} + \frac{U_3^2}{\varkappa} = 0.$$

Diese Curve wollen wir nun mit dem imaginären Kreispunktepaar

(12a) $$\omega(u, u) \equiv U_1^2 + U_2^2 = 0$$

zusammenstellen zu dem Ausdruck

(13) $$\frac{\mu F(u, u)}{A} - \omega(u, u) \equiv \mu \left\{ \frac{U_1^2}{\lambda'} + \frac{U_2^2}{\lambda''} + \frac{U_3^2}{\varkappa} \right\} - (U_1^2 + U_2^2) = 0,$$

welcher für alle möglichen Werthe des Parameters μ ein ganzes System von Curven zweiter Classe darstellt. In diesem System sind gewisse ausartende Curven enthalten, die für das Folgende grosse Bedeutung haben[1]); den ihnen zugehörigen Parameterwerth erhält man dadurch, dass die Determinante von (13) gleich Null gesetzt wird, woraus sich ergibt $\left(\frac{\mu}{\lambda'} - 1\right)\left(\frac{\mu}{\lambda''} - 1\right) \cdot \frac{\mu}{\varkappa} = 0$. Diese Gleichung hat die drei Wurzeln

$$\mu = 0, \quad \mu = \lambda', \quad \mu = \lambda'',$$

deren erste das Kreispunktepaar liefert, während den Werthen $\mu = \lambda'$ und $\mu = \lambda''$ die zwei Punktepaare entsprechen:

(14) $$\begin{cases} \dfrac{\lambda' F(u, u)}{A} - \omega(u, u) \equiv \dfrac{1}{\lambda''} \left\{ (\lambda' - \lambda'') U_2^2 + \dfrac{\lambda' \lambda''}{\varkappa} U_3^2 \right\} \\ \qquad \equiv \dfrac{1}{\lambda''} \left\{ U_2 \sqrt{\lambda' - \lambda''} + U_3 \sqrt{\dfrac{\lambda' \lambda''}{\varkappa}} \right\} \\ \qquad \left\{ U_2 \sqrt{\lambda' - \lambda''} - U_3 \sqrt{\dfrac{\lambda' \lambda''}{\varkappa}} \right\} = 0 \text{ und} \\ \dfrac{\lambda'' F(u, u)}{A} - \omega(u, u) \equiv \dfrac{1}{\lambda'} \left\{ (\lambda'' - \lambda') U_1^2 + \dfrac{\lambda' \lambda''}{\varkappa} U_3^2 \right\} \\ \qquad \equiv \dfrac{1}{\lambda'} \left\{ U_1 \sqrt{\lambda'' - \lambda'} + U_3 \sqrt{\dfrac{\lambda' \lambda''}{\varkappa}} \right\} \\ \qquad \left\{ U_1 \sqrt{\lambda'' - \lambda'} - U_3 \sqrt{\dfrac{\lambda' \lambda''}{\varkappa}} \right\} = 0. \end{cases}$$

Hierbei ist U_3 aus (31), S. 92 zu entnehmen, während alsdann

1) Der wahre Grund hiervon erhellt aus späteren Betrachtungen über sogenannte confocale Kegelschnitte (§ 18 und 19).

U_1^2 und U_2^2 aus (12) und (12a) berechnet werden können (vgl. auch den Anhang).

Das eine dieser beiden Punktepaare ist immer reell, das andere imaginär, denn an Stelle von $(\lambda' - \lambda'') U_2^2$ in der einen Gleichung steht das mit entgegengesetztem Vorzeichen versehene Glied $(\lambda'' - \lambda') U_1^2$ in der anderen, während $\frac{\lambda' \lambda''}{\varkappa} U_3^2$ jedesmal auftritt. Man nennt diese Punktepaare das reelle und das imaginäre Brennpunktepaar.

Ihre Gleichungen zeigen ferner, dass sie auf den zwei Axen der Curve liegen, und zwar harmonisch zum Mittelpunkt $U_3 = 0$ und zum unendlich fernen Punkt ($U_2 = 0$ oder $U_1 = 0$) der einen oder anderen Hauptaxe, d. h.:

(15) Der Mittelpunkt einer Ellipse oder Hyperbel liegt sowohl zwischen den beiden reellen, als auch zwischen den imaginären Brennpunkten in der Mitte.

Werden die Gleichungen der Brennpunktepaare in der Form geschrieben

$$\frac{(\lambda' - \lambda'')}{\varkappa} U_2^2 + \frac{\lambda' \lambda''}{\varkappa^2} U_3^2 = 0, \text{ resp. } \frac{(\lambda'' - \lambda')}{\varkappa} U_1^2 + \frac{\lambda' \lambda''}{\varkappa^2} U_3^2 = 0$$

und beachtet man im Falle einer Ellipse die Relationen (2), so folgt

$$(16) \qquad -\left(\frac{1}{a^2} - \frac{1}{b^2}\right) U_2^2 + \frac{1}{a^2 b^2} U_3^2 = 0, \text{ resp. } \left(\frac{1}{a^2} - \frac{1}{b^2}\right) U_1^2 + \frac{1}{a^2 b^2} U_3^2 = 0,$$

woraus hervorgeht, dass für $a > b$ das reelle Brennpunktepaar auf $X_2 = 0$, für $b > a$ auf $X_1 = 0$, in jedem Falle also auf der grösseren der beiden Axen liegt. Man hat daher den Satz:

(17) Bei einer Ellipse liegt das reelle Brennpunktepaar immer auf der grossen, das imaginäre Brennpunktepaar auf der kleinen Axe.

Wenn die Ellipse in einen Kreis übergeht, rücken alle Brennpunkte, wie die Ausdrücke (14) im Falle $\lambda' = \lambda''$ ergeben, in den Mittelpunkt.

Auf analoge Weise wie bei (17) beweist man den Satz:

(18) Bei einer Hyperbel liegt das reelle Brennpunktepaar immer auf der reellen Axe, das imaginäre Brennpunktepaar auf der Nebenaxe.

Durch Anwendung genau der entsprechenden Operationen, welche bei Ellipse und Hyperbel zu den Gleichungen (14) führten, gelangt man im Falle der Parabel, ausgehend von der im vorhergehenden Paragraphen gegebenen Darstellung

$$(19) \qquad f(x, x) = \lambda' X_1^2 + 2 \varrho X_2 X_3 = 0,$$

zu dem Brennpunktepaar der Parabel:

$$(20)\qquad \frac{\lambda' F(u,u)}{A} - \omega(u,u) = \left(\frac{2\lambda'}{\varrho} U_3 - U_2\right) U_2 = 0.$$

Hieraus folgt, da $X_1 = 0$ die Axe der Parabel ist:

(21) Bei einer Parabel gibt es nur ein reelles, kein imaginäres Brennpunktepaar; der eine Punkt des Paares liegt auf der Axe der Parabel im Endlichen, der andere auf derselben Geraden im Unendlichen.

Aus dem Vorhergehenden folgt, dass das reelle Brennpunktepaar eines Kegelschnitts $f(x, x) = 0$ gegeben ist durch eine Gleichung von der Form

$$(22)\quad \frac{\lambda' F(u,u)}{A} - \omega(u,u) \equiv (y_1 u_1 + y_2 u_2 + y_3 u_3)(z_1 u_1 + z_2 u_2 + z_3 u_3) = 0,$$

wenn y_i und z_i $(i = 1, 2, 3)$ die Coordinaten der zwei Brennpunkte bezeichnen.

Wir führen nun in diese Gleichung für die u_i speciell die Coordinaten der Verbindungslinie eines reellen Brennpunktes, etwa y, mit einem beliebigen Punkte x der Ebene ein, setzen also

$$u_1 = y_2 x_3 - y_3 x_2, \quad u_2 = y_3 x_1 - y_1 x_3, \quad u_3 = y_1 x_2 - y_2 x_1;$$

nach (31) und (32) in § 4 verwandelt sich hierdurch $F(u, u)$ in

$$f(x,x) \cdot f(y,y) - f^2(x,y),$$

so dass an Stelle von (22) die Gleichung tritt

$$(23)\qquad \frac{\lambda'}{A}\left\{f(x,x) \cdot f(y,y) - f^2(x,y)\right\} - \binom{x\,y}{x\,y}_{\omega_{ik}} \equiv 0,$$

oder auch

$$(24)\qquad \frac{\lambda'}{A} f(x,x) \cdot f(y,y) \equiv \frac{\lambda'}{A} f^2(x,y) + \binom{x\,y}{x\,y}_{\omega_{ik}}.$$

Für einen auf dem Kegelschnitt gelegenen Punkt x verschwindet $f(x,x)$ und man hat alsdann

$$(25)\qquad \frac{\lambda'}{A} f^2(x,y) = -\binom{x\,y}{x\,y}_{\omega_{ik}}.$$

Diese Gleichung gestattet eine ebenso einfache als wichtige geometrische Deutung. Mit Rücksicht auf die Formel (1) in § 2 für den Abstand eines Punktes x von einer Geraden und auf die Formel (10) in § 7 für das Quadrat der Entfernung zweier Punkte folgt nämlich aus (25) der Satz:

(26) Für jeden auf einem Kegelschnitt gelegenen Punkt ist das Verhältniss seiner Abstände von einem Brennpunkt und dessen zugehöriger Polare (der sogenannten Directrix dieses Brennpunktes) constant.

Aus der symmetrischen Gestalt der Kegelschnitte und der symmetrischen Lage der Brennpunkte folgt, dass dieses Verhältniss dasselbe ist, welchen der beiden Brennpunkte man auch wählen mag.

Ausserdem gilt der Satz:

(27) Jede Directrix steht senkrecht auf der Verbindungslinie der beiden Brennpunkte.

Für v_1, v_2, v_3 als Coordinaten der einen Directrix hat man nämlich für den zugehörigen Pol die Gleichung $F(v, u) = 0$; andrerseits folgt aus (22):

$$(28) \qquad \frac{2\lambda' F(v, u)}{A} \equiv y_u z_v + y_v z_u + 2\omega(v, u).$$

Für die Coordinaten $u_i = w_i$ $(i = 1, 2, 3)$ der Verbindungslinie der beiden Brennpunkte verschwindet aber nicht nur y_w und z_w, sondern auch $F(v, w)$, denn die Gerade w geht durch den Pol von v, oder mit anderen Worten: die Geraden v und w sind conjugirte Polaren in Bezug auf den Kegelschnitt, ihre Coordinaten erfüllen daher nach § 5 die Relation $F(v, w) = 0$. Hierdurch reducirt sich (28) auf $\omega(v, w) = 0$, eine Bedingung, die bekanntlich aussagt, dass die Geraden v und w zu einander normal sind.

Aus der Gleichung (24) geht hervor, dass die Directrix $f(x, y) = 0$ des Brennpunktes y den Kegelschnitt im allgemeinen nicht in reellen Punkten trifft; denn für einen solchen Schnittpunkt wäre $f(x, x) = 0$ und $f(x, y) = 0$, (24) würde sich verwandeln in $\binom{x\,y}{x\,y}_{\omega_{ik}} = 0$, und dieser Ausdruck verschwindet nur, wenn

$$(x_2 y_3 - x_3 y_2) : (x_3 y_1 - x_1 y_3) : (x_1 y_2 - x_2 y_1) = p_1 : p_2 : p_3,$$

d. h. wenn der Brennpunkt y auf der unendlich fernen Geraden liegt, was nur bei dem im Unendlichen gelegenen Brennpunkt der Parabel der Fall ist. Im allgemeinen können daher von einem Brennpunkt keine reellen Tangenten an den Kegelschnitt gelegt werden[1]), nur bei dem unendlich fernen Brennpunkt der Parabel fällt diese Tangente mit der unendlich fernen Geraden, die zugleich Directrix und Parabeltangente ist, zusammen.

Für die nähere Untersuchung der Lage von Directrix und Brennpunkt ist vor Allem von Wichtigkeit die Bemerkung, dass die zwei Schnittpunkte des Kegelschnitts mit der die Brennpunkte verbindenden Axe harmonisch liegen zu einem Brennpunkt und dem Schnittpunkt

---

1) Es folgt daraus die S. 110 ff. stillschweigend angenommene Thatsache, dass jeder Kegelschnitt den Brennpunkten die concave Seite zukehrt.

der zugehörigen Directrix mit der Axe, denn die Directrix ist die Polare des Brennpunktes[1]).

Hieraus folgt:

(29) Die Entfernung des Scheitels der Parabel vom Brennpunkt ist so gross wie die Entfernung des Scheitels von der Directrix.

Wie S. 106 erwähnt, bezeichnet man bei der Parabel

$$\lambda' X_1^2 + 2\varrho X_2 X_3 = 0$$

die Grösse $2\left|\frac{\varrho}{\lambda'}\right|$ als Parameter. Wählt man das Vorzeichen der Quadratwurzel ϱ demjenigen von λ' entgegengesetzt, wodurch $\frac{\varrho}{\lambda'}$ negativ, etwa gleich $-p$, wird, so verwandelt sich (19) in $X_1^2 - 2pX_2X_3 = 0$, oder unter Anwendung der gleichen Bezeichnungsweise wie bei (8) verwandelt sich (19) in $Y^2 - 2pX = 0$. Die Gleichung (20) zeigt ferner, dass der im Endlichen gelegene Brennpunkt der Parabel die Coordinaten hat $X = \frac{p}{2}$, $Y = 0$; andrerseits hat die Ordinate des der Abscisse $X = \frac{p}{2}$ zugehörigen Curvenpunktes den Werth $Y = \pm p$, wie aus $Y^2 - 2pX = 0$ folgt; der Parameter $2p$ ist demnach so gross, wie die Länge derjenigen Sehne der Parabel, welche durch den Brennpunkt senkrecht zur Axe gezogen ist.

Fig. 3.

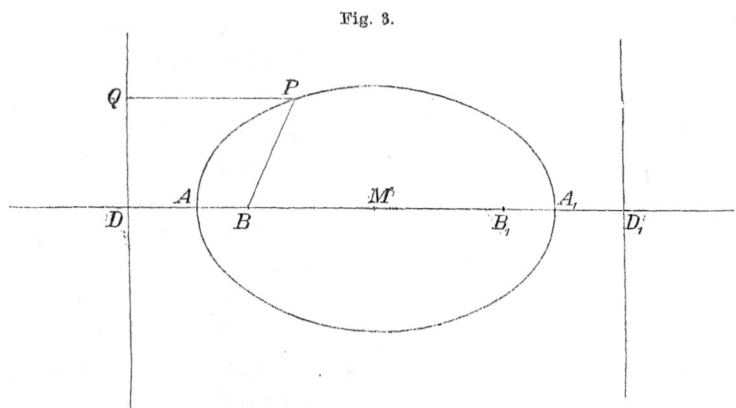

Ueberhaupt nennt man bei jedem Kegelschnitt die halbe Länge der durch einen Brennpunkt normal zur Axe gezogenen Sehne den Semiparameter. Wird das constante Verhältniss, von welchem in (26) die Rede ist, durch e bezeichnet, so hat man für den Semipara-

1) Wenn im Folgenden von Brennpunkt und Directrix die Rede ist, meinen wir immer die dem betreffenden Brennpunkt als Polare zugehörige Directrix.

meter den Werth $p = e \cdot BD$, wobei BD den Abstand des Brennpunktes von seiner Directrix bedeutet. Es folgt dies sofort mit Hilfe von (26), wenn man den betreffenden Punkt des Kegelschnitts in den Endpunkt einer Sehne der eben genannten Art verlegt.

Bezeichnen wir bei Ellipse und Hyperbel mit c den absoluten Werth des Abstandes $MB = MB_1$ der beiden Brennpunkte B und B_1 vom Mittelpunkt (die sogenannte lineare Excentricität), mit a die halbe Länge $MA = MA_1$ der die Brennpunkte verbindenden Axe AA_1, so ist bei der Ellipse jedenfalls $a > c$, bei der Hyperbel $a < c$.

Denn für eine Ellipse (3), bei welcher $a > b$, ist das reelle Brennpunktepaar nach (16) gegeben durch $(a^2 - b^2)\frac{U_1^2}{U_3^2} - 1 = 0$, d. h. die reellen Brennpunkte haben die Coordinaten

$$X = \pm\sqrt{a^2 - b^2} = \pm c, \quad Y = 0.$$

Für die Hyperbel (4) erhält man hingegen $(a^2 + b^2)\frac{U_1^2}{U_3^2} - 1 = 0$, die Brennpunkte dieser Curve haben somit die Coordinaten

$$X = \pm\sqrt{a^2 + b^2} = \pm c, \quad Y = 0.$$

Fig. 4.

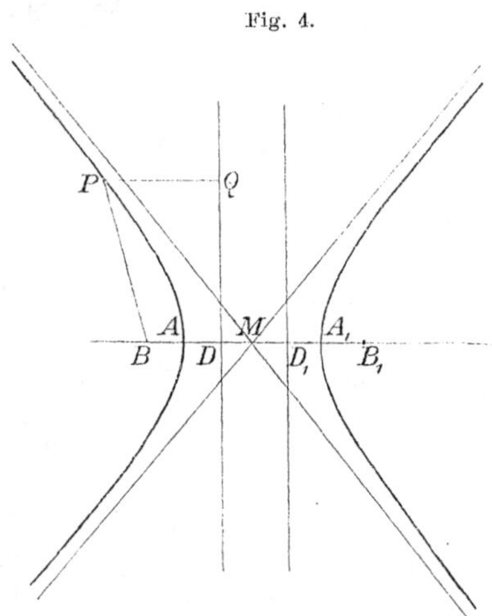

Nennen wir ausserdem d den absolut genommenen Abstand $DM = D_1M$ des Mittelpunktes von der Directrix, so folgt aus der oben erwähnten harmonischen Lage sowohl für die Ellipse als für die Hyperbel die Proportion

$$(30) \qquad \frac{d + a}{d - a} = \frac{a + c}{a - c}$$

oder $d : a = a : c$,

d. h.:

(31) Die halbe Axe ist die mittlere Proportionale zwischen der linearen Excentricität und dem Abstande des Mittelpunktes von der Directrix.

Zufolge des Satzes (26) ist für jeden Punkt eines Kegelschnitts das Verhältniss seiner Abstände PB, resp. PQ von einem Brennpunkt, resp. der zugehörigen Directrix constant. Für den Fall der Parabel ist die Bestimmung dieser Constanten bereits durch (29) erledigt, sie hat den Werth 1, man hat daher den Satz:

(32) Die Parabel ist geometrischer Ort aller Punkte, für

welche die Abstände von einem festen Punkte (Brennpunkt) und einer festen Geraden (Directrix) einander gleich sind.

Um das zuvor erwähnte constante Verhältniss $e = PB : PQ$ auch bei Ellipse und Hyperbel zu bestimmen, wählen wir als Punkt P den Scheitel der Brennpunktaxe und finden sofort für beide Curvenarten $e = \frac{a-c}{d-a}$, woraus mit Hilfe der Relation $dc = a^2$ in (30) folgt

(33) $$e = \frac{c}{a}.$$

Dieses Verhältniss wird als **numerische Excentricität** bezeichnet und ist < 1 im Fall der Ellipse, > 1 im Fall der Hyperbel, gleich 1 im Fall der Parabel. Man hat somit für die nicht ausartenden Kegelschnitte die folgende gemeinsame Definition gefunden:

(34) **Ein Kegelschnitt ist geometrischer Ort aller Punkte, für welche das Verhältniss der Abstände von einem festen Punkte (Brennpunkte) und einer festen Geraden (Directrix) constant ist; diese Constante ist < 1, > 1, $= 1$, je nachdem der Kegelschnitt eine Ellipse, Hyperbel oder Parabel darstellt.**

(35) **Umgekehrt, wenn ein Punkt B und eine Gerade G in der Ebene fest gegeben sind, so ist der geometrische Ort aller Punkte, für die das Verhältniss der Abstände von dem festen Punkt und der festen Geraden einen gegebenen Werth $e = \frac{PB}{PQ}$ (vgl. z. B. Fig. 3) besitzt, ein Kegelschnitt, und zwar eine Ellipse, Hyperbel oder Parabel, je nachdem $e < 1$, > 1, $= 1$ ist. Der gegebene Punkt ist ein Brennpunkt des Kegelschnitts, die Gerade die zugehörige Directrix.**

Ist $v_x = 0$ die Gleichung der Geraden, y der feste Punkt, so ist nämlich nach (1) in § 2 und (10) in § 7 die Curve, welche die in (35) gestellten Bedingungen erfüllt, gegeben durch

(36) $$f(x, x) \equiv \omega(v, v) \cdot \binom{y\,x}{y\,x}_{\omega_{ik}} - \tau e^2 \cdot p_y^2 \cdot v_x^2 = 0;$$

um die zugehörige Gleichung in Liniencoordinaten abzuleiten, setzen wir in (36) zunächst $-\tau e^2 p_y^2 : \omega(v, v) = \lambda$ und erhalten hierdurch $\binom{y\,x}{y\,x}_{\omega_{ik}} + \lambda v_x^2 = 0$. Der Coefficient von λ^2 in der gesuchten Gleichung verschwindet nun identisch, denn v_x^2 ist das Quadrat eines linearen Ausdrucks; hinsichtlich des Coefficienten von λ^1 findet man, ähnlich wie in der Fussnote zu S. 102 angedeutet, dass derselbe aus $\binom{y\,x}{y\,x}_{\omega_{ik}}$ hervorgeht, wenn man setzt

$$x_1 = v_2 u_3 - v_3 u_2, \quad x_2 = v_3 u_1 - v_1 u_3, \quad x_3 = v_1 u_2 - v_2 u_1.$$

Man erhält hierdurch den Ausdruck

$$\omega(v, v) \cdot u_y^2 + v_y^2 \cdot \omega(u, u) - 2 v_y u_y \, \omega(v, u).$$

Der Coefficient von λ^0 stimmt überein mit dem Ausdruck in Liniencoordinaten für $\binom{y\,x}{y\,x}_{\omega_{ik}}$; zur Ableitung desselben benutzen wir die Relation (32) in § 4, d. h. wir bilden $\binom{y\,x}{y\,x}_{\omega_{ik}} \cdot \binom{y\,z}{y\,z}_{\omega_{ik}} - \binom{y\,x}{y\,z}^2_{\omega_{ik}}$ und setzen darin an Stelle von $x_2 z_3 - x_3 z_2$, $x_3 z_1 - x_1 z_3$, $x_1 z_2 - x_2 z_1$ resp. u_1, u_2, u_3. Die hier angegebene Differenz ist aber nach (55) in § 4 auch gleich $\binom{y}{y}_{\omega_{ik}} \cdot \binom{y\,x\,z}{y\,x\,z}_{\omega_{ik}}$ oder also gleich $\tau p_y^2 \cdot u_y^2$, daher erhält man als Gleichung von (36) in Liniencoordinaten die folgende:

$$(37)\; F(u, u) \equiv \lambda \{ \omega(v, v) \cdot u_y^2 + v_y^2 \cdot \omega(u, u) - 2 v_y u_y \, \omega(v, u) \} + \tau p_y^2 u_y^2 = 0,$$

und nach Einführung des Werthes von λ ergibt sich nach Wegheben von τp_y^2:

$$(38) \quad e^2 v_y^2 \, \omega(u, u) + u_y \{ (e^2 - 1) \, \omega(v, v) u_y - 2 e^2 v_y \, \omega(v, u) \} = 0. \text{ [1]}$$

Dieser Ausdruck ist von derselben Form, wie aus (22) für die Gleichung eines Kegelschnitts in Liniencoordinaten folgen würde, und man erkennt daraus, dass der festgegebene Punkt y den einen Brennpunkt der Curve darstellt, während der andere Brennpunkt gegeben ist durch

$$(39) \qquad (e^2 - 1) \cdot \omega(v, v) \cdot u_y - 2 e^2 v_y \cdot \omega(v, u) = 0.$$

Für den Fall der Parabel ($e = 1$) erhält man einfach $\omega(v, u) = 0$, also die Gleichung des Normalencentrums der Geraden $v_x = 0$, wie zu erwarten war, denn der zweite Brennpunkt der Parabel liegt auf der Axe im Unendlichen.

Nachdem wir nunmehr wissen, dass der in (35) fest gegebene Punkt y ein Brennpunkt des Kegelschnitts (36) ist, folgt aus (34) weiter, dass die gegebene Gerade G die zugehörige Directrix sein muss, womit nun (35) vollständig bewiesen ist. Dass die Gerade $v_x = 0$ Polare von y ist, folgt übrigens auch aus (36); da nämlich $\binom{y\,x}{y\,x}_{\omega_{ik}} = 0$ ein vom Punkte y aus gezogenes imaginäres Geradenpaar $T T_1$ darstellt, ist die Gleichung (36) von der Form $T T_1 - c \cdot v_x^2 = 0$, wobei c eine Constante bedeuten möge. Man erkennt ferner, dass $T = 0$ und $T_1 = 0$ Tangenten sind, welche die Curve in ihren imaginären Schnitt-

1) Vgl. für eine allgemeinere Aufgabe dieser Art die Transformation auf die Hauptaxen im Anhange zu vorliegendem Paragraphen.

punkten mit $v_x = 0$ berühren, d. h. $v_x = 0$ ist die Polare des Punktes y, von welchem aus die beiden Tangenten gezogen sind.

Ist P ein beliebiger Punkt eines Kegelschnitts, PB der Abstand des Punktes vom einen Brennpunkt B, PQ der Abstand von der zugehörigen Directrix (vgl. Fig. 3 und 4), so besteht nach (34) die Relation

$$\frac{PB}{PQ} = \frac{c}{a}; \tag{40}$$

führt man noch den zweiten Brennpunkt B_1 ein, sowie den Abstand PQ_1 des Punktes P von der zu B_1 gehörigen Directrix, so ist auch

$$\frac{PB_1}{PQ_1} = \frac{c}{a}, \quad \text{daher} \quad \frac{PB \pm PB_1}{PQ \pm PQ_1} = \frac{c}{a}. \tag{41}$$

Wenn wir uns nunmehr auf Ellipse und Hyperbel beschränken, kann nach (30) für $\frac{c}{a}$ gesetzt werden $\frac{a}{d}$ oder $\frac{2a}{2d}$, somit folgt

$$\frac{PB \pm PB_1}{PQ \pm PQ_1} = \frac{2a}{2d}. \tag{42}$$

Bei der Ellipse ist $PQ + PQ_1$ gleich dem Abstand $2d$ der beiden Directricen, bei der Hyperbel gilt dasselbe von $PQ - PQ_1$, woraus hervorgeht, dass im Falle der Ellipse $PB + PB_1$ constant, nämlich gleich $2a$ ist, während für die Hyperbel die Differenz $PB - PB_1$ den Werth $2a$ hat. Wir können daher sagen:

(43) Für jeden Punkt einer Ellipse ist die Summe seiner Entfernungen von den beiden Brennpunkten (Summe der Brennstrahlen) constant, und zwar gleich der grossen Axe[1]).

Ferner:

(44) Für jeden Punkt einer Hyperbel ist die Differenz seiner Entfernungen von den beiden Brennpunkten (Differenz der Brennstrahlen) constant, und zwar gleich der reellen Axe[1]).

§ 12.

Erzeugung der Kegelschnitte durch projective Strahlenbüschel und Punktreihen. Sätze von Pascal und Brianchon.

Bereits in § 4 wurde erwähnt, dass die Gleichung eines Kegelschnitts, der durch fünf gegebene Punkte geht, in Form einer Determinante sechsten Grades dargestellt werden kann; sind a_i, b_i, c_i, d_i, e_i ($i = 1, 2, 3$) die Coordinaten der gegebenen Punkte, wobei voraus-

---

1) Die wahre Quelle der zwei Sätze (43) und (44) wird erst in § 19 angegeben werden.

gesetzt werden möge, dass höchstens drei der Punkte in einer Geraden liegen, so ist diese Determinante die folgende:

$$(1)\qquad \begin{vmatrix} a_1^2 & a_2^2 & a_3^2 & a_1 a_2 & a_1 a_3 & a_2 a_3 \\ b_1^2 & b_2^2 & b_3^2 & b_1 b_2 & b_1 b_3 & b_2 b_3 \\ c_1^2 & c_2^2 & c_3^2 & c_1 c_2 & c_1 c_3 & c_2 c_3 \\ d_1^2 & d_2^2 & d_3^2 & d_1 d_2 & d_1 d_3 & d_2 d_3 \\ e_1^2 & e_2^2 & e_3^2 & e_1 e_2 & e_1 e_3 & e_2 e_3 \\ x_1^2 & x_2^2 & x_3^2 & x_1 x_2 & x_1 x_3 & x_2 x_3 \end{vmatrix} = 0.$$

Man kann die Gleichung desselben Kegelschnitts auch noch in anderer Form erhalten. Stellt nämlich

$$(2)\qquad (abx) \equiv \begin{vmatrix} a_1 & a_2 & a_3 \\ b_1 & b_2 & b_3 \\ x_1 & x_2 & x_3 \end{vmatrix} = 0$$

die Verbindungslinie der beiden Punkte a und b dar, analog $(bcx) = 0$ diejenige von b und c, u. s. w., so ist

$$(3)\qquad \lambda(abx)(cdx) - (adx)(bcx) = 0$$

für beliebige Werthe des Parameters λ die Gleichung eines Kegelschnitts, der durch die vier Punkte a, b, c, d hindurchgeht, denn (3) wird erfüllt, wenn man für x_1, x_2, x_3 die Coordinaten eines der vier genannten Punkte einsetzt. Damit (3) auch noch durch die Coordinaten des fünften Punktes e erfüllt wird, ist λ entsprechend zu bestimmen; man findet sofort $\lambda = \frac{(ade)(bce)}{(abe)(cde)}$, wo beispielsweise

$$(4)\qquad (bce) \equiv \begin{vmatrix} b_1 & b_2 & b_3 \\ c_1 & c_2 & c_3 \\ e_1 & e_2 & e_3 \end{vmatrix},$$

und erhält somit als Gleichung des durch die fünf Punkte a, b, c, d, e bestimmten Kegelschnitts:

$$(5)\qquad (ade)(bce)(abx)(cdx) - (abe)(cde)(adx)(bcx) = 0.$$

Dieser Ausdruck ist in den Coordinaten der fünf Punkte a, b, c, d, e und in den x vom zweiten Grad; gleiches gilt von der oben erwähnten Determinante sechsten Grades, die demnach von (5) nur um einen Zahlenfactor verschieden sein kann, und man findet in der That diesen Factor gleich 1.[1])

1) Die Gleichung (1) zeigt, dass die linke Seite von (5) bis auf das Vorzeichen ungeändert bleibt, wenn man irgend eine Permutation der fünf Buchstaben a, b, c, d, e vornimmt. Auch ist leicht einzusehen, dass es für den betreffenden Kegelschnitt im ganzen $5 \cdot 3 = 15$ verschiedene Darstellungen gibt,

Dualistisch folgt aus (3), dass für $\alpha_i, \beta_i, \gamma_i, \delta_i$ $(i = 1, 2, 3)$ als Coordinaten von vier Geraden die Gleichung

$$(6) \qquad \lambda(\alpha\beta u)(\gamma\delta u) - (\alpha\delta u)(\beta\gamma u) = 0$$

eine Curve zweiter Classe darstellt, welche die vier Geraden zu Tangenten hat; man kann dies auch in folgender Weise ausdrücken: Sind $P = 0$ und $Q = 0$, $P_1 = 0$ und $Q_1 = 0$ die Gleichungen der Gegenecken irgend eines der Curve zweiter Classe umschriebenen Vierseits, so ist die Gleichung der Curve von der Form

$$(7) \qquad \lambda PQ - P_1 Q_1 = 0.$$

Die Gleichung (5) kann man auch durch Elimination von μ aus

$$(8) \qquad \begin{cases} (ade)(cdx) - \mu(cde)(bcx) = 0 \quad \text{und} \\ (abe)(adx) - \mu(bce)(abx) = 0 \end{cases}$$

erhalten, woraus folgt:

(9) Die Punkte einer Curve zweiter Ordnung können betrachtet werden als die Schnittpunkte zweier entsprechender Strahlen in den beiden Büscheln (8)[1]; auch die Mittelpunkte dieser Büschel gehören der Curve an.

Setzt man

$$(ade)(cdx) \equiv U, \quad (cde)(bcx) \equiv V,$$
$$(abe)(adx) \equiv U_1, \quad (bce)(abx) \equiv V_1,$$

so verwandelt sich (8) in

$$(10) \qquad U - \mu V = 0, \quad U_1 - \mu V_1 = 0,$$

und die Gleichung des Kegelschnitts wird

$$(11) \qquad \begin{vmatrix} U & V \\ U_1 & V_1 \end{vmatrix} = 0.$$

Durch Multiplication dieser Determinante mit $\begin{vmatrix} 1 & -\mu_0 \\ 1 & -\mu_1 \end{vmatrix}$, wobei μ_0 und μ_1 zwei beliebige verschiedene Zahlen bedeuten, erhält man

die sämmtlich von ähnlicher Form sind wie (5). Vgl. auch Hunyady im Journal für die reine und angewandte Mathematik, Bd. 83, S. 79, 1876. Durch (5) wird die in § 4 ausgesprochene Behauptung bestätigt, dass die Gleichung des Kegelschnitts identisch verschwindet, wenn vier seiner Punkte, z. B. b, c, d, e, in einer Geraden liegen. Vgl. auch Pasch: „Ueber gewisse Determinanten, welche in der Lehre von den Kegelschnitten vorkommen", Journal für die reine und angewandte Mathematik, Bd. 89, S. 247—251, 1879.

1) Irgend vier Strahlen des einen Büschels haben bekanntlich dasselbe Doppelverhältniss wie die vier entsprechenden Strahlen des anderen. Man nennt zwei Strahlenbüschel von der Form (8) einander projectiv zugeordnet.

$$(12)\qquad \begin{vmatrix} U-\mu_0 V & U_1-\mu_0 V_1 \\ U-\mu_1 V & U_1-\mu_1 V_1 \end{vmatrix} = 0,$$

eine Gleichung, die sich auch durch Elimination des variabelen Parameters λ ergibt aus

$$(13)\qquad \begin{cases} U-\mu_0 V-\lambda(U_1-\mu_0 V_1)=0, \\ U-\mu_1 V-\lambda(U_1-\mu_1 V_1)=0; \end{cases}$$

es sind also nun irgend zwei andere Strahlenbüschel, deren Centren der Gleichung der Curve (11) genügen, der Betrachtung zu Grunde gelegt. Irgend vier den Werthen λ_1, λ_2, λ_3, λ_4 des Parameters λ entsprechende Strahlen schneiden sich auf der Curve, und da diese beiden Strahlenquadrupel nach (13) dasselbe Doppelverhältniss besitzen, so folgt der Satz:

(14) Verbindet man vier beliebige Punkte einer Curve zweiter Ordnung mit irgend einem fünften Curvenpunkt, so ist das Doppelverhältniss dieser vier Strahlen constant, wo auch der fünfte Punkt auf dem Kegelschnitte liegen mag.

Auch die Coordinaten des Schnittpunktes zweier entsprechenden Strahlen der Strahlenbüschel (10) lassen sich leicht berechnen. Ist nämlich

$$(15)\qquad \begin{aligned} U &\equiv Ax_1+Bx_2+Cx_3=0, & U_1 &\equiv A_1x_1+B_1x_2+C_1x_3=0, \\ V &\equiv \mathsf{A}x_1+\mathsf{B}x_2+\Gamma x_3=0, & V_1 &\equiv \mathsf{A}_1x_1+\mathsf{B}_1x_2+\Gamma_1x_3=0, \end{aligned}$$

so treten an Stelle von (10) die Ausdrücke

$$(16)\qquad \begin{aligned} &Ax_1+Bx_2+Cx_3-\mu(\mathsf{A}x_1+\mathsf{B}x_2+\Gamma x_3)=0 \quad \text{und} \\ &A_1x_1+B_1x_2+C_1x_3-\mu(\mathsf{A}_1x_1+\mathsf{B}_1x_2+\Gamma_1x_3)=0, \end{aligned}$$

aus denen als Gleichung des gesuchten Schnittpunktes folgt:

$$(17)\qquad \begin{vmatrix} A-\mu\mathsf{A} & B-\mu\mathsf{B} & C-\mu\Gamma \\ A_1-\mu\mathsf{A}_1 & B_1-\mu\mathsf{B}_1 & C_1-\mu\Gamma_1 \\ u_1 & u_2 & u_3 \end{vmatrix} = 0.$$

Natürlich könnte man auch diejenigen Betrachtungen anstellen, die den bisherigen dualistisch entsprechen; wir wollen dies hier unterlassen und nur den dem Satze (9) entsprechenden hervorheben:

(18) Die Tangenten einer Curve zweiter Classe können betrachtet werden als die Verbindungslinien entsprechender Punkte zweier bestimmten „projectiven" Punktreihen; auch die Träger dieser Punktreihen sind Tangenten der Curve.

Um zu fünf gegebenen Punkten eines Kegelschnitts einen beliebigen sechsten zu construiren, hat man nach (9) zwei von den fünf Punkten mit den drei übrigen zu verbinden; hierdurch sind zwei projective

Strahlenbüschel festgelegt. Construirt man alsdann zu einem beliebigen Strahl des einen Büschels den entsprechenden des zweiten, so schneiden sich beide Strahlen in einem sechsten Punkte des Kegelschnitts. Analog ist nach (18) zu verfahren bei Construction irgend einer sechsten Tangente zu fünf gegebenen. Jedenfalls erfordern aber diese zwei Constructionen resp. die Lösung der Aufgaben: Wenn bei zwei projectiven Strahlenbüscheln je drei entsprechende Strahlen gegeben sind, zu einem beliebigen vierten Strahl des einen Büschels den entsprechenden des anderen zu construiren, bezw.: Wenn bei zwei projectiven Punktreihen je drei entsprechende Punkte gegeben sind, zu einem beliebigen vierten Punkte der einen Punktreihe den entsprechenden der anderen zu construiren. Diese zwei Aufgaben werden resp. mit Hilfe der folgenden zwei Sätze gelöst:

(19) Sind s_0, s_1, s_2 irgend drei Strahlen des einen Büschels, σ_0, σ_1, σ_2 die entsprechenden des zweiten und verbindet man den Schnittpunkt von s_0 und σ_1 mit demjenigen von s_1 und σ_0, den Schnittpunkt von s_1 und σ_2 mit demjenigen von s_2 und σ_1 (analog, wenn noch mehr entsprechende Strahlen gegeben wären), so gehen alle diese Verbindungslinien durch einen und denselben Punkt.

(20) Sind p_0, p_1, p_2 irgend drei Punkte einer Punktreihe, π_0, π_1, π_2 die entsprechenden einer zur ersten projectiven Punktreihe und verbindet man „kreuzweise“ p_0 mit π_1, p_1 mit π_0, ferner p_0 mit π_2, p_2 mit π_0, p_1 mit π_2, p_2 mit π_1 (analog, wenn noch mehr entsprechende Punkte gegeben wären), so liegen die Schnittpunkte je zweier kreuzweise gezogenen Verbindungslinien in einer und derselben Geraden.

Wir beschränken uns hier auf den Beweis des Satzes (20), da der Beweis von (19) dualistisch entsprechend zu führen ist.

Es seien $Y_0 - \lambda Y_1 = 0$ und $T_0 - \lambda T_1 = 0$ für variabele Werthe des Parameters λ die Gleichungen der beiden Punktreihen p und π. Der Schnittpunkt V der beiden Träger hat dann als Punkt der einen Reihe eine Gleichung von der Form $V \equiv Y_0 - \varrho Y_1 = 0$, als Punkt der zweiten Reihe $V \equiv T_0 - \sigma T_1 = 0$. Betrachtet man V als Punkt der Reihe p, so entspricht ihm auf der Reihe π: $T \equiv T_0 - \varrho T_1 = 0$; wird V als Punkt der Reihe π angesehen, so ist sein entsprechender auf der Reihe p: $Y \equiv Y_0 - \sigma Y_1 = 0$. Aus dieser Gleichung, sowie aus $V \equiv Y_0 - \varrho Y_1$ lassen sich nun Y_0 und Y_1 ausdrücken durch Y und V; an Stelle von $Y_0 - \lambda Y_1 = 0$ tritt alsdann die Gleichung $V - \frac{\varrho - \lambda}{\sigma - \lambda} Y = 0$, analog lässt sich $T_0 - \lambda T_1 = 0$ ersetzen durch

$V - \frac{\sigma - \lambda}{\varrho - \lambda} T = 0$. Zwei Punkte p_i und p_k der einen Reihe sind nun gegeben durch

$$V - \frac{\varrho - \lambda_i}{\sigma - \lambda_i} Y = 0, \quad \text{resp.} \quad V - \frac{\varrho - \lambda_k}{\sigma - \lambda_k} Y = 0,$$

die entsprechenden π_i und π_k der anderen Reihe durch

$$V - \frac{\sigma - \lambda_i}{\varrho - \lambda_i} T = 0, \quad \text{resp.} \quad V - \frac{\sigma - \lambda_k}{\varrho - \lambda_k} T = 0;$$

hieraus folgt für einen beliebigen auf $p_i\pi_k$ gelegenen Punkt die Gleichung

$$\left(V - \frac{\varrho - \lambda_i}{\sigma - \lambda_i} Y\right) - \mu \left(V - \frac{\sigma - \lambda_k}{\varrho - \lambda_k} T\right) = 0,$$

für einen auf $p_k\pi_i$ gelegenen Punkt:

$$\left(V - \frac{\varrho - \lambda_k}{\sigma - \lambda_k} Y\right) - \nu \left(V - \frac{\sigma - \lambda_i}{\varrho - \lambda_i} T\right) = 0.$$

Für den Schnittpunkt von $p_i\pi_k$ mit $p_k\pi_i$ müssen beide Gleichungen übereinstimmen, d. h. es muss sein $\mu = \nu = 1$, wodurch V herausfällt und nur $-(\varrho - \lambda_i)(\varrho - \lambda_k) Y + (\sigma - \lambda_i)(\sigma - \lambda_k) T = 0$ übrig bleibt. Dieser Ausdruck ist linear aus Y und T zusammengesetzt, die Schnittpunkte aller kreuzweise gezogenen Verbindungslinien $p_i\pi_k$ und $p_k\pi_i$ liegen daher auf einer und derselben Geraden, und zwar auf derjenigen, welche die oben definirten Punkte Y und T verbindet; hiermit ist Satz (20) bewiesen.

Es ist wohl unnöthig zu zeigen, in welcher Weise dieser Satz benutzt wird, um bei zwei projectiven Punktreihen, von denen je drei entsprechende Punkte gegeben sind, zu einem beliebigen vierten Punkt der einen Reihe den zugehörigen der anderen zu construiren und hierdurch mit Hilfe von (18) eine Tangente der durch die beiden Punktreihen bestimmten Curve zweiter Classe zu erhalten. Mit Hilfe der dualistisch entsprechenden Construction kann man nach (19) und (9) zu fünf Punkten einer Curve zweiter Ordnung weitere Punkte erhalten, wie übrigens schon oben erwähnt wurde.

Eine andere Constructionsmethode eines beliebigen sechsten Punktes liefert der Pascal'sche Satz. Derselbe lautet:

(21) Bei jedem einer Curve zweiter Ordnung einbeschriebenen Sechseck schneiden sich die gegenüberliegenden Seiten in drei Punkten einer Geraden, der sogenannten Pascal'schen Geraden.

Zum Beweis dieses Satzes führen wir ein die Coordinaten a_i, b_i, c_i, d_i, e_i, f_i $(i = 1, 2, 3)$ der sechs auf dem Kegelschnitt gelegenen Ecken und nennen u_{ab}, v_{ab}, w_{ab} die (sonst mit u_1, u_2, u_3) bezeichneten

Liniencoordinaten der Verbindungslinie ab; analog u_{cf}, v_{cf}, w_{cf} die Liniencoordinaten der Geraden cf u. s. w., so dass z. B.:

$$(22)\begin{cases} u_{ab} = a_2 b_3 - a_3 b_2, \ v_{ab} = a_3 b_1 - a_1 b_3, \ w_{ab} = a_1 b_2 - a_2 b_1, \\ u_{cf} = c_2 f_3 - c_3 f_2, \ v_{cf} = c_3 f_1 - c_1 f_3, \ w_{cf} = c_1 f_2 - c_2 f_1 \ \text{u. s. w.} \end{cases}$$

Gegenüberliegende Seiten des Sechsecks sind nun z. B. ab und de, bc und ef, cd und fa; die Coordinaten des Schnittpunktes von ab mit de seien γ_1, γ_2, γ_3, bc und ef mögen sich schneiden im Punkte α_1, α_2, α_3, cd und fa in β_1, β_2, β_3. Kann man alsdann nachweisen, dass $\sum \pm (\alpha_1 \beta_2 \gamma_3)$ verschwindet, falls die sechs Punkte a, b, c, d, e, f auf einem Kegelschnitt liegen, so ist damit der Pascal'sche Satz bewiesen.

Nun ist

$$(23)\ \sum \pm (\alpha_1 \beta_2 \gamma_3) = \begin{vmatrix} u_{bc} & v_{bc} & w_{bc} \\ u_{ef} & v_{ef} & w_{ef} \end{vmatrix} \cdot \begin{vmatrix} \beta_1 & \beta_2 & \beta_3 \\ \gamma_1 & \gamma_2 & \gamma_3 \end{vmatrix} = \begin{vmatrix} (bc\beta) & (bc\gamma) \\ (ef\beta) & (ef\gamma) \end{vmatrix},$$

wenn man mit $(bc\beta)$ die Determinante $\sum \pm (b_1 c_2 \beta_3)$ bezeichnet und $(bc\gamma)$ u. s. w. analoge Bedeutung haben. Ferner ist

$$(bc\beta) = \begin{vmatrix} b_1 & b_2 & b_3 \\ c_1 & c_2 & c_3 \end{vmatrix} \begin{vmatrix} u_{cd} & v_{cd} & w_{cd} \\ u_{fa} & v_{fa} & w_{fa} \end{vmatrix} = \begin{vmatrix} (bcd) & (bfa) \\ (ccd) & (cfa) \end{vmatrix} = (bcd) \cdot (cfa),$$

und analog findet man:

$$(bc\gamma) = -(cab)(bde), \ (ef\beta) = -(efa)(fcd), \ (ef\gamma) = (eab)(fde).$$

Durch Substitution dieser Werthe in (23) verwandelt sich $\sum \pm (\alpha_1 \beta_2 \gamma_3)$ in:

$$(24)\qquad (bcd)(cfa)(eab)(fde) - (cab)(bde)(efa)(fcd),$$

und dieser Ausdruck geht aus (5) oder (1) hervor, wenn man daselbst die Buchstaben a, b, c, d, e, x ersetzt resp. durch c, a, e, d, b, f. Da aber (5) die Bedingung darstellt, unter der die Punkte a, b, c, d, e, x auf einem und demselben Kegelschnitt liegen, und da (1) bei irgend einer Permutation der Buchstaben a, b, c, d, e, x nur sein Vorzeichen ändert, so ist auch (23) gleich Null gesetzt, die Bedingung dafür, dass die Punkte a, b, c, d, e, f auf einem und demselben Kegelschnitt liegen. Es existirt daher eine Pascal'sche Gerade, in welcher Reihenfolge man auch die sechs Punkte a, b, c, d, e, f zu einem Sechseck verbunden hätte.

Es sei bemerkt, dass man sechs Punkte a, b, c, d, e, f eines Kegelschnitts auf 60 verschiedene Arten zu Sechsecken verbinden kann. Von den 6! Permutationen der Buchstaben a, b, c, d, e, f liefern nämlich je 12 dasselbe Sechseck, denn es ist z. B. das Sechseck $abcdef$ identisch mit jedem anderen, das durch cyklische

Vertauschung der sechs Buchstaben (z. B. $bcdefa$), oder auch durch Umkehrung dieser Vertauschungen (z. B. $afedcb$) bestimmt ist. Die Anzahl der wirklich verschiedenen Sechsecke beträgt daher $6!:12 = 60$, und zu jedem dieser Sechsecke gehört eine Pascal'sche Gerade.

Dem Pascal'schen Satze entspricht dualistisch der Brianchon'sche Satz:

(25) Bei jedem einer Curve zweiter Classe umschriebenen Sechsseit gehen die drei Verbindungslinien der gegenüberliegenden Ecken durch einen Punkt.

Auch der Pascal'sche und der Brianchon'sche Satz lassen sich verwenden, um zu fünf gegebenen Punkten, resp. fünf gegebenen Tangenten eines Kegelschnitts beliebig viele weitere Punkte, resp. Tangenten zu finden. Sind z. B. die fünf Punkte a, b, c, d, e eines Kegelschnitts gegeben und will man denjenigen Punkt x finden, in welchem eine durch a beliebig gezogene Gerade G den Kegelschnitt nochmals schneidet, so wäre folgendermassen zu verfahren: Man sucht den Schnittpunkt γ der zwei Geraden ab und de, ebenso denjenigen von G mit cd, er sei β; die Gerade bc treffe die Pascal'sche Gerade $\beta\gamma$ in α, alsdann ist der Schnittpunkt von G mit αe der gesuchte Punkt x.

II. Abschnitt.

Kegelschnittbüschel und Kegelschnittnetze, sowie die dualistisch entsprechenden Gebilde.

§ 13.

Einleitende Bemerkungen.

Bevor wir zur eigentlichen Theorie der Kegelschnittbüschel übergehen, wollen wir noch einige Bemerkungen über abkürzende Bezeichnungen vorausschicken, die im Folgenden angewandt werden.

Es seien $f = 0$ und $g = 0$ die Gleichungen zweier Curven zweiter Ordnung, und zwar

$$(1) \qquad f \equiv \sum_1^3{}^i \sum_1^3{}^k a_{ik} x_i x_k = 0, \quad g \equiv \sum_1^3{}^i \sum_1^3{}^k b_{ik} x_i x_k = 0;$$

die Gleichung $\lambda g - f = 0$ stellt alsdann entsprechend den unendlich vielen Werthen des Parameters λ eine einfach unendliche Anzahl von Kegelschnitten dar, deren Gesammtheit man das durch $f = 0$ und $g = 0$ bestimmte Kegelschnittbüschel nennt. Der Kürze halber werde gesetzt:

$$(2) \quad \lambda g - f \equiv c_{11} x_1^2 + 2 c_{12} x_1 x_2 + c_{22} x_2^2 + 2 c_{13} x_1 x_3 + 2 c_{23} x_2 x_3 + c_{33} x_3^2 = 0,$$
$$\text{wo } c_{ik} = \lambda b_{ik} - a_{ik}.$$

Es sei ferner

$$(3) \qquad \Psi_0(\lambda) \equiv \sum \pm (c_{11}\, c_{22}\, c_{33}) \equiv \begin{vmatrix} c_{11} & c_{12} & c_{13} \\ c_{21} & c_{22} & c_{23} \\ c_{31} & c_{32} & c_{33} \end{vmatrix} \equiv C,$$

$$(4) \qquad - \Psi_1(\lambda) \equiv \begin{vmatrix} c_{11} & c_{12} & c_{13} & u_1 \\ c_{21} & c_{22} & c_{23} & u_2 \\ c_{31} & c_{32} & c_{33} & u_3 \\ u_1 & u_2 & u_3 & 0 \end{vmatrix} \equiv \binom{u}{u}_{c_{ik}},$$

$$(5)\qquad \Psi_2(\lambda) \equiv \begin{vmatrix} c_{11} & c_{12} & c_{13} & u_1 & v_1 \\ c_{21} & c_{22} & c_{23} & u_2 & v_2 \\ c_{31} & c_{32} & c_{33} & u_3 & v_3 \\ u_1 & u_2 & u_3 & 0 & 0 \\ v_1 & v_2 & v_3 & 0 & 0 \end{vmatrix} \equiv \binom{u\,v}{u\,v}_{c_{ik}}.$$

Führt man noch den Ausdruck ein

$$(6)\qquad \binom{u}{v} \equiv \begin{vmatrix} c_{11} & c_{12} & c_{13} & u_1 \\ c_{21} & c_{22} & c_{23} & u_2 \\ c_{31} & c_{32} & c_{33} & u_3 \\ v_1 & v_2 & v_3 & 0 \end{vmatrix},$$

so besteht, wie in der Determinantentheorie gezeigt wird, die Relation

$$(7)\qquad C\binom{u\,v}{u\,v} = \binom{u}{u}\binom{v}{v} - \binom{u}{v}^2.$$

Die Entwicklung von $\Psi_0(\lambda)$ und $\Psi_1(\lambda)$ nach Potenzen von λ ergibt Ausdrücke von der Form

$$(8)\qquad \Psi_0(\lambda) \equiv \lambda^3 B - 3\lambda^2\Theta + 3\lambda\mathsf{H} - A,$$

$$(9)\qquad \Psi_1(\lambda) \equiv F - 2\lambda H + \lambda^2 G.$$

Hierbei sind A und B die Determinanten der beiden Kegelschnitte f und g, während $F = 0$ und $G = 0$ ihre Gleichungen in Liniencoordinaten bedeuten:

$$(10)\qquad \begin{cases} F \equiv A_{11}u_1^2 + 2A_{12}u_1u_2 + A_{22}u_2^2 + 2A_{13}u_1u_3 + 2A_{23}u_2u_3 + A_{33}u_3^2, \\ G \equiv B_{11}u_1^2 + 2B_{12}u_1u_2 + B_{22}u_2^2 + 2B_{13}u_1u_3 + 2B_{23}u_2u_3 + B_{33}u_3^2. \end{cases}$$

Ferner ist

$$(11)\qquad \begin{cases} 3\Theta \equiv a_{11}B_{11} + a_{22}B_{22} + a_{33}B_{33} + 2a_{23}B_{23} + 2a_{31}B_{31} + 2a_{12}B_{12}, \\ 3\mathsf{H} \equiv b_{11}A_{11} + b_{22}A_{22} + b_{33}A_{33} + 2b_{23}A_{23} + 2b_{31}A_{31} + 2b_{12}A_{12}, \end{cases}$$

$$(12)\qquad 2H \equiv (a,b)_{11}u_1^2 + 2(a,b)_{12}u_1u_2 + (a,b)_{22}u_2^2 + 2(a,b)_{13}u_1u_3 + 2(a,b)_{23}u_2u_3 + (a,b)_{33}u_3^2,$$

wobei zur Abkürzung gesetzt ist

$$(13)\qquad \begin{cases} (a,b)_{11} = a_{22}b_{33} + a_{33}b_{22} - 2a_{23}b_{23} \\ (a,b)_{12} = a_{31}b_{32} + a_{32}b_{31} - a_{33}b_{12} - a_{12}b_{33}, \end{cases}$$

während die übrigen $(a,b)_{ik}$ aus den hier angegebenen durch cyklische Vertauschung der Indices hervorgehen.

Es möge noch bemerkt werden, dass zufolge (3) die Gleichung besteht

(14) $$\frac{d\Psi_0(\lambda)}{d\lambda} = \sum_1^3{}_i \sum_1^3{}_k \frac{\partial C}{\partial c_{ik}} \frac{\partial c_{ik}}{\partial \lambda} = \sum_1^3{}_i \sum_1^3{}_k C_{ik} b_{ik},$$

denn es ist $\frac{\partial c_{ik}}{\partial \lambda}$ nach (2) gleich b_{ik}, während $\frac{\partial C}{\partial c_{ik}}$ die Unterdeterminante C_{ik} von c_{ik} in C darstellt; zufolge (8) hat man ausserdem

(14a) $$\frac{d\Psi_0(\lambda)}{d\lambda} = 3(\lambda^2 B - 2\lambda\Theta + \mathrm{H}).$$

Aus (8) folgt für den zweiten Differentialquotienten

(15) $$\frac{d^2\Psi_0(\lambda)}{d\lambda^2} = 6\lambda B - 6\Theta,$$

oder zufolge der Definition von B und Θ:

(16) $$\frac{d^2\Psi_0(\lambda)}{d\lambda^2} = 2\lambda \sum_1^3{}_i \sum_1^3{}_k B_{ik} b_{ik} - 2 \sum_1^3{}_i \sum_1^3{}_k B_{ik} a_{ik}$$
$$= 2\{B_{11}c_{11} + B_{22}c_{22} + B_{33}c_{33} + 2B_{23}c_{23} + 2B_{31}c_{31} + 2B_{12}c_{12}\}.$$

§ 14.

Bestimmung der Schnittpunkte und gemeinsamen Tangenten zweier Kegelschnitte.

Es seien gegeben die zwei Kegelschnitte

(1) $$f \equiv \sum_1^3{}_i \sum_1^3{}_k a_{ik} x_i x_k = 0 \quad \text{und} \quad g \equiv \sum_1^3{}_i \sum_1^3{}_k b_{ik} x_i x_k = 0.$$

Ist die Gleichung eines dritten Kegelschnitts von der Form

(2) $$\lambda g - f \equiv \sum_1^3{}_i \sum_1^3{}_k c_{ik} x_i x_k = 0, \quad \text{wo } c_{ik} = \lambda b_{ik} - a_{ik},$$

so geht derselbe, welche Werthe auch der willkürliche Parameter λ haben möge, stets durch die Schnittpunkte von f und g hindurch, denn für jeden dieser Schnittpunkte wird sowohl $f = 0$, als $g = 0$ erfüllt, daher auch $\lambda g - f = 0$. Wir können daher sagen:

(3) Sind $f = 0$ und $g = 0$ die Gleichungen zweier Kegelschnitte, so stellt $\lambda g - f = 0$ für alle möglichen Werthe des willkürlichen Parameters λ ein ganzes System von Kegelschnitten dar, die sämmtlich durch die Schnittpunkte von $f = 0$ und $g = 0$ hindurchgehen.

Man bezeichnet dieses System als Kegelschnittbüschel und die gemeinsamen Schnittpunkte als Grundpunkte des Büschels.

Es liegt nun umgekehrt die Frage nahe, ob die Gleichung eines jeden Kegelschnitts, der durch alle Schnittpunkte von $f = 0$ und $g = 0$

geht, in die Form gebracht werden kann $\lambda g - f = 0$. Um dies zu untersuchen, wenden wir uns zu der Bestimmung der Schnittpunkte von $f = 0$ und $g = 0$ und bemerken zunächst, dass man zu diesem Zweck irgend zwei Curven des Büschels (2) wählen kann. Denn jeder auf $\lambda g - f = 0$ und auf $\mu g - f = 0$ gelegene Punkt liegt auch auf $\lambda g - f - (\mu g - f) = 0$, d. h. auf $g = 0$, somit erfüllen seine Coordinaten auch $f = 0$.

Fragen wir nun, wie viele zerfallende Kegelschnitte, also Geradenpaare in dem Büschel enthalten sind. Dabei werde angenommen, dass die Determinante C nicht identisch verschwindet und, da es sich im Folgenden zunächst nur um die Schnittpunkte von $f = 0$ und $g = 0$ handelt, dass mindestens der eine der beiden Kegelschnitte, etwa $g = 0$, nicht in ein Geradenpaar ausarte, dass also stets $B \gtrless 0$ sei.

Die Bedingung für das Zerfallen des Kegelschnitts $\lambda g - f = 0$ ist nach § 4 gegeben durch $\sum \pm (c_{11} c_{22} c_{33}) = 0$, und da diese Gleichung in λ vom dritten Grade, also von der Form ist

$$(4) \qquad \Psi_0(\lambda) \equiv \lambda^3 B - 3\lambda^2 \Theta + 3\lambda \mathrm{H} - A = 0,[1]$$

hat man den Satz:

(5) In einem Kegelschnittbüschel sind im allgemeinen drei Geradenpaare vorhanden.

Sind $\lambda_1, \lambda_2, \lambda_3$ die den Geradenpaaren entsprechenden Werthe des Parameters λ, so erhält man die Gleichungen der Spitzen dieser Paare nach § 5 doppelt zählend, wenn man in $\lambda_i g - f = 0$ $(i = 1, 2, 3)$ Liniencoordinaten einführt. Nun ist aber die Gleichung von $\lambda g - f = 0$ in Liniencoordinaten von der Form

$$(6) \qquad -\Psi_1(\lambda) \equiv \begin{vmatrix} c_{11} & c_{12} & c_{13} & u_1 \\ c_{21} & c_{22} & c_{23} & u_2 \\ c_{31} & c_{32} & c_{33} & u_3 \\ u_1 & u_2 & u_3 & 0 \end{vmatrix} = 0,$$

und wenn dieser Ausdruck nach Potenzen von λ entwickelt wird, ergibt sich

$$(7) \qquad \Psi_1(\lambda) \equiv F - 2\lambda H + \lambda^2 G = 0.[2]$$

Sind daher $t_1^{(i)}, t_2^{(i)}, t_3^{(i)}$ $(i = 1, 2, 3)$ die Coordinaten der Spitzen der drei Geradenpaare $\lambda_i g - f = 0$, also

---

1) Ueber die Bildung der Ausdrücke Θ und H vgl. (11) in § 13; A und B sind die Determinanten von $f = 0$, resp. $g = 0$.

2) $F = 0$ und $G = 0$ sind die Gleichungen von $f = 0$ und $g = 0$ in Liniencoordinaten; über die Bildung des Ausdrucks H vgl. (12) in § 13.

(8) $$t_1^{(i)}u_1 + t_2^{(i)}u_2 + t_3^{(i)}u_3 = 0 \quad (i = 1, 2, 3)$$

die Gleichungen dieser Spitzen, so bestehen Identitäten von der Form

(9) $$\Psi_1(\lambda_i) \equiv F - 2\lambda_i H + \lambda_i^2 G \equiv \{t_1^{(i)}u_1 + t_2^{(i)}u_2 + t_3^{(i)}u_3\}^2.$$

Hinsichtlich der Lage der drei Geradenpaare sind nun entsprechend der Verschiedenheit oder Gleichheit der Wurzeln $\lambda_1, \lambda_2, \lambda_3$ von (4) drei Hauptfälle zu unterscheiden, so lange die übrigen Curven des Büschels eigentliche, d. h. nicht ausartende Kegelschnitte repräsentiren.

I) Die drei Wurzeln $\lambda_1, \lambda_2, \lambda_3$ sind von einander verschieden, daher $\Psi_0'(\lambda_i) \gtrless 0$, wenn λ_i eine dieser Wurzeln ist und $\Psi_0'(\lambda)$ den Differentialquotienten von $\Psi_0(\lambda)$ bezeichnet. In diesem Falle kann nie die Spitze eines Geradenpaares, z. B. des dem Parameter λ_1 entsprechenden, auf einer Geraden eines anderen Paares liegen; denn wenn dies doch eintreten würde, so wäre diese Spitze ein allen Kegelschnitten des Büschels gemeinsamer Punkt, sie läge auch auf der Curve $g = 0$, so dass $g(t_1^{(1)}, t_2^{(1)}, t_3^{(1)}) = 0$. Zwischen den $t^{(1)}$ und den Unterdeterminanten C_{ik} eines Elementes c_{ik} der Determinante $C \equiv \sum \pm (c_{11}\, c_{22}\, c_{33})$ besteht aber nach (9) die Beziehung, dass jedes Product $t_i t_k$ zu C_{ik} proportional ist, und hieraus geht hervor, dass $g(t_1^{(1)}, t_2^{(1)}, t_3^{(1)})$ den Werth erhält $\sum_1^3{}^i \sum_1^3{}^k C_{ik} b_{ik}$, der nach (14) in § 13 mit $\Psi_0'(\lambda_1)$ identisch ist. Mithin wäre $\Psi_0'(\lambda_1) = 0$, und dies war ausgeschlossen. Da die Schnittpunkte von irgend zwei Kegelschnitten des Büschels dieselben sind wie diejenigen von zwei Geradenpaaren des Büschels, letztere aber bei ihrer gegenwärtig nicht specialisirten Lage vier gemeinsame Punkte haben, so schneiden sich im Falle I) die Curven des Büschels in vier verschiedenen Punkten.

II) Die zwei Wurzeln λ_1 und λ_2 von (4) seien einander gleich, dagegen $\lambda_3 \gtrless \lambda_1$. Nun ist

$$\Psi_0'(\lambda_1) = 0, \quad \Psi_0''(\lambda_1) \gtrless 0, \quad \Psi_0'(\lambda_3) \gtrless 0.$$

Aus den soeben angestellten Betrachtungen geht hervor, dass die Spitze des dem Parameter $\lambda_1 = \lambda_2$ entsprechenden Geradenpaares auch auf $g = 0$ liegt, daher einer der Grundpunkte des Kegelschnittbüschels ist. Jedoch kann diese Spitze $t^{(1)}$ nicht mit derjenigen des Geradenpaares $\lambda_3 g - f = 0$ zusammenfallen. Nach § 4 bestehen nämlich für die Coordinaten $t_i^{(1)}$ $(i = 1, 2, 3)$ die Gleichungen

(10) $$\lambda_1 g'(t_1^{(1)}) = f'(t_1^{(1)}), \quad \lambda_1 g'(t_2^{(1)}) = f'(t_2^{(1)}), \quad \lambda_1 g'(t_3^{(1)}) = f'(t_3^{(1)}),$$

daher ist auch

$$(11) \qquad \lambda g(t^{(1)}, x) - f(t^{(1)}, x) = (\lambda - \lambda_1) g(t^{(1)}, x),$$

für beliebige Werthe x_i; fiele die Spitze $t^{(1)}$ mit $t^{(3)}$ zusammen, so wäre hiernach $(\lambda_3 - \lambda_1) g(t^{(1)}, x) = 0$, d. h. $\lambda_1 = \lambda_3$, denn $g(t^{(1)}, x)$ kann für beliebige Werthe der x nicht verschwinden, weil die Determinante B als von Null verschieden vorausgesetzt war; die Gleichung $\lambda_1 = \lambda_3$ war aber ausgeschlossen.

Es sind nun im Falle II) zwei Möglichkeiten vorhanden:

a) $\lambda_1 g - f = 0$ stellt zwei verschiedene Geraden dar, etwa $r_x \cdot s_x = 0$, es ist also $F - 2\lambda_1 H + \lambda_1^2 G$ nicht identisch Null,

b) $\lambda_1 g - f = 0$ ist eine Doppelgerade $r_x^2 = 0$, also

$$F - 2\lambda_1 H + \lambda_1^2 G \equiv 0.$$ [1])

Jedenfalls berühren sich im Falle a) auf Grund der Gleichungen (10) und (11) die Kegelschnitte $f = 0$ und $g = 0$, daher sämmtliche Kegelschnitte des Büschels, im Punkte $t^{(1)}$; die gemeinsame Tangente muss somit auch Tangente an das Geradenpaar $\lambda_3 g - f = 0$ sein, d. h. mit einer Geraden dieses Paares zusammenfallen. Die Kegelschnitte des Büschels berühren sich in einem und demselben Punkte (der Spitze des Geradenpaares mit dem Parameter ($\lambda = \lambda_1 = \lambda_2$), und die gemeinsame Tangente ist eine Gerade des Paares $\lambda_3 g - f = 0$.

Im Falle b) rücken die Grundpunkte des Büschels paarweise in die zwei Schnittpunkte der Doppelgeraden $r_x^2 = 0$ mit dem Geradenpaare $\lambda_3 g - f$, und aus denselben Gründen wie bei a) ersieht man, dass sich alle Curven des Büschels in diesen zwei Punkten berühren und die Geraden des dem Parameter λ_3 entsprechenden Paares zu Tangenten in den zwei Berührungspunkten haben; es findet doppelte Berührung statt[2]).

Auch können diese Berührungspunkte nicht zusammenfallen, sonst würde $r_x = 0$ Tangente aller Curven des Büschels sein, also auch des

---

1) Das zweite Geradenpaar $\lambda_3 g - f = 0$ kann nicht in eine Doppelgerade übergehen, sonst würden für die Wurzel λ_3 alle C_{ik} verschwinden; nach (14) in § 13 wäre also $\frac{d\Psi_0(\lambda_3)}{d\lambda} = 0$, d. h. die kubische Gleichung (4) hätte noch eine zweite Doppelwurzel, was unmöglich ist.

2) Wie wir oben bemerkten, ist nun $\Psi_1(\lambda_1) \equiv F - 2\lambda_1 H + \lambda_1^2 G \equiv 0$; nach einem allgemeinen Satze von Kronecker genügt aber bei einer symmetrischen Determinante das Verschwinden von drei passend gewählten Unterdeterminanten, um das Verschwinden aller übrigen zu bewirken. Nach Elimination von λ_1 reduciren sich die drei ausgewählten Gleichungen auf zwei; der Fall der doppelten Berührung erfordert demnach die Erfüllung von zwei Bedingungen. Vgl. übrigens auch die Fussnote zu S. 97.

Kegelschnitts $g = 0$; aus

$$\lambda_1 g - f \equiv r_x^2 \equiv \sum_1^3{}^i \sum_1^3{}^k c_{ik} x_i x_k \text{ (für } \lambda = \lambda_1)$$

folgt aber $r_i r_k = c_{ik}$, und wenn $r_x = 0$ Tangente ist von $g = 0$, so hätte man hiernach

$$B_{11}c_{11} + 2B_{12}c_{12} + B_{22}c_{22} + 2B_{13}c_{13} + 2B_{23}c_{23} + B_{33}c_{33} = 0$$

oder nach (16) in § 13 $\Psi_0''(\lambda_1) = 0$, was ausgeschlossen war.

III) Die kubische Gleichung (4) hat eine dreifache Wurzel λ_1, es ist also neben $\Psi_0(\lambda_1) = 0$ auch $\Psi_0'(\lambda_1) = 0$ und $\Psi_0''(\lambda_1) = 0$; wir unterscheiden auch hier wieder:

a) $\lambda_1 g - f = 0$ stellt zwei verschiedene Geraden dar, etwa $r_x s_x = 0$,

b) $\lambda_1 g - f = 0$ ist eine Doppelgerade $r_x^2 = 0$, also

$$F - 2\lambda_1 H + \lambda_1^2 G \equiv 0.$$

Im Falle a) gehen wir aus von der Relation

$$(12) \qquad \binom{r}{r}_{b_{ik}} \binom{s}{s}_{b_{ik}} - \binom{r}{s}^2_{b_{ik}} = B \binom{r\,s}{r\,s}_{b_{ik}}.$$

Da die Spitze des Geradenpaars wie im Falle II) allen Kegelschnitten des Büschels, somit auch $g = 0$, angehört, ist jedenfalls $\binom{r\,s}{r\,s}_{b_{ik}} = 0$; ausserdem hat man

$$\binom{r}{s}_{b_{ik}} = B_{11} r_1 s_1 + B_{12}(r_1 s_2 + r_2 s_1) + \cdots = B_{11} c_{11} + 2 B_{12} c_{12} + \cdots$$
$$\text{(für } \lambda = \lambda_1),$$

und dieser Ausdruck ist nach (16) in § 13 identisch mit $\frac{1}{2}\Psi_0''(\lambda_1)$, verschwindet daher. In Folge von $\binom{r\,s}{r\,s}_{b_{ik}} = 0$ und $\binom{r}{s}_{b_{ik}} = 0$ reducirt sich nun (12) auf $\binom{r}{r}_{b_{ik}} \binom{s}{s}_{b_{ik}} = 0$, d. h. eine der beiden Geraden, etwa $r_x = 0$, muss den Kegelschnitt $g = 0$, somit alle Curven des Büschels berühren, und zwar muss der Berührungspunkt die Spitze des Paares $\lambda_1 g - f = 0$ sein, da alle Kegelschnitte des Büschels durch diese Spitze hindurchgehen. Berührungspunkt und Spitze sind auch auf Grund von (10) nicht getrennt. Ferner können nicht beide Geraden $r_x = 0$ und $s_x = 0$ die Curven des Büschels berühren, sonst wären r_x und s_x identisch, was erst im Falle IIIb) angenommen wird. Im gegenwärtigen Falle werden alle Kegelschnitte des Büschels von der einen Geraden des Paares $\lambda_1 g - f = 0$ berührt, von der anderen in zwei Punkten geschnitten, von denen der eine mit dem eben genannten

Berührungspunkte identisch ist. Sämmtliche Kegelschnitte haben demnach drei mit der Spitze des Geradenpaares zusammenfallende Punkte gemeinsam, sie „osculiren" sich und schneiden sich überdies noch in einem vierten Punkte[1]).

Im Falle IIIb) rückt auch dieser vierte Punkt in den Berührungspunkt der Doppelgeraden mit den Kegelschnitten des Büschels, d. h. die einzelnen Curven haben vier zusammenfallende Punkte gemeinsam, und die gemeinsame Tangente ist die Doppelgerade $r_x^2 = 0$. Für die dreifache Wurzel verschwinden alle Unterdeterminanten C_{ik}, doch kann in ihnen der Factor $\lambda - \lambda_1$ nur einfach enthalten sein. Wäre nämlich dieser Factor doppelt in allen C_{ik} enthalten, so würde derselbe in der linken Seite der Gleichung

$$\binom{u}{u}\binom{v}{v} - \binom{u}{v}^2 = C\binom{u\ v}{u\ v}$$

für beliebige Werthe u_i, v_i vierfach enthalten sein, er wäre also in $\binom{u\ v}{u\ v}$ einfach enthalten, d. h. es wäre für $\lambda = \lambda_1$ $c_{ik} = 0$ $(i, k = 1, 2, 3)$, die a_{ik} wären den b_{ik} proportional, daher die Kegelschnitte $f = 0$ und $g = 0$ identisch.

Es bleibt nun noch der Fall zu untersuchen, dass die Determinante C identisch verschwindet. Wenn dies eintritt, ist jeder Kegelschnitt des Büschels ein Geradenpaar, also auch $f = 0$ und $g = 0$. Es würden alsdann auftreten die Gleichungen $B_{11}a_{11} + 2B_{12}a_{12} + \cdots = 0$ und $A_{11}b_{11} + 2A_{12}b_{12} + \cdots = 0$, deren erste aussagt, dass die Spitze von $g = 0$ auf $f = 0$ liegt, während zufolge der zweiten die Spitze von $f = 0$ auf $g = 0$ liegt. Uebrigens sind wieder zwei Unterfälle möglich:

a) Die Spitzen von $f = 0$ und $g = 0$ sind verschieden, die Kegelschnitte des Büschels bilden Geradenpaare, die eine Gerade gemeinsam haben; es ist also $f(x, x)$ von der Form $r_x . v_x$, $g(x, x)$ von der Form $r_x \cdot w_x$.

b) Die Spitzen von $f = 0$ und $g = 0$ fallen zusammen. Sind c_1, c_2, c_3 die Coordinaten der gemeinsamen Spitze und setzt man $x_1 = y_1 + \lambda c_1$, $x_2 = y_2 + \lambda c_2$, $x_3 = \lambda c_3$, wobei c_3 von Null verschieden sei, so verwandelt sich $f(x_1, x_2, x_3)$ in $f(y_1, y_2, 0)$, $g(x_1, x_2, x_3)$ in $g(y_1, y_2\ 0)$, denn $f(c, y)$ und $g(c, y)$ verschwinden identisch zufolge des

1) Durch Substitution der dreifachen Wurzel λ_1, welche zufolge $\Psi_0''(\lambda_1) = 0$ den Werth besitzt $\lambda_1 = \frac{\Theta}{B}$, in (14a) und (8) in § 13 erhält man die Relationen

$$\lambda_1 = \frac{\Theta}{B} = \frac{\mathsf{H}}{\Theta} = \frac{A}{\mathsf{H}}.$$

Umstandes, dass c_1, c_2, c_3 die Coordinaten der gemeinsamen Spitze sind. Es werden nunmehr f und g binäre Formen, und zwar stellen sie, sowie alle Kegelschnitte des Büschels, Geradenpaare dar, die von demselben Centrum ausgehen. Infolge der Identität der Spitzen sind natürlich die Grössen A_{ik} den B_{ik} proportional.

Kehren wir nunmehr zurück zu der S. 131 aufgeworfenen Frage, ob die Gleichung eines jeden Kegelschnitts K, der durch die vier Schnittpunkte α, β, γ, δ von $f = 0$ und $g = 0$ geht, in die Form gebracht werden kann $\lambda g - f = 0$. Um dies nachzuweisen, fixiren wir auf K einen fünften Punkt ε_1, ε_2, ε_3 und bestimmen in der Gleichung $\lambda g(x, x) - f(x, x) = 0$ den Parameter λ der Art, dass

$$\lambda g(\varepsilon, \varepsilon) - f(\varepsilon, \varepsilon) = 0;$$

alsdann hat der Kegelschnitt $f(\varepsilon, \varepsilon) \cdot g(x, x) - g(\varepsilon, \varepsilon) \cdot f(x, x) = 0$ mit der Curve K die vier Grundpunkte α, β, γ, δ und den fünften Punkt ε gemeinsam, fällt also mit K zusammen. Sollten die Kegelschnitte f und g eine der im Vorausgehenden unter II) und III) beschriebenen speciellen Lagen haben, so stände in allen Fällen der Kegelschnitt K zu den Geradenpaaren, resp. zu $g = 0$ in derselben Beziehung, wie im Vorausgehenden der Kegelschnitt $f = 0$ selbst, er würde also jedesmal durch die vier gemeinsamen Punkte von f und g gehen oder, was dasselbe aussagt, die Coefficienten seiner Gleichung würden vier in diesen Coefficienten lineare Gleichungen befriedigen.

Zum Schlusse dieser Betrachtungen wollen wir noch bemerken, dass man sehr wohl die Frage aufwerfen kann, ob nicht die vier Schnittpunkte zweier beliebig gelegenen Kegelschnitte immer eine gewisse specielle Lage zu einander haben[1]). Diese Frage ist zu verneinen, denn man kann stets Kegelschnitte angeben, die durch vier ganz beliebig fixirte Punkte der Ebene gehen. Legt man nämlich durch die vier Punkte zwei Geradenpaare, was bei der allgemeinen Lage der Punkte immer geschehen kann, und repräsentiren $g_1 = 0$, $g_2 = 0$ die Geraden des einen Paares, $g_3 = 0$, $g_4 = 0$ diejenigen des anderen, so sind $g_1 g_2 - \mu g_3 g_4 = 0$ und $g_1 g_2 - \nu g_3 g_4 = 0$ zwei Kegelschnitte, die durch jene vier beliebig fixirten Punkte gehen.

Nachdem im Vorhergehenden die Frage nach der Anzahl der

1) Bei gleichseitigen Hyperbeln z. B. tritt eine solche specielle Lage auf, indem alle gleichseitigen Hyperbeln, welche durch dieselben drei Punkte gehen, als vierten gemeinsamen Punkt den Höhenschnittpunkt des durch die drei übrigen bestimmten Dreiecks haben (vgl. den zu vorliegendem Paragraphen gehörigen Theil des Anhangs).

Schnittpunkte erledigt ist, wollen wir nun sehen, wie viele gemeinsame Tangenten zwei Kegelschnitte besitzen, und wie man die Coordinaten oder die Gleichungen der Schnittpunkte und gemeinsamen Tangenten findet.

Wenn die Wurzeln der kubischen Gleichung (4) von einander verschieden sind, bestehen nach (9) für die Coordinaten $t_1^{(i)}$, $t_2^{(i)}$, $t_3^{(i)}$ $(i = 1, 2, 3)$ der Spitzen der drei in dem Kegelschnittbüschel enthaltenen Geradenpaare die Identitäten

$$(13) \quad \Psi_1(\lambda_i) \equiv F - 2\lambda_i H + \lambda_i^2 G \equiv \{t_1^{(i)} u_1 + t_2^{(i)} u_2 + t_3^{(i)} u_3\}^2 \quad (i = 1, 2, 3).$$

Vermittelst dieser Identitäten kann man F, H und G oder allgemeiner $\Psi_1(\lambda)$ durch die in den drei Gleichungen (13) rechts stehenden Quadrate ausdrücken, und zwar entweder mit Hilfe directer Auflösung oder kürzer durch Partialbruchzerlegung:

$$(14) \quad \frac{\Psi_1(\lambda)}{\Psi_0(\lambda)} = \left\{ \frac{\Psi_1(\lambda_1)}{\Psi_0'(\lambda_1)} \frac{1}{\lambda - \lambda_1} + \frac{\Psi_1(\lambda_2)}{\Psi_0'(\lambda_2)} \frac{1}{\lambda - \lambda_2} + \frac{\Psi_1(\lambda_3)}{\Psi_0'(\lambda_3)} \frac{1}{\lambda - \lambda_3} \right\}.$$

Setzt man nämlich

$$(15) \quad \frac{t_1^{(i)} u_1 + t_2^{(i)} u_2 + t_3^{(i)} u_3}{\sqrt{\Psi_0'(\lambda_i)}} \equiv U_i \quad (i = 1, 2, 3),$$

so wird

$$(16) \quad \frac{\Psi_1(\lambda)}{\Psi_0(\lambda)} = \frac{U_1^2}{\lambda - \lambda_1} + \frac{U_2^2}{\lambda - \lambda_2} + \frac{U_3^2}{\lambda - \lambda_3},$$

und hiermit ergiebt sich der Satz:

(17) Die Spitzen der drei in dem Kegelschnittbüschel $\lambda g - f = 0$ enthaltenen Geradenpaare bilden ein Poldreieck für jede andere Curve dieses Büschels.

Enthält nämlich die Gleichung eines Kegelschnitts nur die Quadrate der Veränderlichen, so ist derselbe, wie in § 4 und 5 gezeigt wurde, auf ein Poldreieck als Coordinatendreieck bezogen.

Setzt man in der Gleichung

$$(18) \quad \Psi_1(\lambda) = \Psi_0(\lambda) \left\{ \frac{U_1^2}{\lambda - \lambda_1} + \frac{U_2^2}{\lambda - \lambda_2} + \frac{U_3^2}{\lambda - \lambda_3} \right\}$$

den Parameter λ gleich Null und beachtet, dass

$$(19) \quad \Psi_0(\lambda) = B(\lambda - \lambda_1)(\lambda - \lambda_2)(\lambda - \lambda_3),$$

so verwandelt sich $\Psi_1(\lambda)$ in F, und man erhält

$$(20) \quad F = B(\lambda_2 \lambda_3 U_1^2 + \lambda_3 \lambda_1 U_2^2 + \lambda_1 \lambda_2 U_3^2),$$

wofür man, wenn die Determinante A des Kegelschnitts $f = 0$ von Null verschieden ist, auf Grund der Relation $B\lambda_1\lambda_2\lambda_3 = A$ auch setzen darf

$$(21) \quad \frac{F}{A} = \frac{U_1^2}{\lambda_1} + \frac{U_2^2}{\lambda_2} + \frac{U_3^2}{\lambda_3}.$$

Für $\lambda = \infty$ folgt aus (18):

$$\frac{G}{B} = U_1^2 + U_2^2 + U_3^2. \tag{22}$$

Die Gleichungen (21) und (22) führen nun sofort zur Bestimmung der gemeinsamen Tangenten von $F = 0$ und $G = 0$, denn für die Coordinaten dieser Tangenten bestehen gleichzeitig die Gleichungen

$$\frac{U_1^2}{\lambda_1} + \frac{U_2^2}{\lambda_2} + \frac{U_3^2}{\lambda_3} = 0 \quad \text{und} \quad U_1^2 + U_2^2 + U_3^2 = 0,$$

aus denen folgt

$$U_1 : U_2 : U_3 = \sqrt{\frac{1}{\lambda_2} - \frac{1}{\lambda_3}} : \pm\sqrt{\frac{1}{\lambda_3} - \frac{1}{\lambda_1}} : \pm\sqrt{\frac{1}{\lambda_1} - \frac{1}{\lambda_2}}, \tag{23}$$

wobei für die U_i die Ausdrücke (15) einzusetzen sind. Es treten hierbei nur vier verschiedene Werthsysteme der U_i auf, da von den acht an und für sich möglichen Combinationen der Vorzeichen in (23) je zwei für $U_1 : U_2 : U_3$ Werthe liefern, die sich nur um den Factor -1 unterscheiden. Wir können daher sagen:

(24) Es gibt im allgemeinen vier Tangenten, die zwei Kegelschnitten gemeinsam sind.

Die Erwägung, dass die Spitzen der drei in dem Kegelschnittbüschel vorhandenen Geradenpaare ein allen Kegelschnitten des Büschels gemeinsames Poldreieck bestimmen, führt darauf hin, in (16) an Stelle der willkürlichen Grössen u_1, u_2, u_3 die Differentialquotienten

$$\frac{1}{2} g'(x_i) = g_i \quad (i = 1, 2, 3)$$

einzuführen. Die Polare des Punktes $t^{(i)}$ in Bezug auf den Kegelschnitt $g(x, x) = 0$ hat nämlich die Gleichung

$$\frac{1}{2} g'(x_1) t_1^{(i)} + \frac{1}{2} g'(x_2) t_2^{(i)} + \frac{1}{2} g'(x_3) t_3^{(i)} = 0 \quad \text{oder}$$

$$t_1^{(i)} g_1 + t_2^{(i)} g_2 + t_3^{(i)} g_3 = 0.$$

Setzt man daher

$$\frac{t_1^{(i)} g_1 + t_2^{(i)} g_2 + t_3^{(i)} g_3}{\sqrt{\Psi_0'(\lambda_i)}} = X_i \quad (i = 1, 2, 3), \tag{25}$$

so ergibt sich sofort

$$-\binom{g}{g}_{c_{ik}} : \Psi_0(\lambda) = \frac{X_1^2}{\lambda - \lambda_1} + \frac{X_2^2}{\lambda - \lambda_2} + \frac{X_3^2}{\lambda - \lambda_3} \tag{26}$$

$$= \frac{1}{\lambda}\left\{\frac{X_1^2}{1 - \frac{\lambda_1}{\lambda}} + \frac{X_2^2}{1 - \frac{\lambda_2}{\lambda}} + \frac{X_3^2}{1 - \frac{\lambda_3}{\lambda}}\right\}.$$

Ersetzt man andrerseits in (16) die Grössen u_i durch $\frac{1}{2} f'(x_i) = f_i$ und berücksichtigt, dass

$$(27)\qquad t_1^{(i)}f'(x_1)+t_2^{(i)}f'(x_2)+t_3^{(i)}f'(x_3) \\ =\lambda_i\{t_1^{(i)}g'(x_1)+t_2^{(i)}g'(x_2)+t_3^{(i)}g'(x_3)\},$$

so erhält man:

$$(28)\qquad -\binom{f}{f}_{c_{ik}}:\Psi_0(\lambda)=\frac{\lambda_1{}^2X_1{}^2}{\lambda-\lambda_1}+\frac{\lambda_2{}^2X_2{}^2}{\lambda-\lambda_2}+\frac{\lambda_3{}^2X_3{}^2}{\lambda-\lambda_3}.$$

Aus (26) und (28) ergeben sich leicht die Gleichungen der auf das gemeinsame Poldreieck als Coordinatendreieck bezogenen Kegelschnitte $g=0$ und $f=0$, indem sich (26) durch die Substitution $\lambda=\infty$ verwandelt in

$$(29)\qquad g(x,x)=X_1{}^2+X_2{}^2+X_3{}^2,$$

während (28) für $\lambda=0$ übergeht in

$$(30)\qquad f(x,x)=\lambda_1X_1{}^2+\lambda_2X_2{}^2+\lambda_3X_3{}^2.$$

Bildet man aus (29) und (30) die drei Differenzen $\lambda_i g-f=0$, so ergeben sich die Gleichungen der drei Geradenpaare, deren Spitzen nach der Definition der Ausdrücke X_i in (25) mit den Punkten $U_1=0$, $U_2=0$, $U_3=0$, also mit den Ecken des Poldreiecks zusammenfallen. Man findet

$$(31)\qquad \begin{cases}(\lambda_1-\lambda_2)X_2{}^2+(\lambda_1-\lambda_3)X_3{}^2=0,\\(\lambda_2-\lambda_3)X_3{}^2+(\lambda_2-\lambda_1)X_1{}^2=0,\\(\lambda_3-\lambda_1)X_1{}^2+(\lambda_3-\lambda_2)X_2{}^2=0.\end{cases}$$

Die Ausdrücke für g und f in (29) und (30) führen überdies dazu, in eleganter Weise die Coordinaten der vier Punkte zu bestimmen, die diesen zwei Kegelschnitten gemeinsam sind, denn aus (31) folgt

$$(32)\qquad X_1:X_2:X_3=\sqrt{\lambda_2-\lambda_3}:\pm\sqrt{\lambda_3-\lambda_1}:\pm\sqrt{\lambda_1-\lambda_2}.$$

Um aus (32) und (23) die Verhältnisse der x_i, resp. u_i $(i=1,2,3)$ zu berechnen, leiten wir in etwas allgemeinerer Weise eine Relation ab, welche die x_i durch X_1, X_2, X_3 und gleichzeitig die u_i durch U_1, U_2, U_3 ausdrücken lehrt.

Wir substituiren zu diesem Zweck in (16) an Stelle der willkürlichen Veränderlichen u_i die Grössen $u_i+\mu g_i$ und vergleichen auf beiden Seiten die Coefficienten von μ^1. Alsdann entsteht die Formel

$$(33)\qquad -\binom{g}{u}_{c_{ik}}:\Psi_0(\lambda)=\frac{U_1X_1}{\lambda-\lambda_1}+\frac{U_2X_2}{\lambda-\lambda_2}+\frac{U_3X_3}{\lambda-\lambda_3}.$$

Für $\lambda=\infty$ erhält man hieraus nach einer leichten Transformation die gesuchte Relation:

$$(34)\qquad u_1x_1+u_2x_2+u_3x_3=U_1X_1+U_2X_2+U_3X_3.$$

Für bestimmte Werthe der x_i und variabele u_i stellt die linke

Seite dieser Relation gleich Null gesetzt einen Punkt dar. Wir denken uns nun für die x_i Werthe eingesetzt, welche bewirken, dass die X_i die Gleichungen (32) befriedigen; alsdann erhält man

$$(35)\qquad \sqrt{\lambda_2-\lambda_3}\,U_1 \pm \sqrt{\lambda_3-\lambda_1}\,U_2 \pm \sqrt{\lambda_1-\lambda_2}\,U_3 = 0,$$

und diese Gleichung ergibt, wenn man für die U_i die Werthe (15) einsetzt, entsprechend den verschiedenen Combinationen der positiven und negativen Vorzeichen, die vier Schnittpunkte der Kegelschnitte $f(x,x)=0$ und $g(x,x)=0$. Da zufolge (15) und (13)

$$(36)\qquad U_i = \frac{\sqrt{(F-2\lambda_i H+\lambda_i^2 G)}}{\sqrt{\Psi_0'(\lambda_i)}},$$

so kann mit Hilfe von $\Psi_0'(\lambda_1) = B(\lambda_1-\lambda_2)(\lambda_1-\lambda_3)$ und der analogen Werthe von $\Psi_0'(\lambda_2)$ und $\Psi_0'(\lambda_3)$ die Gleichung (35) auch in die Form gebracht werden

$$(37)\qquad (\lambda_2-\lambda_3)\sqrt{(F-2\lambda_1 H+\lambda_1^2 G)} \pm (\lambda_3-\lambda_1)\sqrt{(F-2\lambda_2 H+\lambda_2^2 G)} \pm (\lambda_1-\lambda_2)\sqrt{(F-2\lambda_3 H+\lambda_3^2 G)} = 0.$$

Für bestimmte Werthe der u_i und variabele x_i stellt die linke Seite von (34) eine Gerade dar. Setzt man für die u_i Werthe ein, welche bewirken, dass die U_i die Gleichungen (23) befriedigen, so erhält man die Gleichungen der vier gemeinsamen Tangenten von $f(x,x)=0$ und $g(x,x)=0$ in der Gestalt:

$$(38)\qquad \sqrt{\frac{1}{\lambda_2}-\frac{1}{\lambda_3}}\,X_1 \pm \sqrt{\frac{1}{\lambda_3}-\frac{1}{\lambda_1}}\,X_2 \pm \sqrt{\frac{1}{\lambda_1}-\frac{1}{\lambda_2}}\,X_3 = 0,$$

wobei die X_i definirt sind durch (25).

§ 15.

Allgemeine Eigenschaften des Kegelschnittbüschels; die Kegelschnittschaar.

Zunächst möge die Frage beantwortet werden, welchen Werth der Parameter λ annehmen muss, damit eine Curve des Büschels

$$(1)\qquad \lambda g(x,x) - f(x,x) = 0$$

eine gegebene Gerade

$$(2)\qquad u_x \equiv u_1x_1+u_2x_2+u_3x_3 = 0$$

berühre. Nach § 4 ist dies offenbar dann und nur dann der Fall, wenn

$$(3)\qquad \Psi_1(\lambda) \equiv -\begin{vmatrix} c_{11} & c_{12} & c_{13} & u_1 \\ c_{21} & c_{22} & c_{23} & u_2 \\ c_{31} & c_{32} & c_{33} & u_3 \\ u_1 & u_2 & u_3 & 0 \end{vmatrix} = 0,$$

d. h. wenn

(4) $$\Psi_1(\lambda) \equiv F - 2\lambda H + \lambda^2 G = 0.$$

Da diese Gleichung vom zweiten Grade in λ ist, folgt:

(5) In dem Büschel $\lambda g - f = 0$ gibt es im allgemeinen zwei Kegelschnitte, die eine gegebene Gerade berühren.

Um auch die Gleichung $H = 0$ geometrisch zu deuten, gehen wir davon aus, dass nach (53a) in § 4 die Gleichung des Schnittpunktepaares der Geraden (2) mit der Curve (1) in variabelen Liniencoordinaten v_1, v_2, v_3 dargestellt ist durch

(6) $$\Psi_2(\lambda) \equiv \binom{u\,v}{u\,v}_{c_{ik}} = 0.$$

Diese Gleichung ist in λ vom ersten Grad; bezeichnet man die Coefficienten von λ^0 und λ^1 in ihr mit P und $-Q$, so entsteht

(7) $$\Psi_2(\lambda) \equiv P - \lambda Q = 0,$$

und es sind dann $P = 0$, $Q = 0$ die Gleichungen der zwei Schnittpunktepaare der Geraden (2) mit den Kegelschnitten $f = 0$, resp. $g = 0$. Denn zu dem Werthe $\lambda = 0$ des Parameters, für welchen $P = 0$, gehört die Curve $f = 0$; zu dem Werthe $\lambda = \infty$, für welchen $Q = 0$, die Curve $g = 0$.

Speciell für eine der beiden Wurzeln λ_1 und λ_2 der quadratischen Gleichung (4) geht das Schnittpunktepaar über in den doppelt zu nehmenden Berührungspunkt, so dass man setzen kann:

(8) $$\begin{cases} P - \lambda_1 Q = (y_1 v_1 + y_2 v_2 + y_3 v_3)^2 = V_1^2, \\ P - \lambda_2 Q = (z_1 v_1 + z_2 v_2 + z_3 v_3)^2 = V_2^2. \end{cases}$$

Vermöge dieser beiden Relationen lassen sich nun P und Q ausdrücken durch V_1^2 und V_2^2. Zerlegt man nämlich den Ausdruck

$$\frac{P - \lambda Q}{(\lambda - \lambda_1)(\lambda - \lambda_2)}$$

in zwei Partialbrüche, so entsteht

(9) $$\frac{P - \lambda Q}{(\lambda - \lambda_1)(\lambda - \lambda_2)} = \frac{P - \lambda_1 Q}{(\lambda_1 - \lambda_2)(\lambda - \lambda_1)} + \frac{P - \lambda_2 Q}{(\lambda_2 - \lambda_1)(\lambda - \lambda_2)} = 0 \text{ oder}$$

(10) $$\frac{1}{\lambda_1 - \lambda_2}\left\{\frac{V_1^2}{\lambda - \lambda_1} - \frac{V_2^2}{\lambda - \lambda_2}\right\} = 0,$$

und die Form dieser Gleichung liefert unmittelbar den zuerst von Desargues[1]), später auch von Ch. Sturm gefundenen Satz, den wir den Desargues-Sturm'schen Satz nennen wollen:

---

1) Desargues: „Brouillon project d'une atteinte aux événemens des rencontres d'un cone avec un plan", Paris 1639, veröffentlicht in: „Oeuvres de Desargues réunies et analysées par M. Poudra", Bd. I, S. 186ff., Paris 1864.

(11) Das Punktepaar, in welchem eine beliebige Curve des Büschels (1) eine gegebene Gerade trifft, ist harmonisch zu den Berührungspunkten derjenigen beiden Curven, welche die gegebene Gerade berühren.

Man kann diesen Satz auch in folgender Form aussprechen:

(12) Die Kegelschnitte eines Büschels treffen eine beliebige Gerade in Punktepaaren einer Involution; die Doppelpunkte dieser Involution sind die Berührungspunkte derjenigen zwei Curven des Büschels, welche die gegebene Gerade zur Tangente haben.

Für $\lambda = 0$ und $\lambda = \infty$ ergeben sich aus (10) die Punktepaare, in denen die Curven $f = 0$ und $g = 0$ die Gerade (2) treffen, nämlich

$$\left(V_1 + \sqrt{\frac{\lambda_1}{\lambda_2}}\,V_2\right)\left(V_1 - \sqrt{\frac{\lambda_1}{\lambda_2}}\,V_2\right) = 0 \text{ für die Curve } f = 0,$$

$$(V_1 + V_2)(V_1 - V_2) \text{ für } g = 0.$$

Das Doppelverhältniss α des ersten Punktepaares zum zweiten ist nun

$$\alpha = \frac{\sqrt{\frac{\lambda_1}{\lambda_2}} - 1}{\sqrt{\frac{\lambda_1}{\lambda_2}} + 1} : \frac{\sqrt{\frac{\lambda_1}{\lambda_2}} + 1}{\sqrt{\frac{\lambda_1}{\lambda_2}} - 1},$$

woraus folgt $\frac{\alpha - 1}{\alpha + 1} = -\frac{2\sqrt{\lambda_1 \lambda_2}}{\lambda_1 + \lambda_2}$; erhebt man diesen Ausdruck ins Quadrat und führt man für das Product und die Summe der Wurzeln λ_1, λ_2 der quadratischen Gleichung (4) die Coefficienten ein, so ergibt sich die Beziehung:

$$(13) \qquad (\alpha - 1)^2 H^2 - (\alpha + 1)^2 FG = 0.$$

Diese Gleichung repräsentirt, wenn α eine gegebene Zahl ist, die Bedingung, der die Coordinaten u_i einer geraden Linie genügen müssen, wenn die Gerade die Kegelschnitte f und g so schneiden soll, dass das Punktepaar P mit dem Punktepaar Q das gegebene Doppelverhältniss α bildet. Diese Bedingung ist für die u_i vom vierten Grad, daher hat man den Satz:

(14) Alle geraden Linien, welche die zwei Kegelschnitte $f = 0$ und $g = 0$ so schneiden, dass die beiden Schnittpunktepaare ein gegebenes Doppelverhältniss α bilden, umhüllen eine Curve vierter Classe.

Für $\alpha = -1$ hat man $H^2 = 0$. Das Verschwinden von H sagt also aus, dass die Gerade (2) von den beiden Kegelschnitten $f = 0$ und $g = 0$ in zwei harmonischen Punktepaaren getroffen wird. Da

H in den u_i vom zweiten Grad ist, stellt $H = 0$ einen Kegelschnitt dar, und man kann somit sagen:

(15) Alle Geraden, welche zwei Kegelschnitte $f = 0$ und $g = 0$ in zwei harmonischen Punktepaaren treffen, umhüllen einen dritten Kegelschnitt $H = 0$, den wir die harmonische Curve zweiter Classe nennen wollen.

Dieser Kegelschnitt wird auch von denjenigen acht Geraden berührt, welche in den vier Schnittpunkten von $f = 0$ und $g = 0$ als Tangenten dieser beiden Curven gezogen werden können. Construirt man nämlich in irgend einem der Schnittpunkte die Tangente, etwa von $f = 0$, so schneidet dieselbe den Kegelschnitt $f = 0$ in zwei zusammenfallenden Punkten; sollen nun die Schnittpunkte derselben Tangente mit $g = 0$ harmonisch liegen zu diesem zusammengerückten Punktepaar, so muss einer der Schnittpunkte mit $g = 0$ in dieses Punktepaar hereinfallen. Dies ist nun wirklich der Fall, jene Tangente trifft daher beide Kegelschnitte in der That harmonisch. Dasselbe würde gelten, wenn jene Tangente an den Kegelschnitt $g = 0$ in einem der Schnittpunkte von $f = 0$ mit $g = 0$ gezogen worden wäre.

Man kann ferner fragen, was eintritt, wenn das Doppelverhältniss $\alpha = 0$ ist, oder den reciproken Werth hiervon, ∞, annimmt. Bezeichnen wir die Schnittpunkte der Geraden $u_x = 0$ mit dem Kegelschnitt $f = 0$ durch 0 und 1, ihre Schnittpunkte mit $g = 0$ durch 2 und 3, so hat das Doppelverhältniss α bekanntlich den Werth $\alpha = \frac{(20)}{(21)} : \frac{(30)}{(31)} = \frac{(20)\,(31)}{(21)\,(30)}$, wo (20) den Abstand des Punktes 0 vom Punkte 2 bedeutet. Dieses Doppelverhältniss ist nur dann Null oder unendlich gross, wenn einer der Abstände (20), (31), (21), (30) sich auf Null reducirt, d. h. wenn die Gerade die Kegelschnitte so trifft, dass ein auf $f = 0$ gelegener Schnittpunkt mit einem auf $g = 0$ gelegenen zusammenfällt, wenn sie also durch einen der vier Schnittpunkte beider Kegelschnitte geht. Und so oft auch umgekehrt die Gerade durch einen der vier Schnittpunkte geht, wird das Doppelverhältniss gleich Null oder unendlich gross. Für $\alpha = 0$ und $\alpha = \infty$ verwandelt sich aber (13) in:

(16) $$H^2 - FG = 0,$$

und diese Gleichung wird daher erfüllt für jede Gerade, die durch einen der vier Schnittpunkte geht, d. h.:

(16a) Die vier Schnittpunkte der Kegelschnitte $f = 0$ und $g = 0$ sind gegeben durch die Gleichung $H^2 - FG = 0$.

Zu diesem Resultate gelangt man auch in folgender Weise.

Die vorstehenden Betrachtungen hatten zur Voraussetzung, dass die beiden Wurzeln λ_1 und λ_2 der Gleichung (4) verschieden seien. Um auf den Fall $\lambda_1 = \lambda_2$ näher einzugehen, ersetzen wir in der für ein beliebiges λ und für alle Werthe der v_i bestehenden Identität

$$(17)\qquad \Psi_2(\lambda) = \frac{\partial \Psi_1(\lambda)}{\partial c_{11}} v_1^2 + 2\frac{\partial \Psi_1(\lambda)}{\partial c_{12}} v_1 v_2 + \cdots + \frac{\partial \Psi_1(\lambda)}{\partial c_{33}} v_3^2$$

die Grösse λ durch die Doppelwurzel λ_1 und die Quadrate und Producte $v_1^2, v_1v_2, \ldots v_3^2$ durch $b_{11}, b_{12}, \ldots b_{33}$, was nach (35) in § 8 geschehen darf. Alsdann wird die rechte Seite der letzten Identität gleich dem zufolge Vorhandenseins der Doppelwurzel verschwindenden Differentialquotienten $\frac{d\Psi_1(\lambda_1)}{d\lambda_1}$[1]), während die linke Seite nach (7) und (8) übergeht in $y_1^2 b_{11} + 2y_1y_2b_{12} + \cdots + y_3^2 b_{33}$, also in $g(y, y)$. Der auf der Curve $\lambda_1 g - f = 0$ befindliche Berührungspunkt y liegt demnach gleichzeitig auch auf den Curven $g = 0$ und $f = 0$. Nun ist aber die Bedingung für die Gleichheit der Wurzeln λ_1 und λ_2 von $F - 2\lambda H + \lambda^2 G = 0$ ausgedrückt durch $H^2 - FG = 0$; die Erfüllung dieser Bedingung sagt daher aus, dass die Gerade $u_x = 0$ durch einen der vier Schnittpunkte von $g = 0$ und $f = 0$ hindurchgeht.

Dem Kegelschnittbüschel entspricht dualistisch die *Kegelschnittschaar: die Gesammtheit aller Curven zweiter Classe, welche vier gegebene Geraden zu Tangenten haben.* Sind diese die gemeinsamen Tangenten der beiden Curven $\varphi(u, u) = 0$ und $\psi(u, u) = 0$, so stellt die Gleichung $\lambda\psi - \varphi = 0$ für alle möglichen Werthe des Parameters λ alle in der Schaar enthaltenen Curven dar.

Den bisher abgeleiteten Sätzen über Kegelschnittbüschel entsprechen solche über Schaaren; sie mögen hier ohne Beweis erwähnt werden, da die Beweisführung die analoge ist wie bei den Büscheln.

(18) *In einer Kegelschnittschaar sind im allgemeinen drei Punktepaare vorhanden.*

(19) *Jede Gerade, welche nicht zugleich eine der vier gemeinsamen Tangenten der Kegelschnitte $\varphi(u, u) = 0$ und $\psi(u, u) = 0$ ist, wird von einem und nur einem der Schaar $\lambda\psi - \varphi = 0$ angehörigen Kegelschnitte berührt.*

(20) *Die drei Träger der in einer Kegelschnittschaar enthaltenen Punktepaare bilden ein Poldreiseit für jede Curve der Schaar.*

(21) *In einer Kegelschnittschaar gibt es im allgemeinen*

---

1) Denn aus $c_{ik} = \lambda b_{ik} - a_{ik}$ folgt $b_{ik} = \frac{\partial c_{ik}}{\partial \lambda}$.

zwei Curven, die durch einen gegebenen Punkt hindurchgehen.

(22) Die Tangentenpaare, welche man von irgend einem Punkte an die Kegelschnitte einer Schaar legen kann, bilden eine Involution, deren Doppelstrahlen aus den Tangenten derjenigen zwei Curven der Schaar bestehen, welche sich in dem gegebenen Punkte schneiden.

(23) Alle Punkte, von welchen an zwei gegebene Curven zweiter Classe harmonische Tangentenpaare gezogen werden können, liegen auf einem dritten Kegelschnitt; derselbe werde die harmonische Curve zweiter Ordnung genannt.

Von besonderer Wichtigkeit ist diejenige Kegelschnittschaar, bei welcher eine der zwei Curven $\varphi = 0$, $\psi = 0$ aus dem imaginären Kreispunktepaar besteht; man spricht in diesem (in § 18 ausführlicher behandelten) Falle von einer Schaar confocaler Kegelschnitte. Die zwei Curven einer solchen Schaar, die nach (21) durch einen beliebig gegebenen Punkt (y) hindurchgehen, schneiden sich in demselben rechtwinklig, denn nach (22) liegen die Tangenten, welche in dem betreffenden Schnittpunkte y an die beiden Curven gezogen werden können, harmonisch zu allen Tangentenpaaren, die von y an die Kegelschnitte der Schaar gelegt sind, sie sind also harmonische Polaren des der Schaar angehörigen Kreispunktepaars, stehen daher nach (28) in § 7 auf einander senkrecht. Auch kann man zeigen, dass die zwei durch einen beliebigen Punkt y der Ebene gehenden Kegelschnitte der confocalen Schaar immer reell sind. Die Gleichung der confocalen Schaar hat nämlich die Form:

$$\lambda \varphi(u, u) - \omega(u, u) = 0; \tag{24}$$

ist hier $\varphi(u, u) \equiv \sum_1^3{}_i \sum_1^3{}_k \alpha_{ik} u_i u_k$ und setzt man $\lambda \alpha_{ik} - \omega_{ik} = \gamma_{ik}$, so ist (24) gleichbedeutend mit $\sum_1^3{}_i \sum_1^3{}_k \gamma_{ik} u_i u_k = 0$. Für die Parameter derjenigen zwei Curven der Schaar, welche durch den gegebenen Punkt y gehen, hat man dualistisch zu (3) die Gleichung

$$\binom{y}{y}_{\gamma_{ik}} = 0, \tag{25}$$

und diese hat, wie wir behaupten, stets zwei reelle Wurzeln. Es folgt dies aus Satz (4) in § 8, indem man in der Determinante (4a) in § 8, auf welche sich der Satz bezieht, die Form $\sum_1^n{}_i \sum_1^n{}_k \alpha_{ik} u_i u_k$ ersetzt durch $\sum_1^3{}^i \sum_1^3{}^k \alpha_{ik} u_i u_k + 2(y_1 u_1 + y_2 u_2 + y_3 u_3) u_4$; man erhält alsdann sofort die Determinante (25). Dass die zwei den Wurzeln von (25) entsprechenden Curven zweiter Classe nicht imaginär sind, folgt dann daraus, dass y ein reeller Punkt dieser Curven ist. Wir können also sagen:

(26) Durch einen beliebigen Punkt der Ebene gehen stets zwei reelle Kegelschnitte einer confocalen Schaar, und zwar schneiden sich dieselben in dem betreffenden Punkte rechtwinklig.

Es wird in § 18 gezeigt werden, dass der eine der beiden Kegelschnitte (so lange wenigstens die Schaar keine specielle Schaar ist) stets aus einer Ellipse, der andere aus einer Hyperbel besteht.

Für eine nicht ausartende Curve zweiter Classe $\varphi(u, u) = 0$ bestehen ferner die drei Punktepaare der Schaar $\lambda \varphi(u, u) - \omega(u, u) = 0$ aus $\omega(u, u) = 0$ und den beiden Brennpunktepaaren (vgl. S. 113f.).

Hieraus und aus (26) folgt in Verbindung mit (21) der Satz:

(27) Die Winkel derjenigen Tangentenpaare, welche man von irgend einem Punkte P an die Kegelschnitte einer confocalen Schaar, speciell auch an das reelle Brennpunktepaar, legen kann, haben sämmtlich dieselbe Halbirungslinie; dieselbe besteht in der einen oder anderen Tangente der beiden durch P gehenden Kegelschnitte der Schaar.

Nach (23) liegen die Punkte y, von welchen an zwei gegebene Curven zweiter Classe harmonische Tangentenpaare gezogen werden können, auf einem Kegelschnitt. Auch dieser Satz liefert besonders interessante Resultate, wenn man als eine der beiden Curven zweiter Classe das imaginäre Kreispunktepaar wählt, während die andere gegeben sei durch

$$\varphi(u, u) \equiv \sum_1^3{}^i \sum_1^3{}^k \alpha_{ik} u_i u_k = 0. \tag{28}$$

Es müssen nämlich nunmehr die von einem Punkte y an $\varphi(u, u) = 0$ gezogenen Tangenten harmonische Polaren sein von $\omega(u, u) = 0$, also auf einander senkrecht stehen, so dass daher alle Punkte y, von welchen an eine Curve zweiter Classe zu einander rechtwinklige Tangenten gezogen werden können, auf einem Kegelschnitt liegen. Die Gleichung $\chi(x, x) = 0$ desselben wird erhalten, indem man den dualistischen Ausdruck zu $H = 0$ bildet und beachtet, dass die eine Curve zweiter Classe durch $\omega(u, u) = 0$ gegeben ist; daher ergibt sich:

$$(29) \quad 2\chi(x, x) \equiv (\alpha_{22}\omega_{33} + \alpha_{33}\omega_{22} - 2\alpha_{23}\omega_{23})x_1^2 + \cdots \\ + 2(\alpha_{31}\omega_{32} + \alpha_{32}\omega_{31} - \alpha_{33}\omega_{12} - \alpha_{12}\omega_{33})x_1x_2 + \cdots = 0.$$

Man kann die Gleichung dieser Curve auch noch auf anderem Wege erhalten, wobei sich überdies sofort zeigt, dass dieselbe einen Kreis repräsentirt. Aus (22) in § 11 folgt nämlich, dass die Gleichung einer Curve zweiter Classe in die Form gebracht werden kann

$$(30) \qquad \varphi(u, u) \equiv c \cdot \omega(u, u) + B \cdot B_1 = 0,$$

wobei $B = 0$ und $B_1 = 0$ die reellen Brennpunkte darstellen, c eine Constante bedeutet. Der Ausdruck $\chi(x, x)$, gebildet für (30), besteht nun aus zwei Theilen, indem man $\chi(x, x)$ zu bilden hat für $c \cdot \omega(u, u)$, sowie für BB_1. Der erste Theil wird, wie man sofort sieht, gleich $c \cdot \tau p_x^2$; der zweite ist identisch mit dem Ausdruck für den geometrischen Ort aller Punkte, von denen nach den Brennpunkten $B = 0$ und $B_1 = 0$ zwei zu einander senkrechte Geraden gezogen werden können, und dieser Ort ist, wie man aus der elementaren Planimetrie weiss, ein Kreis mit der Verbindungslinie der zwei Brennpunkte als Durchmesser, etwa $K = 0$. Infolge dessen wird χ, gebildet für (30), von der Form $c \cdot \tau p_x^2 + K = 0$, und diese Gleichung stellt, da sie sich von $K = 0$ nur um das Glied $c \cdot \tau p_x^2$ unterscheidet, gleichfalls einen Kreis dar, welcher überdies, wie die Gleichung des Kreises (43) in § 10 zeigt, mit $K = 0$ und somit auch mit $f(u, u) = 0$ concentrisch ist. Man nennt diesen Kreis $\chi(x, x) = 0$ den Directorkreis des gegebenen Kegelschnitts und kann somit den Satz aussprechen:

Fig. 5.

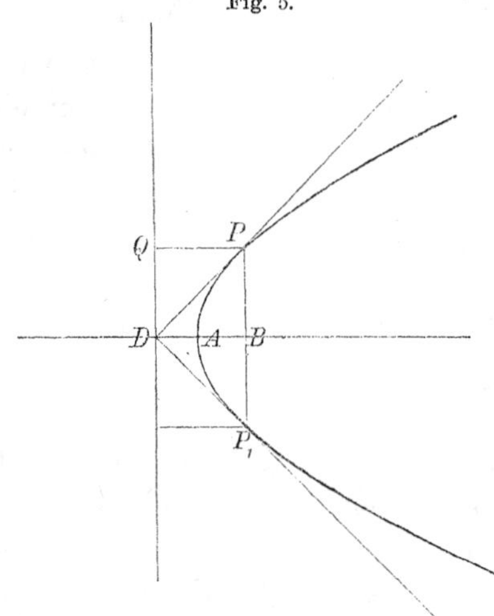

(31) Der geometrische Ort aller Punkte, von denen an einen gegebenen Kegelschnitt Tangenten gezogen werden können, die zu einander rechtwinklig sind, ist ein mit dem Kegelschnitt concentrischer Kreis.

Besondere Beachtung verdient der Fall der Parabel, indem sich zeigen wird, dass hier der Directorkreis zerfällt in die unendlich ferne Gerade und in die Directrix der Parabel. Unter Anwendung derselben Betrachtungsweise wie zuvor auf die Gleichung (30), in welcher jedoch nunmehr $B_1 = 0$ den unendlich fernen Brennpunkt der Parabel darstellen möge, erkennt man, dass in diesem Falle $\chi(x, x) = 0$ in die unendlich ferne Gerade, sowie in eine Parallele zu derjenigen Geraden zerfällt, welche durch den im Endlichen gelegenen Brennpunkt senkrecht zur Axe der Parabel gezogen wird. Dass diese Parallele die Directrix ist, ergibt sich aus dem Umstande, dass die zwei aus dem Schnittpunkt D von Axe und Directrix an die Curve gezogenen Tangenten zu einander normal sind. Eine Sehne, die in B normal zur Axe steht und in P, P_1 die Parabel schneiden möge, ist offenbar die Polare von D; denn der unendlich ferne Punkt dieser Sehne (als Pol der Axe) und B (als Pol der Directrix) sind beide conjugirt zu D[1]). Andrerseits folgt aus der Definition der Parabel $PB = PQ = BD$, d. h. das Viereck $DBPQ$ ist ein Quadrat, somit $\sphericalangle PDB = \frac{1}{2} R$ und $PDP_1 = R$. Es gilt demnach der Satz:

(32) Der geometrische Ort aller Punkte, von denen an eine Parabel zwei zu einander rechtwinklige Tangenten gezogen werden können, besteht aus der Directrix der Parabel und der unendlich fernen Geraden.

§ 16.

Einführung zweckmässiger Coordinatendreiecke in den verschiedenen speciellen Fällen, welche bei einem Kegelschnittbüschel auftreten können.

In dem allgemeinen Falle, in welchem die kubische Gleichung $\Psi_0(\lambda) = 0$ nur verschiedene Wurzeln besitzt, hatte sich nach § 14 als zweckmässigstes Coordinatendreieck das durch die Spitzen der drei in dem Kegelschnittbüschel vorhandenen Geradenpaare bestimmte Dreieck erwiesen; dasselbe war zugleich ein Poldreieck für alle Curven des Büschels. Bei Einführung desselben erhielten die Gleichungen der Curven $f = 0$ und $g = 0$ des Büschels $\lambda g - f = 0$ die einfache Gestalt[2]):

$$(1) \qquad \begin{cases} f = \lambda_1 X_1^2 + \lambda_2 X_2^2 + \lambda_3 X_3^2 = 0, \\ g = X_1^2 + X_2^2 + X_3^2 = 0. \end{cases}$$

Sobald nun aber die Gleichung $\Psi_0(\lambda) = 0$ eine doppelte oder dreifache Wurzel besitzt, fallen zwei Ecken des zu Grunde gelegten Poldreiecks zusammen, und es verlieren überhaupt viele Entwickelungen in § 14 ihre Giltigkeit. Zur näheren Untersuchung dieses Falles ist es vortheilhaft, die zur vielfachen Wurzel gehörigen Partialbrüche

1) Dies gilt übrigens für jeden Kegelschnitt, nicht nur für die Parabel.

2) Vgl. (30) und (29) in § 14.

von $\frac{\Psi_1(\lambda)}{\Psi_0(\lambda)}$ zu bestimmen. Es besteht nun nach (7) in § 13 die Relation

$$(2) \qquad C\binom{uv}{uv} = \binom{u}{u}\binom{v}{v} - \binom{u}{v}^2,$$

wobei die v_i $(i = 1, 2, 3)$ ganz beliebige Grössen bezeichnen und $\Psi_0(\lambda) \equiv \sum \pm (c_{11}c_{22}c_{33})$ ersetzt ist durch C. Aus (2) folgt, da $\binom{u}{u} = -\Psi_1(\lambda)$, sofort:

$$(3) \qquad \frac{\Psi_1(\lambda)}{\Psi_0(\lambda)} = -\frac{\binom{u}{v}^2}{C\cdot\binom{v}{v}} - \frac{\binom{u\,v}{u\,v}}{\binom{v}{v}}.$$

So lange wir annehmen, dass nicht alle Unterdeterminanten C_{ik} in C verschwinden, können wir uns zunächst die v_i so bestimmt denken, dass für eine e-fache Wurzel λ_1 $(e = 2$ oder $3)$ der Ausdruck $\binom{v}{v}$ bei völliger Willkürlichkeit der v_i nicht verschwindet, mit anderen Worten, dass $\binom{v}{v}$ keinen Factor $\lambda - \lambda_1$ besitzt[1]). In Folge dessen wird nur der Term $\frac{\binom{u}{v}^2}{C\binom{v}{v}}$ Partialbrüche veranlassen, die zur Wurzel λ_1 gehören. Bekanntlich ist die Gesammtheit derselben, wofern

$$(4) \qquad \frac{(\lambda-\lambda_1)^e\binom{u}{v}^2}{-C\cdot\binom{v}{v}} = \left\{\frac{(\lambda-\lambda_1)^{\frac{e}{2}}\cdot\binom{u}{v}}{\sqrt{-C\cdot\binom{v}{v}}}\right\}^2 = U^2$$

gesetzt wird, repräsentirt durch:

$$(5) \qquad \frac{[U^2]_{\lambda=\lambda_1}}{(\lambda-\lambda_1)^e} + \frac{\left[\frac{d\cdot U^2}{d\lambda}\right]_{\lambda=\lambda_1}}{(\lambda-\lambda_1)^{e-1}} + \cdots + \frac{\left[\frac{d^{e-1}\cdot U^2}{d\lambda}\right]_{\lambda=\lambda_1}}{(e-1)!\,(\lambda-\lambda_1)}.$$

Führt man daher die Bezeichnungen ein:

$$(6) \qquad [U]_{\lambda=\lambda_1} = U^{(1)}, \quad \left[\frac{dU}{d\lambda}\right]_{\lambda=\lambda_1} = U^{(2)}, \quad \frac{1}{2}\left[\frac{d^2U}{d\lambda^2}\right]_{\lambda=\lambda_1} = U^{(3)},$$

---

1) Man kann beispielsweise einer der Grössen v den Werth 1, den beiden anderen den Werth Null ertheilen, und zwar kann dies auf drei Arten geschehen, je nachdem v_1 oder v_2 oder v_3 gleich 1 gesetzt wird. Aber eine dieser drei Möglichkeiten führt stets zum Ziel, denn wenn dies nicht der Fall wäre, würden für jene Doppelwurzel λ_1 die Unterdeterminanten C_{11}, C_{22} und C_{33} verschwinden, und da für $\lambda = \lambda_1$ auch $C = 0$, so würden alle Unterdeterminanten C_{ik} verschwinden, was ausgeschlossen war.

so erhält man für $\frac{\Psi_1(\lambda)}{\Psi_0(\lambda)}$, je nachdem $e = 2$ oder $e = 3$, die Darstellung:

$$\text{(7)} \qquad \frac{\Psi_1(\lambda)}{\Psi_0(\lambda)} = \frac{U^{(1)}U^{(1)}}{(\lambda - \lambda_1)^2} + 2\,\frac{U^{(1)}U^{(2)}}{\lambda - \lambda_1} + \frac{U_3{}^2}{\lambda - \lambda_3},$$

oder diese andere:

$$\text{(8)} \qquad \frac{\Psi_1(\lambda)}{\Psi_0(\lambda)} = \frac{U^{(1)}U^{(1)}}{(\lambda - \lambda_1)^3} + 2\,\frac{U^{(1)}U^{(2)}}{(\lambda - \lambda_1)^2} + \frac{U^{(2)}U^{(2)} + 2\,U^{(1)}U^{(3)}}{\lambda - \lambda_1}.$$

Darin sind $U^{(1)}$, $U^{(2)}$, $U^{(3)}$ lineare homogene Functionen der u_i, die durch (4) und (6) definirt sind, während U_3 mit dem bereits früher aufgetretenen und ähnlich bezeichneten Ausdrucke (15) in § 14 übereinstimmt.

Ist die Grösse λ_1 eine Doppelwurzel von $\Psi_0(\lambda) = 0$ und gleichzeitig für beliebige Werthe der v_i eine einfache Wurzel von $\binom{v}{v} = 0$, so liefern die beiden Terme in (3) Partialbrüche mit dem Nenner $\lambda - \lambda_1$; ferner sieht man aus (2), dass in diesem Falle λ_1 auch einfache Wurzel von $\binom{u}{v} = 0$ ist. In Folge dessen lässt sich der Factor $\lambda - \lambda_1$ in Zähler und Nenner von $\frac{\binom{u}{v}^2}{C\cdot\binom{v}{v}}$ zweimal wegheben, so dass alsdann dieses Glied, ebenso wie $\frac{\binom{u\,v}{u\,v}}{\binom{v}{v}}$, im Nenner den Factor $\lambda - \lambda_1$ nur noch einmal besitzt. Durch Partialbruchzerlegung ergibt sich daher jetzt eine Gleichung von der Gestalt:

$$\text{(9)} \qquad \frac{\Psi_1(\lambda)}{\Psi_0(\lambda)} = \frac{U^{(1)}U^{(1)}}{\lambda - \lambda_1} + \frac{U^{(2)}U^{(2)}}{\lambda - \lambda_1} + \frac{U_3{}^2}{\lambda - \lambda_3},$$

wobei

$$\text{(10)} \quad U^{(1)} = \left\{\frac{(\lambda - \lambda_1)^{\frac{1}{2}}\binom{u}{v}}{\sqrt{-C\cdot\binom{v}{v}}}\right\}_{\lambda = \lambda_1}, \quad U^{(2)} = \left\{\frac{(\lambda - \lambda_1)^{\frac{1}{2}}\sqrt{\binom{u\,v}{u\,v}}}{\sqrt{-\binom{v}{v}}}\right\}_{\lambda = \lambda_1}.$$

Der Fall, dass eine Doppelwurzel λ_1 von $\Psi_0(\lambda) = 0$ auch Doppelwurzel von $\binom{v}{v} = 0$ ist, kommt nicht in Betracht, da alsdann der Factor $\lambda - \lambda_1$ in der rechten Seite von (2) vierfach, somit in $\binom{u\,v}{u\,v}$ einfach enthalten sein müsste, es wäre $\binom{u\,v}{u\,v}$ für beliebige u_i und v_i theilbar durch $\lambda - \lambda_1$, d. h. die Coefficienten a_{ik} des Kegelschnitts $f(x, x) = 0$ wären proportional den Coefficienten b_{ik} von $g(x, x) = 0$, beide Kegelschnitte somit identisch und überhaupt kein Büschel vorhanden.

Der letzte mögliche Specialfall wäre endlich derjenige, bei welchem der Factor $\lambda - \lambda_1$ in $\Psi_0(\lambda)$ zur dritten Potenz erhoben vorkommt und überdies in $\binom{v}{v}$, also auch (wie oben) in $\binom{u}{v}$, einfach enthalten ist. Nun lässt sich der Factor $\lambda - \lambda_1$ in Zähler und Nenner von $\frac{\binom{u}{v}^2}{C\binom{v}{v}}$ zweimal wegheben, so dass alsdann dieses Glied im Nenner noch den Factor $(\lambda - \lambda_1)^2$ besitzt. Setzt man

$$(11) \qquad U = \frac{(\lambda - \lambda_1)\binom{u}{v}}{\sqrt{-C\cdot\binom{v}{v}}}, \quad U^{(1)} = [U]_{\lambda=\lambda_1}, \quad U^{(2)} = \left[\frac{dU}{d\lambda}\right]_{\lambda=\lambda_1},$$

$$U^{(3)} = \left\{\frac{(\lambda - \lambda_1)^{\frac{1}{2}}\sqrt{\binom{u\,v}{u\,v}}}{\sqrt{-\binom{v}{v}}}\right\}_{\lambda=\lambda_1},$$

so erhält man für $\frac{\Psi_1(\lambda)}{\Psi_0(\lambda)}$ die Darstellung:

$$(12) \qquad \frac{\Psi_1(\lambda)}{\Psi_0(\lambda)} = \frac{U^{(1)}U^{(1)}}{(\lambda - \lambda_1)^2} + \frac{2U^{(1)}U^{(2)}}{\lambda - \lambda_1} + \frac{U^{(3)}U^{(3)}}{\lambda - \lambda_1}.$$

Der Fall, dass eine dreifache Wurzel von $\Psi_0(\lambda) = 0$ zugleich Doppelwurzel von $\binom{v}{v} = 0$ wäre, kommt nicht in Betracht, da bereits der Fall einer in $\binom{v}{v} = 0$ zweifach enthaltenen Doppelwurzel von $\Psi_0(\lambda) = 0$ auszuschliessen war.

Abgesehen von dem allgemeinen Falle, in welchem die Wurzeln von $\Psi_0(\lambda)$ von einander verschieden sind, haben wir also vier specielle Fälle zu unterscheiden, die wir nochmals kurz zusammenstellen und mit den in § 14 mit IIa, IIb, IIIa, IIIb bezeichneten Fällen vergleichen, auch mit denselben Nummern bezeichnen wollen.

IIa) Für die Doppelwurzel $\lambda = \lambda_1$ von $\Psi_0(\lambda) = 0$ bleibt $\binom{v}{v}$ von Null verschieden, es liegt daher der Fall IIa) in § 14 vor, die Kegelschnitte des Büschels berühren sich in einem und demselben Punkt, und die gemeinsame Tangente ist eine Gerade des Paares $\lambda_3 g - f = 0$. Man hat nach (7):

$$(\mathrm{IIa}) \qquad \frac{\Psi_1(\lambda)}{\Psi_0(\lambda)} = \frac{U^{(1)}U^{(1)}}{(\lambda - \lambda_1)^2} + \frac{2U^{(1)}U^{(2)}}{(\lambda - \lambda_1)} + \frac{U_3^{\,2}}{\lambda - \lambda_3}.$$

IIIa) Für die dreifache Wurzel $\lambda = \lambda_1$ von $\Psi_0(\lambda) = 0$ bleibt $\binom{v}{v}$ von Null verschieden, es liegt daher der Fall IIIa) in § 14 vor, die Kegelschnitte des Büschels osculiren sich und schneiden sich noch in einem vierten Punkte. Man hat nach (8):

$$\text{(IIIa)} \qquad \frac{\Psi_1(\lambda)}{\Psi_0(\lambda)} = \frac{U^{(1)}U^{(1)}}{(\lambda-\lambda_1)^3} + 2\frac{U^{(1)}U^{(2)}}{(\lambda-\lambda_1)^2} + \frac{U^{(2)}U^{(2)} + 2U^{(1)}U^{(3)}}{\lambda-\lambda_1}.$$

IIb) Der Factor $\lambda - \lambda_1$ ist in $\Psi_0(\lambda)$ zweifach enthalten, in $\binom{v}{v}$ einfach, und zwar bei willkürlichen Werthen der Grössen v_i; es ist daher

$$F - 2\lambda_1 H + \lambda_1^2 G \equiv \binom{v}{v}_{\lambda=\lambda_1} \equiv 0,$$

mithin liegt der Fall IIb) in § 14 vor, zwischen den Kegelschnitten des Büschels findet doppelte Berührung statt. Man hat nach (9):

$$\text{(IIb)} \qquad \frac{\Psi_1(\lambda)}{\Psi_0(\lambda)} = \frac{U^{(1)}U^{(1)}}{\lambda-\lambda_1} + \frac{U^{(2)}U^{(2)}}{\lambda-\lambda_1} + \frac{U_3^2}{\lambda-\lambda_3}.$$

IIIb) Der Factor $\lambda - \lambda_1$ ist in $\Psi_0(\lambda)$ dreifach enthalten, in $\binom{v}{v}$ einfach, und zwar bei willkürlichen Werthen der Grössen v_i; es ist daher

$$F - 2\lambda_1 H + \lambda_1^2 G \equiv \binom{v}{v}_{\lambda=\lambda_1} \equiv 0,$$

mithin liegt der Fall IIIb) in § 14 vor, die Curven des Büschels haben vier zusammenfallende Punkte gemeinsam. Man hat nach (12):

$$\text{(IIIb)} \qquad \frac{\Psi_1(\lambda)}{\Psi_0(\lambda)} = \frac{U^{(1)}U^{(1)}}{(\lambda-\lambda_1)^2} + 2\frac{U^{(1)}U^{(2)}}{\lambda-\lambda_1} + \frac{U^{(3)}U^{(3)}}{\lambda-\lambda_1}.$$

Wir haben nun noch die den eben angegebenen speciellen Fällen entsprechenden Darstellungen der Kegelschnitte $f = 0$ und $g = 0$ in Punktcoordinaten zu untersuchen.

Zuvor wollen wir noch eine Formel ableiten, die im Folgenden mehrfach zur Anwendung kommt und sich auf die Determinante $\binom{g}{g}_{c_{ik}}$ bezieht, welche aus $\binom{u}{u}_{c_{ik}}$ dadurch hervorgeht, dass man u_i ersetzt durch $g_i = \frac{1}{2} g'(x_i)$. Multiplicirt man nämlich die drei ersten Verticalreihen von $\binom{g}{g}$ resp. mit $\frac{x_1}{\lambda}, \frac{x_2}{\lambda}, \frac{x_3}{\lambda}$ und subtrahirt sie von der vierten, und verfährt man hierauf in gleicher Weise mit den Horizontalreihen, so ergibt sich die Identität

$$\text{(13)} \qquad -\lambda^2 \binom{g}{g} = (f + \lambda g) \cdot \Psi_0(\lambda) - \binom{f}{f}.$$

Betrachten wir nun den Fall (IIa) (einfache Berührung).

Analog dem Verfahren, welches beim allgemeinen Falle benutzt wurde[1]), ersetzen wir in (IIa) die Veränderlichen u_i durch die Differentialquotienten $\frac{1}{2}g'(x_i) = g_i$ $(i = 1, 2, 3)$ und erhalten, wenn die vermöge dieser Substitution aus $U^{(1)}$, $U^{(2)}$, U_3 hervorgehenden Ausdrücke resp. durch X_2, X_1, X_3 bezeichnet werden:

$$(14) \qquad -\binom{g}{g} : \Psi_0(\lambda) = \frac{X_2^2}{(\lambda-\lambda_1)^2} + 2\frac{X_2 X_1}{\lambda-\lambda_1} + \frac{X_3^2}{\lambda-\lambda_3}.$$

Der Grund, weshalb die aus $U^{(1)}$ und $U^{(2)}$ hervorgehenden Ausdrücke gerade mit X_2 und X_1 bezeichnet wurden, liegt darin, dass die Relation

$$(15) \qquad u_1 x_1 + u_2 x_2 + u_3 x_3 = U^{(1)} X_1 + U^{(2)} X_2 + U_3 X_3$$

erfüllt werden sollte. Dass diese nun erfüllt ist, zeigt man ähnlich wie bei (34) in § 14 auf folgende Weise: Man ersetzt in (IIa) u_i durch $u_i + \mu g_i$ und vergleicht beiderseits die Coefficienten von μ^1, wodurch sich ergibt

$$-2\binom{g}{u}_{c_{ik}} : B(\lambda-\lambda_1)^2(\lambda-\lambda_3) = \frac{2U^{(1)}X_2}{(\lambda-\lambda_1)^2} + \frac{2(U^{(2)}X_2 + U^{(1)}X_1)}{\lambda-\lambda_1} + \frac{2U_3X_3}{\lambda-\lambda_3};$$

hierbei ist für $\Psi_0(\lambda)$ der Werth $B(\lambda-\lambda_1)^2(\lambda-\lambda_3)$ substituirt, den dieser Ausdruck im gegenwärtigen Falle annimmt. Für $\lambda = \infty$ erhält man alsdann die Relation

$$-\binom{g}{u}_{b_{ik}} : B = U^{(1)}X_1 + U^{(2)}X_2 + U_3X_3,$$

deren linke Seite mit $u_1x_1 + u_2x_2 + u_3x_3$ identisch ist, wie leicht einzusehen; hiermit ist die Beziehung (15) erwiesen.

Entwickelt man auf der rechten Seite von (14) vermöge der Formeln

$$(16) \qquad \frac{1}{(\lambda-\lambda_i)^2} = \frac{1}{\lambda^2} + \frac{2\lambda_i}{\lambda^3} + \frac{3\lambda_i^2}{\lambda^4} + \cdots \text{ und } \frac{1}{\lambda-\lambda_i} = \frac{1}{\lambda} + \frac{\lambda_i}{\lambda^2} + \frac{\lambda_i^2}{\lambda^3} + \cdots$$

nach absteigenden Potenzen von λ, so ergibt sich

$$-\lambda^2\binom{g}{g} = \Psi_0(\lambda)\left\{X_2^2\left(1 + \frac{2\lambda_1}{\lambda} + \cdots\right) + 2X_2X_1\left(\lambda + \lambda_1 + \frac{\lambda_1^2}{\lambda} + \cdots\right) + X_3^2\left(\lambda + \lambda_3 + \frac{\lambda_3^2}{\lambda} + \cdots\right)\right\},$$

und hieraus durch Vergleichung der Coefficienten von λ^4 und λ^3 mit Rücksicht auf (13):

$$(17) \qquad \begin{cases} g = 2X_2X_1 + X_3^2, \\ f = X_2^2 + 2\lambda_1X_1X_2 + \lambda_3X_3^2. \end{cases}$$

---

1) Vgl. S. 139.

Die Gleichungen dieser beiden Kegelschnitte in Liniencoordinaten erhält man aus (IIa) durch die Substitution $\lambda = 0$, resp. $\lambda = \infty$ in der Form

$$(18)\qquad \begin{cases} \dfrac{G}{B} = 2\,U^{(1)}U^{(2)} + U_3^2, \\ F = B\{-\lambda_3 U^{(1)}U^{(1)} + 2\lambda_1\lambda_3 U^{(1)}U^{(2)} + \lambda_1^2 U_3^2\}, \end{cases}$$

wobei sich auf Grund der Relation $B\lambda_1^2\lambda_3 = A$ die zweite Gleichung auch ersetzen lässt durch

$$(18a)\qquad \frac{F}{A} = -\frac{U^{(1)}U^{(1)}}{\lambda_1^2} + \frac{2\,U^{(1)}U^{(2)}}{\lambda_1} + \frac{U_3^2}{\lambda_3}.$$

Ferner erhält man

$$(19)\qquad \begin{cases} \lambda_1 g - f = (\lambda_1 - \lambda_3)X_3^2 - X_2^2 \\ \lambda_3 g - f = 2(\lambda_3 - \lambda_1)X_1X_2 - X_2^2, \end{cases}$$

woraus hervorgeht, dass $X_2 = 0$, $X_3 = 0$ die Coordinaten des gemeinsamen Berührungspunktes aller Kegelschnitte des Büchels sind, während für die Coordinaten der zwei übrigen Grundpunkte des Büschels die Proportionenreihe Geltung hat:

$$(20)\qquad X_1 : X_2 : X_3 = 1 : 2(\lambda_3 - \lambda_1) : \pm 2\sqrt{\lambda_1 - \lambda_3}.$$

Aus (17) und (18) ersieht man auch, dass $X_2 = 0$ die Gleichung der Tangente des gemeinschaftlichen Berührungspunktes ist, sowie dass die Gerade $X_3 = 0$ harmonisch liegt zu $X_2 = 0$ und zu dem Geradenpaare $\lambda_1 g - f = 0$, welch letzteres die Verbindungslinien des Berührungspunktes mit den beiden anderen Grundpunkten des Büschels darstellt. Die Gerade $X_3 = 0$ schneidet den Kegelschnitt $g = 0$ in dessen zwei Berührungspunkten mit den Seiten $X_1 = 0$ und $X_2 = 0$ des Coordinatendreiecks (vgl. Fig. 6).

Fig. 6.

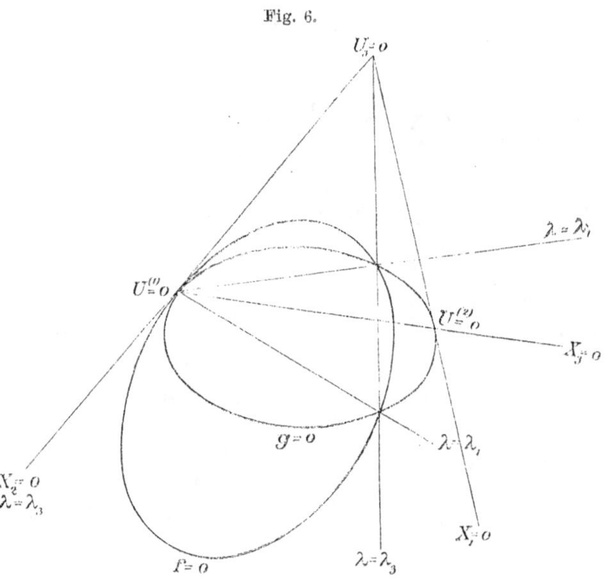

Im Falle (IIIa) (Osculation) ersetzt man die durch die Substitution $u_i = \frac{1}{2} g'(x_i)$ aus $U^{(1)}$, $U^{(2)}$, $U^{(3)}$ hervorgehenden Ausdrücke resp. durch X_3, X_2, X_1 und erhält hierdurch

$$(21) \qquad -\binom{g}{g} : \Psi_0(\lambda) = \frac{X_3^2}{(\lambda - \lambda_1)^3} + \frac{2X_2X_3}{(\lambda - \lambda_1)^2} + \frac{X_2^2 + 2X_1X_3}{\lambda - \lambda_1}.$$

Auch hier liegt der Grund dieser Bezeichnungsweise darin, dass die Relation

$$u_1x_1 + u_2x_2 + u_3x_3 = U^{(1)}X_1 + U^{(2)}X_2 + U^{(3)}X_3$$

erfüllt werden soll, deren Bestehen in gleicher Weise wie im zuvor betrachteten Falle nachgewiesen wird.

Man könnte auch jetzt wieder die rechte Seite von (21) nach absteigenden Potenzen von λ entwickeln und würde nach Multiplication mit λ^2 durch Vergleichen der Coefficienten von λ^4 und λ^3 mit Rücksicht auf (13) die Gleichungen der Kegelschnitte f und g, bezogen auf das Dreieck X_1, X_2, X_3, erhalten. Eine andere Methode hierfür, die auch in allen Fällen zum Ziele führt, ist folgende. Aus (13) und (21) ergibt sich für den jetzt betrachteten Fall

$$\begin{aligned} -\lambda^2\binom{g}{g} &= (f + \lambda g)B(\lambda - \lambda_1)^3 - \binom{f}{f} \\ &= \lambda^2 B\{X_3^2 + 2X_2X_3(\lambda - \lambda_1) + (X_2^2 + 2X_1X_3)(\lambda - \lambda_1)^2\}, \end{aligned}$$

woraus man durch Vergleichen der Coefficienten von λ^4 und λ^3 und nach Division durch B erhält:

$$(22) \qquad \left\{ \begin{aligned} g &= X_2^2 + 2X_1X_3 \\ f - 3\lambda_1 g &= 2X_2X_3 - 2\lambda_1X_2^2 - 4\lambda_1X_1X_3, \text{ also} \\ f &= \lambda_1X_2^2 + 2\lambda_1X_1X_3 + 2X_2X_3. \end{aligned} \right.$$

Ferner ist

$$(23) \qquad \lambda_1 g - f = -2X_2X_3.$$

Die Gleichungen in Liniencoordinaten werden:

$$(24) \qquad \left\{ \begin{aligned} &\frac{G}{B} = U^{(2)}U^{(2)} + 2U^{(1)}U^{(3)} \\ &\frac{F}{A} = \frac{U^{(1)}U^{(1)}}{\lambda_1^3} - \frac{2U^{(1)}U^{(2)}}{\lambda_1^2} + \frac{U^{(2)}U^{(2)} + 2U^{(1)}U^{(3)}}{\lambda_1}, \\ &\text{oder auch} \\ &\frac{F}{B} = U^{(1)}U^{(1)} - 2\lambda_1U^{(1)}U^{(2)} + \lambda_1^2(U^{(2)}U^{(2)} + 2U^{(1)}U^{(3)}). \end{aligned} \right.$$

Hier ist $U^{(1)} = 0$ die Gleichung des allen Kegelschnitten des Büschels gemeinsamen Osculationspunktes, $X_3 = 0$ die gemeinsame Tangente; $U^{(3)} = 0$ ist die Gleichung des vierten Schnittpunktes, $X_1 = 0$ stellt die in demselben an $g = 0$ gezogene Tangente dar; $X_2 = 0$ ist die Gleichung der gemeinsamen Berührungssehne (vgl. Fig. 7).

Fig. 7.

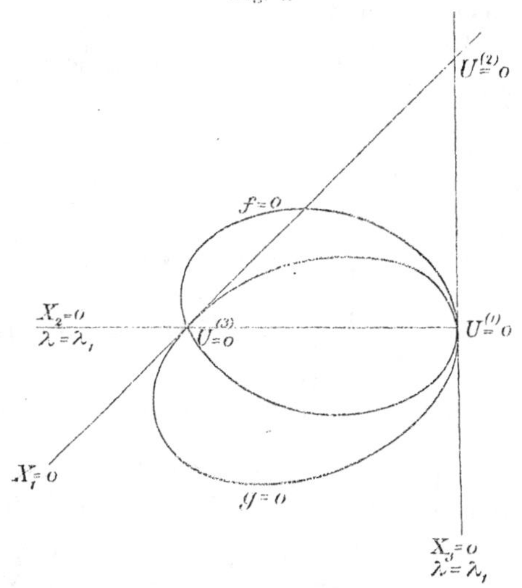

Nachdem die Fälle (IIa) und (IIIa) im Vorhergehenden ausführlich behandelt sind, geben wir bei (IIb) und (IIIb) nur die Resultate an.

Sind im Falle (IIb) (doppelte Berührung) X_1, X_2, X_3 die Ausdrücke, welche aus $U^{(1)}$, $U^{(2)}$, U_3 vermöge der Substitution $u_i = \frac{1}{2} g'(x_i)$ hervorgehen, so erhält man die Gleichungen der Kegelschnitte $f = 0$ und $g = 0$ in der Gestalt

$$(25) \quad \begin{cases} f = \lambda_1(X_1^2 + X_2^2) + \lambda_3 X_3^2 \\ g = X_1^2 + X_2^2 + X_3^2; \end{cases}$$

ferner wird

$$(26) \quad \begin{cases} \lambda_1 g - f = (\lambda_1 - \lambda_3) X_3^2, \\ \lambda_3 g - f = (\lambda_3 - \lambda_1)(X_1^2 + X_2^2) \end{cases}$$

und

$$(27) \quad \begin{cases} \dfrac{F}{A} = \dfrac{U^{(1)} U^{(1)} + U^{(2)} U^{(2)}}{\lambda_1} + \dfrac{U_3^2}{\lambda_3}, \\ \dfrac{G}{B} = U^{(1)} U^{(1)} + U^{(2)} U^{(2)} + U_3^2. \end{cases}$$

Hier stellt $X_3 = 0$ die Verbindungslinie der zwei gemeinsamen Berührungspunkte dar, während die Coordinaten dieser Punkte zu bestimmen sind aus $X_1 : X_2 = \pm\sqrt{-1}$, $X_3 = 0$. Die Auflösung dieser Gleichungen erfolgt wieder am einfachsten vermittelst der Identität

$$u_1 x_1 + u_2 x_2 + u_3 x_3 = U^{(1)} X_1 + U^{(2)} X_2 + U_3 X_3,$$

so dass

$$U^{(1)} + \sqrt{-1}\, U^{(2)} = 0, \quad U^{(1)} - \sqrt{-1}\, U^{(2)} = 0$$

die analytischen Darstellungen der Berührungspunkte werden.

Im Falle (IIIb) (vier zusammenfallende Punkte gemeinsam) ersetzt man die durch die Substitution $u_i = \frac{1}{2} g'(x_i)$ aus $U^{(1)}$, $U^{(2)}$, $U^{(3)}$ hervorgehenden Ausdrücke resp. durch X_2, X_1, X_3. Alsdann findet man

$$(28) \qquad \begin{cases} f = X_2^2 + 2\lambda_1 X_1 X_2 + \lambda_1 X_3^2 \\ g = 2 X_1 X_2 + X_3^2, \end{cases}$$

$$(29) \qquad \lambda_1 g - f = - X_2^2,$$

$$(30) \qquad \begin{cases} \frac{F}{A} = - \frac{U^{(1)} U^{(1)}}{\lambda_1^2} + \frac{2 U^{(1)} U^{(2)} + U^{(3)} U^{(3)}}{\lambda_1} \\ \frac{G}{B} = 2 U^{(1)} U^{(2)} + U^{(3)} U^{(3)} \\ \frac{F}{B} = - \lambda_1 U^{(1)} U^{(1)} + \lambda_1^2 (2 U^{(1)} U^{(2)} + U^{(3)} U^{(3)}). \end{cases}$$

Hier ist $X_2 = 0$ die Gleichung der Tangente des gemeinsamen Berührungspunktes $U^{(1)} = 0$, $X_3 = 0$ irgend eine durch diesen Punkt gehende Gerade, $X_1 = 0$ die Tangente des Kegelschnitts $g = 0$ in dessen zweitem Schnittpunkte mit $X_3 = 0$.

§ 17.

Geometrische Deutung einiger algebraischer Formen.

In den vorhergehenden Paragraphen dieses Abschnitts wurde hauptsächlich untersucht, welche Eigenthümlichkeiten in der Lage der beiden Kegelschnitte $f = 0$, $g = 0$ gegen einander auftreten, wenn die Gleichung $\Psi_0(\lambda) = 0$ mehrfache Wurzeln besitzt. Die folgenden Betrachtungen sollen zeigen, welche geometrische Bedeutung es hat, wenn die Coefficienten Θ und H dieser Gleichung und einige andere damit zusammenhängende algebraische Formen verschwinden[1]).

Wir gehen aus von den Gleichungen in Liniencoordinaten

$$(1) \qquad \begin{cases} F \equiv A_{11} u_1^2 + 2 A_{12} u_1 u_2 + A_{22} u_2^2 + 2 A_{13} u_1 u_3 \\ \qquad\qquad + 2 A_{23} u_2 u_3 + A_{33} u_3^2 = 0 \\ G \equiv B_{11} u_1^2 + 2 B_{12} u_1 u_2 + B_{22} u_2^2 + 2 B_{13} u_1 u_3 \\ \qquad\qquad + 2 B_{23} u_2 u_3 + B_{33} u_3^2 = 0 \end{cases}$$

für die Kegelschnitte $f(x, x) = 0$ und $g(x, x) = 0$. Es ist alsdann die Determinante A von $F = 0$ gleich A^2, wenn A die aus den a_{ik}

1) Man vergleiche auch die von Herrn Gundelfinger gegebene Darstellung in § 3 des dritten Supplementes zur dritten Auflage von Hesse's „Vorlesungen über analytische Geometrie des Raumes", 1876.

gebildete Determinante bezeichnet, und jede Unterdeterminante A_{ik} des Elementes A_{ik} in A ist gleich $A a_{ik}$. Analoges gilt für den Kegelschnitt $G = 0$. Setzt man

$$(2)\quad -\begin{vmatrix} -\mu A_{11} + \nu B_{11} & -\mu A_{12} + \nu B_{12} & -\mu A_{13} + \nu B_{13} & x_1 \\ -\mu A_{21} + \nu B_{21} & -\mu A_{22} + \nu B_{22} & -\mu A_{23} + \nu B_{23} & x_2 \\ -\mu A_{31} + \nu B_{31} & -\mu A_{32} + \nu B_{32} & -\mu A_{33} + \nu B_{33} & x_3 \\ x_1 & x_2 & x_3 & 0 \end{vmatrix} = \mu^2\gamma_0 + 2\mu\nu\gamma_1 + \nu^2\gamma_2$$

und vergleicht man diese Determinante mit dem analogen Ausdruck in (4), resp. (9) in § 13, so erkennt man unter Rücksicht auf die eben erwähnten Determinantenrelationen, dass

$$(3)\qquad \gamma_0 = Af, \quad \gamma_2 = Bg,$$

dass ferner γ_1 gegeben ist durch

$$(4)\qquad 2\gamma_1 = (\mathfrak{a}, \mathfrak{b})_{11} x_1^2 + 2(\mathfrak{a}, \mathfrak{b})_{12} x_1 x_2 + (\mathfrak{a}, \mathfrak{b})_{22} x_2^2 + 2(\mathfrak{a}, \mathfrak{b})_{13} x_1 x_3 + 2(\mathfrak{a}, \mathfrak{b})_{23} x_2 x_3 + (\mathfrak{a}, \mathfrak{b})_{33} x_3^2,$$

wo

$$(\mathfrak{a}, \mathfrak{b})_{11} = A_{22}B_{33} + A_{33}B_{22} - 2A_{23}B_{23},$$
$$(\mathfrak{a}, \mathfrak{b})_{12} = A_{31}B_{32} + A_{32}B_{31} - A_{33}B_{12} - A_{12}B_{33},$$

während die übrigen $(\mathfrak{a}, \mathfrak{b})_{ik}$ Ausdrücke bedeuten, die aus den hier angegebenen durch cyklische Vertauschung der Indices hervorgehen.

Der Kegelschnitt $\gamma_1 = 0$ entspricht daher dualistisch $H = 0$ in § 13 und § 15 und ist nach (23) in § 15 der geometrische Ort aller Punkte, von welchen an $F = 0$ und $G = 0$ zwei Paare zu einander harmonischer Tangenten gelegt werden können.

Wir wollen nun der Determinante (2) eine etwas andere Gestalt geben. Zu dem Zweck stellen wir A und B als Determinanten vierten Grades $\sum \pm (a_{11}\, a_{22}\, a_{33}\, a_{44}) \cdot \sum \pm (b_{11}\, b_{22}\, b_{33}\, b_{44})$ dar, indem wir

$$a_{44} = b_{44} = 1 \quad \text{und} \quad a_{\gamma\delta} = b_{\gamma\delta} = 0$$

setzen, sobald einer der beiden Indices γ und δ $(\gamma \gtrless \delta)$ gleich vier wird. Alsdann erhält man durch Multiplication der Gleichung (2) mit der Identität

$$\sum \pm (a_{11}\, a_{22}\, a_{33}\, a_{44}) \cdot \sum \pm (b_{11}\, b_{22}\, b_{33}\, b_{44}) = AB$$

nach zweimaliger Anwendung des Multiplicationstheorems der Determinanten das Ergebniss, dass der Ausdruck

$$(5)\qquad -\begin{vmatrix} \varkappa a_{11}+\lambda b_{11} & \varkappa a_{12}+\lambda b_{12} & \varkappa a_{13}+\lambda b_{13} & f_1 \\ \varkappa a_{21}+\lambda b_{21} & \varkappa a_{22}+\lambda b_{22} & \varkappa a_{23}+\lambda b_{23} & f_2 \\ \varkappa a_{31}+\lambda b_{31} & \varkappa a_{32}+\lambda b_{32} & \varkappa a_{33}+\lambda b_{33} & f_3 \\ g_1 & g_2 & g_3 & 0 \end{vmatrix}$$
$$= \varkappa^2 Ag + 2\varkappa\lambda\chi + \lambda^2 Bf$$

durch die Substitution $\varkappa = \nu B$, $\lambda = \mu A$ übergeht in

$$(\mu^2\gamma_0 + 2\mu\nu\gamma_1 + \nu^2\gamma_2)AB,$$

und dass daher das System von Gleichungen besteht

$$(6)\qquad \gamma_0 = Af,\quad \gamma_1 = \chi,\quad \gamma_2 = Bg$$

(vgl. übrigens (3) und (4)).

Den Functionen γ_1, sowie Ag und Bf lässt sich eine Gestalt geben, aus welcher man ohne Mühe die besonderen geometrischen Beziehungen ableiten kann, die zwischen $f = 0$ und $g = 0$ eintreten, wenn einzelne Coefficienten der Potenzen von λ in $\sum \pm (c_{11}\, c_{22}\, c_{33})$ verschwinden. Wir setzen, um hierauf näher einzugehen, in der Determinante (5) den variabelen Parameter $\varkappa = -1$ und addiren die resp. mit x_1, x_2, x_3 multiplicirten drei ersten Verticalreihen sämmtlich zur letzten Verticalreihe, so dass sich mit Anwendung der bereits früher definirten Bezeichnung ergibt:

$$Ag - 2\lambda\chi + \lambda^2 Bf = -\lambda\binom{g}{g} - g\cdot\sum \pm (c_{11}\, c_{22}\, c_{33})$$
$$= -\lambda\binom{g}{g} - g\{\lambda^3 B - 3\lambda^2\Theta + 3\lambda \mathrm{H} - A\}.$$

Nennt man $F(g_1, g_2, g_3)$, $H(g_1, g_2, g_3)$ etc. die Ausdrücke, welche aus F, H etc. vermöge der Substitution $u_i = \frac{1}{2} g'(x_i) = g_i$ hervorgehen, so entsteht durch Vergleichung entsprechender Glieder auf beiden Seiten der letzten Identität:

$$(7\text{a})\qquad Bf = -2H(g_1, g_2, g_3) + 3\Theta g,$$

$$(7\text{b})\qquad 2\chi = -F(g_1, g_2, g_3) + 3\mathrm{H}g,$$

und hieraus durch Vertauschung der a_{ik} mit den b_{ik}:

$$(8\text{a})\qquad Ag = -2H(f_1, f_2, f_3) + 3\mathrm{H}f,$$

$$(8\text{b})\qquad 2\chi = -G(f_1, f_2, f_3) + 3\Theta f.$$

Es sind aber g_1, g_2, g_3 die Coordinaten der Polare eines Punktes x in Bezug auf den Kegelschnitt $g = 0$, und da $F(u, u) = 0$ die Gleichung von $f = 0$ in Liniencoordinaten bedeutet, so stellt die

Gleichung $F(g_1, g_2, g_3) = 0$, welche die x als Variabeln enthält, den geometrischen Ort derjenigen Punkte dar, deren Polaren in Bezug auf $g = 0$ zugleich Tangenten von $F = 0$ sind. Analoge Bedeutung hat $G(f_1, f_2, f_3) = 0$.

Ebenso folgt, dass $H(g_1, g_2, g_3) = 0$, resp. $H(f_1, f_2, f_3) = 0$ der geometrische Ort derjenigen Punkte ist, deren Polaren in Bezug auf $g = 0$, resp. $f = 0$ zugleich Tangenten von H sind, d. h. deren Polaren in Bezug auf $g = 0$, resp. $f = 0$ die beiden Kegelschnitte f und g in harmonischen Punktepaaren treffen[1]).

Unter der vorläufigen Annahme, dass die Determinanten A und B nicht verschwinden, wollen wir nun die geometrische Bedeutung von $\Theta = 0$ untersuchen.

Aus (8b) folgt, dass für $\Theta = 0$ die Kegelschnitte $G(f_1, f_2, f_3) = 0$ und $\chi = 0$ identisch werden, d. h. von jedem Punkte x, dessen Polare m in Bezug auf $f = 0$ die Curve $g = 0$ berührt, lassen sich alsdann gleichzeitig an f und g zwei Paare zu einander harmonischer Tangenten legen[2]). Ein jedes solches Tangentenpaar, das an $g = 0$ gelegt ist, bildet nun zusammen mit der Polare m ein dem Kegelschnitt $g = 0$ umschriebenes Poldreiseit von $f = 0$. Man hat also den Satz:

(9) Wenn Θ verschwindet, können dem Kegelschnitt $g = 0$ unendlich viele Poldreiseite von $f = 0$ umschrieben werden. Die Ecken aller dieser Poldreiseite liegen auf dem Kegelschnitt $G(f_1, f_2, f_3) = 0$.

(10) Und umgekehrt: Ist die Curve $g = 0$ irgend einem bestimmten Poldreiseit von $f = 0$ eingeschrieben, so wird $\Theta = 0$.

Die Coordinaten x_i einer beliebigen Ecke eines solchen Poldreiseits erfüllen nämlich die Gleichungen $\chi = 0$ und $G(f_1, f_2, f_3) = 0$, somit wegen (8b) auch $\Theta f = 0$; da aber die Polare des Punktes x in Bezug auf $f = 0$ nicht durch diesen Punkt hindurchgehen soll, können seine Coordinaten nicht $f = 0$ erfüllen, sondern muss Θ verschwinden.

Eine zweite geometrische Bedeutung von $\Theta = 0$ folgt aus (7a). Diese Gleichung zeigt, dass für $\Theta = 0$ jeder Punkt p von $f = 0$ gleichzeitig dem Kegelschnitt $H(g_1, g_2, g_3) = 0$ angehört, d. h. dass p ein Punkt ist, dessen Polare in Bezug auf $g = 0$ die beiden Kegelschnitte f und g in zwei harmonischen Punktepaaren p_1, p_2 und π_1, π_2 schneidet.

---

1) Zufolge der in § 15 abgeleiteten Bedeutung des Kegelschnitts $H = 0$.

2) Mit Berücksichtigung der geometrischen Bedeutung der Kegelschnitte $\gamma_1 \equiv \chi = 0$ und $G(f_1, f_2, f_3) = 0$.

Offenbar bilden die drei auf dem Kegelschnitt f gelegenen Punkte p_1, p_2, p_3 ein Poldreieck von $g = 0$, denn die Polare des Punktes p_1 in Bezug auf g muss sowohl durch den Pol p der Geraden $p_1 p_2$ hindurchgehen, als auch durch den vierten harmonischen Punkt zu p_1, π_1, π_2, d. i. p_2, und analoges gilt von der Polare des Punktes p_2, sie fällt mit pp_1 zusammen. Man kann daher den Satz aussprechen:

(11) Wenn Θ verschwindet, geht der Kegelschnitt $f(x,x) = 0$ durch unendlich viele Poldreiecke von $G(u,u) = 0$. Die Seiten dieser Poldreiecke berühren sämmtlich den Kegelschnitt $H = 0$.

Umgekehrt kann man auch zeigen:

(12) Wenn von zwei Kegelschnitten $f = 0$ und $G = 0$ der eine ($f = 0$) durch irgend ein Poldreieck des anderen geht, verschwindet Θ.

Die Coordinaten x_i irgend einer Ecke p des Dreiecks pp_1p_2 genügen nämlich nach der Voraussetzung den zwei Relationen

$$f = 0, \quad H(g_1, g_2, g_3) = 0,$$

und somit wegen (7a) der Gleichung $\Theta g = 0$. Da die Gerade $p_1 p_2$ nicht durch p gehen soll, kann der Punkt p nicht auf $g = 0$ liegen, sondern muss Θ verschwinden.

Wir wollen unter Benutzung einer von Herrn Rosanes eingeführten Bezeichnung[1]) sagen, dass im Falle $\Theta = 0$ die Kegelschnitte $f = 0$ und $G = 0$ conjugirt liegen[2]). Diese Bezeichnungsweise ist äusserst zweckmässig, zumal die Relation $\Theta = 0$ in dem besonderen Falle, dass die B_{ik} die Coefficienten einer ein Paar von Punkten y, z darstellenden Curve zweiter Classe sind, übergeht in die Relation $f(y, z) = 0$, welche nach § 4 aussagt, dass y und z conjugirte Pole sind von $f = 0$.

Hält man die Theoreme (9) und (10) zusammen, so folgt:

---

1) Vgl. Rosanes: „Ueber Systeme von Kegelschnitten", Math. Annalen, Bd. 6, S. 268, 1872.

2) Allgemeiner nennt man eine Curve zweiter Ordnung

$$f(x, x) \equiv \sum_1^3{}_i \sum_1^3{}_k a_{ik} x_i x_k = 0$$

conjugirt zu einer (eventuell ausartenden) Curve zweiter Classe

$$\varphi(u, u) \equiv \sum_1^3{}_i \sum_1^3{}_k \alpha_{ik} u_i u_k = 0,$$

wenn $a_{11}\alpha_{11} + a_{22}\alpha_{22} + a_{33}\alpha_{33} + 2a_{23}\alpha_{23} + 2a_{31}\alpha_{31} + 2a_{12}\alpha_{12} = 0$.

(13) Wenn ein Kegelschnitt die Seiten irgend eines Poldreiseits einer Curve zweiter Ordnung berührt, so berührt er stets auch noch unendlich viele Poldreiseite der Curve.

Analog liefern (11) und (12) den Satz:

(14) Wenn ein Kegelschnitt durch irgend ein Poldreieck einer Curve zweiter Ordnung geht, so geht er stets auch noch durch unendlich viele Poldreiecke der Curve.

Ausserdem folgt aus den Sätzen (9)—(12):

(15) Wenn die Curve $g=0$ Poldreiseiten von $f=0$ eingeschrieben ist, so lässt sich gleichzeitig die Curve $f=0$ Poldreiecken von $g=0$ umschreiben, und umgekehrt.

Vertauscht man in den Theoremen (9)—(12) die Cofficienten a_{ik} mit den b_{ik}, also f mit g, F mit G (oder benutzt man die Relationen (7b) und (8a)), so ergibt sich die geometrische Bedeutung der Beziehung $\mathsf{H}=0$. Man erhält alsdann die Sätze (16)—(19):

(16) Wenn H verschwindet, können dem Kegelschnitt $f=0$ unendlich viele Poldreiseite von $g=0$ umschrieben werden. Die Ecken aller dieser Poldreiseite liegen auf dem Kegelschnitt $F(g_1, g_2, g_3)=0$.

(17) Ist die Curve $f=0$ irgend einem bestimmten Poldreiseit von $g=0$ eingeschrieben, so wird $\mathsf{H}=0$.

(18) Wenn H verschwindet, geht der Kegelschnitt $g(x,x)=0$ durch unendlich viele Poldreiecke von $F(u,u)=0$. Die Seiten dieser Poldreiecke berühren sämmtlich den Kegelschnitt $H=0$.

(19) Wenn von zwei Kegelschnitten $F=0$ und $g=0$ der eine $(g=0)$ durch irgend ein Poldreieck des anderen geht, verschwindet H.

Es möge nun angenommen werden, dass der Kegelschnitt $f=0$ in ein Geradenpaar zerfällt, also $A=0$ ist. Man hat dann eine Identität von der Form:

$$F=(t_1u_1+t_2u_2+t_3u_3)^2,$$

in der die t_i die Coordinaten der Spitze des Geradenpaares bedeuten, und in der nach (35) in § 8 die Quadrate und Producte u_iu_k durch die b_{ik} ersetzt werden dürfen. Die vermöge dieser Substitution entstehende Gleichung

(20) $$3\mathsf{H}=g(t_1, t_2, t_3)$$

lehrt:

(21) Die Spitze eines durch $f=0$ dargestellten Geradenpaares liegt auf dem Kegelschnitt $g=0$, wenn der Ausdruck

H verschwindet, und umgekehrt hat das Verschwinden von H zur Folge, dass die Spitze jenes Geradenpaares auf $g = 0$ liegt.

Wären dagegen die beiden Relationen $A = 0$ und $\Theta = 0$ gleichzeitig befriedigt, so hat, wie wir oben sahen, jeder Punkt des Geradenpaares $f = 0$, insbesondere also auch der Scheitel desselben, die Eigenschaft, dass seine Polare in Bezug auf $g = 0$ die zwei Kegelschnitte f und g in harmonischen Punktepaaren schneidet, oder mit anderen Worten, dass sich von jenem Scheitel an die Curve $g = 0$ ein Tangentenpaar legen lässt, das harmonisch ist zu dem Geradenpaare selbst. Also:

(22) Ein Geradenpaar $f = 0$ bildet ein harmonisches Polarenpaar des Kegelschnitts $g = 0$, sobald Θ verschwindet.

Wenn von vier harmonischen Strahlen zwei in eine Gerade fallen, wird bekanntlich gleichzeitig noch ein dritter Strahl mit dieser Geraden identisch. Durch Verbindung der Theoreme (21) und (22) ergibt sich daher:

(23) Bestehen die drei Relationen $A = 0$, $\mathsf{H} = 0$, $\Theta = 0$ neben einander, so wird die Curve $g = 0$ von der einen Geraden des Geradenpaares $f = 0$ in dessen Scheitel berührt.

Das Tangentenpaar, das man im Falle $A = 0$ von der Spitze t des Geradenpaares $f = 0$ an den Kegelschnitt $g = 0$ legen kann, ist gegeben durch

$$g(x, x) \cdot g(t, t) - g^2(x, t) = 0,$$

und da nun t_1, t_2, t_3 die Coordinaten der Spitze des Geradenpaares bedeuten, sind die Quadrate und Producte der t proportional zu den Unterdeterminanten A_{ik}, so dass sich die Gleichung des Tangentenpaares bei Einführung dieser Grössen verwandelt in

$$3\mathsf{H}g - F(g_1, g_2, g_3) = 0,$$

und dieser Ausdruck ist nach (7b) äquivalent mit $\chi = 0$. Man hat daher folgenden Satz:

(24) Wenn der Kegelschnitt $f = 0$ in ein Geradenpaar zerfällt, so repräsentirt $\chi = 0$ das Tangentenpaar, das von der Spitze des Geradenpaares an den Kegelschnitt $g = 0$ gelegt werden kann.

Im Falle $\mathsf{H} = 0$ liegt nach (21) die Spitze von $f = 0$ auf dem Kegelschnitt $g = 0$; die beiden Tangenten, die für $A = 0$, $\mathsf{H} \gtrless 0$ von der Spitze des Geradenpaares $f = 0$ an die Curve $g = 0$ gelegt werden können und nach (24) durch $\chi = 0$ dargestellt sind, fallen daher, wenn $\mathsf{H} = 0$, zusammen, und wir können in Ergänzung zu (21) sagen:

(25) Wenn die Relationen $A = 0$, $\mathsf{H} = 0$ neben einander bestehen, liegt die Spitze des Geradenpaares $f = 0$ auf $g = 0$. Die Tangente der Curve in diesem Punkte wird doppelt zählend dargestellt durch $\chi = 0$.

Verschwindet auch noch Θ, so gelangen wir zum Satze (23). Ausserdem folgt:

(26) Wenn $A = 0$, $\mathsf{H} = 0$, $\Theta = 0$, $B = 0$, so zerfallen beide Kegelschnitte in Geradenpaare, und zwar der Art, dass beiden Paaren eine Gerade gemeinsam ist. Die Verbindungslinie der Spitzen wird doppelt zählend dargestellt durch $\chi = 0$.

Dabei ist vorausgesetzt, dass nicht auch noch die Unterdeterminanten A_{ik} den B_{ik} proportional sind, denn im Falle einer solchen Proportionalität würden nach S. 137 $f = 0$ und $g = 0$ für $A = B = \mathsf{H} = \Theta = 0$ zwei Geradenpaare mit gemeinsamer Spitze darstellen.

§ 18.

Confocale Kegelschnitte.

Sind $\varphi(u, u) = 0$ und $\psi(u, u) = 0$ die Gleichungen irgend zweier Kegelschnitte in Liniencoordinaten, so stellt

(1) $$\mu\varphi(u, u) - \psi(u, u) = 0$$

für variirende Werthe des Parameters μ nach § 15 eine Schaar von Kegelschnitten dar: die Gesammtheit aller Curven zweiter Classe, welche die vier gemeinsamen Tangenten von $\varphi = 0$ und $\psi = 0$ berühren. In dieser Schaar sind nach (18) in § 15 insbesondere drei Punktepaare enthalten, nämlich die Paare der Schnittpunkte der vier gemeinsamen Tangenten oder der sechs Ecken des durch diese vier Geraden gebildeten vollständigen Vierseits. Dabei sind diese Punkte der Art zu Paaren zusammenzufassen, dass immer zwei Gegenecken des Vierseits zusammengehören.

Von besonderer Wichtigkeit ist der Fall, dass die eine der zwei Grundcurven der Schaar, etwa $\psi(u, u) = 0$, nicht eine beliebige Curve zweiter Classe, sondern speciell das Paar der imaginären Kreispunkte $\omega(u, u) = 0$ ist; man bezeichnet alsdann das System

(2) $$\mu\varphi(u, u) - \omega(u, u) = 0,$$

wie bereits S. 146 erwähnt, als eine **confocale Schaar von Kegelschnitten**. Während die Determinante von ω gleich Null ist, wollen wir diejenige von φ als nicht verschwindend voraussetzen. Es sei ferner

$$\varphi(u,u) \equiv \sum_1^3{}^i \sum_1^3{}^k \alpha_{ik} u_i u_k$$

und

(3) $$\mu\varphi(u,u) - \omega(u,u) \equiv \gamma_{11}u_1^2 + 2\gamma_{12}u_1u_2 + \gamma_{22}u_2^2 + 2\gamma_{13}u_1u_3 + 2\gamma_{23}u_2u_3 + \gamma_{33}u_3^2,$$

wobei $\gamma_{ik} = \mu\alpha_{ik} - \omega_{ik}$.

Die Determinante $\Gamma(\mu) \equiv \sum \pm (\gamma_{11}\gamma_{22}\gamma_{33})$ repräsentirt gleich Null gesetzt eine kubische Gleichung in μ, welche nach (4) in § 8 nur reelle Wurzeln besitzt. Man findet (dualistisch zu (8) in § 13):

(4) $$\Gamma(\mu) \equiv \sum \pm (\gamma_{11}\gamma_{22}\gamma_{33}) = \mu^3 A - \mu^2 A_1 + \mu A_2,$$

wobei A, A_1, A_2 die Werthe besitzen:

(5) $$\begin{cases} A \equiv \sum \pm (\alpha_{11}\alpha_{22}\alpha_{33}), \\ A_1 \equiv A_{11}\omega_{11} + A_{22}\omega_{22} + A_{33}\omega_{33} + 2A_{12}\omega_{12} + 2A_{13}\omega_{13} + 2A_{23}\omega_{23}, \\ A_2 \equiv \alpha_{11}\Omega_{11} + \alpha_{22}\Omega_{22} + \alpha_{33}\Omega_{33} + 2\alpha_{12}\Omega_{12} + 2\alpha_{13}\Omega_{13} + 2\alpha_{23}\Omega_{23} \\ \quad \equiv \tau\varphi(p,p) \qquad \text{(vgl. (16) in § 7).} \end{cases}$$

Dabei ist A_{ik} die Unterdeterminante des Elementes α_{ik} in A. Das absolute Glied in (4) fehlt, weil die Determinante von $\omega(u,u)$ gleich Null ist. Uebrigens werden wir weiterhin von der Relation Gebrauch machen:

(6) $$\Gamma(\mu) \equiv A\mu(\mu - \mu_1)(\mu - \mu_2),$$

in welcher μ_1 und μ_2 die zwei von Null verschiedenen Wurzeln der Gleichung

(7) $$\Gamma(\mu) \equiv \mu^3 A - \mu^2 A_1 + \mu A_2 = 0$$

bezeichnen; es ist dann offenbar

(8) $$A_1 = A(\mu_1 + \mu_2), \quad A_2 \equiv \tau\varphi(p,p) = A\mu_1\mu_2.$$

Setzt man noch

(9) $$X(\mu) \equiv - \begin{vmatrix} \mu\alpha_{11} - \omega_{11} & \mu\alpha_{12} - \omega_{12} & \mu\alpha_{13} - \omega_{13} & x_1 \\ \mu\alpha_{21} - \omega_{21} & \mu\alpha_{22} - \omega_{22} & \mu\alpha_{23} - \omega_{23} & x_2 \\ \mu\alpha_{31} - \omega_{31} & \mu\alpha_{32} - \omega_{32} & \mu\alpha_{33} - \omega_{33} & x_3 \\ x_1 & x_2 & x_3 & 0 \end{vmatrix} \equiv - \binom{x}{x}_{\gamma_{ik}},$$

so folgt durch Partialbruchzerlegung:

(10) $$\frac{X(\mu)}{\Gamma(\mu)} = \frac{X(\mu_1)}{\Gamma'(\mu_1)}\,\frac{1}{\mu - \mu_1} + \frac{X(\mu_2)}{\Gamma'(\mu_2)}\,\frac{1}{\mu - \mu_2} + \frac{X(0)}{\Gamma'(0)} \cdot \frac{1}{\mu}.$$

Wie aus (9) zu ersehen, ist hier

(11) $$\mathsf{X}(0) \equiv \sum_1^3{}^i \sum_1^3{}^k \Omega_{ik} x_i x_k = \tau(p_1 x_1 + p_2 x_2 + p_3 x_3)^2,$$

unter p_1, p_2, p_3 die Coordinaten der unendlich fernen Geraden verstanden; ferner ist nach (7) und (8):

(12) $$\Gamma'(0) = \mathsf{A}_2 = \tau \varphi(p, p).$$

Für eine Wurzel μ_i der Gleichung (7) wird $\mathsf{X}(\mu)$ ein vollständiges Quadrat, da in diesem Falle der zugehörige Kegelschnitt der Schaar in ein Punktepaar ausartet, dessen Träger doppelt zählend durch $\mathsf{X}(\overset{k}{\mu}) = 0$ dargestellt wird. Man kann daher setzen:

(13) $$\frac{\mathsf{X}(\mu_i)}{\Gamma'(\mu_i)} = [u_1^{(i)} x_1 + u_2^{(i)} x_2 + u_3^{(i)} x_3]^2 = \mu_i X_i^2 \quad (i = 1, 2),$$

und erhält, wenn man für $p_1 x_1 + p_2 x_2 + p_3 x_3$ noch X_3 einführt:

(14) $$\frac{\mathsf{X}(\mu)}{\Gamma(\mu)} = \frac{\mu_1 X_1^2}{\mu - \mu_1} + \frac{\mu_2 X_2^2}{\mu - \mu_2} + \frac{X_3^2}{\mu \cdot \varphi(p, p)}.$$

Speciell die Werthe $\mu = \infty$ und $\mu = 0$ liefern hieraus die Gleichungen der Kegelschnitte $\varphi(u, u) = 0$ und $\omega(u, u) = 0$ in Punktcoordinaten

(15) $$\begin{cases} \dfrac{\Phi(x, x)}{\mathsf{A}} = \mu_1 X_1^2 + \mu_2 X_2^2 + \dfrac{X_3^2}{\varphi(p, p)}, \text{ wobei} \\ \Phi(x, x) \equiv \sum_1^3{}^i \sum_1^3{}^k \mathsf{A}_{ik} x_i x_k; \\ \Omega(x, x) = \tau X_3^2. \end{cases}$$

Wir ersetzen nun in der Determinante (9) die x_i durch $\frac{1}{2} \varphi'(u_i) = \varphi_i$ und nennen $\frac{U_1}{\mu_1}, \frac{U_2}{\mu_2}, \varphi(p, p) \cdot U_3$ die hierdurch aus X_1, X_2, X_3 in (13) hervorgehenden Ausdrücke, so dass also

(16) $$\frac{U_i}{\mu_i} = \frac{u_1^{(i)} \varphi_1 + u_2^{(i)} \varphi_2 + u_3^{(i)} \varphi_3}{\sqrt{\mu_i}} \quad (i = 1, 2),$$

$$U_3 = \frac{p_1 \varphi_1 + p_2 \varphi_2 + p_3 \varphi_3}{\varphi(p, p)} = \frac{\varphi(p, u)}{\varphi(p, p)};$$

alsdann folgt aus (14):

(17) $$-\binom{\varphi}{\varphi}_{\gamma_{ik}} : \Gamma(\mu) = \frac{U_1^2}{\mu_1(\mu - \mu_1)} + \frac{U_2^2}{\mu_2(\mu - \mu_2)} + \frac{\varphi(p, p) U_3^2}{\mu}.$$

Analog zu (13) in § 16 ist nun:

$$-\frac{\binom{\varphi}{\varphi} \mu^2}{\Gamma(\mu)} = \omega + \mu\varphi - \frac{\binom{\omega}{\omega}}{\Gamma(\mu)},$$

und wenn man in (17) auf der rechten Seite nach absteigenden Potenzen von μ entwickelt, erhält man

$$-\frac{\binom{\varphi}{\varphi}}{\Gamma(\mu)}\mu^2 = \mu^2\left\{\frac{U_1^2}{\mu_1}\left(\frac{1}{\mu}+\frac{\mu_1}{\mu^2}+\cdots\right)+\frac{U_2^2}{\mu_2}\left(\frac{1}{\mu}+\frac{\mu_2}{\mu^2}+\cdots\right)+\frac{\varphi(p,p)\cdot U_3^2}{\mu}\right\},$$

so dass sich durch Vergleichung der Coefficienten von μ^1 und μ^0 in den beiden letzten Relationen ergibt:

$$(18)\qquad \begin{cases} \varphi(u,u) = \dfrac{U_1^2}{\mu_1} + \dfrac{U_2^2}{\mu_2} + \varphi(p,p)\cdot U_3^2, \\ \omega(u,u) = U_1^2 + U_2^2. \end{cases}$$

Hierbei geht aus $\omega(u,u) = U_1^2 + U_2^2$ hervor, dass die Ausdrücke U_1^2 und U_2^2 positiv sind, denn $\omega(u,u)$ ist nach § 7 eine definite, positive Form und als Summe zweier reellen Quadrate darstellbar. Aus der Realität von U_1 und U_2 folgt alsdann auch diejenige von X_1 und X_2; die Ausdrücke $U_3 \equiv \frac{\varphi(p,u)}{\varphi(p,p)}$ und $X_3 \equiv p_1x_1 + p_2x_2 + p_3x_3$ sind selbstverständlich reell. Es werde bei dieser Gelegenheit noch bemerkt, dass die X_i und U_i in (13) und (16) wesentlich mit Rücksicht auf die Gleichungen (18) und (19) gewählt wurden.

Dass die Coordinaten $U_1, U_2, U_3, X_1, X_2, X_3$ auch die Relation

$$(19)\qquad u_1x_1 + u_2x_2 + u_3x_3 = U_1X_1 + U_2X_2 + U_3X_3$$

erfüllen, zeigt man auf analoge Weise, wie bei (34) in § 14: man ersetzt in (14) die x_i durch $x_i + \varrho\varphi_i$, vergleicht beiderseits die Coefficienten von ϱ^1 und setzt alsdann $\mu = \infty$.

Die drei in der Kegelschnittschaar (2) enthaltenen Punktepaare entsprechen den Wurzeln $\mu = 0$, $\mu = \mu_1$, $\mu = \mu_2$ der kubischen Gleichung $\Gamma(\mu) = 0$ und sind dargestellt resp. durch das imaginäre Kreispunktepaar $\omega(u,u) = 0$, sowie durch $\mu_1\varphi - \omega = 0$ und $\mu_2\varphi - \omega = 0$. Man findet für die beiden letzteren, ausgedrückt in den Coordinaten U_i, die Gleichungen

$$(20)\qquad \begin{cases} \mu_1\varphi - \omega = \dfrac{(\mu_1-\mu_2)}{\mu_2}U_2^2 + \mu_1\varphi(p,p)\,U_3^2 = 0, \\ \mu_2\varphi - \omega = \dfrac{(\mu_2-\mu_1)}{\mu_1}U_1^2 + \mu_2\varphi(p,p)\,U_3^2 = 0. \end{cases}$$

Wie schon in § 11 erwähnt wurde, repräsentiren diese zwei, in der Schaar $\mu\varphi - \omega = 0$ enthaltenen Punktepaare die zwei Brennpunktepaare des Kegelschnitts $\varphi(u,u) = 0$, und da dieselben (abgesehen von $\omega(u,u) = 0$) die einzigen Punktepaare sind, die der Schaar angehören, so folgt, dass alle Curven der Schaar $\mu\varphi - \omega = 0$ dieselben Brennpunkte (Foci) besitzen. Aus diesem Grunde werden die Kegelschnitte dieser Schaar als confocal bezeichnet; dass dieselben auch concentrisch sind, folgt aus (15) in § 11.

Die Quadrate der halben Axen des Kegelschnitts $\Phi(x, x) = 0$ besitzen, wie (15) zeigt, die Werthe

$$a^2 = -\frac{1}{\mu_1 \varphi(p, p)}, \quad b^2 = -\frac{1}{\mu_2 \varphi(p, p)},$$

falls z. B. (15) eine Ellipse darstellt. Durch Einführung dieser Ausdrücke in (14), sowie durch die Substitution $\frac{1}{\mu \varphi(p, p)} = \lambda$ geht die in (14) gegebene Gleichung einer confocalen Schaar in Punktcoordinaten über in die gewöhnlich gebräuchliche Form

$$\frac{X_1^2}{a^2 + \lambda} + \frac{X_2^2}{b^2 + \lambda} - X_3^2 = 0.\text{[1]}$$

Die Gleichungen (20) der beiden Brennpunktepaare lassen sich noch in eine andere einfache Gestalt bringen durch Einführung der Werthe von U_1, U_2, U_3 aus (16); beachtet man hierbei, dass nach (13) und (9) $U_1^2 = -\frac{\mu_1 \binom{\varphi}{\varphi}_{\mu=\mu_1}}{\Gamma'(\mu_1)}$, $U_2^2 = -\frac{\mu_2 \binom{\varphi}{\varphi}_{\mu=\mu_2}}{\Gamma'(\mu_2)}$ ist, sowie dass nach (6) $\Gamma'(\mu_1) = \mathsf{A}\mu_1(\mu_1 - \mu_2)$, $\Gamma'(\mu_2) = \mathsf{A}\mu_2(\mu_2 - \mu_1)$, so folgt

$$\mu_1 \varphi - \omega = \frac{\binom{\varphi}{\varphi}_{\mu=\mu_2}}{\mathsf{A}\mu_2} + \frac{\mu_1 \cdot \varphi^2(p, u)}{\varphi(p, p)},$$

$$\mu_2 \varphi - \omega = \frac{\binom{\varphi}{\varphi}_{\mu=\mu_1}}{\mathsf{A}\mu_1} + \frac{\mu_2 \cdot \varphi^2(p, u)}{\varphi(p, p)},$$

und wenn man diese Gleichungen mit $\mathsf{A}\mu_2$ resp. $\mathsf{A}\mu_1$ multiplicirt, ergeben sich mit Rücksicht auf $\mathsf{A}\mu_1\mu_2 = \tau\varphi(p, p)$ für die zwei Brennpunktepaare die Gleichungen

$$(21) \quad \begin{cases} \mathsf{A}\mu_2(\mu_1\varphi - \omega) = \binom{\varphi}{\varphi}_{\mu=\mu_2} + \tau \cdot \varphi^2(p, u) = 0, \\ \mathsf{A}\mu_1(\mu_2\varphi - \omega) = \binom{\varphi}{\varphi}_{\mu=\mu_1} + \tau \cdot \varphi^2(p, u) = 0. \end{cases}$$

Aus diesen zwei Relationen folgt übrigens durch Subtraction die folgende:

$$(22) \qquad \mathsf{A}(\mu_1 - \mu_2)\omega \equiv \binom{\varphi}{\varphi}_{\mu=\mu_2} - \binom{\varphi}{\varphi}_{\mu=\mu_1},$$

---

1) Man beachte, dass $a^2 + \lambda - (b^2 + \lambda) = a^2 - b^2 = \frac{1}{\varphi(p, p)}\left(\frac{1}{\mu_2} - \frac{1}{\mu_1}\right)$ unabhängig von λ ist, in Uebereinstimmung mit der Definition der confocalen Kegelschnitte.

und wenn man hier für $\binom{\varphi}{\varphi}$ seinen Werth einführt, oder auch in der zweiten Gleichung (18) die Werthe U_1, U_2 aus (16) substituirt, ergibt sich die Relation

$$(23)\quad \omega = \mu_1(u_1^{(1)}\varphi_1 + u_2^{(1)}\varphi_2 + u_3^{(1)}\varphi_3)^2 - \mu_2(u_1^{(2)}\varphi_1 + u_2^{(2)}\varphi_2 + u_3^{(2)}\varphi_3)^2,$$

vermöge deren ebenso wie vermöge (22) sofort die Gleichungen der beiden imaginären Kreispunkte einzeln erhalten werden könnten. Dabei sind die $u_1^{(i)}\varphi_1 + u_2^{(i)}\varphi_2 + u_3^{(i)}\varphi_3$ $(i = 1, 2)$ zu entnehmen aus (16), mit Rücksicht auf (13).

In § 15 wurde gezeigt, dass durch jeden Punkt P der Ebene zwei reelle Kegelschnitte der Schaar $\mu\varphi - \omega = 0$ hindurchgehen und sich in P rechtwinklig schneiden; wir wollen nun nachweisen, dass im allgemeinen Falle, d. h. so lange die Gleichung (7) keine Doppelwurzel besitzt, der eine dieser Kegelschnitte eine Ellipse, der andere eine Hyperbel ist.

Es seien y_1, y_2, y_3 die Coordinaten des Punktes P; alsdann ist $\binom{y}{y}_{\gamma_{ik}} = 0$ nach (9) die Bedingung dafür, dass ein Kegelschnitt der Schaar durch P hindurchgehe. Nennen wir Y_i das Resultat der Substitution der Coordinaten y_1, y_2, y_3 in die Ausdrücke X_i, so lässt sich die Bedingung $\binom{y}{y} = 0$ nach (14) auch ersetzen durch

$$(24)\qquad -\binom{y}{y}_{\gamma_{ik}} : \Gamma(\mu) = \frac{\mu_1 Y_1^2}{\mu - \mu_1} + \frac{\mu_2 Y_2^2}{\mu - \mu_2} + \frac{Y_3^2}{\mu \cdot \varphi(p, p)} = 0$$

oder durch

$$(24\text{a})\quad \Psi(\mu) \equiv \mu\mu_1(\mu - \mu_2)\cdot\varphi(p,p)\, Y_1^2 + \mu\mu_2(\mu - \mu_1)\varphi(p,p)\, Y_2^2 + (\mu - \mu_1)(\mu - \mu_2) Y_3^2 = 0.$$

Die Ergebnisse der Substitution von $\mu = \mu_1$ und $\mu = \mu_2$ in $\Psi(\mu)$ sind nun stets entgegengesetzten Vorzeichens, während die Substitution einer hinreichend grossen, positiven oder negativen, Zahl (dieselbe werde symbolisch durch $\pm\infty$ bezeichnet) in den Ausdruck (24a) jedesmal ein Ergebniss von gleichem Vorzeichen liefert, mag die Zahl positiv oder negativ sein.

Ist nun $\mu_1 > \mu_2$ und etwa $\Psi(\mu_1)$ von entgegengesetztem Vorzeichen mit $\Psi(+\infty)$, so liegt eine Wurzel μ' der quadratischen Gleichung (24a) zwischen $+\infty$ und μ_1, die andere μ'' zwischen μ_1 und μ_2.

Hat dagegen der Ausdruck $\Psi(\mu_2)$ für $\mu_1 > \mu_2$ das entgegengesetzte Vorzeichen von $\Psi(+\infty)$ und daher auch von $\Psi(-\infty)$, so liegt eine Wurzel μ' von (24a) zwischen μ_2 und $-\infty$, die andere μ'' zwischen μ_1 und μ_2.

Jedesmal ergibt die Substitution der zwischen μ_1 und μ_2 gelegenen Wurzel $\mu = \mu''$ in (24) eine Hyperbel bei gleichem Vorzeichen von μ_1 und μ_2, eine Ellipse bei ungleichem Vorzeichen. Die Substitution der anderen Wurzel μ' ergibt hingegen bei gleichem Vorzeichen von μ_1 und μ_2 eine Ellipse, bei ungleichem eine Hyperbel. Dasselbe Resultat würde man erhalten, wenn nicht, wie soeben vorausgesetzt war, $\mu_1 > \mu_2$, sondern umgekehrt $\mu_2 > \mu_1$ wäre.

In allen Fällen liefert die eine Wurzel der quadratischen Gleichung (24a) eine Ellipse, die andere eine Hyperbel, und somit ist der Satz bewiesen:

(25) So lange die Gleichung (7) $\Gamma(\mu) = 0$ keine Doppelwurzel besitzt, gehen durch jeden Punkt der Ebene zwei sich rechtwinklig schneidende Curven der confocalen Schaar $\mu\varphi(u, u) - \omega(u, u) = 0$; die eine dieser Curven ist eine Ellipse, die andere eine Hyperbel.

Auch folgt hieraus, dass die in der confocalen Schaar enthaltenen Kegelschnitte derselben Art sich nicht in reellen Punkten schneiden. Etwas Aehnliches findet statt, wenn die Kegelschnitte der confocalen Schaar nur aus Parabeln bestehen (vgl. weiter unten).

Wir wollen nun sehen, was eintritt, wenn die Gleichung $\Gamma(\mu) = 0$ mehrfache Wurzeln besitzt; die Determinante A werde dabei noch als von Null verschieden vorausgesetzt. Hier ist zunächst zu beachten, dass der Fall einer dreifachen Wurzel von $\Gamma(\mu) = 0$ überhaupt ausgeschlossen ist, denn eine solche müsste nach (7) gleich Null sein, also zufolge des Satzes (8) in § 8 in allen Unterdeterminanten Γ_{ik} der die Determinante $\sum \pm (\gamma_{11}\gamma_{22}\gamma_{33})$ bildenden Elemente γ_{ik} einfach enthalten sein. Für die Wurzel $\mu = 0$ reduciren sich aber diese Unterdeterminanten auf $\Omega_{ik} = \tau p_i p_k$, mithin auf Ausdrücke, die nicht alle verschwinden können.

Es sind also nur die Fälle zu untersuchen, in denen $\Gamma(\mu) = 0$ eine Doppelwurzel besitzt, und zwar werde zuerst angenommen diese Doppelwurzel sei die nicht verschwindende Wurzel $\mu = \mu_1$, so dass $\Gamma(\mu) = A\mu(\mu - \mu_1)^2$.

Wir verfahren alsdann ähnlich wie in § 16 bei Behandlung der speciellen Fälle, die bei dem Kegelschnittbüschel auftreten können, indem wir ausgehen von der Relation:

$$(26) \qquad \frac{X(\mu)}{\Gamma(\mu)} = -\frac{\binom{x}{y}^2}{\Gamma(\mu)\cdot\binom{y}{y}} - \frac{\binom{x\,y}{x\,y}}{\binom{y}{y}}.$$

Nach (7) in § 8 werden für die Doppelwurzel μ_1 alle Unterdeterminanten Γ_{ik} zu Null, d. h. μ_1 ist für beliebige Werthe der y_i eine einfache Wurzel von $\binom{y}{y} = 0$ oder auch von $\binom{x}{y} = 0$, es liefern daher die beiden Terme in (26) Partialbrüche mit dem Nenner $\mu - \mu_1$.[1]) Ferner lässt sich der Factor $\mu - \mu_1$ in Zähler und Nenner von

$$\frac{\binom{x}{y}^2}{\Gamma(\mu) \cdot \binom{y}{y}}$$

zweimal wegheben, so dass alsdann dieses Glied, ebenso wie $\binom{x\,y}{x\,y} : \binom{y}{y}$, im Nenner den Factor $\mu - \mu_1$ nur noch einmal besitzt und wegen $\binom{y}{y} = 0$, nach der zu (2) in § 16 analogen Formel, in Bezug auf die x_i ein vollständiges Quadrat ist. Durch Partialbruchzerlegung ergibt sich daher jetzt eine Gleichung von der Gestalt

$$(27) \qquad \frac{\mathrm{X}(\mu)}{\Gamma(\mu)} = \frac{\mu_1 X^{(1)} X^{(1)}}{\mu - \mu_1} + \frac{\mu_1 X^{(2)} X^{(2)}}{\mu - \mu_1} + \frac{X_3^2}{\mu \cdot \varphi(p, p)},$$

wobei

$$(28) \qquad \mu_1 X^{(1)} X^{(1)} = \frac{\binom{x}{y}^2 (\mu - \mu_1)}{-\binom{y}{y} \cdot \Gamma(\mu)}, \quad \mu_1 X^{(2)} X^{(2)} = \frac{\binom{x\,y}{x\,y}(\mu - \mu_1)}{-\binom{y}{y}},$$

während X_3 mit dem bereits früher aufgetretenen und ebenso bezeichneten Ausdrucke in (14) übereinstimmt.

In derselben Weise wie in dem oben ausführlich behandelten allgemeinen Falle findet man

$$(29) \qquad \begin{cases} \dfrac{\Phi(x, x)}{\mathrm{A}} = \mu_1 (X^{(1)} X^{(1)} + X^{(2)} X^{(2)}) + \dfrac{X_3^2}{\varphi(p, p)}, \\ \Omega(x, x) = \tau X_3^2; \end{cases}$$

$$(30) \qquad \begin{cases} \varphi(u, u) = \dfrac{U_1^2 + U_2^2}{\mu_1} + \varphi(p, p) \cdot U_3^2, \\ \omega(u, u) = U_1^2 + U_2^2, \end{cases}$$

wobei $\frac{U_1}{\mu_1}$, $\frac{U_2}{\mu_1}$, $\varphi(p, p)\, U_3$ die durch die Substitution $x_i = \frac{1}{2} \varphi'(u_i)$ aus $X^{(1)}$, $X^{(2)}$, X_3 hervorgehenden Ausdrücke bedeuten.

Ausserdem findet man

$$(31) \qquad \mu_1 \varphi - \omega = \mu_1 \varphi(p, p) \cdot U_3^2.$$

Die Gleichungen (29) und (30) lassen erkennen, dass nunmehr die confocale Schaar $\mu\varphi - \omega = 0$ aus concentrischen Kreisen

---

1) Vgl. die Behandlung des analogen Falles in § 16, welche daselbst zu der Gleichung (9) in § 16 führt.

besteht, und zwar gehört der Mittelpunkt $U_3 = 0$ doppelt zählend dieser Schaar an; die zwei im allgemeinen Falle vorhandenen Brennpunktepaare sind nun zusammengefallen und in diesen Mittelpunkt gerückt. Man erkennt auch, dass eine confocale Schaar nur aus Kreisen besteht, sobald auch nur eine Curve derselben ein Kreis ist. Durch jeden Punkt y der Ebene geht ein Kreis der Schaar, denn durch diesen Punkt ist die Curve, da ihr Mittelpunkt gleichfalls gegeben, vollständig bestimmt; algebraisch erhellt diese Thatsache aus dem gleich Null gesetzten Ausdrucke (27), denn die so entstehende Gleichung ist in μ linear.

Bei dieser Gelegenheit wollen wir untersuchen, welche Bedingungen erfüllt werden müssen, damit überhaupt die Gleichung einer Curve zweiter Classe $\varphi(u, u) = 0$ einen Kreis darstelle. Wir behaupten, dass diese Bedingungen in dem Verschwinden der Coefficienten einer gewissen quadratischen Form der u_i $(i = 1, 2, 3)$ bestehen, und zwar ist diese Form gegeben durch die Determinante

$$(32) \qquad \mathsf{K} \equiv \begin{vmatrix} \frac{1}{2}\varphi'(u_1) & \frac{1}{2}\varphi'(u_2) & \frac{1}{2}\varphi'(u_3) \\ \frac{1}{2}\omega'(u_1) & \frac{1}{2}\omega'(u_2) & \frac{1}{2}\omega'(u_3) \\ \frac{1}{2}\varphi'(p_1) & \frac{1}{2}\varphi'(p_2) & \frac{1}{2}\varphi'(p_3) \end{vmatrix} = 0,$$

welche eine simultane Contravariante von $\varphi(u, u)$, $\omega(u, u)$ und p_x repräsentirt. Es hängen nämlich die X_i mit den x_i zusammen durch die Gleichungen (vgl. (13)):

$$X_i = \frac{1}{\sqrt{\mu_i}}\left(u_1^{(i)}x_1 + u_2^{(i)}x_2 + u_3^{(i)}x_3\right) \quad (i = 1, 2),$$

$$X_3 = p_1x_1 + p_2x_2 + p_3x_3,$$

daher die u_i mit den U_i durch die transponirte Substitution

$$u_i = \frac{u_i^{(1)}}{\sqrt{\mu_1}} U_1 + \frac{u_i^{(2)}}{\sqrt{\mu_2}} U_2 + p_i U_3 \quad (i = 1, 2, 3),$$

und es sei $r = \sum \pm \left(\frac{u_1^{(1)}}{\sqrt{\mu_1}} \frac{u_2^{(2)}}{\sqrt{\mu_2}} p_3\right)$ die Determinante dieser Substitution. Mit Rücksicht auf (18) und auf $p_x = X_3$ besteht folglich die Relation:

$$(33) \qquad r \cdot \mathsf{K} = \begin{vmatrix} \frac{U_1}{\mu_1} & \frac{U_2}{\mu_2} & \varphi(p, p)\, U_3 \\ U_1 & U_2 & 0 \\ 0 & 0 & \varphi(p, p) \end{vmatrix} = \varphi(p, p)\left(\frac{1}{\mu_1} - \frac{1}{\mu_2}\right) U_1 U_2 .$$

Dabei ist die Determinante der Transformation r von Null verschieden, denn die drei Punkte $U_1 = 0$, $U_2 = 0$, $U_3 = 0$ liegen nicht in einer Geraden.

Die Gleichung (33) zeigt, dass das Verschwinden von (32), so lange $\varphi(p,p) \gtrless 0$, die Beziehung $\mu_1 = \mu_2$ zur Folge hat, es gibt also $\mathsf{K} = 0$ bei beliebigen u_i in der That die Bedingungen dafür, dass $\varphi(u,u) = 0$ einen Kreis darstelle.

Uebrigens verschwinden für die Doppelwurzel $\mu_1 = \mu_2$, wie bereits erwähnt, auch die oben mit Γ_{ik} bezeichneten sechs Unterdeterminanten, und es gilt hier wieder dieselbe Bemerkung, wie S. 97 bei Aufstellung der Bedingungen dafür, dass eine Gleichung $f(x,x) = 0$ in Punktcoordinaten einen Kreis darstelle.

Wir gehen nun weiter in der Behandlung der speciellen Fälle, welche für die Wurzeln der kubischen Gleichung $\Gamma(\mu) = 0$ bei confocalen Kegelschnitten eintreten können.

Der Fall, dass die Doppelwurzel $\mu_1 = \mu_2$ auch Doppelwurzel ist von $\binom{y}{y} = 0$, muss aus demselben Grunde ausgeschlossen werden, aus dem dies schon bei Kegelschnittbüscheln (vgl. S. 151) geschah.

Es möge jetzt angenommen werden, die Gleichung $\Gamma(\mu) = 0$ habe die Doppelwurzel $\mu = 0$ und die von Null verschiedene Wurzel $\mu = \mu_1$; alsdann ist nach (7) $\mathsf{A}_2 = \tau\varphi(p,p) = 0$ und $\Gamma(\mu) = \mathsf{A}\mu^2(\mu - \mu_1)$. Jedenfalls können für $\mu = 0$ nicht alle Unterdeterminanten Γ_{ik} verschwinden, denn diese gehen durch die Annahme $\mu = 0$ in $\Omega_{ik} = \tau p_i p_k$ über[1]). Alsdann veranlasst in (26) nur der Term $\dfrac{\binom{x}{y}^2}{-\binom{y}{y}\cdot\Gamma(\mu)}$ Partialbrüche, die zur Wurzel $\mu = 0$ gehören. Setzen wir

$$\frac{\mu^2\binom{x}{y}^2}{-\binom{y}{y}\Gamma(\mu)} = X \quad \text{und} \quad \frac{\mathsf{X}(\mu_1)}{\Gamma'(\mu_1)} = \mu_1 X_1^2,$$

so wird[2])

$$(34) \qquad \frac{\mathsf{X}(\mu)}{\Gamma(\mu)} = \frac{[X^2]_{\mu=0}}{\mu^2} + \frac{\left[\frac{d\cdot X^2}{d\mu}\right]_{\mu=0}}{\mu} + \frac{\mu_1 X_1^2}{\mu - \mu_1};$$

mit Einführung der Bezeichnungsweise:

$$(34\text{a}) \qquad [X]_{\mu=0} = \nu_3 X_3, \quad \left[\frac{dX}{d\mu}\right]_{\mu=0} = X_2, \quad \text{wobei } \nu_3^2 = -\frac{\tau}{\mathsf{A}\mu_1},$$

verwandelt sich (34) in:

1) Vgl. auch S. 171.

2) Vgl. S. 150.

(34b) $$\frac{\mathsf{X}(\mu)}{\Gamma(\mu)} = \frac{-\tau}{\mathsf{A}\mu_1}\frac{X_3^2}{\mu^2} + 2\sqrt{\frac{-\tau}{\mathsf{A}\mu_1}}\frac{X_2 X_3}{\mu} + \frac{\mu_1 X_1^2}{\mu - \mu_1},$$ [1])

und hieraus erhält man für $\mu = \infty$, resp. $\mu = 0$ die Gleichungen von $\varphi(u, u) = 0$ und $\omega(u, u) = 0$ in Punktcoordinaten:

(35) $$\begin{cases} \dfrac{\Phi(x, x)}{\mathsf{A}} = 2\sqrt{\dfrac{-\tau}{\mathsf{A}\mu_1}}\, X_2 X_3 + \mu_1 X_1^2, \\ \Omega(x, x) = \tau X_3^2. \end{cases}$$

Wir ersetzen nun in $\mathsf{X}(\mu)$ die x_i durch $\frac{1}{2}\varphi'(u_i) = \varphi_i$ und bezeichnen die vermöge dieser Substitution aus X_3, X_2, X_1 hervorgehenden Ausdrücke resp. durch $\sqrt{\frac{\mathsf{A}\mu_1}{-\tau}}\, U_2$, $\sqrt{\frac{\mathsf{A}\mu_1}{-\tau}}\, U_3$, $\frac{U_1}{\mu_1}$; [1]) alsdann folgt aus (34):

(36) $$-\binom{\varphi}{\varphi}_{\gamma_{ik}} : \Gamma(\mu) = \frac{U_2^2}{\mu^2} + 2\sqrt{\frac{\mathsf{A}\mu_1}{-\tau}}\,\frac{U_2 U_3}{\mu} + \frac{U_1^2}{\mu_1(\mu - \mu_1)},$$

und diese Gleichung liefert nach einer der in den oben behandelten speciellen Fällen angewandten Methoden:

(37) $$\begin{cases} \varphi(u, u) = 2\sqrt{\dfrac{\mathsf{A}\mu_1}{-\tau}}\, U_2 U_3 + \dfrac{U_1^2}{\mu_1}, \\ \omega(u, u) = U_1^2 + U_2^2; \end{cases}$$

(38) $$\mu_1\varphi - \omega = \left\{2\mu_1\sqrt{\frac{\mathsf{A}\mu_1}{-\tau}}\, U_3 - U_2\right\} U_2.$$

Die Gleichungen (35), (37) und (38) lassen erkennen, dass nunmehr die confocale Schaar $\mu\varphi - \omega = 0$ nur aus Parabeln besteht, welche sämmtlich die Gerade $X_1 = 0$ zur Axe haben; der gemeinsame im Endlichen gelegene Brennpunkt hat die Gleichung

$$2\mu_1\sqrt{\frac{\mathsf{A}\mu_1}{-\tau}}\, U_3 - U_2 = 0,$$

der unendlich ferne ist $U_2 = 0$. Die Gerade $X_2 = 0$ ist die Scheiteltangente der Parabel $\varphi(u, u) = 0$, $2p = \frac{2}{\mu_1}\sqrt{\frac{-\tau}{\mathsf{A}\mu_1}}$ der Parameter[2]). Ferner erkennt man, dass eine confocale Schaar nur aus Parabeln besteht, sobald auch nur eine Parabel der Schaar angehört.

---

1) Der Grund dieser Bezeichnungsweise liegt darin, dass die Relationen
$$\Omega(x, x) = \tau X_3^2, \quad \omega(u, u) = U_1^2 + U_2^2,$$
sowie
$$u_1 x_1 + u_2 x_2 + u_3 x_3 = U_1 X_1 + U_2 X_2 + U_3 X_3$$
erfüllt werden sollten.

2) Sobald man hier über das Vorzeichen der Wurzel verfügt hat, ist auch die Richtung festgelegt, nach der sich die Parabel erstreckt.

Uebrigens folgt wieder in derselben Weise wie bei (26) in § 15, dass durch jeden Punkt der Ebene zwei reelle der Schaar angehörige Parabeln hindurchgehen, und zwar schneiden sie sich in dem betreffenden Punkte rechtwinklig. Aus (35) geht ausserdem hervor, dass man eigentlich zwei Systeme von Parabeln in einer confocalen Schaar unterscheiden kann, indem sich je nach dem Vorzeichen ihres Parameters die Curven nach entgegengesetzten Seiten öffnen. Man kann auch zeigen, dass die zwei confocalen Parabeln, welche sich in irgend einem Punkte der Ebene schneiden, nicht demselben System angehören. Zu diesem Zweck wollen wir die Gleichung (34) der confocalen Parabeln in Punktcoordinaten zunächst dadurch umformen, dass wir an Stelle des variabelen Parameters μ einführen $\lambda = \frac{\mu_1}{\mu}$ und $\frac{1}{\mu_1}\sqrt{\frac{-\tau}{A\mu_1}}$ setzen gleich $-p$,[1]) wodurch sich (34) nach Multiplication mit $\frac{\mu}{\mu_1}$ verwandelt in:

$$\lambda p^2 X_3^2 - 2pX_2X_3 + \frac{X_1^2}{1-\lambda} = 0 \quad \text{oder in} \tag{39}$$

$$\frac{X_1^2}{1-\lambda} - 2p\left(X_2 - \frac{p}{2}\lambda X_3\right)X_3 = 0. \tag{39a}$$

Durch die Transformation $X_1 = \xi_1$, $X_2 = \xi_2 + \frac{p}{2}\xi_3$, $X_3 = \xi_3$ wird die Gerade $X_2 = 0$ parallel zu sich selbst verschoben, so dass sie durch den gemeinsamen Brennpunkt hindurchgeht; an Stelle von (39a) tritt alsdann

$$\frac{\xi_1^2}{1-\lambda} - 2p\left\{\xi_2 + \frac{p}{2}(1-\lambda)\xi_3\right\}\xi_3 = 0, \tag{40}$$

und wenn man $p(1-\lambda)$ ersetzt durch die mit λ veränderliche Grösse q, welche für $\lambda = 0$ den halben Parameter p der Parabel $\varphi(u,u) = 0$ gibt, so folgt

$$\xi_1^2 - 2q\left(\xi_2 + \frac{q}{2}\xi_3\right)\xi_3 = 0. \tag{41}$$

Um die Grössen q für diejenigen zwei Parabeln zu bestimmen, welche durch irgend einen Punkt η der Ebene gehen, sind die Coordinaten η_1, η_2, η_3 dieses Punktes in (41) zu substituiren; nach Potenzen von q geordnet erhält man

$$\Psi(q) \equiv -q^2\eta_3^2 - 2q\eta_2\eta_3 + \eta_1^2 = 0. \tag{42}$$

Für $q = \pm\infty$ wird $\Psi(q)$ negativ, für $q = 0$ positiv, mithin hat diese quadratische Gleichung stets eine positive und eine negative

---

1) Durch diese letzte Substitution erhält $\Phi(x,x) = 0$ die gewöhnlich gebräuchliche Gestalt $X_1^2 - 2pX_2X_3 = 0$.

Wurzel, d. h. die Parameter zweier durch einen Punkt η der Ebene gehenden Parabeln einer confocalen Schaar sind von entgegengesetztem Vorzeichen. Wie (41) zeigt, gehören diese Curven also in der That den zwei entgegengesetzt gerichteten Systemen an[1]). Die beiden Parameter werden nach (42) entgegengesetzt gleich, wenn $\eta_2 = 0$, d. h. wenn der Punkt η der Senkrechten angehört, welche im gemeinsamen Brennpunkt auf der Axe errichtet ist; nur dann sind die zwei zugehörigen Parabeln congruent, natürlich aber entgegengesetzt gerichtet.

Wie bei confocalen Ellipsen und Hyperbeln sich Curven derselben Art nicht in reellen Punkten schneiden, folgt auch jetzt wieder, dass Parabeln desselben Systems sich nicht in reellen Punkten schneiden.

Hiermit ist die Untersuchung des Falles einer verschwindenden Doppelwurzel von $\Gamma(\mu) = 0$ erledigt; die Unterdeterminanten Γ_{ik} konnten, wie wir sahen, für dieselbe nicht alle verschwinden, und es wäre nur noch die Frage zu beantworten, ob nicht vielleicht die Γ_{ik} bei Substitution der von Null verschiedenen Wurzel μ_1 verschwinden. Auch dieser Fall ist ausgeschlossen, denn, wie wir schon in der Fussnote zu S. 134 bei ähnlicher Gelegenheit zeigten, würde mit allen Γ_{ik} auch $\frac{d\Gamma(\mu_1)}{d\mu}$ verschwinden, d. h. die kubische Gleichung $\Gamma(\mu) = 0$ hätte noch eine zweite Doppelwurzel $\mu = \mu_1$, was unmöglich ist.

Bisher war vorausgesetzt worden, dass die Determinante A von $\varphi(u, u) = 0$ nicht verschwinde; es kamen dann ausser dem allgemeinen Fall, in welchem die kubische Gleichung $\Gamma(\mu) = 0$ verschiedene Wurzeln besitzt, nur zwei specielle Fälle in Betracht: die nicht verschwindende Doppelwurzel $\mu = \mu_1$, für welche alle Unterdeterminanten Γ_{ik} zu Null werden und die Doppelwurzel $\mu = 0$. Im allgemeinen Falle bestehen die Curven der confocalen Schaar aus Ellipsen und Hyperbeln, ausserdem sind drei Punktepaare in der Schaar enthalten: die zwei Brennpunktepaare und das imaginäre Kreispunktepaar. Im Falle der Doppelwurzel $\mu = \mu_1$ hat man eine Schaar concentrischer Kreise, ferner den gemeinsamen Mittelpunkt doppelt zählend, sowie das imaginäre Kreispunktepaar. Im Falle der Doppelwurzel $\mu = 0$ besteht die Schaar aus Parabeln; ausserdem gehören hinzu das Brennpunktepaar (ein im Endlichen und ein im Unendlichen gelegener Brennpunkt) und das imaginäre Kreispunktepaar.

Es fragt sich nun, wie man diese Punktepaare findet, wenn die Determinante A von $\varphi(u, u)$ verschwindet, wenn also $\varphi(u, u) = 0$

1) Vgl. zu dieser Darstellung Hesse: „Sieben Vorlesungen aus der analytischen Geometrie der Kegelschnitte“, Leipzig 1874, S. 52, oder auch Zeitschrift für Mathematik und Physik, hrsgg. von Schlömilch, Bd. 19, S. 52.

selbst eine zerfallende Curve der Schaar ist. Man kann sich alsdann die confocale Schaar $\mu\varphi - \omega = 0$ gegeben denken in der Form

(43) $$\mu\varphi - \omega \equiv \mu(\varphi - \nu\omega) + (\mu\nu - 1)\omega$$
$$\equiv (1 - \mu\nu)\left\{\frac{\mu}{1 - \mu\nu}(\varphi - \nu\omega) - \omega\right\} = 0,$$

wobei ν ein Werth sei, für den die Determinante von $\varphi - \nu\omega$ nicht verschwindet. Setzt man $\frac{\mu}{1 - \mu\nu} = \lambda$, so tritt in den bisherigen Formeln $\varphi - \nu\omega$ an Stelle von φ und λ an Stelle von μ; die den Werthen λ entsprechenden μ findet man aus $\mu = \frac{\lambda}{\lambda\nu + 1}$.

Wenn es sich nur darum handelt, das Punktepaar zu finden, welches neben $\varphi(u, u) = 0$ und $\omega(u, u) = 0$ der confocalen Schaar angehört, kann man daher so verfahren, dass man $\varphi(u, u)$ ersetzt durch

$$\varphi(u, u) - \nu\omega(u, u),$$

wobei ν ein beliebiger Parameter ist, der nur so gewählt sein muss, dass die Determinante von $\varphi - \nu\omega$ nicht verschwindet. Die oben entwickelten Formeln wendet man alsdann an auf die Schaar

(43a) $$\lambda(\varphi - \nu\omega) - \omega = 0,$$

d. h. man ersetzt in diesen Formeln den Ausdruck φ durch $\varphi - \nu\omega$, oder die Coefficienten α_{ik} der Gleichung $\varphi = 0$ durch $\alpha_{ik} - \nu\omega_{ik}$.

Besteht die confocale Schaar aus Ellipsen und Hyperbeln, so ist nach (18)

(44) $$\begin{cases} \varphi - \nu\omega = \frac{U_1^2}{\lambda_1} + \frac{U_2^2}{\lambda_2} + \varphi(p, p)\, U_3^2 \\ \omega = U_1^2 + U_2^2. \end{cases}$$

Nimmt man an, dass sich (43a) etwa für $\lambda_1 = -\frac{1}{\nu}$ auf $\varphi = 0$ reducire, so wird

(45) $$\varphi = \left(\frac{1}{\lambda_2} + \nu\right) U_2^2 + \varphi(p, p)\, U_3^2.$$

Wenn die confocale Schaar aus concentrischen Kreisen besteht, findet man nach (30):

(46) $$\begin{cases} \varphi - \nu\omega = \frac{U_1^2 + U_2^2}{\lambda_1} + \varphi(p, p)\, U_3^2 \\ \omega = U_1^2 + U_2^2, \end{cases}$$

daher

(47) $$\varphi = \left(\frac{1}{\lambda_1} + \nu\right)(U_1^2 + U_2^2) + \varphi(p, p) \cdot U_3^2,$$

so dass für $-\nu = \frac{1}{\lambda_1}$ die Gleichung $\varphi = 0$ den Mittelpunkt der Schaar darstellt.

Besteht endlich die confocale Schaar aus Parabeln, so ist nach (37)

$$(48)\quad \begin{cases} \varphi - \nu\omega = 2\sqrt{\frac{A\lambda_1}{-\tau}}\, U_2 U_3 + \frac{U_1^2}{\lambda_1} \\ \omega = U_1^2 + U_2^2, \end{cases}$$

daher für $\nu = -\frac{1}{\lambda_1}$

$$(49)\quad \varphi = 2\sqrt{\frac{A\lambda_1}{-\tau}}\, U_2 U_3 + \nu U_2^2;$$

dabei sind, wie erwähnt, in den rechts stehenden Ausdrücken die Grössen α_{ik} stets zu ersetzen durch $\alpha_{ik} - \nu\omega_{ik}$.

§ 19.

Weitere Untersuchungen über die Brennpunkte: Doppeltberührende Kreise, Sätze über Brennstrahlen.

Im vorhergehenden Paragraphen wurde u. A. gezeigt, dass die Brennpunktepaare der Curve $\varphi(u, u) = 0$, welche eine Ellipse oder Hyperbel darstellen möge, gegeben sind durch die zwei Gleichungen

$$(1)\quad \begin{cases} \mu_1\varphi - \omega \equiv \frac{\mu_1 - \mu_2}{\mu_2} U_2^2 + \mu_1\varphi(p, p) \cdot U_3^2 = 0, \\ \mu_2\varphi - \omega \equiv \frac{\mu_2 - \mu_1}{\mu_1} U_1^2 + \mu_2\varphi(p, p) \cdot U_3^2 = 0. \end{cases}$$

Ganz ähnliche Ausdrücke hat man für die Brennpunkte eines durch seine Gleichung in Punktcoordinaten gegebenen Kegelschnitts $f(x, x) = 0$; dieselben finden sich in § 11, Gl. (14) und speciell für die Ellipse in Gl. (16).

Um die Vorstellung zu fixiren, wollen wir noch annehmen, das reelle Brennpunktepaar sei

$$\mu_2\varphi - \omega \equiv \frac{\mu_2 - \mu_1}{\mu_1} U_1^2 + \mu_2\varphi(p, p) \cdot U_3^2 = 0;$$

die Coefficienten von U_1^2 und U_2^2 müssen alsdann entgegengesetzte Vorzeichen haben. Sind $B = 0$, $B_1 = 0$ die Gleichungen der zwei reellen Brennpunkte, so ist demnach jedenfalls

$$(2)\quad \begin{cases} \mu_2\varphi - \omega = BB_1 = \pm(\sigma_1^2 U_1^2 - \sigma_3^2 U_3^2), \\ \sigma_1^2 : \sigma_3^2 = \left(\frac{1}{\mu_2} - \frac{1}{\mu_1}\right)\frac{1}{\varphi(p, p)}. \end{cases}$$

Hier gestattet die Identität $\mu_2\varphi - \omega \equiv BB_1$ eine einfache geometrische Deutung. Für jede Gerade, deren Coordinaten u_i die Gleichung $\varphi(u, u) = 0$ erfüllen, also für jede Tangente des Kegelschnitts φ, folgt nämlich mit Rücksicht auf (1) in § 2 sofort der Satz:

(3) Bei jedem Kegelschnitt ist das Product aus den Ab-

ständen der beiden Brennpunkte von einer beliebigen Tangente constant, und zwar gleich dem Quadrat der halben kleinen Axe im Falle einer Ellipse, gleich dem Quadrat der halben Nebenaxe im Falle einer Hyperbel.

Der soeben angegebene Werth der Constante ergibt sich, wenn man die Tangente im einen Endpunkte der die reellen Brennpunkte verbindenden Axe zieht, bei der Ellipse noch einfacher mit Hilfe der Tangente in einem Scheitel der kleinen Axe.

Aus (2) folgt mit Hilfe eines beliebigen Multiplicators ν:

$$(4) \qquad 4\nu(\mu_2\varphi - \omega) = [\nu B + B_1]^2 - [\nu B - B_1]^2, \quad \text{oder}$$

$$(4a) \qquad 4\nu\omega - (\nu B - B_1)^2 \equiv 4\nu\mu_2\varphi - (\nu B + B_1)^2 = 0.$$

Diese Gleichung repräsentirt nach (2) in § 7 ein System von Kreisen: reell für die positiven Werthe von ν, imaginär für negative ν. Uebrigens lassen sich beide Arten auch getrennt darstellen, wobei ν jedesmal als positiv angenommen werden darf; das reelle System ist nämlich alsdann durch (4a) gegeben, das imaginäre durch die aus (4) folgende Gleichung

$$(5) \qquad 4\nu\omega + (\nu B + B_1)^2 \equiv 4\nu\mu_2\varphi + (\nu B - B_1)^2 = 0.$$

Betrachten wir speciell das bei positivem ν reelle System von Kreisen (4a).

Aus (4a) (und ähnlich aus (5)) folgt alsdann, mit Rücksicht auf (2) in § 7, dass diese Kreise den Mittelpunkt $\nu B - B_1 = 0$ haben und den Kegelschnitt $\varphi = 0$ doppelt berühren, nämlich in den Berührungspunkten der vom Punkte $\nu B + B_1 = 0$ an die Curve gelegten Tangenten. Ausserdem sind $B = 0$, $B_1 = 0$, $\nu B - B_1 = 0$ und $\nu B + B_1 = 0$ vier harmonisch gelegene Punkte. Genau dieselbe Betrachtung liesse sich, wie (38) in § 18 zeigt, anstellen, wenn die Curve $\varphi(u, u) = 0$ eine Parabel ist; man hat daher den Satz:

(6) Es gibt bei jedem Kegelschnitt ein System doppelt berührender Kreise, für welche der Mittelpunkt und der zugehörige Pol der Berührungssehne harmonisch liegen zu den zwei reellen Brennpunkten.

Um die Lage dieser Kreise im einzelnen zu untersuchen, sind die Fälle der Ellipse, Hyperbel und Parabel gesondert zu betrachten. Indem wir wegen des Näheren auf die Abhandlung von Steiner: „Elementare Lösung einer geometrischen Aufgabe, und über einige damit in Beziehung stehende Eigenschaften der Kegelschnitte“[1]) ver-

1) Crelle's Journal, Bd. 37, S. 174 ff., 1847, oder auch „Gesammelte Werke“, Bd. II, S. 404 ff.

weisen, wollen wir nur den Fall der Ellipse noch kurz berühren. Die Gleichung für die Mittelpunkte der einzelnen Kreise wird $\nu B - B_1 = 0$, oder nach (2) $\nu(\sigma_1 U_1 + \sigma_3 U_3) - (\sigma_1 U_1 - \sigma_3 U_3) = 0$, d. h.

$$(\nu - 1)\sigma_1 U_1 + (\nu + 1)\sigma_3 U_3 = 0;$$

der Mittelpunkt des dem Parameter ν entsprechenden Kreises hat daher die homogenen rechtwinkligen Coordinaten $\frac{(\nu - 1)\sigma_1}{(\nu + 1)\sigma_3} : 0 : 1$. Der Radius r ergibt sich nach (2) in § 7 aus $r^2 = \frac{4\nu}{(\nu + 1)^2 \sigma_3{}^2}$. Wie man mit Hilfe der in der Differentialrechnung gebräuchlichen Methode findet, wird der Radius ein Maximum für $\nu = 1$; ein Minimum $\nu = -1$ kommt nicht in Betracht, da ihm kein reeller Kreis entspricht. Der grösste Radius hat demnach die Länge

$$\frac{1}{\sigma_3} = \sqrt{-\frac{1}{\mu_2 \varphi(p, p)}}$$

oder er ist gleich der halben kleinen Axe der Ellipse, denn wie aus (15) in § 18 hervorgeht, sind $-\mu_1 \varphi(p, p)$ und $-\mu_2 \varphi(p, p)$ die reciproken Werthe $\frac{1}{a^2}$ und $\frac{1}{b^2}$ der Quadrate der halben Axen a und b der Ellipse. Für $\nu = 0$ und $\nu = \infty$ erhält man Kreise vom Radius Null, nämlich die beiden Brennpunkte B_1 und B.

Ein zweites System von Kreisen erhält man, wenn dieselben Betrachtungen wie zuvor angestellt werden mit Bezug auf das imaginäre Brennpunktepaar des Kegelschnitts $\varphi(u, u) = 0$. Bevor wir hierzu übergehen, möge die Aufgabe gelöst werden, zu dem imaginären Brennpunktepaare beliebig viele harmonische Polenpaare zu construiren.

Es sei wieder

$$(7) \qquad \mu_2 \varphi - \omega \equiv BB_1 \equiv \pm (\sigma_1{}^2 U_1^2 - \sigma_3{}^2 U_3^2) = 0$$

die Gleichung für die zwei reellen Brennpunkte,

$$(8) \qquad \mu_1 \varphi - \omega \equiv \nu_2 U_2^2 + \nu_3 U_3^2 = 0$$

diejenige für die imaginären. Es müssen dann natürlich die beiden reellen Grössen ν_2 und ν_3 gleiches Vorzeichen haben, denn andernfalls wäre $\nu_2 U_2^2 + \nu_3 U_3^2$ in zwei reelle lineare Factoren zerlegbar. Ausserdem müssen die Grössen ν negativ sein, denn bei positiven ν wäre nach (8) der Kegelschnitt $\varphi(u, u) = 0$, den wir als reell voraussetzen, gleich der Summe der drei Quadrate $U_1^2 + (\nu_2 + 1) U_2^2 + \nu_3 U_3^2 = 0$, da $\omega = U_1^2 + U_2^2$. Man kann demnach die Gleichung (8) ersetzen durch

$$(9) \quad \mu_1 \varphi - \omega \equiv -(T_2^2 + T_3^2) = 0, \text{ wo } T_2^2 = -\nu_2 U_2^2, \; T_3^2 = -\nu_3 U_3^2,$$

oder auch durch

(10) $\mu_1\varphi - \omega \equiv -(T_2 \cos t - T_3 \sin t)^2 - (T_2 \sin t + T_3 \cos t)^2$,
wobei t einen völlig willkürlichen Winkel bezeichnet. Führen wir zur Abkürzung ein $V \equiv T_2 \cos t - T_3 \sin t$, $W = T_2 \sin t + T_3 \cos t$, so verwandelt sich (10) in

(11) $$\mu_1\varphi - \omega \equiv -(V^2 + W^2).$$

Indem man diese Gleichung in Verbindung bringt mit (7), ergibt sich durch Elimination von φ die Relation

$$(\mu_1 - \mu_2)\omega = -\mu_2(V^2 + W^2) - \mu_1 BB_1$$

oder auch

(12) $$(\mu_1 - \mu_2)\omega + \mu_2 V^2 = -\mu_2 W^2 - \mu_1 BB_1.$$

Bevor wir diese Gleichung geometrisch deuten, werde bemerkt, dass die Punkte $V = 0$ und $W = 0$, welchen Werth auch der Parameter t haben mag, harmonisch liegen zu

$$V + iW = 0 \quad \text{und} \quad V - iW = 0$$

oder, was dasselbe bedeutet, zu $T_2 + iT_3 = 0$ und $T_2 - iT_3 = 0$, also zu dem imaginären Brennpunktepaar.

Die linke Seite von (12) stellt nun, gleich Null gesetzt, einen Kreis dar mit dem Mittelpunkt V, während die rechte Seite von (12) aussagt, dass auf diesem Kreis auch das reelle Brennpunktepaar liegt und dass die in den Brennpunkten gezogenen Tangenten sich in W schneiden[1]). Ist also z. B. der reelle Punkt V gegeben und will man zu ihm und zu dem imaginären Brennpunktepaar, welches bei unseren obigen Annahmen zugleich mit V auf der Geraden $X_1 = 0$ liegt, den vierten harmonischen Punkt W construiren, so ziehe man um V als Mittelpunkt den durch die reellen Brennpunkte B, B_1 gehenden Kreis; die Tangenten desselben in B und B_1 schneiden sich in dem auf $X_1 = 0$ gelegenen Punkte W.

Dass dieser Kreis reell ist, geht nicht nur aus der Realität seines Mittelpunktes und der zwei Punkte B, B_1 hervor, sondern kann auch aus seiner Gleichung $(\mu_1 - \mu_2)\omega + \mu_2 V^2 = 0$ oder

$$\left(\frac{\mu_1}{\mu_2} - 1\right)\omega + V^2 = 0$$

geschlossen werden. Die oben mit ν_2 bezeichnete Grösse muss nämlich, wie wir sahen, bei unseren Annahmen negativ sein, andrerseits besitzt dieselbe nach (1) den Werth $\frac{\mu_1}{\mu_2} - 1$, mithin ist in

$$\left(\frac{\mu_1}{\mu_2} - 1\right)\omega + V^2 = 0$$

1) Vgl. hierzu den Schluss von § 9.

die positive definite Form ω multiplicirt mit einer negativen Grösse, so dass diese Gleichung in der That eine reelle Curve repräsentirt.

Wenden wir uns nun zu dem oben erwähnten zweiten System von Kreisen!

Aus der Identität (11) folgt:

$$(13) \qquad V^2 - \omega \equiv -(\mu_1 \varphi + W^2),$$

ein Ausdruck, der gleich Null gesetzt bei variabelem t ein System von Kreisen darstellt, deren Mittelpunkte[1] V auf der Verbindungslinie der imaginären Brennpunkte liegen; es kann also von diesem Kreissystem eigentlich nur bei Ellipse und Hyperbel die Rede sein, da bei einer Parabel das imaginäre Brennpunktepaar im Endlichen fehlt. Indem man die Gleichung (13) in analoger Weise geometrisch deutet, wie es oben bei (4a) geschehen war, folgt der Satz:

(14) Bei jeder Ellipse und Hyperbel gibt es ein System doppelt berührender Kreise, für welche der Mittelpunkt und der zugehörige Pol der Berührungssehne harmonisch liegen zu dem imaginären Brennpunktepaar[2].

Vermöge der Identität $V \equiv T_2 \cos t - T_3 \sin t$ kann jeder auf der Nebenaxe $X_1 = 0$ gelegene Punkt als Centrum eines den Kegelschnitt $\varphi(u, u) = 0$ doppelt berührenden Kreises angesehen werden.

(15) Das System von Kreisen (14) hat noch die weitere interessante Eigenschaft, dass jeder solche Kreis der Ort der Fusspunkte der geraden Linien ist, welche von den Brennpunkten des gegebenen Kegelschnitts $\varphi(u, u) = 0$ nach allen Tangenten von φ unter demselben bestimmten Winkel t gezogen werden[3]).

Wir wollen hier der Kürze halber nur eingehen auf den Fall $t = 90^0$ und eine directe Behandlung des Problems geben. Es werde dabei wieder angenommen, dass das reelle Brennpunktepaar B, B_1 gegeben sei durch $\mu_2 \varphi - \omega = 0$. Soll eine Gerade mit den Coordinaten u_1, u_2, u_3 Tangente sein des gegebenen Kegelschnitts, so müssen die u_i die Gleichung befriedigen $\varphi(u, u) = 0$; andrerseits befriedigt eine durch einen reellen Brennpunkt gehende Gerade v die Gleichung

---

1) Für den Radius r findet man leicht nach Einsetzen des Werthes von V mit Rücksicht auf (2) in § 7 die Formel $r = \frac{1}{\sin t} \sqrt{\frac{-1}{\mu_1 \varphi(p, p)}}$, oder bei gleicher Bezeichnungsweise wie S. 181 wird $r = \frac{a}{\sin t}$.

2) Näheres über dieses System von Kreisen bei Steiner a. a. O.

3) Auch hierzu vgl. Steiner a. a. O.

$$\mu_2 \varphi(v, v) = \omega(v, v).$$

Die Coordinaten x_1, x_2, x_3 des Schnittpunktes einer Tangente u mit einer durch B oder B_1 gehenden Geraden v sind

$$(16) \qquad x_1 = u_2 v_3 - u_3 v_2, \quad x_2 = u_3 v_1 - u_1 v_3, \quad x_3 = u_1 v_2 - u_2 v_1,$$

und wir fragen nun nach dem geometrischen Ort aller Punkte x von solcher Beschaffenheit, dass die von x nach der Curve $\varphi(u, u) = 0$ gezogenen Tangenten normal sind zu dem einen, resp. anderen der zwei von x nach dem Brennpunktepaar gezogenen Strahlen. Der Ort der Punkte x muss alsdann der oben gewünschte Kreis sein.

Um die Gleichung dieses Ortes aufzustellen, gehen wir aus von einer Identität, die für die Gleichung

$$(17) \quad 2\chi(x, x) \equiv (\alpha_{22}\omega_{33} + \alpha_{33}\omega_{22} - 2\alpha_{23}\omega_{23})x_1^2 + \cdots \\ + 2(\alpha_{31}\omega_{32} + \alpha_{32}\omega_{31} - \alpha_{33}\omega_{12} - \alpha_{12}\omega_{33})x_1 x_2 + \cdots = 0$$

des Directorkreises[1]) der Curve zweiter Classe

$$\varphi(u, u) \equiv \sum_1^3{}_i \sum_1^3{}_k \alpha_{ik} u_i u_k = 0$$

besteht; diese Identität lautet[2]):

---

1) Vgl. (29) und (31) in § 15.

2) Zur Ableitung dieser Identität werde Folgendes bemerkt: Der Directorkreis ist nach § 15 der geometrische Ort aller Punkte x, von denen zu einander rechtwinklige Tangenten an den Kegelschnitt $\varphi(u, u) = 0$ gezogen werden können; diese Tangenten müssen somit harmonische Polarenpaare des Kreispunktepaars $\omega(u, u) = 0$ sein. Ist nun ein beliebiger Punkt x der Ebene der Schnittpunkt irgend zweier Geraden u und v, so besitzt das Doppelverhältniss dieses Geradenpaares zu dem von x an den Kegelschnitt $\varphi(u, u) = 0$ gezogenen Tangentenpaare den Werth $\frac{\varkappa_1}{\varkappa_2}$, wobei $\varkappa_1$ und $\varkappa_2$ die Wurzeln sind der quadratischen Gleichung

$$\varphi(v, v) + 2\varkappa\varphi(v, u) + \varkappa^2\varphi(u, u) = 0;$$

andrerseits besitzt das Doppelverhältniss des Geradenpaares u, v zu den von x aus nach den imaginären Kreispunkten gezogenen Geraden den Werth $\frac{\lambda_1}{\lambda_2}$, wobei λ_1 und λ_2 die Wurzeln sind der quadratischen Gleichung

$$\omega(v, v) + 2\lambda\omega(v, u) + \lambda^2\omega(u, u) = 0.$$

Es ergibt sich dies sofort aus den dualistisch entsprechenden Betrachtungen zu denen von S. 20 f. Sollen nun die vom Punkte x an $\varphi(u, u) = 0$ und an $\omega(u, u) = 0$ gezogenen Tangentenpaare zu einander harmonisch sein, so muss, wie wir als bekannt voraussetzen, die Relation erfüllt sein:

$$\varkappa_1\varkappa_2 - \frac{1}{2}(\varkappa_1 + \varkappa_2)(\lambda_1 + \lambda_2) + \lambda_1\lambda_2 = 0,$$

und wenn man hier für die Producte und Summen der Wurzeln der zwei in $\varkappa$

$$(18)\quad 2\chi(x,x) \equiv \varphi(u,u)\cdot\omega(v,v) - 2\varphi(u,v)\cdot\omega(u,v) + \varphi(v,v)\cdot\omega(u,u),$$

wobei für die x_i, u_i und v_i $(i = 1, 2, 3)$ die Relationen (16) gelten. In unserem Falle sollte die Gerade u eine Tangente des gegebenen Kegelschnitts sein und mit der zugehörigen Geraden v einen rechten Winkel bilden, daher ist $\varphi(u, u) = 0$ und $\omega(u, v) = 0$; ausserdem erfüllen, wie oben bereits erwähnt, die Coordinaten v_i die Relation

$$\mu_2\varphi(v, v) = \omega(v, v).$$

Die Gleichung (18) kann man somit im vorliegenden Falle ersetzen durch

$$(19)\qquad 2\chi(x, x) - \frac{\omega(u, u)\cdot\omega(v, v)}{\mu_2} = 0.$$

Nun ist nach (13) in § 5

$$\omega(u, u)\cdot\omega(v, v) - \omega^2(u, v) = \Omega(x, x) \equiv \tau p_x^2;$$

da aber $\omega(u, v) = 0$, so lässt sich jetzt bereits an Stelle von $\omega(u, u)\cdot\omega(v, v)$ substituiren τp_x^2, wodurch sich (19) verwandelt in

$$(20)\qquad 2\mu_2\chi(x, x) - \tau(p_1x_1 + p_2x_2 + p_3x_3)^2 = 0.$$

Dies ist die gewünschte Gleichung des Kreises; dass dieselbe wirklich einen Kreis darstellt, geht daraus hervor, dass sie sich von der Gleichung des Directorkreises $\chi(x, x) = 0$ nur um das Glied τp_x^2 unterscheidet. Ausserdem ist der Kreis (20) mit $\chi(x, x) = 0$ concentrisch, daher nach § 15 auch mit dem gegebenen Kegelschnitt $\varphi(u, u) = 0$.

Rein geometrisch folgt auch, dass die Fusspunkte der Normalen, welche von den Brennpunkten auf die Scheiteltangenten der die Brennpunkte verbindenden Axe gefällt werden, mit den Scheiteln dieser Axe zusammenfallen; letztere ist daher ein Durchmesser des Kreises (20). Die Gleichung von (20) in Liniencoordinaten ergibt sich also aus (13), wenn man in V setzt $t = 90^0$; man erhält alsdann $T_3^2 - \omega$, oder nach (9)

$$(21)\qquad -\nu_3 U_3^2 - (U_1^2 + U_2^2) = 0,$$

wofür mit Rücksicht auf (8) in diesem und (20) im vorhergehenden Paragraphen gesetzt werden kann

---

und λ quadratischen Gleichungen die Coefficienten dieser Gleichung einführt, folgt nach Wegbringen des Nenners

$$\varphi(u, u)\cdot\omega(v, v) - 2\varphi(u, v)\cdot\omega(u, v) + \varphi(v, v)\cdot\omega(u, u) = 0.$$

Dieser Ausdruck kann sich also von $2\chi(x, x)$ in (17) nur um einen Zahlenfactor unterscheiden; man findet denselben leicht gleich 1. Wäre $\omega(u, u) = 0$ eine beliebige Curve zweiter Classe, so würde übrigens dieselbe Identität stattfinden; nur würde dann $\chi(x, x) = 0$ den bei (23) in § 15 als harmonische Curve zweiter Ordnung bezeichneten Kegelschnitt darstellen.

(21a) $$U_1^2 + U_2^2 + \mu_1 \cdot \varphi(p,p) U_3^2 = 0.$$

Ausserdem zeigt die Gleichung (15) in § 18, dass $\mu_1 \varphi(p,p)$ gleich $-\frac{1}{a^2}$ ist, wenn wir mit a die halbe Länge derjenigen Axe des Kegelschnitts $\varphi(u,u)=0$ bezeichnen, welche die reellen Brennpunkte verbindet[1]). Der Kreis (21a) oder (20) hat also (auch in Uebereinstimmung mit der Fussnote zu S. 183) den Radius a, falls der gegebene Kegelschnitt eine Ellipse oder Hyperbel ist.

Sollte $\varphi(u,u)=0$ eine Parabel darstellen, so würde $\chi(x,x)=0$ zufolge der Bemerkungen am Schlusse von § 15 aus der Directrix und der unendlich fernen Geraden bestehen; die Curve (20) würde daher in eine Parallele zur Directrix und in die unendlich ferne Gerade zerfallen. Wie man geometrisch sofort einsieht und auch algebraisch leicht gezeigt werden kann, ist diese Parallele die Scheiteltangente. Auf Grund des Vorhergehenden kann man die zwei Sätze aussprechen:

(22) Die Fusspunkte der Normalen, welche von einem Brennpunkte einer Ellipse oder Hyperbel auf die Tangenten dieser Curve gefällt werden, liegen auf einem mit dem gegebenen Kegelschnitt concentrischen Kreis, der diejenige Hauptaxe des Kegelschnitts zum Durchmesser hat, welche die reellen Brennpunkte verbindet.

(23) Die Fusspunkte der Normalen, welche vom Brennpunkte einer Parabel auf die Tangenten dieser Curve gefällt werden, liegen auf der Scheiteltangente der Parabel.

Man kann auch zeigen, dass die zwei Systeme (6) und (14) die einzigen Systeme von Kreisen sind, welche den Kegelschnitt $\varphi(u,u)=0$ doppelt berühren. Die Gleichung irgend eines Kreises in Liniencoordinaten ist nämlich nach § 7 von der Form $\omega - aC^2 = 0$, wo a eine bestimmte Constante, $C=0$ die Gleichung des Mittelpunktes bedeutet. Soll dieser Kreis den Kegelschnitt $\varphi(u,u)=0$ doppelt berühren, so muss es einen Parameterwerth μ geben, für welchen $\mu\varphi - (\omega - aC^2)$ ein vollständiges Quadrat P^2 wird, wobei $P=0$ den Pol der Berührungssehne darstellt. Aus $\mu\varphi - (\omega - aC^2) = P^2$ folgt aber $\mu\varphi - \omega = P^2 - aC^2$, und hier ist die rechte Seite dieser Gleichung in zwei lineare Factoren zerlegbar; lassen wir den Werth $\mu = 0$, dem das jetzt nicht in Betracht kommende imaginäre Kreispunktepaar entspricht, unberücksichtigt, so gibt es, wie wir in § 18 sahen, nur noch zwei Werthe des Parameters μ, für welche $\mu\varphi - \omega$

1) Vgl. hierzu auch die Bemerkungen zu (16) in § 11.

zerfällt, und diese Werthe lieferten im allgemeinen Falle das reelle und imaginäre Brennpunktepaar. Beide Punktepaare wurden aber bei Ableitung der Sätze (6), resp. (14) zu Grunde gelegt.

Zur Ableitung weiterer wichtiger Sätze werde ausgegangen von der Gleichung (7):

$$\mu_2\varphi - \omega \equiv BB_1 = 0,$$

die wieder das reelle Brennpunktepaar darstellen möge. Andrerseits wurde am Schlusse von § 9 gezeigt, dass die Gleichung einer beliebigen nicht ausartenden Curve zweiter Classe $\varphi(u, u) = 0$ in die Form gebracht werden kann:

(24) $$\varphi(u, u) \equiv a V_1 V_3 - b V_2^2 = 0.$$

Hierbei sind $V_1 = 0$, $V_3 = 0$ die Gleichungen irgend zweier Punkte P und Q der Curve, $V_2 = 0$ repräsentirt den Pol der Verbindungssehne PQ, während a und b Coefficienten bezeichnen, auf deren nähere Bedeutung es jetzt nicht ankommt.

Aus (7) und (24) folgt

$$\mu_2(a V_1 V_3 - b V_2^2) - \omega = BB_1,$$

oder auch:

(25) $$\mu_2 a V_1 V_3 - BB_1 = \mu_2 b V_2^2 + \omega.$$

Die rechte Seite dieser Gleichung liefert nun, gleich Null gesetzt, einen Kreis mit dem Mittelpunkte $V_2 = 0$; andrerseits zeigt die linke Seite von (25), dass die Verbindungslinien der Punkte $V_1 = 0$ und $B = 0$, $V_1 = 0$ und $B_1 = 0$, $V_3 = 0$ und $B = 0$, $V_3 = 0$ und $B_1 = 0$ Tangenten dieses Kreises sind. Es folgt also der Satz:

(26) Die zwei Strahlenpaare, welche irgend zwei Punkte (P und Q) einer Curve zweiter Classe K mit deren Brennpunkten verbinden, sind Tangenten eines Kreises, dessen Mittelpunkt der Pol der Verbindungslinie PQ in Bezug auf K ist.

Bei der Lage der Sehne PQ sind drei verschiedene Fälle zu unterscheiden: 1) sie geht weder durch den Mittelpunkt noch durch einen Brennpunkt des gegebenen Kegelschnitts $\varphi(u, u) = 0$; 2) die Sehne geht durch einen der beiden Brennpunkte; 3) sie ist ein Durchmesser der Curve $\varphi = 0$.

Die wichtigste Anwendung des Satzes (26) im Falle 1) besteht in der Ableitung der Thatsache, dass bei einer Ellipse die Summe der Brennstrahlen eines Curvenpunktes, bei einer Hyperbel die Differenz der Brennstrahlen constant ist. Damit ist alsdann dieses für die mechanische Erzeugung der genannten Curven so wichtige Theorem von den Brennstrahlen hergeleitet ganz unabhängig von der Gleichung der Curve in Punktcoordinaten, sondern nur unter Anwendung der Liniencoordinaten.

Im ersten Falle ist nämlich das Vierseit, welches durch die von P und Q nach den Brennpunkten B und B_1 des Kegelschnitts gezogenen Tangenten gebildet wird, einem Kreise umschrieben und daher nach einem elementaren Satze der Geometrie entweder die Summe oder die Differenz zweier Seiten dieses Vierseits resp. gleich der Summe oder Differenz der beiden anderen Seiten[1]).

Hat der Punkt P von den beiden Brennpunkten die Entfernungen r resp. r_1, Q die Entfernungen ϱ resp. ϱ_1, so ist hiernach entweder

$$(27) \qquad \left\{\begin{array}{l} r + r_1 = \varrho + \varrho_1 \text{ oder} \\ r - r_1 = \varrho - \varrho_1 \text{ oder} \\ r - r_1 = \varrho_1 - \varrho. \end{array}\right.$$

Es sei nun $2a$ der absolute Werth dieser drei Ausdrücke, $2c$ die Entfernung der beiden Brennpunkte von einander; alsdann kann die Gleichung $r + r_1 = 2a$ nur stattfinden, wenn $a > c$, denn in jedem Dreieck ist die Summe zweier Seiten grösser als die dritte Seite; andrerseits kann die Gleichung $r - r_1 = 2a$ nur bestehen, wenn $a < c$, da in jedem Dreieck die Differenz zweier Seiten kleiner als die dritte Seite ist.

Für alle Punkte eines Kegelschnitts ist demnach entweder die Summe oder die Differenz der Brennstrahlen constant. So lange die zwei Brennpunkte im Endlichen liegen und die Summe der Brennstrahlen keinen unendlich grossen constanten Werth besitzt, schneidet die Verbindungslinie der Brennpunkte B, B_1 die Curve jedenfalls in zwei Punkten A und A_1, welche auf den Verlängerungen der Strecke BB_1 über die zwei Brennpunkte hinaus gelegen sind, denn es muss $2a > 2c$ sein, die Brennpunkte liegen daher zwischen den Scheiteln der Axe AA_1, der Kegelschnitt ist eine Ellipse. Wenn die Differenz der Brennstrahlen constant ist, trifft die Gerade BB_1 die Curve in zwei zwischen B und B_1 gelegenen Punkten A und A_1, denn es muss

---

1) Der Ausdruck „Vierseit" ist hier im allgemeinsten Sinne aufzufassen das Vierseit kann convex, concav und überschlagen sein. Die Lehrbücher der elementaren Geometrie enthalten den Satz vom „Tangentenvierseit" meist nur mit Bezug auf convexe Figuren und beschränken sich auf die Angabe, dass in den Tangentenvierseiten die Summe je zweier gegenüberliegenden Seiten dieselbe sei. Es war wohl Steiner, der zuerst auf diesen Mangel hinwies in seiner Note: „Ueber das dem Kreise umschriebene Viereck", Crelle's Journal, Bd. 32, S. 305—310, 1846, oder auch „Gesammelte Werke" Bd. II, S. 381—388.

$2a < 2c$ sein, die Brennpunkte liegen daher auf den Verlängerungen der Strecke AA_1, der Kegelschnitt ist eine Hyperbel[1]). Der Fall $a = c = \infty$, in welchem also einer der beiden Brennpunkte im Unendlichen liegt, liefert die Parabel.

In untenstehender Figur 8, welche den Fall erläutern soll, dass die gegebene Curve eine Ellipse ist, sind G und H die Berührungspunkte der Brennstrahlen PB, bezw. PB_1 mit dem durch (26) definirten Kreis, M der Mittelpunkt dieses Kreises, I und K sind die Berührungspunkte der Brennstrahlen QB, bezw. QB_1. Da nun die Tangenten, welche von irgend einem Punkte der Ebene nach der Peripherie eines Kreises gezogen werden, bekanntlich gleiche Länge haben, so ist $GB = IB$ und $HB_1 = KB_1$, daher

$$GB + HB_1 = IB + KB_1;$$

hierfür kann aber gesetzt werden

$$PB + PH + HB_1 = IB + QI + QB_1,$$

d. h.

$$PB + PB_1 = QB + QB_1 \text{ oder } r + r_1 = \varrho + \varrho_1.$$

Dass diese constante Summe gleich der grossen Axe der Ellipse ist, folgt sofort, wenn man den beliebig gewählten Punkt P in einen

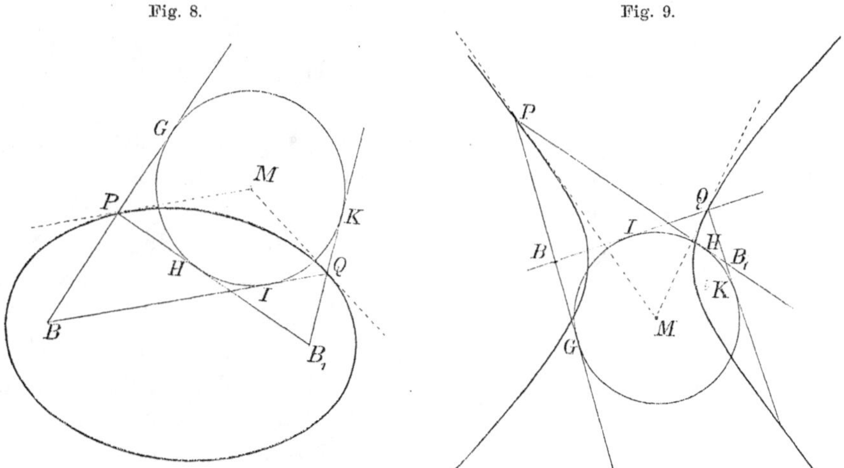

Fig. 8. Fig. 9.

Scheitel dieser Axe legt. In Fig. 9, welche den Fall der Hyperbel erläutern soll, ist die Bezeichnung der in Betracht kommenden Punkte die entsprechende wie bei Fig. 8. Man hat alsdann die Gleichungen

$$PH = PB + IB, \quad QB_1 + HB_1 = QI,$$

1) Vgl. hierzu die andere Ableitung dieser Sätze am Schlusse von § 11.

woraus durch Addition folgt

$$PH + HB_1 + QB_1 = PB + IB + QI$$

d. h.

$$PB_1 + QB_1 = PB + QB \text{ oder } r_1 + \varrho_1 = r + \varrho,$$

also $r - r_1 = \varrho_1 - \varrho$. Hieraus geht auch hervor, dass die constante Differenz $r - r_1$ für Punkte des einen Zweiges der Hyperbel $2a$ ist, für Punkte des anderen Zweiges wird hingegen $\varrho - \varrho_1 = -2a$.

Da der Mittelpunkt M des in (26) definirten Kreises der Pol der Sehne PQ, daher Schnittpunkt der in P und Q an den gegebenen Kegelschnitt gezogenen Tangenten ist, und da die Gerade PM nach einem Satze der elementaren Geometrie die Halbirungslinie des Winkels ist, den die zwei von P an den Kreis gezogenen Tangenten mit einander bilden, so folgt (vgl. auch (27) in § 15):

(28) Die Tangente in einem beliebigen Punkte P eines Kegelschnitts bildet gleiche Winkel mit den von P nach den Brennpunkten gezogenen Strahlen. Speciell im Falle einer Parabel bildet also die Tangente in P gleiche Winkel mit zwei Strahlen, deren einer den Punkt P mit dem im Endlichen gelegenen Brennpunkt verbindet, während der andere durch P parallel zur Axe der Parabel gezogen ist.

Will man näher untersuchen, welchen Winkel der zwei von P nach den Brennpunkten gezogenen Strahlen die Tangente halbirt, so sind die drei Kegelschnitte Ellipse, Hyperbel und Parabel für sich zu betrachten.

Es sei zunächst die Curve eine Ellipse, jedoch seien nur der Curvenpunkt P und die zwei Brennpunkte B, B_1 gegeben. Wir behaupten, dass in diesem Falle die Tangente den Nebenwinkel von $\sphericalangle BPB_1$ halbirt (Fig. 10).

Fig. 10.

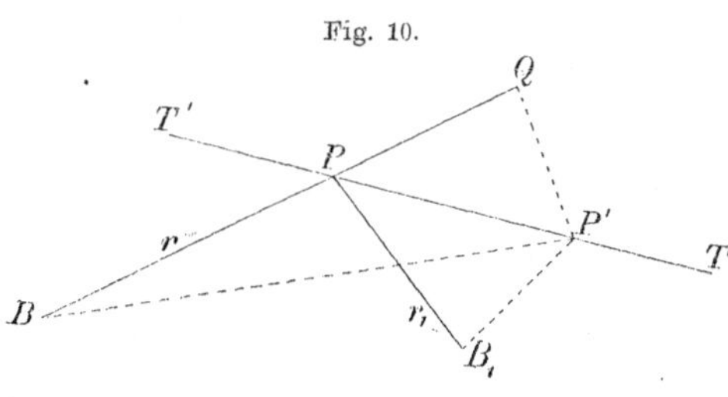

Es lässt sich nämlich nachweisen, dass für jeden von P verschiedenen Punkt P' der Halbirungslinie PT die Summe der Brennstrahlen grösser ist als $r + r_1$. Um dies zu zeigen, verlängere man den einen Brennstrahl, z. B. r, um die Länge des anderen r_1; es sei Q der Endpunkt dieser Verlängerung, also $BQ = r + r_1$. Setzt man noch $P'B = \varrho$, $P'B_1 = \varrho_1$, so ist alsdann

$$\varrho + \varrho_1 = P'B + P'B_1 = P'B + P'Q;$$

in Folge der Ungleichung $P'B + P'Q > BQ$ ist aber $\varrho + \varrho_1 > r + r_1$,

d. h. der auf PT willkürlich gewählte Punkt P' kann nicht auf der Ellipse liegen; in ganz analoger Weise zeigt man, dass auch auf der Verlängerung der Geraden TP in der Richtung nach T' kein Punkt der Ellipse liegen kann; die Gerade TP hat folglich mit der Ellipse nur den Punkt P gemeinsam, sie ist eine Tangente der Curve.

Aehnlich zeigt man, dass im Falle einer Hyperbel die Tangente des Punktes P denjenigen Winkelraum halbirt, welchen die Halbstrahlen PB und PB_1 bilden (Fig. 11). Um dies zu zeigen, trage man den einen Brennstrahl, z. B. r_1, auf den anderen r von P aus ab, so dass $PQ = r_1$, daher

$$PB - PQ = r - r_1.$$

Fig. 11.

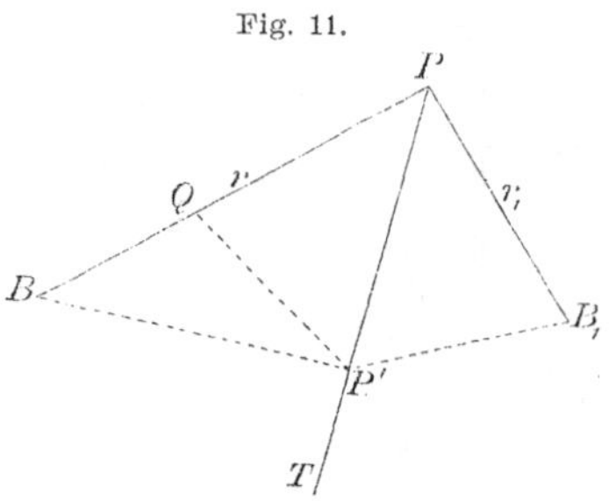

Für jeden von P verschiedenen Punkt P' der Geraden PT ist alsdann die Differenz der Brennstrahlen $\varrho - \varrho_1$ gleich $P'B - P'B_1 = P'B - P'Q$. In Folge der für das Dreieck BQP' bestehenden Ungleichung $P'B - P'Q < QB$ ist aber $\varrho - \varrho_1 < r - r_1$, d. h. der auf PT willkürlich gewählte Punkt P' kann nicht auf der Hyperbel liegen; die Gerade PT hat also nur den Punkt P mit der Curve gemeinsam, sie ist eine Tangente der Curve.

Aus diesen für die Construction der Tangente bei Ellipse und Hyperbel gegebenen Beweisführungen folgt die Thatsache, dass es zu zwei gegebenen Punkten B, B_1 und zu einer festen Geraden g stets einen Kegelschnitt gibt, welcher B und B_1 zu Brennpunkten, g zur Tangente hat, und zwar ist derselbe eine Ellipse oder Hyperbel, je nachdem die Gerade die Verbindungslinie BB_1 ausserhalb der Strecke BB_1 oder zwischen den Punkten B und B_1 trifft. Im ersten Falle hat der Berührungspunkt P der Tangente die Eigenschaft, dass für ihn die Summe der Entfernungen von B und B_1 kleiner ist, als für jeden anderen Punkt von g; im zweiten Falle ist für P die Differenz der Entfernungen von B und B_1 grösser als für jeden anderen Punkt von g.

Im Falle der Parabel sei B der im Endlichen gelegene, B_1 der unendlich ferne Brennpunkt; die Tangente PT des Punktes P halbirt alsdann den Nebenwinkel von $\sphericalangle BPB_1$ (Fig. 12), also den Winkel BPQ, welchen der Brennstrahl PB mit dem auf die Directrix gefällten Lothe PQ bildet. Es geht dies wieder daraus hervor, dass die Halbirungslinie PT nur den Punkt P mit der Parabel gemeinsam hat; für jeden von P verschiedenen Punkt P' auf PT ist nämlich

$P'Q = P'B$, und diese Strecke $P'B$ müsste auch gleich dem von P' auf die Directrix gefällten Lothe $P'Q'$ sein, es wäre mithin $P'Q = P'Q'$, was unmöglich ist.

Aus dem Satze (26) lassen sich leicht noch weitere Folgerungen ziehen. Da der Pol der Sehne PQ mit dem Mittelpunkte M des in (26) definirten Kreises zusammenfällt und in Folge dessen der Winkel GBQ durch BM, $\sphericalangle PB_1K$ durch B_1M (Fig. 8 und 9) halbirt wird, ergibt sich:

Fig. 12.

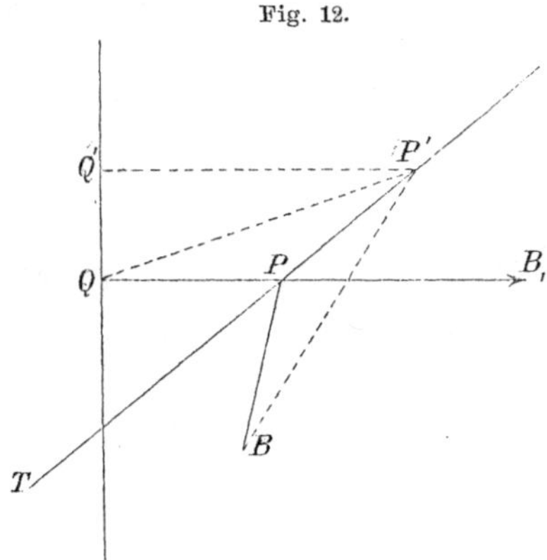

(29) Die Verbindungslinie eines Brennpunktes mit dem Pol einer Sehne halbirt den Winkel des Geradenpaares, das den Brennpunkt mit den Endpunkten der Sehne verbindet[1]).

Wir hatten oben (S. 187) für die Lage des durch (26) definirten Kreises drei verschiedene Fälle angenommen; nachdem wir bisher den ersten Fall betrachtet, möge nun untersucht werden, was eintritt, wenn die Sehne PQ durch einen der Brennpunkte hindurchgeht (eine Focalsehne ist). Es wird sich das Resultat ergeben:

(30) Jede durch einen einzigen Brennpunkt B des Kegelschnitts gezogene Sehne PQ berührt in B einen Kreis, dessen Mittelpunkt M der Pol der Sehne PQ ist; dieser Kreis hat auch die beiden Geraden zu Tangenten, welche die Endpunkte P, Q der Sehne mit dem anderen Brennpunkte B_1 verbinden (Fig. 13).

Zum Beweis dieses Satzes gehen wir wieder aus von der Relation (25) $\mu_2 a V_1 V_3 - BB_1 = \mu_2 b V_2^2 + \omega$, wobei $V_1 = 0$, $V_3 = 0$ Gleichungen waren für die Punkte P, Q, während $V_2 = 0$ den Pol der Sehne PQ darstellte. Da im jetzigen Falle P, Q und B in einer Geraden liegen sollen, muss zwischen den Ausdrücken V_1, V_3 und B eine lineare Identität stattfinden, d. h. mit $V_1 = 0$ und $V_3 = 0$ wird auch $B = 0$ erfüllt; wie (25) zeigt, ist also die Gerade PQ jedenfalls Tangente des Kreises mit dem Mittelpunkte $V_2 = 0$. Der Berührungspunkt ist Pol der Tangente in Bezug auf den Kreis. Es seien nun W_1, W_3, B, B_1 die Ausdrücke, in welche sich V_1, V_3, B, B_1 verwandeln

1) Weitere Folgerungen finden sich in dem zu vorliegendem Paragraphen gehörigen Theil des Anhanges.

bei Substitution der Coordinaten der Geraden PQ an Stelle der variabelen Liniencoordinaten. Die Gleichung des Pols von PQ in Bezug auf den Kreis ist alsdann:

$$W_3 V_1 + W_1 V_3 + \mathsf{B}_1 B + \mathsf{B} B_1 = 0;$$

da aber $W_3 = 0$, $W_1 = 0$ und $\mathsf{B} = 0$ durch die Coordinaten der Geraden PQ erfüllt werden, bleibt lediglich $\mathsf{B}_1 B = 0$ oder $B = 0$ als Gleichung des Berührungspunktes, und hiermit ist (30) bewiesen.

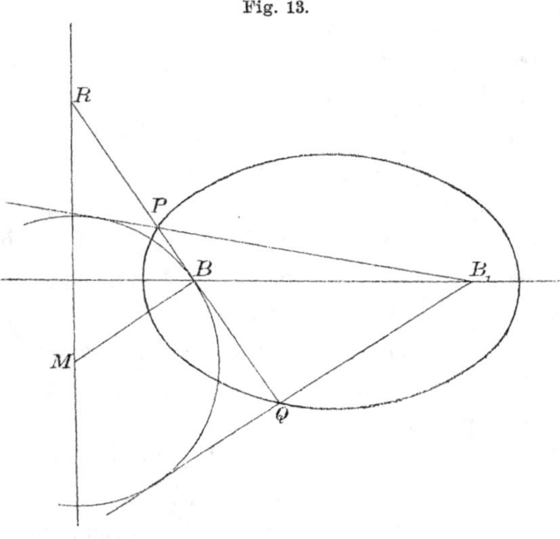

Fig. 13.

Der Mittelpunkt M des Kreises liegt als Pol einer Focalsehne natürlich auf der Polare des Brennpunktes B, d. h. auf der Directrix von B; da ferner beim Kreis der nach dem Berührungspunkt einer Tangente gezogene Radius zur Tangente rechtwinklig ist, folgt sofort:

(31) Die Polare eines auf der Directrix gelegenen Punktes M steht in dem der Directrix zugehörigen Brennpunkte B senkrecht auf der Verbindungslinie MB, oder auch:

(32) Die Verbindungslinie des Pols einer Focalsehne mit dem zugehörigen Brennpunkt ist zur Focalsehne rechtwinklig.

Schneidet die Focalsehne PQ die Directrix in R (Fig. 13), so ist RBM ein Poldreiseit des Kegelschnitts, denn die Gerade RQ ist Polare von M, die Directrix RM Polare des Brennpunktes B, daher auch MB Polare von R. In Folge dessen sind BM und BR conjugirte Polaren in Bezug auf den Kegelschnitt und mit Rücksicht auf (32) erhält man den Satz:

(33) Zwei conjugirte Polaren eines Kegelschnitts, die sich in einem Brennpunkte der Curve schneiden, sind zu einander normal[1]).

Umgekehrt gilt auch der Satz:

---

1) Ein anderer Beweis dieses Satzes findet sich in dem zu vorliegendem Paragraphen gehörigen Theil des Anhanges.

(34) Zwei in einem Brennpunkt sich rechtwinklig schneidende Geraden sind harmonische Polaren des Kegelschnitts.

Der leichte Beweis dieses Satzes möge dem Leser überlassen werden.

Da MP die Curve zweiter Classe in P berührt, folgt:

(35) Das zwischen dem Berührungspunkt und einer Directrix gelegene Stück einer Tangente wird vom zugehörigen Brennpunkt aus unter rechtem Winkel gesehen.

Eigenartig ist der dritte Fall, welcher für die Lage der Sehne PQ bei (26) in Betracht kommt, nämlich der Fall, dass PQ ein Durchmesser der Curve $\varphi(u, u) = 0$ ist. Hier rückt der Mittelpunkt $V_2 = 0$ des in (26) definirten Kreises als Pol der Geraden PQ ins Unendliche, und der Kreis geht über in ein auf der unendlich fernen Geraden gelegenes Punktepaar. Setzt man nämlich den Ausdruck in (25) $\mu_2 b V_2^2 + \omega(u, u)$ gleich $\psi(u, u)$, so verschwindet, wenn $V_2 = 0$ einen unendlich fernen Punkt darstellt, nicht nur $\psi(p, p)$, sondern es verschwinden auch die drei Ausdrücke $\psi'(p_i)$ $(i = 1, 2, 3)$, wobei p_1, p_2, p_3 die Coordinaten der unendlich fernen Geraden bedeuten; nach den in § 6 aufgestellten Kriterien der Curven zweiter Classe ist dann in der That $\psi(u, u) = 0$ die Gleichung eines im Unendlichen gelegenen Punktepaares.

Die zwei von den Endpunkten des Durchmessers PQ nach dem einen Brennpunkte gezogenen Strahlen sind infolge der symmetrischen Gestalt des Kegelschnitts zu den nach dem anderen Brennpunkte gezogenen parallel; diese zwei Paare paralleler Strahlen bestimmen daher die zwei Richtungen, welche nach den Punkten des oben erwähnten unendlich fernen Punktepaares verlaufen.

Wir hatten den wichtigen Satz (26) abgeleitet mit Hilfe der Relationen $\mu_2 \varphi = BB_1 + \omega$ und $\varphi = a V_1 V_3 - b V_2^2$; ersetzt man den letzteren Ausdruck von $\varphi(u, u)$ durch $U_1 U_2 - U_3 U_4$, wobei $U_1 = 0$ und $U_2 = 0$, $U_3 = 0$ und $U_4 = 0$ die Gleichungen zweier Paare Gegenecken irgend eines dem Kegelschnitt $\varphi(u, u) = 0$ umschriebenen Vierseits sind[1]), so erhält man die Relation:

$$(36) \qquad \mu_2(U_1 U_2 - U_3 U_4) = BB_1 + \omega,$$

woraus folgt

$$(37) \qquad \mu_2 U_1 U_2 - BB_1 = \mu_2 U_3 U_4 + \omega.$$

Die rechte Seite dieser Gleichung repräsentirt gleich Null gesetzt einen Kegelschnitt, der die Punkte U_3 und U_4 zu Brennpunkten hat,

1) Vgl. (7) in § 12.

während die linke Seite sofort ein diesem Kegelschnitt umschriebenes Vierseit erkennen lässt. Man hat daher den Satz:

(38) Wird einem Kegelschnitt $\varphi(u, u) = 0$ ein beliebiges Vierseit umschrieben, so gibt es stets einen zweiten Kegelschnitt, der irgend ein Paar von Gegenecken des Vierseits als Brennpunktepaar besitzt und gleichzeitig die beiden Strahlenpaare berührt, welche die Brennpunkte der Originalcurve φ mit einem zweiten Paar von Gegenecken verbinden.

In dem speciellen Falle, dass das umschriebene Vierseit ein Paralleltrapez wird, rückt ein Punkt des Paares U_3, U_4 ins Unendliche; die Gleichung $\mu_2 U_3 U_4 + \omega = 0$ repräsentirt alsdann eine Parabel, und man kann daher im Anschluss an (37) und (38) den Satz aussprechen:

(39) Wird einem Kegelschnitt $\varphi(u, u) = 0$ ein beliebiges Paralleltrapez umschrieben, so gibt es stets eine Parabel, die den Schnittpunkt der nicht parallelen Seiten des Trapezes zum Brennpunkt hat und gleichzeitig die beiden Strahlenpaare berührt, welche die Brennpunkte des gegebenen Kegelschnitts mit einem der beiden übrigen Paare von Gegenecken verbinden.

§ 20.

Ueber einige Curven, welche in invarianter Beziehung stehen zu einem Kegelschnittbüschel, resp. einer Kegelschnittschaar.

Es seien

$$f(x, x) \equiv \sum_1^3{}^i \sum_1^3{}^k a_{ik} x_i x_k = 0 \text{ und } g(x, x) \equiv \sum_1^3{}^i \sum_1^3{}^k b_{ik} x_i x_k = 0$$

die Gleichungen zweier Curven zweiter Ordnung, y_1, y_2, y_3 die Coordinaten eines festen Punktes; alsdann gilt der Satz:

(1) Die Polaren eines festen Punktes y in Bezug auf alle Kegelschnitte des Büschels $\lambda g(x, x) - f(x, x) = 0$ schneiden sich in einem zweiten festen Punkte.

Die Polare des Punktes y in Bezug auf irgend einen Kegelschnitt des Büschels hat nämlich die Gleichung:

$$(2) \begin{cases} (\lambda g_1 - f_1) y_1 + (\lambda g_2 - f_2) y_2 + (\lambda g_3 - f_3) y_3 = 0 \quad \text{oder} \\ \lambda g(x,y) - f(x,y) \equiv \lambda (g_1 y_1 + g_2 y_2 + g_3 y_3) - (f_1 y_1 + f_2 y_2 + f_3 y_3) = 0, \end{cases}$$

wobei

$$g_i \equiv \frac{1}{2} g'(x_i) = b_{1i} x_1 + b_{2i} x_2 + b_{3i} x_3,$$

$$f_i \equiv \frac{1}{2} f'(x_i) = a_{1i} x_1 + a_{2i} x_2 + a_{3i} x_3,$$

und hier stellt (2) für alle beliebige Werthe des Parameters λ gerade Linien dar, die sich in einem und demselben Punkte schneiden. Bezeichnen wir diesen Punkt, der als Schnittpunkt von $g(x, y) = 0$ und $f(x, y) = 0$ leicht zu ermitteln wäre, durch x, denken wir uns hingegen nun y variabel, so sieht man sofort, dass auch umgekehrt die in Bezug auf alle Kegelschnitte des Büschels genommenen Polaren von x durch den Punkt y gehen. Infolge dieses gegenseitigen Entsprechens nennt man die beiden Punkte x und y conjugirt hinsichtlich der Kegelschnitte des Büschels.

An den Satz (1) reiht sich unmittelbar die Frage nach dem geometrischen Ort derjenigen zu Punkten y in Bezug auf das Büschel $\lambda g - f = 0$ conjugirten Punkte x, welche man erhält, wenn die y auf einer und derselben Geraden mit den Coordinaten u_1, u_2, u_3 liegen. Dem Satze (1) zufolge genügt es, irgend zwei Kegelschnitte des Büschels, etwa $f = 0$ und $g = 0$, der Betrachtung zu Grunde zu legen. Es müssen dann zusammen bestehen die drei Gleichungen:

$$(3) \qquad \begin{cases} f_1 y_1 + f_2 y_2 + f_3 y_3 = 0 \\ g_1 y_1 + g_2 y_2 + g_3 y_3 = 0 \\ u_1 y_1 + u_2 y_2 + u_3 y_3 = 0, \end{cases}$$

aus denen man durch Elimination von y_1, y_2, y_3 erhält:

$$(4) \qquad N \equiv \begin{vmatrix} f_1 & f_2 & f_3 \\ g_1 & g_2 & g_3 \\ u_1 & u_2 & u_3 \end{vmatrix} = 0.$$

Diese Gleichung stellt, da sie in den x vom zweiten Grade ist, einen Kegelschnitt dar, und zu demselben Kegelschnitt gelangt man auch bei der Frage nach dem geometrischen Ort der in Bezug auf alle Kegelschnitte eines Büschels genommenen Pole einer und derselben Geraden mit den Coordinaten u_1, u_2, u_3. Zwischen den u_i und den Coordinaten x_i des zugehörigen Pols bestehen nämlich, wenn eine bestimmte Curve $\lambda g - f = 0$ des Büschels zu Grunde gelegt wird, die Relationen

$$(5) \qquad \varrho u_1 = \lambda g_1 - f_1, \quad \varrho u_2 = \lambda g_2 - f_2, \quad \varrho u_3 = \lambda g_3 - f_3,$$

wo ϱ einen Proportionalitätsfactor bedeutet. Durch Elimination von ϱ und λ erhält man hieraus die Gleichung für den Ort der Pole jener Geraden u in Bezug auf alle Curven des Büschels in Gestalt einer Determinante, die sich von (4) nur durch Vertauschung der Horizontal- und Verticalreihen unterscheidet, somit dieselbe Curve liefert wie (4). Wir können daher sagen:

(6) Die in Bezug auf sämmtliche Kegelschnitte eines Büschels genommenen Pole einer gegebenen Geraden liegen auf einem und demselben Kegelschnitt N. Dieser ist zugleich der Ort aller derjenigen Punkte, welche den Punkten der Geraden im Sinne des Satzes (1) conjugirt sind.

Wir wollen den Kegelschnitt N den Polkegelschnitt der gegebenen Geraden u nennen. Es lassen sich leicht mehrere Punkte angeben, die ihm angehören. Solche Punkte sind z. B. die Spitzen der drei in dem Kegelschnittbüschel enthaltenen Geradenpaare, also die Ecken des dem Viereck der Grundpunkte zugehörigen Diagonaldreiecks oder (nach (17) in § 14) die Ecken des gemeinsamen Poldreiecks aller Curven des Büschels. Man erhält nämlich, wie wir sahen, die Gleichung eines solchen Geradenpaares, wenn man in

$$\lambda g(x, x) - f(x, x) = 0$$

für λ eine Wurzel λ' einer gewissen kubischen Gleichung einsetzt; die Coordinaten der Spitze findet man hierauf aus den drei Gleichungen

$$\lambda' g_i - f_i = 0 \quad (i = 1, 2, 3).$$

Zufolge dieser Gleichungen werden aber die Ausdrücke g_i den entsprechenden f_i proportional, wenn man in diese Ausdrücke die Coordinaten der Spitze einführt; in (4) werden demnach zwei Reihen einander proportional, die Determinante (4) verschwindet, d. h. die Spitzen jener drei Geradenpaare liegen in der That auf dem Polkegelschnitt N der Geraden u.

Sechs weitere Punkte von (4) sind die vierten harmonischen Punkte zu dem Schnittpunkte der Geraden u mit irgend einer von den sechs Geraden des Büschels und zu den zwei auf der betreffenden Geraden liegenden Grundpunkten. Dies ergibt sich in folgender Weise.

Es seien A, B, C, D die vier Grundpunkte des Büschels und E der Schnittpunkt der Geraden u mit der einem ausartenden Kegelschnitt des Büschels angehörigen Geraden AD. Die Polare des Punktes E in Bezug auf das Geradenpaar AB, DC, das sich in L schneiden möge, ist alsdann die Verbindungslinie von L mit dem vierten harmonischen Punkte E' zu E und zu dem Punktepaare A, D. Durch E' geht aber auch die Polare von E in Bezug auf das Geradenpaar AC, BD, dessen Schnittpunkt M sei. Daher ist E' überhaupt der Schnittpunkt aller Polaren des Punktes E der Geraden u in Bezug auf alle Kegelschnitte des Büschels, und zufolge (6) ist somit E' ein Punkt des Kegelschnitts N.

Analog ist es bei den übrigen Punkten, die zu den jeweiligen

Schnittpunkten von u mit den Geradenpaaren des Büschels in der angegebenen Weise harmonisch zugeordnet sind.

Da man zufolge des Vorausgehenden neun Punkte des Kegelschnitts N leicht sofort construiren kann, bezeichnet man ihn bisweilen als „Kegelschnitt der neun Punkte".

Uebrigens lassen sich noch zwei weitere Punkte desselben angeben: die Doppelpunkte der Involution, welche nach (12) in § 15 auf der Geraden u von ihren Schnittpunkten mit den Curven des Büschels gebildet wird. Diese Doppelpunkte sind, wie wir in § 15 sahen, die Berührungspunkte derjenigen zwei Curven des Büschels, welche die Gerade u zur Tangente haben; sie sind also die Pole von u in Bezug auf diese zwei berührenden Curven.

Ueberhaupt lassen sich selbstverständlich unendlich viele Punkte des Kegelschnitts N dadurch finden, dass man zu einem beliebigen Punkte P der gegebenen Geraden u den im Sinne des Satzes (1) conjugirten Punkt Q sucht. Da Q Schnittpunkt der Polaren von P in Bezug auf die Kegelschnitte des Büschels $\lambda g - f = 0$ ist, wird man Q am einfachsten dadurch erhalten, dass man die Polaren von P in Bezug auf zwei dem Büschel angehörige Geradenpaare construirt. Man braucht dann nur P mit den Spitzen dieser Geradenpaare zu verbinden und zu diesen Verbindungslinien und dem zugehörigen Geradenpaare jedesmal die vierte harmonische Gerade zu construiren; der Schnittpunkt dieser beiden vierten Harmonischen ist Q.

Eine andere Art der Construction von Punkten der Curve N wäre endlich die, dass man in den Schnittpunkten der gegebenen Geraden mit irgend einem Kegelschnitt des Büschels die Tangenten zieht; dieselben schneiden sich in dem Pol der Geraden in Bezug auf den betreffenden Kegelschnitt, und dieser Pol ist nach (6) ein Punkt der Curve N.

Nach dieser allgemeinen Betrachtung des Kegelschnitts N wollen wir als Gerade u insbesondere die unendlich ferne Gerade wählen; die ihr zugehörigen Pole sind alsdann die Mittelpunkte der Kegelschnitte des Büschels, und so erhält man den Satz:

(7) Die Mittelpunkte der Curven zweiter Ordnung des Büschels $\lambda g(x, x) - f(x, x) = 0$ liegen auf einem Kegelschnitt M; die Gleichung desselben ist:

$$M \equiv \begin{vmatrix} f_1 & f_2 & f_3 \\ g_1 & g_2 & g_3 \\ p_1 & p_2 & p_3 \end{vmatrix} = 0,$$

wobei p_1, p_2, p_3 die Coordinaten der unendlich fernen Geraden bedeuten.

Dieser „Mittelpunktskegelschnitt" geht, wie aus den vorhergehenden allgemeinen Betrachtungen folgt, durch die Spitzen der in dem Büschel enthaltenen Geradenpaare, sowie durch die Mitten der sechs Seiten des durch die Grundpunkte des Büschels gebildeten vollständigen Vierecks. Da nun irgend vier Punkte der Ebene als Schnittpunkte zweier Kegelschnitte, daher als Grundpunkte eines Büschels betrachtet werden können, kann man den Satz aussprechen:

(8) Die Mittelpunkte der sechs Seiten eines vollständigen Vierecks liegen zugleich mit den Ecken des zugehörigen Diagonaldreiecks auf einem und demselben Kegelschnitt.

Da ferner nach (5) in § 15 jede Gerade der Ebene, somit auch die unendlich ferne Gerade, von zwei Kegelschnitten des Büschels berührt wird, befinden sich in demselben zwei Parabeln, die freilich auch in eine einzige zusammenfallen oder imaginär werden können. Mit Rücksicht darauf, dass der Mittelpunktskegelschnitt M durch die Berührungspunkte dieser beiden Parabeln mit der unendlich fernen Geraden geht, erhält man den Satz:

(9) Die Asymptoten des Mittelpunktskegelschnitts sind parallel zu den Axen der zwei in dem Büschel vorhandenen Parabeln.

Von der Realität dieser Parabeln hängt somit die Realität der Asymptoten des Kegelschnitts M ab, es folgt also weiter:

(10) Der Mittelpunktskegelschnitt ist eine Hyperbel, Parabel oder Ellipse, je nachdem sich durch die Grundpunkte des Büschels zwei verschiedene reelle Parabeln legen lassen, oder diese Parabeln in eine einzige zusammenfallen, oder imaginär sind.

Zu den Schnittpunkten des Kegelschnitts M mit der unendlich fernen Geraden liegen nun nach (24) in § 5 nicht nur die unendlich fernen Punkte irgend zweier conjugirten Durchmesser von M harmonisch, sondern nach (11) in § 15 auch alle Punktepaare, in denen die unendlich ferne Gerade von Kegelschnitten des Büschels getroffen wird. Hieraus folgt:

(11) Die Asymptoten eines jeden dem Büschel angehörigen Kegelschnitts sind parallel zu einem Paare conjugirter Durchmesser des Mittelpunktskegelschnitts, sowie mit Berücksichtigung von (9):

(12) Bei einem jeden Kegelschnitt des Büschels ist ein

bestimmtes Paar conjugirter Durchmesser parallel zu den Asymptoten des Mittelpunktskegelschnitts.

Wir wollen nun diejenigen Sätze aufstellen, die sich ergeben, wenn man die dualistisch entsprechenden Betrachtungen zu denen am Anfang des vorliegenden Paragraphen anstellt bei einer Kegelschnittschaar $\lambda\psi(u, u) - \varphi(u, u) = 0$. Es sind alsdann Punkte zu ersetzen durch gerade Linien, u. s. w.

Dem Satze (1) entspricht der folgende:

(13) Die Pole einer festen Geraden v in Bezug auf die Kegelschnitte einer Schaar liegen auf einer zweiten Geraden u, und umgekehrt liegen die Pole von u auf der Geraden v.

Zwei sich in solcher Weise entsprechende Geraden bezeichnet man als conjugirt hinsichtlich der Kegelschnittschaar. Man sieht auch, dass für $\varphi(u, u) = 0$ und $\psi(u, u) = 0$ als Gleichungen zweier Curven der Schaar die Gerade u, welche den Ort der Pole der Geraden v darstellt, die Gleichung hat

$$(14)\qquad \begin{vmatrix} \frac{1}{2}\varphi'(v_1) & \frac{1}{2}\varphi'(v_2) & \frac{1}{2}\varphi'(v_3) \\ \frac{1}{2}\psi'(v_1) & \frac{1}{2}\psi'(v_2) & \frac{1}{2}\psi'(v_3) \\ x_1 & x_2 & x_3 \end{vmatrix} = 0.$$

Wählt man als Gerade v die unendlich ferne Gerade mit den Coordinaten p_1, p_2, p_3, so sind die zugehörigen Pole die Mittelpunkte der Kegelschnitte der Schaar; man hat somit den Satz:

(15) Die Mittelpunkte aller Kegelschnitte der Schaar

$$\lambda\psi(u, u) - \varphi(u, u) = 0$$

liegen auf einer Geraden; die Gleichung derselben ist

$$\sum \pm \left(\frac{1}{2}\varphi'(p_1) \quad \frac{1}{2}\psi'(p_2) \quad x_3\right) = 0.$$

Dem Satze (6) entspricht:

(16) Die in Bezug auf sämmtliche Kegelschnitte einer Schaar genommenen Polaren eines gegebenen Punktes y umhüllen einen und denselben Kegelschnitt N. Dieser ist zugleich die Enveloppe aller derjenigen Geraden, welche zu den durch den gegebenen Punkt gehenden Geraden im Sinne des Satzes (13) conjugirt sind.

Die Gleichung des Kegelschnitts N ist

$$(17) \qquad \mathsf{N} \equiv \begin{vmatrix} \frac{1}{2}\varphi'(u_1) & \frac{1}{2}\varphi'(u_2) & \frac{1}{2}\varphi'(u_3) \\ \frac{1}{2}\psi'(u_1) & \frac{1}{2}\psi'(u_2) & \frac{1}{2}\psi'(u_3) \\ y_1 & y_2 & y_3 \end{vmatrix} = 0.$$

Aehnlich wie oben bei dem dualistisch entsprechenden Kegelschnitte N lassen sich auch hier sofort mehrere Tangenten von $\mathsf{N} = 0$ angeben. Es sind dies z. B. 1) die Träger der drei in der Kegelschnittschaar enthaltenen Punktepaare (oder die Seiten des dem Vierseit der gemeinsamen Tangenten aller Curven der Schaar zugehörigen Diagonaldreiseits); 2) sechs andere Tangenten erhält man folgendermassen: man verbindet den gegebenen Punkt y mit den drei Punktepaaren der Kegelschnittschaar, also mit den sechs Ecken des der Schaar zu Grunde gelegten vollständigen Vierseits und zieht die vierte harmonische Gerade zu einer jeden dieser Verbindungslinien und zu den zwei Seiten des Vierseits, die sich in der betreffenden Ecke schneiden. Diese sechs vierten harmonischen Geraden sind alsdann Tangenten von N. 3) Die durch den gegebenen Punkt gezogenen Tangenten derjenigen zwei Kegelschnitte der Schaar, welche sich nach (21) in § 15 in diesem Punkte schneiden, gehören gleichfalls der Curve zweiter Classe N an.

Unendlich viele Tangenten von N kann man natürlich durch die dualistische Construction zu jener erhalten, welche oben für beliebig viele Punkte des Kegelschnitts N angegeben wurde. Es dürfte jedoch unnöthig sein, dies noch weiter auszuführen.

Wir wollen nun den Fall besonders betrachten, in welchem die zu Grunde liegende Kegelschnittschaar eine confocale Schaar

$$\lambda\varphi(u, u) - \omega(u, u) = 0$$

ist. Alsdann ist der Kegelschnitt N eine Parabel; denn er berührt die Träger der in der Schaar enthaltenen Punktepaare, und zu diesen Trägern gehört auch die unendlich ferne Gerade. Auch aus der Gleichung

$$(18) \qquad \begin{vmatrix} \frac{1}{2}\varphi'(u_1) & \frac{1}{2}\varphi'(u_2) & \frac{1}{2}\varphi'(u_3) \\ \frac{1}{2}\omega'(u_1) & \frac{1}{2}\omega'(u_2) & \frac{1}{2}\omega'(u_3) \\ y_1 & y_2 & y_3 \end{vmatrix} = 0$$

geht hervor, dass diese Curve von der unendlich fernen Geraden berührt wird; denn für $u_i = p_i$, $(i = 1, 2, 3)$ wird (18) erfüllt. Weitere Tangenten der Parabel (18) sind die Axen des confocalen Systems (als Verbindungslinien der reellen, resp. imaginären Brennpunkte), sowie die in dem gegebenen Punkte y gezogenen Tangenten derjenigen zwei Kegelschnitte der Schaar, welche sich in y schneiden. Da dieser Durchschnitt nach (26) in § 15 unter rechtem Winkel stattfindet, kann man auch sagen, dass jene Parabel die in y gezogenen zu einander senkrechten Normalen [1]) der beiden Kegelschnitte berührt, welche sich in y schneiden. Wir wollen die Curve (18) als Steiner'sche Parabel des Punktes y in Bezug auf den Kegelschnitt $\varphi(u, u) = 0$ bezeichnen, da Steiner zuerst ihre Bedeutung für die Theorie der Kegelschnitte, insbesondere für die Construction des sogenannten Krümmungsradius, erkannte [2]). Bevor wir hierauf eingehen, sei noch erwähnt, dass die Gleichung (18) ungeändert bleibt, wenn man in ihr $\varphi'(u_i)$ $(i = 1, 2, 3)$ ersetzt durch $\lambda\varphi'(u_i) - \omega'(u_i)$, wobei λ ein beliebiger Parameter ist; es gibt demnach zu einem gegebenen Punkte y in Bezug auf alle Kegelschnitte einer confocalen Schaar nur eine einzige Steiner'sche Parabel.

Aus dem Umstand, dass irgend eine Tangente u der Steiner'schen Parabel das Normalencentrum $\omega'(u_i)$ $(i = 1, 2, 3)$ hat, folgt sofort mit Rücksicht auf (18) das Theorem:

(18a) Die von einem Punkte y auf irgend eine Tangente der Steiner'schen Parabel gefällte Normale geht durch den Pol dieser Tangente in Bezug auf den Kegelschnitt $\varphi(u, u) = 0$.

Insbesondere folgt hieraus:

(18b) Die Steiner'sche Parabel berührt auch die beiden Normalen in den Berührungspunkten der von y an den Kegelschnitt $\varphi(u, u) = 0$ gelegten Tangenten.

Für eine gemeinsame Tangente von $\varphi(u, u) = 0$ und (18) hat man daher den Satz:

(18c) Die vier gemeinsamen Tangenten der Steiner'schen Parabel und des gegebenen Kegelschnitts $\varphi(u, u) = 0$ berühren letzteren in den Fusspunkten der vier Normalen, die vom Punkte y nach $\varphi(u, u) = 0$ gezogen werden können.

Rückt speciell der Punkt y auf den Kegelschnitt $\varphi(u, u) = 0$, so fallen die in (18b) erwähnten beiden Normalen zusammen, und es ergibt sich der Satz:

(18d) Die Steiner'sche Parabel berührt die Normale des Punktes y in dem zu y gehörigen „Krümmungsmittelpunkte",

1) Als Normale des Punktes y einer Curve bezeichnet man die Gerade, welche in y die Tangente dieses Punktes rechtwinklig schneidet.

2) Vgl. Steiner: „Ueber algebraische Curven und Flächen", Crelle's Journal, Bd. 49, S. 339, 1854, oder auch „Gesammelte Werke", Bd. II, S. 629.

d. h. im Mittelpunkte desjenigen Kreises, der in y drei aufeinander folgende Punkte mit dem Kegelschnitte $\varphi(u, u) = 0$ gemeinsam hat.

Dieser Mittelpunkt kann nämlich aufgefasst werden als der Schnittpunkt zweier jener auf einander folgenden Normalen.

Wir wollen nun annehmen, es sei $F(u, u) = 0$ die Gleichung in Liniencoordinaten des Kegelschnitts $f(x, x) = 0$; alsdann erhält man die Coordinaten des Pols x irgend einer Tangente u der Steiner'schen Parabel in Bezug auf $f(x, x) = 0$ durch Auflösung der Gleichungen $\sigma u_i = \frac{1}{2} f'(x_i)$[1] $(i = 1, 2, 3)$ nach x_1, x_2, x_3. Die Pole x sämmtlicher Tangenten der Steiner'schen Parabel

$$(19) \qquad \frac{1}{4} \sum \pm (F'(u_1)\ \omega'(u_2)\ y_3) = 0$$

genügen daher einer Gleichung, die man erhält, wenn in (19) die u_i ersetzt werden durch $\frac{1}{2} f'(x_i) = f_i$; hierdurch verwandelt sich $F'(u_i)$ in $A x_i$, $\omega'(u_i)$ in $\omega'(f_i)$, und es ergibt sich daher, so lange man A als von Null verschieden voraussetzt, als Ort der Pole die Curve zweiter Ordnung

$$(20) \qquad \sum \pm (\omega'(f_1)\ x_2\ y_3) = 0,$$

welche der Steiner'schen Parabel reciprok entspricht und eine **gleichseitige Hyperbel** darstellt. Da der Punkt y ganz willkürlich angenommen ist, folgt nämlich aus (20) die Proportion

$$\omega'(f_1) : \omega'(f_2) : \omega'(f_3) = x_1 : x_2 : x_3,$$

und unter Anwendung des Proportionalitätsfactors λ hat man

$$\lambda x_i = \frac{1}{2} \omega'(f_i) \quad (i = 1, 2, 3),$$

oder wenn (ganz ebenso wie bei der Lösung des Hauptaxenproblems in § 10) gesetzt wird $\alpha_{ik} = \omega_{1i} a_{1k} + \omega_{2i} a_{2k} + \omega_{3i} a_{3k}$, so folgt

$$(21) \qquad \lambda x_i = \alpha_{i1} x_1 + \alpha_{i2} x_2 + \alpha_{i3} x_3 \quad (i = 1, 2, 3).$$

Diese drei Gleichungen führen nach Elimination der x_i zu derjenigen Gleichung dritten Grades in λ, welche bereits in § 10 auftrat und nur reelle Wurzeln besitzt, darunter eine gleich Null. Der Wurzel $\lambda''' = 0$ entspricht ein Punkt mit den Coordinaten

$$x_1 : x_2 : x_3 = \mathsf{A}_{i1} : \mathsf{A}_{i2} : \mathsf{A}_{i3},$$

wofür zufolge der Fussnote S. 86 auch gesetzt werden kann

1) σ bedeutet einen Proportionalitätsfactor.

$$\frac{1}{2}F'(p_1):\frac{1}{2}F'(p_2):\frac{1}{2}F'(p_3),$$

und dies sind die Coordinaten des Mittelpunktes der Curve $f(x, x) = 0$. Ebenso folgt aus den Betrachtungen zu Anfang von § 10, dass den zwei im allgemeinen von Null verschiedenen Wurzeln jener kubischen Gleichung die unendlich fernen Punkte der beiden Hauptaxen des Kegelschnitts $f(x, x) = 0$ entsprechen; durch diese zwei Punkte geht daher die Curve (20) hindurch, d. h. ihre Asymptoten sind parallel zu den Hauptaxen von $f(x, x) = 0$, sind somit zu einander normal, oder die Curve (20) ist eine gleichseitige Hyperbel. Dieselbe hat die wichtige Eigenschaft, dass sie durch die Fusspunkte der Normalen hindurchgeht, welche man von einem beliebigen Punkte y der Ebene nach dem Kegelschnitt $f(x, x) = 0$ ziehen kann. Um dies zu beweisen, wollen wir allgemeiner zeigen, dass von einem beliebigen Punkte y in der Ebene n^2 Normalen nach einer Curve n^{ter} Ordnung gezogen werden können und dass die n^2 Fusspunkte derselben zugleich mit y auf einer Curve n^{ter} Ordnung liegen. Beim Beweis dieses Satzes lässt sich wieder in sehr einfacher Weise der Begriff des Normalencentrums einer Geraden verwerthen. Sind nämlich y_1, y_2, y_3 die Coordinaten des gegebenen Punktes, x_1, x_2, x_3 diejenigen des Fusspunktes irgend einer von y aus gezogenen Normalen, so ist dieser Fusspunkt x zugleich Berührungspunkt einer Tangente mit den Coordinaten $f_i = \frac{1}{n}f'(x_i)$, $(i = 1, 2, 3)$. Das Normalencentrum dieser Tangente, ihr Berührungspunkt x und der gegebene Punkt y liegen nun in einer Geraden, es ist also

$$(22) \qquad \begin{vmatrix} \frac{1}{2}\omega'(f_1) & \frac{1}{2}\omega'(f_2) & \frac{1}{2}\omega'(f_3) \\ x_1 & x_2 & x_3 \\ y_1 & y_2 & y_3 \end{vmatrix} = 0,$$

denn die Grössen $\omega'(f_i)$ $(i = 1, 2, 3)$ sind nach § 2 die Coordinaten des genannten Normalencentrums. Die Gleichung (22) ist in den x_i vom n^{ten} Grade; in Verbindung mit der Curve n^{ter} Ordnung $f = 0$ ergibt sie n^2 Werthsysteme $x_1 : x_2 : x_3$ für die Coordinaten von Fusspunkten der durch den Punkt y gezogenen Normalen. Man erkennt auch sofort, dass y auf der Curve (22) gelegen ist. Wir können das Resultat dieser Betrachtungen für den Fall, dass ein Kegelschnitt $f(x, x) = 0$ zu Grunde gelegt ist, zusammenfassen in dem Satze:

(23) Von einem beliebigen Punkte y der Ebene kann man nach einem Kegelschnitte $f(x, x) = 0$ im allgemeinen vier Normalen ziehen. Die Fusspunkte derselben liegen auf der

gleichseitigen Hyperbel (22), welche durch den Punkt y und den Mittelpunkt des gegebenen Kegelschnitts hindurchgeht, und deren Asymptoten zu den Hauptaxen dieses Kegelschnitts parallel sind.

Allgemeiner folgt unmittelbar aus (22) für irgend einen Punkt x der gleichseitigen Hyperbel die Definition:

(23a) Die gleichseitige Hyperbel (22) ist der geometrische Ort aller Punkte x, deren (gerade) Polare in Bezug auf die Curve $f(x, x) = 0$ normal ist zur Verbindungslinie von x mit dem gegebenen Punkte y.

Wenn man in dem Ausdruck für den Polkegelschnitt N in (4) die Curven $f(x, x) = 0$ und $g(x, x) = 0$ ersetzt durch irgend zwei andere Curven $\varkappa_1 f + \lambda_1 g = 0$, resp. $\varkappa_2 f + \lambda_2 g = 0$ des Büschels $\lambda g(x, x) - f(x, x) = 0$, so reproducirt sich N, indem nur der Factor $\varkappa_1 \lambda_2 - \varkappa_2 \lambda_1$ vortritt; Analoges gilt natürlich von N in (17). Gebilde von dieser Beschaffenheit bezeichnet man allgemein als Combinanten. Es ist zu erwarten, dass zu ihnen auch derjenige Ausdruck gehört, welcher gleich Null gesetzt die vier Schnittpunkte der Kegelschnitte des Büschels $\lambda g(x, x) - f(x, x) = 0$ darstellt, denn es muss gleichgiltig sein, welche zwei Curven des Büschels man für die Bestimmung der Schnittpunkte auswählt. Zum Zweck der Ableitung des betreffenden Ausdrucks denken wir uns den Kegelschnitt

$$N = \frac{1}{4} \sum \pm (f'(x_1)\, g'(x_2)\, u_3) = 0$$

in die Form gebracht

$$N_{11} x_1^2 + 2 N_{12} x_1 x_2 + N_{22} x_2^2 + 2 N_{13} x_1 x_3 + 2 N_{23} x_2 x_3 + N_{33} x_3^2 = 0,$$

wobei die Coefficienten N_{ik} in den a_{ik}, b_{ik} und u_i vom ersten Grad sind. Wir sahen S. 198, dass der Polkegelschnitt N die Gerade u in den Doppelpunkten der Involution trifft, welche auf u von den Schnittpunkten mit den Curven des Büschels gebildet wird. Wenn diese zwei Doppelpunkte in einen zusammenrücken, berührt die Gerade u ihren eigenen Polkegelschnitt; aus den Betrachtungen S. 144 folgt, dass dieses Zusammenrücken der Doppelpunkte nur dann eintreten kann, wenn die Gerade u durch einen der vier Schnittpunkte geht. Die Bedingung dafür, dass die Gerade u den ihr zugehörigen Kegelschnitt berührt, ist aber identisch mit der Gleichung der Curve

$$\sum_1^3{}_i \sum_1^3{}_k N_{ik} x_i x_k = 0$$

in Liniencoordinaten; dieselbe ist in den N_{ik} vom zweiten, also in den u_i vom vierten Grad und muss daher gleichbedeutend sein mit dem Product der Ausdrücke für die vier Schnittpunkte der Kegelschnitte des Büschels.

Dualistisch entsprechend ist zu verfahren, wenn man aus

$$\mathsf{N} = \frac{1}{4} \sum \pm (\varphi'(u_1)\, \psi'(u_2)\, y_3) = 0$$

die Gleichung für die vier Tangenten herleiten will, welche den Curven der Schaar $\lambda\psi(u, u) - \varphi(u, u) = 0$ gemeinsam sind.

Der Polkegelschnitt N ist auch von Wichtigkeit bei Ableitung einer Gleichung für die Seiten des gemeinsamen Poldreiecks der Curven des Büschels $\lambda g(x, x) - f(x, x) = 0$. Nach S. 197 geht nämlich N durch die Ecken dieses Dreiecks hindurch, gleichgiltig welche Werthe die Coordinaten der zugehörigen Geraden u haben mögen; da aber N nach (4) von der Form ist $N_1 u_1 + N_2 u_2 + N_3 u_3 = 0$, wobei $N_1 = f_2 g_3 - f_3 g_2$, $N_2 = f_3 g_1 - f_1 g_3$, $N_3 = f_1 g_2 - f_2 g_1$, so müssen in Folge der Willkürlichkeit der u die drei Kegelschnitte $N_i = 0$ ($i = 1, 2, 3$) gleichfalls durch die Ecken des Poldreiecks gehen. Fixirt man nun auf irgend einer Seite dieses Dreiecks einen Punkt x und construirt man den vierten harmonischen Punkt y zu x und zu den zwei auf der betreffenden Seite liegenden Ecken des Poldreiecks, so sind x und y harmonische Pole in Bezug auf jede der drei Curven zweiter Ordnung $N_i = 0$, d. h. die Coordinaten x_i und y_i dieser Punkte erfüllen die drei Gleichungen

$$y_1 \frac{\partial N_i}{\partial x_1} + y_2 \frac{\partial N_i}{\partial x_2} + y_3 \frac{\partial N_i}{\partial x_3} = 0 \quad (i = 1, 2, 3),$$

aus welchen durch Elimination der y folgt:

$$(24) \qquad \sum \pm \left(\frac{\partial N_1}{\partial x_1} \frac{\partial N_2}{\partial x_2} \frac{\partial N_3}{\partial x_3}\right) = 0.$$

Diese Gleichung wird, wie aus der Art und Weise ihrer Ableitung hervorgeht, stets von den Coordinaten x_i solcher Punkte erfüllt, welche auf den Seiten des Poldreiecks liegen; da sie in den x_i vom dritten Grad ist, muss sie daher mit dem Product der Ausdrücke für die Seiten des gemeinsamen Poldreiecks der Kegelschnitte des Büschels $\lambda g(x, x) - f(x, x) = 0$ identisch sein.

Es seien nun x_1, x_2, x_3 die Coordinaten irgend eines der drei Schnittpunkte von $N_1 = 0$, $N_2 = 0$, $N_3 = 0$, also die Coordinaten einer Ecke des Poldreiecks; jede Gerade u, die durch einen der drei gemeinsamen Schnittpunkte geht, genügt alsdann einer Gleichung $u_1 x_1 + u_2 x_2 + u_3 x_3 = 0$ oder $u_x = 0$, mithin auch den drei Gleichungen $x_1 u_x = 0$, $x_2 u_x = 0$, $x_3 u_x = 0$. Diese repräsentiren zusammen mit

$N_i = 0$ $(i = 1, 2, 3)$ sechs Gleichungen, welche x_1^2, x_2^2, x_3^2, $x_1 x_2$, $x_2 x_3$, $x_3 x_1$ linear enthalten. Durch Elimination dieser sechs Grössen erhält man eine Determinante sechsten Grades, welche u_1, u_2, u_3 im dritten Grade enthält. Da dieselbe für jede Gerade u verschwindet, welche durch irgend eine der Ecken des Poldreiecks geht, ist sie mit dem Product der Ausdrücke für diese Ecken identisch[1]).

Dualistisch entsprechend könnte man mit Hilfe des durch (17) definirten Kegelschnitts N Gleichungen ableiten für die Ecken und Seiten des gemeinsamen Poldreiecks aller Curven der Kegelschnittschaar $\lambda\psi(u, u) - \varphi(u, u) = 0$.

Wählt man insbesondere eine confocale Schaar

$$\lambda\varphi(u, u) - \omega(u, u) = 0,$$

so besteht das gemeinsame Poldreiseit nach (20) in § 15 aus den Hauptaxen des Kegelschnitts $\varphi(u, u) = 0$ und aus der unendlich fernen Geraden; das Product der Ausdrücke für die Ecken dieses Poldreiseits (die unendlich fernen Punkte der Hauptaxen und den Mittelpunkt von $\varphi(u, u) = 0$) ist also dualistisch zu (24) gegeben durch $\sum \pm \left(\frac{\partial \Pi_1}{\partial u_1} \frac{\partial \Pi_2}{\partial u_2} \frac{\partial \Pi_3}{\partial u_3}\right) = 0$, wenn wir mit Π_1, Π_2, Π_3 die Coefficienten von y_1, y_2, y_3 in der Gleichung (18) der Steiner'schen Parabel bezeichnen. Das Product der Ausdrücke für die Hauptaxen von $\varphi(u, u) = 0$ und für die unendlich ferne Gerade würde dualistisch zu vorausgehenden Betrachtungen durch eine Determinante sechsten Grades gegeben sein.

Zu derjenigen Gattung von Formen, die wir oben als Combinanten bezeichneten, gehört nach S. 205 auch die folgende:

$$\psi(x, x) \equiv \frac{3}{2} \sum_1^3{}_i \sum_1^3{}_k \frac{\partial^2 N}{\partial x_i \, \partial u_k} \frac{\partial^2 N}{\partial x_k \, \partial u_i}, \tag{25}$$

wobei $N = \frac{1}{4} \sum \pm \left(\frac{\partial f}{\partial x_1} \frac{\partial g}{\partial x_2} u_3\right)$. Legt man insbesondere das gemeinsame Poldreieck des Büschels $\lambda g(x, x) - f(x, x) = 0$ zu Grunde, so müssen $f(x, x) = 0$ und $g(x, x) = 0$ nach (50) in § 4 von der Form sein:

$$\begin{aligned} f(x, x) &\equiv \mu_1 x_1^2 + \mu_2 x_2^2 + \mu_3 x_3^2 = 0, \\ g(x, x) &\equiv \nu_1 x_1^2 + \nu_2 x_2^2 + \nu_3 x_3^2 = 0; \end{aligned} \tag{26}$$

---

1) Auf Grund von Entwickelungen in § 23 kann man sagen, dass die Cayley'sche Curve des durch $N_1 = 0$, $N_2 = 0$ und $N_3 = 0$ bestimmten Kegelschnittnetzes in das Product der Ausdrücke für die Ecken des obigen Poldreiecks ausartet; auch wird dort eine einfache Methode zur Berechnung der Determinante sechsten Grades angegeben werden.

für die Combinante ψ findet man alsdann den Ausdruck

$$(27)\quad \frac{1}{3}\psi \equiv (\mu_1\nu_2 - \mu_2\nu_1)(\mu_3\nu_1 - \mu_1\nu_3)x_1^2 + (\mu_2\nu_3 - \mu_3\nu_2)(\mu_1\nu_2 - \mu_2\nu_1)x_2^2 + (\mu_3\nu_1 - \mu_1\nu_3)(\mu_2\nu_3 - \mu_3\nu_2)x_3^2 = 0,$$

wofür wir kürzer setzen wollen $Ax_1^2 + Bx_2^2 + Cx_3^2 = 0$. Diese Gleichung zeigt, dass der Kegelschnitt $\psi = 0$ das Geradenpaar $Ax_1^2 + Bx_2^2 = 0$ oder

$$(\mu_1\nu_2 - \mu_2\nu_1)\{(\mu_3\nu_1 - \mu_1\nu_3)x_1^2 + (\mu_2\nu_3 - \mu_3\nu_2)x_2^2\} = 0$$

doppelt berührt in dessen Schnittpunkten mit $x_3 = 0$. Durch die Ecke $x_1 = x_2 = 0$ des Poldreiecks geht nun ausser den zwei Seiten $x_1 = 0$ und $x_2 = 0$ noch ein dem Kegelschnittbüschel angehöriges Geradenpaar; die drei Geradenpaare des Büschels erhält man nämlich aus $\lambda g(x, x) - f(x, x) = 0$ für die Werthe $\mu_i : \nu_i$ $(i = 1, 2, 3)$ des Parameters λ, und speciell $\lambda = \mu_3 : \nu_3$ liefert

$$(\mu_3\nu_1 - \mu_1\nu_3)x_1^2 + (\mu_3\nu_2 - \mu_2\nu_3)x_2^2 = 0,$$

also ein Geradenpaar, das zu $Ax_1^2 + Bx_2^2 = 0$ harmonisch liegt. Andrerseits sind auch die Seiten $x_1 = 0$ und $x_2 = 0$ des Poldreiecks harmonisch zu $Ax_1^2 + Bx_2^2 = 0$, und da dieses Dreieck zugleich Diagonaldreieck des durch die Grundpunkte des Kegelschnittbüschels bestimmten Vierecks ist, so folgt:

(28) Durch jeden Scheitel des Diagonaldreiecks gehen zwei Diagonalen und ein Geradenpaar des Kegelschnittbüschels. Diese zwei Strahlenpaare bestimmen eine Involution, deren Doppelstrahlen den Kegelschnitt $\psi(x, x) = 0$ in dessen Schnittpunkten mit der dritten Diagonale berühren[1]).

§ 21.

Krümmungskreis und Evolute.

Bereits im vorhergehenden Paragraphen wurden wir gelegentlich der Untersuchung der Steiner'schen Parabel zu dem Krümmungskreis irgend eines auf dem Kegelschnitt gelegenen Punktes geführt. Wir wollen nun zeigen, wie man die Coordinaten des Mittelpunktes und

1) Weitere Eigenschaften des Kegelschnitts $\psi = 0$ findet man in Herrn Gundelfinger's Note „Zur Theorie des Kegelschnittbüschels", Zeitschrift für Mathematik und Physik, hrsgg. von Schlömilch, 20. Jahrgang, S. 153—159, 1874; vgl. auch „Ueber das Schliessungsproblem bei zwei Kegelschnitten", Crelle's Journal, Bd. 83, S. 172f., 1877. Ueber die Bedeutung der Form $\psi(x, x)$ bei Ableitung der Realitätskriterien für die Schnittpunkte zweier Kegelschnitte gibt der Anhang zu diesen Vorlesungen nähere Auskunft.

die Länge des Radius dieses Kreises findet, und zwar möge hierbei ganz allgemein eine Curve k^{ter} Classe $\varphi(u_1, u_2, u_3) = 0$ zu Grunde gelegt werden. Unter der Voraussetzung, dass u_1, u_2, u_3 die Coordinaten einer Tangente dieser Curve, mithin $\varphi'(u_1)$, $\varphi'(u_2)$, $\varphi'(u_3)$ die Coordinaten des Berührungspunktes P sind, besteht also unsere nächste Aufgabe darin, den Mittelpunkt des dem Berührungspunkte P der Tangente u zugehörigen Krümmungskreises zu bestimmen. Jedenfalls liegt dieser Mittelpunkt zugleich mit P und mit dem Normalencentrum der Tangente u auf einer und derselben Geraden; sind y_1, y_2, y_3 die Coordinaten des Krümmungsmittelpunktes, so hat man demnach die drei Gleichungen

$$(1) \qquad \varrho y_i = \frac{1}{k}\varphi'(u_i) + \frac{\lambda}{2}\omega'(u_i) \quad (i = 1, 2, 3),$$

wo ϱ einen Proportionalitätsfactor, λ eine noch näher zu bestimmende Grösse bedeutet.

Für den Berührungspunkt der zunächst benachbarten Tangente mit den Coordinaten $u_i + du_i$ $(i = 1, 2, 3)$ werden die Coordinaten des Krümmungsmittelpunktes dieselben wie in (1), also mit Anwendung des Proportionalitätsfactors μ:

$$(2) \qquad \varrho y_i = \mu\left\{\frac{1}{k}\varphi'(u_i) + \frac{1}{k}d\varphi'(u_i) + \frac{(\lambda + d\lambda)}{2}\Big(\omega'(u_i) + d\omega'(u_i)\Big)\right\}$$
$$(i = 1, 2, 3),$$

so dass man nach Subtraction der Gleichungen (1) und (2) und mit Vernachlässigung der unendlich kleinen Grössen zweiter Ordnung $d\lambda \cdot d\omega'(u_i)$ erhält

$$(3) \left[\frac{1}{k}\varphi'(u_i) + \frac{\lambda}{2}\omega'(u_i)\right](1-\mu) = \mu\left[\frac{1}{k}d\varphi'(u_i) + \frac{d\lambda}{2}\omega'(u_i) + \frac{\lambda}{2}d\omega'(u_i)\right]$$
$$(i = 1, 2, 3).$$

Man kann nun leicht zeigen, dass der Factor μ gleich der Einheit sein muss. Zu dem Zweck multipliciren wir die drei Gleichungen (3) resp. mit p_i, wobei p_i $(i = 1, 2, 3)$ die Coordinaten der unendlich fernen Geraden bedeuten, und erhalten unter Berücksichtigung von $\omega'(p_i) = 0$ die Relation

$$(4) \qquad [\varphi'(p_1)u_1 + \varphi'(p_2)u_2 + \varphi'(p_3)u_3](1-\mu)$$
$$= \mu[\varphi'(p_1)\cdot du_1 + \varphi'(p_2)\cdot du_2 + \varphi'(p_3)\cdot du_3],$$

oder auch

$$(4a) \quad [\varphi'(p_1)(u_1 + du_1) + \varphi'(p_2)(u_2 + du_2) + \varphi'(p_3)(u_3 + du_3)]\mu$$
$$= \varphi'(p_1)u_1 + \varphi'(p_2)u_2 + \varphi'(p_3)u_3.$$

Unter der Annahme, dass der Berührungspunkt der Tangente u im Endlichen liege, ist $\varphi(p, u) \gtrless 0$[1]; daher können die Glieder mit du_i als Factor vernachlässigt werden, es ergibt sich also in der That $\mu = 1$. In Folge dessen sind die Gleichungen (3) zu ersetzen durch

$$(5) \qquad \frac{1}{k} d\varphi'(u_i) + \frac{\lambda}{2} d\omega'(u_i) + \frac{d\lambda}{2} \omega'(u_i) = 0 \quad (i = 1, 2, 3).$$

Nun ist $d\varphi'(u_i) = \frac{\partial^2 \varphi}{\partial u_i \partial u_1} du_1 + \frac{\partial^2 \varphi}{\partial u_i \partial u_2} du_2 + \frac{\partial^2 \varphi}{\partial u_i \partial u_3} du_3$, und wenn man die Bezeichnungsweise einführt

$$(6) \qquad \varphi_{il} = \frac{1}{k(k-1)} \frac{\partial^2 \varphi}{\partial u_i \partial u_l}, \qquad \omega_{il} = \frac{1}{2} \frac{\partial^2 \omega}{\partial u_i \partial u_l},$$

erhält man

$$\frac{1}{k} d\varphi'(u_i) = (k-1)\{\varphi_{i1} du_1 + \varphi_{i2} du_2 + \varphi_{i3} du_3\},$$

$$\frac{1}{2} d\omega'(u_i) = \omega_{i1} du_1 + \omega_{i2} du_2 + \omega_{i3} du_3,$$

es geht also (5) über in

$$(7) \qquad [(k-1)\varphi_{i1} + \lambda\omega_{i1}] du_1 + [(k-1)\varphi_{i2} + \lambda\omega_{i2}] du_2 + [(k-1)\varphi_{i3} + \lambda\omega_{i3}] du_3 + \frac{d\lambda}{2} \omega'(u_i) = 0.$$

Da auch die Gerade mit den Coordinaten $u_i + du_i$ Tangente der Curve $\varphi(u, u) = 0$ sein soll, tritt zu diesen Gleichungen noch

$$(8) \qquad \varphi_1 du_1 + \varphi_2 du_2 + \varphi_3 du_3 = 0, \quad \text{wobei} \quad \varphi_i = \frac{1}{k} \frac{\partial \varphi}{\partial u_i},$$

so dass man durch Elimination von du_1, du_2, du_3 und $d\lambda$ aus (7) und (8) erhält:

$$(9) \qquad \begin{vmatrix} (k-1)\varphi_{11} + \lambda\omega_{11} & (k-1)\varphi_{12} + \lambda\omega_{12} & (k-1)\varphi_{13} + \lambda\omega_{13} & \omega_1 \\ (k-1)\varphi_{21} + \lambda\omega_{21} & (k-1)\varphi_{22} + \lambda\omega_{22} & (k-1)\varphi_{23} + \lambda\omega_{23} & \omega_2 \\ (k-1)\varphi_{31} + \lambda\omega_{31} & (k-1)\varphi_{32} + \lambda\omega_{32} & (k-1)\varphi_{33} + \lambda\omega_{33} & \omega_3 \\ \varphi_1 & \varphi_2 & \varphi_3 & 0 \end{vmatrix} = 0.$$

Diese Determinante hat nun gleiche Gestalt wie (5) in § 17; bei Entwickelung nach Potenzen von λ enthält daher der Coefficient von λ^2 die Determinante von $\omega(u, u)$ als Factor; da dieselbe jedoch verschwindet, bleibt nur

$$(k-1)^2 \sum \pm (\varphi_{11}\varphi_{22}\varphi_{33}) \cdot \omega(u, u) + 2(k-1)\lambda\chi = 0,$$

1) Infolge des Umstandes, dass auch die beiden imaginären Kreispunkte im Unendlichen einem jeden Kreis angehören, ist die Beschränkung auf einen im Endlichen gelegenen Berührungspunkt geboten.

wobei 2χ nach (8b) in § 17 den Werth besitzt

$$(\varphi_{11}\Omega_{11} + 2\varphi_{12}\Omega_{12} + \cdots)\varphi(u, u) - \Omega(\varphi_1, \varphi_2, \varphi_3).$$

Da die Gerade u Tangente der gegebenen Curve ist, erfüllen ihre Coordinaten die Gleichung $\varphi(u, u) = 0$, und 2χ reducirt sich auf

$$-\Omega(\varphi_1, \varphi_2, \varphi_3) = -\tau(\varphi_1 p_1 + \varphi_2 p_2 + \varphi_3 p_3)^2 = -\tau\varphi^2(p, u).$$

Demnach ist im gegenwärtigen Falle (9) gleichbedeutend mit:

$$(10)\quad (k-1)^2 \sum \pm (\varphi_{11}\varphi_{22}\varphi_{33}) \cdot \omega(u, u) - (k-1)\lambda \cdot \tau\varphi^2(p, u) = 0;$$

für die Grösse λ findet man also den Werth

$$(11)\qquad \lambda = \frac{(k-1)\sum \pm (\varphi_{11}\varphi_{22}\varphi_{33}) \cdot \omega(u, u)}{\tau \cdot \varphi^2(p, u)},$$

so dass sich mit Rücksicht auf (1) als Gleichung des Krümmungsmittelpunktes in variabelen Liniencoordinaten v_1, v_2, v_3 ergibt:

$$(12)\quad \varphi(u, v) + \frac{(k-1)\sum \pm (\varphi_{11}\varphi_{22}\varphi_{33}) \cdot \omega(u, u)}{\tau \cdot \varphi^2(p, u)}\, \omega(u, v) = 0.$$

Auch ein Ausdruck für die Länge des Krümmungsradius lässt sich nun leicht ableiten.

Die Coordinaten des Berührungspunktes der Tangente u der Curve $\varphi(u, u) = 0$ sind, wie bereits bemerkt wurde, $x_i = \frac{1}{k}\varphi'(u_i)$ $(i = 1, 2, 3)$; nach (1) kann daher die Gleichung des Krümmungsmittelpunktes auch gegeben werden in der Form $v_x + \lambda\omega(u, v) = 0$, wobei λ durch (11) definirt ist. Vermöge $\nu = \lambda\sqrt{\omega(u, u)}$ kann man diese Gleichung ersetzen durch

$$(13)\qquad v_x + \frac{\nu \cdot \omega(u, v)}{\sqrt{\omega(u, u)}} = 0,$$

woraus $\nu = -\frac{v_x\sqrt{\omega(u, u)}}{\omega(u, v)}$ folgt. Mit Hilfe von (12b) in § 2 wollen wir nun einführen den Cosinus des Winkels zwischen der Tangente u und der willkürlich durch den Krümmungsmittelpunkt gelegten Geraden v; alsdann ist

$$\nu = \frac{-v_x}{\cos(u, v) \cdot \sqrt{\omega(v, v)}}, \quad \text{daher} \quad \frac{\nu}{p_x} = \frac{-v_x}{\cos(u, v) \cdot p_x\sqrt{\omega(v, v)}}.$$

Auf der rechten Seite dieser Gleichung bedeutet $\frac{v_x}{p_x\sqrt{\omega(v, v)}}$ nach (1) in § 2 den Abstand q des Curvenpunktes x von der Geraden v, mithin wird $\frac{\nu}{p_x} = \frac{-q}{\cos(u, v)}$; aus einer einfachen Figur erkennt man aber sofort, dass $\frac{q}{\cos(u, v)}$ gleich dem mit positivem oder negativem Vorzeichen versehenen Abstand des Curvenpunktes x vom Krümmungsmittelpunkte y, also absolut genommen gleich der Länge r des Krümmungsradius ist. In Folge dessen ist $\frac{v}{p_x} = r$ [1]), und wenn man die Identität $p_x \equiv \frac{1}{k}(p_1\varphi'(u_1) + p_2\varphi'(u_2) + p_3\varphi'(u_3)) = \varphi(p, u)$ beachtet, wird $r = \frac{\lambda\sqrt{\omega(u, u)}}{\varphi(p, u)}$; mit Rücksicht auf (11) ergibt sich demnach für die Länge des zum Berührungspunkt der Tangente u gehörigen Krümmungsradius der Werth[2]):

$$(14) \qquad r = \frac{(k-1)\sum \pm(\varphi_{11}\varphi_{22}\varphi_{33}) \cdot \omega^{\frac{3}{2}}(u, u)}{\tau \cdot \varphi^3(p, u)}.$$

Ist die gegebene Curve $\varphi(u, u) = 0$ insbesondere die Curve zweiter Classe $\varphi(u, u) \equiv \sum_1^3{}_i \sum_1^3{}_k \alpha_{ik} u_i u_k = 0$, so verwandelt sich $\sum \pm(\varphi_{11}\varphi_{22}\varphi_{33})$ in die Determinante A, und man erhält:

$$(15) \qquad r = \frac{\mathsf{A} \cdot \omega^{\frac{3}{2}}(u, u)}{\tau \cdot \varphi^3(p, u)};$$

die Gleichung des Krümmungsmittelpunktes wird

$$(16) \qquad \varphi(u, v) + \frac{\mathsf{A} \cdot \omega(u, u)}{\tau \cdot \varphi^2(p, u)}\,\omega(u, v) = 0.$$

Wenn man die Coordinaten des zu einem Punkte x einer Curve zweiter Ordnung $f(x, x) = 0$ gehörigen Krümmungsmittelpunktes und die Länge des Krümmungsradius bestimmen will, denkt man sich zu $f(x, x) \equiv \sum_1^3{}_i \sum_1^3{}_k a_{ik} x_i x_k = 0$ die Gleichung in Liniencoordinaten

$$F(u, u) \equiv \sum_1^3{}_i \sum_1^3{}_k A_{ik} u_i u_k = 0$$

---

1) Allgemein folgt hieraus, dass für einen Punkt y mit den Coordinaten

$$x_i + \frac{v \cdot \omega'(u_i)}{2\sqrt{\omega(u, u)}}, \quad (i = 1, 2, 3),$$

der also auf der Verbindungslinie von x mit dem Normalencentrum einer gegebenen Geraden u gelegen ist, die Grösse v die einfache Bedeutung hat $\frac{v}{p_x} = r$, wobei r die Entfernung der beiden Punkte x und y bezeichnet.

2) Vgl. auch Hesse: „Ueber Curven dritter Classe und Curven dritter Ordnung", Crelle's Journal, Bd. 38, S. 244, 1847.

gebildet und kann nun die bisher entwickelten Formeln anwenden. Es ist dabei zu beachten, dass zwischen den Coordinaten des Punktes x und denjenigen seiner Tangente der Zusammenhang besteht

$$\varrho u_i = \frac{1}{2} f'(x_i) = f_i,$$

oder umgekehrt

$$A x_i = \varrho(A_{i1} u_1 + A_{i2} u_2 + A_{i3} u_3) = \frac{\varrho}{2} F'(u_i),$$

wobei ϱ Proportionalitätsfactor ist. In Folge dessen verwandelt sich die Grösse $\varphi(p, u)$ oder $F(p, u)$ nunmehr in $\frac{A}{\varrho}(p_1 x_1 + p_2 x_2 + p_3 x_3)$, an Stelle von $\omega(u, u)$ tritt $\frac{1}{\varrho^2} \omega(f_1, f_2, f_3)$, A wird gleich A^2. Bei Substitution dieser Ausdrücke in (15) hebt sich der Proportionalitätsfactor ϱ weg und man erhält für den Radius r des zum Punkte x gehörigen Krümmungskreises:

$$r = \frac{\omega^{\frac{3}{2}}(f_1, f_2, f_3)}{\tau \cdot A \cdot p_x^{\,3}}; \tag{17}$$

aus (16) ergibt sich als Gleichung des Krümmungsmittelpunktes:

$$x_1 v_1 + x_2 v_2 + x_3 v_3 + \frac{\omega(f_1, f_2, f_3) \cdot \omega(f, v)}{\tau \cdot A \cdot p_x^{\,2}} = 0, \tag{18}$$

die Coordinaten desselben sind demnach

$$\sigma y_i = x_i + \frac{\omega(f_1, f_2, f_3)}{\tau \cdot A p_x^{\,2}} (\omega_{i1} f_1 + \omega_{i2} f_2 + \omega_{i3} f_3) \quad (i = 1, 2, 3), \tag{19}$$

wobei σ einen Proportionalitätsfactor bezeichnet.

Auf demselben Wege, der eingeschlagen wurde zur Bestimmung des einem beliebigen Punkte einer Curve k^{ter} Classe zugehörigen Krümmungskreises, kann man auch vorgehen, wenn eine Curve n^{ter} Ordnung $f(x, x) = 0$ gegeben ist. Man würde für die Länge des Krümmungsradius finden

$$r = \frac{\omega^{\frac{3}{2}}(f_1, f_2, f_3)}{(n-1)\, \tau \cdot p_x^{\,3} \cdot \sum \pm (f_{11} f_{22} f_{33})}, \tag{20}$$

wobei

$$f_i = \frac{1}{n} \frac{\partial f}{\partial x_i}, \quad f_{ik} = \frac{1}{n(n-1)} \frac{\partial^2 f}{\partial x_i \, \partial x_k}; \tag{21}$$

die Gleichung des dem Punkte x zugehörigen Krümmungsmittelpunktes wird

$$x_1 v_1 + x_2 v_2 + x_3 v_3 + \frac{\omega(f_1, f_2, f_3) \cdot \omega(f, v)}{(n-1)\, \tau \cdot p_x^{\,2} \cdot \sum \pm (f_{11} f_{22} f_{33})} = 0, \tag{22}$$

seine Coordinaten sind daher

$$(23)\qquad \varrho y_i = x_i + \frac{\omega(f_1, f_2, f_3)\,(\omega_{i1}f_1 + \omega_{i2}f_2 + \omega_{i3}f_3)}{(n-1)\,\tau\cdot p_x^2\cdot \sum \pm (f_{11}f_{22}f_{33})}.$$

Construirt man in jedem Punkte einer gegebenen Curve die Normale, so umhüllen alle Normalen eine neue Curve, die sogenannte Evolute der gegebenen; zwei auf einander folgende Normalen schneiden sich in einem Punkt der Evolute, und da dieser Schnittpunkt zugleich Centrum eines Krümmungskreises ist, so repräsentirt die Evolute auch den Ort der Krümmungsmittelpunkte, welche den einzelnen Punkten der gegebenen Curve zugehören.

Wir wollen nun die Gleichung der Evolute ableiten, falls die gegebene Curve von der zweiten Classe ist und die Gleichung hat

$$(24)\qquad \varphi(u, u) \equiv \sum_1^3{}_i \sum_1^3{}_k \alpha_{ik} u_i u_k = 0.$$

Es sei $u_x = 0$ eine Tangente dieses Kegelschnitts, $v_x = 0$ die zugehörige Normale; beide schliessen einen rechten Winkel ein, und es ist daher nach (13) in § 2

$$\omega(u, v) \equiv \omega'(v_1)u_1 + \omega'(v_2)u_2 + \omega'(v_3)u_3 = 0.$$

Ferner besteht noch die Gleichung

$$\varphi'(u_1)v_1 + \varphi'(u_2)v_2 + \varphi'(u_3)v_3 = 0,$$

denn der Berührungspunkt der Tangente u liegt auch auf der Normale v; übrigens können wir im gegenwärtigen Falle auch u und v vertauschen und erhalten alsdann $\varphi'(v_1)u_1 + \varphi'(v_2)u_2 + \varphi'(v_3)u_3 = 0$. Aus dieser Gleichung und aus $\omega(u, v) = 0$ folgt

$$(25)\quad u_1 : u_2 : u_3 = [\varphi'(v_2)\omega'(v_3) - \varphi'(v_3)\omega'(v_2)] : [\varphi'(v_3)\omega'(v_1) - \varphi'(v_1)\omega'(v_3)] : [\varphi'(v_1)\omega'(v_2) - \varphi'(v_2)\omega'(v_1)],$$

so dass man nach Einführung dieser Werthe der u in (24) für die Evolute unsrer Curve zweiter Classe die Gleichung in Liniencoordinaten v erhält:

$$(26)\qquad \begin{vmatrix} \alpha_{11} & \alpha_{12} & \alpha_{13} & \frac{1}{2}\varphi'(v_1) & \frac{1}{2}\omega'(v_1) \\ \alpha_{21} & \alpha_{22} & \alpha_{23} & \frac{1}{2}\varphi'(v_2) & \frac{1}{2}\omega'(v_2) \\ \alpha_{31} & \alpha_{32} & \alpha_{33} & \frac{1}{2}\varphi'(v_3) & \frac{1}{2}\omega'(v_3) \\ \frac{1}{2}\varphi'(v_1) & \frac{1}{2}\varphi'(v_2) & \frac{1}{2}\varphi'(v_3) & 0 & 0 \\ \frac{1}{2}\omega'(v_1) & \frac{1}{2}\omega'(v_2) & \frac{1}{2}\omega'(v_3) & 0 & 0 \end{vmatrix} = 0.$$

Multiplicirt man die drei ersten Horizontalreihen dieser Determinante resp. mit v_1, v_2, v_3 und subtrahirt sie von der vierten Reihe und verfährt man in gleicher Weise mit den Verticalreihen, so sieht man sofort, dass die Determinante sich zerlegen lässt in:

$$(27)\quad \mathsf{A}\omega^2(v, v) - \varphi(v, v)\{\mathsf{A}_{11}\omega_1^2 + \cdots + 2\mathsf{A}_{23}\omega_2\omega_3 + \mathsf{A}_{33}\omega_3^2\} = 0,$$

wobei $\omega_i = \frac{1}{2}\omega'(v_i)$ und A_{ik} die Unterdeterminante von α_{ik} in

$$\mathsf{A} = \begin{vmatrix} \alpha_{11} & \alpha_{12} & \alpha_{13} \\ \alpha_{21} & \alpha_{22} & \alpha_{23} \\ \alpha_{31} & \alpha_{32} & \alpha_{33} \end{vmatrix} \text{ ist.}$$

Die Gleichung (27) enthält die variabelen Liniencoordinaten v im vierten Grade, demnach ist die Evolute eines Kegelschnitts im allgemeinen von der vierten Classe. Es stimmt dies auch damit überein, dass man nach (23) in § 20 von einem beliebigen Punkte der Ebene nach einem Kegelschnitt im allgemeinen vier Normalen ziehen kann; dieselben sind zufolge der Definition der Evolute Tangenten dieser Curve.

Es liegt nun die Frage nahe, welche geometrische Bedeutung der Factor von $\varphi(v, v)$ in dieser Gleichung der Evolute besitzt. Zunächst bemerkt man, dass ω_i $(i = 1, 2, 3)$ nach § 2 die Coordinaten eines unendlich fernen Punktes sind, und zwar des Normalencentrums der Geraden v; ausserdem liegt dieser Punkt, wenn

$$\chi \equiv \mathsf{A}_{11}\omega_1^2 + 2\mathsf{A}_{12}\omega_1\omega_2 + \mathsf{A}_{22}\omega_2^2 + 2\mathsf{A}_{13}\omega_1\omega_3 + 2\mathsf{A}_{23}\omega_2\omega_3 + \mathsf{A}_{33}\omega_3^2 = 0,$$

auf der Curve $\varphi(u, u) = 0$, denn die ω_i erfüllen im Falle $\chi = 0$ die Gleichung des gegebenen Kegelschnitts in Punktcoordinaten. Hieraus folgt, dass $\chi = 0$ die Bedingung ist, dass das Normalencentrum einer Geraden mit den Coordinaten v ein Asymptotenpunkt des Kegelschnitts sei, oder mit anderen Worten, dass die Gerade v durch das Normalencentrum einer der beiden Asymptoten gehe.

Es möge nun die Formel (27) auf den Fall angewandt werden, dass rechtwinklige homogene Coordinaten zu Grunde liegen; ferner sei der gegebene Kegelschnitt eine Ellipse oder Hyperbel, welche auf die Hauptaxen als Coordinatenaxen bezogen ist. Man hat alsdann nach § 10:

$$(28)\quad \begin{cases} \omega(U, U) \equiv U_1^2 + U_2^2 = 0 \\ \varphi(U, U) \equiv \dfrac{U_1^2}{\lambda'} + \dfrac{U_2^2}{\lambda''} + \dfrac{U_3^2}{\varkappa} = 0, \end{cases}$$

so dass an Stelle von (27) die Gleichung tritt

$$(29)\qquad \frac{(U_1^2+U_2^2)^2}{\lambda'\lambda''\varkappa}-\left(\frac{U_1^2}{\lambda'}+\frac{U_2^2}{\lambda''}+\frac{U_3^2}{\varkappa}\right)\left(\frac{U_1^2}{\lambda''\varkappa}+\frac{U_2^2}{\lambda'\varkappa}\right)=0.$$

Wenn dagegen vorgelegt ist die Parabel

$$(30)\qquad \varphi(u,u)\equiv \varrho U_1^2+2\lambda' U_2 U_3=0,$$

ergibt sich an Stelle von (27) der Ausdruck

$$-\varrho\lambda'^2(U_1^2+U_2^2)^2-(\varrho U_1^2+2\lambda' U_2 U_3)(-\lambda'^2 U_1^2)=0,$$

oder auch:

$$(31)\qquad U_2\{\varrho U_2^3+2\varrho U_1^2 U_2-2\lambda' U_1^2 U_3\}=0;$$

es scheidet sich demnach im Falle der Parabel der Factor $U_2=0$ aus, welcher nach § 10 den Berührungspunkt der Parabel mit der unendlich fernen Geraden repräsentirt; der übrig bleibende Ausdruck ist eine Curve dritter Classe.

Es möge endlich noch gezeigt werden, wie man die Gleichung in Punktcoordinaten für die Evolute einer gegebenen Curve zweiter Ordnung

$$(32)\qquad f(x,x)\equiv\sum_1^3{}_i\sum_1^3{}_k\, a_{ik}x_ix_k=0$$

findet.

Nach (23) in § 20 können von einem beliebigen Punkte y der Ebene im allgemeinen vier Normalen nach einem Kegelschnitt gezogen werden, und zwar werden deren Fusspunkte aus (32) ausgeschnitten durch die gleichseitige Hyperbel:

$$(33)\qquad g(x,x)\equiv\begin{vmatrix}\frac{1}{2}\omega'(f_1) & \frac{1}{2}\omega'(f_2) & \frac{1}{2}\omega'(f_3)\\ x_1 & x_2 & x_3\\ y_1 & y_2 & y_3\end{vmatrix}=0.$$

Aus der oben gegebenen Definition der Evolute folgt, dass der Punkt y der Evolute angehört, wenn von den vier Normalen zwei zusammenfallen, oder mit anderen Worten: wenn die gleichseitige Hyperbel (33) den gegebenen Kegelschnitt (32) berührt. Die Bedingung hierfür ist nach § 14, dass die kubische Gleichung

$$(34)\qquad \lambda^3 B-3\lambda^2\Theta+3\lambda \mathsf{H}-A=0\ ^{1)}$$

1) Ueber die Bildung der Ausdrücke Θ und H vgl. (11) in § 13; dabei ist $g(x,x)$ in (33) gesetzt gleich $\sum_1^3{}_i\sum_1^3{}_k\, b_{ik}x_ix_k$. A und B sind die Determinanten von (32), resp. (33).

zwei gleiche Wurzeln besitzt; in dieser Gleichung muss jedoch für den vorliegenden Fall H nach (19) in § 17 verschwinden, denn die Curve $g = 0$ geht durch ein Poldreieck von $f = 0$ hindurch, nämlich wie aus (23) in § 20 hervorgeht, durch dasjenige Dreieck, welches den Mittelpunkt und die unendlich fernen Punkte der Hauptaxen von $f = 0$ zu Ecken hat. Die Bedingung aber, dass die kubische Gleichung $\lambda^3 B - 3\lambda^2\Theta - A = 0$ zwei gleiche Wurzeln besitzt, ist bekanntlich

$$4\Theta^3 + AB^2 = 0. \tag{35}$$

Diese Gleichung ist in den Coefficienten von $g = 0$, also auch in den y_1, y_2, y_3, vom sechsten Grad, die Evolute eines Kegelschnitts ist daher im allgemeinen von der sechsten Ordnung.

Wir wollen nun wieder die Formel (35) auf den Fall anwenden, dass rechtwinklige homogene Coordinaten zu Grunde liegen; der gegebene Kegelschnitt sei zunächst eine auf die Hauptaxen als Coordinatenaxen bezogene Ellipse oder Hyperbel. Man hat alsdann nach § 10:

$$\left\{\begin{aligned} &\omega(U, U) = U_1^2 + U_2^2, \\ &f(X, X) = \lambda' X_1^2 + \lambda'' X_2^2 + \varkappa X_3^2, \end{aligned}\right. \tag{36}$$

daher nach (33):

$$\begin{aligned} g(x, x) \equiv &\begin{vmatrix} \lambda' X_1 & \lambda'' X_2 & 0 \\ X_1 & X_2 & X_3 \\ Y_1 & Y_2 & Y_3 \end{vmatrix} \\ &= Y_1 \lambda'' X_2 X_3 - Y_2 \lambda' X_3 X_1 + Y_3(\lambda' - \lambda'') X_1 X_2 = 0. \end{aligned} \tag{37}$$

Ferner findet man:

$$\begin{aligned} &A = \lambda'\lambda''\varkappa, \quad B = -\frac{Y_1 Y_2 Y_3 \lambda'\lambda''(\lambda' - \lambda'')}{4}, \\ &3\Theta = -\frac{1}{4}\{\lambda'\lambda''(\lambda'' Y_1^2 + \lambda' Y_2^2) + \varkappa(\lambda' - \lambda'')^2 Y_3^2\}, \end{aligned} \tag{38}$$

so dass an Stelle von (35) die Gleichung tritt:

$$\begin{aligned} &-\frac{1}{27}\{\lambda'\lambda''(\lambda'' Y_1^2 + \lambda' Y_2^2) + \varkappa(\lambda' - \lambda'')^2 Y_3^2\}^3 \\ &+ \lambda'\lambda''\varkappa \cdot Y_1^2 Y_2^2 Y_3^2 \cdot \lambda'^2\lambda''^2(\lambda' - \lambda'')^2 = 0 \end{aligned} \tag{39}$$

oder kürzer:

$$\left\{\lambda'' Y_1^2 + \lambda' Y_2^2 + \frac{\varkappa}{\lambda'\lambda''}(\lambda' - \lambda'')^2 Y_3^2\right\}^3 - 27\varkappa(\lambda' - \lambda'')^2 Y_1^2 Y_2^2 Y_3^2 = 0. \tag{39a}$$

Ist gegeben die Parabel:

$$f(x, x) \equiv \lambda' X_1^2 + 2\varrho X_2 X_3 = 0, \tag{40}$$

so findet man:

$$(41)\qquad g(x,x) \equiv \begin{vmatrix} \lambda' X_1 & \varrho X_3 & 0 \\ X_1 & X_2 & X_3 \\ Y_1 & Y_2 & Y_3 \end{vmatrix}$$

$$= Y_1 \varrho X_3^2 - (Y_2 \lambda' + Y_3 \varrho) X_3 X_1 + Y_3 \lambda' X_1 X_2 = 0;$$

ferner wird:

$$(42)\quad A = -\lambda' \varrho^2,\ B = -\frac{1}{4} \lambda'^2 \varrho Y_1 Y_3^2,\ 3\Theta = -\frac{1}{2} \lambda' \varrho (\lambda' Y_2 + \varrho Y_3) Y_3,$$

so dass an Stelle von (35) die Gleichung tritt:

$$(43)\qquad -\frac{4}{8 \cdot 27} \lambda'^3 \varrho^3 (\lambda' Y_2 + \varrho Y_3)^3 Y_3^3 - \frac{\lambda'^5 \varrho^4}{16} Y_1^2 Y_3^4 = 0$$

oder kürzer:

$$(43\text{a})\qquad 8(\lambda' Y_2 + \varrho Y_3)^3 + 27 \lambda'^2 \varrho Y_1^2 Y_3 = 0;$$

es scheidet sich demnach im Falle der Parabel der Factor $Y_3^3 = 0$ aus, welcher dreifach zählend die unendlich ferne Gerade repräsentirt; der übrig bleibende Ausdruck ist eine Curve dritter Ordnung.

---

§ 22—25.

Kegelschnittnetz und Kegelschnittgewebe.

§ 22.

Die Hessiane eines Kegelschnittnetzes.

Es seien gegeben drei Curven zweiter Ordnung:

$$(1)\qquad \varphi(x,x) = 0,\quad \psi(x,x) = 0,\quad \chi(x,x) = 0,$$

die nicht einem und demselben Büschel angehören mögen. Man hat alsdann folgenden Satz:

I.[1]) Jeder Punkt y, dessen Polaren in Bezug auf drei gegebene Curven zweiter Ordnung (1) sich in einem Punkte x schneiden, liegt zugleich mit diesem Punkte auf der Curve dritter Ordnung

$$(2)\quad \sum \pm (\varphi_1 \psi_2 \chi_3) = 0,\ \text{wobei}\ \varphi_i = \frac{1}{2} \frac{\partial \varphi}{\partial x_i},\ \psi_i = \frac{1}{2} \frac{\partial \psi}{\partial x_i},\ \chi_i = \frac{1}{2} \frac{\partial \chi}{\partial x_i},$$

$$(i = 1, 2, 3).$$

---

1) Die Sätze dieses und des folgenden Paragraphen werden durch fortlaufende römische Ziffern bezeichnet, um alsdann in § 24 die dualistisch entsprechenden Sätze mit denselben Ziffern versehen zu können.

Die Polaren eines Punktes y in Bezug auf die drei Kegelschnitte (1) haben nämlich die Gleichungen

$$(3)\qquad \varphi_1 y_1 + \varphi_2 y_2 + \varphi_3 y_3 = 0,\quad \psi_1 y_1 + \psi_2 y_2 + \psi_3 y_3 = 0,$$
$$\chi_1 y_1 + \chi_2 y_2 + \chi_3 y_3 = 0,$$

in denen auch, wie wir in § 4 sahen, die x_i mit den y_i vertauscht werden können. Die durch (3) repräsentirten Geraden schneiden sich aber in einem Punkte, sobald die Determinante der Coefficienten verschwindet, und diese Determinante ist eben mit (2) identisch, stellt also, da sie in den Variabeln vom dritten Grade ist, eine Curve dritter Ordnung dar. Man bezeichnet dieselbe nach dem Mathematiker Otto Hesse[1]) als die Hesse'sche Curve oder Hessiane der drei gegebenen Kegelschnitte (1).

Auch die Umkehrung von I ist giltig und lautet:

Ia. Jeder Punkt x der Curve dritter Ordnung (2) kann angesehen werden als ein Punkt, dessen Polaren in Bezug auf die drei gegebenen Kegelschnitte (1) sich in einem Punkte schneiden.

Es folgt dies daraus, dass man beim Bestehen von (2) stets drei Grössen y_1, y_2, y_3 finden kann, welche die Gleichungen (3) erfüllen.

Zwei auf die in I und Ia angegebene Art zusammengehörige Punkte x und y heissen conjugirte oder harmonische Pole jener Curve dritter Ordnung (3). Multiplicirt man die drei Gleichungen (3) resp. mit den Parametern $\varkappa$, λ, μ und addirt, so sieht man, dass die Punkte x und y harmonische Pole sind für jeden Kegelschnitt, dessen Gleichung von der Form ist

$$(4)\qquad \varkappa\varphi(x, x) + \lambda\psi(x, x) + \mu\chi(x, x) = 0.$$

Die Gesammtheit aller Kegelschnitte, die man erhält, wenn in (4) den Parametern alle möglichen Werthe ertheilt werden, heisst ein Kegelschnittnetz. Dasselbe fasst unendlich viele Kegelschnittbüschel in sich. Sind z. B.

$$\varkappa_1\varphi + \lambda_1\psi + \mu_1\chi = 0 \text{ und } \varkappa_2\varphi + \lambda_2\psi + \mu_2\chi = 0$$

irgend zwei bestimmte Curven des Netzes, so repräsentirt

$$(5)\qquad \varkappa_1\varphi + \lambda_1\psi + \mu_1\chi + \varrho(\varkappa_2\varphi + \lambda_2\psi + \mu_2\chi) = 0$$

bei veränderlichem Parameter ϱ ein Kegelschnittbüschel; ein zweites Büschel werde dargestellt durch

$$(6)\qquad \varkappa_3\varphi + \lambda_3\psi + \mu_3\chi + \sigma(\varkappa_4\varphi + \lambda_4\psi + \mu_4\chi) = 0,$$

1) Vgl. Hesse: „Ueber die Wendepunkte der Curven dritter Ordnung", Journal für die reine und angewandte Mathematik, Bd. 28, S. 105, 1844.

wobei σ einen veränderlichen Parameter bedeutet. Man kann nun ϱ und σ immer so bestimmen, dass die beiden Gleichungen (5) und (6) einen und denselben Kegelschnitt repräsentiren; es muss dann sein

$$(7)\quad \begin{cases} \varkappa_1 + \varrho\varkappa_2 = \tau(\varkappa_3 + \sigma\varkappa_4), \quad \lambda_1 + \varrho\lambda_2 = \tau(\lambda_3 + \sigma\lambda_4), \\ \mu_1 + \varrho\mu_2 = \tau(\mu_3 + \sigma\mu_4). \end{cases}$$

Aus diesen Gleichungen lassen sich die drei Unbekannten $\varrho, \tau, \sigma\tau$ stets berechnen, vorausgesetzt, dass die Determinante $\sum \pm (\varkappa_2 \lambda_3 \mu_4)$ von Null verschieden ist, also vorausgesetzt, dass der durch den Index 2 charakterisirte Kegelschnitt nicht dem Büschel angehört, das durch die Kegelschnitte mit den Indices 3 und 4 in (6) bestimmt ist. Man hat somit den wichtigen Satz:

II. Irgend zwei in dem Kegelschnittnetze enthaltenen Büschel haben stets einen Kegelschnitt gemeinsam.

Ein weiterer Satz lautet:

III. Die Spitzen aller in einem Kegelschnittnetze enthaltenen Geradenpaare liegen auf der Hessiane, und umgekehrt: Jeder Punkt der Hessiane ist der Schnittpunkt eines solchen Geradenpaares.

Man kann dies auch in folgender Form aussprechen:

IIIa. Die Hessiane ist der geometrische Ort der Scheitel aller Poldreiecke, die irgend welchen Kegelschnitten des Netzes gemeinsam sind.

Die Form III dieses Satzes ergibt sich daraus, dass die Coordinaten der Spitze irgend eines in dem Netze enthaltenen Geradenpaares die Gleichungen erfüllen:

$$(8)\quad \varkappa\varphi_1 + \lambda\psi_1 + \mu\chi_1 = 0, \varkappa\varphi_2 + \lambda\psi_2 + \mu\chi_2 = 0, \varkappa\varphi_3 + \lambda\psi_3 + \mu\chi_3 = 0,$$

aus denen durch Elimination von $\varkappa, \lambda, \mu$ wieder (2) folgt. Auf Grund des Satzes (17) in § 14, demzufolge die drei Spitzen der in einem Kegelschnittbüschel enthaltenen Geradenpaare ein Poldreieck für jede Curve des Büschels bilden, lässt sich der Satz III auch in der Form IIIa aussprechen.

Für die conjugirten Pole der Hessiane gilt der fundamentale Satz:

IV. Wenn zwei Punktepaare eines vollständigen Vierseits conjugirte Polepaare der Hessiane sind, so sind auch die Punkte des dritten Paares conjugirte Pole.

Der Beweis dieses Satzes fällt zusammen mit dem Beweis des Satzes von Hesse[1]):

---

1) Hesse: „De curvis et superficiebus secundi ordinis“, Journal für die reine und angewandte Mathematik, Bd. 20, S. 301, 1840. Vgl. auch die Abhandlung

Wenn zwei Punktepaare eines vollständigen Vierseits harmonische Pole eines Kegelschnitts sind, so sind auch die Punkte des dritten Paares harmonische Pole des Kegelschnitts („Polvierseit").

Dieser Satz ergibt sich folgendermassen: Der gegebene Kegelschnitt sei dargestellt durch

$$f(x, x) \equiv \sum_1^3{}^i \sum_1^3{}^k a_{ik} x_i x_k = 0,$$

die beiden Punktepaare seien

$$\alpha(u, u) \equiv \sum_1^3{}^i \sum_1^3{}^k \alpha_{ik} u_i u_k = 0$$

und

$$\beta(u, u) \equiv \sum_1^3{}^i \sum_1^3{}^k \beta_{ik} u_i u_k = 0,$$

wobei nun die Determinanten A und B dieser beiden Functionen verschwinden. Die Bedingungen, dass die Punktepaare α und β in Bezug auf $f = 0$ conjugirt seien, sind dann, wie dualistisch aus (22) in § 17 folgt, ausgedrückt durch

$$(9) \begin{cases} \Theta_\alpha \equiv \alpha_{11} a_{11} + 2\alpha_{12} a_{12} + \alpha_{22} a_{22} + 2\alpha_{13} a_{13} + 2\alpha_{23} a_{23} + \alpha_{33} a_{33} = 0 \text{ und} \\ \Theta_\beta \equiv \beta_{11} a_{11} + 2\beta_{12} a_{12} + \beta_{22} a_{22} + 2\beta_{13} a_{13} + 2\beta_{23} a_{23} + \beta_{33} a_{33} = 0. \end{cases}$$

Da die Gleichung des dritten Punktepaares von der Form ist[1])

$$\alpha(u, u) + \varrho\beta(u, u) = 0,$$

hat man als Bedingung dafür, dass auch dieses Punktepaar zu $f(x, x) = 0$ conjugirt ist, die Relation $\Theta_\alpha + \varrho\Theta_\beta = 0$, und diese wird in der That erfüllt, da Θ_α und Θ_β einzeln verschwinden. Hiermit ist der obige Hesse'sche Satz bewiesen, daher auch Satz IV, wenn man als Kegelschnitt $f(x, x) = 0$ irgend eine Curve des Netzes (4) wählt.

Man kann den Satz IV noch in der oft zweckmässigeren Form aussprechen:

IVa. Verbindet man irgend einen Punkt z der Hessiane mit zwei conjugirten Polen x und ξ, so schneiden die Verbindungslinien zx und $z\xi$ die Hessiane noch in je einem weiteren conjugirten Pole y, resp. η, und die Geraden $y\xi$ und $x\eta$ treffen sich in dem zu z conjugirten Pole ζ der Hessiane.

„Ueber Curven dritter Ordnung und die Kegelschnitte, welche diese Curven in drei verschiedenen Punkten berühren", in demselben Journal, Bd. 36, S. 146 f., 1847.

1) Folgt dualistisch aus den Betrachtungen S. 137.

Denn dass der dritte Schnittpunkt η der Geraden $z\xi$ mit der Curve der conjugirte Pol zu y ist, ergibt sich folgendermassen: Bezeichnen wir die zu z, x, y conjugirten Pole resp. durch ζ', ξ, η', so müssen dieselben ein Dreieck bilden, bei dem z. B. die Seite $\xi\eta'$ durch z hindurchgeht, d. h. aber η' muss auf der Geraden $z\xi$ liegen, und da η' auch der Curve angehört, muss dieser Punkt mit dem dritten Schnittpunkte η der Geraden $z\xi$ und der Curve zusammenfallen. Ebenso ergibt sich, dass ζ' mit ζ identisch ist.

Aus IVa folgt ein weiteres interessantes Theorem:

V. Die Tangenten in zwei conjugirten Polen p und π der Hessiane schneiden sich in einem Punkte dieser Curve, und zwar ist derselbe conjugirt zu dem dritten Schnittpunkte der Geraden $p\pi$ mit der Curve.

Nennen wir nämlich q den dritten Schnittpunkt der Geraden $p\pi$ mit der Hessiane und $\varkappa$ den zu q conjugirten Pol, so sind nach IVa die dritten Schnittpunkte, welche die beiden von π nach den zugeordneten Polen q und $\varkappa$ gezogenen Strahlen mit der Curve gemein haben, conjugirt. Einer dieser dritten Schnittpunkte ist p, und da dessen zugeordneter Pol π ist, so fällt der dritte Schnittpunkt der Geraden $\pi\varkappa$ und der Hessiane mit π zusammen, d. h. $\varkappa$ liegt auf der in π gezogenen Tangente; aus analogem Grunde liegt $\varkappa$ auch auf der in p gezogenen Tangente, womit alsdann gezeigt ist, dass sich diese beiden Tangenten in dem zu q conjugirten Curvenpunkte $\varkappa$ schneiden.

§ 23.

Die Cayley'sche Curve eines Kegelschnittnetzes.

Diese Curve ist definirt durch folgenden Satz:

VI. Die Geradenpaare, die sich in einem Kegelschnittnetze befinden, umhüllen eine Curve dritter Classe, die sogenannte Cayley'sche Curve des Netzes[1]).

Zum Beweis dieses Satzes seien

---

1) Man nennt diese Curve auch vielfach die Hermite'sche Curve des Netzes mit Rücksicht auf die von Herrn Hermite im 57. Bande von Crelle's Journal, S. 371—375, 1860, gegebene Darstellung. In dem speciellen Falle, dass die Ausdrücke $\varphi(x, x)$, $\psi(x, x)$, $\chi(x, x)$ in (1) die partiellen Differentialquotienten einer ternären kubischen Form bedeuten, geht die Hermite'sche Curve in die sogenannte Cayley'sche Curve der Curve dritter Ordnung über. Mit Rücksicht hierauf haben wir die Bezeichnung Cayley'sche Curve gewählt.

$$
(1) \quad \begin{cases}
\varphi(x, x) \equiv \sum_1^3{}_i \sum_1^3{}_k a_{ik} x_i x_k = 0, \\
\psi(x, x) \equiv \sum_1^3{}_i \sum_1^3{}_k b_{ik} x_i x_k = 0, \\
\chi(x, x) \equiv \sum_1^3{}_i \sum_1^3{}_k c_{ik} x_i x_k = 0
\end{cases}
$$

drei Curven des Netzes, die nicht einem und demselben Büschel angehören; eine Curve dieses Netzes

$$
(2) \qquad \varkappa\varphi(x, x) + \lambda\psi(x, x) + \mu\chi(x, x) = 0
$$

zerfällt alsdann in ein Linienpaar

$$
(u_1 x_1 + u_2 x_2 + u_3 x_3)(v_1 x_1 + v_2 x_2 + v_3 x_3) = 0,
$$

wenn die Bedingungen erfüllt werden:

$$
(3) \quad \begin{cases}
\varkappa a_{11} + \lambda b_{11} + \mu c_{11} = u_1 v_1, \\
\varkappa a_{22} + \lambda b_{22} + \mu c_{22} = u_2 v_2, \\
\varkappa a_{33} + \lambda b_{33} + \mu c_{33} = u_3 v_3, \\
2(\varkappa a_{23} + \lambda b_{23} + \mu c_{23}) = u_2 v_3 + u_3 v_2, \\
2(\varkappa a_{31} + \lambda b_{31} + \mu c_{31}) = u_3 v_1 + u_1 v_3, \\
2(\varkappa a_{12} + \lambda b_{12} + \mu c_{12}) = u_1 v_2 + u_2 v_1.
\end{cases}
$$

Durch Elimination von $\varkappa, \lambda, \mu, v_1, v_2, v_3$ erhält man hieraus die Gleichung der Cayley'schen Curve in der Gestalt

$$
(4) \quad \begin{vmatrix}
a_{11} & b_{11} & c_{11} & u_1 & 0 & 0 \\
a_{22} & b_{22} & c_{22} & 0 & u_2 & 0 \\
a_{33} & b_{33} & c_{33} & 0 & 0 & u_3 \\
2a_{23} & 2b_{23} & 2c_{23} & 0 & u_3 & u_2 \\
2a_{31} & 2b_{31} & 2c_{31} & u_3 & 0 & u_1 \\
2a_{12} & 2b_{12} & 2c_{12} & u_2 & u_1 & 0
\end{vmatrix} = 0,
$$

und diese Determinante repräsentirt in der That eine Curve dritter Classe.

Umgekehrt gilt auch der Satz:

VII. Jede Tangente der Cayley'schen Curve gehört einem Geradenpaare des zugehörigen Kegelschnittnetzes an.

Dies folgt daraus, dass sich auf Grund der Gleichung (4) stets sechs Grössen $\varkappa, \lambda, \mu, v_1, v_2, v_3$ bestimmen lassen, welche die Relationen (3) erfüllen. Hierbei können die v_i nicht sämmtlich verschwinden, da sonst $\varkappa a_{ik} + \lambda b_{ik} + \mu c_{ik} = 0$ wäre, die Kegelschnitte

φ, ψ, χ also einem und demselben Büschel angehören würden, was gegen die Voraussetzung ist.

Ein weiterer Satz lautet:

VIII. Jede Gerade, welche zwei conjugirte Pole x und y der Hessiane verbindet, ist Tangente der Cayley'schen Curve.

Zunächst müssen nämlich, da x und y conjugirte Pole sind, die Gleichungen bestehen

$$(5) \qquad \varphi(x, y) = 0, \quad \psi(x, y) = 0, \quad \chi(x, y) = 0,$$

wobei

$$\varphi(x, y) \equiv (a_{11}x_1 + a_{12}x_2 + a_{13}x_3)y_1 + (a_{21}x_1 + a_{22}x_2 + a_{23}x_3)y_2 + (a_{31}x_1 + a_{32}x_2 + a_{33}x_3)y_3,$$

während $\psi(x, y)$ und $\chi(x, y)$ analog gebildet sind. Die Coordinaten u_1, u_2, u_3 der Verbindungslinie der beiden Pole genügen nun der Gleichung

$$(6) \quad f(u_1, u_2, u_3) \equiv (u_1x_1 + u_2x_2 + u_3x_3)(u_1y_1 + u_2y_2 + u_3y_3) = 0;$$

suchen wir die Enveloppe dieser Verbindungslinie, so müssen noch erfüllt werden die drei Gleichungen

$$(7) \qquad \frac{\partial f}{\partial u_i} \equiv u_x y_i + u_y x_i = 0 \quad (i = 1, 2, 3),$$

und die Gleichung der Enveloppe ergibt sich schliesslich durch Elimination der sechs Grössen x_1y_1, x_2y_2, x_3y_3, $x_1y_2 + x_2y_1$, $x_2y_3 + x_3y_2$, $x_3y_1 + x_1y_3$ aus den sechs Gleichungen (5) und (7) in Form einer Determinante, die sich von (4) nur dadurch unterscheidet, dass die Horizontal- und Verticalreihen vertauscht sind und jede der drei ersten Verticalreihen mit dem Factor $\frac{1}{2}$ multiplicirt erscheint.

Das Theorem VIII lässt sich auch in folgender Form aussprechen:

VIIIa. Jede Gerade, welche die Kegelschnitte des Netzes in Punktepaaren einer Involution schneidet, berührt die Cayley'sche Curve. Die Doppelpunkte der Involution auf dieser Geraden sind die conjugirten Pole der Hessiane.

Es geht dies daraus hervor, dass die Verbindungslinie zweier conjugirten Pole von allen Kegelschnitten des Netzes harmonisch getheilt wird und dass auf solche Weise eine Involution entsteht, welche diese conjugirten Pole zu Doppelpunkten hat.

Umgekehrt gilt auch folgender Satz:

VIIIb. Jede Tangente der Cayley'schen Curve trifft die Kegelschnitte des Netzes in Punktepaaren einer Involution.

Sind nämlich u_1, u_2, u_3 die Coordinaten einer Tangente der Cayley'schen Curve, so besteht nach VII eine Identität von der Form

$$(8)\qquad (u_1x_1+u_2x_2+u_3x_3)(v_1x_1+v_2x_2+v_3x_3) \equiv \varkappa\varphi(x,x)+\lambda\psi(x,x)+\mu\chi(x,x),$$

und wenn ξ_i und η_i $(i=1,2,3)$ die Coordinaten zweier ganz willkürlichen Punkte bezeichnen, hat man auch

$$(9)\qquad u_\xi v_\eta + u_\eta v_\xi = 2\{\varkappa\varphi(\xi,\eta)+\lambda\psi(\xi,\eta)+\mu\chi(\xi,\eta)\}.$$

Da $\varkappa$, λ, μ nicht gleichzeitig verschwinden können, sei etwa μ von Null verschieden. Sind dann insbesondere ξ und η die Punkte jener Tangente, welche harmonisch liegen sowohl zu den Schnittpunkten der Tangente mit $\varphi=0$, als auch zu denen mit $\psi=0$, so hat man die Gleichungen:

$$(10)\qquad u_\xi=0,\quad u_\eta=0,\quad \varphi(\xi,\eta)=0,\quad \psi(\xi,\eta)=0;$$

aus (9) ergibt sich daher $\chi(\xi,\eta)=0$, d. h. das Punktepaar ξ,η liegt auch harmonisch zu den Schnittpunkten jener Tangente mit $\chi=0$, man hat folglich auf der Tangente eine Involution, deren Doppelpunkte durch ξ und η gebildet werden.

Der obige Satz VIIIa, dass die Cayley'sche Curve von allen Geraden umhüllt wird, welche die Kegelschnitte des Netzes in Punktepaaren einer Involution schneiden, gestattet die Gleichung dieser Curve in einer Gestalt abzuleiten, die für viele Fälle zweckmässiger ist als die Berechnung der Determinante (4). Einer Geraden $u_x=0$ entspricht nämlich nach (6) in § 20 als Ort ihrer Pole in Bezug auf die Kegelschnitte $\varkappa\varphi+\lambda\psi=0$ des Netzes $\varkappa\varphi+\lambda\psi+\mu\chi=0$ ein Kegelschnitt

$$(11)\qquad N_{\varphi,\psi}\equiv\frac{1}{4}\sum\pm(\varphi'(x_1)\,\psi'(x_2)\,u_3)=0$$

und dieser trifft, wie gleichfalls in § 20 gezeigt wurde, die Gerade $u_x=0$ in den Doppelpunkten p,q der Involution, welche auf $u_x=0$ von den Kegelschnitten des Büschels ausgeschnitten wird. Bildet man nun nach (15) in § 15 die Bedingung, dass die Gerade $u_x=0$ die Kegelschnitte $N_{\varphi,\psi}$ und $\chi=0$ in zwei harmonischen Punktepaaren trifft, so hat man hiermit die Gleichung der Cayley'schen Curve in Liniencoordinaten, denn das auf der Geraden gelegene Punktepaar p,q liegt alsdann harmonisch zu den Schnittpunktepaaren der Geraden und der Kegelschnitte $\varphi=0$, $\psi=0$, $\chi=0$, d. h. die Gerade trifft die Kegelschnitte des Netzes in Punktepaaren einer Involution, ist somit Tangente der Cayley'schen Curve.

§ 24.

Das Kegelschnittgewebe.

Es seien gegeben drei Curven zweiter Classe:

(1) $$\Phi(u,u)=0,\quad \Psi(u,u)=0,\quad X(u,u)=0,$$

die nicht einer und derselben Schaar angehören mögen. Es lassen sich alsdann Sätze aufstellen, die zu den in § 22 und § 23 bewiesenen dualistisch sind.

Zunächst werde bemerkt, dass eine Gleichung von der Form

(2) $$\varkappa\Phi(u,u)+\lambda\Psi(u,u)+\mu X(u,u)=0$$

entsprechend den zweifach unendlich vielen Werthen der Verhältnisse der Parameter $\varkappa$, λ, μ zweifach unendlich viele Curven zweiter Classe darstellt, deren Gesammtheit man als das durch $\Phi=0$, $\Psi=0$, $X=0$ bestimmte Kegelschnittgewebe bezeichnet.

Dem Satze I in § 22 entspricht dualistisch[1]):

I. Jede Gerade v, deren Pole in Bezug auf drei gegebene Curven zweiter Classe (1) auf derselben Geraden u liegen, berührt zugleich mit dieser Geraden die Curve dritter Classe

(3) $$\sum \pm \left(\frac{\partial\Phi}{\partial u_1}\frac{\partial\Psi}{\partial u_2}\frac{\partial X}{\partial u_3}\right)=0,$$

die sogenannte Hesse'sche Curve oder Hessiane des Kegelschnittgewebes (2).

Zwei auf die soeben angegebene Art zusammengehörige Geraden heissen conjugirte Tangenten oder harmonische Polaren der Hessiane (3).

Ia. Umgekehrt kann auch jede Tangente der Curve dritter Classe (3) angesehen werden als eine Gerade, deren Pole in Bezug auf die drei gegebenen Kegelschnitte (1) in einer Geraden liegen.

II. Irgend zwei in dem Kegelschnittgewebe (2) enthaltenen Schaaren haben stets einen Kegelschnitt gemeinsam.

III. Die Träger aller in einem Kegelschnittgewebe enthaltenen Punktepaare berühren die Hessiane, und umgekehrt: Jede Tangente der Hessiane ist der Träger eines solchen Punktepaares.

---

1) Die Beweise der den Sätzen I—VIIIb in § 22 und § 23 dualistisch zugehörigen und durch dieselben Ziffern bezeichneten Sätze wurden in allen Fällen unterlassen, in denen sie den früher gegebenen Beweisen der entsprechenden Sätze mutatis mutandis gleich und besonders einfach waren.

IIIa. Die Hessiane ist die Einhüllende der Seiten aller Poldreiecke, die irgend welchen Kegelschnitten des Gewebes gemeinsam sind.

IV. Wenn zwei Seitenpaare eines vollständigen Vierecks conjugirte Tangenten der Hessiane sind, so sind auch die Geraden des dritten Paares conjugirte Tangenten der gleichen Curve.

IVa. Eine Tangente u der Hessiane des Gewebes (2) schneidet zwei conjugirte Tangenten s und σ derselben Curve in zwei Punkten (u, s)[1]) und (u, σ), von welchen sich noch zwei weitere conjugirte Tangenten t und τ der Hessiane legen lassen; die Verbindungslinie der Punkte (t, σ) und (τ, s) ist überdies die zu u conjugirte Tangente v.

Dass nämlich die dritte Tangente τ, die man von (u, σ) an die Curve legen kann, in der That die zu t conjugirte Tangente ist, ergibt sich folgendermassen: Bezeichnen wir die zu u, s, t conjugirten Tangenten resp. durch v', σ, τ', so müssen dieselben ein Dreiseit bilden, bei dem z. B. die Ecke $(\sigma\tau')$ auf u liegt, d. h. aber τ' geht durch (u, σ) hindurch, und da τ' Tangente der Curve ist, muss dieselbe mit der dritten von (u, σ) an die Curve gelegten Tangente τ zusammenfallen. Ebenso ergibt sich, dass auch v' mit v identisch ist.

Aus IVa folgt weiter:

V. Die Gerade, welche die Berührungspunkte zweier conjugirten Tangenten p und π der Hessiane verbindet, ist selbst Tangente an diese Curve, und zwar conjugirt zu der dritten Tangente, welche vom Punkte (p, π) an die Hessiane gelegt werden kann.

Nennen wir nämlich q die dritte Tangente, welche sich vom Punkte (p, π) an die Hessiane legen lässt und $\varkappa$ die zu q conjugirte Tangente, so sind nach IVa auch die dritten Tangenten, welche sich von den Punkten (π, q) und $(\pi, \varkappa)$ an die Curve legen lassen, conjugirt. Eine derselben ist p, und da ihre zugehörige π ist, so fällt die dritte Tangente, die man von $(\pi, \varkappa)$ an die Curve legen kann, mit π zusammen, d. h. aber $(\pi, \varkappa)$ ist der Berührungspunkt der Tangente π, und aus analogem Grunde ist $(p, \varkappa)$ der Berührungspunkt der Tangente p, so dass also in der That die Verbindungslinie $\varkappa$ dieser beiden Punkte die zu jener dritten Tangente q conjugirte ist.

Der Cayley'schen Curve eines Kegelschnittnetzes entspricht eine analoge Curve des Gewebes auf Grund des folgenden Satzes:

---

1) (p, q) bezeichnet allgemein den Schnittpunkt der Geraden p und q.

VI. Die Punktepaare, die sich in einem Kegelschnittgewebe befinden, liegen auf einer Curve dritter Ordnung, der sogenannten Cayley'schen Curve des Gewebes.

Umgekehrt:

VII. Jeder Punkt dieser Cayley'schen Curve gehört einem Punktepaare des zugehörigen Kegelschnittgewebes an.

VIII. Der Schnittpunkt zweier conjugirten Tangenten der Hessiane ist ein Punkt der Cayley'schen Curve.

VIIIa. Alle Punkte, von welchen an die Kegelschnitte des Gewebes Tangentenpaare einer Involution gelegt werden können, liegen auf der Cayley'schen Curve. Die Doppelstrahlen dieser Involution sind die conjugirten Polaren der Hessiane des Gewebes.

Umgekehrt:

VIIIb. Von jedem Punkte der Cayley'schen Curve lassen sich an die Kegelschnitte des Gewebes Tangentenpaare einer Involution legen.

§ 25.

Ueber einen merkwürdigen Dualismus, der zwischen der Hesse'schen und Cayley'schen Curve besteht.

Wir sind nunmehr in der Lage, ein wichtiges Uebertragungsprincip aufzustellen, welches gestattet, jedem Satz für die Hessiane[1]) sofort einen entsprechenden für die Cayley'sche Curve an die Seite zu stellen. Es ist zu diesem Zweck eine Curve dritter Classe einzuführen:

$$(1)\quad P \equiv p_{111}u_1^3 + 3p_{112}u_1^2u_2 + 3p_{122}u_1u_2^2 + \cdots + 6p_{123}u_1u_2u_3 = 0,$$

wobei die Coefficienten $p_{\varkappa\lambda\mu}$ den im allgemeinen stets erfüllbaren neun Gleichungen zu genügen haben:

$$(2)\quad \begin{cases} \sum_1^3{}^{\varkappa}\sum_1^3{}^{\lambda} p_{1\varkappa\lambda}a_{\varkappa\lambda}=0, & \sum_1^3{}^{\varkappa}\sum_1^3{}^{\lambda} p_{1\varkappa\lambda}b_{\varkappa\lambda}=0, & \sum_1^3{}^{\varkappa}\sum_1^3{}^{\lambda} p_{1\varkappa\lambda}c_{\varkappa\lambda}=0, \\ \sum_1^3{}^{\varkappa}\sum_1^3{}^{\lambda} p_{2\varkappa\lambda}a_{\varkappa\lambda}=0, & \sum_1^3{}^{\varkappa}\sum_1^3{}^{\lambda} p_{2\varkappa\lambda}b_{\varkappa\lambda}=0, & \sum_1^3{}^{\varkappa}\sum_1^3{}^{\lambda} p_{2\varkappa\lambda}c_{\varkappa\lambda}=0, \\ \sum_1^3{}^{\varkappa}\sum_1^3{}^{\lambda} p_{3\varkappa\lambda}a_{\varkappa\lambda}=0, & \sum_1^3{}^{\varkappa}\sum_1^3{}^{\lambda} p_{3\varkappa\lambda}b_{\varkappa\lambda}=0, & \sum_1^3{}^{\varkappa}\sum_1^3{}^{\lambda} p_{3\varkappa\lambda}c_{\varkappa\lambda}=0, \end{cases}$$

---

1) Wir werden in diesem Paragraphen unter der Hessiane, wenn nicht das Gegentheil bemerkt ist, stets die Hessiane des in § 22 und § 23 betrachteten Kegelschnittnetzes verstehen.

in welchen $a_{\varkappa\lambda}$, $b_{\varkappa\lambda}$, $c_{\varkappa\lambda}$ die Coefficienten der Gleichungen dreier Curven zweiter Ordnung

(3) $$\varphi(x, x) = 0, \quad \psi(x, x) = 0, \quad \chi(x, x) = 0$$

darstellen, die nicht einem und demselben Büschel angehören.

Als erste Polare einer Geraden v in Bezug auf die Curve dritter Classe $P = 0$ bezeichnet man nun eine Curve, deren Gleichung lautet[1])

(4) $$v_1 \frac{\partial P}{\partial u_1} + v_2 \frac{\partial P}{\partial u_2} + v_3 \frac{\partial P}{\partial u_3} = 0.$$

Diese Gleichung ordnet jeder Geraden v der Ebene eine Curve zweiter Classe zu; den zweifach unendlich vielen Geraden der Ebene entsprechend repräsentirt daher (4) ein Kegelschnittgewebe. Für dasselbe gilt der wichtige Satz:

IX. Die Punktepaare des Gewebes (4) sind harmonische Pole der Hessiane des Netzes

(5) $$\varkappa\varphi(x, x) + \lambda\psi(x, x) + \mu\chi(x, x) = 0.$$

Soll nämlich eine Curve zweiter Classe (4) ein Punktepaar x, y darstellen, so müssen die Relationen bestehen

(6) $$2(v_1 p_{1\varkappa\lambda} + v_2 p_{2\varkappa\lambda} + v_3 p_{3\varkappa\lambda}) = x_\varkappa y_\lambda + x_\lambda y_\varkappa \quad (\varkappa, \lambda = 1, 2, 3).$$

Multiplicirt man nun (6) mit $a_{\varkappa\lambda}$ und summirt man sowohl über $\varkappa$ als über λ von 1 bis 3, so folgt mit Rücksicht auf das System (2):

(7) $$0 = \sum_1^3{}^{\varkappa} \sum_1^3{}^{\lambda} a_{\varkappa\lambda} x_\varkappa y_\lambda,$$

und ebenso würde man analog erhalten

(7a) $$0 = \sum_1^3{}^{\varkappa} \sum_1^3{}^{\lambda} b_{\varkappa\lambda} x_\varkappa y_\lambda \quad \text{und} \quad 0 = \sum_1^3{}^{\varkappa} \sum_1^3{}^{\lambda} c_{\varkappa\lambda} x_\varkappa y_\lambda,$$

womit gezeigt ist, dass die Punkte x und y harmonische Pole der Hessiane des Netzes (5) sind.

Dem soeben bewiesenen Theoreme steht reciprok das folgende gegenüber:

X. Die Geradenpaare des Netzes (5) sind harmonische Polaren der Hessiane des Gewebes (4).

Die Coordinaten u_i und v_i eines jeden im Netze (5) enthaltenen Geradenpaares genügen nämlich dem System von Gleichungen

(8) $$2(\varkappa a_{\varrho\sigma} + \lambda b_{\varrho\sigma} + \mu c_{\varrho\sigma}) = u_\varrho v_\sigma + u_\sigma v_\varrho \quad (\varrho, \sigma = 1, 2, 3).$$

---

1) Man vergleiche hierzu die auf die dualistisch entsprechenden Gebilde bei Curven n^{ter} Ordnung sich beziehende Fussnote zu S. 22.

Multiplicirt man (8) mit $p_{\tau\varrho\sigma}$ und summirt man über ϱ und σ von 1 bis 3, so ergeben sich wegen (2) die drei Gleichungen

$$(9)\qquad \sum_1^3{}^{\varrho}\sum_1^3{}^{\sigma} p_{\varrho\sigma\tau}u_\varrho v_\sigma = 0 \quad (\tau = 1, 2, 3),$$

aus denen hervorgeht, dass die Geraden u und v harmonische Polaren der Hessiane des Gewebes (4) sind.

Da nun ferner nach III in § 22 jeder Punkt der Hessiane eines Netzes zugleich der Schnittpunkt zweier dem Curvennetze angehörigen Geraden ist und diese zugleich nach dem soeben bewiesenen Satze harmonische Polaren der Hessiane des Gewebes (4) sind, liegt jeder Punkt der Hessiane des Netzes (5) nach VIII in § 24 auch auf der Cayley'schen Curve des Gewebes (3).

Und da dualistisch nach III in § 24 jede Tangente der Hessiane eines Gewebes (4) zugleich Träger eines dem Gewebe angehörigen Punktepaares ist und die Punkte eines solchen Paares nach IX harmonische Pole der Hessiane des Netzes (5) sind, so ist jede Tangente der Hessiane des Gewebes (4) nach VIII in § 23 zugleich auch Tangente der Cayley'schen Curve des Netzes (5).

Es lässt sich somit die Hessiane des Netzes (5) auffassen als die Cayley'sche Curve des Gewebes (4), und umgekehrt die Cayley'sche Curve des Netzes (5) als die Hessiane des Gewebes (4)[1]).

Die Eigenschaften dieser beiden Curven lassen sich daher unmittelbar auf einander übertragen.

Die Theoreme II, IV, IVa, V, VIIIa und VIIIb in § 24 liefern z. B. für die Hesse'sche und Cayley'sche Curve des Gewebes erster Polaren

$$(10)\qquad v_1\frac{\partial P}{\partial u_1} + v_2\frac{\partial P}{\partial u_2} + v_3\frac{\partial P}{\partial u_3} = 0,$$

d. h. für die Cayley'sche und Hesse'sche Curve des Netzes

$$(11)\qquad \varkappa\varphi(x, x) + \lambda\psi(x, x) + \mu\chi(x, x) = 0$$

sofort die folgenden Sätze XI, XII, XIIa, XIII, XIV:

XI. Die acht Seiten zweier vollständigen Vierseite, deren Paare von Gegenecken conjugirte Pole der Hessiane des Netzes (11) sind, berühren einen Kegelschnitt.

---

1) Der hier gegebene Beweis ist im Grunde auf den Fall beschränkt, dass die drei Kegelschnitte (3) keinen Punkt gemeinsam haben; diese Beschränkung wird in § 26 durch den Beweis der beiden Theoreme (38) und (39) vollständig aufgehoben werden.

Denn die Hessiane dieses Netzes lässt sich auch auffassen als Cayley'sche Curve eines Gewebes; nach VII in § 24 gehört aber jeder Punkt dieser Curve einem Punktepaare des Gewebes an, so dass jedes der beiden Vierseite durch seine Seiten eine in dem betreffenden Gewebe enthaltene Kegelschnittschaar bestimmt. Nach II in § 24 haben aber die zwei so entstehenden Kegelschnittschaaren eine Curve zweiter Classe gemeinsam, d. h. jene acht Seiten berühren einen Kegelschnitt.

XII. Wenn zwei Seitenpaare eines vollständigen Vierecks conjugirte Tangenten der Cayley'schen Curve eines Kegelschnittnetzes sind, so bilden auch die Geraden des dritten Paares conjugirte Tangenten der gleichen Curve.

XIIa. Eine Tangente u der Cayley'schen Curve eines Netzes schneidet zwei conjugirte Tangenten s und σ derselben Curve in zwei Punkten, von welchen sich noch zwei weitere conjugirte Tangenten t und τ der Curve legen lassen. Die Verbindungslinie der Punkte (t, σ) und (s, τ) ist überdies die zu u conjugirte Tangente v.

XIII. Die Gerade, welche die Berührungspunkte zweier conjugirten Tangenten u und v der Cayley'schen Curve verbindet, ist selbst Tangente an diese Curve, und zwar conjugirt zu der dritten Tangente, welche vom Punkte (u, v) an die Cayley'sche Curve gelegt werden kann.

XIV. Die Geraden, welche irgend einen Punkt p der Hessiane des Netzes (5) mit zwei conjugirten Polen verbinden, bilden eine Involution. Die Doppelstrahlen dieser Involution bestehen aus dem durch den Punkt gehenden Paare conjugirter Tangenten der Cayley'schen Curve.

Wendet man diesen Satz XIV nach dem bekannten Principe der Dualität an auf die Hessiane des Gewebes (10), d. h. auf die Cayley'sche Curve des Netzes (11), so folgt:

XV. Die Punkte, in denen irgend eine Tangente der Cayley'schen Curve des Netzes (11) von zwei conjugirten Tangenten dieser Curve getroffen wird, bilden eine Involution. Die Doppelstrahlen derselben bestehen aus dem auf der Tangente liegenden Paare conjugirter Pole der Hessiane.

Lässt man die Spitze des in Satz XIV erwähnten Strahlensystems in einen von zwei conjugirten Polen p und π der Hessiane rücken, so ergibt sich:

XVI. Die Tangente eines Punktes p der Hessiane und die Verbindungslinie dieses Punktes mit seinem conjugirten Pole π liegen harmonisch zu den beiden conjugirten Tangenten der Cayley'schen Curve, welche ausser $p\pi$ noch an die Cayley'sche Curve gezogen werden können.

Lässt man analog den Träger des Punktsystems in XV mit einer von zwei conjugirten Tangenten der Cayley'schen Curve zusammenfallen, so folgt der Satz:

XVII. Jede Tangente der Cayley'schen Curve des Netzes (11) trifft die Hessiane in einem Paar conjugirter Pole, das harmonisch liegt zum dritten Schnittpunkt mit der Hessiane und zum Berührungspunkt mit der Cayley'schen Curve.

§ 26.

Ueber conjugirte, lineare Kegelschnittsysteme[1]).

Der Satz, dass ein Kegelschnitt durch fünf Tangenten im allgemeinen vollständig und eindeutig bestimmt ist, bildet nur einen speciellen Fall des folgenden Satzes:

(1) Es gibt nur eine einzige Curve zweiter Classe, die conjugirt liegt[2]) zu den fünf gegebenen Curven zweiter Ordnung $f_i(x, x) = 0$ $(i = 1, 2, 3, 4, 5)$, vorausgesetzt, dass nicht zwischen den fünf Ausdrücken $f_i(x, x)$ eine lineare Identität stattfindet.

Es ist also vorausgesetzt, dass keine Relation stattfindet von der Form

(2) $$\lambda_1 f_1(x, x) + \lambda_2 f_2(x, x) + \lambda_3 f_3(x, x) + \lambda_4 f_4(x, x) + \lambda_5 f_5(x, x) \equiv 0,$$

oder dass nicht gleichzeitig die sechs Gleichungen erfüllt werden:

(3) $$\lambda_1 a_{ik} + \lambda_2 b_{ik} + \lambda_3 c_{ik} + \lambda_4 d_{ik} + \lambda_5 e_{ik} = 0 \quad (i, k = 1, 2, 3),$$

in welchen $a_{ik}, b_{ik}, \ldots$ die Coefficienten in den Gleichungen der fünf gegebenen Curven zweiter Ordnung bedeuten.

Soll nun die Curve zweiter Classe

(4) $$\varphi(u, u) \equiv \sum_1^3{}_i \sum_1^3{}_k \alpha_{ik} u_i u_k = 0$$

---

1) Die Grundlage zu den hier behandelten Aufgaben findet sich der Hauptsache nach schon bei Hesse in der Abhandlung: „De curvis et superficiebus secundi ordinis", Journal für die reine und angewandte Mathematik, Bd. 20, S. 293, § 8, 1840. Ueber die Deutung der simultanen Invariante $\Theta = 0$ vergleiche man auch Hesse's Abhandlung: „Ueber die geometrische Bedeutung der linearen Bedingungsgleichung zwischen den Coefficienten einer Gleichung zweiten Grades", in demselben Journal, Bd. 45, S. 82—90, 1852.

2) Vgl. zu dieser Bezeichnungsweise S. 162.

conjugirt liegen zu den fünf Curven $f_i(x, x) = 0$, so müssen neben (4) nach S. 162 die fünf Gleichungen bestehen

$$(5) \quad \begin{cases} \alpha_{11}a_{11} + 2\alpha_{12}a_{12} + \alpha_{22}a_{22} + 2\alpha_{13}a_{13} + 2\alpha_{23}a_{23} + \alpha_{33}a_{33} = 0, \\ \cdot\;\cdot\;\cdot\;\cdot\;\cdot\;\cdot\;\cdot\;\cdot\;\cdot\;\cdot\;\cdot\;\cdot\;\cdot\;\cdot\;\cdot\;\cdot\;\cdot\;\cdot\;\cdot\;\cdot \\ \alpha_{11}e_{11} + 2\alpha_{12}e_{12} + \alpha_{22}e_{22} + 2\alpha_{13}e_{13} + 2\alpha_{23}e_{23} + \alpha_{33}e_{33} = 0, \end{cases}$$

d. h. es muss die Determinante verschwinden:

$$(6) \quad \begin{vmatrix} a_{11} & a_{12} & a_{22} & a_{13} & a_{23} & a_{33} \\ b_{11} & b_{12} & b_{22} & b_{13} & b_{23} & b_{33} \\ c_{11} & c_{12} & c_{22} & c_{13} & c_{23} & c_{33} \\ d_{11} & d_{12} & d_{22} & d_{13} & d_{23} & d_{33} \\ e_{11} & e_{12} & e_{22} & e_{13} & e_{23} & e_{33} \\ u_1^2 & u_1 u_2 & u_2^2 & u_1 u_3 & u_2 u_3 & u_3^2 \end{vmatrix} = 0.$$

Auch können hier die Coefficienten der Quadrate und Producte $u_i u_k$ nicht sämmtlich Null sein, weil auf Grund der Voraussetzungen über die Ausdrücke (3) mindestens eine der sechs Unterdeterminanten der in der letzten Horizontalreihe von (6) stehenden Elemente von Null verschieden ist; es stellt mithin (6) die Gleichung der gesuchten Curve zweiter Classe $\varphi(u, u) = 0$ dar.

Man erkennt auch sofort aus (5), dass diese Curve conjugirt liegt zu jedem Kegelschnitt des Systems

$$\mu_1 f_1 + \mu_2 f_2 + \mu_3 f_3 + \mu_4 f_4 + \mu_5 f_5 = 0.$$

Es gilt nun ferner der fundamentale Satz:

(7) Jede Curve zweiter Ordnung $f_6(x, x) = 0$, welche conjugirt liegt zu (4), hat eine Gleichung von der Form

$$(8) \qquad f_6 \equiv \mu_1 f_1 + \mu_2 f_2 + \mu_3 f_3 + \mu_4 f_4 + \mu_5 f_5 = 0.$$

Sind nämlich f_{ik} die Coefficienten von $f_6(x, x) = 0$, so tritt zu den Relationen (5) noch hinzu

$$\alpha_{11}f_{11} + 2\alpha_{12}f_{12} + \alpha_{22}f_{22} + 2\alpha_{13}f_{13} + 2\alpha_{23}f_{23} + \alpha_{33}f_{33} = 0;$$

es verschwindet also eine Determinante, die aus (6) dadurch hervorgeht, dass man in der letzten Horizontalreihe $u_i u_k$ ersetzt durch f_{ik}. Nach einem fundamentalen Satze der Determinantentheorie gibt es also sechs Factoren $\lambda_1, \ldots \lambda_6$, für welche die sechs Gleichungen bestehen

$$(9) \qquad \lambda_1 a_{ik} + \lambda_2 b_{ik} + \lambda_3 c_{ik} + \lambda_4 d_{ik} + \lambda_5 e_{ik} + \lambda_6 f_{ik} = 0;$$

dabei muss λ_6 von Null verschieden sein, weil sonst gegen Voraussetzung die Relationen (3) erfüllt würden. Aus (9) folgt daher

$$f_{ik} = -\frac{\lambda_1 a_{ik} + \lambda_2 b_{ik} + \lambda_3 c_{ik} + \lambda_4 d_{ik} + \lambda_5 e_{ik}}{\lambda_6}$$

$$= \mu_1 a_{ik} + \mu_2 b_{ik} + \mu_3 c_{ik} + \mu_4 d_{ik} + \mu_5 e_{ik},$$

wenn

$$\mu_i = -\frac{\lambda_i}{\lambda_6} \quad (i = 1, 2, 3, 4, 5)$$

gesetzt wird; hiermit ist (7) bewiesen.

Sind die fünf Kegelschnitte $f_i(x, x) = 0$ Doppelgeraden, sind also ihre Gleichungen von der Form $u_x^{(i)^2} = 0$, so ist die Curve zweiter Classe $\varphi(u, u) = 0$ der Kegelschnitt, der die fünf Geraden zu Tangenten hat. Für eine sechste Tangente $f_6 \equiv u_x^{(6)^2} = 0$ würde alsdann eine ähnliche Relation wie (8) bestehen, man hat also den Satz:

(10) Die Ausdrücke für irgend sechs Tangenten $u_x^{(i)} = 0$ $(i = 1, 2, .. 6)$ eines Kegelschnitts genügen einer Gleichung von der Form

$$\lambda_1 u_x^{(1)^2} + \lambda_2 u_x^{(2)^2} + \lambda_3 u_x^{(3)^2} + \lambda_4 u_x^{(4)^2} + \lambda_5 u_x^{(5)^2} + \lambda_6 u_x^{(6)^2} = 0,$$

und umgekehrt.

Wir wollen nun dieselben Betrachtungen wie bisher anstellen für den Fall, dass nur vier Curven zweiter Ordnung gegeben sind. Es gilt hier der Satz:

(11) Sind vier Curven zweiter Ordnung $f_i(x, x) = 0$ $(i = 1, 2, 3, 4)$ gegeben, zwischen deren Gleichungen keine lineare Identität stattfindet, so gibt es unendlich viele, einer Schaar angehörige Curven zweiter Classe, welche zu den vier gegebenen Kegelschnitten conjugirt liegen.

Hier ist vorausgesetzt, dass nicht gleichzeitig die sechs Relationen erfüllt werden:

$$\lambda_1 a_{ik} + \lambda_2 b_{ik} + \lambda_3 c_{ik} + \lambda_4 d_{ik} = 0 \quad (i, k = 1, 2, 3), \tag{12}$$

in welchen a_{ik}, b_{ik}, c_{ik}, d_{ik} die Coefficienten in den Gleichungen der vier gegebenen Curven zweiter Ordnung bedeuten.

Soll nun die Curve zweiter Classe (4) conjugirt liegen zu den vier Kegelschnitten $f_i(x, x) = 0$, so müssen die vier Relationen bestehen

$$(13) \quad \begin{cases} \alpha_{11} a_{11} + 2\alpha_{12} a_{12} + \alpha_{22} a_{22} + 2\alpha_{13} a_{13} + 2\alpha_{23} a_{23} + \alpha_{33} a_{33} = 0, \\ \cdot \quad \cdot \quad \cdot \quad \cdot \quad \cdot \quad \cdot \quad \cdot \quad \cdot \quad \cdot \quad \cdot \quad \cdot \quad \cdot \\ \alpha_{11} d_{11} + 2\alpha_{12} d_{12} + \alpha_{22} d_{22} + 2\alpha_{13} d_{13} + 2\alpha_{23} d_{23} + \alpha_{33} d_{33} = 0. \end{cases}$$

Auf Grund der gemachten Voraussetzungen muss nun mindestens eine aus Coefficienten a, b, c, d gebildete Determinante vierten Grades der Matrix

$$(14)\qquad \left\|\begin{matrix} a_{11} & a_{12} & a_{22} & a_{13} & a_{23} & a_{33} \\ b_{11} & b_{12} & b_{22} & b_{13} & b_{23} & b_{33} \\ c_{11} & c_{12} & c_{22} & c_{13} & c_{23} & c_{33} \\ d_{11} & d_{12} & d_{22} & d_{13} & d_{23} & d_{33} \end{matrix}\right\|$$

von Null verschieden sein; es sei etwa, um die Vorstellung zu fixiren:

$$(15)\qquad d = \begin{vmatrix} a_{11} & a_{12} & a_{22} & a_{13} \\ b_{11} & b_{12} & b_{22} & b_{13} \\ c_{11} & c_{12} & c_{22} & c_{13} \\ d_{11} & d_{12} & d_{22} & d_{13} \end{vmatrix} \gtrless 0 .$$

Alsdann stellen wir zusammen die fünf Gleichungen:

$$(16)\qquad \begin{cases} \alpha_{11} a_{11} + 2\alpha_{12} a_{12} + \alpha_{22} a_{22} + 2\alpha_{13} a_{13} = -(2\alpha_{23} a_{23} + \alpha_{33} a_{33}), \\ \alpha_{11} b_{11} + 2\alpha_{12} b_{12} + \alpha_{22} b_{22} + 2\alpha_{13} b_{13} = -(2\alpha_{23} b_{23} + \alpha_{33} b_{33}), \\ \alpha_{11} c_{11} + 2\alpha_{12} c_{12} + \alpha_{22} c_{22} + 2\alpha_{13} c_{13} = -(2\alpha_{23} c_{23} + \alpha_{33} c_{33}), \\ \alpha_{11} d_{11} + 2\alpha_{12} d_{12} + \alpha_{22} d_{22} + 2\alpha_{13} d_{13} = -(2\alpha_{23} d_{23} + \alpha_{33} d_{33}), \\ \alpha_{11} u_1^2 + 2\alpha_{12} u_1 u_2 + \alpha_{22} u_2^2 + 2\alpha_{13} u_1 u_3 + (2\alpha_{23} u_2 u_3 + \alpha_{33} u_3^2) = 0. \end{cases}$$

Mit Hilfe der vier ersten dieser Gleichungen kann man α_{11}, α_{12}, α_{22}, α_{13} eindeutig und linear durch α_{23} und α_{33} ausdrücken, welch letztere Grössen vollständig beliebig bleiben; die so berechneten Werthe von α_{11}, α_{12}, α_{22}, α_{13} setzt man nun in die letzte Gleichung (16) ein und multiplicirt dieselbe mit der alsdann links im Nenner auftretenden Determinante d. Es ist noch zu beachten, dass nur für $\alpha_{23} = \alpha_{33} = 0$ in der letzten Gleichung (16) der links stehende Ausdruck für alle Werthe der u verschwinden kann. Fände das Gegentheil statt, so müsste der Coefficient von $u_2 u_3$ und derjenige von u_3^2 gleichfalls verschwinden. Diese beiden Coefficienten sind aber $\alpha_{23} d$ und $\alpha_{33} d$, es müssten also α_{23} und α_{33} verschwinden.

Es gibt demnach unendlich viele Curven zweiter Classe der oben verlangten Art, und zwar sind ihre Gleichungen von der Form

$$\alpha_{23}\psi(u, u) + \alpha_{33}\chi(u, u) = 0,$$

wobei α_{23} und α_{33} willkürliche Parameter bedeuten, oder, wie wir allgemeiner sagen wollen, ihre Gleichungen sind

$$(17)\qquad \alpha\psi(u, u) + \beta\chi(u, u) = 0,$$

die einzelnen Curven gehören somit sämmtlich derselben Schaar an. Auch erkennt man wieder, dass auf Grund von (16) jede Curve dieser Schaar conjugirt ist zu jedem Kegelschnitt des Systems

$$(18)\qquad \mu_1 f_1 + \mu_2 f_2 + \mu_3 f_3 + \mu_4 f_4 = 0.$$

Umgekehrt gilt der Satz:

(19) Wenn eine Curve zweiter Ordnung $f_5(x, x) = 0$ conjugirt liegt zu jeder Curve der Schaar (17), so ist ihre Gleichung von der Form (18).

Es sei $\varphi(u, u) \equiv \sum_1^3 {}_i \sum_1^3 {}_k \alpha_{ik} u_i u_k = 0$ irgend ein Kegelschnitt der Schaar (17); alsdann tritt zu den vier Gleichungen (13) noch hinzu $\alpha_{11} e_{11} + 2\alpha_{12} e_{12} + \alpha_{22} e_{22} + 2\alpha_{13} e_{13} + 2\alpha_{23} e_{23} + \alpha_{33} e_{33} = 0$, wenn wir mit e_{ik} die Coefficienten von $f_5(x, x) = 0$ bezeichnen. Werden diese fünf Gleichungen resp. mit $\lambda_1, \lambda_2, \lambda_3, \lambda_4, \lambda_5$ multiplicirt und hierauf addirt, und setzt man zur Abkürzung

(20) $$[i, k] \equiv \lambda_1 a_{ik} + \lambda_2 b_{ik} + \lambda_3 c_{ik} + \lambda_4 d_{ik} + \lambda_5 e_{ik},$$

so folgt

(21) $$\alpha_{11}[1, 1] + 2\alpha_{12}[1, 2] + \alpha_{22}[2, 2] + 2\alpha_{13}[1, 3] + 2\alpha_{23}[2, 3] + \alpha_{33}[3, 3] = 0.$$

Dem Umstande zufolge, dass $\varphi(u, u) = 0$ der Schaar (17) angehört, ist die Gleichung dieser Curve von der Form

$$\alpha \cdot \sum_1^3 {}_i \sum_1^3 {}_k \gamma_{ik} u_i u_k + \beta \cdot \sum_1^3 {}_i \sum_1^3 {}_k \delta_{ik} u_i u_k = 0,$$

wenn wir mit γ_{ik} und δ_{ik} die Coefficienten von ψ und χ in (17) bezeichnen. Hier ist mindestens eine aus diesen Coefficienten gebildete Determinante der Gestalt $\begin{vmatrix} \gamma_{ik} & \gamma_{lm} \\ \delta_{ik} & \delta_{lm} \end{vmatrix}$ von Null verschieden; nehmen wir, um die Vorstellung zu fixiren, etwa an, es sei

(22) $$\gamma_{23}\delta_{33} - \gamma_{33}\delta_{23} \gtrless 0.$$

Wir denken uns dann $\lambda_1, \lambda_2, \lambda_3, \lambda_4, \lambda_5$ so bestimmt, dass alle Grössen $[i, k]$ verschwinden mit Ausnahme von $[2, 3]$ und $[3, 3]$; hierdurch reducirt sich (21) auf

(23) $$2\alpha_{23}[2, 3] + \alpha_{33}[3, 3] = 0,$$

wobei nochmals darauf hingewiesen werden möge, dass $\alpha_{ik} = \alpha\gamma_{ik} + \beta\delta_{ik}$ und α, β ganz willkürlich sind. Setzt man nun $\alpha = 1$, $\beta = 0$, bezw. $\alpha = 0$, $\beta = 1$, so treten an Stelle von (23) die zwei Gleichungen

(24) $$2\gamma_{23}[2, 3] + \gamma_{33}[3, 3] = 0, \quad 2\delta_{23}[2, 3] + \delta_{33}[3, 3] = 0,$$

aus welchen auf Grund von (22) folgt $[2, 3] = 0$, $[3, 3] = 0$. Hiermit ist aber nun gezeigt, dass alle Grössen $[i, k]$ $(i, k = 1, 2, 3)$ verschwinden, dass also in der That $e_{ik} = -\frac{\lambda_1 a_{ik} + \cdots + \lambda_4 d_{ik}}{\lambda_5}$; auch muss λ_5 in den Relationen $[i, k] = 0$ von Null verschieden sein, sonst würden gegen die Voraussetzung die Gleichungen (12) bestehen.

Wenn man speciell als Curve $f_5(x, x) = 0$ irgend eine doppelt zu zählende gemeinsame Tangente $u_x^{(i)^2} = 0$ der Kegelschnitte $\psi(u, u) = 0$ und $\chi(u, u) = 0$ wählt, erhält man, da es im allgemeinen vier verschiedene solcher Tangenten gibt, den Satz:

(25) Sind $f_i(x, x) = 0$ $(i = 1, 2, 3, 4)$ die Gleichungen von vier Curven zweiter Ordnung, so lassen sich im allgemeinen auf vier verschiedene Arten Factoren λ_1, λ_2, λ_3, λ_4 so bestimmen, dass $\lambda_1 f_1 + \lambda_2 f_2 + \lambda_3 f_3 + \lambda_4 f_4$ das Quadrat eines linearen Ausdrucks darstellt.

Uebrigens folgt hieraus auch umgekehrt, dass jede von vier gegebenen, linear unabhängigen, ternären quadratischen Formen als lineare homogene Function derselben vier Quadrate $(u_x^{(i)^2})$ dargestellt werden kann, so lange die Curven der Schaar $\alpha\psi(u, u) + \beta\chi(u, u) = 0$ vier verschiedene gemeinsame Tangenten haben.

Wenn nur drei Kegelschnitte gegeben sind, tritt an Stelle von (11) der folgende Satz:

(26) Sind drei Curven zweiter Ordnung $f_i(x, x) = 0$ $(i = 1, 2, 3)$ gegeben, zwischen deren Gleichungen keine lineare Identität stattfindet, so gibt es unendlich viele, ein Gewebe bildende Curven zweiter Classe, welche zu den drei gegebenen Kegelschnitten conjugirt liegen.

Jede Curve $\varphi(u, u) \equiv \sum_1^3{}_i \sum_1^3{}_k \alpha_{ik} u_i u_k = 0$ des Gewebes muss sich also durch drei solcher Curven ausdrücken lassen in der Form:

$$(27) \qquad \varphi(u, u) \equiv \gamma\psi(u, u) + \delta\chi(u, u) + \varepsilon\eta(u, u).$$

Nach Voraussetzung können nämlich nicht gleichzeitig die sechs Relationen erfüllt werden

$$(28) \qquad \lambda_1 a_{ik} + \lambda_2 b_{ik} + \lambda_3 c_{ik} = 0 \quad (i, k = 1, 2, 3),$$

in welchen a_{ik}, b_{ik}, c_{ik} die Coefficienten in den Gleichungen der drei gegebenen Curven zweiter Ordnung bedeuten; es muss also mindestens eine Determinante dritten Grades der Matrix

$$(29) \qquad \begin{Vmatrix} a_{11} & a_{12} & a_{22} & a_{13} & a_{23} & a_{33} \\ b_{11} & b_{12} & b_{22} & b_{13} & b_{23} & b_{33} \\ c_{11} & c_{12} & c_{22} & c_{13} & c_{23} & c_{33} \end{Vmatrix}$$

von Null verschieden sein; es sei etwa, um die Vorstellung zu fixiren:

$$(30) \qquad d \equiv \begin{vmatrix} a_{11} & a_{12} & a_{22} \\ b_{11} & b_{12} & b_{22} \\ c_{11} & c_{12} & c_{22} \end{vmatrix} \gtrless 0.$$

Alsdann müssen analog zu (13), bezw. (16) die Gleichungen bestehen:

$$(31) \quad \begin{cases} \alpha_{11}a_{11} + 2\alpha_{12}a_{12} + \alpha_{22}a_{22} = -(2\alpha_{13}a_{13} + 2\alpha_{23}a_{23} + \alpha_{33}a_{33}), \\ \alpha_{11}b_{11} + 2\alpha_{12}b_{12} + \alpha_{22}b_{22} = -(2\alpha_{13}b_{13} + 2\alpha_{23}b_{23} + \alpha_{33}b_{33}), \\ \alpha_{11}c_{11} + 2\alpha_{12}c_{12} + \alpha_{22}c_{22} = -(2\alpha_{13}c_{13} + 2\alpha_{23}c_{23} + \alpha_{33}c_{33}), \\ \alpha_{11}u_1^2 + 2\alpha_{12}u_1u_2 + \alpha_{22}u_2^2 + (2\alpha_{13}u_1u_3 + 2\alpha_{23}u_2u_3 + \alpha_{33}u_3^2) = 0. \end{cases}$$

Mit Hilfe der drei ersten dieser Gleichungen kann man nun wieder α_{11}, α_{12}, α_{22} eindeutig und linear ausdrücken durch α_{13}, α_{23}, α_{33}, welch letztere Grössen ganz beliebig bleiben. Durch Substitution der Werthe von α_{11}, α_{12}, α_{22} in die letzte Gleichung (31) erhält man einen Ausdruck zweiten Grades in u mit α_{13}, α_{23}, α_{33} als willkürlichen Parametern. Dabei sind die Ausdrücke zweiten Grades der u_i, die mit α_{13}, α_{23}, α_{33} multiplicirt sind, linear unabhängig, d. h. nur für $\alpha_{13} = \alpha_{23} = \alpha_{33} = 0$ kann der in der letzten Gleichung (31) links stehende Ausdruck für alle Werthe der u verschwinden. Fände das Gegentheil statt, so müssten die Coefficienten von u_1u_3, u_2u_3, u_3^2 verschwinden; diese sind aber $\alpha_{13}d$, $\alpha_{23}d$, $\alpha_{33}d$, es müssten also α_{13}, α_{23} und α_{33} verschwinden.

Es gibt demnach zweifach unendlich viele Curven der oben verlangten Art, und zwar sind ihre Gleichungen, wie wir nun allgemeiner sagen können, von der Form (27), sie gehören somit sämmtlich demselben Gewebe an.

Auch erkennt man wieder, dass auf Grund von (31) jede Curve des Gewebes (27) conjugirt ist zu jedem Kegelschnitt des Netzes

$$(32) \qquad \mu_1 f_1 + \mu_2 f_2 + \mu_3 f_3 = 0.$$

Umgekehrt gilt der Satz:

(32a) Wenn eine Curve zweiter Ordnung $f_4(x, x) = 0$ conjugirt liegt zu jeder Curve des Gewebes (27), so ist ihre Gleichung von der Form (32).

Zum Beweis dieses Satzes sei $\varphi(u, u) \equiv \sum_1^3 {}_i \sum_1^3 {}_k \alpha_{ik}u_iu_k = 0$ irgend ein Kegelschnitt des Gewebes (27); alsdann tritt zu den drei ersten Gleichungen von (31) noch hinzu

$$\alpha_{11}d_{11} + 2\alpha_{12}d_{12} + \alpha_{22}d_{22} + 2\alpha_{13}d_{13} + 2\alpha_{23}d_{23} + \alpha_{33}d_{33} = 0,$$

wenn wir mit d_{ik} die Coefficienten von $f_4(x, x) = 0$ bezeichnen. Durch

Multiplication dieser vier Gleichungen mit λ_1, λ_2, λ_3, λ_4 und Addition erhält man

(33) $$\alpha_{11}(1,1) + 2\alpha_{12}(1,2) + \alpha_{22}(2,2) + 2\alpha_{13}(1,3) + 2\alpha_{23}(2,3) + \alpha_{33}(3,3) = 0,$$

wobei zur Abkürzung gesetzt ist

(34) $$(i,k) \equiv \lambda_1 a_{ik} + \lambda_2 b_{ik} + \lambda_3 c_{ik} + \lambda_4 d_{ik}.$$

Dem Umstande zufolge, dass $\varphi(u,u) = 0$ dem Gewebe (27) angehört, ist die Gleichung dieser Curve von der Form

$$\gamma \sum_1^3{}_i \sum_1^3{}_k \gamma_{ik} u_i u_k + \delta \sum_1^3{}_i \sum_1^3{}_k \delta_{ik} u_i u_k + \varepsilon \sum_1^3{}_i \sum_1^3{}_k \varepsilon_{ik} u_i u_k = 0,$$

wenn wir mit γ_{ik}, δ_{ik}, ε_{ik} die Coefficienten von ψ, χ und η in (27) bezeichnen. Es ist nun mindestens eine aus diesen Coefficienten gebildete Determinante von Null verschieden; nehmen wir etwa an, es sei

(35) $$\begin{vmatrix} \gamma_{13} & \gamma_{23} & \gamma_{33} \\ \delta_{13} & \delta_{23} & \delta_{33} \\ \varepsilon_{13} & \varepsilon_{23} & \varepsilon_{33} \end{vmatrix} \gtrless 0.$$

Wir denken uns alsdann die Verhältnisse $\lambda_1 : \lambda_2 : \lambda_3 : \lambda_4$ so bestimmt, dass die drei Grössen (1, 1), (1, 2) und (2, 2) verschwinden, wodurch sich (33) reducirt auf

(36) $$2\alpha_{13}(1,3) + 2\alpha_{23}(2,3) + \alpha_{33}(3,3) = 0,$$

und hier sind in $\alpha_{ik} = \gamma \cdot \gamma_{ik} + \delta \cdot \delta_{ik} + \varepsilon \cdot \varepsilon_{ik}$ die Parameter γ, δ, ε ganz willkürlich. Setzt man nun einmal $\gamma = 1$, $\delta = \varepsilon = 0$, ferner $\delta = 1$, $\gamma = \varepsilon = 0$, endlich $\varepsilon = 1$, $\gamma = \delta = 0$, so treten an Stelle von (36) die drei Gleichungen

(37) $$\begin{cases} 2\gamma_{13}(1,3) + 2\gamma_{23}(2,3) + \gamma_{33}(3,3) = 0, \\ 2\delta_{13}(1,3) + 2\delta_{23}(2,3) + \delta_{33}(3,3) = 0, \\ 2\varepsilon_{13}(1,3) + 2\varepsilon_{23}(2,3) + \varepsilon_{33}(3,3) = 0, \end{cases}$$

aus welchen auf Grund von (35) folgt $(1,3) = (2,3) = (3,3) = 0$. Mithin verschwinden sämmtliche Grössen (i,k), nach (34) ist also in der That $d_{ik} = -\frac{\lambda_1 a_{ik} + \lambda_2 b_{ik} + \lambda_3 c_{ik}}{\lambda_4}$; auch muss λ_4 von Null verschieden sein, sonst würden gegen die Voraussetzung die Gleichungen (28) bestehen.

Das Theorem (32a) ist, wenn man von einem directen Beweis absehen will, im Grunde schon durch (26) erwiesen. Denn alle ternäre quadratische Formen, die zu drei gegebenen, linear unabhängigen quadratischen Formen von contragredienten Veränderlichen conjugirt sind, lassen sich nach (26) als lineare Functionen dreier linear unabhängigen quadratischen Formen ausdrücken. Da nun in (32a) die drei gegebenen (linear unabhängigen) Formen f_1, f_2, f_3 conjugirt sind zu den drei Formen ψ, χ, η in (27), so muss jeder Kegelschnitt f_4, der zu jeder Curve des Gewebes (27) conjugirt sein soll, eine Gleichung haben von der Form

$$f_4 \equiv \mu_1 f_1 + \mu_2 f_2 + \mu_3 f_3.$$

Mittels der bisherigen Betrachtungen lassen sich sofort die zwei fundamentalen Theoreme beweisen:

(38) Die Cayley'sche Curve des Gewebes (27) ist identisch mit der Hessiane des Netzes (32), und:

(39) Die Hessiane des Gewebes (27) ist identisch mit der Cayley'schen Curve des Netzes (32).

Nach VI und VII in § 24 besteht nämlich die Cayley'sche Curve des Gewebes aus den Punktepaaren des Gewebes; diese sind aber conjugirte Polenpaare des Netzes. Umgekehrt wird nach I in § 24 die Hesse'sche Curve des Gewebes eingehüllt von den harmonischen Polarenpaaren des Gewebes; diese sind aber identisch mit den Geradenpaaren des Netzes.

Der Vollständigkeit halber sei noch darauf aufmerksam gemacht, dass selbstverständlich die zu vorstehenden Sätzen dualistisch entsprechenden in analoger Art zu beweisen sind. Auch gilt das Beweisverfahren noch bei beliebig vielen Formen mit einer willkürlichen Anzahl von Veränderlichen.

Ein eleganter Beweis der in vorliegendem Paragraphen abgeleiteten Sätze kann allgemein auch mit Hilfe eines von Herrn Brill gefundenen fundamentalen Theorems[1]) gegeben werden.

1) Brill: „Ueber zwei Berührungsprobleme", Math. Annalen Bd. 4, S. 530, 1871; vgl. auch Pasch: „Zur Theorie der linearen Complexe", Journal für die reine und angewandte Mathematik, Bd. 75, S. 108, 1872.

Anhang.

Ergänzungen zur voranstehenden Theorie und Lösung von Aufgaben.

Anwendung von § 1—3.

1. Das Product $h_1 h_2 h_3$ hat positiven Werth, wenn der Einheitspunkt trigonal gelegen ist, negativen Werth bei tetragonaler Lage[1]).

Liegt der Einheitspunkt E im Inneren des Dreiecks, so ist $h_1 h_2 h_3$ sicher positiv; beim Uebergang von E in ein tetragonales Feld ändert eine der Grössen h_i das Vorzeichen, das Product wird also negativ; beim Uebergang aus dem Inneren des Dreiecks in ein trigonales Feld ändern zwei der Grössen h_i das Vorzeichen, das Product bleibt also positiv.

2. Bei beliebiger Lage des Einheitspunktes ist das Product $\frac{q_1 q_2 q_3}{h_1 h_2 h_3}$ positiv, wenn der zugehörige Punkt P trigonal gelegen ist, negativ bei tetragonaler Lage.

Aus (1)[2]) und aus einer Bemerkung S. 2, Zeile 13—9 v. u. geht hervor, dass bei trigonaler Lage des Punktes P das Product der q_i stets gleiches Vorzeichen hat mit dem Product der h_i (positives oder negatives Vorzeichen, je nachdem E trigonal oder tetragonal gelegen ist). Ebenso folgt, dass bei tetragonaler Lage des Punktes P das Product der q_i stets das dem Product der h_i entgegengesetzte Vorzeichen hat, und zwar ist das Product der q_i positiv oder negativ, je nachdem der Einheitspunkt tetragonal oder trigonal gelegen ist. Bei tetragonaler Lage des Punktes P ist also der Quotient $\frac{q_1 q_2 q_3}{h_1 h_2 h_3}$ in der That negativ.

---

1) Wir sagen im Folgenden ein Punkt liege trigonal, wenn er im Inneren oder in einem der drei trigonalen Felder des Coordinatendreiecks gelegen ist; hingegen liegt er tetragonal, wenn er sich in einem der drei tetragonalen Felder befindet.

2) Die in Klammern eingeschlossenen Zahlen, denen keine Seiten- oder Paragraphenzahl beigefügt ist, bezeichnen die Nummern der Aufgaben des Anhanges.

3. Ein Punkt mit den Coordinaten $x_1 : x_2 : x_3$ liegt trigonal oder tetragonal, je nachdem der Ausdruck

$$\frac{x_1 x_2 x_3}{p_1 p_2 p_3}(p_1 x_1 + p_2 x_2 + p_3 x_3)$$

positiv oder negativ ist; die Lage des Einheitspunktes ist dabei ganz willkürlich.

Führt man in das Product $\frac{q_1 q_2 q_3}{h_1 h_2 h_3}$ für die q_i aus (6), S. 3 die Werthe ein, so verwandelt sich dasselbe in $\frac{e_1 e_2 e_3 x_1 x_2 x_3}{p_x^3 \cdot h_1 h_2 h_3}$ oder in $\frac{p_1 p_2 p_3 x_1 x_2 x_3}{(p_1 x_1 + p_2 x_2 + p_3 x_3)^3}$. Nach Multiplication mit dem positiven Factor p_x^4 erhält man den Ausdruck $x_1 x_2 x_3 p_1 p_2 p_3 (p_1 x_1 + p_2 x_2 + p_3 x_3)$, der mit $\frac{x_1 x_2 x_3}{p_1 p_2 p_3}(p_1 x_1 + p_2 x_2 + p_3 x_3)$ und mit $\frac{q_1 q_2 q_3}{h_1 h_2 h_3}$ gleiches Vorzeichen hat und bei Anwendung von (2) obigen Satz liefert. Das Vorzeichen des Ausdrucks ändert sich übrigens nicht, wenn man die p_i und x_i ($i = 1, 2, 3$) durch Werthe ersetzt, die ihnen proportional sind.

4. Gegeben sind drei Geraden $u_x = 0$, $v_x = 0$, $w_x = 0$ und die unendlich ferne Gerade $p_x = 0$, bezogen auf ein Coordinatendreieck mit den Seiten $x_1 = 0$, $x_2 = 0$, $x_3 = 0$. Wann liegt ein Punkt mit den Coordinaten $y_1 : y_2 : y_3$ trigonal in Bezug auf das durch $u_x = 0$, $v_x = 0$, $w_x = 0$ gebildete Dreieck, wann liegt er tetragonal?

Um dies zu untersuchen, setze man $\varrho u_x = X_1$, $\varrho v_x = X_2$, $\varrho w_x = X_3$, wobei ϱ einen Proportionalitätsfactor bedeutet. In Folge der Relation

$$\begin{vmatrix} u_1 & u_2 & u_3 & u_x \\ v_1 & v_2 & v_3 & v_x \\ w_1 & w_2 & w_3 & w_x \\ p_1 & p_2 & p_3 & p_x \end{vmatrix} = 0$$

oder

$$(uvw)p_x = (pvw)u_x + (pwu)v_x + (puv)w_x{}^{1)}$$

hat man

$$\varrho(uvw)p_x = (pvw)X_1 + (pwu)X_2 + (puv)X_3,$$

so dass also die Gleichung der unendlich fernen Geraden im Coordinatensystem der X_i die Gestalt erhält

$$(pvw)X_1 + (pwu)X_2 + (puv)X_3 \equiv P_1 X_1 + P_2 X_2 + P_3 X_3 = 0.$$

---

1) (uvw) ist zur Abkürzung gesetzt für $\Sigma \pm (u_1 v_2 w_3)$, analoges gilt von (pvw) u. s. w.

Die Coordinaten des Punktes y im Coordinatensystem der X_i seien $Y_1 : Y_2 : Y_3$; nach (3) liegt alsdann der Punkt Y trigonal oder tetragonal in Bezug auf das durch $u_x = 0$, $v_x = 0$, $w_x = 0$ gebildete Dreieck, je nachdem

$$\frac{Y_1 Y_2 Y_3}{P_1 P_2 P_3} (P_1 Y_1 + P_2 Y_2 + P_3 Y_3) > 0 \text{ oder } < 0,$$

d. h. je nachdem

$$\frac{u_y v_y w_y \cdot [(pvw)u_y + (pwu)v_y + (puv)w_y]}{(pvw)(pwu)(puv)} = \frac{u_y v_y w_y p_y (uvw)}{(pvw)(pwu)(puv)} > 0 \text{ oder } < 0.$$

Der jedenfalls positive Factor ϱ^4 wurde hierbei ausser Acht gelassen.

---

5. Die Gleichung einer Geraden, die durch den Schnittpunkt der Geraden $u_x = 0$ und $v_x = 0$, sowie durch einen Punkt y hindurchgeht, ist $v_y u_x - u_y v_x = 0$.

In $u_x - \lambda v_x = 0$ ist λ so zu bestimmen, dass diese Gleichung durch y erfüllt wird. Ersetzt man $v_x = 0$ durch $p_x = 0$, so folgt:

6. Die Gleichung einer durch den Punkt y parallel zu $u_x = 0$ gezogenen Geraden ist $p_y u_x - u_y p_x = 0$.

7. Die „Schwerlinie", welche die Ecke $x_2 = x_3 = 0$ des Coordinatendreiecks mit der Mitte der Gegenseite verbindet, hat die Gleichung $p_2 x_2 - p_3 x_3 = 0$.

Die genannte Verbindungslinie ist die vierte Harmonische zu $x_2 = 0$, $x_3 = 0$ und zu der durch $x_2 = x_3 = 0$ gezogenen Parallelen der Gegenseite; letztere ist aber nach (6) gegeben durch $p_2 x_2 + p_3 x_3 = 0$.

8. Die Gleichung der Halbirungslinie des von den beiden Geraden $a_x = 0$ und $b_x = 0$ gebildeten Winkels ist $\dfrac{a_x}{\sqrt{\omega(a, a)}} - \dfrac{b_x}{\sqrt{\omega(b, b)}} = 0$.

Jeder Punkt der Halbirungslinie hat von beiden Geraden gleichen Abstand; mit Anwendung von (1) in § 2 findet man die Gleichung. Aus den Bemerkungen zu (21) in § 1 folgt, dass die Gleichung die Halbirungslinie desjenigen Winkels der beiden Geraden darstellt, in welchem der Einheitspunkt liegt, wenn man das Vorzeichen von $\sqrt{\omega(a, a)}$ und $\sqrt{\omega(b, b)}$ mit demjenigen von $a_1 + a_2 + a_3$, bezw. $b_1 + b_2 + b_3$ übereinstimmen lässt. Gibt man nur einer dieser Wurzeln ein anderes Vorzeichen, so erhält man die Halbirungslinie des Winkels, in welchem der Einheitspunkt nicht liegt.

Beide Halbirungslinien zusammen sind dargestellt durch

$$\omega(b, b) \cdot a_x^2 - \omega(a, a) \cdot b_x^2 = 0.$$

Insbesondere folgt:

9. Die Gleichung $\frac{x_2}{\sqrt{\omega_{22}}} - \frac{x_3}{\sqrt{\omega_{33}}} = 0$ repräsentirt die Halbirungslinie desjenigen Winkels der beiden Seiten $x_2 = 0$, $x_3 = 0$ des Coordinatendreiecks, in welchem der Einheitspunkt liegt, $\frac{x_2}{\sqrt{\omega_{22}}} + \frac{x_3}{\sqrt{\omega_{33}}} = 0$ die Halbirungslinie des Nebenwinkels.

10. Die Gerade, welche durch den Punkt y normal zu $u_x = 0$ gezogen wird, hat die Gleichung

$$\begin{vmatrix} x_1 & x_2 & x_3 \\ \omega'(u_1) & \omega'(u_2) & \omega'(u_3) \\ y_1 & y_2 & y_3 \end{vmatrix} = 0.$$

Denn sie geht durch y und das Normalencentrum von $u_x = 0$. Insbesondere folgt:

11. Die Gleichungen der Höhen des Coordinatendreiecks sind:

$$\omega_{31} x_2 - \omega_{12} x_3 = 0, \quad \omega_{12} x_3 - \omega_{23} x_1 = 0, \quad \omega_{23} x_1 - \omega_{31} x_2 = 0.$$

12. Die Coordinaten der Mitte der Verbindungslinie zweier Punkte y und z sind $y_i p_z + z_i p_y$, $(i = 1, 2, 3)$.

Irgend ein Punkt der Verbindungslinie hat Coordinaten

$$y_i + \lambda z_i, \quad (i = 1, 2, 3);$$

der unendlich ferne muss erfüllen $p_y + \lambda p_z = 0$, für ihn wird

$$\lambda = - p_y : p_z;$$

dem Mittelpunkt der Strecke (yz) entspricht als viertem harmonischem Punkte zu y, z und zu dem unendlich fernen Punkte der Werth

$$\lambda = + p_y : p_z.$$

Die Gleichung des Mittelpunktes ist $p_z u_y + p_y u_z = 0$.

13. Die Gleichung des Mittellothes der Verbindungslinie zweier Punkte y und z ist $p_z \begin{pmatrix} y & x \\ y & z \end{pmatrix}_{\omega_{ik}} - p_y \begin{pmatrix} z & x \\ z & y \end{pmatrix}_{\omega_{ik}} = 0$.

Sind

$$v_1 = y_2 z_3 - y_3 z_2, \quad v_2 = y_3 z_1 - y_1 z_3, \quad v_3 = y_1 z_2 - y_2 z_1$$

die Coordinaten der Verbindungslinie (yz), so ist die Gleichung des Mittellothes nach (10) und (12):

$$\begin{vmatrix} \omega'(v_1) & y_1 p_z + z_1 p_y & x_1 \\ \omega'(v_2) & y_2 p_z + z_2 p_y & x_2 \\ \omega'(v_3) & y_3 p_z + z_3 p_y & x_3 \end{vmatrix} = 0,$$

die nach Einführung der v_i in die Gestalt gebracht werden kann

$$\begin{vmatrix} \omega_{11} & \omega_{12} & \omega_{13} & y_1 p_z + z_1 p_y & x_1 \\ \omega_{21} & \omega_{22} & \omega_{23} & y_2 p_z + z_2 p_y & x_2 \\ \omega_{31} & \omega_{32} & \omega_{33} & y_3 p_z + z_3 p_y & x_3 \\ y_1 & y_2 & y_3 & 0 & 0 \\ z_1 & z_2 & z_3 & 0 & 0 \end{vmatrix} = 0 \text{ oder } p_z \begin{pmatrix} y & x \\ y & z \end{pmatrix}_{\omega_{ik}} - p_y \begin{pmatrix} z & x \\ z & y \end{pmatrix}_{\omega_{ik}} = 0.$$

Insbesondere folgt:

14. Die Mittellothe der Seiten $x_1 = 0$, $x_2 = 0$, $x_3 = 0$ des Coordinatendreiecks haben bezw. die Gleichungen

$$(\omega_{12} p_2 - \omega_{13} p_3) x_1 - \omega_{11}(p_2 x_2 - p_3 x_3) = 0,$$

$$(\omega_{23} p_3 - \omega_{21} p_1) x_2 - \omega_{22}(p_3 x_3 - p_1 x_1) = 0,$$

$$(\omega_{31} p_1 - \omega_{32} p_2) x_3 - \omega_{33}(p_1 x_1 - p_2 x_2) = 0.$$

Zum Beweis, dass sich diese drei Geraden in einem und demselben Punkte schneiden, multiplicire man ihre Gleichungen resp. mit p_1^2, p_2^2, p_3^2 und eliminire die Grössen $\omega_{ii} p_i$ vermittelst der Relationen wie $\omega_{11} p_1 = -(\omega_{12} p_2 + \omega_{13} p_3)$, u. s. w. Werden hierauf die drei Gleichungen addirt, so ergibt sich eine identisch verschwindende Summe.

Die obigen Gleichungen der Mittellothe können noch in eine andere Gestalt gebracht werden, welche zeigt, dass diese Geraden durch die Ecken des dem Coordinatendreieck parallel eingeschriebenen Dreiecks hindurchgehen. Multiplicirt man nämlich z. B. die Gleichung des Mittellothes von $x_1 = 0$ mit p_1 und ersetzt $\omega_{11} p_1$ wieder durch $-(\omega_{12} p_2 + \omega_{13} p_3)$, so erhält man:

$$\omega_{12} p_2 (p_1 x_1 + p_2 x_2 - p_3 x_3) - \omega_{13} p_3 (p_1 x_1 - p_2 x_2 + p_3 x_3) = 0.$$

Die Mittellothe von $x_2 = 0$ und $x_3 = 0$ werden:

$$\omega_{23} p_3 (-p_1 x_1 + p_2 x_2 + p_3 x_3) - \omega_{21} p_1 (p_1 x_1 + p_2 x_2 - p_3 x_3) = 0,$$

$$\omega_{31} p_1 (p_1 x_1 - p_2 x_2 + p_3 x_3) - \omega_{32} p_2 (-p_1 x_1 + p_2 x_2 + p_3 x_3) = 0.$$

Dass die in den x_i linearen Klammerfactoren die Seiten des dem Coordinatendreieck parallel eingeschriebenen Dreiecks darstellen, wird in (22) gezeigt.

15. Der Schwerpunkt des Coordinatendreiecks hat die Coordinaten

$$x_1 : x_2 : x_3 = \frac{1}{p_1} : \frac{1}{p_2} : \frac{1}{p_3}.$$

Folgt sofort aus (7).

16. Die Mittelpunkte des dem Coordinatendreieck eingeschriebenen und der drei angeschriebenen Kreise haben die Coordinaten

$$x_1 : x_2 : x_3 = \pm\sqrt{\omega_{11}} : \pm\sqrt{\omega_{22}} : \pm\sqrt{\omega_{33}},$$

wobei gleiche Vorzeichen der drei Wurzeln dem eingeschriebenen Kreise entsprechen, falls der Einheitspunkt innerhalb des Dreiecks gelegen ist; die übrigen Combinationen der Vorzeichen liefern die Mittelpunkte der drei angeschriebenen Kreise.

Folgt sofort aus (9).

17. Der Höhenschnittpunkt des Coordinatendreiecks hat die Coordinaten

$$x_1 : x_2 : x_3 = \frac{1}{\omega_{23}} : \frac{1}{\omega_{31}} : \frac{1}{\omega_{12}}.$$

Folgt sofort aus (11).

18. Der Mittelpunkt des dem Coordinatendreieck umschriebenen Kreises hat die Coordinaten

$$x_1 : x_2 : x_3 = \omega_{11}\omega_{23} : \omega_{22}\omega_{31} : \omega_{33}\omega_{12}.$$

Folgt sofort durch Berechnung des Schnittpunktes der Mittellothe, deren Gleichungen in (14) gegeben sind.

19. Man bestimme für das Coordinatendreieck die Coordinaten des Mittelpunktes N des eingeschriebenen Kreises, des Mittelpunktes M des umschriebenen Kreises, des Schwerpunktes S, des Höhenschnittpunktes H, wenn der Einheitspunkt E in einem dieser vier Punkte gelegen ist.

Das mit Hilfe von (15)—(18) durch Einführung der Stücke des Coordinatendreiecks leicht abzuleitende Resultat möge folgender Tabelle entnommen werden, in welcher α, β, γ die Winkel des Dreiecks bezeichnen.

	Einheitspunkt in N	Einheitspunkt in M	Einheitspunkt in S	Einheitspunkt in H
Coord. von N	$1 : 1 : 1$	$\frac{1}{\cos\alpha} : \frac{1}{\cos\beta} : \frac{1}{\cos\gamma}$	$\sin\alpha : \sin\beta : \sin\gamma$	$\cos\alpha : \cos\beta : \cos\gamma$
Coord. von M	$\cos\alpha : \cos\beta : \cos\gamma$	$1 : 1 : 1$	$\sin 2\alpha : \sin 2\beta : \sin 2\gamma$	$\cos^2\alpha : \cos^2\beta : \cos^2\gamma$
Coord. von S	$\frac{1}{\sin\alpha} : \frac{1}{\sin\beta} : \frac{1}{\sin\gamma}$	$\frac{1}{\sin 2\alpha} : \frac{1}{\sin 2\beta} : \frac{1}{\sin 2\gamma}$	$1 : 1 : 1$	$\cot\alpha : \cot\beta : \cot\gamma$
Coord. von H	$\frac{1}{\cos\alpha} : \frac{1}{\cos\beta} : \frac{1}{\cos\gamma}$	$\frac{1}{\cos^2\alpha} : \frac{1}{\cos^2\beta} : \frac{1}{\cos^2\gamma}$	$\operatorname{tg}\alpha : \operatorname{tg}\beta : \operatorname{tg}\gamma$	$1 : 1 : 1$

20. Man bilde die Gleichung der unendlich fernen Geraden, wenn der Einheitspunkt eine der vier eben genannten Lagen hat.

Die Gleichung der unendlich fernen Geraden ist allgemein

$$\frac{e_1}{h_1} x_1 + \frac{e_2}{h_2} x_2 + \frac{e_3}{h_3} x_3 = 0;$$

man findet leicht nachstehendes Resultat:

Einheitspunkt in N: $x_1 \sin\alpha + x_2 \sin\beta + x_3 \sin\gamma = 0$,
Einheitspunkt in M: $x_1 \sin 2\alpha + x_2 \sin 2\beta + x_3 \sin 2\gamma = 0$,
Einheitspunkt in S: $x_1 + x_2 + x_3 = 0$,
Einheitspunkt in H: $x_1 \operatorname{tg}\alpha + x_2 \operatorname{tg}\beta + x_3 \operatorname{tg}\gamma = 0$.

21. Welche geometrische Bedeutung haben die drei Geraden

$$-v_1x_1 + v_2x_2 + v_3x_3 = 0, \qquad v_1x_1 - v_2x_2 + v_3x_3 = 0,$$
$$v_1x_1 + v_2x_2 - v_3x_3 = 0,$$

wenn

$$v_1x_1 + v_2x_2 + v_3x_3 = 0$$

irgend eine fest gegebene Gerade darstellt?

Wir brauchen nur eine Gerade zu untersuchen, etwa

$$-v_1x_1 + v_2x_2 + v_3x_3 = 0,$$

die Bedeutung der anderen ist dann analog. Diese Gerade ist offenbar die vierte Harmonische zu $v_x = 0$ und zu dem Geradenpaare $x_1 = 0$, $v_2x_2 + v_3x_3 = 0$, wobei letztere Gleichung die Verbindungslinie des Schnittpunktes von $v_x = 0$ und $x_1 = 0$ mit der Ecke $x_2 = x_3 = 0$ des Coordinatendreiecks darstellt. Man kann also sagen: Verbindet man den Schnittpunkt Q der Seite A_2A_3 oder $x_1 = 0$ des Coordinatendreiecks $A_1A_2A_3$ und einer Geraden $v_x = 0$ mit der Gegenecke A_1 des Dreiecks, so repräsentirt $-v_1x_1 + v_2x_2 + v_3x_3 = 0$ die vierte harmonische Gerade zu dem durch Q gehenden Geradenpaare A_2A_3, QA_1 und zu $v_x = 0$.

Die drei obigen Geraden schneiden also bezw. die Seiten $x_1 = 0$, $x_2 = 0$, $x_3 = 0$ des Coordinatendreiecks in Punkten, die auf

$$v_1x_1 + v_2x_2 + v_3x_3 = 0$$

liegen.

Wenn man als Gerade $v_x = 0$ die unendlich ferne wählt ($v_i = p_i$), ergibt sich:

22. Die Seiten des dem Coordinatendreieck parallel eingeschriebenen Dreiecks haben die Gleichungen:

$$-p_1x_1 + p_2x_2 + p_3x_3 = 0, \qquad p_1x_1 - p_2x_2 + p_3x_3 = 0,$$
$$p_1x_1 + p_2x_2 - p_3x_3 = 0.$$

23. Man bestimme die Länge l der Normalen, welche vom Punkte y auf diejenige Seite des dem Coordinatendreieck parallel eingeschriebenen Dreiecks gefällt ist, welche zu $x_1 = 0$ parallel verläuft.

Die Gleichung dieser Parallelen ist nach (22):

$$-p_1 x_1 + p_2 x_2 + p_3 x_3 = 0;$$

für die Coordinaten u_i dieser Geraden wird

$$\omega(u, u) = -4p_1(\omega_{12} p_2 + \omega_{13} p_3) = 4\omega_{11} p_1^2,$$

daher findet man nach (1) in § 2

$$l = \frac{-p_1 y_1 + p_2 y_2 + p_3 y_3}{2 p_1 \sqrt{\omega_{11}}(p_1 y_1 + p_2 y_2 + p_3 y_3)}.$$

Analoge Werthe ergeben sich für die Abstände des Punktes y von den beiden anderen Seiten des parallel eingeschriebenen Dreiecks.

24. Die Geraden, welche die auf den Seiten $x_1 = 0$, $x_2 = 0$, $x_3 = 0$ des Coordinatendreiecks gelegenen Fusspunkte A', B', C' der Höhen dieses Dreiecks verbinden, haben die Gleichungen:

$$\begin{array}{ll} B'C') & -\omega_{23} x_1 + \omega_{31} x_2 + \omega_{12} x_3 = 0, \\ C'A') & \omega_{23} x_1 - \omega_{31} x_2 + \omega_{12} x_3 = 0, \\ A'B') & \omega_{23} x_1 + \omega_{31} x_2 - \omega_{12} x_3 = 0. \end{array}$$

Die Coordinaten der Fusspunkte A', B', C' sind nach (11):

für A') $x_1 = 0$, $x_2 : x_3 = \omega_{12} : \omega_{13}$, für B') $x_2 = 0$, $x_1 : x_3 = \omega_{21} : \omega_{23}$,
für C') $x_3 = 0$, $x_1 : x_2 = \omega_{31} : \omega_{32}$.

Hieraus folgen leicht die obigen Gleichungen.

---

25. Der Inhalt J eines Dreiecks, dessen Ecken P_1, P_2, P_3 die Coordinaten haben x_1, x_2, x_3; y_1, y_2, y_3; z_1, z_2, z_3, ist gegeben durch die Formel

$$\pm J = \frac{p_1 p_2 p_3 \cdot \Delta \cdot \sum \pm (x_1\, y_2\, z_3)}{p_x\, p_y\, p_z},$$

wobei das positive oder negative Vorzeichen zu stehen hat, je nachdem das Dreieck $P_1 P_2 P_3$ mit dem Coordinatendreieck 1—2—3 ($= \Delta$) gleichstimmig liegt oder nicht, d. h. je nachdem man beim Umlauf des Dreiecks $P_1 P_2 P_3$ im Sinne $P_1 - P_2 - P_3$ die Fläche des Dreiecks auf derselben Seite hat wie beim Umlauf von Δ im Sinne 1—2—3, oder nicht.

Bezogen auf irgend ein rechtwinkliges Hilfscoordinatensystem seien x', y'; x'', y''; x''', y''' die Coordinaten der Ecken des Dreiecks $P_1 P_2 P_3$; man hat alsdann für den Inhalt J die Gleichung

$$J = \pm \frac{1}{2} \begin{vmatrix} x' & y' & 1 \\ x'' & y'' & 1 \\ x''' & y''' & 1 \end{vmatrix},$$

wobei das positive oder negative Vorzeichen zu setzen ist, je nachdem die Seite $P_1 P_2$ zur Seite $P_1 P_3$ so liegt wie die positive x-Axe zur positiven y-Axe, oder umgekehrt[1]). Zufolge (9) in § 3 bestehen nun zwischen den rechtwinkligen und Dreieckscoordinaten der Ecken P_1, P_2, P_3 Beziehungen von der Form:

$$\begin{aligned} \sigma' x' &= A_1 x_1 + B_1 x_2 + C_1 x_3 & \sigma'' x'' &= A_1 y_1 + B_1 y_2 + C_1 y_3 \\ \sigma' y' &= A_2 x_1 + B_2 x_2 + C_2 x_3 & \sigma'' y'' &= A_2 y_1 + B_2 y_2 + C_2 y_3 \\ \sigma' &= A_3 x_1 + B_3 x_2 + C_3 x_3 & \sigma'' &= A_3 y_1 + B_3 y_2 + C_3 y_3 \end{aligned}$$

$$\begin{aligned} \sigma''' x''' &= A_1 z_1 + B_1 z_2 + C_1 z_3 \\ \sigma''' y''' &= A_2 z_1 + B_2 z_2 + C_2 z_3 \\ \sigma''' &= A_3 z_1 + B_3 z_2 + C_3 z_3, \end{aligned}$$

wobei die Grössen A_3, B_3, C_3 jedenfalls den Coordinaten p_1, p_2, p_3 der unendlich fernen Geraden proportional sind. Durch Einführung der Dreieckscoordinaten in den Ausdruck für J erhält man zufolge des Multiplicationstheorems der Determinanten

$$J = \pm \frac{1}{2} \sum \pm (A_1 B_2 C_3) \cdot \sum \pm (x_1 y_2 z_3) : \sigma' \sigma'' \sigma'''$$

$$= \pm \frac{1}{2} \frac{\sum \pm (A_1 B_2 C_3)}{A_3 B_3 C_3} \cdot \sum \pm (x_1 y_2 z_3) : \frac{\sigma' \sigma'' \sigma'''}{A_3 B_3 C_3};$$

nun sind aber

$$\frac{A_1}{A_3}, \frac{A_2}{A_3}; \quad \frac{B_1}{B_3}, \frac{B_2}{B_3}; \quad \frac{C_1}{C_3}, \frac{C_2}{C_3}$$

die rechtwinkligen Coordinaten der Ecken des Coordinatendreiecks Δ, daher $\Delta = \pm \frac{1}{2} \sum \pm (A_1 B_2 C_3) : A_3 B_3 C_3$, wo wieder das positive oder negative Vorzeichen gilt, je nachdem die Seiten $\overline{12}$ und $\overline{13}$ des

---

1) Wir setzen die (übrigens leicht abzuleitende) Formel für J bei rechtwinkligen Coordinaten als bekannt voraus und bemerken nur noch, dass eine ähnliche Vorzeichenregel wie die obige zuerst, allerdings bei anderer Gelegenheit, von Gauss gegeben sein dürfte in seinen „Disquisitiones generales circa superficies curvas", Commentationes soc. reg. scient. Gotting. rec., Bd. 6, S. 106, 1827, oder Gauss' Werke, hrsgg. von der kgl. Ges. d. Wissensch. zu Göttingen, Bd. 4, S. 225, oder in der deutschen, von Herrn Wangerin besorgten Ausgabe S. 10 (Ostwald's Classiker der exacten Wissenschaften, Nr. 5).

Dreiecks Δ so zu einander liegen wie die positive x-Axe zur positiven y-Axe, oder umgekehrt. Es wird folglich

$$\pm J = \frac{\Delta \cdot \sum \pm (x_1 y_2 z_3) \cdot A_3 B_3 C_3}{\sigma' \sigma'' \sigma'''},$$

und wir können nun sagen, dass hier das positive oder negative Vorzeichen zu stehen hat, je nachdem die Dreiecke $P_1 P_2 P_3$ und Δ gleichstimmig liegen oder nicht. Mit Hilfe von $A_3 : B_3 : C_3 = p_1 : p_2 : p_3$ ergibt sich sofort die zu beweisende Formel. Man könnte an Stelle von $p_1 p_2 p_3 \Delta$ auf Grund der Formeln S. 61 einsetzen $\frac{1}{2\sqrt{\tau}}$ und hätte alsdann $\pm 2J = \frac{\sum \pm (x_1 y_2 z_3)}{p_x \cdot p_y \cdot p_z \sqrt{\tau}}$, und zwar wäre hier rechts $\sqrt{\tau}$ dasselbe Vorzeichen zu ertheilen, welches $p_1 p_2 p_3$ besitzt.

Anwendung von § 4—6.

26. Die Gleichung einer dem Coordinatendreieck umschriebenen Curve zweiter Ordnung ist von der Form

$$a_1 x_2 x_3 + a_2 x_3 x_1 + a_3 x_1 x_2 = 0.$$

Die quadratischen Glieder müssen fehlen, weil die Gleichung erfüllt werden muss sowohl durch $x_2 = x_3 = 0$, als durch $x_3 = x_1 = 0$, als durch $x_1 = x_2 = 0$.

Dualistisch folgt:

27. Die Gleichung einer dem Coordinatendreiseit eingeschriebenen Curve zweiter Classe ist von der Form

$$\alpha_1 u_2 u_3 + \alpha_2 u_3 u_1 + \alpha_3 u_1 u_2 = 0.$$

28. Wie lautet die Gleichung einer dem Coordinatendreieck umschriebenen Curve zweiter Ordnung, deren Mittelpunkt die Coordinaten y_1, y_2, y_3 besitzt?

In $f(x, x) \equiv 2(a_1 x_2 x_3 + a_2 x_3 x_1 + a_3 x_1 x_2) = 0$ sind die a auszudrücken durch die y; unter Berücksichtigung von

$$y_1 : y_2 : y_3 = \frac{1}{2} F'(p_1) : \frac{1}{2} F'(p_2) : \frac{1}{2} F'(p_3)$$

folgt

$$\varrho y_1 = a_1(-a_1 p_1 + a_2 p_2 + a_3 p_3), \quad \varrho y_2 = a_2(a_1 p_1 - a_2 p_2 + a_3 p_3),$$
$$\varrho y_3 = a_3(a_1 p_1 + a_2 p_2 - a_3 p_3),$$

woraus man erhält

$$\sigma a_1 = y_1(-p_1y_1 + p_2y_2 + p_3y_3), \quad \sigma a_2 = y_2(p_1y_1 - p_2y_2 + p_3y_3),$$
$$\sigma a_3 = y_3(p_1y_1 + p_2y_2 - p_3y_3),$$

mit ϱ und σ als Proportionalitätsfactoren.

29. Wie lautet die Gleichung einer dem Coordinatendreiseit eingeschriebenen Curve zweiter Classe, deren Mittelpunkt die Coordinaten y_1, y_2, y_3 besitzt?

In $\varphi(u, u) \equiv 2(\alpha_1 u_2 u_3 + \alpha_2 u_3 u_1 + \alpha_3 u_1 u_2) = 0$ sind die α auszudrücken durch die y; unter Berücksichtigung von

$$y_1 : y_2 : y_3 = \frac{1}{2}\varphi'(p_1) : \frac{1}{2}\varphi'(p_2) : \frac{1}{2}\varphi'(p_3)$$

folgt

$$\varrho y_1 = \alpha_3 p_2 + \alpha_2 p_3, \quad \varrho y_2 = \alpha_3 p_1 + \alpha_1 p_3, \quad \varrho y_3 = \alpha_2 p_1 + \alpha_1 p_2,$$

woraus man erhält

$$\sigma \alpha_1 = p_1(-p_1y_1 + p_2y_2 + p_3y_3), \quad \sigma \alpha_2 = p_2(p_1y_1 - p_2y_2 + p_3y_3),$$
$$\sigma \alpha_3 = p_3(p_1y_1 + p_2y_2 - p_3y_3),$$

mit ϱ und σ als Proportionalitätsfactoren.

30. Die Gleichung derjenigen Curve zweiter Ordnung, welche das Coordinatendreieck zum Poldreieck hat und deren Mittelpunkt die Coordinaten y_1, y_2, y_3 besitzt, lautet

$$p_1 y_2 y_3 x_1^2 + p_2 y_3 y_1 x_2^2 + p_3 y_1 y_2 x_3^2 = 0.$$

Die Gleichung ist nach (50), S. 33 von der Form

$$a_{11} x_1^2 + a_{22} x_2^2 + a_{33} x_3^2 = 0;$$

andrerseits findet man nach (23), S. 25 für die Coordinaten des Mittelpunktes $p_1 : p_2 : p_3 = a_{11} y_1 : a_{22} y_2 : a_{33} y_3$, daher

$$a_{11} : a_{22} : a_{33} = p_1 y_2 y_3 : p_2 y_3 y_1 : p_3 y_1 y_2.$$

31. Die Gleichung derjenigen Curve zweiter Classe, welche das Coordinatendreiseit zum Poldreiseit hat und deren Mittelpunkt die Coordinaten y_1, y_2, y_3 besitzt, lautet

$$p_2 p_3 y_1 u_1^2 + p_3 p_1 y_2 u_2^2 + p_1 p_2 y_3 u_3^2 = 0.$$

Die Gleichung ist von der Form $\alpha_1 u_1^2 + \alpha_2 u_2^2 + \alpha_3 u_3^2 = 0$; andrerseits findet man nach (20), S. 43 $y_1 : y_2 : y_3 = \alpha_1 p_1 : \alpha_2 p_2 : \alpha_3 p_3$, daher $\alpha_1 : \alpha_2 : \alpha_3 = p_2 p_3 y_1 : p_3 p_1 y_2 : p_1 p_2 y_3$.

32. In welcher Weise wird die Gestalt aller durch drei Punkte

A, B, C der Ebene gehenden Curven zweiter Ordnung durch die Lage ihres Mittelpunktes bedingt?[1])

Die Gleichung des dem Coordinatendreieck umschriebenen Kegelschnitts mit dem Mittelpunkte y ist nach (28)

$$f(x,x) \equiv 2\{y_1(-p_1y_1+p_2y_2+p_3y_3)x_2x_3+y_2(p_1y_1-p_2y_2+p_3y_3)x_3x_1 \\ +y_3(p_1y_1+p_2y_2-p_3y_3)x_1x_2\} = 0$$

oder

$$2\{y_1r_yx_2x_3+y_2s_yx_3x_1+y_3t_yx_1x_2\} = 0,$$

wenn zur Abkürzung gesetzt wird

$$\begin{aligned} r_y &\equiv -p_1y_1+p_2y_2+p_3y_3 \\ s_y &\equiv p_1y_1-p_2y_2+p_3y_3 \\ t_y &\equiv p_1y_1+p_2y_2-p_3y_3. \end{aligned}$$

Man findet nun für die Determinante A den Werth

$$A = 2y_1y_2y_3\,r_y\,s_y\,t_y;$$

ferner wird

$$F(p,p) = \\ -(p_1^4y_1^4+p_2^4y_2^4+p_3^4y_3^4-2p_1^2p_2^2y_1^2y_2^2-2p_1^2p_3^2y_1^2y_3^2-2p_2^2p_3^2y_2^2y_3^2) \\ = p_yr_ys_yt_y.$$

Die Curve zerfällt also, wenn eine der Coordinaten y_i gleich Null ist, d. h. wenn der Mittelpunkt y auf einer Seite des Dreiecks ABC liegt; man sieht leicht, dass alsdann der Kegelschnitt aus dieser Seite und der Verbindungslinie von y mit der gegenüberliegenden Ecke besteht. Rückt y in eine der Ecken A, B, C, so zerfällt der Kegelschnitt in die zwei, in der betr. Ecke sich schneidenden Seiten von ABC. Die Discriminante verschwindet auch noch, wenn r_y oder s_y oder t_y gleich Null ist, d. h. (zufolge (22)) wenn y auf einer Seite des dem Dreieck ABC parallel eingeschriebenen Dreiecks $A'B'C'$ liegt; da alsdann auch $F(p,p) = 0$, so zerfällt der Kegelschnitt in ein Parallelenpaar, und zwar besteht dasselbe, falls z. B. y auf $B'C'$ liegt, aus der zu $B'C'$ parallelen Seite BC des Dreiecks und einer durch die gegenüberliegende Ecke A gezogenen Parallelen.

Im Falle $p_1y_1+p_2y_2+p_3y_3 = 0$ ist $F(p,p) = 0$, $A \gtrless 0$, die Curve also eine Parabel.

Aus dem Vorhergehenden erkennt man, dass bei Aufstellung der

---

1) Vgl. Steiner: „Teoremi relativi alle coniche inscritte e circoscritte", Journal für die reine und angewandte Mathematik, Bd. 30, S. 98, 1846, oder Giornale arcadico di Roma, Bd. 99, S. 147—161, oder „Gesammelte Werke", Bd. 2, S. 329 f.

Kriterien das parallel eingeschriebene Dreieck $A'B'C'$ eine wesentliche Rolle spielt.

Setzt man $r_y = p_1 Y_1$, $s_y = p_2 Y_2$, $t_y = p_3 Y_3$, so wird

$$p_y = p_1 Y_1 + p_2 Y_2 + p_3 Y_3$$

und

$$F(p, p) = p_1 p_2 p_3 Y_1 Y_2 Y_3 (p_1 Y_1 + p_2 Y_2 + p_3 Y_3).$$

Dieser Ausdruck ist nach (3) positiv oder negativ, je nachdem der Punkt Y in Bezug auf das durch die Geraden $Y_i = 0$ $(i = 1, 2, 3)$ gebildete, dem gegebenen Dreieck ABC parallel eingeschriebene Dreieck $A'B'C'$ trigonal oder tetragonal gelegen ist. Mit Rücksicht auf die in § 6 gegebenen Kriterien der Kegelschnitte folgt also:

Der umschriebene Kegelschnitt ist eine Ellipse, wenn der Mittelpunkt in Bezug auf das dem gegebenen Dreieck parallel eingeschriebene Dreieck trigonal und im Endlichen liegt; bei tetragonaler Lage im Endlichen ist der Kegelschnitt eine Hyperbel.

33. Man behandele dieselbe Frage wie in (32) für Curven zweiter Classe, die einem Dreieck ABC eingeschrieben sind[1]).

Die Gleichung dieser Curven wird nach (29) folgende:

$$\frac{1}{2}\varphi(u, u) \equiv p_1(-p_1 y_1 + p_2 y_2 + p_3 y_3) u_2 u_3 + p_2(p_1 y_1 - p_2 y_2 + p_3 y_3) u_3 u_1 \\ + p_3(p_1 y_1 + p_2 y_2 - p_3 y_3) u_1 u_2 = 0.$$

Bei analoger Behandlung dieser Gleichung wie zuvor gelangt man im wesentlichen zu denselben Kriterien wie bei (32), nur treten an Stelle der Parallelenpaare natürlich Punktepaare, und ein weiterer Unterschied ist dadurch veranlasst, dass bei dem Werthe der Discriminante der Factor $y_1 y_2 y_3$ fehlt, so dass statt der früheren sich im Endlichen schneidenden Geradenpaare nunmehr Hyperbeln auftreten, welche diejenige Seite des gegebenen Dreiecks ABC zur Asymptote haben, auf der der Mittelpunkt y liegt.

34. Man behandele dieselbe Frage wie in (32) und (33) für Curven zweiter Ordnung, die das Dreieck ABC (Coordinatendreieck) zum Poldreieck haben.

Die Gleichung dieser Curven ist nach (30):

$$p_1 y_2 y_3 x_1^2 + p_2 y_3 y_1 x_2^2 + p_3 y_1 y_2 x_3^2 = 0;$$

hier ist

$$A = p_1 p_2 p_3 y_1^2 y_2^2 y_3^2, \quad F(p, p) = p_1 p_2 p_3 y_1 y_2 y_3 (p_1 y_1 + p_2 y_2 + p_3 y_3),$$

also folgt wieder mit Rücksicht auf (3): Sobald der Mittelpunkt y in

1) Steiner a. a. O., im Journal für die reine und angewandte Mathematik Bd. 30, S. 97, in den „Gesammelten Werken“ Bd. 2, S. 329.

eine Seite des Coordinatendreiecks rückt, repräsentirt die Gleichung der Curve diese Seite doppelt zählend; der Kegelschnitt ist eine Ellipse oder Hyperbel, je nachdem y in Bezug auf das Dreieck ABC trigonal oder tetragonal liegt. Hierbei ist jedoch zu bemerken, dass einem im Inneren des Dreiecks gelegenen Mittelpunkte überhaupt kein reeller Kegelschnitt zugehört. Denn nimmt man an, dass der Einheitspunkt z. B. im Inneren des Dreiecks liege, so sind die y_i und p_i, mithin die Coefficienten von x_1^2, x_2^2 und x_3^2 positiv, die Summe dreier Quadrate müsste also verschwinden. Die Curve ist eine Parabel, wenn y im Unendlichen liegt, jedoch nicht im unendlich fernen Punkte einer Seite des Dreiecks ABC.

---

35. Die Verbindungslinien der Ecken eines Dreiecks mit den auf den gegenüberliegenden Seiten gelegenen Berührungspunkten eines eingeschriebenen Kegelschnitts schneiden sich in einem und demselben Punkte.

Das Dreieck wird als Coordinatendreieck gewählt; die Gleichung des Kegelschnitts ist dann von der Form

$$\varphi(u, u) \equiv \alpha_1 u_2 u_3 + \alpha_2 u_3 u_1 + \alpha_3 u_1 u_2 = 0.$$

Aus

$$\alpha_1 \varphi(u, u) \equiv (\alpha_2 u_1 + \alpha_1 u_2)(\alpha_3 u_1 + \alpha_1 u_3) - \alpha_2 \alpha_3 u_1^2,$$

geht hervor, dass $\frac{u_1}{\alpha_1} + \frac{u_2}{\alpha_2} = 0$ und $\frac{u_1}{\alpha_1} + \frac{u_3}{\alpha_3} = 0$ die Berührungspunkte des Kegelschnitts mit den Seiten $x_3 = 0$, resp. $x_2 = 0$ darstellen; analog ist $\frac{u_2}{\alpha_2} + \frac{u_3}{\alpha_3} = 0$ der Berührungspunkt mit $x_1 = 0$. Es repräsentirt nun $\frac{u_1}{\alpha_1} + \frac{u_2}{\alpha_2} + \frac{u_3}{\alpha_3} = 0$ einen Punkt, welcher auf der Verbindungslinie irgend eines der drei eben genannten Berührungspunkte mit der gegenüberliegenden Ecke liegt, also gehen diese drei Geraden durch jenen Punkt.

Dualistisch folgt:

36. Die Schnittpunkte der Seiten eines Dreiecks mit den durch die gegenüberliegende Ecke gezogenen Tangenten eines umschriebenen Kegelschnitts liegen in einer und derselben Geraden.

Auch die Umkehrung von (35) ist giltig, nämlich:

37. Die Verbindungslinien irgend eines Punktes mit den Ecken eines Dreiecks schneiden die gegenüberliegenden Seiten in drei Punkten, welche die Berührungspunkte eines dem Dreieck eingeschriebenen Kegelschnitts bilden.

Sind y_i $(i = 1, 2, 3)$ die Coordinaten des gegebenen Punktes, so haben die auf den Seiten $x_1 = 0$, $x_2 = 0$, $x_3 = 0$ gelegenen eben erwähnten Schnittpunkte bezw. die Gleichungen

$$y_2 u_2 + y_3 u_3 = 0, \quad y_3 u_3 + y_1 u_1 = 0, \quad y_1 u_1 + y_2 u_2 = 0;$$

andrerseits berührt der dem Dreieck eingeschriebene Kegelschnitt $\alpha_1 u_2 u_3 + \alpha_2 u_3 u_1 + \alpha_3 u_1 u_2 = 0$ z. B. die Seite $x_1 = 0$ im Punkte $\frac{u_2}{\alpha_2} + \frac{u_3}{\alpha_3} = 0$, welcher mit $y_2 u_2 + y_3 u_3 = 0$ identisch wird, sobald man $\alpha_2 : \alpha_3 = \frac{1}{y_2} : \frac{1}{y_3}$ setzt, und analog ist es bei den Berührungspunkten mit $x_2 = 0$ und $x_3 = 0$. Der betreffende eingeschriebene Kegelschnitt hat daher die Gleichung $\frac{u_2 u_3}{y_1} + \frac{u_3 u_1}{y_2} + \frac{u_1 u_2}{y_3} = 0$.

Ebenso gilt die Umkehrung von (36):

38. Die Verbindungslinien der Ecken eines Dreiecks mit den auf den gegenüberliegenden Seiten gelegenen Schnittpunkten irgend einer Geraden sind Tangenten eines dem Dreieck umschriebenen Kegelschnitts.

Aus (37) folgt mit Rücksicht auf (15) sofort:

39. Die Gleichung desjenigen Kegelschnitts, der die Seiten eines Dreiecks in ihren Mittelpunkten berührt, ist

$$p_1 u_2 u_3 + p_2 u_3 u_1 + p_3 u_1 u_2 = 0,$$

eine reelle Ellipse.

40. Verbindet man einen Punkt P mit den Ecken eines Dreiecks und construirt man in jeder Ecke zu den zwei anliegenden Seiten und zu der eben genannten Verbindungslinie den vierten harmonischen Strahl, so schneiden diese Strahlen die Gegenseiten des Dreiecks in drei Punkten, die auf einer und derselben Geraden, der sogenannten Harmonicale des Punktes P in Bezug auf das gegebene Dreieck, liegen.

Für y_i als Coordinaten des gegebenen Punktes P sind die Gleichungen der vierten harmonischen Strahlen

$$y_3 x_2 + y_2 x_3 = 0, \quad y_3 x_1 + y_1 x_3 = 0, \quad y_2 x_1 + y_1 x_2 = 0,$$

und diese schneiden die Gegenseiten in den Punkten $y_2 u_2 - y_3 u_3 = 0$, $y_1 u_1 - y_3 u_3 = 0$, $y_1 u_1 - y_2 u_2 = 0$, welche, wie leicht ersichtlich, auf der Geraden $\frac{x_1}{y_1} + \frac{x_2}{y_2} + \frac{x_3}{y_3} = 0$ liegen. Dieselbe heisst die lineare oder gerade Polare des Punktes y in Bezug auf das als ausartende Curve dritter Ordnung betrachtete Dreieck $x_1x_2x_3 = 0$[1]). Man versteht nämlich unter der geraden Polare eines Punktes y in Bezug auf eine beliebige Curve n^{ter} Ordnung $f(x_1, x_2, x_3) = 0$ die Gerade mit der Gleichung $x_1\left(\frac{\partial f}{\partial x_1}\right) + x_2\left(\frac{\partial f}{\partial x_2}\right) + x_3\left(\frac{\partial f}{\partial x_3}\right) = 0$, wobei in die Differentialquotienten $\left(\frac{\partial f}{\partial x_i}\right)$ an Stelle von x_i die Coordinaten y_i des gegebenen Punktes zu substituiren sind. Analog ist die konische Polare oder der Polarkegelschnitt von y in Bezug auf eine Curve $f(x_1, x_2, x_3) = 0$ gegeben durch die Gleichung $\sum_1^3{}_i \sum_1^3{}_k \left(\frac{\partial^2 f}{\partial x_i \partial x_k}\right) x_i x_k = 0$, wobei wieder in $\left(\frac{\partial^2 f}{\partial x_i \partial x_k}\right)$ die x_i durch die Coordinaten y_i des gegebenen Punktes zu ersetzen sind[2]). In Aufg. (42) wird die konische Polare von y in Bezug auf $x_1x_2x_3 = 0$ auftreten.

Es ist leicht zu sehen, wie der obigen geraden Polare

$$\frac{x_1}{y_1} + \frac{x_2}{y_2} + \frac{x_3}{y_3} = 0$$

auch umgekehrt der Punkt P entspricht, wie also allgemein zu jeder Geraden $v_x = 0$ ein Punkt $\frac{u_1}{v_1} + \frac{u_2}{v_2} + \frac{u_3}{v_3} = 0$ construirt werden kann.

41. Wie lautet der dem Satze (40) dualistisch zugehörige?

42. Die Verbindungslinien eines Punktes y mit den Ecken eines Dreiecks ABC schneiden die Seiten des Dreiecks in drei Punkten A_1, B_1, C_1; man beweise, dass die Verbindungslinien B_1C_1, C_1A_1, A_1B_1 dieser Punkte die Seiten BC, CA, AB in Punkten treffen, die auf der in (40) behandelten geraden Polare des Punktes y liegen. Man zeige ferner, dass die Verbindungslinien der Ecken des Dreiecks mit den auf den Gegenseiten gelegenen Schnittpunkten der geraden Polare Tangenten der (dem Dreieck umschriebenen) konischen Polare des Punktes y sind in Bezug auf das als ausartende Curve dritter Ordnung betrachtete Dreieck.

Für die Verbindungslinien B_1C_1, C_1A_1, A_1B_1 findet man leicht die Gleichungen

$$-\frac{x_1}{y_1} + \frac{x_2}{y_2} + \frac{x_3}{y_3} = 0, \quad \frac{x_1}{y_1} - \frac{x_2}{y_2} + \frac{x_3}{y_3} = 0, \quad \frac{x_1}{y_1} + \frac{x_2}{y_2} - \frac{x_3}{y_3} = 0;$$

diese Geraden schneiden die Seiten BC, CA, AB des Dreiecks resp. in

1) Vgl. Cayley „Sur quelques théorèmes de la géométrie de position", Journal für die reine und angewandte Mathematik, Bd. 34, S. 275, 1847.

2) Vgl. auch die Fussnote zu S. 22.

denselben Punkten $y_2u_2 - y_3u_3 = 0$, $y_1u_1 - y_3u_3 = 0$, $y_1u_1 - y_2u_2 = 0$, welche schon in (40) vorkamen und auf der geraden Polare

$$\frac{x_1}{y_1} + \frac{x_2}{y_2} + \frac{x_3}{y_3} = 0$$

liegen. Die Verbindungslinien dieser Punkte mit den gegenüberliegenden Ecken des Dreiecks sind nach (38) Tangenten eines dem Dreieck umschriebenen Kegelschnitts $y_1x_2x_3 + y_2x_3x_1 + y_3x_1x_2 = 0$, der die konische Polare von y in Bezug auf $x_1x_2x_3 = 0$ darstellt[1]).

43. Verbindet man die Punktepaare, in denen ein beliebiger Kegelschnitt die Seiten eines Dreiecks schneidet, mit den gegenüberliegenden Ecken, so sind diese drei Paare Verbindungslinien Tangenten eines zweiten Kegelschnitts[2]).

Für dasjenige Geradenpaar, welches die auf der Seite $x_1 = 0$ des Coordinatendreiecks gelegenen Punkte des gegebenen Kegelschnitts $\sum_1^3{}_i \sum_1^3{}_k a_{ik}x_ix_k = 0$ mit der gegenüberliegenden Ecke verbindet, ergibt sich unmittelbar die Gleichung $a_{22}x_2^2 + 2a_{23}x_2x_3 + a_{33}x_3^2 = 0$; für die zwei anderen Paare analoger Verbindungslinien erhält man $a_{11}x_1^2 + 2a_{13}x_1x_3 + a_{33}x_3^2 = 0$ und $a_{11}x_1^2 + 2a_{12}x_1x_2 + a_{22}x_2^2 = 0$. Diese drei Geradenpaare sollen Tangenten einer und derselben Curve zweiter Classe $\sum_1^3{}_i \sum_1^3{}_k b_{ik}u_iu_k = 0$ sein. Das vom Punkte $u_1 = 0$ an diese Curve gezogene Tangentenpaar hat nun nach (27), S. 45 und dualistisch zu (54), S. 34 die Gleichung $b_{33}x_2^2 - 2b_{23}x_2x_3 + b_{22}x_3^2 = 0$, es müssten also die Relationen bestehen $b_{33} = \varrho a_{22}$, $b_{23} = -\varrho a_{23}$, $b_{22} = \varrho a_{33}$, in denen ϱ einen Proportionalitätsfactor bedeutet. Die zwei anderen Tangentenpaare liefern ausserdem die Beziehungen $b_{33} = \sigma a_{11}$, $b_{13} = -\sigma a_{13}$, $b_{11} = \sigma a_{33}$ und $b_{11} = \tau a_{22}$, $b_{12} = -\tau a_{12}$, $b_{22} = \tau a_{11}$ (σ und τ Proportionalitätsfactoren), und es folgt nun sofort $\varrho:\sigma:\tau = a_{11}:a_{22}:a_{33}$, so dass man die Gleichung des gesuchten Kegelschnitts in der Gestalt erhält

$$a_{22}a_{33}u_1^2 + a_{33}a_{11}u_2^2 + a_{11}a_{22}u_3^2 - 2a_{11}a_{23}u_2u_3 - 2a_{22}a_{31}u_3u_1 - 2a_{33}a_{12}u_1u_2 = 0.$$

Ebenso gilt der dualistisch entsprechende Satz:

---

1) Vgl. auch hier die oben citirte Abhandlung von Cayley, S. 275, sowie Schröter: „Ueber perspectivisch liegende Dreiecke", Math. Annalen, Bd. 2, S. 562, 1870.

2) Vgl. Hesse „Satz aus der Lehre von den Kegelschnitten", Journal für die reine und angewandte Mathematik, Bd. 65, S. 384, 1865.

44. Legt man von den Ecken eines Dreiecks die Tangenten an einen Kegelschnitt, so schneiden diese die Gegenseiten in drei Punktepaaren eines zweiten Kegelschnitts.

45. Man beweise nachstehenden von Steiner ohne Beweis mitgetheilten Satz[1]):

„Zieht man aus den Ecken a, b, c eines gegebenen Dreiecks durch einen in seiner Ebene liegenden unbestimmten Punkt p Strahlen, welche die Gegenseiten beziehlich in den Punkten a_1, b_1, c_1 treffen, und verlangt, es soll das Product $ap \cdot bp \cdot cp = pa_1 \cdot pb_1 \cdot pc_1$ sein, so ist der Ort des Punktes p diejenige dem Dreieck abc umschriebene Ellipse, welche den Schwerpunkt desselben zum Mittelpunkt hat."

In $\frac{ap}{pa_1} \cdot \frac{bp}{pb_1} \cdot \frac{cp}{pc_1} = 1$ kann der Quotient $\frac{ap}{pa_1}$ aufgefasst werden als das Doppelverhältniss des Punktepaares a, a_1 zu dem aus p und dem unendlich fernen Punkte P_∞ der Geraden aa_1 bestehenden Punktepaar; dasselbe Doppelverhältniss besitzen die Strahlen ba, ba_1, bp, bP_∞. Sind y_1, y_2, y_3 die Coordinaten des Punktes p, bezogen auf das vorgelegte Dreieck als Coordinatendreieck, so ist $y_3x_2 - y_2x_3 = 0$ die Gleichung der Geraden aa_1, daher hat bP_∞ als Parallele zu aa_1 eine Gleichung von der Form $y_3x_2 - y_2x_3 + \lambda(p_1x_1 + p_2x_2 + p_3x_3) = 0$, wobei man λ dadurch bestimmt, dass diese Gerade durch die Ecke b des Dreiecks gehen soll. Man findet $\lambda = -y_3 : p_2$ und erhält so als Gleichung von bP_∞ die folgende: $p_1y_3x_1 + (p_2y_2 + p_3y_3)x_3 = 0$; die Gleichungen von ba, ba_1 und bp sind bezw. $x_3 = 0$, $x_1 = 0$ und $y_3x_1 - y_1x_3 = 0$, so dass sich für das gesuchte Doppelverhältniss der Werth ergibt:

$$\frac{ap}{pa_1} = -\frac{p_2y_2 + p_3y_3}{p_1y_1} = -\frac{p_y - p_1y_1}{p_1y_1}.$$

Analoge Ausdrücke erhält man für $\frac{bp}{pb_1}$ und $\frac{cp}{pc_1}$, daher unterliegen die Coordinaten y_i der Bedingung

$$(p_y - p_1y_1)(p_y - p_2y_2)(p_y - p_3y_3) = -p_1y_1 \cdot p_2y_2 \cdot p_3y_3,$$

woraus bei Ausführung der Multiplication der Klammern folgt

$$f(y, y) \equiv p_2p_3y_2y_3 + p_3p_1y_3y_1 + p_1p_2y_1y_2 = 0.$$

Offenbar stellt diese Gleichung eine dem Dreieck umschriebene Curve zweiter Ordnung dar, und zwar eine Ellipse, weil $F(p, p)$ positiv ist. Für ihren Mittelpunkt η findet man die Coordinaten

---

1) „Lehrsätze". Journal für die reine und angewandte Mathematik, Bd. 45, S. 177, 1852, oder auch „Gesammelte Werke", Bd. 2, S. 431.

$$\eta_1 : \eta_2 : \eta_3 = \frac{1}{p_1} : \frac{1}{p_2} : \frac{1}{p_3},$$

die nach (15) auch dem Schwerpunkt des Dreiecks angehören. Nach (42) ist diese Ellipse die konische Polare des Schwerpunktes in Bezug auf $x_1 x_2 x_3 = 0$.

---

46. Die Berührungspunkte der beiden Tangenten, die vom Punkte y an den Kegelschnitt $f(x, x) = 0$ gelegt werden können, sind gegeben durch die Gleichung $A(y_1 v_1 + y_2 v_2 + y_3 v_3)^2 - f(y, y) \cdot F(v, v) = 0$.

Soll eine Gerade $v_x = 0$ durch irgend einen von zwei Punkten des Kegelschnitts $f(x, x) = 0$ gehen, deren Tangenten sich in einem Punkte y schneiden, so besteht zwischen den Coordinaten v_i der Geraden und den Coordinaten y_i des Punktes nach (25), S. 45 die Relation $A v_y^2 - F(v, v) f(y, y) = 0$. Nimmt man die v_i als gegeben an, so stellt diese Gleichung in variabelen Punktcoordinaten das Tangentenpaar dar, welches in den Schnittpunkten der Curve $f(x, x) = 0$ und der Geraden $v_x = 0$ gezogen werden kann. Nimmt man die y_i als gegeben an, so stellt analog dieselbe Gleichung in variabelen Liniencoordinaten v_i das Paar von Berührungspunkten der beiden Tangenten dar, die vom Punkte y an den Kegelschnitt $f(x, x) = 0$ gelegt werden können[1]).

Folgt auch so: Die Berührungspunkte sind die Schnittpunkte der Curve mit der Polare $f(x, y) = 0$; daher hat man in der Gleichung $\binom{u\ v}{u\ v}$ des Schnittpunktepaares von $u_x = 0$ mit $f(x, x) = 0$ die u_i zu ersetzen durch $\frac{1}{2} f'(y_i)$. Subtrahirt man in der Determinante $\binom{u\ v}{u\ v}$ die mit y_1, y_2, y_3 multiplicirten ersten drei Reihen von den die $\frac{1}{2} f'(y_i)$ enthaltenden Reihen, so erhält man sofort für die Determinante den Ausdruck $A y_v^2 + f(y, y) \cdot \binom{v}{v} = 0$ oder also $A y_v^2 - f(y, y) \cdot F(v, v) = 0$.

Dualistisch folgt:

47. Die beiden Tangenten, die in den Schnittpunkten einer Geraden v und eines Kegelschnitts $\varphi(u, u) = 0$ gezogen werden können, sind gegeben durch die Gleichung

$$\mathsf{A}(v_1 x_1 + v_2 x_2 + v_3 x_3)^2 - \varphi(v, v) \cdot \Phi(x, x) = 0.$$

---

1) Eine analoge Gleichung tritt auch bei Curven n^{ter} Ordnung auf; vgl. speciell für Curven dritter Ordnung die Abhandlung von Herrn Gundelfinger: „Ueber geometrische Deutung algebraischer Formen, die in der Theorie der Curven dritter Ordnung auftreten". Math. Annalen, Bd. 8, S. 143, Zeile 11, 1874.

48. Es sei $f(x, x) = 0$ die Gleichung einer Curve zweiter Ordnung, $g(x, x) \equiv \sum_1^3{}^i \sum_1^3{}^k c_{ik} x_i x_k = 0$ diejenige irgend eines Tangentenpaares der Curve; man leite die Gleichung der beiden Berührungspunkte ab.

Der Punkt y, von welchem aus die beiden Tangenten gezogen sind, hat nach S. 28 f. Coordinaten, die sich ergeben aus $\varrho y_i y_k = C_{ik}$, wobei ϱ einen Proportionalitätsfactor und C_{ik} die Unterdeterminante des Elementes c_{ik} in der Determinante von $\psi(x, x)$ bezeichnet. Diese Werthe der $y_i y_k$ sind in die in (46) abgeleitete Gleichung des Paares der Berührungspunkte einzusetzen, wodurch man erhält

$$A\,G(v, v) - [a, C]\,F(v, v) = 0;$$

hierbei ist $G(v, v) \equiv \sum_1^3{}^i \sum_1^3{}^k C_{ik} v_i v_k$ und

$$[a, C] \equiv a_{11} C_{11} + 2 a_{12} C_{12} + a_{22} C_{22} + 2 a_{13} C_{13} + 2 a_{23} C_{23} + a_{33} C_{33}.$$

Dualistisch folgt:

49. Ist $\varphi(u, u) \equiv \sum_1^3{}^i \sum_1^3{}^k \alpha_{ik} u_i u_k = 0$ die Gleichung einer Curve zweiter Classe, $\psi(u, u) \equiv \sum_1^3{}^i \sum_1^3{}^k \gamma_{ik} u_i u_k = 0$ diejenige irgend eines Punktepaares auf derselben, so ist das Paar der Tangenten, das in diesen Punkten gezogen werden kann, gegeben durch

$$\mathsf{A}\Psi(x, x) - [\alpha, \Gamma]\,\Phi(x, x) = 0.$$

Die hier angewandte Bezeichnungsweise bedarf wohl keiner näheren Erläuterung.

Aus (48) folgt leicht:

50. Ist $\varphi(u, u) \equiv \sum_1^3{}^i \sum_1^3{}^k \alpha_{ik} u_i u_k = 0$ die Gleichung einer Curve zweiter Classe, $g(x, x) \equiv \sum_1^3{}^i \sum_1^3{}^k c_{ik} x_i x_k = 0$ diejenige irgend eines Tangentenpaares derselben, so stellt $\mathsf{A}G(v, v) - [\mathsf{A}, C]\,\varphi(v, v) = 0$ das Paar der Berührungspunkte dar.

Aus (49) folgt ebenso:

51. Ist $f(x, x) = 0$ die Gleichung einer Curve zweiter Ordnung, $\psi(u, u) \equiv \sum_1^3{}^i \sum_1^3{}^k \gamma_{ik} u_i u_k = 0$ diejenige irgend eines Punktepaares auf derselben, so stellt $A\Psi(x,x) - [A,\Gamma] f(x,x) = 0$ das zugehörige Tangentenpaar dar.

52. Man stelle die Bedingung auf, unter der von dem Schnittpunkte y zweier Geraden $u_x = 0$, $v_x = 0$ an den Kegelschnitt $f(x,x) = 0$ reelle oder imaginäre Tangenten gezogen werden können.

Die Tangenten sind reell oder imaginär, je nachdem in dem Strahlenbüschel $v_x + \lambda u_x = 0$ Strahlen vorhanden sind, die der Gleichung des Kegelschnitts in Liniencoordinaten genügen oder nicht. Es hängt also die Entscheidung ab von der Realität der Wurzeln der Gleichung $F(v_1 + \lambda u_1, v_2 + \lambda u_2, v_3 + \lambda u_3) = 0$ oder

$$F(v,v) + 2\lambda F(v,u) + \lambda^2 F(u,u) = 0;$$

dieselben sind reell oder imaginär, je nachdem

$$F(u,u)F(v,v) - F^2(u,v) < 0 \text{ oder } > 0.$$

Bei Einführung der Coordinaten y_i des Schnittpunktes der Geraden $u_x = 0$ und $v_x = 0$ kann man die linke Seite dieser Ungleichung auch ersetzen durch $A f(y,y)$. Beide Tangenten fallen zusammen, wenn $f(y,y) = 0$, d. h. der Punkt y auf der Curve selbst liegt, oder wenn $A = 0$, d. h. der Kegelschnitt aus einem Geradenpaare besteht.

53. Die Gleichung des Geradenpaares, das von einem beliebigen Punkte y nach den Schnittpunkten des Kegelschnitts $f(x,x) = 0$ mit einer Geraden $u_x = 0$ gezogen werden kann, lautet

$$u_y^2 \cdot f(x,x) - 2u_x u_y f(x,y) + f(y,y) u_x^2 = 0.$$

Man hat den Parameter λ zu eliminiren aus den beiden Gleichungen $f(x,x) + 2\lambda f(x,y) + \lambda^2 f(y,y) = 0$ und $u_x + \lambda u_y = 0$, wodurch sich obige Gleichung ergibt.

Liegt insbesondere der Punkt y auf der Curve selbst, so hat man einfacher $u_y f(x,x) - 2u_x f(x,y) = 0$.

54. Der zu der Richtung der Geraden $v_x = 0$ conjugirte Durchmesser des Kegelschnitts $f(x,x) = 0$ hat die Gleichung

$$\sum \pm \left(v_1\ p_2\ \frac{1}{2} f'(x_3)\right) = 0.$$

Der gesuchte Durchmesser ist die Polare des unendlich fernen Punktes von $v_x = 0$, hat demnach die Gleichung

$$\frac{1}{2} f'(x_1)(v_2 p_3 - v_3 p_2) + \frac{1}{2} f'(x_2)(v_3 p_1 - v_1 p_3) + \frac{1}{2} f'(x_3)(v_1 p_2 - v_2 p_1) = 0.$$

55. Die Gleichung für den Mittelpunkt derjenigen Sehne, welche durch die Schnittpunkte des Kegelschnitts $f(x, x) = 0$ mit der Geraden $v_x = 0$ bestimmt ist, lautet $\binom{v\ u}{v\ p}_{a_{ik}} = 0$.

Der gesuchte Mittelpunkt ist der Schnittpunkt von $v_x = 0$ mit dem zu der Richtung von $v_x = 0$ conjugirten Durchmesser, der nach (54) gegeben ist durch $\sum \pm \left(v_1\ p_2\ \frac{1}{2} f'(x_3)\right) = 0$. Denkt man sich diese Gleichung geordnet nach x_1, x_2, x_3, so ist leicht zu sehen, dass dieser Schnittpunkt in den veränderlichen Liniencoordinaten u_i die Gleichung hat $\binom{v\ u}{v\ p}_{a_{ik}} = 0$.

56. Die Gleichung des zu der Geraden $v_x = 0$ parallelen Tangentenpaares des Kegelschnitts $f(x, x) = 0$ aufzustellen.

Das Tangentenpaar ist vom unendlich fernen Punkt der Geraden $v_x = 0$ an den Kegelschnitt gezogen; dieser Punkt hat die Coordinaten $y_1 : y_2 : y_3 = (p_2 v_3 - p_3 v_2) : (p_3 v_1 - p_1 v_3) : (p_1 v_2 - p_2 v_1)$, welche nach S. 21 in $f(x,x) \cdot f(y,y) - f^2(x,y) = 0$ zu substituiren sind. Man findet:

$$f(x,x) \cdot \binom{p\ v}{p\ v}_{a_{ik}} - \frac{1}{4}\left[\sum \pm (f'(x_1)\, p_2\, v_3)\right]^2 = 0.$$

Diese Gleichung kann noch in eine andere Gestalt gebracht werden durch Anwendung der Formel (32), S. 27:

$$f(x, x)\, f(y, y) - f^2(x, y) = F(u, u),$$

wenn $u_1 = x_2 y_3 - x_3 y_2$, etc. In unserem Falle wird $u_1 = p_1 v_x - v_1 p_x$, so dass sich die Gleichung des Tangentenpaares verwandelt in

$$F(p, p) v_x^2 + F(v, v) p_x^2 - 2F(p, v)\, p_x v_x = 0.$$

Aus dieser Formel erkennt man auch, dass im Falle der Parabel $(F(p, p) = 0)$ die eine Tangente mit der unendlich fernen Geraden zusammenfällt, während die andere gegeben ist durch

$$F(v, v) \cdot p_x - 2F(p, v) \cdot v_x = 0.$$

57. Ist $f(x, x) = 0$ die Gleichung eines Geradenpaares $(A = 0)$, so sind die beiden Geraden einzeln dargestellt durch

$$\frac{1}{4} \sum \pm (f'(x_1)\, f'(y_2)\, u_3) \pm f(y, x) \sqrt{-F(u, u)} = 0,$$

wobei die y_i und u_i völlig willkürliche Werthe besitzen, die nur nicht den Coordinaten eines auf dem Geradenpaare liegenden Punktes, bezw. einer durch die Spitze gehenden Geraden proportional sein dürfen.

Es ist $f(y, x) = 0$ die Polare eines beliebigen Punktes y in Bezug auf das Geradenpaar $f(x, x) = 0$; auf dieser Polare wählen wir einen willkürlichen Punkt z, der aus der Polare ausgeschnitten werde durch eine Gerade $u_x = 0$. Die Verbindungslinien der Spitze des Geradenpaares mit den beiden Punkten y und z sind alsdann bezw. $f(z, x) = 0$ und $f(y, x) = 0$, wobei statt $f(z, x) = 0$ auch gesetzt werden kann $\frac{1}{4}\sum \pm (f'(x_1) f'(y_2) u_3) = 0$, denn es ist $z_1 = \frac{1}{2} f'(y_2) u_3 - \frac{1}{2} f'(y_3) u_2$; z_2 und z_3 haben analoge Werthe. Zu diesen Verbindungslinien liegen die Geraden $f(x, x) = 0$ harmonisch, sie müssen demnach einzeln Gleichungen haben von der Form

$$\pm \lambda f(y, x) + \frac{1}{4}\sum \pm (f'(x_1) f'(y_2) u_3) = 0,$$

wobei λ so zu bestimmen ist, dass der Punkt mit den Coordinaten $\lambda y_i + z_i$, $(i = 1, 2, 3)$, auf $f(x, x) = 0$ liegt, d. h. man hat λ zu bestimmen aus $\lambda^2 f(y, y) + 2\lambda f(y, z) + f(z, z) = 0$. Nun ist $f(y, z) \equiv 0$, $f(z, z)$ wird $f(y, y) F(u, u) - A u_y^2$, also gleich $f(y, y) \cdot F(u, u)$, da $A = 0$; man hat daher $f(y, y)\{\lambda^2 + F(u, u)\} = 0$ oder $\lambda = \sqrt{-F(u, u)}$.

Dualistisch folgt:

58. Ist $\varphi(u, u) = 0$ die Gleichung eines Punktepaares, so sind die beiden Punkte einzeln dargestellt durch

$$\frac{1}{4}\sum \pm (\varphi'(u_1)\, \varphi'(v_2)\, x_3) \pm \varphi(v, u) \sqrt{-\Phi(x, x)} = 0,$$

wobei die v_i und x_i analogen Einschränkungen unterliegen wie die y_i und u_i in (57), übrigens aber völlig willkürliche Zahlen bedeuten.

59. Das Product aus den senkrechten Entfernungen eines beliebigen Punktes eines Kegelschnitts von den beiden Asymptoten ist constant.

Für $g_x h_x = 0$, als Gleichung der beiden Asymptoten, ist $f(x, x) = 0$ nach (26), S. 45 von der Form $g_x h_x + \frac{A}{F(p, p)} p_x^2 = 0$, daher

$$\frac{g_x h_x}{\sqrt{\omega(g, g)}\sqrt{\omega(h, h)}} \cdot \frac{1}{p_x^2} = -\frac{A}{\sqrt{\omega(g, g)}\sqrt{\omega(h, h)}\, F(p, p)}.$$

Die linke Seite dieser Gleichung ist nach (1), S. 9 das Product der Abstände des Curvenpunktes x von den beiden Asymptoten, die rechte Seite eine Constante. — Der Satz kann auch mit Hilfe von (9) oder (10), S. 49 bewiesen werden, da aus $xy = \text{const.}$ noch

$$x \sin w \cdot y \sin w = \text{const.}$$

folgt, wobei w den Winkel der beiden Asymptoten bezeichnet; $x \sin w$ und $y \sin w$ sind aber die oben erwähnten senkrechten Entfernungen[1]).

---

60. Zieht man durch einen beliebigen Punkt P der Ebene eine Parallele zu einer Asymptote der Hyperbel, so wird das Stück der Parallelen, welches zwischen ihrem Schnittpunkte Q mit der Polare von P und dem Punkte P selbst liegt, von der Hyperbel halbirt.

Die Punkte P, Q bilden ein Paar conjugirter Pole in Bezug auf die Curve; da der eine Schnittpunkt der Geraden PQ und der Curve im Unendlichen liegt, muss der andere die Strecke PQ halbiren.

Aus gleichem Grunde gilt bei der Parabel der Satz:

61. Zieht man durch einen beliebigen Punkt P der Ebene eine Parallele zur Axe der Parabel[2]), so wird das Stück dieser Geraden, welches zwischen ihrem Schnittpunkte mit der Polare von P und dem Punkte P selbst liegt, von der Parabel halbirt.

62. Die Polare eines Punktes P in Bezug auf einen Kegelschnitt ist parallel zu dem conjugirten Durchmesser desjenigen Durchmessers D, auf welchem P gelegen ist.

Denn wenn P den Durchmesser D durchläuft, dreht sich die zugehörige Polare um dessen Pol; derselbe liegt aber im Unendlichen, so dass also die einzelnen Polaren, zu denen auch der conjugirte Durchmesser gehört, einander parallel sind.

63. Zieht man von einem Punkte P die zwei Tangenten an einen Kegelschnitt, so geht derjenige Durchmesser D, auf welchem P liegt, durch den Halbirungspunkt H der Berührungssehne MN.

Folgt mit Hilfe von (62), denn MN gehört demjenigen Sehnensystem an, zu welchem D conjugirt ist, d. h. der Durchmesser D halbirt die Sehne MN.

Ebenso leicht folgt:

---

1) Es lässt sich leicht zeigen (unter Rücksicht auf S. 64), dass das constante Product den Werth besitzt $\frac{-A \sin w}{F(p,p)\sqrt{-4\tau F(p,p)}}$, wobei $\sin^2 w = \frac{1}{1+\cot^2 w}$ auf Grund von (6), S. 111 berechnet werden kann. Bei Einführung der Längen a und b der halben Axen findet man im Falle einer Hyperbel die Constante gleich $\frac{a^2 b^2}{a^2+b^2}$, wobei a und b die auf S. 110 f. angegebene Bedeutung für die Hyperbel besitzen. Vgl. auch (112).

2) Zur Definition der Axe der Parabel vgl. S. 103.

64. Zieht man von einem Punkte P die zwei Tangenten an einen Kegelschnitt, so geht die Verbindungslinie von P mit dem Halbirungspunkte der Berührungssehne durch den Mittelpunkt der Curve.

Denn diese Verbindungslinie ist die Polare des auf der Berührungssehne unendlich weit gelegenen Punktes.

65. Bei jeder gleichseitigen Hyperbel[1]) werden die Winkel zwischen zwei conjugirten Durchmessern durch die Asymptoten halbirt.

Nach (24), S. 45 liegen die einzelnen Paare conjugirter Durchmesser harmonisch zum Asymptotenpaar; da das letztere bei der gleichseitigen Hyperbel aus zwei zu einander normalen Geraden besteht, halbiren diese Geraden die Winkel zweier conjugirten Durchmesser.

66. Es seien zwei Kegelschnitte, die das Coordinatendreieck zum Poldreieck haben, gegeben durch ihre Gleichungen

$$f \equiv a_1 x_1^2 + a_2 x_2^2 + a_3 x_3^2 = 0 \text{ und } g \equiv b_1 x_1^2 + b_2 x_2^2 + b_3 x_3^2 = 0.$$

Unter welcher Bedingung wird der erste Kegelschnitt von denjenigen Polaren umhüllt, welche den Punkten des ersten in Bezug auf den zweiten Kegelschnitt zugehören?

Die Polare eines auf $f = 0$ gelegenen Punktes x_1, x_2, x_3 hat mit Bezug auf $g = 0$ die Gleichung $b_1 x_1 X_1 + b_2 x_2 X_2 + b_3 x_3 X_3 = 0$; sie hat daher die Coordinaten $u_i = b_i x_i$ $(i = 1, 2, 3)$. Hieraus folgt $x_i = u_i : b_i$ und durch Substitution in $f = 0$ erhält man

$$\frac{a_1 u_1^2}{b_1^2} + \frac{a_2 u_2^2}{b_2^2} + \frac{a_3 u_3^2}{b_3^2} = 0.$$

Diese Gleichung stellt in Liniencoordinaten den Kegelschnitt f dar, falls $a_i : b_i^2$ proportional ist zu $1 : a_i$, d. h. wenn $a_1^2 : a_2^2 : a_3^2 = b_1^2 : b_2^2 : b_3^2$ oder $b_1 : b_2 : b_3 = \pm a_1 : \pm a_2 : \pm a_3$.

Jeder der vier Kegelschnitte

$$a_1 x_1^2 + a_2 x_2^2 + a_3 x_3^2 = 0$$
$$-a_1 x_1^2 + a_2 x_2^2 + a_3 x_3^2 = 0$$
$$a_1 x_1^2 - a_2 x_2^2 + a_3 x_3^2 = 0$$
$$a_1 x_1^2 + a_2 x_2^2 - a_3 x_3^2 = 0$$

hat daher die Eigenschaft, dass er selbst wieder entsteht, wenn man seine „reciproke Polare" in Bezug auf einen der drei übrigen nimmt. Man erkennt leicht, dass einer der vier Kegelschnitte imaginär sein muss.

---

1) Zur Definition der gleichseitigen Hyperbel vgl. S. 111.

Anwendung von § 7—9.

67. Jeder Kegelschnitt, der durch die imaginären Kreispunkte geht, ist ein Kreis.

Nach (43), S. 84 ist die Gleichung eines solchen Kegelschnitts in Liniencoordinaten jedenfalls von der Form

$$\omega(u, u) - \lambda(y_1 u_1 + y_2 u_2 + y_3 u_3)^2 = 0,$$

wobei $\omega(u, u) = 0$ die Gleichung des imaginären Kreispunktepaares, $y_1 u_1 + y_2 u_2 + y_3 u_3 = 0$ diejenige des Pols der unendlich fernen Geraden, also des Mittelpunktes der Curve darstellt, während λ irgend einen numerischen Coefficienten bezeichnet. Nach (2), S. 57 ist aber ein Ausdruck von der obigen Form die Gleichung eines Kreises.

Uebrigens kann man zum Beweise des Satzes ebenso gut ausgehen von der Gleichung eines Kegelschnitts in Punktcoordinaten.

68. Ist $K = 0$ die Gleichung eines Kreises in Punktcoordinaten, so stellt auch $K' \equiv \varkappa K - \lambda p_x q_x = 0$ einen Kreis dar, wobei $\varkappa$ und λ willkürliche Parameter sind, während $p_x = 0$ die Gleichung der unendlich fernen, $q_x = 0$ diejenige einer beliebigen Geraden ist.

Denn die Schnittpunkte der unendlich fernen Geraden mit $K' = 0$ sind dieselben wie diejenigen mit $K = 0$, nämlich die imaginären Kreispunkte; nach (67) ist daher auch der Kegelschnitt $K' = 0$ ein Kreis. Für $\varkappa = 0$ zerfällt derselbe in die Gerade $q_x = 0$ und die unendlich ferne Gerade, wodurch die in der Fussnote zu S. 59 erwähnte Ausartung entsteht.

Uebrigens kann jeder Kreis bei willkürlicher Wahl von K in der Form $K' = 0$ dargestellt werden, da das Verhältniss $\varkappa : \lambda$ und die Gerade q so bestimmt werden können, dass der Kreis durch drei beliebig gegebene Punkte geht.

69. Sind $K_1 = 0$ und $K_2 = 0$ die Gleichungen zweier Kreise in Punktcoordinaten, so stellt auch $K_3 \equiv \varkappa K_1 - \lambda K_2 = 0$, wobei $\varkappa$ und λ beliebige Parameter bedeuten, einen Kreis dar; derselbe geht offenbar durch die Schnittpunkte von $K_1 = 0$ und $K_2 = 0$, sein Mittelpunkt liegt daher auf der Centrale von K_1 und K_2.

70. Die gemeinsame Sehne der beiden Kreise $K_0 \equiv K - p_x q_x = 0$ und $K_1 \equiv K - p_x r_x = 0$ ($K = 0$ Gleichung eines dritten Kreises) hat die Gleichung $q_x - r_x = 0$.

Ein Punkt, dessen Coordinaten die Ausdrücke K_0 und K_1 zum Verschwinden bringen, gehört beiden Kreisen an, erfüllt aber auch die

Gleichung $K_0 - K_1 \equiv p_x(r_x - q_x) = 0$; ein solcher Punkt liegt demnach auch entweder auf der unendlich fernen Geraden (imag. Kreispunkt) oder auf $r_x - q_x = 0$, d. h. diese Gleichung stellt die gemeinsame Sehne, die sogenannte Radicalaxe oder Potenzlinie der beiden Kreise dar.

71. Die Radicalaxen je zweier von drei Kreisen schneiden sich in einem und demselben Punkte, dem sogenannten Radicalcentrum oder Potenzmittelpunkt der drei Kreise.

Es seien

$$K_0 \equiv K - p_x q_x = 0, \quad K_1 \equiv K - p_x r_x = 0, \quad K_2 \equiv K - p_x s_x = 0$$

die Gleichungen der drei Kreise; alsdann sind die zugehörigen Radicalaxen nach (70) dargestellt durch $q_x - r_x = 0$, $r_x - s_x = 0$, $s_x - q_x = 0$, und diese drei Geraden haben offenbar einen gemeinsamen Schnittpunkt.

72. Die beiden imaginären Kreispunkte sind einzeln dargestellt durch

$$\frac{1}{4}\sum \pm (\omega'(u_1)\,\omega'(v_2)\,x_3) \pm i\,\omega(v, u)\,p_x \sqrt{\tau} = 0,$$

wobei die v_i und x_i völlig willkürliche Werthe besitzen, die nur nicht den Gleichungen $\omega(v, v) = 0$, bezw. $p_x = 0$ genügen dürfen.

Folgt aus (58), denn nun ist $\Phi(x, x) \equiv \tau p_x^2$. — Man kann übrigens für $\omega'(v_i)$, $(i = 1, 2, 3)$, auch die Coordinaten irgend eines Punktes auf der unendlich fernen Geraden einsetzen, also Zahlenwerthe z_i, welche nur die Gleichung $p_1 z_1 + p_2 z_2 + p_3 z_3 = 0$ erfüllen müssen.

---

73. Die Gleichung des dem Coordinatendreieck umschriebenen Kreises lautet $\omega_{11} p_1 x_2 x_3 + \omega_{22} p_2 x_3 x_1 + \omega_{33} p_3 x_1 x_2 = 0$.

Jedenfalls ist die Gleichung von der Form $a_1 x_2 x_3 + a_2 x_3 x_1 + a_3 x_1 x_2$; der Mittelpunkt des umschriebenen Kreises hat nach (18) die Coordinaten $\omega_{11}\omega_{23} : \omega_{22}\omega_{31} : \omega_{33}\omega_{12}$, daher wird a_1 nach (28) gleich

$$\omega_{11}\omega_{23}(-\omega_{11}\omega_{23} p_1 + \omega_{22}\omega_{31} p_2 + \omega_{33}\omega_{12} p_3),$$

wobei der Klammerfactor auf Grund der Relationen $\frac{1}{2}\,\omega'(p_i) = 0$ identisch wird mit $-2\omega_{31}\omega_{12} p_1$, daher a_1 proportional zu $\omega_{11} p_1$.

74. Die Gleichung in Liniencoordinaten des dem Coordinatendreieck eingeschriebenen Kreises ist

$$(\omega_{23} - \sqrt{\omega_{22}\omega_{33}})\,u_2 u_3 + (\omega_{31} - \sqrt{\omega_{33}\omega_{11}})\,u_3 u_1 + (\omega_{12} - \sqrt{\omega_{11}\omega_{22}})\,u_1 u_2 = 0,$$

oder auch

$$p_1(-p_1\sqrt{\omega_{11}}+p_2\sqrt{\omega_{22}}+p_3\sqrt{\omega_{33}})u_2u_3$$
$$+p_2(p_1\sqrt{\omega_{11}}-p_2\sqrt{\omega_{22}}+p_3\sqrt{\omega_{33}})u_3u_1$$
$$+p_3(p_1\sqrt{\omega_{11}}+p_2\sqrt{\omega_{22}}-p_3\sqrt{\omega_{33}})u_1u_2=0.$$

Die Gleichung muss einerseits von der Form sein

$$2(\alpha_1u_2u_3+\alpha_2u_3u_1+\alpha_3u_1u_2)=0,$$

andrerseits nach (2), S. 57 von der Form $r^2p_y{}^2\omega(u,u)-u_y{}^2=0$; hieraus folgt durch Vergleichung der Coefficienten

$$y_1:y_2:y_3=\sqrt{\omega_{11}}:\sqrt{\omega_{22}}:\sqrt{\omega_{33}},$$

wie bereits in (16) erhalten wurde, ferner $\alpha_1=r^2p_y{}^2\omega_{23}-y_2y_3$, $r^2p_y{}^2=y_1{}^2:\omega_{11}$, daher $\alpha_1=\frac{y_1{}^2\omega_{23}}{\omega_{11}}-y_2y_3$ und nach Einführung der den y_i proportionalen $\sqrt{\omega_{ii}}$ erhält man $\alpha_1=\omega_{23}-\sqrt{\omega_{22}\omega_{33}}$. Mit Benutzung der Gleichung für die dem Coordinatendreieck eingeschriebene Curve zweiter Classe mit dem Mittelpunkte y (29) erhält man die zweite oben angegebene Form; beide sind selbstverständlich in einander überführbar. Gibt man den drei Grössen $\sqrt{\omega_{11}}$, $\sqrt{\omega_{22}}$, $\sqrt{\omega_{33}}$ nicht dieselben Vorzeichen, so gelangt man zu den Gleichungen der drei angeschriebenen Kreise.

75. Die Gleichung, sowie den Mittelpunkt und Radius desjenigen Kreises zu finden, für welchen das Coordinatendreieck ein Poldreieck ist.

Die Gleichung in Liniencoordinaten eines auf das Coordinatendreieck als Poldreieck bezogenen Kegelschnitts ist nach S. 33 und 44 von der Form $\alpha_1u_1{}^2+\alpha_2u_2{}^2+\alpha_3u_3{}^2=0$; andrerseits muss sie als Gleichung eines Kreises von der Form sein $r^2p_y{}^2\omega(u,u)-u_y{}^2=0$. Durch Vergleichung der Coefficienten folgt hieraus

$$y_1:y_2:y_3=\omega_{31}\omega_{12}:\omega_{12}\omega_{23}:\omega_{23}\omega_{31},$$

der Mittelpunkt fällt daher nach (17) in den Höhenschnittpunkt des Dreiecks.

Ferner wird $\alpha_1=r^2p_y{}^2\omega_{11}-y_1{}^2$, $r^2p_y{}^2=y_2y_3:\omega_{23}$, daher

$$\alpha_1=\frac{y_2y_3\omega_{11}}{\omega_{23}}-y_1{}^2=\omega_{31}\omega_{12}(\omega_{11}\omega_{23}-\omega_{31}\omega_{12})=-\omega_{31}\omega_{12}\Omega_{23};$$

analoge Werthe besitzen α_2 und α_3, so dass

$$\alpha_1:\alpha_2:\alpha_3=\omega_{31}\omega_{12}\Omega_{23}:\omega_{12}\omega_{23}\Omega_{31}:\omega_{23}\omega_{31}\Omega_{12},$$

oder nach (16), S. 60 wird

$$\alpha_1:\alpha_2:\alpha_3=\omega_{31}\omega_{12}p_2p_3:\omega_{12}\omega_{23}p_3p_1:\omega_{23}\omega_{31}p_1p_2.$$

Die gewünschte Gleichung des Kreises in Liniencoordinaten wird daher

$$\omega_{31}\omega_{12}p_2p_3u_1^2+\omega_{12}\omega_{23}p_3p_1u_2^2+\omega_{23}\omega_{31}p_1p_2u_3^2=0,$$

in Punktcoordinaten erhält man

$$\omega_{23}p_1x_1^2+\omega_{31}p_2x_2^2+\omega_{12}p_3x_3^2=0,$$

was übrigens auch direct aus (30) folgt.

Der Radius des Kreises kann mit Hilfe von $r^2p_y^2=y_2y_3:\omega_{23}$ berechnet werden. Bei Einführung der den y_i proportionalen Werthe findet man $r^2(p_1\omega_{31}\omega_{12}+p_2\omega_{12}\omega_{23}+p_3\omega_{23}\omega_{31})^2=\omega_{23}\omega_{31}\omega_{12}$; nun ist aber

$$p_1\omega_{31}\omega_{12}+p_2\omega_{12}\omega_{23}+p_3\omega_{23}\omega_{31}=\omega_{23}\omega_{31}p_3-\omega_{12}\omega_{33}p_3=\Omega_{12}p_3=\tau p_1p_2p_3,$$

daher $r^2=\frac{\omega_{23}\omega_{31}\omega_{12}}{\tau^2p_1^2p_2^2p_3^2}$, und wenn man die Formeln S. 61 benutzt, wird $r=\frac{2\Delta}{\sqrt{\tau}}\sqrt{\omega_{23}\omega_{31}\omega_{12}}$. Durch Substitution der Werthe ω_{ik} und

$$\sqrt{\tau}=\frac{\Delta}{r_0e_1e_2e_3},$$

wobei r_0 den Radius des dem Dreieck umschriebenen Kreises bezeichnet, wird $r=2r_0\sqrt{-\cos A_1\cdot\cos A_2\cdot\cos A_3}$, woraus hervorgeht, dass der obige Kreis nur reell ist, wenn ein stumpfwinkliges Dreieck vorliegt.

76. Die Gleichung des Kreises in Punktcoordinaten y_i, der die Verbindungslinie zweier gegebenen Punkte a und b zum Durchmesser hat, ist $\begin{pmatrix}a\ y\\ b\ y\end{pmatrix}_{\omega_{ik}}=0.$

Es seien a_i und b_i, $(i=1,2,3)$, die Coordinaten der beiden Punkte; das Geradenpaar, welches einen beliebigen Punkt y der Ebene mit a und b verbindet, hat alsdann die Gleichung

$$\sum\pm(x_1\,y_2\,a_3)\cdot\sum\pm(x_1\,y_2\,b_3)=0,$$

und wenn der Winkel des Geradenpaares ein Rechter ist, liegt der Punkt y auf der Peripherie des gesuchten Kreises. Die Bedingung hierfür erhält man zufolge der Formel für $\cos^2\alpha$ in (36), S. 65, indem man in der Gleichung des Geradenpaares die Producte x_ix_k ersetzt durch ω_{ik}; die so entstehende Gleichung lässt sich kurz schreiben in der Form $\begin{pmatrix}a\ y\\ b\ y\end{pmatrix}_{\omega_{ik}}=0$. (Vgl. auch (225).)

Insbesondere hat der über der Seite $x_1=0$ des Coordinatendreiecks als Durchmesser beschriebene Kreis die Gleichung

$$\omega_{23}x_1^2+\omega_{11}x_2x_3-\omega_{12}x_3x_1-\omega_{31}x_1x_2=0.$$

77. Man bilde die Gleichung in Liniencoordinaten des Kreises, der die Verbindungslinie zweier gegebenen Punkte a und b zum Durchmesser hat.

Ist $\varphi(u, u) \equiv a_u b_u = 0$ die Gleichung des Punktepaares, so hat man für den gesuchten Kreis nach (2), S. 57 und (20), S. 43 einen Ausdruck von der Form

$$r^2 \left\{\frac{1}{2}\varphi'(p_1)p_1 + \frac{1}{2}\varphi'(p_2)p_2 + \frac{1}{2}\varphi'(p_3)p_3\right\}^2 \omega(u, u) -$$
$$- \left\{\frac{1}{2}\varphi'(p_1)u_1 + \frac{1}{2}\varphi'(p_2)u_2 + \frac{1}{2}\varphi'(p_3)u_3\right\}^2 = 0,$$

wo nun der Radius r noch zu bestimmen ist. Derselbe ist gleich der halben Entfernung der beiden Punkte a und b, daher nach (10), S. 59 $4r^2 = \begin{pmatrix} a\, b \\ a\, b \end{pmatrix}_{\omega_{ik}} : \tau p_a{}^2 p_b{}^2$; es besteht nun, wie auch aus einer Bemerkung S. 64 hervorgeht, stets die Relation

$$\sum \pm (a_1 b_2 x_3)^2$$
$$= -4(A_{11}x_1{}^2 + 2A_{12}x_1x_2 + A_{22}x_2{}^2 + 2A_{13}x_1x_3 + 2A_{23}x_2x_3 + A_{33}x_3{}^2),$$

in der die A_{ik} die Unterdeterminanten in der Determinante von $\varphi(u, u)$ bezeichnen, und diese Relation ist nach (35), S. 76 noch giltig, wenn man die Producte $x_i x_k$ ersetzt durch ω_{ik}. Hierdurch verwandelt sich $\sum \pm (a_1 b_2 x_3)^2$ in $\begin{pmatrix} a\, b \\ a\, b \end{pmatrix}_{\omega_{ik}}$, und man erhält $\begin{pmatrix} a\, b \\ a\, b \end{pmatrix}_{\omega_{ik}} = -4[A, \omega]$; ferner ist $p_a p_b = \varphi(p, p)$, mithin $4r^2 = -\frac{4[A, \omega]}{\tau\varphi^2(p, p)}$, und die Gleichung des Kreises erhält also die Gestalt $[A, \omega]\cdot\omega(u, u) + \tau\varphi^2(p, u) = 0$.

78. Ein Kegelschnitt wird von einer Geraden in zwei Punkten geschnitten; man stelle die Gleichung des Kreises auf, der die Verbindungslinie der beiden Schnittpunkte zum Durchmesser hat.

Es sei $f(x, x) = 0$ die Gleichung des Kegelschnitts, $v_x = 0$ diejenige der Geraden; ein Punkt y liegt auf der Peripherie des genannten Kreises, wenn das von y aus nach den Schnittpunkten von $f(x, x) = 0$ und $v_x = 0$ gezogene Geradenpaar einen rechten Winkel einschliesst. Die Gleichung dieses Geradenpaares ist nach (53)

$$v_y{}^2 f(x, x) - 2v_x v_y f(x, y) + f(y, y) v_x{}^2 = 0;$$

die Bedingung für den rechten Winkel erhält man zufolge der Formel für $\cos^2 \alpha$ in (36), S. 65 dadurch, dass man in der Gleichung des Geradenpaares die $x_i x_k$ ersetzt durch ω_{ik}. Alsdann entsteht

$$[a, \omega]\, v_y{}^2 - \frac{1}{2}\{\omega'(v_1)f'(y_1) + \omega'(v_2)f'(y_2) + \omega'(v_3)f'(y_3)\}\, v_y +$$
$$+ \omega(v, v) f(y, y) = 0.$$

79. Welche geometrische Bedeutung hat diese Gleichung, wenn die Coordinaten y_i als fest gegeben, dagegen die Liniencoordinaten v_i als veränderlich betrachtet werden?

---

80. Man bestimme den Winkel, den die Tangente eines Kreises mit einer durch den Berührungspunkt gezogenen Sehne $u_x = 0$ bildet.

Bekanntlich ist dieser Winkel (er sei α) halb so gross wie der der Sehne zugehörige Centriwinkel; daher wird $\cos\alpha$ gleich dem durch die Länge r des Kreisradius dividirten Abstand des Kreismittelpunktes y von der Geraden $u_x = 0$, d. h. es wird $\cos\alpha = \dfrac{u_y}{r p_y \sqrt{\omega(u, u)}}$.

81. Man bestimme die Länge der Sehne, welche durch die Schnittpunkte des Kegelschnitts $f(x, x) = 0$ mit der Geraden $u_x = 0$ begrenzt ist.

Sind y_i und z_i, $(i = 1, 2, 3)$, die Coordinaten der Schnittpunkte, so hat man für das Quadrat r^2 der Entfernung dieser beiden Punkte nach (10), S. 59 den Ausdruck $r^2 = \begin{pmatrix} y & z \\ y & z \end{pmatrix}_{\omega_{ik}} : \tau p_y^2 p_z^2$. In veränderlichen Liniencoordinaten v_i ist das Schnittpunktepaar nach (53a), S. 34 gegeben durch $\psi(v, v) \equiv \begin{pmatrix} u & v \\ u & v \end{pmatrix}_{a_{ik}} = 0$, man hat also $v_y \cdot v_z \equiv \begin{pmatrix} u & v \\ u & v \end{pmatrix}_{a_{ik}}$ und analog $p_y \cdot p_z = \begin{pmatrix} u & p \\ u & p \end{pmatrix}_{a_{ik}}$, wodurch der Nenner in r^2 bestimmt ist. Ferner besteht nach einer Bemerkung auf S. 64 die Relation

$$\sum \pm (y_1 z_2 x_3)^2 = -4(\Psi_{11} x_1^2 + \cdots + 2\Psi_{23} x_2 x_3 + \cdots),$$

wobei die Ψ_{ik} die Unterdeterminanten in der Determinante von $\psi(v, v)$ bezeichnen; da diese Relation für alle Werthe der x besteht, so bleibt sie nach (35), S. 76 noch richtig, wenn man die Producte $x_i x_k$ ersetzt durch ω_{ik}, wovon sofort Gebrauch gemacht werden wird. Andrerseits stellt $\Psi(x, x) = 0$ das Quadrat des Trägers des Punktepaares y, z dar, muss daher u_x^2 als einen Factor enthalten, und da $\Psi(x, x) = 0$ auch erfüllt wird, wenn u_x eine Tangente der Curve $f(x, x) = 0$ ist, so wird der andere Factor bis auf einen Zahlencoefficienten gleich $F(u, u)$; man findet in der That

$$\Psi(x, x) = u_x^2 (A_{11} u_1^2 + \cdots + 2 A_{23} u_2 u_3 + \cdots) = u_x^2 \cdot F(u, u).$$

Durch Substitution dieses Ausdrucks in $\sum \pm (y_1 z_2 x_3)^2 = -4\Psi(x, x)$ und Vertauschung der $x_i x_k$ mit den ω_{ik} folgt $\begin{pmatrix} y & z \\ y & z \end{pmatrix}_{\omega_{ik}} = -4\omega(u, u) \cdot F(u, u)$.

Mit Benutzung dieses und des oben für $p_y p_z$ gefundenen Werthes verwandelt sich die Formel für r^2 in

$$r^2 = -\frac{4\omega(u,u)\cdot F(u,u)}{\tau\begin{pmatrix} p & u \\ p & u\end{pmatrix}^2_{a_{ik}}}.$$

Hieraus folgt sofort:

82. Alle in dem Kegelschnitt $f(x,x)=0$ gezogenen Sehnen von derselben Länge r umhüllen die Curve vierter Classe

$$4\omega(u,u)\cdot F(u,u)+r^2\tau\begin{pmatrix} p & u \\ p & u\end{pmatrix}^2_{a_{ik}}=0.$$

83. Die Länge r der Strecke, welche auf der Geraden $u_x=0$ durch zwei andere Geraden $v_x=0$ und $w_x=0$ abgeschnitten wird, ist gegeben durch

$$r^2=\frac{\omega(u,u)\cdot\sum\pm(u_1v_2w_3)^2}{\tau\cdot\sum\pm(v_1u_2p_3)^2\sum\pm(w_1u_2p_3)^2}.$$

Man hat bei der in (81) abgeleiteten Formel $f(x,x)$ zu ersetzen durch v_xw_x; alsdann ist (dualistisch zu einer Bemerkung auf S. 64) $F(u,u)=-\frac{1}{4}\sum\pm(u_1v_2w_3)^2$, während sich $\begin{pmatrix} u & p \\ u & p\end{pmatrix}_{a_{ik}}$ verwandelt in $\sum\pm(v_1u_2p_3)\cdot\sum\pm(w_1u_2p_3)$.

84. Ein Winkel von constanter Grösse, dessen Scheitel in einem beliebig aber fest gewählten Punkte y eines Kegelschnitts liegt, dreht sich um seinen Scheitel. Was für eine Curve wird von der jeweiligen Verbindungslinie der beiden Schnittpunkte des Kegelschnitts mit den Schenkeln des Winkels umhüllt?

Die Gleichung der beiden Schenkel ist nach (53)

$$g(x,x)\equiv\sum_1^3{}_i\sum_1^3{}_k b_{ik}x_ix_k\equiv 2u_xf(x,y)-u_yf(x,x)=0,$$

wenn u_1, u_2, u_3 die Coordinaten der eben genannten Verbindungslinie bezeichnen. Auf diese Gleichung ist die Formel $\operatorname{tg}^2\alpha=-\frac{4\tau G(p,p)}{[b,\omega]^2}$ ((36), S. 65) für den Winkel α des durch $g(x,x)=0$ dargestellten Geradenpaares anzuwenden. Der Zähler $G(p,p)$ muss proportional werden zu p_y^2, denn $G(v,v)=0$ würde die Spitze y des Geradenpaares doppelt darstellen. Auch wird $G(p,p)=0$ erfüllt, wenn $u_x=0$ eine Tangente der Curve $f(x,x)=0$ ist; daher wird der andere Factor von $G(p,p)$ bis auf einen Zahlencoefficienten gleich $F(u,u)$, und man findet in der That $G(p, p) = F(u, u) \cdot p_y^2$. Die Grösse $[b, \omega]$ im Nenner geht aus $g(x, x)$ dadurch hervor, dass man die Producte $x_i x_k$ ersetzt durch ω_{ik}; man erhält alsdann

$$\frac{1}{2}\{f'(y_1)\cdot\omega'(u_1) + f'(y_2)\cdot\omega'(u_2) + f'(y_3)\cdot\omega'(u_3)\} - [a, \omega]u_y.$$

Für die Umhüllungscurve folgt daher die Gleichung

$$\operatorname{tg}^2\alpha\left\{\frac{1}{2}\{f'(y_1)\cdot\omega'(u_1) + f'(y_2)\cdot\omega'(u_2) + f'(y_3)\cdot\omega'(u_3)\} - [a, \omega]u_y\right\}^2 + \\ + 4\tau p_y^2 \cdot F(u, u) = 0,$$

mithin eine Curve zweiter Classe.

In dem besonderen Falle, dass der rotirende Winkel ein Rechter ist, reducirt sich die Curve auf den doppelt zu zählenden Punkt

$$\frac{1}{2}\{(f'(y_1)\cdot\omega'(u_1) + f'(y_2)\cdot\omega'(u_2) + f'(y_3)\cdot\omega(u_3)\} - [a, \omega]u_y = 0,$$

wie übrigens auch aus (79) für $f(y, y) = 0$ folgen würde. Dieser Punkt liegt nothwendig auf der in y senkrecht zur Tangente von y gezogenen Geraden (Normale von y), denn wenn der eine Schenkel des rotirenden rechten Winkels die Lage der Tangente des Kegelschnitts im Punkte y einnimmt, fällt die obige variabele Verbindungslinie mit der Normale dieses Punktes zusammen. Mit Benutzung dieser Thatsache lässt sich lediglich durch Anwendung eines rechten Winkels in einem beliebigen Punkte eines Kegelschnitts die Normale construiren[1]).

Man erkennt übrigens aus der Gleichung der im allgemeinen Falle (bei beliebigem α) entstehenden Umhüllungscurve zweiter Classe, dass diese Curve den gegebenen Kegelschnitt doppelt berührt und dass der im Falle $\alpha = 90^0$ entstehende Punkt stets Pol der betreffenden Berührungssehne ist.

---

85. Welche Bedingung müssen die Coordinaten w_1, w_2, w_3 einer Geraden erfüllen, wenn dieselbe mit einer Geraden des Paares

$$f(x, x) \equiv u_x v_x = 0$$

einen Winkel α bilden soll, für den $\operatorname{tg}\alpha = t$ gegeben ist?

Für den Winkel, den die beiden Geraden u und w mit einander bilden, hat man nach S. 64 die Formel $\operatorname{tg}\alpha = t = \dfrac{\sqrt{\tau}\sum \pm (p_1 u_2 w_3)}{\omega(u, w)}$,

1) Dieses Theorem wurde zuerst von Frégier bewiesen und auch auf den Raum für Flächen 2. Ordnung erweitert in seiner Abhandlung „Théorèmes nouveaux sur les lignes et surfaces du second ordre", Annales de Mathématiques, herausgegeben von Gergonne, Bd. 6, S. 229 ff., 1816; zuvor war das Theorem von Frégier angekündigt worden in der Correspondance sur l'école polytechnique, hrsgg. von Hachette, Bd. 3, S. 394, 1816.

daher $\omega(u, w)\cdot t - \sqrt{\tau}\sum\pm(p_1 u_2 w_3) = 0$. Da in der Aufgabe unentschieden ist, ob die Gerade w mit $u_x = 0$ oder mit $v_x = 0$ den Winkel α bilden soll, so ist auch $\omega(v, w)t - \sqrt{\tau}\sum\pm(p_1 v_2 w_3) = 0$ zu berücksichtigen; die Lösung der Aufgabe wird folglich durch Multiplication der beiden in t linearen Gleichungen erhalten in der Gestalt

$$\omega(u, w)\,\omega(v, w)\,t^2 -$$
$$-\sqrt{\tau}\left\{\omega(u, w)\sum\pm(p_1 v_2 w_3) + \omega(v, w)\sum\pm(p_1 u_2 w_3)\right\}t$$
$$+\tau\sum\pm(p_1 u_2 w_3)\cdot\sum\pm(p_1 v_2 w_3) = 0.$$

Offenbar ist der Coefficient von t^2 in dieser Gleichung

$$f\left(\frac{1}{2}\,\omega'(w_1),\ \frac{1}{2}\,\omega'(w_2),\ \frac{1}{2}\,\omega'(w_3)\right);$$

der Coefficient von t^1 ist mit Rücksicht auf $2f(x, y) = u_x v_y + u_y v_x$ identisch mit

$$-\sqrt{\tau}\left\{\frac{1}{2}\,\omega'(w_1)f'(y_1) + \frac{1}{2}\,\omega'(w_2)f'(y_2) + \frac{1}{2}\,\omega'(w_3)f'(y_3)\right\},$$

wobei $y_1 = w_2 p_3 - w_3 p_2$, $y_2 = w_3 p_1 - w_1 p_3$, $y_3 = w_1 p_2 - w_2 p_1$. Das absolute Glied wird $\tau\begin{pmatrix} p & w \\ p & w\end{pmatrix}_{a_{ik}}$. Uebrigens stellt die Gleichung für variabele Liniencoordinaten w_i ein Punktepaar im Unendlichen dar, das für $t = \infty$ mit den Normalencentra der zwei gegebenen Geraden zusammenfällt.

86. Der Winkel α der Tangenten, welche vom Punkte y an die Curve zweiter Classe $\varphi(u, u) \equiv \sum_1^3 \sum_1^3 \alpha_{ik} u_i u_k = 0$ gezogen werden können, ist gegeben durch die Formel

$$\operatorname{tg}\alpha = \pm\frac{p_y\sqrt{-\tau\cdot\Phi(y, y)}}{\chi(y, y)},$$

wobei

$$2\chi(y, y) \equiv (\alpha_{22}\omega_{33} + \alpha_{33}\omega_{22} - 2\alpha_{23}\omega_{23})y_1^2 + \cdots$$
$$+ 2(\alpha_{31}\omega_{23} + \alpha_{23}\omega_{31} - \alpha_{33}\omega_{12} - \alpha_{12}\omega_{33})y_1 y_2 + \cdots.$$

Die Gleichung des Tangentenpaares ist nach (27), S. 45

$$g(x, x) \equiv \sum_1^3 \sum_1^3 b_{ik} x_i x_k \equiv \begin{pmatrix} y & x \\ y & x\end{pmatrix}_{\alpha_{ik}} = 0,$$

und nun hat man eine der Formeln (36), S. 65 für den Winkel eines durch

$f(x, x) = 0$ dargestellten Geradenpaares anzuwenden auf $g(x, x) = 0$; es folgt alsdann $\operatorname{tg}^2 \alpha = -\frac{4\tau G(p, p)}{[b, \omega]^2}$. Es ist

$$[b, \omega] = \alpha_{11}(y_2^2\omega_{33} + y_3^2\omega_{22} - 2y_2y_3\omega_{23}) + \cdot$$
$$+ 2\alpha_{12}(y_3y_1\omega_{23} + y_2y_3\omega_{31} - y_3^2\omega_{12} - y_1y_2\omega_{33}) + \cdot\cdot =$$
$$= (\alpha_{22}\omega_{33} + \alpha_{33}\omega_{22} - 2\alpha_{23}\omega_{23})y_1^2 + \cdot\cdot +$$
$$+ 2(\alpha_{31}\omega_{23} + \alpha_{23}\omega_{31} - \alpha_{33}\omega_{12} - \alpha_{12}\omega_{33})y_1y_2 + \cdot\cdot,$$

wofür $2\chi(y, y)$ gesetzt werden möge[1]). Die Grösse $G(u, u)$ muss (ähnlich wie in (84)) proportional werden zu u_y^2; denn $G(u, u) = 0$ würde die Spitze y des Tangentenpaares doppelt zählend darstellen. Ferner wird $G(u, u) = 0$ erfüllt, wenn y auf der Curve liegt, daher wird der andere Factor von $G(p, p)$ bis auf einen Zahlencoefficienten gleich $\Phi(y, y)$, und man findet in der That $G(u, u) = u_y^2 \cdot \Phi(y, y)$, mithin $G(p, p) = p_y^2 \cdot \Phi(y, y)$. Durch Substitution der für $[b, \omega]$ und $G(p, p)$ gefundenen Werthe in die Formel für $\operatorname{tg}^2 \alpha$ folgt das oben angegebene Resultat.

Diese Formel kann auch noch abgeleitet werden mit Benutzung der zu (13), § 15 dualistischen Relation

$$(\alpha - 1)^2\chi^2(y, y) - (\alpha + 1)^2\Phi(y, y) \cdot \Psi(y, y) = 0$$

für das Doppelverhältniss, welches die vom Punkte y nach zwei Curven zweiter Classe $\varphi(u, u) = 0$ und $\psi(u, u) = 0$ gezogenen Tangentenpaare mit einander bilden. Man hat nur an Stelle von $\psi(u, u) = 0$ das imaginäre Kreispunktepaar zu setzen und den in (35), S. 64 ausgesprochenen Satz anzuwenden, wonach der Winkel der von y an $\varphi(u, u) = 0$ gezogenen Tangenten aus dem eben genannten Doppelverhältniss m durch Division mit $2i$ hervorgeht. Bei Uebergang zu den trigonometrischen Functionen wäre dann Gebrauch zu machen von der Relation $\ln m = 2i \cdot \arccos \frac{m + 1}{2\sqrt{m}}$.

Denkt man sich $\operatorname{tg} \alpha$ fest gegeben, dagegen den Punkt y variabel, so folgt sofort:

87. Der geometrische Ort aller Punkte y, von denen betrachtet eine Curve zweiter Classe $\varphi(u, u) = 0$ unter einem gegebenen Winkel α oder dessen Nebenwinkel erscheint, ist die Curve vierter Ordnung

$$\operatorname{tg}^2 \alpha \cdot \chi^2(y, y) + \tau\Phi(y, y) \cdot p_y^2 = 0.$$

1) Hinsichtlich dieser Bezeichnungsweise vergleiche man auch (29), S. 148. Für $\alpha = 90^0$ erhält man den Satz (31), S. 148.

Besteht insbesondere die gegebene Curve zweiter Classe $\varphi(u, u) = 0$ aus einem Punktepaar $(\varphi(u, u) \equiv a_u b_u = 0)$, so wird $\Phi(y, y)$ proportional dem Quadrat des Trägers, und zwar ist nach einer Bemerkung auf S. 64 $\Phi(y, y) = -\frac{1}{4}\sum \pm (a_1 b_2 x_3)^2$; ferner verwandelt sich $2\chi(y, y)$ in $\binom{a\ y}{b\ y}_{\omega_{ik}}$, und man erhält das Resultat:

88. Der geometrische Ort aller Punkte y, von denen betrachtet die Strecke zwischen zwei Punkten a, b unter einem gegebenen Winkel α oder dessen Nebenwinkel erscheint, besteht aus den zwei Kreisen

$$\operatorname{tg} \alpha \cdot \binom{a\ y}{b\ y}_{\omega_{ik}} \pm \sqrt{\tau} \cdot \sum \pm (a_1 b_2 y_3) \cdot p_y = 0.$$

Dass der betreffende Ort in der That aus zwei Kreisen besteht, ist nicht nur aus der elementaren Geometrie bekannt, sondern folgt auch aus (76) mit Rücksicht auf (68); denn weil $\binom{a\ y}{b\ y}_{\omega_{ik}} = 0$ den über der Strecke ab als Durchmesser errichteten Kreis darstellt, ist nach (68) auch jede der beiden sich im Vorzeichen von $\sqrt{\tau}$ unterscheidenden Curven ein Kreis.

89. Der Winkel α der Tangenten, welche vom Punkte y an die Curve zweiter Ordnung $f(x, x) \equiv \sum_1^3{}^i \sum_1^3{}^k a_{ik} x_i x_k = 0$ gezogen werden können, ist gegeben durch die Formel $\operatorname{tg} \alpha = \pm \frac{p_y \sqrt{-\tau A f(y, y)}}{H}$, wobei

$$\begin{aligned} 2H \equiv (&A_{22}\omega_{33} + A_{33}\omega_{22} - 2A_{23}\omega_{23})y_1^2 + \cdots \\ &+ 2(A_{31}\omega_{23} + A_{23}\omega_{31} - A_{33}\omega_{12} - A_{12}\omega_{33})y_1 y_2 + \cdots. \end{aligned}$$

Folgt unmittelbar aus (86), wenn man sich zu $f(x, x) = 0$ die Gleichung in Liniencoordinaten hergestellt denkt. — Für $\alpha = 90^0$ erhält man den in (31), S. 148 ausgesprochenen Satz.

90. Man bestimme den Winkel zwischen dem Durchmesser $u_x = 0$ des Kegelschnitts $f(x, x) = 0$ und dem zugehörigen conjugirten Durchmesser.

Die Gleichung des letzteren ist nach (54)

$$v_x \equiv \sum \pm \left(u_1\ p_2\ \frac{1}{2} f'(x_3)\right) = 0,$$

und nach 12b, S. 13 wird $\cos^2(u, v) = \frac{1}{4} \frac{(v_1 \omega'(u_1) + v_2 \omega'(u_2) + v_3 \omega'(u_3))^2}{\omega(u, u) \cdot \omega(v, v)}$, wo nun noch die v_i eliminirt werden sollen. Es ist

$$\frac{1}{2}(v_1\omega'(u_1)+v_2\omega'(u_2)+v_3\omega'(u_3))\equiv\omega(u,v)=\sum\pm\left(\frac{\partial\Psi}{\partial x_1}u_2p_3\right),$$

wobei Ψ, wie in (45), S. 96, zur Abkürzung gesetzt ist für

$$\frac{1}{4}\sum_1^3 \omega'(u_i)f'(x_i);$$

ferner wird nach S. 63 $\omega(u,u)\cdot\omega(v,v)=\omega^2(u,v)+\tau\sum\pm(p_1u_2v_3)^2$, und wenn man hier an Stelle der v_i ihre eigentlichen Werthe einsetzt, erhält man $\omega(u,u)\cdot\omega(v,v)=\sum\pm\left(\frac{\partial\Psi}{\partial x_1}u_2p_3\right)^2+\tau\binom{u\ p}{u\ p}^2_{a_{ik}}$, folglich wird

$$\cos^2(u,v)=\frac{\sum\pm\left(\frac{\partial\Psi}{\partial x_1}u_2p_3\right)^2}{\sum\pm\left(\frac{\partial\Psi}{\partial x_1}u_2p_3\right)^2+\tau\binom{u\ p}{u\ p}^2_{a_{ik}}},$$

daher

$$\sin^2(u,v)=\frac{\tau\binom{u\ p}{u\ p}^2_{a_{ik}}}{\sum\pm\left(\frac{\partial\Psi}{\partial x_1}u_2p_3\right)^2+\tau\binom{u\ p}{u\ p}^2_{a_{ik}}}$$

und

$$\operatorname{tg}(u,v)=\binom{u\ p}{u\ p}_{a_{ik}}\sqrt{\tau}:\sum\pm\left(\frac{\partial\Psi}{\partial x_1}u_2p_3\right).$$

---

91. Durch die vier Punkte, in denen irgend ein Tangentenpaar eines Kegelschnitts von einem beliebigen zweiten Tangentenpaare getroffen wird, lässt sich ein Geradenpaar legen, das durch den Schnittpunkt der den beiden Tangentenpaaren zugehörigen zwei Berührungssehnen geht und ausserdem zu den letzteren harmonisch liegt[1]).

Nach (42), S. 84 kann die Gleichung eines Kegelschnitts in die Form gebracht werden $X_1X_3-X_2^2=0$, wo $X_1=0$, $X_3=0$ irgend zwei Tangenten darstellen, während $X_2=0$ die Gleichung der zugehörigen Berührungssehne ist; mit Hilfe zweier anderen Tangenten desselben Kegelschnitts sei dessen Gleichung in die Form gebracht

1) Die Veranlassung, dass Plücker („System der analytischen Geometrie", Berlin 1835, S. 117) diesen Satz als von Newton herrührend bezeichnet, dürfte wohl eine Untersuchung in dessen „Philosophiae naturalis principia mathematica" gegeben haben. Vgl. z. B. die von Cotes besorgte und im Jahre 1714 in Amsterdam erschienene Ausgabe, S. 86f., sowie S. 84, Corol. 2, oder auch die deutsche von Wolfers besorgte Uebersetzung „Sir Isaac Newton's Mathematische Principien der Naturlehre", Berlin 1872, S. 109, sowie S. 107, Zusatz 2.

$x_1 x_3 - x_2^2 = 0$, so dass $X_1 X_3 - X_2^2 = x_1 x_3 - x_2^2$. Hieraus folgt $X_1 X_3 - x_1 x_3 = (X_2 + x_2)(X_2 - x_2)$. Die geometrische Deutung dieser Gleichung liefert obigen Satz, der auch in folgender Form ausgesprochen werden kann:

91a. Die Geraden, welche die Berührungspunkte je zweier Gegenseiten eines dem Kegelschnitt umschriebenen Vierseits verbinden, gehen durch den Schnittpunkt der beiden Diagonalen desselben, und zwar liegen sie harmonisch zu den zwei Diagonalen.

92. Die Berührungssehne irgend zweier Tangenten einer Hyperbel ist parallel zu den Verbindungslinien der Schnittpunkte des Tangentenpaares mit dem Asymptotenpaare und liegt in der Mitte zwischen diesen Verbindungslinien[1]).

Folgt aus (91), wenn man als eines der beiden Tangentenpaare das Asymptotenpaar wählt und beachtet, dass die vierte harmonische Gerade zu zwei Parallelen und zur unendlich fernen Geraden mit der Mittellinie der beiden Parallelen zusammenfällt.

Aus (92) folgt unmittelbar:

93. Der Berührungspunkt einer Tangente der Hyperbel liegt in der Mitte zwischen den Schnittpunkten dieser Tangente mit den zwei Asymptoten.

94. Alle Dreiecke, welche die beiden Asymptoten und eine beliebige Tangente einer und derselben Hyperbel zu Seiten haben, sind inhaltsgleich.

Fig. 14.

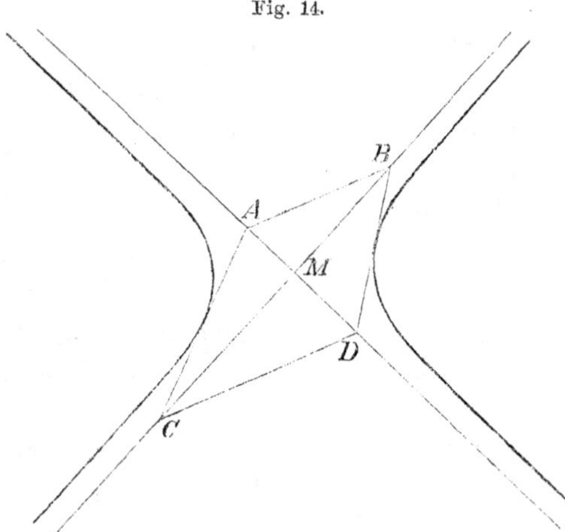

Nach (92) ist AB parallel CD, daher $\triangle CDA = \triangle CDB$, woraus $\triangle AMC = \triangle BMD$ folgt (Fig. 14).

95. Jede Tangente einer Parabel halbirt im Berührungspunkte B die Verbindungslinie des Mittelpunktes M einer zur Tangente parallelen Sehne RS mit dem Pol P dieser Sehne.

Man fixire ein vom Punkte P an die Curve gezogenes

1) Es bedarf wohl kaum der Erwähnung, dass natürlich diejenigen zwei Verbindungslinien gemeint sind, welche weder mit einer Asymptote noch mit einer der zwei anderen Tangenten zusammenfallen.

Tangentenpaar mit den Berührungspunkten R, S, sowie die zur Sehne RS parallel gezogene Tangente mit dem Berührungspunkte B, welche zusammen mit der unendlich fernen Geraden ein zweites Tangentenpaar der Parabel bildet. Die Berührungssehne desselben ist eine durch B parallel zur Axe[1]) gezogene Gerade, welche die Sehne RS in deren Halbirungspunkte M trifft. Von den vier Schnittpunkten der beiden Tangentenpaare liegen nun zwei (C und D) im Endlichen, die beiden anderen unendlich weit; das durch die vier Punkte ausserdem noch mögliche Geradenpaar besteht daher hier aus zwei durch C resp. D gezogenen Parallelen zu den von P an die Curve gelegten Tangenten. Da ferner nach (91) der Schnittpunkt dieses Geradenpaares mit dem Schnittpunkt M der zwei Berührungssehnen zusammenfällt, so entsteht ein Parallelogramm $PCMD$, dessen Diagonalen PM und CD sich im Punkte B halbiren.

96. Die Diagonalen irgend eines dem Kegelschnitt umschriebenen Parallelogramms $ABCD$ bilden ein Paar conjugirter Durchmesser.

Die Verbindungslinien EG und FH der Berührungspunkte je zweier gegenüberliegenden Seiten des Parallelogramms (Fig. 15) sind als Polaren unendlich weit liegender Punkte jedenfalls Durchmesser. Durch den Schnittpunkt M derselben gehen nach (91a) auch die Diagonalen des umschriebenen Parallelogramms, sie sind daher gleichfalls Durchmesser und liegen nach (91a) harmonisch zu den Diagonalen des durch die Berührungssehnen gebildeten Vierecks $EFGH$, das gleichfalls ein Parallelogramm ist, denn je zwei seiner gegenüberliegenden Seiten, z. B. EH und FG, sind als Polaren von Punkten B und D eines und desselben Durchmessers einander parallel. Da MA und MD harmonisch liegen zu ME und MH, und da ferner nach (63) MD die Sehne EH halbirt, so ist der Durchmesser AC zur Sehne EH parallel, gehört somit demjenigen Sehnensystem an, das von BD halbirt wird.

Fig. 15.

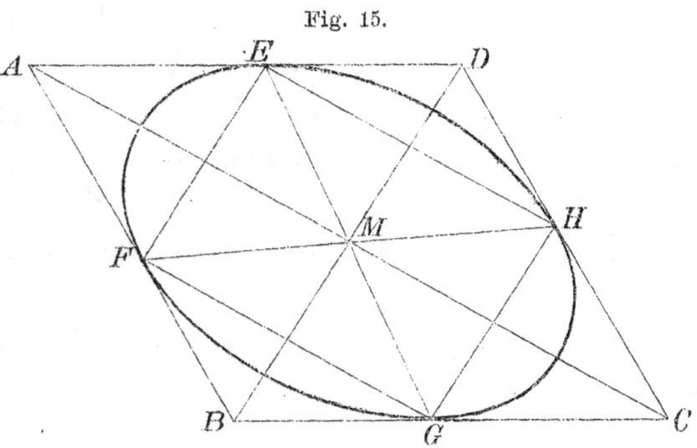

1) Ueber die Definition der Axe der Parabel vgl. S. 103.

Zugleich folgt:

97. Die Seiten irgend eines dem Kegelschnitt eingeschriebenen Parallelogramms sind zwei conjugirten Durchmessern parallel, oder in etwas anderer Form:

98. Die beiden Sehnen, welche die Endpunkte eines Durchmessers mit einem beliebigen Punkte des Kegelschnitts verbinden, sind parallel zu zwei conjugirten Durchmessern. Man nennt solche Sehnen Supplementarsehnen.

Umgekehrt gilt auch der Satz:

99. Zieht man durch die Endpunkte F, H eines Durchmessers gerade Linien FE und HE parallel zu zwei conjugirten Durchmessern MD und MA, so schneiden sich jene Geraden in einem Punkte des Kegelschnitts.

Würde nämlich die Gerade HE den Kegelschnitt nicht in ihrem Schnittpunkte mit FE treffen, sondern in einem anderen Punkte E', so sind FE' und HE' nach (98) zwei conjugirten Durchmessern parallel; nun ist HE' parallel MA, daher FE' parallel MD, d. h. FE' fällt mit FE und E' mit E zusammen.

100. Zieht man durch einen beliebigen Punkt P eines Kegelschnitts zwei Sehnen (mit den Gleichungen $S_2 = 0$ und $S_3 = 0$) und in dem weiteren Schnittpunkt dieser Sehnen und der Curve die Tangenten (mit den Gleichungen $T_3 = 0$, bezw. $T_2 = 0$), so liegt die Verbindungslinie des Punktes P mit dem Schnittpunkte dieser beiden Tangenten harmonisch zur Tangente in P und zu dem Sehnenpaare.

Ist $T_1 = 0$ die Gleichung der Tangente in P, so kann der Kegelschnitt nach (42), S. 84 dargestellt werden sowohl durch $T_1 T_2 - S_3^2 = 0$ als durch $T_1 T_3 - S_2^2 = 0$. Hieraus folgt

$$T_1(T_2 - T_3) \equiv (S_3 + S_2)(S_3 - S_2),$$

d. h. der eine der beiden Factoren $S_3 + S_2 = 0$ und $S_3 - S_2 = 0$ repräsentirt gleich Null gesetzt die Tangente $T_1 = 0$ des Punktes P, der andere die oben genannte Verbindungslinie. Die Gleichungen $S_3 = 0$, $S_2 = 0$, $S_3 + S_2 = 0$ und $S_3 - S_2 = 0$ gehören aber vier harmonischen Strahlen eines Büschels an.

Dualistisch folgt:

101. Fixirt man auf irgend einer Tangente T eines Kegelschnitts zwei beliebige Punkte P_2, P_3 und zieht man die zwei von P_2, P_3 noch möglichen Tangenten an die Curve, sowie die zugehörige Berührungssehne, so liegt das Punktepaar P_2, P_3 harmonisch zu dem Berührungspunkte der Tangente T und zu dem Schnittpunkte dieser Tangente mit der eben genannten Berührungssehne.

Dieser Satz ist übrigens gleichbedeutend mit dem folgenden:

102. Die Verbindungslinie der Berührungspunkte zweier Seiten eines dem Kegelschnitt umschriebenen Dreiecks schneidet die dritte Seite in einem Punkte, welcher harmonisch liegt zum Berührungspunkte dieser Seite und zu den auf ihr gelegenen Ecken des Dreiecks.

103. Fixirt man bei einem Kegelschnitt irgend ein Tangentenpaar und die zugehörige Berührungssehne, so steht das Product aus den Abständen eines beliebigen Punktes der Curve von den beiden Tangenten in constantem Verhältniss zu dem Quadrat des Abstandes dieses Punktes von der Berührungssehne.

Die Gleichung der Curve ist von der Form $X_1 X_3 - X_2^2 = 0$, und hier werden durch $X_1 = 0$, $X_3 = 0$ die beiden Tangenten dargestellt, durch $X_2 = 0$ die Berührungssehne. Führt man in $X_1 X_3 - X_2^2 = 0$ an Stelle von X_1, X_2, X_3 nach (1), S. 9 die Abstände eines Punktes von diesen Geraden ein, wobei die Coordinaten des Punktes der Gleichung des Kegelschnitts genügen müssen, so folgt für diese Abstände q_1, q_2, q_3 eine Relation von der Form $q_1 q_3 - c \cdot q_2^2 = 0$, wo c eine Constante bedeutet, deren Werth natürlich auch von den Coordinaten der Geraden X_1, X_2, X_3 abhängt.

104. Man beweise, dass für den Fall eines Kreises die Constante c gleich der Einheit ist.

Dualistisch ergibt sich aus (103):

105. Fixirt man auf einem Kegelschnitt irgend ein Punktepaar P, Q und den Schnittpunkt S der beiden in diesen Punkten gezogenen Tangenten, so steht das Product aus den Abständen einer beliebigen Tangente der Curve von den beiden Punkten P und Q in constantem Verhältniss zu dem Quadrat des Abstandes dieser Tangente von dem Punkte S.

Anwendung von § 10—12.

106. Alle Parallelogramme, welche dadurch entstehen, dass man in den Endpunkten zweier conjugirten Durchmesser die Tangenten an eine Ellipse zieht, haben denselben Flächeninhalt wie das Rechteck, dessen Seiten durch die vier Scheiteltangenten der Curve gebildet werden.

Bezogen auf zwei conjugirte Durchmesser als Axen eines Systems homogener schiefwinkliger Parallelcoordinaten lautet die Gleichung des Kegelschnitts $a_{11}x_1^2 + a_{22}x_2^2 + \varkappa x_3^2 = 0$. Die halben Längen r_1 und r_2 der zwei conjugirten Durchmesser folgen aus $r_1^2 = -\frac{\varkappa}{a_{11}}$, $r_2^2 = -\frac{\varkappa}{a_{22}}$; daher wird $r_1 r_2 \sin w = \sqrt{\frac{\varkappa^2 \sin^2 w}{a_{11} a_{22}}}$, wobei w den Coordinatenwinkel bedeutet. Die quadratische Gleichung (51), S. 98, auf unseren Fall angewandt, liefert $\frac{a_{11} a_{22}}{\sin^2 w} = \lambda' \lambda''$; andererseits ist aber nach (2), S. 110 $\frac{\varkappa^2}{\lambda' \lambda''} = a^2 b^2$, wenn die halben Axen des Kegelschnitts mit a und b bezeichnet werden. Daher wird $r_1 r_2 \sin w = ab$, also constant, und der Inhalt des ganzen Parallelogramms ist $4ab$.

Aus $r_1 r_2 \sin w = ab$ folgt auch noch der Satz:

107. Alle Parallelogramme, welche dadurch entstehen, dass man die Endpunkte zweier conjugirten Durchmesser verbindet, haben gleichen Flächeninhalt. Derselbe ist halb so gross wie derjenige des Rechtecks, dessen Seiten die vier Scheiteltangenten der Ellipse sind.

108. Bei jeder Ellipse ist die Summe der Quadrate zweier conjugirten Durchmesser constant, bei jeder Hyperbel deren Differenz.

Wird in ähnlicher Weise bewiesen wie (106), nur sind dabei noch anzuwenden die Relationen $a^2 = -\frac{\varkappa}{\lambda'}$, $b^2 = \mp \frac{\varkappa}{\lambda''}$ ($-$ oder $+$, je nachdem Ellipse oder Hyperbel, vgl. S. 110), sowie die aus (51), S. 98 folgende Relation $\frac{a_{11} + a_{22}}{\sin^2 w} = \lambda' + \lambda''$. Auch hat man zu beachten, dass bei der Hyperbel zufolge $F(p, p) < 0$ (was in (106) gleichbedeutend mit $a_{11} a_{22} < 0$) die Grössen λ' und λ'', sowie $r_1^2 = -\frac{\varkappa}{a_{11}}$ und $-r_2^2 = -\frac{\varkappa}{a_{22}}$ ungleiche Vorzeichen haben; man findet $r_1^2 \pm r_2^2 = a^2 \pm b^2$, wobei das positive oder negative Vorzeichen zu stehen hat, je nachdem der Kegelschnitt eine Ellipse oder Hyperbel ist.

109. Diejenigen zwei conjugirten Durchmesser einer Ellipse, welche den grössten Winkel einschliessen, sind einander gleich.

Nach (106) ist $r_1 r_2 \sin w = ab$, und hier wird der stumpfe Nebenwinkel w ein Maximum, wenn $\sin w$ ein Minimum, d. h. wenn $r_1 r_2$ oder auch $r_1^2 r_2^2$ ein Maximum ist. Da nach (108) $r_1^2 + r_2^2 = a^2 + b^2$, so tritt dies ein für $r_1^2 = r_2^2$; ferner folgt alsdann bei der Ellipse $r_1^2 = \frac{a^2 + b^2}{2}$ und $\sin w = \frac{2ab}{a^2 + b^2}$, daher $\operatorname{tg} \frac{w}{2} = \pm \frac{b}{a}$. Bei der Hyperbel können im allgemeinen keine gleichen conjugirten

Durchmesser auftreten, da dort die Differenz $r_1^2 - r_2^2$ gleich ist der Differenz der Quadrate der halben Axen; nur bei der gleichseitigen Hyperbel sind die conjugirten Durchmesser einander gleich.

110. Zieht man irgend zwei zu einander senkrechte Halbmesser eines Kegelschnitts, so ist bei der Ellipse die Summe, bei der Hyperbel die Differenz der Quadrate der reciproken Werthe für die Längen dieser Halbmesser constant.

Bezogen auf irgend ein rechtwinkliges Coordinatensystem, dessen Anfang im Mittelpunkte der Curve liege, ist die Gleichung der Curve von der Form $a_{11}x^2 + 2a_{12}xy + a_{22}y^2 + \varkappa = 0$. Die Quadrate der Abschnitte auf den Coordinatenaxen sind $x^2 = -\frac{\varkappa}{a_{11}}$, $y^2 = -\frac{\varkappa}{a_{22}}$, daher $\frac{1}{x^2} + \frac{1}{y^2} = -\frac{a_{11} + a_{22}}{\varkappa} = -\frac{\lambda' + \lambda''}{\varkappa} = \frac{1}{a^2} \pm \frac{1}{b^2}$ (nach (51), S. 98 und nach S. 110). Bezieht man dieselbe Curve auf ein anderes rechtwinkliges System, dessen Anfang wiederum in deren Mittelpunkte liegt, so wird ihre Gleichung etwa $b_{11}x^2 + 2b_{12}xy + b_{22}y^2 + \varkappa' = 0$. Während jetzt die Quadrate der Axenabschnitte natürlich andere Werthe haben wie zuvor, wird die Summe der reciproken Werthe gleich $-\frac{b_{11} + b_{22}}{\varkappa'}$ oder (analog wie oben) gleich $\frac{1}{a^2} \pm \frac{1}{b^2}$, daher in der That constant.

111. Sind d_1, d_2, d_3 die Abstände des Mittelpunktes eines Kegelschnitts von den Seiten eines Poldreiecks mit den Höhen h_1, h_2, h_3, so besteht die Relation $\frac{1}{h_1 d_1} + \frac{1}{h_2 d_2} + \frac{1}{h_3 d_3} = -\left(\frac{1}{a^2} + \frac{1}{b^2}\right)$.

Die Gleichung der Curve $a_{11}x_1^2 + a_{22}x_2^2 + a_{33}x_3^2 = 0$ verwandelt sich bei Einführung der Coordinaten $y_1 : y_2 : y_3 = \frac{p_1}{a_{11}} : \frac{p_2}{a_{22}} : \frac{p_3}{a_{33}}$ ihres Mittelpunktes in $\frac{p_1}{y_1} x_1^2 + \frac{p_2}{y_2} x_2^2 + \frac{p_3}{y_3} x_3^2 = 0$. Für diese Curve wird nach (11), S. 87

$$\lambda' + \lambda'' = \frac{p_1 \omega_{11}}{y_1} + \frac{p_2 \omega_{22}}{y_2} + \frac{p_3 \omega_{33}}{y_3} = \frac{1}{e_1 h_1 y_1} + \frac{1}{e_2 h_2 y_2} + \frac{1}{e_3 h_3 y_3};$$

ferner ist $\varkappa$ nach (28), S. 91 und (45), S. 31 gleich

$$\frac{A}{F(p,p)} = \frac{1}{p_1 y_1 + p_2 y_2 + p_3 y_3},$$

so dass man erhält

$$\frac{\lambda' + \lambda''}{\varkappa} = -\left(\frac{1}{a^2} + \frac{1}{b^2}\right) = (p_1 y_1 + p_2 y_2 + p_3 y_3)\left(\frac{1}{e_1 h_1 y_1} + \frac{1}{e_2 h_2 y_2} + \frac{1}{e_3 h_3 y_3}\right).$$

Mit Hilfe von $d_i = \frac{e_i y_i}{p_1 y_1 + p_2 y_2 + p_3 y_3}$ folgt hieraus die zu beweisende Formel.

112. Nach (10), S. 49 hat das Parallelogramm, welches entsteht, wenn man durch einen beliebigen Punkt P der Hyperbel Parallelen zu den zwei Asymptoten zieht, constanten Inhalt. Man bestimme den Werth dieser Constante.

Für $g_x h_x = 0$ als Gleichung der beiden Asymptoten ist $f(x, x) = 0$ nach (26), S. 45 von der Form $g_x h_x + \frac{A}{F(p, p)} p_x^2$. Es seien nun X_1, X_2 die auf den Asymptoten $g_x = 0$, $h_x = 0$ durch die Parallelen abgeschnittenen Stücke, g und h die Entfernungen des Punktes P von den beiden Asymptoten. Alsdann ist $g = X_2 \sin\alpha$, $h = X_1 \sin\alpha$, wobei α den Winkel der Asymptoten bezeichnet, für welchen nach (6), S. 111 $\sin^2\alpha = \frac{-4\tau F(p, p)}{[a, \omega]^2 - 4\tau F(p, p)}$. Mit Hilfe der in (59) aufgestellten Gleichung ergibt sich nun

$$X_1 X_2 = \frac{A\{[a, \omega]^2 - 4\tau F(p, p)\}}{\sqrt{\omega(g, g)}\sqrt{\omega(h, h)}\, F(p, p)\cdot 4\tau F(p, p)}.$$

Ferner sind die für $f(x, x) \equiv g_x h_x + \frac{A}{F(p, p)} p_x^2$ gebildeten Ausdrücke $[a, \omega]$ und $F(p, p)$, wie leicht zu erkennen, dieselben wie die für $g_x h_x$ gebildeten, und zwar findet man $[a, \omega]^2 - 4\tau F(p, p) = \omega(g, g)\cdot\omega(h, h)$, so dass sich der Ausdruck für $X_1 X_2$ verwandelt in

$$X_1 X_2 = \frac{A\sqrt{[a, \omega]^2 - 4\tau F(p, p)}}{4\tau F^2(p, p)}.$$

Es seien nun λ' und λ'' die Wurzeln der Gleichung

$$\lambda^2 - [a, \omega]\lambda + \tau F(p, p) = 0$$

((11), S. 87), daher $\sqrt{[a, \omega]^2 - 4\tau F(p, p)} = \lambda' - \lambda''$; nach (2) S. 110 ist alsdann $a^2 = -\frac{\varkappa}{\lambda'}$, $b^2 = -\frac{\varkappa}{\lambda''}$, wo $\varkappa = \frac{A}{F(p, p)}$ und a^2, b^2 die Quadrate der halben Axen bezeichnen. Durch Einführung dieser Grössen erhält man $X_1 X_2 = \frac{\varkappa(\lambda' - \lambda'')}{4\lambda'\lambda''} = \frac{a^2 + b^2}{4}$, da speciell bei der Hyperbel b^2 zu ersetzen ist durch $-b^2$. Die oben erwähnten Parallelogramme haben demnach den gemeinsamen Inhalt $X_1 X_2 \sin\alpha = \frac{a^2 + b^2}{4}\sin\alpha$.

---

113. Der Winkel α des Asymptotenpaares einer auf schiefwinklige Parallelcoordinaten mit dem Axenwinkel w bezogenen Curve zweiter Ordnung $f(x, x) = 0$ ist gegeben durch

$$\operatorname{tg}^2\alpha = \frac{-4(a_{11}a_{22} - a_{12}^2)\sin^2 w}{(a_{11} + a_{22} - 2a_{12}\cos w)^2}.$$

Folgt sofort aus (6), S. 111 mit Benutzung von (2) S. 10 und $p_1 = p_2 = 0$, $p_3 = 1$.

114. Der Winkel α des Asymptotenpaares der Curve zweiter Classe $\varphi(u, u) \equiv \sum_1^3{}_i \sum_1^3{}_k \alpha_{ik} u_i u_k = 0$ ist allgemein gegeben durch die Formel

$$\operatorname{tg}^2 \alpha = - \frac{4 \tau \mathsf{A} \varphi(p, p)}{[\mathsf{A}, \omega]^2};$$

speciell für schiefwinklige Coordinaten erhält man

$$\operatorname{tg}^2 \alpha = - \frac{4 \mathsf{A} \alpha_{33} \sin^2 w}{(\mathsf{A}_{11} + \mathsf{A}_{22} - 2 \mathsf{A}_{12} \cos w)^2}.$$

Folgt aus (6), S. 111, indem man sich die Gleichung $\varphi(u, u) = 0$ zuvor in Punktcoordinaten übertragen denkt.

115. Die Hauptaxen der Curve zweiter Ordnung $f(x, x) = 0$ mit einem im Endlichen gelegenen Mittelpunkte sind doppelt zählend gegegeben durch

$$\tau p_y^2 (F(p, p) f(x, x) - A p_x^2) - \lambda'' F(p, p) \begin{pmatrix} x & y \\ x & y \end{pmatrix}_{\omega_{ik}} = 0,$$

$$\tau p_y^2 (F(p, p) f(x, x) - A p_x^2) - \lambda' F(p, p) \begin{pmatrix} x & y \\ x & y \end{pmatrix}_{\omega_{ik}} = 0,$$

wobei durch $y_1 : y_2 : y_3 = F'(p_1) : F'(p_2) : F'(p_3)$ die Coordinaten des Mittelpunktes definirt sind und λ', λ'' die Wurzeln der Gleichung $\lambda^2 - [a, \omega] \lambda + \tau F(p, p) = 0$ bedeuten[1]).

Aus $\omega(u, u) = U_1^2 + U_2^2$ in (21), S. 90 folgt

$$r^2 \begin{vmatrix} \omega_{11} & \omega_{12} & \omega_{13} & x_1 & y_1 \\ \omega_{21} & \omega_{22} & \omega_{23} & x_2 & y_2 \\ \omega_{31} & \omega_{32} & \omega_{33} & x_3 & y_3 \\ x_1 & x_2 & x_3 & 0 & 0 \\ y_1 & y_2 & y_3 & 0 & 0 \end{vmatrix} = \begin{vmatrix} 1 & 0 & 0 & X_1 & 0 \\ 0 & 1 & 0 & X_2 & 0 \\ 0 & 0 & 0 & X_3 & Y_3 \\ X_1 & X_2 & X_3 & 0 & 0 \\ 0 & 0 & Y_3 & 0 & 0 \end{vmatrix} = Y_3^2 (X_1^2 + X_2^2);$$

ferner ist nach (29), S. 91 $f(x, x) - \varkappa X_3^2 = \lambda' X_1^2 + \lambda'' X_2^2$. Mit Benutzung von $X_3 = p_x$, $Y_3 = p_y$, $\varkappa = A : F(p, p)$, $r^2 = 1 : \tau$ erhält man

$$\tau F(p, p) p_y^2 (\lambda' - \lambda'') X_1^2 \equiv \tau p_y^2 (F(p, p) f(x, x) - A p_x^2) \\ - \lambda'' F(p, p) \begin{pmatrix} x & y \\ x & y \end{pmatrix}_{\omega_{ik}} = 0,$$

1) Andere Gleichungen zur Bestimmung der Hauptaxen sind (35) und (35a), S. 93, sowie (49), S. 97.

$$\tau F(p,p)\,p_y{}^2(\lambda''-\lambda')\,X_2{}^2 \equiv \tau p_y{}^2(F(p,p)f(x,x)-Ap_x{}^2) - \lambda' F(p,p)\begin{pmatrix} x & y \\ x & y \end{pmatrix}_{\omega_{ik}} = 0.$$

Bei schiefwinkligen Parallelcoordinaten ($x_1 : x_2 : x_3 = x : y : 1$) verwandeln sich diese Gleichungen in

$$A_{33}\{A_{33}f(x,y,1)-A\}$$
$$-\lambda\{(A_{32}-A_{33}y)^2+(A_{31}-A_{33}x)^2-2(A_{33}y-A_{32})(A_{31}-A_{33}x)\cos w\}=0,$$

wobei für λ die eine oder andere Wurzel zu setzen ist der Gleichung

$$\lambda^2\sin^2 w - \lambda(a_{11}+a_{22}-2a_{12}\cos w)+a_{11}a_{22}-a_{12}{}^2=0$$

und $f(x,y,1)=0$ die gegebene Curve darstellt.

116. Man bilde die Gleichungen für die Hauptaxen der auf rechtwinklige Coordinaten bezogenen Curve zweiter Ordnung

$$11x^2+14y^2-4xy-10x-20y+10=0.$$

Die quadratische Gleichung $\lambda^2-[a,\omega]\lambda+\tau F(p,p)=0$ wird hier $\lambda^2-25\lambda+150=0$ und hat die Wurzeln $\lambda'=15$, $\lambda''=10$; ferner findet man $A=-150$, $A_{31}=90$, $A_{32}=120$, $A_{33}=150$. Die Wurzel $\lambda'=15$ liefert alsdann nach (115) die Gleichung

$$150\{150(11x^2+14y^2-4xy-10x-20y+10)+150\}$$
$$-15\{(120-150y)^2+(90-150x)^2\}=0,$$

welche gleichbedeutend ist mit $4x^2+y^2+4xy-8x-4y+4=0$ oder mit $(2x+y-2)^2=0$; die Gleichung der einen Axe ist daher $2x+y-2=0$. Die Wurzel $\lambda'=10$ liefert eine ganz ähnliche Gleichung, welche gleichbedeutend ist mit

$$x^2+4y^2-4xy+2x-4y+1=0$$

oder mit $(x-2y+1)^2=0$, die Gleichung der anderen Axe ist daher $x-2y+1=0$.

117. Die Hauptaxen der Curve zweiter Classe $\varphi(u,u)=0$ mit einem im Endlichen gelegenen Mittelpunkte sind doppelt zählend gegeben durch

$$\tau p_y{}^2(\varphi(p,p)\,.\,\Phi(x,x)-\mathsf{A}p_x{}^2)-\lambda''\varphi(p,p)\begin{pmatrix} x & y \\ x & y \end{pmatrix}_{\omega_{ik}}=0,$$

$$\tau p_y{}^2(\varphi(p,p)\,.\,\Phi(x,x)-\mathsf{A}p_x{}^2)-\lambda'\varphi(p,p)\begin{pmatrix} x & y \\ x & y \end{pmatrix}_{\omega_{ik}}=0,$$

wobei durch $y_1 : y_2 : y_3 = \varphi'(p_1) : \varphi'(p_2) : \varphi'(p_3)$ die Coordinaten des Mittelpunktes definirt sind und λ', λ'' die Wurzeln der Gleichung $\lambda^2-[\mathsf{A},\omega]\lambda+\tau\mathsf{A}\varphi(p,p)=0$ bedeuten.

Folgt aus (115), indem man sich die Gleichung der Curve zweiter Classe $\varphi(u, u) = 0$ in die Gleichung in Punktcoordinaten $\Phi(x, x) = 0$ übertragen denkt und dann die dort angegebenen Formeln anwendet.

Bei schiefwinkligen Parallelcoordinaten $(x_1 : x_2 : x_3 = x : y : 1)$ verwandeln sich die obigen Gleichungen in:

$$\alpha_{33}(\alpha_{33}\Phi(x, y, 1) - \mathsf{A})$$
$$- \lambda\{(\alpha_{32} - \alpha_{33}y)^2 + (\alpha_{31} - \alpha_{33}x)^2 - 2(\alpha_{33}y - \alpha_{32})(\alpha_{31} - \alpha_{33}x)\cos w\} = 0,$$

wobei für λ die eine oder andere Wurzel zu setzen ist der Gleichung

$$\lambda^2 \sin^2 w - \lambda(\mathsf{A}_{11} + \mathsf{A}_{22} - 2\mathsf{A}_{12}\cos w) + \mathsf{A}\alpha_{33} = 0.$$

118. Das Product der Gleichungen für die beiden Hauptaxen der Curve zweiter Ordnung $f(x, x) = 0$ mit einem im Endlichen gelegenen Mittelpunkte ist bei schiefwinkligen Parallelcoordinaten $(x_1 : x_2 : x_3 = x : y : 1)$ gegeben durch:

$$\begin{vmatrix} a_{11}x + a_{12}y + a_{13} - (a_{21}x + a_{22}y + a_{23})\cos w & x & A_{31} \\ a_{21}x + a_{22}y + a_{23} - (a_{11}x + a_{12}y + a_{13})\cos w & y & A_{32} \\ 0 & 1 & A_{33} \end{vmatrix} = 0.$$

Folgt aus (49), S. 97.

Ebenso folgt:

119. Das Product der Gleichungen für die beiden Hauptaxen der Curve zweiter Classe $\varphi(u, u) = 0$ mit einem im Endlichen gelegenen Mittelpunkte ist bei schiefwinkligen Parallelcoordinaten gegeben durch

$$\begin{vmatrix} \mathsf{A}_{11}x + \mathsf{A}_{12}y + \mathsf{A}_{13} - (\mathsf{A}_{21}x + \mathsf{A}_{22}y + \mathsf{A}_{23})\cos w & x & \alpha_{31} \\ \mathsf{A}_{21}x + \mathsf{A}_{22}y + \mathsf{A}_{23} - (\mathsf{A}_{11}x + \mathsf{A}_{12}y + \mathsf{A}_{13})\cos w & y & \alpha_{32} \\ 0 & 1 & \alpha_{33} \end{vmatrix} = 0.$$

120. Die unendlich fernen Punkte der Hauptaxen des Kegelschnitts $f(x, x) = 0$ sind doppelt zählend gegeben durch

$$\tau\begin{pmatrix} p & u \\ p & u \end{pmatrix}_{a_{ik}} - \lambda'\omega(u, u) = 0, \quad \text{bezw.} \quad \tau\begin{pmatrix} p & u \\ p & u \end{pmatrix}_{a_{ik}} - \lambda''\omega(u, u) = 0,$$

wobei λ' und λ'' die Wurzeln sind der quadratischen Gleichung $\lambda^2 - [a, \omega]\lambda + \tau F(p, p) = 0.$[1])

Nach (29) und (21) in § 10 ist

$$r^2(\lambda''\varkappa U_1^2 + \lambda'\varkappa U_2^2 + \lambda'\lambda'' U_3^2) = F(u, u), \quad U_1^2 + U_2^2 = \omega(u, u);$$

---

1) Eine andere Methode zur Bestimmung der unendlich fernen Punkte der Hauptaxen wurde S. 93 gegeben.

mit Benutzung von $\varkappa = \frac{A}{F(p,p)}$, $r^2 = \frac{1}{\tau}$, $U_3 = \frac{F(p,u)}{F(p,p)}$, $\lambda'\lambda'' = \tau F(p,p)$, sowie der Relation $\binom{p}{p}\binom{u}{u} - \binom{p}{u}^2 = A\binom{p\,u}{p\,u}$ folgt

$$(\lambda'' - \lambda')\,U_1^2 = \tau\binom{p\,u}{p\,u}_{a_{ik}} - \lambda'\,\omega(u,u),$$

$$(\lambda' - \lambda'')\,U_2^2 = \tau\binom{p\,u}{p\,u}_{a_{ik}} - \lambda''\,\omega(u,u).$$

Speciell für schiefwinklige Parallelcoordinaten

$$u_1 : u_2 : u_3 = u : v : 1$$

erhält man

$$a_{11}v^2 + a_{22}u^2 - 2a_{12}uv - \lambda'(u^2 + v^2 - 2uv\cos w) = 0 \quad \text{und}$$
$$a_{11}v^2 + a_{22}u^2 - 2a_{12}uv - \lambda''(u^2 + v^2 - 2uv\cos w) = 0,$$

wobei λ' und λ'' die Wurzeln sind der quadratischen Gleichung

$$\lambda^2 \sin^2 w - \lambda(a_{11} + a_{22} - 2a_{12}\cos w) + a_{11}a_{22} - a_{12}^2 = 0.$$

Im Falle der Parabel ist nach S. 100 f. die eine Wurzel (etwa λ'') gleich Null, die andere gleich $[a, \omega]$; die eben abgeleiteten Gleichungen lauten alsdann $\tau\binom{p\,u}{p\,u}_{a_{ik}} - [a,\omega]\,\omega(u,u) = 0$, bezw. $\binom{p\,u}{p\,u}_{a_{ik}} = 0$ und repräsentiren nach (63) und (64), S. 103 den unendlich fernen Punkt der Scheiteltangente, bezw. der Axe.

Bei schiefwinkligen Parallelcoordinaten erhält man im Falle der Parabel für den unendlich fernen Punkt der Scheiteltangente (doppelt zählend) die Gleichung

$$(a_{11} + a_{22}\cos^2 w - 2a_{12}\cos w)u^2 + (a_{22} + a_{11}\cos^2 w - 2a_{12}\cos w)v^2$$
$$- 2(a_{11}\cos w + a_{22}\cos w - a_{12} - a_{12}\cos^2 w)uv = 0,$$

für den unendlich fernen Punkt der Axe (doppelt zählend):

$$a_{11}v^2 + a_{22}u^2 - 2a_{12}uv = 0.$$

121. Das Product der Gleichungen für die unendlich fernen Punkte der Hauptaxen des Kegelschnitts $f(x, y, 1) = 0$ mit einem im Endlichen gelegenen Mittelpunkte ist bei schiefwinkligen Parallelcoordinaten gegeben durch:

$$(a_{12} - a_{22}\cos w)u^2 + (a_{11}\cos w - a_{12})v^2 + (a_{22} - a_{11})uv = 0.$$

Folgt aus (46), S. 96. Es ist übrigens klar, dass mit den unendlich fernen Punkten auch die Richtungen der Hauptaxen gegeben sind, also die Winkel, unter denen diese Richtungen gegen die Coordinatenaxen geneigt sind.

122. Die Axe der auf schiefwinklige Parallelcoordinaten

$$(x_1 : x_2 : x_3 = x : y : 1)$$

mit dem Axenwinkel w bezogenen Parabel[1]) $f(x, y, 1) = 0$ ist gegeben durch jede der folgenden zwei Gleichungen

$$(a_{11} - a_{12}\cos w)x + (a_{12} - a_{22}\cos w)y$$
$$+ \frac{(a_{11} + a_{22} - 2a_{12}\cos w)(a_{13} - a_{23}\cos w) + A_{13}\sin^2 w}{a_{11} + a_{22} - 2a_{12}\cos w} = 0,$$
$$(a_{12} - a_{11}\cos w)x + (a_{22} - a_{12}\cos w)y$$
$$+ \frac{(a_{11} + a_{22} - 2a_{12}\cos w)(a_{23} - a_{13}\cos w) + A_{23}\sin^2 w}{a_{11} + a_{22} - 2a_{12}\cos w} = 0.$$

Speciell für rechtwinklige Coordinaten erhält man

$$a_{11}x + a_{12}y + \frac{a_{11}a_{13} + a_{12}a_{23}}{a_{11} + a_{22}} = 0$$

oder auch (falls z. B. $a_{11} = a_{12} = 0$):

$$a_{12}x + a_{22}y + \frac{a_{12}a_{13} + a_{22}a_{23}}{a_{11} + a_{22}} = 0.$$

Die obigen Formeln folgen beide aus (67), S. 103 und zwar die erste durch die Substitution $u_2 = u_3 = 0$, $u_1 = 1$, die zweite durch $u_1 = u_3 = 0$, $u_2 = 1$; selbstverständlich hat man auch die S. 8 angegebenen Relationen bei schiefwinkligen Parallelcoordinaten zu benutzen. Man kann beiden Formeln auch folgende Gestalt geben:

$$(a_{11} - a_{12}\cos w)x + (a_{12} - a_{22}\cos w)y$$
$$+ \frac{(a_{11} - a_{12}\cos w)(a_{13} - a_{23}\cos w) + (a_{12} - a_{22}\cos w)(a_{23} - a_{13}\cos w)}{a_{11} + a_{22} - 2a_{12}\cos w} = 0,$$
$$(a_{12} - a_{11}\cos w)x + (a_{22} - a_{12}\cos w)y$$
$$+ \frac{(a_{12} - a_{11}\cos w)(a_{13} - a_{23}\cos w) + (a_{22} - a_{12}\cos w)(a_{23} - a_{13}\cos w)}{a_{11} + a_{22} - 2a_{12}\cos w} = 0.$$

Auf Grund der Relation $a_{11}a_{22} - a_{12}^2 = 0$ lassen sich alle die hier angegebenen Gleichungen für die Axe in einander überführen.

123. Die Gleichung der Scheiteltangente der auf schiefwinklige Parallelcoordinaten $(x_1 : x_2 : x_3 = x : y : 1)$ mit dem Axenwinkel w bezogenen Parabel[1]) $f(x, y, 1) = 0$ lautet:

$$(A_{13} + A_{23}\cos w)x + (A_{23} + A_{13}\cos w)y$$
$$+ \frac{A\sin^2 w - (a_{11} + a_{22} - 2a_{12}\cos w)(A_{11} + A_{22} + 2A_{12}\cos w)}{2(a_{11} + a_{22} - 2a_{12}\cos w)} = 0.$$

Ergibt sich aus der Gleichung (69a), S. 105 für das Product aus der Scheiteltangente in die unendlich ferne Gerade, indem die Glieder

1) Die Gleichung der Directrix wird in (242)—(244) gegeben.

mit x_1^2, x_2^2, x_1x_2 nunmehr wegfallen, so dass sich x_3 ausscheiden lässt.

Speciell für rechtwinklige Coordinaten erhält man

$$A_{13}x + A_{23}y + \frac{A - (a_{11} + a_{22})(A_{11} + A_{22})}{2(a_{11} + a_{22})} = 0.$$

124. Bei schiefwinkligen Parallelcoordinaten ist der Parameter $2p$ der Parabel $f(x, y, 1) = 0$ gegeben durch

$$2p = \frac{2\sqrt{-A}\sin^2 w}{\sqrt{(a_{11} + a_{22} - 2a_{12}\cos w)^3}}.$$

Folgt aus der in § 10 und § 11 erwähnten allgemeinen Formel $2p = \frac{2\varrho}{\lambda'}$, $\varrho^2 = -\frac{A\tau}{\lambda'}$ für den Parameter der Parabel.

125. Der Parameter der Parabel in Liniencoordinaten $\varphi(u, u) = 0$ ist allgemein gegeben durch $2p = \frac{2\mathsf{A}}{[\mathsf{A}, \omega]}\sqrt{\frac{-\tau}{[\mathsf{A}, \omega]}}$.

Ergibt sich aus der Formel für den Parameter der Parabel bei Punktcoordinaten, wenn man sich zuvor $\varphi(u, u) = 0$ in Punktcoordinaten übertragen denkt.

Speciell für schiefwinklige Parallelcoordinaten findet man

$$\frac{2\mathsf{A}\sin^2 w}{\sqrt{-(\mathsf{A}_{11} + \mathsf{A}_{22} - 2\mathsf{A}_{12}\cos w)^3}}.$$

126. Die zwei Brennpunktepaare der auf schiefwinklige Parallelcoordinaten bezogenen Curve zweiter Ordnung $f(x, y, 1) = 0$ sind gegeben durch die Gleichungen:

$$\sin^2 w \cdot \lambda' F(u, v, 1) - A(u^2 + v^2 - 2uv \cdot \cos w) = 0,$$
$$\sin^2 w \cdot \lambda'' F(u, v, 1) - A(u^2 + v^2 - 2uv \cdot \cos w) = 0,$$

wobei λ', λ'' die Wurzeln sind der quadratischen Gleichung

$$\lambda^2 \sin^2 w - \lambda(a_{11} + a_{22} - 2a_{12}\cos w) + a_{11}a_{22} - a_{12}^2 = 0.$$

Folgt sofort aus (14), S. 113.

Speciell im Falle der Parabel erhält man für das Product der Gleichungen des im Endlichen und des im Unendlichen gelegenen Brennpunktes den Ausdruck

$$(a_{11} + a_{22} - 2a_{12}\cos w) F(u, v, 1) - A(u^2 + v^2 - 2uv \cdot \cos w) = 0.$$

---

127. Die Bedingung dafür, dass zwei Kegelschnitte

$$f(x, x) \equiv \sum_1^3{}_i \sum_1^3{}_k a_{ik}x_ix_k = 0$$

und

$$g(x, x) = \sum_1^3{}_i \sum_1^3{}_k b_{ik} x_i x_k = 0$$

einander ähnlich seien, ist $\frac{F(p, p)}{[a, \omega]^2} = \frac{G(p, p)}{[b, \omega]^2}$.

Nach S. 112 muss das Verhältniss $\lambda' : \lambda''$ oder, was auf dasselbe hinauskommt, der Winkel der beiden Asymptoten derselbe sein; mit Anwendung von (6), S. 111 ergibt sich die obige Bedingung.

Speciell für schiefwinklige Parallelcoordinaten erhält man

$$A_{33}(b_{11} + b_{22} - 2 b_{12} \cos w)^2 = B_{33}(a_{11} + a_{22} - 2 a_{12} \cos w)^2.$$

128. Aehnliche Kegelschnitte haben gleiche numerische Excentricität.

Folgt daraus, dass die Verhältnisse der Längen der Hauptaxen einander gleich sind.

129. Zwei Kegelschnitte sollen ähnlich liegend genannt werden, wenn ihre Hauptaxen gleiche Richtung haben und wenn die aus einem unendlich fernen Punkte an beide Curven gezogenen Tangenten gleichzeitig reell oder imaginär sind. Wann sind diese Bedingungen erfüllt?

Die unendlich fernen Punkte der Hauptaxen müssen für die zwei Kegelschnitte $f(x, x) = 0$ und $g(x, x) = 0$ dieselben sein; sie sind für $f(x, x) = 0$ nach (46), S. 96 gegeben durch $\sum \pm \left(\frac{\partial \psi}{\partial x_1} p_2 u_3\right) = 0$, also durch eine Gleichung von der Form $\sum_1^3{}_i \sum_1^3{}_k \gamma_{ik} u_i u_k = 0$, während man bei dem anderen Kegelschnitt einen analogen Ausdruck

$$\sum_1^3{}_i \sum_1^3{}_k \delta_{ik} u_i u_k = 0$$

erhält. Die unendlich fernen Punkte der Hauptaxen sind also dieselben, wenn $\frac{\gamma_{11}}{\delta_{11}} = \frac{\gamma_{12}}{\delta_{12}} = \frac{\gamma_{22}}{\delta_{22}} = \frac{\gamma_{13}}{\delta_{13}} = \frac{\gamma_{23}}{\delta_{23}} = \frac{\gamma_{33}}{\delta_{33}}$.

Die aus einem unendlich fernen Punkte y an beide Curven gezogenen Tangenten sind nach (52) gleichzeitig reell oder imaginär, wenn $Af(y, y)$ und $Bg(y, y)$ gleiche Vorzeichen haben; die y_i haben die Gleichung $p_y = 0$ zu erfüllen.

Speciell bei schiefwinkligen Parallelcoordinaten werden die Bedingungen:

1) $$\frac{a_{12} - a_{11} \cos w}{b_{12} - b_{11} \cos w} = \frac{a_{11} - a_{22}}{b_{11} - b_{22}} = \frac{a_{12} - a_{22} \cos w}{b_{12} - b_{22} \cos w},$$

2) $A(a_{11} y_1^2 + 2 a_{12} y_1 y_2 + a_{22} y_2^2)$ und $B(b_{11} y_1^2 + 2 b_{12} y_1 y_2 + b_{22} y_2^2)$

müssen gleiche Vorzeichen haben bei völlig willkürlichen Werthen von y_1 und y_2, also z. B. Aa_{11} und Bb_{11} oder auch Aa_{22} und Bb_{22} müssen je gleiche Vorzeichen haben.

130. Unter welchen Bedingungen sind zwei Kegelschnitte ähnlich und ähnlich liegend?

Vor Allem müssen beide nach (127) und (129) gleichen Asymptotenwinkel und gleichgerichtete Hauptaxen besitzen, d. h. ihre Asymptoten müssen einander parallel sein, oder die Schnittpunkte der beiden Kegelschnitte mit der unendlich fernen Geraden müssen dieselben sein. Ferner ist nach (129) erforderlich, dass die von einem unendlich fernen Punkte an beide Curven gezogenen Tangenten gleichzeitig reell oder imaginär sind.

1) Die Schnittpunkte der unendlich fernen Geraden mit $f(x, x) = 0$ und mit $g(x, x) = 0$ sind nach (53a), S. 34 dieselben, wenn

$$\begin{pmatrix} p & u \\ p & u \end{pmatrix}_{a_{ik}} : \begin{pmatrix} p & u \\ p & u \end{pmatrix}_{b_{ik}} = \text{const.},$$

welche Werthe auch die u_i haben mögen. 2) Als weitere Bedingung erhält man aus (129): $Af(y, y)$ und $Bg(y, y)$ müssen für y_i als Coordinaten eines unendlich fernen Punktes gleiche Vorzeichen haben.

Setzt man

$$\begin{pmatrix} p & u \\ p & u \end{pmatrix}_{a_{ik}} \equiv \sum_1^3{}_i \sum_1^3{}_k \mu_{ik} u_i u_k, \quad \begin{pmatrix} p & u \\ p & u \end{pmatrix}_{b_{ik}} \equiv \sum_1^3{}_i \sum_1^3{}_k \nu_{ik} u_i u_k,$$

so wird die Bedingung 1): $\frac{\mu_{11}}{\nu_{11}} = \frac{\mu_{12}}{\nu_{12}} = \frac{\mu_{22}}{\nu_{22}} = \frac{\mu_{13}}{\nu_{13}} = \frac{\mu_{23}}{\nu_{23}} = \frac{\mu_{33}}{\nu_{33}}$.

Die Bedingung 1) liesse sich auch in folgender Form aussprechen: Ist $f(x, x) = 0$ die Gleichung des einen Kegelschnitts, so muss diejenige des anderen von der (für Beweise geometrischer Sätze wichtigen) Form sein $\lambda f(x, x) + p_x q_x = 0$, wo $p_x = 0$ die unendlich ferne Gerade, $q_x = 0$ eine zweite Gerade darstellt und λ einen von Null verschiedenen Parameter bezeichnet.

Speciell für schiefwinklige Parallelcoordinaten werden die Bedingungen 1): $\frac{a_{11}}{b_{11}} = \frac{a_{12}}{b_{12}} = \frac{a_{22}}{b_{22}}$.

---

131. Das Product a^2b^2 aus den Quadraten der halben Axen der Ellipse oder Hyperbel $f(x, x) = 0$ ist gegeben durch die Formel

$$a^2b^2 = \frac{A^2}{\tau F^3(p, p)}.$$

Folgt aus (2), S. 110 bei Einführung von $\varkappa = A : F(p, p)$, $\lambda' \lambda'' = \tau F(p, p)$. Speciell bei schiefwinkligen Parallelcoordinaten ist $a^2 b^2 = \frac{A^2 \sin^2 w}{(a_{11} a_{22} - a_{12}^2)^3}$.

Da der Flächeninhalt E einer Ellipse, wie in der Integralrechnung gezeigt wird, gleich $ab\pi$ ist, ergibt sich:

132. Der Inhalt der Ellipse $f(x, x) = 0$, $(F(p, p) > 0)$, ist gegeben durch die Formel $E = \frac{A \cdot \pi}{F(p, p) \sqrt{\tau F(p, p)}}$; bei schiefwinkligen Parallelcoordinaten ist $E = \frac{A \pi \sin w}{\sqrt{a_{11} a_{22} - a_{12}^2)^3}}$.

133. Für das Product $a^2 b^2$ aus den Quadraten der halben Axen der Ellipse oder Hyperbel $\varphi(u, u) = 0$ hat man die Relation

$$a^2 b^2 = \frac{\mathsf{A}}{\tau \cdot \varphi^3(p, p)};$$

speciell bei schiefwinkligen Parallelcoordinaten ist $a^2 b^2 = \frac{\mathsf{A} \sin^2 w}{\alpha_{33}^3}$.

Folgt aus (131), indem man sich die Gleichung $\varphi(u, u) = 0$ in Punktcoordinaten übertragen denkt.

Hieraus ergibt sich wie bei (132):

134. Der Flächeninhalt der Ellipse $\varphi(u, u) = 0$, $(\mathsf{A}\varphi(p, p) > 0)$, ist gegeben durch die Formel $E = \frac{\sqrt{\mathsf{A}} \pi}{\varphi(p, p) \sqrt{\tau \varphi(p, p)}}$; bei schiefwinkligen Parallelcoordinaten ist $E = \frac{\sqrt{\mathsf{A}} \pi \sin w}{\alpha_{33} \sqrt{\alpha_{33}}}$.

135. Die Summe, bezw. Differenz der Quadrate der halben Axen der Ellipse, bezw. Hyperbel $f(x, x) = 0$ ist:

$$a^2 \pm b^2 = - \frac{A[a, \omega]}{\tau F^2(p, p)}.$$

Nach S. 110 ist $a^2 \pm b^2 = - \varkappa \left(\frac{1}{\lambda'} + \frac{1}{\lambda''} \right) = - \frac{\varkappa (\lambda' + \lambda'')}{\lambda' \lambda''}$; mit Hilfe von $\varkappa = A : F(p, p)$, $\lambda' + \lambda'' = [a, \omega]$, $\lambda' \lambda'' = \tau F(p, p)$ erhält man die gewünschte Formel.

136. Die Summe, bezw. Differenz der Quadrate der halben Axen der Ellipse, bezw. Hyperbel $\varphi(u, u) \equiv \sum_1^3{}_i \sum_1^3{}_k \alpha_{ik} u_i u_k = 0$ ist:

$$a^2 \pm b^2 = - \frac{[\mathsf{A}, \omega]}{\tau \varphi^2(p, p)}.$$

Folgt aus (135), indem man sich die Gleichung $\varphi(u, u) = 0$ in Punktcoordinaten übertragen denkt.

137. Ist $f(x, x) = 0$ die Gleichung eines Kreises, so ist der Radius r desselben gegeben durch $r^2 = \frac{-2A}{[a, \omega] \cdot F(p, p)}$.

Ergibt sich aus (135), indem man $a = b = r$ setzt und von der nach (44), S. 95 im Falle eines Kreises bestehenden Relation

$$[a, \omega]^2 - 4\tau F(p, p) = 0$$

Gebrauch macht. Vgl. auch (55), S. 100.

138. Ist $\varphi(u, u) = 0$ die Gleichung eines Kreises, so ist der Radius r desselben gegeben durch $r^2 = \frac{-2\mathsf{A}}{[\mathsf{A}, \omega] \cdot \varphi(p, p)}$, oder auch durch $r^2 = \frac{-[\mathsf{A}, \omega]}{2\tau\varphi^2(p, p)}$.

Kann aus (137) abgeleitet werden, indem man $\varphi(u, u) = 0$ in eine Gleichung in Punktcoordinaten $\Phi(x, x) = 0$ verwandelt; folgt aber auch aus (136). Die zwei angegebenen Werthe von r^2 können vermöge der im Falle eines Kreises bestehenden Relation

$$[\mathsf{A}, \omega]^2 - 4\mathsf{A}\tau\varphi(p, p) = 0$$

in einander übergeführt werden.

139. Man bilde die Invarianten A, $F(p, p)$ und $[a, \omega]$ für die Gleichung des dem Coordinatendreieck umschriebenen Kegelschnitts mit dem Mittelpunkte y.

Unter Anwendung der Abkürzung $r_y \equiv -p_1y_1 + p_2y_2 + p_3y_3$, $s_y \equiv p_1y_1 - p_2y_2 + p_3y_3$, $t_y \equiv p_1y_1 + p_2y_2 - p_3y_3$ ist die Gleichung der Curve nach (28): $f(x, x) = 2(y_1r_yx_2x_3 + y_2s_yx_3x_1 + y_3t_yx_1x_2) = 0$, und man findet alsdann

$$A = 2y_1y_2y_3r_ys_yt_y, \quad F(p, p) = p_yr_ys_yt_y,$$
$$[a, \omega] = 2(y_1r_y\omega_{23} + y_2s_y\omega_{31} + y_3t_y\omega_{12}).$$

140. Die analoge Aufgabe für den dem Coordinatendreiseit eingeschriebenen Kegelschnitt mit dem Mittelpunkte y.

Die Gleichung dieses Kegelschnitts ist nach (29)

$$\varphi(u, u) \equiv 2(p_1r_yu_2u_3 + p_2s_yu_3u_1 + p_3t_yu_1u_2) = 0;$$

alsdann findet man

$$\mathsf{A} = 2p_1p_2p_3r_ys_yt_y, \quad \varphi(p, p) = 2p_1p_2p_3p_y,$$
$$[\mathsf{A}, \omega] = -p_1^2\omega_{11}r_y^2 - p_2^2\omega_{22}s_y^2 - p_3^2\omega_{33}t_y^2 + 2p_1p_2\omega_{12}r_ys_y$$
$$+ 2p_1p_3\omega_{13}r_yt_y + 2p_2p_3\omega_{23}s_yt_y$$

oder auch $4p_1p_2p_3(p_1\omega_{23}y_1^2 + p_2\omega_{31}y_2^2 + p_3\omega_{12}y_3^2)$, wenn die Grössen ω_{11}, ω_{22}, ω_{33} mit Hilfe der Relationen $\omega'(p_i) = 0$ eliminirt werden.

141. Die analoge Aufgabe für diejenige Curve zweiter Ordnung, die das Coordinatendreieck zum Poldreieck hat.

Die Gleichung des Kegelschnitts ist nach (30)

$$p_1y_2y_3x_1^2 + p_2y_3y_1x_2^2 + p_3y_1y_2x_3^2 = 0;$$

alsdann wird $A = p_1p_2p_3y_1^2y_2^2y_3^2$, $F(p, p) = p_1p_2p_3y_1y_2y_3p_y$,

$$[a, \omega] = \omega_{11}p_1y_2y_3 + \omega_{22}p_2y_3y_1 + \omega_{33}p_3y_1y_2.$$

142. Die analoge Aufgabe für diejenige Curve zweiter Classe, die das Coordinatendreiseit zum Poldreiseit hat.

Die Gleichung des Kegelschnitts ist nach (31)

$$p_2p_3y_1u_1^2 + p_3p_1y_2u_2^2 + p_1p_2y_3u_3^2 = 0;$$

daher findet man $\mathsf{A} = p_1^2p_2^2p_3^2y_1y_2y_3$, $\varphi(p, p) = p_1p_2p_3p_y$,

$$[\mathsf{A}, \omega] = p_1p_2p_3(\omega_{11}p_1y_2y_3 + \omega_{22}p_2y_3y_1 + \omega_{33}p_3y_1y_2).$$

Man beweise nachstehenden Satz von Steiner[1]):

143. Die Mittelpunkte aller einem Dreieck umschriebenen Kegelschnitte, für welche das Product ihrer Halbaxen constant ist, liegen auf einer Curve sechster Ordnung.

Das Product U der halben Axen der Curve $f(x, x) = 0$ ist nach (131) gleich $\frac{A}{\sqrt{\tau F^3(p, p)}}$; durch Substitution der in (139) gefundenen Werthe von A und $F(p, p)$ erhält man für den Ort der Mittelpunkte die Curve sechster Ordnung

$$U^2\tau p_y^3r_ys_yt_y - 4y_1^2y_2^2y_3^2 = 0.$$

Die Discussion dieser Gleichung möge dem Leser überlassen sein; nur werde bemerkt, dass Steiner in seiner Abhandlung verschiedene Skizzen von dem Verlauf der Curve gibt.

Von Steiner rührt auch der folgende Satz her:

---

1) „Teoremi relativi alle coniche inscritte e circoscritte", Journal für die reine und angewandte Mathematik, Bd. 30, S. 99, 1846, oder Giornale arcadico di Roma, Bd. 99, S. 147—161, oder „Gesammelte Werke", Bd. 2, S. 331.

Ein Beweis dieses und mehrerer der folgenden Sätze findet sich auch bei anderen Autoren, besonders aber in einer Abhandlung von Gino Loria: „Studi sulla teoria delle coordinate triangolari e sulla geometria analitica di un piano nello spazio", Giornale di Matematiche, hrsgg. von G. Battaglini, Bd. 24, S. 164—241, 1885.

144. Die Mittelpunkte aller einem Dreiseit eingeschriebenen Kegelschnitte, für welche das Product J ihrer Halbaxen constant ist, liegen auf einer Curve dritter Ordnung[1]).

Bei gleicher Behandlung dieser Aufgabe wie im vorhergehenden Beispiel erhält man als Gleichung der Curve

$$4J^2 \tau p_1^2 p_2^2 p_3^2 p_y^3 - r_y s_y t_y = 0.$$

145. Die Mittelpunkte aller Curven zweiter Ordnung, die ein gegebenes Dreieck zum Poldreieck haben und bei denen das Product der Halbaxen constant ist, liegen auf einer Curve dritter Ordnung.

Wählt man das betr. Dreieck zum Coordinatendreieck, so ist die Gleichung des Kegelschnitts nach (30):

$$p_1 y_2 y_3 x_1^2 + p_2 y_3 y_1 x_2^2 + p_3 y_1 y_2 x_3^2 = 0.$$

Für das Product $P = ab$ der Halbaxen besteht nach (131) die Relation $P^2 = \frac{A^2}{\tau F^3(p, p)}$; andrerseits ist nunmehr

$$A = p_1 p_2 p_3 y_1^2 y_2^2 y_3^2, \quad F(p, p) = p_1 p_2 p_3 y_1 y_2 y_3 (p_1 y_1 + p_2 y_2 + p_3 y_3),$$

daher erhält man als Gleichung der Curve

$$P^2 \tau p_1 p_2 p_3 (p_1 y_1 + p_2 y_2 + p_3 y_3)^3 - y_1 y_2 y_3 = 0.$$

Aus den drei vorhergehenden Aufgaben ergeben sich sofort die drei folgenden Sätze:

146. Der Inhalt der dem Coordinatendreieck umschriebenen Ellipse mit dem Mittelpunkte y ist $E = \frac{2 y_1 y_2 y_3 \pi}{p_y \sqrt{\tau p_y r_y s_y t_y}}$.

Denn der Inhalt einer Ellipse ist bekanntlich gleich dem mit π multiplicirten Producte der Halbaxen. Vgl. (157).

Ebenso folgt:

147. Der Inhalt der dem Coordinatendreieck eingeschriebenen Ellipse mit dem Mittelpunkte y ist gleich $\frac{\sqrt{r_y s_y t_y}}{2 p_1 p_2 p_3 p_y \sqrt{\tau p_y}} \pi$.

Endlich folgt:

148. Der Inhalt derjenigen Ellipse, welche das Coordinatendreieck zum Poldreieck und den Punkt y zum Mittelpunkt hat, ist gleich $\frac{\sqrt{y_1 y_2 y_3}}{p_y \sqrt{\tau p_1 p_2 p_3 p_y}} \pi$.

1) Steiner a. a. O.

In genau derselben Weise wie bei (143), (144), (145) erhält man unter Anwendung der Relationen (135) und (136) die folgenden drei Sätze:

149. Die Mittelpunkte aller einem Dreieck (Coordinatendreieck) umschriebenen Kegelschnitte, für welche die Summe oder Differenz (je nachdem die Curve Ellipse oder Hyperbel) der Quadrate der Halbaxen $a^2 \pm b^2$ constant ist, liegen auf der Curve fünfter Ordnung[1])

$$\tau Q p_y^2 r_y s_y t_y + 4 y_1 y_2 y_3 (y_1 r_y \omega_{23} + y_2 s_y \omega_{31} + y_3 t_y \omega_{12}) = 0,$$

wobei $Q = a^2 \pm b^2$.

150. Die Mittelpunkte aller dem Coordinatendreieck eingeschriebenen Kegelschnitte, für welche $a^2 \pm b^2 = Q$ constant ist, liegen auf dem Kreis $\tau Q p_1 p_2 p_3 p_y^2 + (p_1 \omega_{23} y_1^2 + p_2 \omega_{31} y_2^2 + p_3 \omega_{12} y_3^2) = 0.$[2])

Derselbe ist mit demjenigen Kreis concentrisch, der das Coordinatendreieck zum Poldreieck hat (75); denn die Gleichungen beider unterscheiden sich nur um ein Glied mit p_y^2.

151. Die Mittelpunkte aller Kegelschnitte, die ein gegebenes Dreieck zum Poldreieck haben und bei denen $a^2 \pm b^2 = Q$ constant ist, liegen auf dem Kreise

$$\tau Q p_1 p_2 p_3 p_y^2 + (\omega_{11} p_1 y_2 y_3 + \omega_{22} p_2 y_3 y_1 + \omega_{33} p_3 y_1 y_2) = 0.$$

Derselbe ist mit dem umschriebenen Kreise des Dreiecks (73) concentrisch, denn die Gleichungen beider unterscheiden sich nur um ein Glied mit p_y^2. [3])

152. Man beweise nachstehenden Satz von Steiner[4]):

„Unter der unendlichen Menge von Kegelschnitten, welche einem gegebenen Dreieck sich einschreiben lassen, sind nur immer je 6 und 6 einander gleich (congruent); die Mittelpunkte von je 6 gleichen Kegelschnitten liegen in einem Kreise, und alle diese Kreise haben einen ausgezeichneten Punkt des Dreiecks zum gemeinsamen Mittelpunkte."

---

1) Das Aggregat $y_1 r_y \omega_{23} + y_2 s_y \omega_{31} + y_3 t_y \omega_{12} = 0$ in der Gleichung der Curve 5. Ordnung stellt nach (165) den sogenannten Feuerbach'schen Kreis des Dreiecks dar.

2) Vgl. Paul Serret „Géométrie de Direction", Paris 1869, S. 77f. und S. 145, corollaire III.

3) Paul Serret, a. a. O., S. 156, corollaire III.

4) „Lehrsätze und Aufgaben". Journal für die reine und angewandte Mathematik, Bd. 30, S. 273, 1845, oder auch „Gesammelte Werke", Bd. 2, S. 345.

Die Mittelpunkte aller eingeschriebenen Kegelschnitte, für welche das Product a^2b^2 aus den Quadraten der Halbaxen constant ist, liegen nämlich nach (144) auf einer Curve dritter Ordnung; die Mittelpunkte der eingeschriebenen Kegelschnitte, für welche $a^2 \pm b^2 = \text{const.}$, liegen nach (150) auf einem Kreise, der mit demjenigen concentrisch ist, für welchen das Dreieck ein Poldreieck ist. Der Kreis und die Curve dritter Ordnung schneiden sich in 6 Punkten; dieselben sind also Mittelpunkte eingeschriebener Kegelschnitte, für welche a^2b^2, andrerseits $a^2 \pm b^2$ denselben Werth hat; diese Kegelschnitte sind daher congruent. Aus (75) folgt noch, dass der oben genannte „ausgezeichnete Punkt des Dreiecks" der Höhenschnittpunkt ist.

153. Unter der unendlich grossen Anzahl von Kegelschnitten, die sich einem gegebenen Dreieck umschreiben lassen, sind je 6 einander gleich.

Wir haben hier, ähnlich wie bei der vorhergehenden Aufgabe, auszugehen von den Gleichungen

$$a^2b^2 = \frac{A^2}{\tau F^3(p, p)} \quad \text{und} \quad a^2 \pm b^2 = -\frac{A\,.\,[a, \omega]}{\tau F^2(p, p)}$$

(vgl. (131) und (135)); aus ihnen folgt

$$(a^2 \pm b^2)A + a^2b^2 \cdot [a, \omega] F(p, p) = 0$$

sowie $(a^2 \pm b^2)\tau F(p, p) - a^2b^2 \cdot [a, \omega]^2 = 0$. Die eine dieser beiden abgeleiteten Gleichungen ist in den Coefficienten des dem Coordinatendreieck umschriebenen Kegelschnitts

$$f(x, x) \equiv 2(a_{23}x_2x_3 + a_{31}x_3x_1 + a_{12}x_1x_2) = 0$$

vom dritten, die andere vom zweiten Grade. Aus beiden würde man also für die Verhältnisse der Coefficienten sechs Werthe erhalten.

***154.** Man beweise nachstehenden Steiner'schen Satz über Kegelschnitte, von denen der eine einem Dreieck (etwa dem Coordinatendreieck) umschrieben, der andere eingeschrieben ist[1]):

„Sollen die beiden Kegelschnitte gleichen Inhalt haben, oder sollen die Producte ihrer Halbaxen gleich sein, so besteht der Ort ihres gemeinsamen Mittelpunktes p aus zwei verschiedenen Curven dritten Grades P^3 und P_1^3."

„Die eine dieser Curven, P^3, ist in der Art speciell, dass ihre drei Asymptoten sich in einem Punkte und zwar im Schwerpunkt des Dreiecks schneiden, und dass dieselben zugleich Wendetangenten

1) „Vermischte Sätze und Aufgaben", Journal für die reine und angewandte Mathematik, Bd. 55, S. 362 f., 1858, oder „Gesammelte Werke", Bd. 2, S. 669.

(Wendeasymptoten) und zudem den Seiten des Dreiecks parallel sind. Die drei hyperbelartigen Zweige der Curve liegen in den drei Räumen über den Seiten des Dreiecks und berühren die respectiven Seiten in ihren Mitten. Für jeden Punkt p in dieser Curve sind die zugehörigen Kegelschnitte Hyperbeln."

„Die andere Curve, P_1^3, besteht aus zwei getrennten Theilen, der eine ist ein sogenanntes Oval und der andere hat drei hyperbelartige Zweige; das Oval liegt innerhalb des Dreiecks und berührt dessen Seiten in ihren Mitten; der andere Theil hat die Seiten des dem gegebenen Dreieck parallel umschriebenen Dreiecks zu Asymptoten und seine drei Zweige liegen in den Scheitelwinkeln dieses Dreiecks. Für jeden Punkt p in diesem dreizweigigen Theil sind die Kegelschnitte Ellipsen, dagegen für jeden Punkt des Ovals sind dieselben Hyperbeln."

Man hat die Gleichungen (143) und (144) nach U^2 und J^2 aufzulösen; durch Gleichsetzen der beiden Werthe erhält man eine Gleichung, die in das Product der beiden nachstehenden durch das Vorzeichen des Klammerausdrucks sich unterscheidenden Gleichungen zerfällt:

$$4 p_1 p_2 p_3 y_1 y_2 y_3 \pm r_y s_y t_y = 0.$$

Die nähere Discussion dieser Curven sei dem Leser überlassen. Nur mögen zur Erleichterung des Beweises der oben angeführten Behauptungen Steiner's einige Andeutungen gegeben werden.

A) Die dem negativen Vorzeichen entsprechende Curve ist die von Steiner mit P^3 bezeichnete. Die Schnittpunkte der unendlich fernen Geraden mit den Seiten des Coordinatendreiecks sind Wendepunkte der Curve, und zwar haben die drei „Wendeasymptoten" bei Anwendung barycentrischer Coordinaten ($p_1 = p_2 = p_3$) die Gleichungen $-2y_1 + y_2 + y_3 = 0$, $y_1 - 2y_2 + y_3 = 0$, $y_1 + y_2 - 2y_3 = 0$. Diese drei Geraden sind den Seiten des Dreiecks parallel und schneiden sich im Schwerpunkte $y_1 = y_2 = y_3$; die Mitten der Seiten werden von der Curve berührt. Endlich zeigt die Einführung der Abstände q_1, q_2, q_3 des Punktes y von den drei Seiten des Coordinatendreiecks $A_1 A_2 A_3$, sowie der Abstände q_1', q_2', q_3' von den Seiten des parallel eingeschriebenen Dreiecks $A_1' A_2' A_3'$ (vgl. auch (32)), dass die Curve nur in den tetragonalen Feldern verlaufen kann, und zwar nur in dem Winkelraum zwischen je zwei sich in das betr. Feld erstreckenden Wendeasymptoten. Die Gleichung der Curve erhält nämlich bei Einführung der q und q' die Gestalt $q_1 q_2 q_3 = 2 q_1' q_2' q_3'$; untersucht man diese Gleichung mit Berücksichtigung der Vorzeichen der q und q' in den verschiedenen Theilen der Ebene und beachtet hierbei, dass die Punkte A_1', A_2', A_3' Berührungspunkte sind, sowie dass die oben erwähnten durch den Schwerpunkt gezogenen Parallelen zu den Seiten Wendeasymptoten darstellen, so zeigt sich, dass die Curve aus drei im Unendlichen zusammenhängenden hyperbolischen Zweigen besteht, die in ihrer Gesammtheit als ein einziger Zug aufzufassen sind. — Nach (32) und (33) sind die zugehörigen Kegelschnitte Hyperbeln.

B) Auch die dem positiven Vorzeichen entsprechende Curve

$$4y_1y_2y_3 + r_ys_yt_y = 0$$

hat drei unendlich ferne Wendepunkte; hier haben jedoch die Wendeasymptoten bei Anwendung barycentrischer Coordinaten die Gleichungen $y_2 + y_3 = 0$, $y_3 + y_1 = 0$, $y_1 + y_2 = 0$, sind also die durch die Ecken des Coordinatendreiecks parallel zu den Gegenseiten gezogenen Geraden. Die Seiten des Dreiecks $A_1A_2A_3$ werden in ihren Mitten von der Curve berührt, aber nicht wie zuvor durch drei hyperbolische Zweige, sondern durch ein innerhalb $A_1A_2A_3$ liegendes und $A_1'A_2'A_3'$ umschliessendes Oval. Es folgt dies aus der nunmehr giltigen Gleichung $q_1q_2q_3 = -2q_1'q_2'q_3'$. Bei Berücksichtigung der Vorzeichen der q und q', sowie des Umstandes, dass die Curve die Seiten des zu $A_1A_2A_3$ gehörigen parallel umschriebenen Dreiecks zu Wendeasymptoten hat, folgt, dass die Curve aus dem eben genannten Oval besteht und überdies noch aus drei hyperbolischen Zweigen, die in den äusseren trigonalen Feldern des parallel umschriebenen Dreiecks verlaufen und als ein im Unendlichen zusammenhängender Zug aufzufassen sind. — Nach (32) und (33) sind die dem Oval zugehörigen Kegelschnitte Hyperbeln, die den hyperbolischen Zweigen zugehörigen Curven Ellipsen.

155. Aehnlich wie zuvor kann auch ein Satz von Steiner über gewisse Paare von Kegelschnitten bewiesen werden[1]). Man denke sich in einer Ebene irgend zwei Dreiecke ABC und $\mathfrak{ABC}$ gegeben, „so ist jeder Punkt p der Ebene zugleich der Mittelpunkt von zwei Kegelschnitten P^2 und P_1^2, die dem ersten, und von zwei Kegelschnitten $\mathfrak{P}^2$ und $\mathfrak{P}_1^2$, die dem anderen Dreieck beziehlich um- und eingeschrieben sind". Steiner behauptet nun:

„Sollen entweder die beiden Kegelschnitte

P^2 und $\mathfrak{P}^2$, oder P_1^2 und $\mathfrak{P}_1^2$, oder P^2 und $\mathfrak{P}_1^2$

gleichen Inhalt oder gleiches Axenproduct haben, so ist der Ort des Punktes p beziehlich eine Curve neunten, dritten, sechsten Grades."

Zum Beweis dieses Satzes hat man nur nöthig die in (143) und (144) abgeleiteten Gleichungen für den Punkt p zweimal aufzustellen:

---

1) A. a. O., im Journal für die reine und angewandte Mathematik Bd. 55, S. 372, in den „Gesammelten Werken" Bd. 2, S. 678.

einmal bezogen auf das Dreieck ABC mit dem Inhalt Δ, dann auf das Dreieck $\mathfrak{ABC}$ mit dem Inhalt $\mathfrak{D}$, in welch letzterem Falle die Coordinaten von p durch $\mathfrak{y}_1, \mathfrak{y}_2, \mathfrak{y}_3$ bezeichnet werden mögen. Diese Gleichungen sind nun nach U^2, bezw. J^2 aufzulösen und die erhaltenen Lösungen so gleichzusetzen, wie es in dem Steiner'schen Satze verlangt wird. Führt man ferner statt der den Dreiecken Δ und $\mathfrak{D}$ zugehörigen Constanten τ und τ' die Inhalte ein vermöge der Formeln $\tau = \frac{3^6}{4\Delta^2}$, $\tau' = \frac{3^6}{4\mathfrak{D}^2}$, so erhält man, den obigen drei Fällen entsprechend, bei Benutzung barycentrischer Coordinaten die drei Gleichungen:

$$1)\quad \Delta^2 y_1^2 y_2^2 y_3^2(-\mathfrak{y}_1+\mathfrak{y}_2+\mathfrak{y}_3)(\mathfrak{y}_1-\mathfrak{y}_2+\mathfrak{y}_3)(\mathfrak{y}_1+\mathfrak{y}_2-\mathfrak{y}_3) = \\ = \mu^3\mathfrak{D}^2\mathfrak{y}_1^2\mathfrak{y}_2^2\mathfrak{y}_3^2(-y_1+y_2+y_3)(y_1-y_2+y_3)(y_1+y_2-y_3),$$

$$2)\quad \Delta^2(-y_1+y_2+y_3)(y_1-y_2+y_3)(y_1+y_2-y_3) = \\ = \mu^3\mathfrak{D}^2(-\mathfrak{y}_1+\mathfrak{y}_2+\mathfrak{y}_3)(\mathfrak{y}_1-\mathfrak{y}_2+\mathfrak{y}_3)(\mathfrak{y}_1+\mathfrak{y}_2-\mathfrak{y}_3),$$

$$3)\quad 16\Delta^2 y_1^2 y_2^2 y_3^2 = \mu^3\mathfrak{D}^2(-y_1+y_2+y_3)(y_1-y_2+y_3)y_1+y_2-y_3) \\ \cdot(-\mathfrak{y}_1+\mathfrak{y}_2+\mathfrak{y}_3)(\mathfrak{y}_1-\mathfrak{y}_2+\mathfrak{y}_3)(\mathfrak{y}_1+\mathfrak{y}_2-\mathfrak{y}_3),$$

wobei die $\mathfrak{y}_i$ lineare Functionen von y_1, y_2, y_3 sind, deren Coefficienten durch die Lage des Dreiecks $\mathfrak{ABC}$ im Vergleich zu ABC bestimmt sind; es ist etwa (ähnlich wie bei (4), S. 15)

$$\mu\mathfrak{y}_1 = a_1y_1 + a_2y_2 + a_3y_3$$
$$\mu\mathfrak{y}_2 = b_1y_1 + b_2y_2 + b_3y_3$$
$$\mu\mathfrak{y}_3 = c_1y_1 + c_2y_2 + c_3y_3$$

und jedenfalls, da wir barycentrische Coordinaten zu Grunde legten, $\mu(\mathfrak{y}_1+\mathfrak{y}_2+\mathfrak{y}_3) = y_1+y_2+y_3$, vorausgesetzt, dass μ und die a, b, c analog definirt sind wie S. 15.

156. Es sei $J = ab$ das Product der Halbaxen eines dem Dreieck ABC eingeschriebenen Kegelschnitts, ferner seien A', B', C' die Mitten der Seiten dieses Dreiecks und r der Radius des ihm umschriebenen Kreises; sind alsdann q_1', q_2', q_3' die Abstände des Mittelpunktes y jenes Kegelschnitts von den Seiten des Dreiecks $A'B'C'$, so gilt stets die Relation $J^2 = 4rq_1'q_2'q_3'$.[1])

Wir wählen das Dreieck ABC zum Coordinatendreieck und nennen q_1, q_2, q_3 die Abstände des Mittelpunktes y des Kegelschnitts von den

1) Vgl. Steiner: „Teoremi relativi alle coniche inscritte e circoscritte", Journal für die reine und angewandte Mathematik, Bd. 30, S. 97, 1846, oder Giornale arcadico di Roma, Bd. 99, S. 147—161, oder „Gesammelte Werke", Bd. 2, S. 329.

Seiten; alsdann ist nach (6), S. 3 $y_i = \frac{q_i p_y}{e_i}$ oder bei Anwendung barycentrischer Coordinaten $y_i = \frac{q_i(y_1 + y_2 + y_3)}{h_i}$. Durch Einführung dieser Werthe in die bei (144) aufgestellte Gleichung erhält man die Relation $4J^2\tau = 3^6\left(-\frac{q_1}{h_1} + \frac{q_2}{h_2} + \frac{q_3}{h_3}\right)\left(\frac{q_1}{h_1} - \frac{q_2}{h_2} + \frac{q_3}{h_3}\right)\left(\frac{q_1}{h_1} + \frac{q_2}{h_2} - \frac{q_3}{h_3}\right)$, und unter Benutzung von $\frac{q_1}{h_1} + \frac{q_2}{h_2} + \frac{q_3}{h_3} = 1$, sowie von $\frac{h_i}{2} - q_i = q_i'$, ergibt sich $4J^2\tau - \frac{3^6 . 8}{h_1 h_2 h_3} q_1' q_2' q_3' = 0$ oder $J^2 = \frac{2 . 3^6 q_1' q_2' q_3'}{h_1 h_2 h_3 . \tau}$. Nach (21), S. 61 ist aber nunmehr $\tau = \frac{3^6}{2r h_1 h_2 h_3}$, daher $J^2 = 4r q_1' q_2' q_3'$.

Im Fall einer Ellipse folgt für deren Inhalt E sofort die Relation $E^2 = 4\pi^2 r q_1' q_2' q_3'$.

157. Es sei U das Product der Halbaxen eines dem Dreieck ABC umschriebenen Kegelschnitts, r der Radius des umschriebenen Kreises; ferner mögen q_i und q_i', $(i = 1, 2, 3)$, für den betr. Kegelschnitt die analoge Bedeutung haben wie in (156) für den eingeschriebenen Kegelschnitt, so gilt stets die Relation $U^2 = \frac{r q_1^2 q_2^2 q_3^2}{q_1' q_2' q_3'}$.[1])

Folgt aus (143) in gleicher Weise wie (156) aus (144).

Im Fall einer Ellipse erhält man für ihren Inhalt E die Relation

$$E^2 = \frac{\pi^2 r q_1^2 q_2^2 q_3^2}{q_1' q_2' q_3'}.$$

Diese Formel folgt auch aus (146), wenn man (1), S. 9, ferner (22), S. 61 und die Relationen wie $\omega(-p_1, p_2, p_3) = 4\omega_{11} p_1^2$ benutzt.

158. Für zwei concentrische Kegelschnitte, deren einer dem Dreieck umschrieben, der andere eingeschrieben ist, folgen aus (156) und (157) die Relationen $JU = \pm 2r q_1 q_2 q_3$ und $\frac{2U}{J} = \pm \frac{q_1 q_2 q_3}{q_1' q_2' q_3'}$.[2])

159. Sind J' und U' die analogen Ausdrücke für das parallel eingeschriebene Dreieck $A'B'C'$, wie J und U für das Dreieck ABC, so gilt die Relation $4J'U' = \pm J^2$.[3])

---

1) Steiner, a. a. O., im Journal für die reine und angewandte Mathematik Bd. 30, S. 98, oder „Gesammelte Werke" Bd. 2, S. 330.

2) Vgl. Steiner „Vermischte Sätze und Aufgaben", Journal für die reine und angewandte Mathematik, Bd. 55, S. 364, 1858, oder „Gesammelte Werke", Bd. 2, S. 670.

3) Siehe die Fussnote 1).

Denn der Radius des dem Dreieck $A'B'C'$ umschriebenen Kreises ist halb so gross als der Radius des umschriebenen Kreises von ABC, also $\frac{r}{2}$; daher ist nach (158) $J'U' = \pm r q_1' q_2' q_3'$, wofür nach (156) auch $\frac{1}{4} J^2$ gesetzt werden kann.

160. Es sei P das Product der Halbaxen derjenigen Curve zweiter Ordnung mit dem Mittelpunkte y, für die das Coordinatendreieck Poldreieck ist; bei gleicher Bezeichnungsweise wie in (156) gilt alsdann die Relation $P^2 = 2 r q_1 q_2 q_3$.

Nach (145) ist $P^2 = \frac{y_1 y_2 y_3}{\tau p_1 p_2 p_3 (p_1 y_1 + p_2 y_2 + p_3 y_3)^3}$; mit Benutzung der Formeln $\frac{y_i}{p_y} = \frac{q_i}{e_i}$ (vgl. (6), S. 3), sowie der Relation $\tau = \frac{1}{2 r e_1 e_2 e_3 p_1 p_2 p_3}$ (vgl. (22), S. 61) folgt die gewünschte Gleichung.

161. Hat man drei concentrische Kegelschnitte, von denen der eine ein gegebenes Dreieck zum Poldreieck hat, der zweite ihm eingeschrieben, der dritte umschrieben ist, so besteht zwischen den Producten P, J, U der Halbaxen dieser Kegelschnitte die einfache Relation $P^2 = \pm JU$.

Folgt sofort aus (158) und (160). Uebrigens können, wie die Resultate in (32), (33) und (34) zeigen, die drei Curven niemals gleichzeitig Ellipsen sein.

---

162. Die Bedingung dafür, dass die Curve zweiter Ordnung $f(x, x) = 0$ eine gleichseitige Hyperbel repräsentirt, ist $[a, \omega] = 0$.

Folgt aus (6), S. 111, denn die Asymptoten müssen zu einander normal sein.

Speciell für schiefwinklige Parallelcoordinaten mit dem Axenwinkel ω erhält man (vgl. (51), S. 98) $a_{11} + a_{22} - 2a_{12} \cos\omega = 0$.

163. Die Bedingung dafür, dass die Curve zweiter Classe

$$\varphi(u, u) \equiv \sum_1^3{}_i \sum_1^3{}_k \alpha_{ik} u_i u_k = 0$$

eine gleichseitige Hyperbel repräsentirt, ist

$$[\mathrm{A}, \omega] \equiv \mathrm{A}_{11}\omega_{11} + \cdots + 2\mathrm{A}_{12}\omega_{12} + \cdots = 0.$$

Folgt aus (114).

164. Der geometrische Ort der Mittelpunkte aller einem Dreieck eingeschriebenen gleichseitigen Hyperbeln ist derjenige Kreis, für welchen das Dreieck ein Poldreieck ist.

Der dem Coordinatendreieck eingeschriebene Kegelschnitt

$$\alpha_1 u_2 u_3 + \alpha_2 u_3 u_1 + \alpha_3 u_1 u_2 = 0$$

repräsentirt nach (163) eine gleichseitige Hyperbel, wenn

$$\alpha_1^2 \omega_{11} + \alpha_2^2 \omega_{22} + \alpha_3^2 \omega_{33} - 2\alpha_1\alpha_2\omega_{12} - 2\alpha_1\alpha_3\omega_{13} - 2\alpha_2\alpha_3\omega_{23} = 0.$$

Bei Einführung der Coordinaten des Mittelpunktes verwandelt sich diese Bedingung nach (140) in $p_1\omega_{23}y_1^2 + p_2\omega_{31}y_2^2 + p_3\omega_{12}y_3^2 = 0$, also nach (75) in die Gleichung des Kreises, für den das Coordinatendreieck ein Poldreieck ist. Dieser Kreis ist jedoch nur bei stumpfwinkligen Dreiecken reell, also können nur stumpfwinkligen Dreiecken gleichseitige Hyperbeln eingeschrieben werden. Vgl. auch (324).

165. Der geometrische Ort der Mittelpunkte aller einem Dreieck umschriebenen gleichseitigen Hyperbeln ist ein Kreis, der durch die Fusspunkte der Höhen und Mitten der Seiten des Dreiecks hindurchgeht (Feuerbach'scher Kreis).

Die Gleichung eines dem Coordinatendreieck umschriebenen Kegelschnitts ist von der Form $a_1x_2x_3 + a_2x_3x_1 + a_3x_1x_2 = 0$. Sind nun y_i ($i = 1, 2, 3$) die Coordinaten des Mittelpunktes, so hat man nach (23), S. 25

$$\begin{aligned} \varrho p_1 &= \phantom{a_1y_3 + {}} a_2y_3 + a_3y_2 \\ \varrho p_2 &= a_1y_3 \phantom{{}+a_2y_3} + a_3y_1 \\ \varrho p_3 &= a_1y_2 + a_2y_1 \phantom{{}+a_3y_1} \quad ; \end{aligned}$$

zu diesen drei Gleichungen tritt noch die Bedingung der gleichseitigen Hyperbel $a_1\omega_{23} + a_2\omega_{31} + a_3\omega_{12} = 0$, worauf man die Gleichung des gesuchten Ortes durch Elimination von ϱ, a_1, a_2, a_3 in der Gestalt erhält:

$$\begin{vmatrix} p_1 & 0 & y_3 & y_2 \\ p_2 & y_3 & 0 & y_1 \\ p_3 & y_2 & y_1 & 0 \\ 0 & \omega_{23} & \omega_{31} & \omega_{12} \end{vmatrix} = 0,$$

d. h. $$\omega_{23}p_1y_1^2 + \omega_{31}p_2y_2^2 + \omega_{12}p_3y_3^2 - (\omega_{31}p_1 + \omega_{32}p_2)y_1y_2 \\ - (\omega_{21}p_1 + \omega_{23}p_3)y_1y_3 - (\omega_{12}p_2 + \omega_{13}p_3)y_2y_3 = 0.$$

Diese Gleichung lässt sich auch in die Form bringen

$$2(\omega_{23}p_1y_1^2 + \omega_{31}p_2y_2^2 + \omega_{12}p_3y_3^2) \\ - (p_1y_1 + p_2y_2 + p_3y_3)(\omega_{23}y_1 + \omega_{31}y_2 + \omega_{12}y_3) = 0,$$

woraus nach (68) und (75) folgt, dass sie einen Kreis darstellt. Für die Coordinaten der Schnittpunkte des Kreises mit der Seite $y_1 = 0$ des Coordinatendreiecks erhält man $(\omega_{31} y_2 - \omega_{12} y_3)(p_2 y_2 - p_3 y_3) = 0$, diese Punkte sind daher nach (11) und (7) der Fusspunkt der zur Seite $y_1 = 0$ gehörigen Höhe und die Mitte dieser Seite. Der obige Kreis geht also überhaupt durch die Mittelpunkte der Seiten und Fusspunkte der Höhen des Dreiecks; man bezeichnet ihn als den Feuerbach'schen Kreis[1]).

Eine andere Form der Gleichung dieses Kreises ergibt sich aus der obigen unter Anwendung von $\omega'(p_i) = 0$ und lautet

$$\omega_{23} p_1 y_1^2 + \omega_{31} p_2 y_2^2 + \omega_{12} p_3 y_3^2 + \omega_{11} p_1 y_2 y_3 + \omega_{22} p_2 y_3 y_1 + \omega_{33} p_3 y_1 y_2 = 0.$$

Eine weitere Form der Gleichung, welche direct aus der Bedingung $[a, \omega] =$ folgt (vgl. (139)), ist

$$\omega_{23} y_1(-p_1 y_1 + p_2 y_2 + p_3 y_3) + \omega_{31} y_2(p_1 y_1 - p_2 y_2 + p_3 y_3) + \omega_{12} y_3(p_1 y_1 + p_2 y_2 - p_3 y_3) = 0,$$

wobei die Klammerfactoren gleich Null gesetzt, die Seiten des dem Coordinatendreieck parallel eingeschriebenen Dreiecks darstellen.

Die oben angegebene Bedingung der gleichseitigen Hyperbel ist übrigens, wie man mit Hilfe der Coordinaten des Höhenschnittpunktes (17) sofort erkennt, identisch mit der, dass der umschriebene Kegelschnitt durch diesen Punkt hindurchgehe. Hieraus folgt:

166. Jede gleichseitige Hyperbel, die durch die Ecken eines Dreiecks geht, geht auch durch den Höhenschnittpunkt des Dreiecks[2]).

Ferner folgt umgekehrt:

167. Jeder Kegelschnitt, der durch die Ecken und den Höhenschnittpunkt eines Dreiecks geht, ist eine gleichseitige Hyperbel.

168. Verbindet man drei Punkte einer gleichseitigen Hyperbel durch Sehnen und legt man durch die Mitten dieser Sehnen einen Kreis, so geht derselbe durch den Mittelpunkt der Curve.

Folgt aus (165), denn der betreffende Kreis ist der Feuerbach'sche Kreis des Sehnendreiecks.

---

1) Feuerbach: „Eigenschaften einiger merkwürdigen Punkte des geradlinigen Dreiecks und mehrerer durch sie bestimmten Linien und Figuren". Nürnberg 1822. Vgl. daselbst besonders die Abschnitte II, IV (§ 56), V und VI (9. Satz).

2) Diese gleichseitigen Hyperbeln bilden daher nach § 14 ein Büschel; aus (8), S. 199 folgt alsdann, dass auch die Mitten der drei oberen Höhenabschnitte auf dem Feuerbach'schen Kreise liegen.

169. Der geometrische Ort der Mittelpunkte aller gleichseitigen Hyperbeln, die ein gegebenes Dreieck zum Poldreieck haben, ist der dem Dreieck umschriebene Kreis.

Die Gleichung der Curve zweiter Ordnung mit dem Mittelpunkte y, die das Coordinatendreieck zum Poldreieck hat, ist nach (30)

$$p_1 y_2 y_3 x_1^2 + p_2 y_3 y_1 x_2^2 + p_3 y_1 y_2 x_3^2 = 0;$$

dieselbe ist eine gleichseitige Hyperbel, wenn

$$p_1 y_2 y_3 \omega_{11} + p_2 y_3 y_1 \omega_{22} + p_3 y_1 y_2 \omega_{33} = 0,$$

d. h. nach (73) der Mittelpunkt y muss auf dem umschriebenen Kreis des Dreiecks liegen. (Vgl. auch (326) und (327).)

170. Alle gleichseitigen Hyperbeln, die ein gegebenes Dreieck zum Poldreieck haben, gehen durch die Mittelpunkte derjenigen vier Kreise hindurch, welche die drei Seiten des Dreiecks berühren.

Die Bedingung $a_{11}\omega_{11} + a_{22}\omega_{22} + a_{33}\omega_{33} = 0$ dafür, dass der Kegelschnitt $a_{11}x_1^2 + a_{22}x_2^2 + a_{33}x_3^2 = 0$ eine gleichseitige Hyperbel sei, ist nach (16) identisch mit der, dass die oben genannten vier Mittelpunkte auf der Curve liegen.

Ebenso folgt:

171. Jeder Kegelschnitt, der ein gegebenes Dreieck zum Poldreieck hat und durch den Mittelpunkt irgend eines der vier Kreise geht, die die Seiten des Dreiecks berühren, geht auch durch die Mittelpunkte der drei übrigen Kreise hindurch und ist eine gleichseitige Hyperbel.

***172.** Man beweise nachstehenden Satz von Steiner[1]):

„Die Mittelpunkte jeder Schaar unter sich ähnlicher und dem gegebenen Dreieck umschriebener Kegelschnitte liegen in einer Curve vierten Grades, welche die Mitten der Dreiecksseiten zu Doppelpunkten hat.“

Nach (127) sind Curven zweiter Ordnung einander ähnlich, wenn die Grösse $\frac{F(p,p)}{[a,\omega]^2}$, gebildet für diese Curven, denselben constanten Werth c besitzt. Wendet man dies an auf die Gleichung eines dem Coordinatendreieck umschriebenen Kegelschnitts mit dem Mittelpunkte y (vgl. (139)), so folgt als Gleichung des Ortes:

$$p_y r_y s_y t_y - 4c(y_1 r_y \omega_{23} + y_2 s_y \omega_{31} + y_3 t_y \omega_{12})^2 = 0,$$

1) „Vermischte Sätze und Aufgaben“, Journal für die reine und angewandte Mathematik, Bd. 55, S. 369, 1858, oder auch „Gesammelte Werke“, Bd. 2, S. 675.

wobei c nach (6), S. 111 definirt ist durch $-\frac{\mathrm{tg}^2\alpha}{4\tau}$, wenn α den Winkel der beiden Asymptoten bezeichnet. Bei Einführung des parallel eingeschriebenen Dreiecks als Coordinatendreieck vermöge der Formeln $\mu p_1 z_1 = r_y$, $\mu p_2 z_2 = s_y$, $\mu p_3 z_3 = t_y$ (vgl. (22)), erhält man mit Benutzung der Relationen $\omega'(p_i) = 0$ die Gleichung der Curve in der Form

$$p_1 p_2 p_3 (p_1 z_1 + p_2 z_2 + p_3 z_3) z_1 z_2 z_3 \\ - c(\omega_{11} p_1 z_2 z_3 + \omega_{22} p_2 z_3 z_1 + \omega_{33} p_3 z_1 z_2)^2 = 0 .$$

Diese Gleichung stellt offenbar eine Curve vierter Ordnung dar, welche die Ecken des neuen Coordinatendreiecks, also die Seitenmitten des ursprünglichen Dreiecks zu Doppelpunkten hat.

Im Anschluss an die oben benutzte Relation

$$\psi \equiv 4\tau F(p, p) + [a, \omega]^2 \,\mathrm{tg}^2\, \alpha = 0$$

lässt sich die Frage erledigen nach der sogenannten Enveloppe der Schaar umschriebener Kegelschnitte. Wird wieder das Coordinatendreieck zu Grunde gelegt, so muss neben $\psi = 0$ die Gleichung bestehen $f(x, x) \equiv 2(a_{23} x_2 x_3 + a_{31} x_3 x_1 + a_{12} x_1 x_2) = 0$, welche sich mittels der Substitution $x_2 x_3 : x_3 x_1 : x_1 x_2 = z_1 : z_2 : z_3$ verwandelt in $a_{23} z_1 + a_{31} z_2 + a_{12} z_3 = 0$. Deutet man nun a_{23}, a_{31}, a_{12} als Liniencoordinaten (u_1, u_2, u_3), z_1, z_2, z_3 als Punktcoordinaten, so entspricht jeder Tangente der Curve zweiter Classe $\psi = 0$ eine Gerade

$$a_{23} z_1 + a_{31} z_2 + a_{12} z_3 = 0$$

oder ein Kegelschnitt

$$a_{23} x_2 x_3 + a_{31} x_3 x_1 + a_{12} x_1 x_2 = 0,$$

und den Schnittpunkten der auf einander folgenden Tangenten entsprechen die Schnittpunkte der auf einander folgenden Kegelschnitte der Schaar; die Gesammtheit dieser Schnittpunkte bildet die sogenannte Enveloppe der Schaar. Die Bedingung, dass zwei von dem Punkte z an die Curve $\psi(a_{23}, a_{31}, a_{12}) = 0$ gezogene Tangenten zusammenfallen, wird (als Gleichung der Curve $\psi = 0$ in Punktcoordinaten z_i) in den z_i vom zweiten Grade, in den x_i also vom vierten; die Enveloppe ist daher eine Curve vierter Ordnung, welche die Ecken des Coordinatendreiecks zu Doppelpunkten hat, wie aus $z_1 : z_2 : z_3 = x_2 x_3 : x_3 x_1 : x_1 x_2$ hervorgeht. Legt man den Einheitspunkt in den Mittelpunkt des eingeschriebenen Kreises, setzt man also $e_1 = e_2 = e_3 = \varrho$, so stellt $F(p, p) = 0$, wenn a_{23}, a_{31}, a_{12} als Liniencoordinaten u_1, u_2, u_3 aufgefasst werden, nach (73) den umschriebenen Kreis des Dreiecks dar, $[a, \omega]^2 = 0$ seinen Mittelpunkt doppelt zählend; mit Rücksicht auf (2), S. 57 folgt alsdann, dass $\psi(a_{23}, a_{31}, a_{12}) = 0$ die Gleichung in Liniencoordinaten eines mit dem umschriebenen Kreis concentrischen Kreises ist. Den Tangenten des letzteren entsprechen nach dem Vorausgehenden umschriebene ähnliche Kegelschnitte, dem Kreis selbst die Enloppe der Kegelschnitte[1]).

Es werde noch bemerkt, dass diese Verwandlung eines mit dem umschriebenen Kreis concentrischen Kreises in eine Curve vierter Ordnung vermöge der Gleichungen $z_1 : z_2 : z_3 = x_2 x_3 : x_3 x_1 : x_1 x_2$ eine Steiner'sche Transformation genannt wird[2]).

Eine andere Auffassung von $\psi = 0$ ist folgende: Deutet man in

$$f(x, x) \equiv 2(a_{23} x_2 x_3 + a_{31} x_3 x_1 + a_{12} x_1 x_2) = 0,$$

sowie in $\psi(a_{23}, a_{31}, a_{12}) = 0$ die Grössen a_{23}, a_{31}, a_{12} als Coordinaten eines Punktes a, so stellt $f(x, x) = 0$ nach (42) die konische Polare von a in Bezug auf die ausartende Curve dritter Ordnung $x_1 x_2 x_3 = 0$ dar. Für alle konischen Polaren von gegebenem Asymptotenwinkel α muss der Punkt a auf dem Kegelschnitt $4\tau F(p, p) + [a, \omega]^2 \operatorname{tg}^2 \alpha = 0$ (a_{23}, a_{31}, a_{12} variabele Punktcoordinaten) liegen, der die Ellipse $F(p, p) = 0$ in ihren Schnittpunkten mit der Geraden $a_{23}\omega_{23} + a_{31}\omega_{31} + a_{12}\omega_{12} = 0$ doppelt berührt. Diese Gerade ist nach (40) und (17) die Harmonicale H des Höhenschnittpunktes, während $F(p, p) = 0$ nach (39) die Seiten des Dreiecks in ihren Mittelpunkten berührt und eine Ellipse ist. Sollen die Polaren $f(x, x) = 0$ Parabeln sein, so muss a auf $F(p, p) = 0$ liegen; sollen dieselben gleichseitige Hyperbeln sein, so ist der Ort von a die Gerade H. Die Polare wird ein Kreis nur wenn a der Pol von H in Bezug auf $F(p, p) = 0$ ist. Diese Theoreme decken sich vollständig mit denen, welche Steiner erwähnt in einem Nachtrag zu seiner Abhandlung über algebraische Curven, welche einen Mittelpunkt haben[3]); man hat nur als Coordinatendreieck dasjenige zu wählen, welches von den drei Asymptoten der bei Steiner als „Basis" auftretenden Curve dritter Ordnung gebildet wird.

---

1) Die hier gegebene Beantwortung der oben gestellten Frage wurde vor mehr als siebzehn Jahren von Herrn Gundelfinger an Herrn Fiedler mitgetheilt. Vgl. übrigens noch Steiner a. a. O., oder auch „Systematische Entwickelung der Abhängigkeit geometrischer Gestalten von einander", Anhang Nr. 39, 1832.

2) Vgl. Steiner's Abhandlung: „Développement d'une série de théorèmes relatifs aux sections coniques", Annales de Mathématiques, Bd. 19, S. 37—64, 1828, oder auch „Gesammelte Werke", Bd. 1, S. 189—210. Ferner vgl. § 59 der soeben citirten systematischen Entwickelung.

3) Journal für die reine und angewandte Mathematik, Bd. 47, S. 107, 1854, oder „Gesammelte Werke", Bd. 2, S. 600.

173. „Jede Schaar unter sich ähnlicher und einem gegebenen Dreieck ABC eingeschriebener Kegelschnitte hat ihre Mittelpunkte in irgend einer Curve vierten Grades“[1]).

Bei analogem Verfahren wie in (172) erhält man die Gleichung der Curve bezogen auf das gegebene Dreieck als Coordinatendreieck in der Gestalt

$$p_y r_y s_y t_y - 4c(p_1 \omega_{23} y_1^2 + p_2 \omega_{31} y_2^2 + p_3 \omega_{12} y_3^2)^2 = 0.$$

174. Ueber die Schaar unter sich ähnlicher und einem gegebenen Dreieck eingeschriebener Kegelschnitte stellt Steiner noch folgende Sätze ohne Beweis auf[2]):

„Die Glieder solcher Schaar Kegelschnitte sind zu vier und vier ähnlich liegend, d. h. es gibt im allgemeinen je vier dem gegebenen Dreieck eingeschriebene Kegelschnitte, welche irgend einem gegebenen Kegelschnitte ähnlich und mit ihm ähnlichliegend sind.

Sind die vier Kegelschnitte Ellipsen, so sind ihre Mittelpunkte allemal die Ecken eines vollständigen Vierecks, dessen drei Paar Gegenseiten sich in den Ecken des gegebenen Dreiecks schneiden.“ —

„Das Product der Halbaxen solcher vier Ellipsen, die dem gegebenen Dreieck eingeschrieben und ähnlich und ähnlichliegend sind, ist constant und zwar der vierten Potenz der Dreiecksfläche gleich. Oder sind $\mathfrak{r}, \mathfrak{r}_1, \mathfrak{r}_2, \mathfrak{r}_3$ die Radien derjenigen vier Kreise, welche mit den Ellipsen gleichen Inhalt haben, so ist $\mathfrak{r}\mathfrak{r}_1\mathfrak{r}_2\mathfrak{r}_3 = \Delta^2$.“

„Die vorstehenden Sätze, die einfachheitshalber nur für die Ellipsen ausgesprochen sind, gelten analoger Weise auch für Hyperbeln.“

Die Gleichung eines dem Coordinatendreieck eingeschriebenen Kegelschnitts mit dem Mittelpunkte y ist nach (29)

$$\frac{1}{2}\varphi(u, u) \equiv \alpha_1 u_2 u_3 + \alpha_2 u_3 u_1 + \alpha_3 u_1 u_2 = 0,$$

wobei $\sigma\alpha_1 = p_1 r_y$, $\sigma\alpha_2 = p_2 s_y$, $\sigma\alpha_3 = p_3 t_y$, wenn zur Abkürzung gesetzt wird $r_y \equiv -p_1 y_1 + p_2 y_2 + p_3 y_3$, $s_y \equiv p_1 y_1 - p_2 y_2 + p_3 y_3$, $t_y \equiv p_1 y_1 + p_2 y_2 - p_3 y_3$. Soll der Kegelschnitt mit einem gegebenen ähnlich und ähnlich liegend sein, so ist nach (130) erforderlich, dass beide von der unendlich fernen Geraden in denselben Punkten getroffen werden. (Von der weiteren Bedingung, dass die aus einem unendlich

---

1) Steiner: „Lehrsätze und Aufgaben“, Journal für die reine und angewandte Mathematik, Bd. 30, S. 273, 1845, oder „Gesammelte Werke“, Bd. 2, S. 346. Ferner: „Vermischte Sätze und Aufgaben“, Bd. 55 des eben genannten Journals, S. 369, 1858, oder „Gesammelte Werke“, Bd. 2, S. 675.

2) Journal für die reine und angewandte Mathematik, Bd. 55, S. 369 f., oder „Gesammelte Werke“, Bd. 2, S. 675 f.

fernen Punkte an beide Curven gezogenen Tangenten gleichzeitig reel oder imaginär seien, wird nach Steiner abgesehen.) Ist

$$\psi(u, u) \equiv \beta_u \gamma_u = 0$$

die Gleichung des Schnittpunktepaars mit der unendlich fernen Geraden, so ist nach (43), S. 84 die Gleichung der Curve auch von der Form $\psi(u, u) - \varrho \, . \, u_y^2 = 0$, und da die Glieder mit u_i^2 fehlen müssen, folgt sofort für die Coordinaten y_i des Mittelpunktes

$$y_1 = \pm \sqrt{\beta_1 \gamma_1}, \quad y_2 = \pm \sqrt{\beta_2 \gamma_2}, \quad y_3 = \pm \sqrt{\beta_3 \gamma_3}.$$

Den verschiedenen Combinationen der Vorzeichen entsprechend gibt es also in der That vier eingeschriebene Kegelschnitte, die dem gegebenen Kegelschnitte ähnlich sind. Aus den Werthen der Coordinaten der vier Mittelpunkte folgt auch leicht, dass diese vier Punkte die Ecken eines vollständigen Vierecks bilden, dessen drei Paar Gegenseiten sich in den Ecken des Coordinatendreiecks schneiden.

Das Product aus den Quadraten der Halbaxen der Curve $\varphi(u, u) = 0$ ist nach (133) gegeben durch $a^2 b^2 = \frac{\mathsf{A}}{\tau \varphi^3(p, p)}$; für

$$\varphi(u, u) \equiv 2(\alpha_1 u_2 u_3 + \alpha_2 u_3 u_1 + \alpha_3 u_1 u_2) = 0$$

wird nun

$$\mathsf{A} = 2 \alpha_1 \alpha_2 \alpha_3 = \frac{2 p_1 p_2 p_3 r_y s_y t_y}{\sigma^3},$$

$$\varphi(p, p) = 2(\alpha_1 p_2 p_3 + \alpha_2 p_3 p_1 + \alpha_3 p_1 p_2) = 2\left(\frac{\alpha_1}{p_1} + \frac{\alpha_2}{p_2} + \frac{\alpha_3}{p_3}\right) p_1 p_2 p_3,$$

wofür auch gesetzt werden kann

$$\frac{2 p_1 p_2 p_3}{\sigma}(r_y + s_y + t_y) = \frac{2 p_1 p_2 p_3 p_y}{\sigma}.$$

Man erhält demnach $a^2 b^2 = \frac{2 p_1 p_2 p_3 r_y s_y t_y}{\tau \, . \, 8 p_1^3 p_2^3 p_3^3 p_y^3} = \frac{r_y s_y t_y}{4 \tau p_1^2 p_2^2 p_3^2 p_y^3}$ als Ausdruck für das Product aus den Quadraten der Halbaxen der Curve mit dem Mittelpunkte $+ y_1, + y_2, + y_3$; bei dem Kegelschnitt mit dem Mittelpunkte $- y_1, + y_2, + y_3$ ergibt sich also $a_1^2 b_1^2 = \frac{p_y t_y s_y}{4 \tau p_1^2 p_2^2 p_3^2 \, . \, r_y^3}$. Hieraus ersieht man, dass bei Berücksichtigung von vier ähnlich liegenden Curven der Schaar sich in dem Product $a^2 b^2 . a_1^2 b_1^2 . a_2^2 b_2^2 . a_3^2 b_3^2$ sämmtliche Factoren $p_y r_y s_y t_y$ in Zähler und Nenner wegheben, so dass $ab \, . \, a_1 b_1 \, . \, a_2 b_2 \, . \, a_3 b_3 = \frac{1}{16 \tau^2 p_1^4 p_2^4 p_3^4}$. Aus (20), S. 61 folgt, wenn man $a_i = \frac{2 \Delta}{h_i}$ benutzt und $\frac{e_i}{h_i}$ ersetzt durch p_i, die Relation $\tau = \frac{1}{4 p_1^2 p_2^2 p_3^2 \Delta^2}$, es ist also in der That das Product aus den Halbaxen von vier Kegelschnitten der oben genannten Art gleich Δ^4.

Sind die vier Kegelschnitte einander ähnliche Ellipsen, so ist (33) und S. 252, Zeile 16 ff. anzuwenden, und es zeigen alsdann die nur in den Vorzeichen verschiedenen Coordinaten der Mittelpunkte, dass einer derselben im Innern des dem gegebenen parallel eingeschriebenen Dreiecks, die drei anderen in den trigonalen Feldern liegen. Dem entsprechend besteht die Curve vierter Ordnung, welche nach (173) den Ort für die Mittelpunkte aller ähnlichen, dem gegebenen Dreieck eingeschriebenen Ellipsen bildet, aus vier getrennten Ovalen. Auch ist die Curve noch dadurch interessant, dass sie 28 reelle Doppeltangenten besitzt[1]). —

Wir hatten oben der Gleichung des Kegelschnitts die Form gegeben $\psi(u, u) - \varrho u_y^2 = 0$; stellt nun allgemeiner $\psi(u, u) = 0$ nicht ein Punktepaar, sondern irgend eine Curve zweiter Classe dar, so wird dieselbe offenbar von $\chi(u, u) \equiv \psi(u, u) - \varrho u_y^2 = 0$ doppelt berührt, und zwar ist y der Pol der Berührungssehne. Man kann nun verlangen, dass $\chi(u, u) = 0$ dem Coordinatendreiseit eingeschrieben, also von der Form sei $2(\alpha_1 u_2 u_3 + \alpha_2 u_3 u_1 + \alpha_3 u_1 u_2) = 0$ und würde alsdann für $y_1 : y_2 : y_3$ wieder vier Werthsysteme erhalten von ähnlicher Beschaffenheit wie die obigen. Man erhält auf solche Weise den Satz:

175. Es gibt vier Kegelschnitte, die einem gegebenen Dreiseit eingeschrieben sind und einen gegebenen Kegelschnitt doppelt berühren. Die Pole der vier Berührungssehnen bilden die Ecken eines vollständigen Vierecks, dessen drei Paar Gegenseiten sich in den Ecken des Dreiseits schneiden.

176. Welche Curve wird von der Schaar ähnlicher, einem gegebenen Dreieck eingeschriebener Kegelschnitte umhüllt?[2])

Ausser der Gleichung $2(\alpha_1 u_2 u_3 + \alpha_2 u_3 u_1 + \alpha_3 u_1 u_2) = 0$ eines dem Coordinatendreieck eingeschriebenen Kegelschnitts muss, wie sich aus (127) oder aus (114) ergibt, die Bedingung

$$[\mathsf{A}, \omega]^2 \operatorname{tg}^2 \alpha + 4\tau \mathsf{A} \varphi(p, p) = 0$$

erfüllt sein; dieselbe lautet im gegenwärtigen Falle

$$\psi(\alpha_1, \alpha_2, \alpha_3)$$
$$\equiv (\alpha_1^2 \omega_{11} + \alpha_2^2 \omega_{22} + \alpha_3^2 \omega_{33} - 2\alpha_2\alpha_3\omega_{23} - 2\alpha_3\alpha_1\omega_{31} - 2\alpha_1\alpha_2\omega_{12})^2 \operatorname{tg}^2 \alpha$$
$$+ 16\tau\alpha_1\alpha_2\alpha_3 p_1 p_2 p_3 \left(\frac{\alpha_1}{p_1} + \frac{\alpha_2}{p_2} + \frac{\alpha_3}{p_3}\right) = 0.$$

---

1) Näheres in der Dissertation von Aeschlimann: „Zur Theorie der ebenen Curven vierter Ordnung", Zürich 1880.

2) Auch diese Frage wird von Steiner a. a. O. aufgeworfen.

Aehnlich wie in (172) setze man nun $u_2 u_3 = v_1$, $u_3 u_1 = v_2$, $u_1 u_2 = v_3$, wodurch die Gleichung des Kegelschnitts übergeht in

$$\alpha_1 v_1 + \alpha_2 v_2 + \alpha_3 v_3 = 0;$$

ferner deute man die α_i als variabele Punktcoordinaten, die v_i als Liniencoordinaten. Bildet man die Bedingung, dass die Gerade

$$v_1 \alpha_1 + v_2 \alpha_2 + v_3 \alpha_3 = 0$$

die Curve vierter Ordnung $\psi(\alpha_1, \alpha_2, \alpha_3) = 0$ berühre, so erhält man die „Enveloppe" der Schaar ähnlicher Kegelschnitte; an Stelle von $v_1 : v_2 : v_3$ ist natürlich einzusetzen $u_2 u_3 : u_3 u_1 : u_1 u_2$. Die weitere Ausführung sei dem Leser überlassen.

177. Die Mittelpunkte aller unter sich ähnlicher Kegelschnitte, die ein gegebenes Dreieck zum Poldreieck haben, liegen in einer Curve vierter Ordnung, welche die Ecken des Dreiecks zu Doppelpunkten hat.

In analoger Weise wie bei (172) und (173) erhält man mit Rücksicht auf (34) als Gleichung der Curve:

$$p_1 p_2 p_3 y_1 y_2 y_3 (p_1 y_1 + p_2 y_2 + p_3 y_3) - c(\omega_{11} p_1 y_2 y_3 + \omega_{22} p_2 y_3 y_1 + \omega_{33} p_3 y_1 y_2)^2 = 0,$$

wobei $c = -\frac{\operatorname{tg}^2 \alpha}{4\tau}$.

Diese Curve hat in Bezug auf das Coordinatendreieck genau dieselbe Lage wie die in (172) vorkommende Curve in Bezug auf das parallel eingeschriebene Dreieck.

178. Man suche den geometrischen Ort für die Mittelpunkte je zweier concentrischer Kegelschnitte, die unter sich ähnlich sind und von denen der eine dem Coordinatendreieck umschrieben, der andere ihm eingeschrieben ist[1]).

Der Einfachheit halber mögen wieder barycentrische Coordinaten zu Grunde gelegt werden. Die Gleichung des umschriebenen Kegelschnitts mit dem Mittelpunkte y ist dann nach (32)

$$\frac{1}{2} f(x, x) \equiv y_1 r_y x_2 x_3 + y_2 s_y x_3 x_1 + y_3 t_y x_1 x_2 = 0,$$

1) Auch an diesen Ort denkt Steiner, indem er (Journal für die reine und angewandte Mathematik, Bd. 55, S. 363, 1858, oder „Gesammelte Werke", Bd. 2, S. 670) die Frage aufwirft: „Besteht der Ort aus vier Geraden und einer Curve vierten Grades?" Steiner's Vermuthung ist richtig, die Curve zerfällt allerdings in zwei Kreise, während die vier Geraden sich aus $F(p, p) = 0$ oder $G(p, p) = 0$ ergeben und demnach aus der unendlich fernen Geraden und den Seiten des parallel eingeschriebenen Dreiecks bestehen.

die des eingeschriebenen nach (33)

$$g(x,x) \equiv r_y^2 x_1^2 + s_y^2 x_2^2 + t_y^2 x_3^2 - 2 r_y s_y x_1 x_2 - 2 r_y t_y x_1 x_3 - 2 s_y t_y x_2 x_3 = 0.$$

Man findet hiernach $F(p,p) = \frac{1}{9}(y_1 + y_2 + y_3) r_y s_y t_y$,

$$[a, \omega] = -2(\omega_{23} y_1^2 + \omega_{31} y_2^2 + \omega_{12} y_3^2 + \omega_{11} y_2 y_3 + \omega_{22} y_3 y_1 + \omega_{33} y_1 y_2),$$

$$G(p,p) = \frac{4}{9}(y_1 + y_2 + y_3) r_y s_y t_y,$$

$$[b, \omega] = -4(\omega_{23} y_1^2 + \omega_{31} y_2^2 + \omega_{12} y_3^2).$$

Bildet man nun nach (127) die Gleichung $\frac{F(p,p)}{[a,\omega]^2} - \frac{G(p,p)}{[b,\omega]^2} = 0$, so erhält man

$$(\omega_{23} y_1^2 + \omega_{31} y_2^2 + \omega_{12} y_3^2 + \omega_{11} y_2 y_3 + \omega_{22} y_3 y_1 + \omega_{33} y_1 y_2)^2 - (\omega_{23} y_1^2 + \omega_{31} y_2^2 + \omega_{12} y_3^2)^2 = 0.$$

Diese Differenz zerfällt sofort in die zwei Factoren

$$\omega_{11} y_2 y_3 + \omega_{22} y_3 y_1 + \omega_{33} y_1 y_2 = 0$$

und

$$2(\omega_{23} y_1^2 + \omega_{31} y_2^2 + \omega_{12} y_3^2) + \omega_{11} y_2 y_3 + \omega_{22} y_3 y_1 + \omega_{33} y_1 y_2 = 0,$$

von denen der erste nach (73) den umschriebenen Kreis des Dreiecks darstellt, der zweite einen Kreis, welcher dem System (Büschel) von Kreisen

$$\lambda(\omega_{23} y_1^2 + \omega_{31} y_2^2 + \omega_{12} y_3^2) + \omega_{11} y_2 y_3 + \omega_{22} y_3 y_1 + \omega_{33} y_1 y_2 = 0$$

angehört. In diesem Büschel sind überhaupt einige besonders wichtige Curven enthalten: $\lambda = 0$ ergibt den umschriebenen Kreis des Dreiecks, $\lambda = 1$ den Feuerbach'schen Kreis, $\lambda = \infty$ denjenigen Kreis, für welchen das Dreieck ein Poldreieck ist.

---

179. Man beweise nachstehenden von Steiner ohne Beweis mitgetheilten Satz[1]):

„Werden durch irgend einen Punkt p in der Ebene eines gegebenen Dreiecks ABC diejenigen drei Geraden rr_1, ss_1, tt_1 gezogen, welche beziehlich von den Seiten A und B, B und C, C und A begrenzt und durch den Punkt p gehälftet werden, so liegen ihre drei Paar Endpunkte r, r_1; s, s_1; t, t_1 allemal in irgend einem Kegelschnitte C^2, welcher nothwendigerweise den Punkt p zum Mittelpunkt hat."

1) „Lehrsätze". Journal für die reine und angewandte Mathematik, Bd. 45, S. 177, 1852, oder auch „Gesammelte Werke", Bd. 2, S. 431.

Bevor wir auf den Beweis dieses speciellen Satzes eingehen, möge ein allgemeinerer Satz von Steiner bewiesen werden, welcher lautet[1]):

„Durch jeden Punkt P in der Ebene einer gegebenen Curve C^m gehen im allgemeinen $\frac{1}{2}m(m-1)$ Sehnen S, und ihre $m(m-1)$ Endpunkte (a und a_1) liegen allemal in einer um einen Grad niedrigeren Curve J^{m-1}, welche nothwendigerweise den Pol P zum Mittelpunkt hat." Dabei bezeichnet Steiner als „Sehnen" solche durch P gezogene Strahlen, für welche irgend zwei ihrer Schnittpunkte mit C^m gleichweit von P abstehen und auf entgegengesetzten Seiten von P liegen. Den Ort J^{m-1} nennt Steiner die „innere Polare des Pols P in Bezug auf die Basis C^m".

Zum Beweis dieses Satzes sei $f(x_1, x_2, x_3) = 0$ die Gleichung der gegebenen Curve C^m, der Pol P habe die Coordinaten y_1, y_2, y_3, und $u_x = 0$ sei eine vorläufig beliebig, aber fest gewählte Gerade. Wir fixiren nun auf C^m irgend einen Punkt z und fragen, welcher Bedingung die Coordinaten desselben ausser $f(z_1, z_2, z_3) = 0$ noch genügen müssen, damit ein weiterer Schnittpunkt z' der Geraden yz und der Curve zusammen mit z harmonisch liege zu y und zu dem Schnittpunkte der Geraden yz mit $u_x = 0$. Der letztere hat jedenfalls die Coordinaten $z_i u_y - y_i u_z$ $(i = 1, 2, 3)$, oder auch $z_i - \lambda_1 y_i$, wenn man $u_z : u_y = \lambda_1$ setzt; der Punkt z' möge die Coordinaten haben $z_i - \lambda y_i$. Wir haben dann auf der Geraden yz ein Punktepaar mit den Coordinaten $z_i - \lambda_1 y_i$, resp. y_i, $(i = 1, 2, 3)$, und ein solches mit den Coordinaten

$$z_i = (z_i - \lambda_1 y_i) + \lambda_1 y_i$$

und

$$z_i - \lambda y_i = (z_i - \lambda_1 y_i) + (\lambda_1 - \lambda) y_i, \quad (i = 1, 2, 3).$$

Die Bedingung, dass beide zu einander harmonisch liegen, ist

$$\frac{\lambda_1}{\lambda_1 - \lambda} = -1,$$

woraus $\lambda = 2\lambda_1$ folgt; der Punkt z' hat demnach die Coordinaten $z_i - 2\lambda_1 y_i$, welche nun noch der Gleichung $f(z_1', z_2', z_3') = 0$ genügen sollen. Man erhält hierdurch $f(z_1 - 2\lambda_1 y_1, z_2 - 2\lambda_1 y_2, z_3 - 2\lambda_1 y_3) = 0$,

---

1) „Ueber solche algebraische Curven, welche einen Mittelpunkt haben, und über darauf bezügliche Eigenschaften allgemeiner Curven, sowie über geradlinige Transversalen der letzteren." Journal für die reine und angewandte Mathematik, Bd. 47, S. 32f., 1851, oder auch „Gesammelte Werke", Bd. 2, S. 527f. Vgl. auch die Abhandlung von Herrn Güssfeldt: „Ueber Curven, welche einen harmonischen Pol und eine harmonische Gerade besitzen, und darauf bezügliche Eigenschaften allgemeiner algebraischer Curven, mit besonderer Berücksichtigung der Curven dritter Ordnung." Math. Annalen, Bd. 2, S. 83, 1868.

und dies ist die Gleichung einer Curve $(m-1)^{\text{ter}}$ Ordnung, denn in der Entwickelung dieser Function fällt das erste Glied $f(z_1, z_2, z_3)$ weg, weil der Punkt z auf der Curve $f(z_1, z_2, z_3) = 0$ liegt. Der übrig bleibende Ausdruck stellt die oben geforderte Bedingung dar.

Es ist nun klar, dass man zum Beweis des oben an erster Stelle ausgesprochenen Steiner'schen Satzes nur nöthig hat, die Gerade $u_x = 0$ mit der unendlich fernen $p_x = 0$ zusammenfallen zu lassen und als gegebene Curve m^{ter} Ordnung die aus den drei Seiten des Coordinatendreiecks bestehende ausgeartete Curve dritter Ordnung $z_1 z_2 z_3 = 0$ zu nehmen. Die Punktepaare r, r_1; s, s_1; t, t_1 liegen dann auf einem Kegelschnitt C^2, dessen Gleichung sich aus

$$(z_1 - 2\lambda_1 y_1)(z_2 - 2\lambda_1 y_2)(z_3 - 2\lambda_1 y_3) = 0$$

ergibt, wenn man hier das Product $z_1 z_2 z_3$ weglässt und $\lambda_1 = p_z : p_y$ setzt; die Gleichung lautet:

$$4y_1 y_2 y_3 p_z^2 - 2(y_2 y_3 z_1 + y_3 y_1 z_2 + y_1 y_2 z_3) p_y p_z \\ + p_y^2 (y_1 z_2 z_3 + y_2 z_3 z_1 + y_3 z_1 z_2) = 0.$$

Steiner stellt a. a. O. noch einen weiteren Satz auf hinsichtlich eines Kegelschnitts, der zu dem soeben erhaltenen und zu dem Pole p in einer einfachen Beziehung steht, nämlich:

„Zieht man ferner aus demselben Punkte p Strahlen α, β, γ nach den Ecken a, b, c des Dreiseits und construirt in jeder Ecke zu den zwei anliegenden Seiten und dem jedesmaligen Strahle den vierten, dem letzteren zugeordneten, harmonischen Strahl, beziehlich α_1, β_1 und γ_1, so werden diese drei neuen Strahlen in den respectiven Ecken des Dreiecks allemal von einem solchen Kegelschnitte C_1^2 berührt, welcher jenem Kegelschnitte C^2 ähnlich ist und mit ihm ähnlich liegt, so dass die sich entsprechenden Axen beider Kegelschnitte parallel sind, ebenso ihre Asymptoten, falls sie Hyperbeln sind."

Die eben genannten vierten harmonischen Strahlen haben, wie man leicht sieht, die Gleichungen: $y_3 x_2 + y_2 x_3 = 0$, $y_3 x_1 + y_1 x_3 = 0$, $y_2 x_1 + y_1 x_2 = 0$, wenn wieder y_i $(i = 1, 2, 3)$ die Coordinaten des Punktes p bedeuten; da der Kegelschnitt C_1^2 durch die Ecken des Dreiecks gehen soll, hat er jedenfalls eine Gleichung von der Form $a_1 x_2 x_3 + a_2 x_3 x_1 + a_3 x_1 x_2 = 0$, und die Tangenten desselben in den Ecken des Dreiecks

$$a_3 x_2 + a_2 x_3 = 0, \quad a_3 x_1 + a_1 x_3 = 0, \quad a_2 x_1 + a_1 x_2 = 0$$

sind mit den obigen vierten harmonischen Strahlen identisch, wenn man setzt $a_1 = y_1$, $a_2 = y_2$, $a_3 = y_3$. Die Gleichung des Kegelschnitts C_1^2 ist demnach $y_1 x_2 x_3 + y_2 x_3 x_1 + y_3 x_1 x_2 = 0$, woraus nach (42) hervorgeht, dass diese Curve mit der konischen Polare des Punktes y in Bezug auf $x_1 x_2 x_3 = 0$ identisch ist. Sie ist zu der S. 315 erhaltenen Curve C^2 ähnlich und ähnlich gelegen, denn beide Curven werden von der unendlich fernen Geraden in denselben Punkten getroffen.

Auch alle übrigen von Steiner a. a. O. aufgeführten Sätze über die gegenseitige Beziehung der Curven C^2 und C_1^2 folgen nun leicht, so z. B. dass durch jeden dem Dreieck umschriebenen Kegelschnitt C_1^2 der Punkt p, sowie der ihm zugehörige Kegelschnitt C^2 bestimmt ist. Denn die Coordinaten y_i des Punktes p sind gleich den Coefficienten a_i in der Gleichung des umschriebenen Kegelschnitts. Ferner ist nunmehr bewiesen: „Es gibt nur einen Pol p, für welchen der zugehörige Kegelschnitt C^2 ein Kreis wird, oder bei welchem die drei Geraden rr_1, ss_1, tt_1 einander gleich werden; derselbe wird durch den dem Dreieck abc umschriebenen Kreis bestimmt.“

Die beiden Kegelschnitte sind gleichseitige Hyperbeln, wenn der Pol p auf der Geraden $\omega_{23} y_1 + \omega_{31} y_2 + \omega_{12} y_3 = 0$ liegt, denn auf diese Gleichung reduciren sich die Ausdrücke für die Curven C^2 und C_1^2 bei Anwendung der Bedingung $[a, \omega] = 0$ für die gleichseitige Hyperbel. Die so erhaltene Gerade ist nach (24) und (21) diejenige, auf welcher die drei Schnittpunkte der Seiten des Dreiecks mit den Verbindungslinien der gegenüberliegenden Höhenfusspunkte gelegen sind.

Soll der Kegelschnitt C_1^2 eine Parabel sein, so zerfällt C^2 in ein Paar von Parallelen, die von p gleichweit abstehen und mit der Axe der Parabel gleiche Richtung haben. Denn wenn C_1^2 eine Parabel darstellt, haben beide Kegelschnitte mit der unendlich fernen Geraden dieselben zwei unendlich nahen Punkte gemeinsam, doch kann C^2 keine Parabel sein, da der Mittelpunkt p von C^2 im Endlichen liegt, es muss demnach C^2 in ein Parallelenpaar zerfallen, dessen Mittelpunktslinie durch p geht. Der Kegelschnitt C_1^2 ist eine Parabel, wenn der Punkt y auf der Curve liegt

$$p_1^2 y_1^2 + p_2^2 y_2^2 + p_3^2 y_3^2 - 2 p_2 p_3 y_2 y_3 - 2 p_3 p_1 y_3 y_1 - 2 p_1 p_2 y_1 y_2 = 0;$$

ihre Gleichung in Liniencoordinaten ist

$$p_1 u_2 u_3 + p_2 u_3 u_1 + p_3 u_1 u_2 = 0,$$

und man zeigt mit deren Hilfe leicht, dass diese Curve den Schwerpunkt des Dreiecks zum Mittelpunkt hat und die Seiten des Dreiecks in ihren Mitten berührt. (Vgl. auch (39).)

Alle diese Sätze werden von Steiner a. a. O. ohne Beweis aufgestellt.

180. Man bestimme die Potenz eines Punktes y in Bezug auf einen Kreis, dessen Radius gleich r ist und dessen Mittelpunkt die Coordinaten c_1, c_2, c_3 hat.

Die Gleichung des Kreises ist nach (10a), S. 59:

$$K \equiv \binom{c\ x}{c\ x}_{\omega_{ik}} - r^2 \tau p_c^2 p_x^2 = 0;$$

andrerseits ist nach S. 100 die Potenz eines Punktes y in Bezug auf den Kreis $f(x, x) = 0$ gegeben durch $\frac{2f(y, y)}{[a, \omega] \cdot p_y^2}$. Im gegenwärtigen Falle wird $[a, \omega]$ gleich $-2\binom{c}{c}_{\omega_{ik}} = 2\tau p_c^2$, so dass man für die Potenz P den Ausdruck erhält $P = \frac{[K]}{\tau p_c^2 p_y^2}$, wobei $[K]$ die Substitution der Coordinaten des Punktes y in die linke Seite der obigen Kreisgleichung $K = 0$ andeutet.

181. Man bilde die Gleichung für den geometrischen Ort aller Punkte, von denen aus zwei Kreise gleich gross erscheinen.

Es seien

$$K_1 \equiv \binom{a\ x}{a\ x}_{\omega_{ik}} - r_1^2 \tau p_a^2 p_x^2 = 0 \quad \text{und} \quad K_2 = \binom{b\ x}{b\ x}_{\omega_{ik}} - r_2^2 \tau p_b^2 p_x^2 = 0$$

die Gleichungen der beiden Kreise mit den Mittelpunkten a, b und den Radien r_1, r_2. Die trigonometrische Tangente des halben Winkels, unter dem vom Punkte y aus der Kreis K_1 erscheint, ist gleich dem Quotienten aus dem Radius r_1 und der Länge der von y an den Kreis gezogenen Tangente, welch letztere bekanntlich mit der Quadratwurzel aus der Potenz übereinstimmt. Man erhält daher nach (180) als Gleichung des betreffenden Ortes: $K_3 \equiv r_2^2 p_b^2 K_1 - r_1^2 p_a^2 K_2 = 0$ oder $r_2^2 p_b^2 \binom{a\ x}{a\ x}_{\omega_{ik}} - r_1^2 p_a^2 \binom{b\ x}{b\ x}_{\omega_{ik}} = 0$. Diese Gleichung stellt nach (69) einen Kreis dar, dessen Mittelpunkt auf der Centrale von K_1 und K_2 liegt. Die Punkte der Centrale, von denen aus die zwei gegebenen Kreise gleich gross erscheinen, sind der äussere und der innere Aehnlichkeitspunkt (Schnittpunkt der zwei äusseren, bezw. der zwei inneren gemeinschaftlichen Tangenten); der Kreis $K_3 = 0$ hat also die Verbindungslinie dieser beiden Punkte zum Durchmesser (Aehnlichkeitskreis).

182. Die Gleichung der Linie gleicher Potenzen (Potenzlinie, Radicalaxe) zweier durch

$$f(x, x) \equiv \sum_1^3{}^i \sum_1^3{}^k a_{ik} x_i x_k = 0 \quad \text{und} \quad g(x, x) \equiv \sum_1^3{}^i \sum_1^3{}^k b_{ik} x_i x_k = 0$$

gegebenen Kreise zu bilden.

Ist y ein Punkt der Potenzlinie, so muss nach (55), S. 100 die Relation stattfinden $\frac{2f(y,y)}{[a,\omega]p_y^2} = \frac{2g(y,y)}{[b,\omega]p_y^2}$, oder auch

$$[b,\omega]f(y,y) - [a,\omega]g(y,y) = 0.$$

Diese Gleichung muss p_y als Factor enthalten (vgl. die Fussnote zu S. 59); der andere, nach der auf S. 38 angegebenen Methode zu bestimmende Factor stellt die Potenzlinie dar.

183. Die Bedingung dafür, dass sich die zwei Kreise $f(x,x) = 0$ und $\varphi(u,u) = 0$ rechtwinklig schneiden, ist

$$4\tau\varphi(p,p)\cdot[\alpha,a] - [\mathsf{A},\omega]\cdot[a,\omega] = 0$$

oder auch

$$4[\alpha,a]\cdot[\alpha,\Omega] - [\mathsf{A},\omega]\cdot[a,\omega] = 0.$$

Nach Multiplication mit einem gewissen Factor μ geht $\varphi(u,u) = 0$ in die Normalform $\varrho^2 p_y^2\omega(u,u) - u_y^2 = 0$ (vgl. (2), S. 57) über, so dass also $\mu\,.\,\varphi(u,u) = \varrho^2 p_y^2\omega(u,u) - u_y^2$, wobei ϱ den Radius, y den Mittelpunkt des Kreises $\varphi(u,u) = 0$ bezeichnet. Zur Bestimmung des Factors μ setzen wir $u_i = p_i$ $(i = 1, 2, 3)$ und finden sofort $\mu = -p_y^2 : \varphi(p,p)$, also $u_y^2 = \varrho^2 p_y^2\omega(u,u) + \frac{\varphi(u,u)\,.\,p_y^2}{\varphi(p,p)}$. Die zwei Kreise schneiden sich rechtwinklig, wenn die Potenz des Mittelpunktes y von $\varphi(u,u) = 0$ in Bezug auf den Kreis $f(x,x) = 0$ gleich ϱ^2 wird, d. h. nach (55), S. 100, wenn $\frac{2f(y,y)}{[a,\omega]p_y^2} = \varrho^2$ oder $f(y,y) = \frac{\varrho^2\,.\,[a,\omega]\,.\,p_y^2}{2}$. Andrerseits muss die soeben abgeleitete Gleichung für u_y^2 gelten, welche Werthe auch die u_i haben mögen, sie gilt daher nach (35), S. 76 auch noch, wenn man die Producte $u_i u_k$ ersetzt durch a_{ik}; man erhält alsdann $f(y,y) = \varrho^2 p_y^2[a,\omega] + \frac{[\alpha,a]p_y^2}{\varphi(p,p)}$. Aus den zwei für $f(y,y)$ angegebenen Ausdrücken folgt durch Gleichsetzen $\frac{\varrho^2\,.\,[a,\omega]}{2} + \frac{[\alpha,a]}{\varphi(p,p)} = 0$, und wenn man für ϱ^2 seinen in (138) angegebenen Werth $\frac{-[\mathsf{A},\omega]}{2\tau\varphi^2(p,p)}$ einsetzt, ergibt sich $\frac{-[\mathsf{A},\omega]\cdot[a,\omega]}{4\tau\varphi(p,p)} + [\alpha,a] = 0$ oder

$$4\tau\varphi(p,p)\cdot[\alpha,a] - [\mathsf{A},\omega]\cdot[a,\omega] = 0,$$

wofür auch zufolge $\tau p_i p_k = \Omega_{ik}$ gesetzt werden kann

$$4[\alpha,\Omega]\cdot[\alpha,a] - [\mathsf{A},\omega]\cdot[a,\omega] = 0. \quad \text{Vgl. (224.)}$$

184. Man berechne die Potenz eines Punktes y in Bezug auf den dem Coordinatendreieck umschriebenen Kreis.

Die Gleichung dieses Kreises ist nach (73)

$$\omega_{11} p_1 x_2 x_3 + \omega_{22} p_2 x_3 x_1 + \omega_{33} p_3 x_1 x_2 = 0,$$

daher

$$[a, \omega] = \omega_{11} p_1 \omega_{23} + \omega_{22} p_2 \omega_{31} + \omega_{33} p_3 \omega_{12} =$$
$$- 2(\omega_{12}\omega_{13} p_1 + \omega_{21}\omega_{23} p_2 + \omega_{31}\omega_{32} p_3) = - 2\tau p_1 p_2 p_3.$$

Für die Potenz findet man somit nach (55), S. 100 den Werth

$$P_U = \frac{\omega_{11} p_1 y_2 y_3 + \omega_{22} p_2 y_3 y_1 + \omega_{33} p_3 y_1 y_2}{- \tau p_1 p_2 p_3 (p_1 y_1 + p_2 y_2 + p_3 y_3)^2}.$$

185. Dieselbe Aufgabe in Bezug auf denjenigen Kreis, für welchen das Coordinatendreieck Poldreieck ist.

Die Gleichung dieses Kreises ist nach (75)

$$\omega_{23} p_1 x_1^2 + \omega_{31} p_2 x_2^2 + \omega_{12} p_3 x_3^2 = 0,$$

daher $[a, \omega] = \omega_{23} p_1 \omega_{11} + \omega_{31} p_2 \omega_{22} + \omega_{12} p_3 \omega_{33} = - 2\tau p_1 p_2 p_3$ (wie zuvor) und $P_P = \dfrac{\omega_{23} p_1 y_1^2 + \omega_{31} p_2 y_2^2 + \omega_{12} p_3 y_3^2}{- \tau p_1 p_2 p_3 (p_1 y_1 + p_2 y_2 + p_3 y_3)^2}$.

186. Dieselbe Aufgabe für den Feuerbach'schen Kreis.

Die Gleichung desselben ist nach (165)

$$f(x, x) \equiv 2(\omega_{23} x_1 r_x + \omega_{31} x_2 s_x + \omega_{12} x_3 t_x) = 0,$$

daher $[a, \omega] = - 4(\omega_{23} p_1 \omega_{11} + \omega_{31} p_2 \omega_{22} + \omega_{12} p_3 \omega_{33}) = 8\tau p_1 p_2 p_3$ (wie bei (184)) und $P_F = \dfrac{f(y, y)}{4\tau p_1 p_2 p_3 (p_1 y_1 + p_2 y_2 + p_3 y_3)^2}$.

187. Man berechne die Grösse $a^2 \pm b^2$ für den dem Coordinatendreieck umschriebenen Kegelschnitt mit dem Mittelpunkte y; dabei gilt in $a^2 \pm b^2$ das positive oder negative Vorzeichen, je nachdem der Kegelschnitt eine Ellipse oder Hyperbel ist.

Für die Curve $f(x, x) = 0$ hat man nach (135) die Relation $a^2 \pm b^2 = - \dfrac{A[a, \omega]}{\tau F^2(p, p)}$; durch Substitution der in (139) gefundenen Werthe von A und $F(p, p)$ ergibt sich auf ähnliche Weise und bei gleicher Bezeichnung wie in (156):

$$a^2 \pm b^2 = \frac{- [a, \omega] q_1 q_2 q_3}{p_1 p_2 p_3 q_1' q_2' q_3' \cdot 4\tau p_y^2},$$

wobei $[a, \omega] = 2(y_1 r_y \omega_{23} + y_2 s_y \omega_{31} + y_3 t_y \omega_{12})$, so dass $[a, \omega] = 0$ nach (165) die Gleichung des Feuerbach'schen Kreises wäre. Mit Hilfe der in (186) abgeleiteten Potenz P_F eines Punktes y in Bezug auf diesen Kreis findet man $a^2 \pm b^2 = - \dfrac{q_1 q_2 q_3}{q_1' q_2' q_3'} P_F$.

188. Dieselbe Aufgabe für den dem Coordinatendreieck eingeschriebenen Kegelschnitt mit dem Mittelpunkte y.

Für die Curve $\varphi(u, u) = 0$ hat man nach (136) die Relation $a^2 \pm b^2 = -\frac{[A, \omega]}{\tau\varphi^2(p, p)}$; durch Substitution der in (140) angegebenen Werthe von $[A, \omega]$ und $\varphi(p, p)$ erhält man

$$a^2 \pm b^2 = -\frac{(\omega_{23}\, p_1 y_1^{\,2} + \omega_{31}\, p_2 y_2^{\,2} + \omega_{12}\, p_3 y_3^{\,2})}{\tau\, p_1 p_2 p_3 (p_1 y_1 + p_2 y_2 + p_3 y_3)^2}.$$

Mit Rücksicht auf das in (185) erhaltene Resultat erkennt man sofort, dass $a^2 \pm b^2$ gleich der Potenz des Mittelpunktes y in Bezug auf denjenigen Kreis ist, der das Coordinatendreieck zum Poldreieck hat.

189. Dieselbe Aufgabe für diejenige Curve zweiter Ordnung mit dem Mittelpunkte y, die das Coordinatendreieck zum Poldreieck hat.

Mit Hilfe der in (141) angegebenen Werthe von A, $[a, \omega]$ und $F(p, p)$ findet man $a^2 \pm b^2 = -\frac{(\omega_{11}\, p_1 y_2 y_3 + \omega_{22}\, p_2 y_3 y_1 + \omega_{33}\, p_3 y_1 y_2)}{\tau\, p_1 p_2 p_3 (p_1 y_1 + p_2 y_2 + p_3 y_3)^2}$, es ist also $a^2 \pm b^2$ nach (184) gleich der Potenz des Mittelpunktes y in Bezug auf den dem Coordinatendreieck umschriebenen Kreis.

190. Ist α der Asymptotenwinkel des einem Dreieck umschriebenen Kegelschnitts mit dem Mittelpunkte y, so besteht die einfache Relation $\operatorname{tg}^2 \alpha = -\frac{4 q_1' q_2' q_3' \cdot r}{P_F^{\,2}}$, worin r den Radius des dem Dreieck umschriebenen Kreises bezeichnet und die Grössen q', sowie P_F dieselbe Bedeutung haben wie in (187).

Führt man in die Formel $\operatorname{tg}^2 \alpha = -\frac{4\tau F(p, p)}{[a, \omega]^2}$ (vgl. (6), S. 111) des Asymptotenwinkels die Halbaxen a und b des Kegelschnitts ein, so wird $\operatorname{tg}^2 \alpha = \frac{\mp 4 a^2 b^2}{(a^2 \pm b^2)^2}$, wobei das obere oder untere Vorzeichen zu stehen hat, je nachdem die Curve eine Ellipse oder Hyperbel ist. Mit Hilfe von (157) und (187) folgt alsdann die obige Relation.

Auf gleiche Weise findet man die folgenden zwei Sätze:

191. Ist α der Asymptotenwinkel des einem Dreieck eingeschriebenen Kegelschnitts mit dem Mittelpunkte y, so besteht die Relation $\operatorname{tg}^2 \alpha = -\frac{16 q_1' q_2' q_3' r}{P_P^{\,2}}$, worin P_P die Potenz des Punktes y in Bezug auf denjenigen Kreis bezeichnet, für welchen das betr. Dreieck Poldreieck ist.

192. Ist α der Asymptotenwinkel desjenigen Kegelschnitts, welcher ein gegebenes Dreieck zum Poldreieck und den Punkt y zum Mittelpunkt hat, so besteht die Relation $\operatorname{tg}^2 \alpha = \frac{-8 q_1 q_2 q_3 \cdot r}{P_U^{\,2}}$, worin P_U die

Potenz des Punktes y in Bezug auf den dem betr. Dreieck umschriebenen Kreis bezeichnet.

193. Welches ist der geometrische Ort aller Punkte x, für die das Verhältniss des Quadrats ihres Abstandes von einer festen Geraden $v_x = 0$ zu der Potenz in Bezug auf einen Kreis vom Radius r und mit dem Mittelpunkte c_1, c_2, c_3 gleich einer Constanten $1:\lambda^2$ ist?

Mit Hilfe der Formel (1), S. 9 für den Abstand eines Punktes von einer Geraden und der in (180) abgeleiteten Formel für die Potenz in Bezug auf einen durch Mittelpunkt und Radius gegebenen Kreis findet man als Gleichung des Ortes:

$$\lambda^2 \tau p_c^2 v_x^2 = \omega(v, v)\left[\binom{c\,x}{c\,x}_{\omega_{ik}} - r^2 \tau p_c^2 p_x^2\right]$$

oder

$$f(x, x) \equiv \binom{c\,x}{c\,x}_{\omega_{ik}} - r^2 \tau p_c^2 p_x^2 - \frac{\lambda^2 \tau p_c^2 v_x^2}{\omega(v, v)} = 0.$$

Diese Gleichung repräsentirt einen Kegelschnitt, und zwar von gleicher Art wie $\binom{c\,x}{c\,x}_{\omega_{ik}} - \frac{\lambda^2 \tau p_c^2 v_x^2}{\omega(v, v)} = 0$, denn beide werden von $p_x^2 = 0$ in denselben Punkten getroffen; nach S. 119, wo die letztgenannte Curve bereits auftrat, ist daher der Kegelschnitt eine Ellipse, Hyperbel oder Parabel, je nachdem die positive Constante $\lambda < 1, > 1, = 1$.

Es möge nun noch die Gleichung in Liniencoordinaten für obigen Kegelschnitt abgeleitet werden; in Punktcoordinaten hat man einen Ausdruck von der Form $\binom{c\,x}{c\,x}_{\omega_{ik}} + m p_x^2 + n v_x^2 = 0$, wenn zur Abkürzung gesetzt ist $m = -r^2 \tau p_c^2$, $n = -\lambda^2 \tau p_c^2 : \omega(v, v)$. Die Gleichung in Liniencoordinaten von $g(x, x) \equiv \binom{c\,x}{c\,x}_{\omega_{ik}} + n v_x^2 = 0$ lautet nach S. 119 f.:

$$G(u, u) \equiv n\{\omega(v, v) u_c^2 + v_c^2 \omega(u, u) - 2 v_c u_c \omega(v, u)\} + \tau p_c^2 u_c^2 = 0$$

nun ist aber die Gleichung in Liniencoordinaten zu bilden für

$$g(x, x) + m p_x^2 = 0.$$

Der Coefficient von m^2 in derselben verschwindet identisch[1]), derjenige von m^1 geht aus $g(x, x)$ dadurch hervor, dass man x_1 ersetzt durch $p_2 u_3 - p_3 u_2$ und analog bei x_2, x_3 verfährt; der Coefficient von m^0 wird $G(u, u)$. Es ergibt sich also

$$G(u, u) + m\{\omega(p, p) u_c^2 + p_c^2 \omega(u, u) - 2 p_c u_c \omega(p, u)\} \\ + mn \sum \pm (p_1 v_2 u_3)^2 = 0,$$

1) Vgl. hier und im Folgenden die Bemerkungen S. 119 f.

und wenn man für m und n ihre Werthe einsetzt, sowie die Relationen berücksichtigt

$$\omega(p,p) = 0,\ \omega(p,u) = 0,\ \tau \sum \pm (p_1 v_2 u_3)^2 = \omega(u,u)\,\omega(v,v) - \omega^2(v,u),$$

folgt schliesslich als Gleichung der Curve in Liniencoordinaten:

$$\varphi(u,u) \equiv \{(1-\lambda^2) r^2 p_c^2\, \omega(v,v) + \lambda^2 v_c^2\}\,\omega(u,u) + (\lambda^2 - 1)\,\omega(v,v) u_c^2 \\ - 2\lambda^2 v_c u_c\, \omega(v,u) + \lambda^2 r^2 p_c^2\, \omega^2(v,u) = 0.$$

Für $\lambda = 1$ erhält man einfach

$$v_c^2\,\omega(u,u) - 2 v_c u_c\, \omega(v,u) + r^2 p_c^2\, \omega^2(v,u) = 0,$$

woraus (ähnlich wie S. 120) hervorgeht, dass das Brennpunktepaar in diesem Falle gegeben ist durch $\omega(v,u)\{r^2 p_c^2\, \omega(v,u) - 2 v_c u_c\} = 0$, der im Unendlichen gelegehe Brennpunkt liegt also im Normalencentrum der Geraden $v_x = 0$.

Im Falle $\lambda \gtrless 1$ hat man für das eine Brennpunktepaar die Gleichung $(\lambda^2 - 1)\,\omega(v,v) u_c^2 - 2\lambda^2 v_c u_c\, \omega(v,u) + \lambda^2 r^2 p_c^2\, \omega^2(v,u) = 0$, welche nach Multiplication mit $(\lambda^2 - 1)\,\omega(v,v)$ in zwei sich nur im Vorzeichen der Quadratwurzel unterscheidende Factoren zerfällt, nämlich:

$$(\lambda^2 - 1)\,\omega(v,v) u_c - \lambda^2 v_c\, \omega(v,u) \\ \pm \lambda \sqrt{\lambda^2 v_c^2 - r^2 p_c^2 (\lambda^2 - 1)\,\omega(v,v)}\;\omega(v,u) = 0.$$

Diese beiden Brennpunkte sind stets reell, wenn die positive Constante $\lambda < 1$, und für $\lambda > 1$ nur dann, wenn der Ausdruck unter der Wurzel positiv ist. Sie liegen, wie ihre Gleichungen zeigen, auf der vom Mittelpunkte c des gegebenen Kreises auf die Gerade $v_x = 0$ gefällten Normale. Für den Mittelpunkt $\mu_u = 0$ des Kegelschnitts $\varphi(u,u) = 0$ findet man sofort die Gleichung

$$\mu_u \equiv \frac{\varphi(p,u)}{p_c} = (\lambda^2 - 1)\,\omega(v,v) u_c - \lambda^2 v_c\, \omega(v,u) = 0.$$

Die Verbindungslinie dieses Punktes mit dem unendlich fernen Punkte der Geraden $v_x = 0$, also die Axe, welche zur Verbindungslinie der beiden eben erwähnten Brennpunkte normal ist, hat die Gleichung $v_c p_x + (\lambda^2 - 1) p_c v_x = 0$.

Nach Multiplication mit $(\lambda^2 - 1)\,\omega(v,v)$ ergibt sich für die Gleichung der Curve bei Benutzung des Mittelpunktes die Relation

$$(\lambda^2 - 1)\,\omega(v,v) \cdot \varphi(u,u) \equiv [(\lambda^2 - 1) r^2 p_c^2\, \omega(v,v) - \lambda^2 v_c^2]\,\omega(v,v) \cdot \omega(u,u) \\ + \mu_u^2 - [r^2 p_c^2 (\lambda^2 - 1)\,\omega(v,v) - \lambda^2 v_c^2]\lambda^2 \tau \cdot \sum \pm (p_1 v_2 u_3)^2 = 0,$$

aus der man für das zweite Brennpunktepaar die Gleichung erhält

$$\mu_u \pm \lambda \sqrt{\tau}\, \sqrt{r^2 p_c^2 (\lambda^2 - 1)\,\omega(v,v) - \lambda^2 v_c^2}\, \sum \pm (p_1 v_2 u_3) = 0.$$

Setzt man zur Abkürzung $r^2 p_c^2(\lambda^2 - 1)\,\omega(v, v) - \lambda^2 v_c^2 = k$ und wendet die Identität an $\omega(v, v)\,\omega(u, u) \equiv \omega^2(v, u) + \tau \sum \pm (p_1 v_2 u_3)^2$, so wird

$$(\lambda^2 - 1)\,\omega(v, v)\,\varphi(u, u)$$
$$\equiv k\omega^2(v, u) + \mu_u^2 + k(1 - \lambda^2)\,\tau \sum \pm (p_1 v_2 u_3)^2 = 0.$$

Für die Transformation dieses Kegelschnitts auf die beiden Hauptaxen ist von Wichtigkeit die Bemerkung, dass die Gleichungen $\mu_u = 0$, $\omega(v, u) = 0$, $\sum \pm (p_1 v_2 u_3) = 0$ den Mittelpunkt des Kegelschnitts und die unendlich fernen Punkte der beiden Hauptaxen darstellen.

Bei Anwendung von $\omega(u, u) = U_1^2 + U_2^2$ und $U_3 = \dfrac{\varphi(p, u)}{\varphi(p, p)}$ (vgl. (21) und (31) in § 10) folgen unter Rücksicht auf die Identität $\omega(v, v) \cdot \omega(u, u) \equiv \omega^2(v, u) + \tau \sum (p_1 v_2 u_3)^2$ die Relationen

$$U_1 = \frac{\omega(v, u)}{\sqrt{\omega(v, v)}}, \quad U_2 = \frac{\sqrt{\tau} \sum \pm (p_1 v_2 u_3)}{\sqrt{\omega(v, v)}}, \quad U_3 = \frac{\mu_u}{(\lambda^2 - 1)\,\omega(v, v)\,p_c},$$

mit Hilfe deren sich $\varphi(u, u)$ verwandelt in

$$\varphi(u, u) \equiv \frac{k U_1^2}{\lambda^2 - 1} - k U_2^2 + (\lambda^2 - 1)\,\omega(v, v) \cdot p_c^2 U_3^2 = 0.$$

Wird an Stelle von k der Abstand d des Kreismittelpunktes c von der festen Geraden v eingeführt, wobei $d = \dfrac{v_c}{\sqrt{\omega(v, v)}\,p_c}$, so erhält man vermöge der Beziehung $k = \dfrac{v_c\{r^2\lambda^2 - r^2 - \lambda^2 d^2\}}{d^2}$ die Gleichung

$$\frac{\varphi(u, u)}{(1 - \lambda^2)\,\omega(v, v)\,p_c^2} = \frac{r^2(1 - \lambda^2) + \lambda^2 d^2}{(1 - \lambda^2)^2} U^2 + \frac{r^2(1 - \lambda^2) + \lambda^2 d^2}{1 - \lambda^2} V^2 - 1 = 0;$$

hierbei wurde noch $U_1 : U_2 : U_3$ ersetzt durch $U : V : 1$. Die Gleichung in Punktcoordinaten des auf die Hauptaxen als rechtwinklige Coordinatenaxen bezogenen Kegelschnitts $\varphi(u, u) = 0$ lautet daher

$$\frac{(1 - \lambda^2)^2}{r^2(1 - \lambda^2) + \lambda^2 d^2} X^2 + \frac{1 - \lambda^2}{r^2(1 - \lambda^2) + \lambda^2 d^2} Y^2 - 1 = 0.$$

194. Man beweise nachstehenden Satz von Steiner[1]):

„Sind in einer Ebene irgend zwei Kreise A^2, B^2 gegeben, und zieht man aus einem willkürlichen Punkte X_0 an jeden Kreis eine

1) „Ueber einige neue Bestimmungs-Arten der Curven zweiter Ordnung nebst daraus folgenden neuen Eigenschaften derselben Curven". Journal für die reine und angewandte Mathematik, Bd. 45, S. 189, 1852, oder auch „Gesammelte Werke", Bd. 2, S. 447.

Tangente α, β und verlangt, es soll entweder die Summe, $(\alpha + \beta)$, oder der Unterschied, $(\alpha - \beta)$ oder $(\beta - \alpha)$, dieser Tangenten einer gegebenen Länge l gleich sein, so ist der Ort des Punktes X_0 allemal irgend ein Kegelschnitt C^2, welcher jeden der beiden Kreise doppelt berührt (reell oder imaginär), und von dessen Axen immer die eine oder andere auf der Mittelpunktslinie AB der Kreise liegt."

Sind $f(x, x) = 0$, $g(x, x) = 0$ die Gleichungen der beiden Kreise A^2, B^2, so ist nach (55), S. 100 und den Bedingungen der Aufgabe entsprechend:

$$\sqrt{\frac{2f(x, x)}{[a, \omega]p_x^2}} \pm \sqrt{\frac{2g(x, x)}{[b, \omega]p_x^2}} = l,$$

daher

$$\left[\frac{2f(x, x)}{[a, \omega]} - \frac{2g(x, x)}{[b, \omega]} - l^2 p_x^2\right]^2 = \frac{8l^2 \cdot g(x, x)p_x^2}{[b, \omega]}$$

oder auch

$$\left[\frac{2g(x, x)}{[b, \omega]} - \frac{2f(x, x)}{[a, \omega]} - l^2 p_x^2\right]^2 = \frac{8l^2 f(x, x)p_x^2}{[a, \omega]}.$$

Nun ist $\frac{2f(x, x)}{[a, \omega]} - \frac{2g(x, x)}{[b, \omega]}$ nach (182) gleich dem Product der Ausdrücke für die unendlich ferne Gerade und die Radicalaxe R_x der zwei gegebenen Kreise, also von der Form $R_x p_x$; die eine der beiden vorstehenden Gleichungen verwandelt sich also in $(R_x - l^2 p_x)^2 = \frac{8l^2 g(x, x)}{[b, \omega]}$. Hieraus folgt, dass der Ort des Punktes X_0 in der That ein Kegelschnitt C^2 ist, der z. B. den Kreis $g(x, x) = 0$ in seinen Schnittpunkten mit der zur Radicalaxe parallelen Geraden $R_x - l^2 p_x = 0$ doppelt berührt; analoges findet man für $f(x, x) = 0$ bei Benutzung der zweiten obigen Gleichung von C^2. Tiefere Einsicht gewährt folgender Weg.

Es ist $\frac{2f(x, x)}{[a, \omega]p_x^2} - \frac{2g(x, x)}{[b, \omega]p_x^2}$ gleich der Differenz aus den ins Quadrat erhobenen Längen der Tangenten, welche vom Punkte x an die Kreise A^2, B^2 gezogen werden können. Andrerseits ist diese Differenz, wie mit Hilfe einer einfachen Figur gezeigt werden kann, gleich dem Rechteck aus dem Abstand des Punktes x von der Radicalaxe und aus der doppelten Entfernung $4c$ der zwei Kreiscentren. Hieraus folgt, dass der Kegelschnitt C^2 der geometrische Ort aller Punkte x ist, für welche das Verhältnis des Quadrats ihres Abstandes von einer Geraden $4cR_x' - l^2 p_x = 0$ zu der Potenz in Bezug auf den Kreis $g(x, x) = 0$ gleich der Constanten $\frac{4l^2}{(4c)^2}$; dabei ist R_x' der Ausdruck für die Normalform von R_x und die Gerade $4cR_x' - l^2 p_x = 0$ repräsentirt eine Parallele zur Radicalaxe im Abstande $\frac{l^2}{4c}$.

Man sieht nun sofort, dass die ganze Aufgabe zurückgeführt ist auf die vorhergehende und man kann somit z. B. unmittelbar ablesen, dass für $l = 2c$ der Ort der Punkte X_0 eine Parabel ist, wir verweisen daher bezüglich der weiteren Einzelheiten auf (193) und die oben citirte Abhandlung von Steiner.

195. Die Gleichung in Liniencoordinaten derjenigen Parabel, welche einen gegebenen Punkt y zum Brennpunkt, eine gegebene Gerade v zur Directrix hat, lautet:

$$\varphi(u, u) \equiv v_y \cdot \omega(u, u) - 2u_y \cdot \omega(v, u) = 0.$$

Es sind $u_y = 0$, bezw. $\omega(v, u) = 0$ die Gleichungen des im Endlichen, bezw. im Unendlichen gelegenen Brennpunktes; die Parabel wird daher nach (22), S. 115 dargestellt durch einen Ausdruck von der Form $\varphi(u, u) \equiv \omega(u, u) + \lambda u_y \cdot \omega(v, u) = 0$. Nun muss der Pol der Geraden v identisch sein mit dem Punkte y, es muss

$$2\omega(v, u) + \lambda[u_y \cdot \omega(v, v) + v_y \cdot \omega(v, u)] = 0$$

gleichbedeutend sein mit $u_y = 0$, d. h. man hat

$$2\omega(v, u) + \lambda v_y \cdot \omega(v, u) = 0,$$

woraus $\lambda = -2 : v_y$.

Folgt auch aus (38) in § 11 für $e = 1$, sowie aus (193) für $r = 0$, $\lambda = 1$.

---

196. Fixirt man irgend zwei Tangenten (T und T_1) eines Kegelschnitts (mit der Berührungssehne S) und den einen Brennpunkt B (mit der Directrix D), so gibt es stets einen zweiten Kegelschnitt, welcher gleichfalls die beiden Geraden T und T_1 berührt (mit D als Berührungssehne) und welcher den Punkt B als Brennpunkt mit S als zugehöriger Directrix hat.

Die Gleichung einer Curve zweiter Ordnung kann nach (42), S. 84 in die Form gebracht werden $X_1 X_3 - X_2^2 = 0$, wobei $X_1 = 0$ und $X_3 = 0$ die Gleichungen zweier Tangenten bedeuten mit der Berührungssehne $X_2 = 0$. Andrerseits kann die Gleichung der Curve nach S. 115 und 119 auch in die Form gebracht werden $\binom{y\ x}{y\ x}_{\omega_{ik}} - d_x^2 = 0$, wobei y_1, y_2, y_3 die Coordinaten des einen Brennpunktes sind und $d_x = 0$ dessen Directrix repräsentirt. Es gilt demnach eine Relation von der Form $X_1 X_3 - X_2^2 = \binom{y\ x}{y\ x}_{\omega_{ik}} - d_x^2$, aus welcher folgt

$$X_1 X_3 + d_x^2 = \binom{y\ x}{y\ x}_{\omega_{ik}} + X_2^2.$$

Die geometrische Deutung dieser Relation liefert sofort den obigen Satz.

197. Haben drei Curven zweiter Ordnung eine gemeinsame Sehne, so schneiden sich die drei übrigen Sehnen, welche je zweien der Curven gemeinsam sind, in einem und demselben Punkte.

Die Gleichungen der drei Kegelschnitte sind von der Form

$$f(x, x) + \varkappa u_x r_x = 0,\ f(x, x) + \lambda u_x s_x = 0,\ f(x, x) + \mu u_x t_x = 0;$$

$u_x = 0$ ist die den drei Curven gemeinsame Sehne, die Gleichungen der drei übrigen sind $\varkappa r_x - \lambda s_x = 0$, $\lambda s_x - \mu t_x = 0$, $\mu t_x - \varkappa r_x = 0$, und diese gehen durch einen und denselben Punkt.

In diesem Satze ist (71) als specieller Fall enthalten.

Dualistisch folgt:

198. Haben drei Curven zweiter Classe zwei gemeinsame Tangenten, so liegen die Spitzen der übrigen drei Paare von Tangenten, die je zweien der Curven gemeinsam sind, auf einer Geraden.

Insbesondere ergibt sich hieraus der in (20), S. 125 bewiesene Satz, wenn man als Curven zweiter Classe drei Punktepaare nimmt, von denen je ein Punkt auf der einen, der zweite auf der anderen Geraden eines Geradenpaares liegt.

---

199. Sind y_1, y_2, y_3 die Coordinaten eines Punktes der unendlich fernen Geraden, so ist das Product $[a, \omega] f(y, y)$ positiv, so lange $F(p, p) \gtreqless 0$. Vgl. die Fussnote zu S. 108.

Nach (32) und (31), S. 27 besteht für alle Werthe der x_i und y_i die Identität

$$A_{11}(x_2 y_3 - x_3 y_2)^2 + \cdots + 2 A_{23}(x_3 y_1 - x_1 y_3)(x_1 y_2 - x_2 y_1) + \cdots$$
$$= f(x, x) f(y, y) - f^2(x, y);$$

man kann also nach (35), S. 76 die Producte $x_i x_k$ ersetzen durch ω_{ik}, wodurch sich die Relation ergibt

$$2H \equiv (A_{22}\omega_{33} + A_{33}\omega_{22} - 2A_{23}\omega_{23}) y_1^2 + \cdots$$
$$+ 2(A_{31}\omega_{23} + A_{23}\omega_{31} - A_{33}\omega_{12} - A_{12}\omega_{33}) y_1 y_2 + \cdots$$
$$= [a, \omega] f(y, y) - \omega(f_1, f_2, f_3),$$

oder auch

$$[a, \omega] f(y, y) = \omega(f_1, f_2, f_3) + 2H.$$

Werden nun für die y_i die Coordinaten eines im Unendlichen gelegenen Punktes eingeführt durch $y_1 = p_2 v_3 - p_3 v_2$, $y_2 = p_3 v_1 - p_1 v_3$, $y_3 = p_1 v_2 - p_2 v_1$, so verwandelt sich $2H$ in $F(p, p) \,.\, \omega(v, v)$, und man erhält $[a, \omega] f(y, y) = \omega(f_1, f_2, f_3) + F(p, p) \cdot \omega(v, v)$. Hiermit ist der oben verlangte Nachweis geführt, denn $\omega(u, u)$ ist eine positive definite Form.

Anwendung von § 13—17.

200. Alle Curven zweiter Ordnung, die ein gegebenes Dreieck zum Poldreieck haben und durch einen gegebenen Punkt y hindurchgehen, bilden ein Büschel; die Grundpunkte desselben sind der gegebene Punkt mit den Coordinaten $+y_1, +y_2, +y_3$ und die drei Punkte mit den Coordinaten $-y_1, +y_2, +y_3$; $+y_1, -y_2, +y_3$ und $+y_1, +y_2, -y_3$.

Die Gleichung einer Curve des Systems ist von der Form

$$a_1 x_1^2 + a_2 x_2^2 + a_3 x_3^2 = 0;$$

hierzu tritt noch die Bedingungsgleichung $a_1 y_1^2 + a_2 y_2^2 + a_3 y_3^2 = 0$. Wird diese von dem Werthsystem $+y_1, +y_2, +y_3$ erfüllt, so genügen ihr auch die Coordinaten der drei übrigen oben genannten Punkte.

Analog folgt:

201. Alle Curven zweiter Classe, die ein und dasselbe Dreiseit zum Poldreiseit haben und eine gegebene Gerade v berühren, bilden eine Schaar; die gemeinsamen Tangenten derselben sind die gegebene Gerade $v_1 x_1 + v_2 x_2 + v_3 x_3 = 0$ und die Geraden

$$-v_1 x_1 + v_2 x_2 + v_3 x_3 = 0, \quad v_1 x_1 - v_2 x_2 + v_3 x_3 = 0$$

und

$$v_1 x_1 + v_2 x_2 - v_3 x_3 = 0.$$

Für $v_i = p_i$ folgt mit Rücksicht auf (22):

202. Alle Parabeln, für welche ein gegebenes Dreiseit Poldreiseit ist, berühren die Verbindungslinien der Seitenmitten dieses Dreiseits.

203. Wenn von den vier reellen Schnittpunkten zweier Kegelschnitte der eine in Bezug auf das, dem gemeinsamen Poldreieck parallel eingeschriebene Dreiseit trigonal gelegen ist, so ist dies auch bei den drei übrigen der Fall, und zwar liegt alsdann im Inneren des parallel eingeschriebenen Dreiseits und in den drei trigonalen Feldern je ein Schnittpunkt.

Folgt aus den Entwicklungen S. 252, Zeile 16 ff. und daraus, dass sich nach (32), S. 140 die auf das gemeinsame Poldreieck bezogenen Coordinaten der Schnittpunkte nur durch die vier verschiedenen hier in Betracht kommenden Vorzeichencombinationen von $\pm y_1 : \pm y_2 : \pm y_3$ unterscheiden[1]).

204. Welche Gebilde sind als ausartende, einem ganz im Endlichen liegenden Dreieck umschriebene Parabeln zu betrachten?

Legt man das Coordinatendreieck zu Grunde, so ist ein umschriebener Kegelschnitt gegeben durch $2(a_{23}x_2x_3 + a_{31}x_3x_1 + a_{12}x_1x_2) = 0$; hierzu tritt die Bedingung der Parabel $F(p, p) = 0$. Soll die Curve ausarten, so muss $A = 2a_{23}a_{31}a_{12}$ verschwinden; es sei etwa $a_{23} = 0$, so dass $F(p, p) = a_{31}^2 p_2^2 + a_{12}^2 p_3^2 - 2a_{31}a_{12}p_2p_3 = 0$ oder

$$(a_{31}p_2 - a_{12}p_3)^2 = 0, \text{ d. h. } a_{31} : a_{12} = p_3 : p_2.$$

Die Gleichung des betr. Gebildes wird daher $x_1(p_3x_3 + p_2x_2) = 0$, d. h.: Unter den einem gegebenen Dreieck umschriebenen Parabeln gibt es drei ausartende, bestehend aus je einer Seite des Dreiecks und der Parallelen durch die gegenüberliegende Ecke.

In ähnlicher Weise oder auch geometrisch findet man die folgenden Sätze über ausartende Parabeln:

205. Unter den einem Dreiseit eingeschriebenen Parabeln befinden sich drei ausartende, bestehend aus je einer Ecke des Dreiseits und dem unendlich fernen Punkte der Gegenseite.

206. Unter den Parabeln, die ein gegebenes Dreieck zum Poldreieck haben, befinden sich drei ausartende, bestehend aus je einer doppelt zu zählenden Seite des Dreiecks.

Man hat hier nämlich die Gleichungen $a_1x_1^2 + a_2x_2^2 + a_3x_3^2 = 0$, $a_2a_3p_1^2 + a_3a_1p_2^2 + a_1a_2p_3^2 = 0$ und $a_1a_2a_3 = 0$; aus $a_1 = 0$ folgt aber $a_2a_3p_1^2 = 0$, also entweder $a_2 = 0$ oder $a_3 = 0$.

207. Unter den Parabeln, die ein gegebenes Dreiseit zum Poldreiseit haben, befinden sich drei ausartende, bestehend aus dem Mittelpunkte und dem unendlich fernen Punkte je einer Seite des Dreiseits.

208. Welche Gebilde sind als ausartende, einem Dreieck umschriebene gleichseitige Hyperbeln zu betrachten?

Man hat hier die Gleichungen $2(a_{23}x_2x_3 + a_{31}x_3x_1 + a_{12}x_1x_2) = 0$, $[a, \omega] = a_{23}\omega_{23} + a_{31}\omega_{31} + a_{12}\omega_{12} = 0$ und $A = 2a_{23}a_{31}a_{12} = 0$. Setzt man etwa $a_{23} = 0$, so wird $a_{31} : a_{12} = \omega_{12} : -\omega_{31}$, die Gleichung der Curve wird also $x_1(\omega_{31}x_2 - \omega_{12}x_3) = 0$, d. h. (vgl. (11)): Unter den

---

1) Vgl. hierzu einen Satz von Steiner in der mehrfach citirten Arbeit im Journal für die reine und angewandte Mathematik, Bd. 55, S. 369—370, 1858, oder „Gesammelte Werke", Bd. 2, S. 676.

einem gegebenen Dreieck umschriebenen gleichseitigen Hyperbeln gibt es drei ausartende, bestehend aus je einer Seite des Dreiecks und der zugehörigen Höhe.

209. Welche Gebilde sind als ausartende, einem Dreiseit eingeschriebene gleichseitige Hyperbeln zu betrachten?

Hier sind die Gleichungen zu erfüllen

$$2(\alpha_1 u_2 u_3 + \alpha_2 u_3 u_1 + \alpha_3 u_1 u_2) = 0,$$
$$\alpha_1^2 \omega_{11} + \alpha_2^2 \omega_{22} + \alpha_3^2 \omega_{33} - 2\alpha_1\alpha_2\omega_{12} - 2\alpha_1\alpha_3\omega_{13} - 2\alpha_2\alpha_3\omega_{23} = 0,$$
$$\mathsf{A} = 2\alpha_1\alpha_2\alpha_3 = 0.$$

Setzt man etwa $\alpha_1 = 0$, so bleibt als Gleichung der Curve

$$u_1(\alpha_2 u_3 + \alpha_3 u_2) = 0,$$

ein Punktepaar; bei Einführung von Punktcoordinaten erhält man $(\alpha_2 x_2 - \alpha_3 x_3)^2 = 0$, also den durch die Ecke $u_1 = 0$ gehenden Träger des Punktepaares doppelt zählend. Die Bedingung der gleichseitigen Hyperbel verwandelt sich bei Substitution der Coordinaten

$$u_1 : u_2 : u_3 = 0 : \alpha_2 : (-\alpha_3)$$

des Trägers in $\omega(u, u) = 0$, worin jedoch $u_1 = 0$, d. h. der Träger muss durch einen der beiden Kreispunkte gehen, sowie natürlich durch die Ecke $u_1 = 0$. Das nach den imaginären Kreispunkten gehende Geradenpaar möge als circulares Geradenpaar bezeichnet werden[1]), so dass wir sagen können: Als eingeschriebene gleichseitige Hyperbel ist jede doppelt gezählte Gerade zu betrachten, die einem der drei circularen Geradenpaare angehört, welche von einer Ecke des Dreiseits nach einem der beiden imaginären Kreispunkte gezogen werden können; es gibt daher sechs solche ausartende gleichseitige Hyperbeln.

In ähnlicher Weise findet man die folgenden zwei Sätze:

210. Unter den gleichseitigen Hyperbeln, die ein gegebenes Dreieck zum Poldreieck haben, befinden sich drei ausartende, bestehend aus den drei Paaren von Winkelhalbirenden der Winkel des Dreiecks.

211. Unter den gleichseitigen Hyperbeln, die ein gegebenes Dreiseit zum Poldreiseit haben, befinden sich drei ausartende, bestehend aus je einer doppelt zu zählenden Ecke des Dreiseits.

---

1) Die Verbindungslinien irgend eines Punktes P der Ebene mit den beiden Kreispunkten bilden also das durch P gezogene circulare Geradenpaar.

Mit Rücksicht darauf, dass nach (17), S. 138 die Spitzen der drei in einem Kegelschnittbüschel enthaltenen Geradenpaare das gemeinsame Poldreieck aller Curven des Büschels bilden, sowie mit Rücksicht auf die dualistisch entsprechende Thatsache, dass die Träger der drei in einer Kegelschnittschaar enthaltenen Punktepaare das gemeinsame Poldreiseit aller Curven der Schaar bilden, folgen aus (208) und (205) sofort die Sätze:

212. Das Büschel gleichseitiger Hyperbeln, die einem gegebenen Dreieck umschrieben sind, hat die Fusspunkte der Höhen des Dreiecks zum gemeinsamen Poldreieck.

213. Die Schaar von Parabeln, die einem gegebenen Dreiseit eingeschrieben sind, hat das dem gegebenen parallel umschriebene Dreiseit zum gemeinsamen Poldreiseit, oder mit anderen Worten:

214. Bei jeder einem gegebenen Dreiseit eingeschriebenen Parabel gehen die Berührungssehnen durch die Ecken des dem gegebenen parallel umschriebenen Dreiseits[1]). Vgl. (202).

215. In jedem Kegelschnittbüschel ist im allgemeinen eine gleichseitige Hyperbel enthalten; befinden sich insbesondere zwei solcher Curven in dem Büschel, so besteht es überhaupt nur aus gleichseitigen Hyperbeln.

Sind

$$f(x, x) \equiv \sum_1^3{}_i \sum_1^3{}_k a_{ik} x_i x_k = 0 \quad \text{und} \quad g(x, x) \equiv \sum_1^3{}_i \sum_1^3{}_k b_{ik} x_i x_k = 0$$

die Gleichungen der Grundcurven des Büschels $\lambda g - f = 0$, so erhält man für eine gleichseitige Hyperbel nach (162) die Bedingungsgleichung $\lambda[b, \omega] - [a, \omega] = 0$, welche in λ linear ist. — Wenn zwei gleichseitige Hyperbeln im Büschel enthalten sind, müssen $[b, \omega]$ und $[a, \omega]$ gleichzeitig verschwinden; die angegebene Bedingungsgleichung ist dann für alle Werthe von λ erfüllt[2]). Dass im letzteren

1) Vgl. Schröter: „Die Theorie der Kegelschnitte, gestützt auf projectivische Eigenschaften" (zweiter Theil der von Geiser und Schröter herausgegebenen Vorlesungen Steiner's über synthetische Geometrie), 2. Aufl., Leipzig 1876, S. 277.

2) Aus zwei Gleichungen von der Form

$$\lambda_1[b, \omega] - [a, \omega] = 0 \quad \text{und} \quad \lambda_2[b, \omega] - [a, \omega] = 0,$$

wobei $\lambda_1 \gtrless \lambda_2$, folgt durch Subtraction $[b, \omega] = 0$, daher auch $[a, \omega] = 0$.

Falle ein Grundpunkt des Büschels der Höhenschnittpunkt des durch die drei anderen gebildeten Dreiecks ist, folgt aus (166).

216. Ist in einem Kegelschnittbüschel ein Kreis enthalten, so sind die Axen der beiden Parabeln, welche dem Büschel angehören, zu einander normal.

Dass in dem Büschel zwei Parabeln enthalten sind, folgt aus (5), S. 142, denn hiernach gibt es in einem Kegelschnittbüschel zwei Curven, die eine gegebene Gerade, also auch z. B. die unendlich ferne, berühren[1]). Die übrigen Kegelschnitte des Büschels treffen diese Gerade nach dem Desargues-Sturm'schen Satze (vgl. (12), S. 143) in Punktepaaren einer Involution, deren Doppelpunkte die Berührungspunkte der zwei Parabeln mit der unendlich fernen Geraden sind; sie liegen zu allen übrigen Schnittpunktepaaren harmonisch, im vorliegenden Falle also auch zum imaginären Kreispunktepaar, d. h. die Axen der zwei in dem Büschel enthaltenen Parabeln sind zu einander normal.

217. Umgekehrt gilt auch der Satz: Die Schnittpunkte zweier Parabeln, deren Axen sich rechtwinklig schneiden, liegen auf einem Kreise.

Denn unter den Punktepaaren, welche auf der unendlich fernen Geraden zu dem von den Berührungspunkten der beiden Parabeln gebildeten Paare der Doppelpunkte der Involution harmonisch liegen, befindet sich im gegenwärtigen Falle auch das imaginäre Kreispunktepaar, da die Axen der zwei Parabeln sich rechtwinklig schneiden. Es ist daher in dem durch die Schnittpunkte der Parabeln definirten Kegelschnittbüschel auch ein Kreis enthalten.

---

218. Es seien $f(x, x) = 0$ und $g(x, x) = 0$ die Gleichungen zweier Kegelschnitte, ferner sei durch $\lambda_1 g - f = 0$ eines der drei in dem Büschel $\lambda g - f = 0$ enthaltenen Geradenpaare dargestellt; welche Bedeutung hat der Kegelschnitt $\lambda_1 g + f = 0$?

Jedenfalls gehört er dem Büschel an; ist y irgend einer der vier Grundpunkte, so haben die in ihm an $f = 0$, $g = 0$, $\lambda_1 g + f = 0$ gezogenen Tangenten resp. die Gleichungen

$$f(y, x) = 0, \quad g(y, x) = 0, \quad \lambda_1 g(y, x) + f(y, x) = 0;$$

diese letzte Tangente liegt aber harmonisch zu $\lambda_1 g(y, x) - f(y, x) = 0$, also zu der durch y gezogenen Geraden des Paares $\lambda_1 g - f = 0$. Hiermit ist der fragliche Kegelschnitt bestimmt.

1) Vgl. auch S. 199.

219. Werden einem vollständigen Vierseit zwei Kegelschnitte eingeschrieben, so liegen die acht Punkte, in denen sie die Seiten berühren, auf einem dritten Kegelschnitte.

Auf S. 144 wurde gezeigt, dass die in den vier Schnittpunkten zweier Kegelschnitte gezogenen Tangenten, deren Anzahl also zusammen acht beträgt, einen dritten Kegelschnitt berühren. Hieraus folgt dualistisch der obige Satz.

220. Legt man durch einen Punkt y des Kegelschnitts $f(x,x) = 0$ Parallelen zu irgend einem Paar conjugirter Durchmesser eines anderen Kegelschnitts $g(x,x) = 0$, so schneidet jedes solche Parallelenpaar die Curve $f(x,x) = 0$ in zwei weiteren Punkten, deren jeweilige Verbindungslinien durch einen bestimmten Punkt P hindurchgehen[1]).

Das Geradenpaar, welches den auf $f(x,x) = 0$ gelegenen Punkt y mit den Schnittpunkten der Curve $f(x,x) = 0$ und der Geraden $v_x = 0$ verbindet, hat nach (53) die Gleichung

$$\psi(x,x) \equiv v_y f(x,x) - 2 v_x f(y,x) = 0,$$

und dieses Geradenpaar ist zu zwei conjugirten Durchmessern des Kegelschnitts $g(x,x) = 0$ parallel, wenn die Schnittpunkte der unendlich fernen Geraden mit $\psi(x,x) = 0$ und $g(x,x) = 0$ zwei harmonische Punktepaare sind. Die Bedingung hierfür geht nach (15), S. 144 aus der Gleichung der harmonischen Curve zweiter Classe $H = 0$ von $g(x,x) = 0$ und $\psi(x,x) = 0$ dadurch hervor, dass man in ihr die variabelen Liniencoordinaten u_1, u_2, u_3 ersetzt durch p_1, p_2, p_3. Da die Gleichung $H = 0$ die Coefficienten von $g(x,x)$ und $\psi(x,x)$, daher auch die v_i, linear enthält, stellt sie in der That (in variabelen Liniencoordinaten v_1, v_2, v_3) einen Punkt P dar.

Ist die Curve $g(x,x) = 0$ ein Kreis, so erhält man den bereits in (84) für den Fall eines um seinen Scheitel rotirenden rechten Winkels abgeleiteten Satz von Frégier.

Ersetzt man $g(x,x)$ durch ein Kegelschnittbüschel

$$g(x,x) + \lambda k(x,x) = 0,$$

---

1) Für den speciellen Fall, dass y der Mittelpunkt des Kegelschnitts $g(x,x) = 0$ ist, wurde dieser Satz zuerst von Frégier ausgesprochen in seiner Note: „Théorèmes nouveaux sur les lignes et surfaces du second ordre“, Annales de Mathématiques, Bd. 7, S. 95f., 1816 und 1817; vgl. auch einen Artikel von Frégier unter gleichem Titel in Bd. 6, S. 321ff., 1816, in derselben Zeitschrift.

Das dem allgemeinen Satze bei Oberflächen zweiter Ordnung analoge Theorem hat zuerst Hesse ausgesprochen in seiner Abhandlung „Ueber Oberflächen zweiter Ordnung“, Journal für die reine und angewandte Mathematik, Bd. 18, S. 110, 1837.

so enthält der Ausdruck $H(p_1, p_2, p_3)$, gebildet für $g(x, x) + \lambda k(x, x)$, den Parameter λ wieder linear, die Punkte P erfüllen also jetzt eine Punktreihe[1]).

Ersetzt man ferner $g(x, x)$ durch die Gesammtheit der einem gegebenen Vierseit eingeschriebenen Kegelschnitte, also durch die Curven einer Schaar, welche in Liniencoordinaten etwa durch

$$G(u, u) + \lambda K(u, u) = 0,$$

in Punktcoordinaten durch eine Gleichung von der Form

$$g_0(x, x) + 2\lambda g_1(x, x) + \lambda^2 g_2(x, x) = 0$$

dargestellt ist, so wird der Ausdruck $H(p, p)$, gebildet für diese Gleichung, von der Form $V_0 + 2\lambda V_1 + \lambda^2 V_2 = 0$, wobei die V in den Liniencoordinaten v_i linear sind. Den unendlich vielen Werthen des Parameters λ entsprechen unendlich viele Punkte P, welche eine Curve erfüllen. Bei Bildung ihrer Gleichung beachte man, dass für eine beliebig fixirte Gerade v die in λ quadratische Gleichung

$$V_0 + 2\lambda V_1 + \lambda^2 V_2 = 0$$

im allgemeinen zwei verschiedene Werthe gibt. Soll die Gerade eine Tangente sein, so müssen diese zwei Wurzeln zusammenfallen, und man erhält alsdann $V_0 V_2 - V_1^2 = 0$, also eine Curve zweiter Classe, die von allen Punkten P erfüllt wird[2]).

221. Man beweise nachstehenden Satz von Steiner[3]):

„Zieht man in einem gegebenen Kegelschnitte K_1 ein System paralleler Sehnen GG_1 nach beliebiger Richtung R, so liegen ihre Mitten P in einem Durchmesser $FF_1 = 2f$ desselben; und beschreibt man über den Sehnen, als Durchmesser, Kreise P, so haben diese irgend einen bestimmten anderen Kegelschnitt K zur Enveloppe, und zwar berühren sie ihn doppelt, jeder in zwei Punkten C.“

Um die Gleichung der Kreise P zu erhalten, ist ähnlich zu verfahren wie in (78);[4]) nur tritt an Stelle der Geraden $v_x = 0$ jetzt ein Büschel paralleler Geraden, d. h. es ist v_x zu ersetzen durch

---

1) Vgl. Schröter: „Die Theorie der Kegelschnitte, gestützt auf projectivische Eigenschaften“ (zweiter Theil der von Geiser und Schröter herausgegebenen Vorlesungen Steiner's über synthetische Geometrie), 2. Aufl., Leipzig 1876, S. 266.

2) Vgl. Schröter, a. a. O. S. 290.

3) „Elementare Lösung einer geometrischen Aufgabe, und über einige damit in Beziehung stehende Eigenschaften der Kegelschnitte“, Journal für die reine und angewandte Mathematik, Bd. 37, S. 179, 1847, oder auch „Gesammelte Werke“, Bd. 2, S. 408.

4) Diese Gleichung stellt im Grunde den Directorkreis dar, welcher dem durch die Endpunkte einer Sehne gebildeten Punktepaare zugehört.

$v_x + \lambda p_x = 0$. Nehmen wir zunächst ein beliebiges Strahlenbüschel $v_x + \lambda w_x = 0$, so würde man für das System von Kreisen in variabelen Punktcoordinaten y_i die Gleichung erhalten:

$$(v_y + \lambda w_y)^2 \cdot [a, \omega] - \frac{1}{2}(v_y + \lambda w_y)\{f'(y_1)[\omega'(v_1) + \lambda\omega'(w_1)] + \cdots$$
$$+ f'(y_3)[\omega'(v_3) + \lambda\omega'(w_3)]\}$$
$$+ \{\omega(v,v) + 2\lambda\omega(v,w) + \lambda^2\omega(w,w)\}f(y,y) = 0,$$

dabei ist $f(x,x) = 0$ die Gleichung des gegebenen Kegelschnitts K_1. Wenn man nach Potenzen des Parameters λ ordnet, verwandelt sich die Gleichung des Systems von Kreisen in einen Ausdruck von der Form $\mathsf{K}_v + 2\lambda \mathsf{X}_{v,w} + \lambda^2 \mathsf{K}_w = 0$, wobei

$$\mathsf{K}_v \equiv [a, \omega] v_y^2 - \frac{1}{2}\{\omega'(v_1)f'(y_1) + \cdots + \omega'(v_3)f'(y_3)\}v_y$$
$$+ \omega(v,v)f(y,y) = 0$$

denjenigen Kreis darstellt, der über der Sehne $v_x = 0$ als Durchmesser errichtet ist, und K_w die gleiche Bedeutung besitzt mit Bezug auf die Sehne $w_x = 0$. Ferner ist

$$\mathsf{X}_{v,w} \equiv [a, \omega] v_y w_y - \frac{1}{4}[\omega'(v_1)f'(y_1) + \cdots + \omega'(v_3)f'(y_3)]w_y$$
$$- \frac{1}{4}[\omega'(w_1)f'(y_1) + \cdots + \omega'(w_3)f'(y_3)]v_y + \omega(v,w)f(y,y).$$

Nimmt man ein Büschel paralleler Strahlen ($v_i = p_i$), so bleibt der Ausdruck K_w unverändert, K_v geht dagegen über in $\mathsf{K}_p \equiv [a, \omega] p_y^2$, $\mathsf{X}_{v,w}$ in $\mathsf{X}_{p,w} \equiv [a, \omega] p_y w_y - \Psi_{w,y} \cdot p_y$, wobei $\Psi(w,y)$ gerade so wie in (45), S. 96 definirt ist durch $\frac{1}{4}\sum_1^3 {}_i\, \omega'(w_i)f'(y_i)$, so dass $\Psi(w,y) = 0$ nach (20a), S. 24 die Gleichung desjenigen Durchmessers von $f(x,x) = 0$ repräsentirt, welcher zur Richtung des Normalencentrums der Geraden w conjugirt ist.

Die Enveloppe aller Kreise des Systems $\mathsf{K}_p + 2\lambda \mathsf{X}_{p,w} + \lambda^2 \mathsf{K}_w = 0$ wird (vgl. (220)) $\mathsf{K}_p \mathsf{K}_w - \mathsf{X}_{p,w}^2 = 0$, und diese Gleichung stellt nach Ausscheidung des Factors p_y^2 einen Kegelschnitt dar; werden die oben angegebenen Werthe eingesetzt, so findet man als Gleichung dieses Kegelschnitts $K = [a, \omega]\,\omega(w,w)f(y,y) - \Psi^2(w,y) = 0$. Dass derselbe von allen Kreisen des Systems doppelt berührt wird, geht daraus hervor, dass man für den Ausdruck $\mathsf{K}_p \mathsf{K}_w - \mathsf{X}_{p,w}^2$ nach Multiplication mit $(\lambda - \mu)^2$ die Identität hat

$$(\mathsf{K}_p + 2\lambda \mathsf{X}_{p,w} + \lambda^2 \mathsf{K}_w)(\mathsf{K}_p + 2\mu \mathsf{X}_{p,w} + \mu^2 \mathsf{K}_w)$$
$$- [(\mathsf{K}_p + \lambda \mathsf{X}_{p,w}) + (\mathsf{X}_{p,w} + \lambda \mathsf{K}_w)\mu]^2 \equiv (\mathsf{K}_p \mathsf{K}_w - \mathsf{X}_{p,w}^2)(\lambda - \mu)^2,$$

wobei λ und μ ganz willkürliche Parameter bezeichnen. Die Form der Gleichung $K = 0$ zeigt ferner, dass der gegebene Kegelschnitt K_1 von K in den Endpunkten eines diesen beiden Curven gemeinsamen Durchmessers berührt wird. Auch die meisten übrigen von Steiner a. a. O. aufgestellten Sätze lassen sich auf Grund der vorstehenden Entwickelungen ableiten.

222. Wird irgend ein Punkt y eines Kegelschnitts verbunden mit den Punktepaaren, die auf der Curve durch die Strahlen eines beliebigen Strahlenbüschels ausgeschnitten werden, so bilden diese Paare von Verbindungslinien eine Involution. Die Doppelstrahlen dieser Involution werden durch die Geraden gebildet, welche vom Punkte y nach den Berührungspunkten der zwei in dem Strahlenbüschel enthaltenen Kegelschnittstangenten gezogen werden können.

Das Geradenpaar, welches vom Punkte y der Curve $f(x, x) = 0$ nach deren Schnittpunkten mit $u_x = 0$ gezogen werden kann, ist nach (53) gegeben durch $u_y f(x, x) - 2u_x \cdot f(x, y) = 0$. Ersetzt man die Gerade $u_x = 0$ durch die Strahlen eines Büschels $v_x + \lambda w_x = 0$, so erhält man: $v_y f(x, x) - 2v_x f(x, y) + \lambda\{w_y f(x, x) - 2w_x f(x, y)\} = 0$, ein Ausdruck, der in λ linear ist. Alle diese Geradenpaare, welche man für variirende Werthe λ erhält, treffen nach (12), S. 143 eine beliebige Gerade in Punktepaaren einer Involution. Die Geradenpaare bilden daher selbst eine Involution; offenbar gehen ihre Doppelstrahlen von y nach den Berührungspunkten der beiden Tangenten, die sich von dem Centrum des Strahlenbüschels $v_x + \lambda w_x = 0$, dem sog. Involutionscentrum[1]), an den Kegelschnitt ziehen lassen.

Hieraus folgt eine einfache Construction der Doppelstrahlen einer Involution, die durch zwei Strahlenpaare bestimmt ist: Man legt durch das gemeinsame Centrum der Strahlenpaare einen beliebigen Kegelschnitt, am einfachsten einen Kreis; derselbe möge von dem einen Strahlenpaare noch getroffen werden in den Punkten p und p', von dem anderen in q und q'. Alsdann zieht man pp', sowie qq', Schnittpunkt sei z, und construirt die Polare von z in Bezug auf den oben erwähnten Hilfskegelschnitt. Ihre Schnittpunkte mit demselben ergeben durch Verbindung mit dem Centrum der Strahlenpaare die gesuchten Doppelstrahlen.

223. Wie lautet der dem obigen Satz dualistisch entsprechende?

---

1) Vgl. v. Staudt, „Beiträge zur Geometrie der Lage". Erstes Heft, Nürnberg 1856, S. 47.

224. Man untersuche das gemeinsame Poldreieck eines Büschels von Kreisen.

Sind $K_0 = 0$ und $K_1 = 0$ die Gleichungen zweier Kreise, so enthält nach (182) das Büschel $K_0 - \lambda K_1 = 0$ einen in ein Geradenpaar ausartenden Kreis, bestehend aus der Potenzlinie und der unendlich fernen Geraden (vgl. S. 59).[1]) Die Spitze dieses Geradenpaares, also nach (17), S. 138 eine Ecke des den Kreisen des Büschels gemeinsamen Poldreiecks, ist der unendlich ferne Punkt der Potenzlinie, und die Polare dieses Punktes kann nur die gemeinsame Centrale sein. Die auf ihr gelegenen Ecken des Poldreiecks müssen harmonisch liegen zu dem Schnittpunktepaar der Centrale sowohl mit K_0 als mit K_1, sie müssen daher die Doppelpunkte der Involution sein, welche auf der Centrale durch ihre Schnittpunktepaare mit den einzelnen Kreisen des Büschels gebildet wird; man nennt diese Doppelpunkte die Grenzpunkte des Büschels. Sie sind zugleich die Spitzen der zwei in dem Büschel enthaltenen circularen Geradenpaare. Das gemeinsame Poldreieck besteht somit aus den zwei Grenzpunkten und dem unendlich fernen Punkte der Potenzlinie. Zugleich folgt, dass die nach dem letztgenannten Punkte gehenden zwei Seiten des Dreiecks zur Centrale normal sind, denn jede derselben liegt zugleich mit der Centrale harmonisch zu dem durch die betreffende Ecke gehenden circularen Geradenpaare. Die Grenzpunkte sind als Doppelpunkte der oben genannten Involution bekanntlich imaginär oder reell, je nachdem das auf der Centrale von K_0 ausgeschnittene Punktepaar durch das von K_1 ausgeschnittene getrennt oder nicht getrennt wird, d. h. je nachdem die Kreise des Büschels eine reelle oder imaginäre gemeinsame Schnittsehne besitzen[2]).

Jeder Punkt der Potenzlinie hat bekanntlich gleiche Potenz in Bezug auf alle Kreise des Büschels. Zieht man also von irgend einem Punkte der Potenzlinie Tangenten an diese Kreise, so liegen die Berührungspunkte auf einem Kreis, der durch die Grenzpunkte geht und

---

1) Unter Anwendung der Bezeichnung in (182) ist $\lambda = \frac{[a, \omega]}{[b, \omega]}$; übrigens könnte die Wurzel λ auch aus einer der sechs Gleichungen entnommen werden, die in der auf $K_0 - \lambda K_1 = 0$ angewandten Identität $\begin{pmatrix} p & w \\ p & w \end{pmatrix} \equiv 0$ enthalten sind (vgl. (13), S. 51). Die Bedingungen in (183) liessen sich hierdurch mannigfach umformen.

2) Vgl. Steiner: „Ueber einige neue Bestimmungsarten der Curven zweiter Ordnung nebst daraus folgenden neuen Eigenschaften derselben Curven". Journal für die reine und angewandte Mathematik, Bd. 45, S. 206f., 1852, oder „Gesammelte Werke", Bd. 2, S. 463.

die einzelnen Kreise rechtwinklig schneidet. Hiermit ist auch eine Construction der zwei Grenzpunkte gegeben. Zugleich entsteht durch alle, die eben genannten rechtwinklig schneidenden Kreise ein zweites Büschel, das die Grenzpunkte des ersten zu Grundpunkten hat.

---

225. Die Gleichung des Directorkreises der Curve zweiter Ordnung $f(x, x) = 0$ lautet

$$2H \equiv (A_{22}\omega_{33} + A_{33}\omega_{22} - 2A_{23}\omega_{23})x_1^2 + \cdots$$
$$+ 2(A_{31}\omega_{23} + A_{23}\omega_{31} - A_{33}\omega_{12} - A_{12}\omega_{33})x_1 x_2 + \cdots = 0.$$

Folgt sowohl aus der in (29), S. 148 gegebenen Gleichung des Directorkreises einer Curve zweiter Classe, als auch aus der in (89) abgeleiteten Formel für den Winkel α der Tangenten, welche von irgend einem Punkte an die Curve $f(x, x) = 0$ gezogen werden können; man hat in letzterem Falle nur $\alpha = 90^0$ zu setzen.

Uebrigens sei der Vollständigkeit halber noch daran erinnert, dass nach (199) der Ausdruck $2H$ auch in die Form gebracht werden kann $2H \equiv [a, \omega] f(x, x) - \omega(f_1, f_2, f_3)$, wobei $f_i = \frac{1}{2} f'(x_i)$, welche dadurch wichtig ist, dass in ihr ein Glied auftritt mit $f(x, x)$ als Factor.

226. Die Gleichung des Directorkreises der auf schiefwinklige Parallelcoordinaten $(x_1 : x_2 : x_3 = x : y : 1)$ bezogenen Curve zweiter Ordnung $f(x, y, 1) = 0$ lautet:

$$(a_{11} + a_{22} - 2a_{12}\cos w) f(x, y, 1) - (a_{11}x + a_{12}y + a_{13})^2$$
$$-(a_{21}x + a_{22}y + a_{23})^2 + 2(a_{11}x + a_{12}y + a_{13})(a_{21}x + a_{22}y + a_{23})\cos w = 0.$$

Folgt sofort aus der zuvor erwähnten Form

$$[a, \omega] f(x, x) - \omega(f_1, f_2, f_3) = 0$$

für die Gleichung des Directorkreises.

227. Man beweise, dass die Gleichung in Liniencoordinaten des Directorkreises der Curve zweiter Ordnung $f(x, x) = 0$ die Gestalt besitzt

$$A \cdot [a, \omega] \cdot \omega(u, u) + \tau F^2(p, u) = 0.$$

Kann leicht vermöge der kanonischen Form

$$\lambda' X_1^2 + \lambda'' X_2^2 + \varkappa X_3^2 = 0$$

der Curvengleichung $f(x, x) = 0$ (vgl. (29), S. 91) verificirt werden.

Ein anderer Beweis folgt aus (228) mit Benutzung von (10a), S. 59.

228. Ist $\varphi(u, u) = 0$ die Gleichung einer Curve zweiter Classe, für welche $\varphi(p, p) \gtrless 0$, $2\chi = \sum_1^3{}_i \sum_1^3{}_k (\alpha, \omega)_{ik} x_i x_k = 0$ die Gleichung des zugehörigen Directorkreises (vgl. (29), S. 148), so besteht die Relation $2\varphi(p, p) \cdot \chi(x, x) \equiv \binom{y\,x}{y\,x}_{\omega_{ik}} + [\mathsf{A}, \omega] \cdot p_x^2$, in welcher

$$y_i = \frac{1}{2} \varphi'(p_i), \quad (i = 1, 2, 3),$$

die Coordinaten des Mittelpunktes von $\varphi(u, u) = 0$ bedeuten.

Man bilde die Determinante aus den Elementen $\omega_{ik} + \lambda \alpha_{ik}$ und rändere dieselbe sowohl bei den Horizontal- als bei den Verticalreihen mit den zwei Reihen $\frac{1}{2}\varphi'(p_1)$, $\frac{1}{2}\varphi'(p_2)$, $\frac{1}{2}\varphi'(p_3)$ und x_1, x_2, x_3; die vier übrig bleibenden Stellen in der so entstehenden Determinante 5. Grades fülle man durch Nullen aus. Nach Multiplication der drei ersten Verticalreihen mit $\frac{p_1}{\lambda}, \frac{p_2}{\lambda}, \frac{p_3}{\lambda}$ und Subtraction derselben von der vierten, sowie nach gleichem Verfahren bei den Horizontalreihen lässt sich die Determinante unter Berücksichtigung von $\omega'(p_i) = 0$ zerlegen in

$$-\frac{1}{\lambda}\varphi(p,p)\binom{x}{x}_{\omega_{ik}+\lambda\alpha_{ik}} - \frac{p_x^2}{\lambda^2}\sum \pm(\omega_{11}+\lambda\alpha_{11}, \omega_{22}+\lambda\alpha_{22}, \omega_{33}+\lambda\alpha_{33}) = 0.$$

Diese Umformung der ursprünglichen Determinante gilt, welchen Werth auch der Parameter λ haben mag, es müssen daher die Coefficienten gleicher Potenzen von λ dieselben sein. Durch Vergleichen der Coefficienten von λ^0 folgt $\binom{y\,x}{y\,x}_{\omega_{ik}} = \varphi(p, p) \cdot 2\chi(x, x) - [\mathsf{A}, \omega] p_x^2$, woraus sofort die verlangte Relation hervorgeht.

229. Der Radius r des Directorkreises eines Kegelschnitts ist gegeben durch die Formel $r = \sqrt{a^2 \pm b^2}$, wo a und b die Längen der Halbaxen bedeuten und in $a^2 \pm b^2$ das positive oder negative Vorzeichen zu stehen hat, je nachdem die Curve eine Ellipse oder Hyperbel ist.

Aus der in (228) abgeleiteten Gleichung des Directorkreises $\binom{y\,x}{y\,x}_{\omega_{ik}} + [\mathsf{A}, \omega] p_x^2 = 0$ der Curve zweiter Classe $\varphi(u, u) = 0$ folgt mit Rücksicht auf (10a), S. 59 die Relation $r^2 = -\frac{[\mathsf{A}, \omega]}{\tau\varphi^2(p, p)}$, und dieser Ausdruck ist nach (136) gleich $a^2 \pm b^2$.

230. Für eine gleichseitige Hyperbel artet der Directorkreis in das circulare Geradenpaar aus, dessen Spitze der Mittelpunkt der Curve ist. Vgl. die Fussnote zu S. 329.

Folgt wegen $a^2 - b^2 = 0$ aus (229), mit Rücksicht auf S. 148.

231. Man beweise nachstehenden Satz von Steiner[1]):

„Sind in einer Ebene zwei begrenzte Geraden AB und CD in beliebiger fester Lage gegeben, so besteht der Ort desjenigen Punktes, aus welchem dieselben unter gleichen Winkeln (oder auch unter Winkeln, die zwei Rechte betragen) gesehen werden, aus zwei Curven dritten Grades. Beide Curven gehen durch die vier Endpunkte der gegebenen Geraden, sowie durch ihren gegenseitigen Schnittpunkt. Ferner haben die Curven diejenigen zwei Punkte gemein, aus welchen beide Geraden unter rechten Winkeln erscheinen. Die zwei übrigen gemeinschaftlichen Punkte der Curven sind imaginär und liegen auf der unendlich entfernten Geraden."

Es seien $\varphi(u, u) \equiv \alpha_u \cdot \beta_u = 0$ und $\psi(u, u) \equiv \gamma_u \cdot \delta_u = 0$ die Gleichungen der beiden Punktepaare A, B und C, D,

$$m_x \equiv \sum \pm (\alpha_1 \beta_2 x_3) = 0 \quad \text{und} \quad n_x \equiv \sum \pm (\gamma_1 \delta_2 x_3) = 0$$

diejenigen ihrer Träger. Sind nun y_i $(i = 1, 2, 3)$ die Coordinaten irgend eines auf dem gesuchten Orte gelegenen Punktes, so müssen die Winkel, unter welchen die beiden Punktepaare von y aus erscheinen, einander gleich sein oder sich zu zwei Rechten ergänzen, d. h. man hat nach (88):

$$\operatorname{tg} \alpha = \pm \frac{m_y p_y \sqrt{\tau}}{H} = \pm \frac{n_y p_y \sqrt{\tau}}{K},$$

wobei $2H \equiv \begin{pmatrix} \alpha\, y \\ \beta\, y \end{pmatrix}_{\omega_{ik}} = 0$ und $2K \equiv \begin{pmatrix} \gamma\, y \\ \delta\, y \end{pmatrix}_{\omega_{ik}} = 0$ die den Punktepaaren α, β, bezw. γ, δ zugehörigen Directorkreise darstellen. Als Ort des Punktes y erhält man die zwei Curven dritter Ordnung $Km_y - Hn_y = 0$ und $Km_y + Hn_y = 0$, aus deren Gleichungen man leicht die oben angeführten Behauptungen von Steiner ablesen kann. Die zwei im Unendlichen gelegenen Schnittpunkte der beiden Curven sind natürlich die imaginären Kreispunkte.

232. Wann artet der Directorkreis einer Curve zweiter Classe $\varphi(u, u) = 0$ in ein Geradenpaar aus?

Nach S. 148 f. tritt dies ein im Falle der Parabel $(\varphi(p, p) = 0)$, ferner nach (228), wenn $[A, \omega] = 0$, d. h. im Falle der gleichseitigen

1) „Aufgaben und Lehrsätze". Journal für die reine und angewandte Mathematik, Bd. 45, S. 375, 1852, oder auch „Gesammelte Werke", Bd. 2, S. 487.

Hyperbel. Das Product dieser beiden Bedingungen ist in den α_{ik} vom dritten Grade, muss daher mit der Discriminante der (in den α_{ik} gleichfalls linearen) Gleichung des Directorkreises bis auf einen Zahlenfactor identisch sein.

---

233. Die Directorkreise einer Kegelschnittschaar bilden ein Büschel.

Folgt sofort daraus, dass die Gleichung des Directorkreises der Curve $\lambda\psi(u, u) - \varphi(u, u) = 0$ in den Coefficienten von ψ und φ, also auch in dem Parameter λ linear ist.

Besteht die Schaar insbesondere aus confocalen Kegelschnitten, so sind die zugehörigen Directorkreise natürlich alle concentrisch.

234. Es gibt zwei feste Punkte in der Ebene, von denen an alle Kegelschnitte einer Schaar zu einander rechtwinklige Tangenten gezogen werden können.

Da die Directorkreise der Schaar nach (233) ein Büschel bilden, schneiden sie sich in einem und demselben im Endlichen gelegenen Punktepaare. Zur Construction desselben zeichnet man am einfachsten die Directorkreise, welche den in der Schaar enthaltenen Punktepaaren zugehören, d. h. diejenigen Kreise, welche je eine der Diagonalen des gemeinsamen Tangentenvierseits als Durchmesser haben. Es folgt also der Satz:

235. Die drei Kreise, welche man über den Diagonalen eines vollständigen Vierseits als Durchmesser beschreiben kann, schneiden sich in einem und demselben Punktepaare.

236. Durch fünf Geraden sind fünf Vierseite bestimmt; jedem derselben lässt sich eine Schaar von Kegelschnitten einschreiben, für welche die zugehörigen Directorkreise sich nach (233) in demselben im Endlichen gelegenen Punktepaare schneiden. So entstehen im ganzen fünf Punktepaare, von denen gezeigt werden soll, dass sie auf einem und demselben Kreise liegen.

Jenen fünf Kegelschnittschaaren gehört gemeinschaftlich derjenige Kegelschnitt an, welcher die fünf gegebenen Geraden berührt; sein Directorkreis muss demnach durch die oben genannten fünf Punktepaare hindurchgehen.

---

237. Die Directricen einer Schaar von Parabeln bilden ein Strahlenbüschel.

Folgt daraus, dass die Directorkreise einer beliebigen Kegelschnittschaar nach (233) ein Büschel von Kreisen bilden; im Falle der Parabel zerfällt nach S. 148 f. jeder Kreis dieses Büschels in die Directrix der Parabel und die unendlich ferne Gerade; die Gleichung der Directrix bleibt aber in dem Parameter λ der Schaar

$$\lambda\psi(u, u) - \varphi(u, u) = 0$$

linear. Vgl. auch (244).

238. Die Directricen aller einem und demselben Dreiseit eingeschriebenen Parabeln schneiden sich im Höhenschnittpunkte des Dreiseits [1]).

Die Directricen bilden nach (237) jedenfalls ein Strahlenbüschel. Andrerseits sind in der Parabelschaar nach (205) drei ausartende Curven enthalten, gebildet durch je eine Ecke des Dreiseits und den unendlich fernen Punkt der Gegenseite. Die Directricen dieser Punktepaare bestehen aber je aus der von der betreffenden Ecke auf die Gegenseite gefällten Normale, d. h. aus den Höhen des Dreiseits.

239. Die Höhenschnittpunkte derjenigen vier Dreiseite, die durch vier beliebige Geraden bestimmt sind, liegen auf einer und derselben Geraden, und zwar auf der Directrix derjenigen Parabel, welche jene vier Geraden berührt [2]).

Nach (238) gehen die Directricen aller einem Dreiseit eingeschriebenen Parabeln durch dessen Höhenschnittpunkt; dasselbe muss also auch von der Directrix derjenigen Parabel gelten, welche die Seiten der vier Dreiseite berührt, sie muss folglich durch die vier Höhenschnittpunkte gehen.

Offenbar gilt auch der Satz:

240. Die Höhenschnittpunkte aller Dreiseite, die einer Parabel umschrieben sind, liegen auf der Directrix der Curve [3]).

241. Die Directricen aller Parabeln, für welche ein gegebenes Dreiseit Poldreiseit ist, schneiden sich im Mittelpunkt des umschriebenen Kreises [4]).

---

1) Vgl. Steiner: „Geometrische Lehrsätze“. Journal für die reine und angewandte Mathematik, Bd. 2, S. 191, 1827, oder auch „Gesammelte Werke“, Bd. 1, S. 134.

2) Vgl. Steiner: „Développement d'une série de théorèmes relatifs aux sections coniques“. Annales de Mathématiques, hrsgg. von Gergonne, Bd. 19, S. 59, oder auch „Gesammelte Werke“, Bd. 1, S. 207.

3) Ibid.

4) Vgl. Schröter: „Die Theorie der Kegelschnitte, gestützt auf projectivische Eigenschaften“ (zweiter Theil der von Geiser und Schröter herausgegebenen Vorlesungen Steiner's über synthetische Geometrie), 2. Aufl., Leipzig 1876, S. 407,

Die Parabeln bilden nach (201) eine Schaar, ihre Directricen nach (237) ein Strahlenbüschel. In der Parabelschaar sind nach (207) drei ausartende Curven enthalten, bestehend aus dem Mittelpunkte und dem unendlich fernen Punkte je einer Seite des Dreiseits; die zugehörigen Directricen sind aber die in dem Mittelpunkte auf der jeweiligen Seite errichteten Normalen, die sich nach (237) in einem und demselben Punkte schneiden bekanntlich im Centrum des dem Dreiseit umschriebenen Kreises.

Folgt auch aus (202) mit Benutzung von (238), denn der Höhenschnittpunkt des parallel eingeschriebenen Dreiseits ist zugleich Centrum des dem gegebenen Dreiseit umschriebenen Kreises.

242. Die Directrix der Parabel $f(x, x) = 0$ hat die Gleichung

$$\left\{[a, \omega] f(y, x) - \frac{1}{4} \sum_{i=1}^{3} \omega'(f_i) \cdot f'(x_i)\right\} 2 p_y$$
$$- \{[a, \omega] f(y, y) - \omega(f_1, f_2, f_3)\} p_x = 0;$$

dabei sind y_1, y_2, y_3 ganz willkürliche Zahlen (z. B. $y_1 = y_2 = 0$, $y_3 = 1$, falls $p_3 \gtrless 0$), die jedoch nicht die Gleichung $p_1 y_1 + p_2 y_2 + p_3 y_3 = 0$ erfüllen dürfen; f_i ist zur Abkürzung gesetzt für $\frac{1}{2} f'(y_i)$.

Wir gehen aus von der Gleichung des Directorkreises

$$2H \equiv [a, \omega] f(x, x) - \omega(f_1, f_2, f_3) = 0$$

(vgl. (199) und (225)); dieselbe muss im gegenwärtigen Falle nach S. 148f. sich in zwei lineare Factoren zerspalten lassen, deren einer die unendlich ferne Gerade $p_x = 0$, der andere die Directrix repräsentirt. Wendet man die S. 38 gegebene Methode zur Bestimmung dieses zweiten Factors an, so folgt die obige Gleichung.

243. Die Directrix der auf schiefwinklige Parallelcoordinaten $(x_1 : x_2 : x_3 = x : y : 1)$ bezogenen Parabel $f(x, y, 1) = 0$ hat die Gleichung

$$(A_{13} + A_{23} \cos w) x + (A_{23} + A_{13} \cos w) y$$
$$- \frac{1}{2} (A_{11} + A_{22} + 2 A_{12} \cos w) = 0.$$

Folgt aus (242) durch die Substitution $p_1 = p_2 = 0$, $p_3 = 1$, $y_1 = y_2 = 0$, $y_3 = 1$, $\omega_{11} = \omega_{22} = \frac{1}{\sin^2 w}$, $\omega_{12} = - \frac{\cos w}{\sin^2 w}$, $\omega_{13} = \omega_{23} = \omega_{33} = 0$ (vgl. S. 8).

ie Dir

244. D ectrix der auf schiefwinklige Parallelcoordinaten $(u_1 : u_2 : u_3 = u : v : 1)$ bezogenen Parabel $\varphi(u, v, 1) = 0$ hat die Gleichung

$$(\alpha_{13} + \alpha_{23} \cos w)x + (\alpha_{23} + \alpha_{13} \cos w)y - \frac{1}{2}(\alpha_{11} + \alpha_{22} + 2\alpha_{12} \cos w) = 0.$$

Folgt aus (243).

245. Man bilde die Gleichungen der Axe, Scheiteltangente und Directrix der auf rechtwinklige Coordinaten bezogenen Parabel

$$9x^2 + 16y^2 - 24xy - 4x - 28y - 16 = 0.$$

Für die Axe findet man nach (122) die Gleichung

$$9x - 12y + \frac{-18 + 168}{25} = 0 \quad \text{oder} \quad 3x - 4y + 2 = 0.$$

Mit Hilfe der Werthe $A_{13} = 200$, $A_{23} = 150$, $A = -2500$, $A_{11} = -452$, $A_{22} = -148$ wird die Gleichung der Scheiteltangente nach (123)

$$200x + 150y + \frac{-2500 + 25 \cdot 600}{2 \cdot 25} = 0 \quad \text{oder} \quad 4x + 3y + 5 = 0.$$

Für die Directrix ergibt sich nach (243):

$$200x + 150y + \frac{600}{2} = 0 \quad \text{oder} \quad 4x + 3y + 6 = 0.$$

Der Parameter $2p$ der Parabel wird nach (124)

$$2p = \frac{2\sqrt{2500}}{\sqrt{25^3}} = \pm \frac{4}{5}.$$

---

246. Der Directorkreis eines Kegelschnitts schneidet alle diejenigen Kreise senkrecht, welche durch Poldreiecke des Kegelschnitts hindurchgehen[1]).

Zum Beweise dieses Satzes fragen wir zunächst, welche Beziehung zwischen den Coordinaten des Mittelpunktes und der Länge des Radius eines Kreises bestehen muss, wenn der Kreis durch Poldreiecke der Curve zweiter Classe $\varphi(u, u) = 0$ hindurchgehen, also zu dieser Curve conjugirt sein soll. Die Gleichung eines Kreises mit dem Mittelpunkte y und dem Radius r lautet nun nach (10a), S. 59

$$\binom{y\,x}{y\,x}_{\omega_{ik}} - r^2 \tau\, p_y^{\,2} p_x^{\,2} = 0.$$

Will man die verlangte Bedingung haben, so sind zufolge (12), S. 162 die Producte $x_i x_k$ zu ersetzen durch die Coefficienten α_{ik} von $\varphi(u, u) = 0$. Hierdurch verwandelt sich $\binom{y\,x}{y\,x}_{\omega_{ik}}$ in $2\chi(y, y) \equiv \sum_1^3{}_i \sum_1^3{}_k (\alpha, \omega)_{ik} y_i y_k$, $p_x^{\,2}$ in $\varphi(p, p)$, und man erhält $2\chi(y, y) - r^2 \tau \varphi(p, p) \cdot p_y^{\,2} = 0$. Ist nun der Mittelpunkt y gegeben, so folgt für das Quadrat des Radius

1) Vgl. Schröter a. a. O. S. 185. Dieser Satz wurde zuerst von Faure aufgestellt (Nouvelles Annales de Mathématiques, Bd. 19 der 1. Serie).

$r^2 = \frac{2\chi(y,y)}{\tau\varphi(p,p)\cdot p_y^2}$, und dieser Ausdruck ist nach (55), S. 100 gleich der Potenz des Punktes y in Bezug auf den Directorkreis von $\varphi(u,u)=0$, woraus der oben aufgestellte Satz folgt, den man also in nachstehender Form aussprechen kann:

247. Die Potenz des Mittelpunktes eines Kegelschnitts in Bezug auf den einem beliebigen Poldreieck umschriebenen Kreis ist gleich dem Quadrate des Radius des Directorkreises[1]).

Im Falle der Parabel ist $\varphi(p,p) = 0$, und die Coordinaten y_i der Mittelpunkte aller Kreise, welche Poldreiecken umschrieben sind, erfüllen alsdann die Gleichung des Directorkreises $2\chi(x,x) = 0$; da dieser aber für die Parabel in die unendlich ferne Gerade und die Directrix zerfällt, so folgt:

248. Die Mittelpunkte aller Kreise, welche Poldreiecken einer Parabel umschrieben sind, liegen auf der Directrix der Parabel[1]).

249. Wenn eine gleichseitige Hyperbel conjugirt liegt zu einer Parabel, d. h. also wenn die Hyperbel durch die Ecken unendlich vieler Poldreiecke der Parabel hindurchgeht, oder wenn die Parabel unendlich viele Poldreiseite der Hyperbel berührt, so trifft die Axe der Parabel die gleichseitige Hyperbel in einem Punktepaare, dessen Mittelpunkt der im Endlichen gelegene Brennpunkt der Parabel ist.

Die Gleichung der gleichseitigen Hyperbel sei $f(x,x) = 0$, wobei natürlich $[a,\omega] = 0$; die Parabel sei durch eine Gleichung in Liniencoordinaten gegeben in der Form

$$\omega(u,u) + (y_1u_1 + y_2u_2 + y_3u_3)(z_1u_1 + z_2u_2 + z_3u_3) = 0$$

(vgl. S. 120), wobei y der im Endlichen gelegene, z der unendlich ferne Brennpunkt sein möge. Die Bedingung, dass beide Curven conjugirt liegen, ist nach S. 162 $[a,\omega] + f(y,z) = 0$ oder $f(y,z) = 0$ da $[a,\omega] = 0$; daher sind y und z harmonische Pole in Bezug auf $f(x,x) = 0$, und zwar liegt z im Unendlichen, also y in der Mitte zwischen den Schnittpunkten der Parabelaxe yz und der gleichseitigen Hyperbel.

250. Welche geometrische Bedeutung hat die Grösse $\frac{f(y,y)}{[a,\omega]p_y^2}$, wenn y_1, y_2, y_3 die Coordinaten eines nicht auf dem Kegelschnitt $f(x,x) = 0$ gelegenen Punktes bezeichnen?

Die Gleichung in Liniencoordinaten eines Kreises vom Radius r und mit dem Mittelpunkte y ist nach (2), S. 57: $r^2p_y^2\omega(u,u) - u_y^2 = 0$.

1) Vgl. die Fussnote zu S. 343.

Die Bedingung dafür, dass dieser Kreis conjugirt liege zu dem Kegelschnitt $f(x, x) = 0$, wird nach S. 162 dadurch erhalten, dass man die $u_i u_k$ ersetzt durch a_{ik}. Alsdann entsteht $r^2 \cdot [a, \omega] \cdot p_y^2 - f(y, y) = 0$, woraus folgt, dass $\frac{f(y, y)}{[a, \omega] p_y^2}$ gleich ist dem Quadrat des Radius desjenigen Kreises, welcher den Punkt y zum Mittelpunkt hat und zu $f(x, x) = 0$ conjugirt liegt, also einem Poldreiseit von $f(x, x) = 0$ eingeschrieben ist. Man könnte in Analogie zu (55), S. 100 den Ausdruck $\frac{2 f(y, y)}{[a, \omega] p_y^2}$ nennen die Potenz des Punktes y in Bezug auf den Kegelschnitt $f(x, x) = 0$; sie wäre offenbar gleich dem Quadrat des Radius des Directorkreises für jenen Kreis, welcher y zum Mittelpunkt hat und einem Poldreiseit von $f(x, x) = 0$ eingeschrieben ist.

Ausserdem folgt sofort:

251. Soll ein Kreis irgend ein Poldreiseit des Kegelschnitts $f(x, x) = 0$ berühren, oder der Kegelschnitt irgend einem Poldreieck des Kreises umschrieben sein, so muss bei gegebenem Radius r der Mittelpunkt y des Kreises auf dem Kegelschnitt

$$f(y, y) - r^2 \cdot [a, \omega] p_y^2 = 0$$

liegen, der nach (130) mit $f(x, x) = 0$ concentrisch, ähnlich und ähnlich gelegen ist.

Der Mittelpunkt y ist auch der Höhenschnittpunkt H des betreffenden Dreiecks; bezeichnet man ferner mit A, B, C dessen Ecken, mit A_1, B_1, C_1 die Fusspunkte der zugehörigen Höhen, mit r den Radius desjenigen Kreises, welcher das Dreieck zum Poldreieck hat, so ist, wie die elementare Planimetrie lehrt[1]),

$$r^2 = HA \cdot HA_1 = HB \cdot HB_1 = HC \cdot HC_1 .$$

In Folge dessen kann man auch sagen[2]):

252. Soll das Product aus den Abschnitten der Höhen eines dem Kegelschnitt $f(x, x) = 0$ eingeschriebenen Dreiecks constant gleich r^2 sein, so ist der Ort des Höhenschnittpunktes der Kegelschnitt

$$f(y, y) - r^2 \cdot [a, \omega] p_y^2 = 0 .$$

---

1) Das betr. Theorem wird sich übrigens in (322) bei allgemeineren Betrachtungen über Kreisnetze aus der Definition der Potenz ergeben.

2) Vgl. zu (252)—(254) Salmon: „Analytische Geometrie der Kegelschnitte", frei bearbeitet von W. Fiedler, 5. Aufl., 2. Theil, S. 641. 1888. Daselbst ist auch die betreffende Litteratur citirt.

253. Soll das Product aus den Abschnitten der Höhen eines dem Kegelschnitt $\varphi(u, u) = 0$ umschriebenen Dreiecks constant gleich r_1^2 sein, so ist der Ort des Höhenschnittpunktes der mit dem Kegelschnitt concentrische Kreis $2\chi(y, y) - r_1^2 \tau \varphi(p, p) \cdot p_y^2 = 0$.

Die Bedingung dafür, dass der Kegelschnitt $\varphi(u, u) = 0$ irgend einem Poldreiseit des Kreises $\begin{pmatrix} y\, x \\ y\, x \end{pmatrix}_{\omega_{ik}} - r_1^2 \tau p_y^2 p_x^2 = 0$ eingeschrieben sei, wird nämlich nach (17), S. 163 dadurch gebildet, dass man in der Gleichung des Kreises die $x_i x_k$ ersetzt durch α_{ik}. Hierdurch verwandelt sich $\begin{pmatrix} y\, x \\ y\, x \end{pmatrix}_{\omega_{ik}}$ in $2\chi(y, y)$ (vgl. (29), S. 148), p_x^2 in $\varphi(p, p)$, und man erhält $2\chi(y, y) - r_1^2 \tau \varphi(p, p) \cdot p_y^2 = 0$. Bei gegebenem Werthe von r^2 ergibt sich mit Rücksicht auf die Bemerkungen in (251) der obige Satz; $2\chi(y, y)$ ist natürlich der Ausdruck für den Directorkreis von $\varphi(u, u) = 0$.

Werden die Ausdrücke für r^2 und r_1^2 in (251) und (253) einander gleichgesetzt, so erhält man nach Wegheben von p_y^2 die Gleichung $\tau \varphi(p, p) f(y, y) - 2[a, \omega] \chi(y, y) = 0$, woraus folgt:

254. Soll ein Dreieck dem Kegelschnitt $f(x, x) = 0$ eingeschrieben, dem Kegelschnitt $\varphi(u, u) = 0$ umschrieben sein, so ist der Ort seines Höhenschnittpunktes die Curve zweiter Ordnung

$$\tau \varphi(p, p) f(y, y) - 2[a, \omega] \chi(y, y) = 0.$$

---

255. Wann ist die eine Asymptote einer Curve zweiter Ordnung $f(x, x) = 0$ parallel zu einer Asymptote der Curve $g(x, x) = 0$?

Die unendlich ferne Gerade muss durch einen der vier Schnittpunkte von $f = 0$ und $g = 0$ gehen; zufolge (16), S. 144 erhält man also die Bedingung $F(p, p)\, G(p, p) - H^2(p, p) = 0$; speciell für schiefwinklige Parallelcoordinaten wird dieselbe

$$4 A_{33} B_{33} - (a_{11} b_{22} + a_{22} b_{11} - 2 a_{12} b_{12})^2 = 0.$$

Anwendung von § 18—19.

256. Die beiden Brennpunktepaare einer auf schiefwinklige Parallelcoordinaten $(u_1 : u_2 : u_3 = u : v : 1)$ bezogenen Curve zweiter Classe $\varphi(u, v, 1) = 0$ sind gegeben durch

$$\mu \varphi(u, v, 1) - \frac{u^2 + v^2 - 2uv \cos w}{\sin^2 w} = 0,$$

wobei μ die eine oder andere Wurzel ist der quadratischen Gleichung

$$\mathsf{A} \cdot \sin^2 w \cdot \mu^2 - (\mathsf{A}_{11} + \mathsf{A}_{22} - 2\,\mathsf{A}_{12} \cos w)\,\mu + \alpha_{33} = 0.$$

Folgt aus (20), S. 168 mit Rücksicht auf (4) und (5), S. 166 bei Anwendung von Parallelcoordinaten.

---

257. Wenn die eine Reihe der Brennpunkte aller Kegelschnitte, welche die Seiten eines Dreiecks berühren, auf einem dem Dreieck umschriebenen Kegelschnitte liegt, so erfüllt die andere Reihe eine gerade Linie, und umgekehrt.

Es sei $\varphi(u, u) \equiv 2(\alpha_1 u_2 u_3 + \alpha_2 u_3 u_1 + \alpha_3 u_1 u_2) = 0$ die Gleichung eines dem Coordinatendreieck eingeschriebenen Kegelschnitts;

$$y_i \text{ und } z_i,\ (i = 1, 2, 3),$$

seien die Coordinaten der zwei reellen Brennpunkte. Alsdann besteht nach S. 168 eine Relation von der Form

$$2\mu(\alpha_1 u_2 u_3 + \alpha_2 u_3 u_1 + \alpha_3 u_1 u_2) + \omega(u, u)$$
$$= (y_1 u_1 + y_2 u_2 + y_3 u_3)(z_1 u_1 + z_2 u_2 + z_3 u_3),$$

wobei μ einen gewissen Factor darstellt, der für das Folgende gleichgiltig ist. Aus dieser Relation ergeben sich durch Coefficientenvergleichung für die Coordinaten der beiden Brennpunkte die einfachen Beziehungen $\omega_{11} = y_1 z_1$, $\omega_{22} = y_2 z_2$, $\omega_{33} = y_3 z_3$ oder

$$y_i = \frac{\omega_{ii}}{z_i},\ (i = 1, 2, 3).$$

Beschreibt also der eine Brennpunkt, etwa y, einen dem Coordinatendreieck umschriebenen Kegelschnitt $m_1 y_2 y_3 + m_2 y_3 y_1 + m_3 y_1 y_2 = 0$, so durchläuft der andere die Gerade $\frac{m_1 z_1}{\omega_{11}} + \frac{m_2 z_2}{\omega_{22}} + \frac{m_3 z_3}{\omega_{33}} = 0$, und offenbar gilt auch die Umkehrung. Durchläuft ferner der eine Brennpunkt die unendlich ferne Gerade $p_1 z_1 + p_2 z_2 + p_3 z_3 = 0$, so sind alle Kegelschnitte $\varphi(u, u) = 0$ Parabeln, welche die Seiten des Dreiecks berühren, und die im Endlichen gelegenen Brennpunkte dieser Parabeln erfüllen alsdann die Curve $\omega_{11} p_1 y_2 y_3 + \omega_{22} p_2 y_3 y_1 + \omega_{33} p_3 y_1 y_2 = 0$, die nach (73) den umschriebenen Kreis des Dreiecks darstellt.

Hiermit ist auch der Satz bewiesen:

258. Die Schnittpunkte dreier Tangenten einer Parabel liegen mit dem Brennpunkte auf einem und demselben Kreis.

259. Geht die Halbirungslinie des Winkels, den zwei Tangenten eines Kegelschnitts mit einander bilden, durch den einen Brennpunkt der Curve, so geht sie auch durch den anderen Brennpunkt hindurch, d. h. sie ist eine Hauptaxe.

Die beiden Tangenten wählt man als Seiten eines Coordinatendreiseits, eine beliebige weitere Tangente als dritte Seite; alsdann kann man die in (257) abgeleiteten Relationen benutzeu. Die Halbirungslinie des von zwei Tangenten $x_2 = 0$ und $x_3 = 0$ gebildeten Winkels hat nun nach (9) die Gleichung $\frac{x_2}{\sqrt{\omega_{22}}} - \frac{x_3}{\sqrt{\omega_{33}}} = 0$, und da diese Gleichung durch die Coordinaten des einen Brennpunktes y erfüllt werden soll, hat man $\frac{y_2}{\sqrt{\omega_{22}}} - \frac{y_3}{\sqrt{\omega_{33}}} = 0$, woraus mit Rücksicht auf die Relationen $y_i = \frac{\omega_{ii}}{z_i}$ folgt $\frac{z_2}{\sqrt{\omega_{22}}} - \frac{z_3}{\sqrt{\omega_{33}}} = 0$, d. h. der andere Brennpunkt liegt gleichfalls auf der Winkelhalbirenden.

260. Liegt der eine Brennpunkt eines Kegelschnitts im Höhenschnittpunkt eines Tangentendreiecks der Curve, so liegt der andere im Mittelpunkt des dem Dreieck umschriebenen Kreises, und umgekehrt.

Die Coordinaten des Höhenschnittpunktes sind nach (17)

$$y_1 : y_2 : y_3 = \frac{1}{\omega_{23}} : \frac{1}{\omega_{31}} : \frac{1}{\omega_{12}};$$

mit Hilfe der in (257) abgeleiteten Beziehungen zwischen den Coordinaten der beiden Brennpunkte folgt für den anderen Brennpunkt

$$z_1 : z_2 : z_3 = \omega_{11}\omega_{23} : \omega_{22}\omega_{31} : \omega_{33}\omega_{12},$$

d. h. der letztere fällt nach (18) mit dem Mittelpunkte des dem Tangentendreieck umschriebenen Kreises zusammen. Offenbar gilt auch die Umkehrung.

261. Die Fusspunkte der Normalen, welche von einem beliebigen Punkte des einem Dreieck umschriebenen Kreises auf die Seiten des Dreiecks gefällt werden, liegen in einer Geraden.

Der Punkt des umschriebenen Kreises kann nach (257) angesehen werden als Brennpunkt einer dem Dreieck eingeschriebenen Parabel. Nach (23), S. 186 liegen aber die Fusspunkte der Normalen, welche vom Brennpunkte einer Parabel auf die Tangenten dieser Curve gefällt werden, auf der Scheiteltangente der Parabel, also in einer Geraden.

262. Wenn die eine Reihe der Brennpunkte aller Kegelschnitte, für welche ein gegebenes Dreiseit Poldreiseit ist, auf einer Geraden liegt, so erfüllt die andere Reihe einen Kegelschnitt.

Die Gleichung eines Kegelschnitts, der das Coordinatendreiseit zum Poldreiseit hat, ist $\varphi(u, u) \equiv \alpha_1 u_1^2 + \alpha_2 u_2^2 + \alpha_3 u_3^2 = 0$. Aehnlich wie in (257) besteht nun eine Relation von der Form

$$\mu(\alpha_1 u_1^2 + \alpha_2 u_2^2 + \alpha_3 u_3^2) + \omega(u, u) \\ = (y_1 u_1 + y_2 u_2 + y_3 u_3)(z_1 u_1 + z_2 u_2 + z_3 u_3),$$

wenn y_i und z_i, $(i = 1, 2, 3)$, die Coordinaten der Brennpunkte von $\varphi(u, u) = 0$ bedeuten. Aus dieser Relation folgt

$$2\omega_{23} = y_2 z_3 + y_3 z_2, \quad 2\omega_{31} = y_3 z_1 + y_1 z_3, \quad 2\omega_{12} = y_1 z_2 + y_2 z_1,$$

daher

$$z_1 : z_2 : z_3 = (-\omega_{23} y_1 + \omega_{31} y_2 + \omega_{12} y_3) y_1 : (\omega_{23} y_1 - \omega_{31} y_2 + \omega_{12} y_3) y_2 \\ : (\omega_{23} y_1 + \omega_{31} y_2 - \omega_{12} y_3) y_3.$$

Beschreibt nun der eine Brennpunkt z die Gerade

$$m_1 z_1 + m_2 z_2 + m_3 z_3 = 0,$$

so durchläuft der andere den Kegelschnitt

$$\omega_{23} m_1 y_1^2 + \omega_{31} m_2 y_2^2 + \omega_{12} m_3 y_3^2 \\ -(\omega_{12} m_2 + \omega_{13} m_3) y_2 y_3 - (\omega_{23} m_3 + \omega_{21} m_1) y_3 y_1 - (\omega_{31} m_1 + \omega_{32} m_2) y_1 y_2 = 0.$$

Beschreibt insbesondere der eine Brennpunkt die unendlich ferne Gerade $p_z = 0$, so sind alle Kegelschnitte $\varphi(u, u) = 0$ Parabeln, die das Dreiseit zum Poldreiseit haben, und die im Endlichen gelegenen Brennpunkte erfüllen alsdann den Feuerbach'schen Kreis, denn obige Gleichung stellt nach (165) für $m_i = p_i$ diesen Kreis dar[1]).

---

263. „Jeder beliebige Punkt in der Ebene eines gegebenen geradlinigen Dreiecks kann einer der Brennpunkte eines Kegelschnitts sein, der alle drei Seiten des Dreiecks berührt. Man soll nun untersuchen, welche Lage der Punkt in Beziehung auf das Dreieck haben müsse, damit der Kegelschnitt entweder Parabel, oder Ellipse, oder Hyperbel sei.“[2])

---

1) Vgl. Schröter: „Die Theorie der Kegelschnitte, gestützt auf projectivische Eigenschaften“ (zweiter Theil der von Geiser und Schröter herausgegebenen Vorlesungen Steiner's über synthetische Geometrie), 2. Aufl., Leipzig 1876, S. 407.

2) Steiner stellt diese Aufgabe im Journal für die reine und angewandte Mathematik, Bd. 2, S. 96, 1827 („Gesammelte Werke“, Bd. 1, S. 128) und beantwortet sie in einem anderen Artikel in demselben Journal, Bd. 2, S. 191, 1827 (Ges. Werke, Bd. 1, S. 134). Vgl. auch Steiner's Abhandlung „Développement d'une série de théorèmes relatifs aux sections coniques“, Annales de Mathématiques, Bd. 19, S. 47, 1828, oder „Gesammelte Werke“, Bd. 1, S. 198. Ferner ver-

Man wählt das Dreieck als Coordinatendreieck und hat dann für den Kegelschnitt die Gleichung

$$\varphi(u, u) \equiv 2(\alpha_1 u_2 u_3 + \alpha_2 u_3 u_1 + \alpha_3 u_1 u_2) = 0,$$

welche nach S. 55 eine Ellipse, Hyperbel oder Parabel repräsentirt, je nachdem $A\varphi(p, p)$, d. h. $2\alpha_1\alpha_2\alpha_3(\alpha_1 p_2 p_3 + \alpha_2 p_3 p_1 + \alpha_3 p_1 p_2) > 0$, < 0, $= 0$ ist. Sind y_i und z_i, $(i = 1, 2, 3)$, die Coordinaten der Brennpunkte des Kegelschnitts, so besteht wie in (257) die Relation

$$2\mu(\alpha_1 u_2 u_3 + \alpha_2 u_3 u_1 + \alpha_3 u_1 u_2) + \omega(u, u) = (y_1 u_1 + y_2 u_2 + y_3 u_3)(z_1 u_1 + z_2 u_2 + z_3 u_3);$$

aus ihr folgen, wenn man mit Hilfe von $y_i z_i = \omega_{ii}$ die z eliminirt und die Coefficienten von $u_2 u_3$, $u_3 u_1$, $u_1 u_2$ beiderseits vergleicht, für die Grössen α_i bei gegebenem Brennpunkt y die Werthe

$$2\mu\alpha_1 = (y_2^2\omega_{33} + y_3^2\omega_{22} - 2y_2 y_3\omega_{23}) : y_2 y_3$$
$$2\mu\alpha_2 = (y_3^2\omega_{11} + y_1^2\omega_{33} - 2y_3 y_1\omega_{31}) : y_3 y_1$$
$$2\mu\alpha_3 = (y_1^2\omega_{22} + y_2^2\omega_{11} - 2y_1 y_2\omega_{12}) : y_1 y_2;$$

ferner wird

$$2\mu(\alpha_1 p_2 p_3 + \alpha_2 p_3 p_1 + \alpha_3 p_1 p_2) = p_y \cdot p_z = p_y\left(\frac{\omega_{11} p_1}{y_1} + \frac{\omega_{22} p_2}{y_2} + \frac{\omega_{33} p_3}{y_3}\right),$$

so dass nun $A\varphi(p, p)$ gleichbedeutend wird mit

$$(y_2^2\omega_{33} + y_3^2\omega_{22} - 2y_2 y_3\omega_{23})(y_3^2\omega_{11} + y_1^2\omega_{33} - 2y_3 y_1\omega_{31}) \cdot (y_1^2\omega_{22} + y_2^2\omega_{11} - 2y_1 y_2\omega_{12})\, p_y\left(\frac{\omega_{11} p_1}{y_1} + \frac{\omega_{22} p_2}{y_2} + \frac{\omega_{33} p_3}{y_3}\right).$$

Dabei ist der eigentlich noch auftretende Divisor $16\mu^4 y_1^2 y_2^2 y_3^2$ weggelassen worden, da es nur auf das Vorzeichen von $A\varphi(p, p)$ ankommt. Die drei ersten Factoren, z. B. $y_2^2\omega_{33} + y_3^2\omega_{22} - 2y_2 y_3\omega_{23}$, sind nun, wie man aus der Bedeutung der Grössen ω_{ik} erkennt, sicher positiv, also ohne Einfluss auf das Vorzeichen; nach Multiplication mit dem positiven Product $y_1^2 y_2^2 y_3^2$ wird daher $A\varphi(p, p)$ gleichbedeutend mit

$$K \equiv \frac{y_1 y_2 y_3}{p_1 p_2 p_3} p_y \cdot p_1 p_2 p_3(\omega_{11} p_1 y_2 y_3 + \omega_{22} p_2 y_3 y_1 + \omega_{33} p_3 y_1 y_2).$$

Der Factor $\frac{y_1 y_2 y_3}{p_1 p_2 p_3} p_y$ ist nun nach (3) positiv oder negativ, je nachdem der Punkt y in Bezug auf das Dreieck trigonal oder tetragonal gelegen ist. Der Klammerfactor stellt, gleich Null gesetzt, nach (73) den dem Dreieck umschriebenen Kreis dar; an ihn gehen, wie mit Benutzung des in (52) gegebenen Kriteriums folgt, von einem Punkte y

---

gleiche man Geiser: „Die Theorie der Kegelschnitte in elementarer Darstellung" (erster Theil der von Geiser und Schröter herausgegebenen Vorlesungen Steiner's über synthetische Geometrie), 2. Aufl., Leipzig 1875, S. 156 f.

aus reelle oder imaginäre Tangenten, d. h. der Punkt liegt innerhalb oder ausserhalb des Kreises, je nachdem

$$\omega_{11}\omega_{22}\omega_{33}p_1p_2p_3(\omega_{11}p_1y_2y_3 + \omega_{22}p_2y_3y_1 + \omega_{33}p_3y_1y_2)$$

< 0 oder > 0 ist. Hierbei ist der stets positive Factor $\omega_{11}\omega_{22}\omega_{33}$ ohne Einfluss auf das Vorzeichen. Man erkennt hiernach, dass K positiv, der Kegelschnitt also eine Ellipse ist, entweder wenn der Brennpunkt y innerhalb des Dreiecks liegt, oder wenn der Brennpunkt ausserhalb des umschriebenen Kreises und in Bezug auf das Dreieck tetragonal gelegen ist. Der Kegelschnitt ist dagegen eine Hyperbel, entweder wenn der Brennpunkt y innerhalb des umschriebenen Kreises tetragonal liegt, oder wenn y ausserhalb dieses Kreises trigonal gelegen ist. Ferner sieht man, dass der Kegelschnitt eine Parabel ist, wenn y auf der unendlich fernen Geraden oder auf dem umschriebenen Kreis des Dreiecks liegt (vgl. (257)).

---

264. Der geometrische Ort für die Brennpunkte der Kegelschnitte einer Schaar ist eine Curve dritter Ordnung.

Durch die zwei Gleichungen

$$\varphi(u, u) \equiv 2(\alpha_1 u_2 u_3 + \alpha_2 u_3 u_1 + \alpha_3 u_1 u_2) = 0$$

und

$$\varphi(v, v) \equiv 2(\alpha_1 v_2 v_3 + \alpha_2 v_3 v_1 + \alpha_3 v_1 v_2) = 0$$

wird eine Schaar von Kegelschnitten bestimmt, welche die Seiten des Coordinatendreiseits und die Gerade v berühren.

Nach Substitution der in (263) angegebenen, durch die Coordinaten des einen Brennpunktes y ausgedrückten Werthe von α_1, α_2, α_3 in die Gleichung $\varphi(v, v) = 0$ erhält man die Curve dritter Ordnung

$$v_2v_3y_1(\omega_{22}y_3^2 + \omega_{33}y_2^2 - 2\omega_{23}y_2y_3) + v_3v_1y_2(\omega_{33}y_1^2 + \omega_{11}y_3^2 - 2\omega_{31}y_3y_1)$$
$$+ v_1v_2y_3(\omega_{11}y_2^2 + \omega_{22}y_1^2 - 2\omega_{12}y_1y_2) = 0.$$

Nach Addition und Subtraction von $(\omega_{11}v_1^2 + \omega_{22}v_2^2 + \omega_{33}v_3^2)y_1y_2y_3$ kann man diese Gleichung in die Form setzen

$$(\omega_{11}v_1y_2y_3 + \omega_{22}v_2y_3y_1 + \omega_{33}v_3y_1y_2)(v_1y_1 + v_2y_2 + v_3y_3)$$
$$- \omega(v, v)y_1y_2y_3 = 0.$$

Bei constanten y und variabelen v stellt sie diejenige Curve zweiter Classe dar, welche die Seiten des Coordinatendreiecks berührt und einen bestimmten Punkt y zum Brennpunkt hat.

Ist speciell $v_x = 0$ die unendlich ferne Gerade ($v_i = p_i$), so besteht die Kegelschnittschaar aus Parabeln, $\omega(v, v)$ ist alsdann gleich Null, und der Ort der Brennpunkte zerfällt in Uebereinstimmung mit (257) in den umschriebenen Kreis des Dreiecks und die unendlich ferne Gerade.

265. Man bilde die Gleichung der Curve dritter Ordnung, auf welcher die Brennpunkte aller Kegelschnitte liegen, die ein gegebenes Dreiseit zum Poldreiseit haben und eine feste Gerade berühren.

Dass die Brennpunkte eine Curve dritter Ordnung erfüllen, folgt aus (264), denn die Kegelschnitte bilden eine Schaar. Für

$$v_1 x_1 + v_2 x_2 + v_3 x_3 = 0$$

als Gleichung der gegebenen Geraden ist das System von Kegelschnitten $\varphi(u, u) \equiv \alpha_1 u_1^2 + \alpha_2 u_2^2 + \alpha_3 u_3^2 = 0$ der Bedingung unterworfen $\alpha_1 v_1^2 + \alpha_2 v_2^2 + \alpha_3 v_3^2 = 0$; ausserdem besteht eine Relation von der Form

$$\mu(\alpha_1 u_1^2 + \alpha_2 u_2^2 + \alpha_3 u_3^2) + \omega(u, u)$$
$$= (y_1 u_1 + y_2 u_2 + y_3 u_3)(z_1 u_1 + z_2 u_2 + z_3 u_3).$$

Eliminirt man aus dieser Gleichung die Grössen z_i mit Hilfe der in (262) gefundenen Beziehungen zwischen den y_i, z_i und ω_{ik}, und vergleicht man beiderseits die Coefficienten von u_1^2, u_2^2, u_3^2, so folgt

$$\mu\alpha_1 = (-\omega_{23} y_1 + \omega_{31} y_2 + \omega_{12} y_3) y_1^2 - \omega_{11} y_1 y_2 y_3;$$

einen analogen Werth haben $\mu\alpha_2$ und $\mu\alpha_3$. Durch Substitution in $\alpha_1 v_1^2 + \alpha_2 v_2^2 + \alpha_3 v_3^2 = 0$ erhält man die Curve dritter Ordnung

$$v_1^2 y_1^2(-\omega_{23} y_1 + \omega_{31} y_2 + \omega_{12} y_3) + v_2^2 y_2^2(\omega_{23} y_1 - \omega_{31} y_2 + \omega_{12} y_3)$$
$$+ v_3^2 y_3^2(\omega_{23} y_1 + \omega_{31} y_2 - \omega_{12} y_3) - (\omega_{11} v_1^2 + \omega_{22} v_2^2 + \omega_{33} v_3^2) y_1 y_2 y_3 = 0,$$

wofür auch gesetzt werden kann

$$[-\omega_{23} v_1 y_1^2 - \omega_{31} v_2 y_2^2 - \omega_{12} v_3 y_3^2 + (\omega_{12} v_2 + \omega_{13} v_3) y_2 y_3$$
$$+ (\omega_{21} v_1 + \omega_{23} v_3) y_1 y_3 + (\omega_{31} v_1 + \omega_{32} v_2) y_1 y_2](v_1 y_1 + v_2 y_2 + v_3 y_3)$$
$$- \omega(v, v) \cdot y_1 y_2 y_3 = 0.$$

Zugleich ist klar, dass diese Gleichung bei constanten y und variabelen v die Curve zweiter Classe darstellt, für welche das Coordinatendreiseit ein Poldreiseit und ein bestimmter Punkt y der eine Brennpunkt ist.

Ist speciell $v_x = 0$ die unendlich ferne Gerade ($v_i = p_i$), so besteht die Kegelschnittschaar aus Parabeln, $\omega(v, v)$ verschwindet, die Curve dritter Ordnung zerfällt alsdann in Uebereinstimmung mit (262) in den Feuerbach'schen Kreis und die unendlich ferne Gerade[1]).

---

1) Für Nr. 264 und 265 vgl. auch den Anhang zu § 22—26.

266. Die Verbindungslinien irgend eines Punktes P eines Kegelschnitts mit den beiden Brennpunkten bilden mit der Tangente und Normale des Punktes P vier harmonische Strahlen.

Folgt daraus, dass die Tangente und Normale von P nach (28), S. 190 die Winkel der beiden Brennstrahlen halbiren.

Hieraus folgt weiter:

267. Die Tangente und Normale in irgend einem Punkte des Kegelschnitts treffen die Hauptaxe der Curve in zwei Punkten, die zu den Brennpunkten harmonisch liegen.

Speciell für die Parabel folgt:

268. Die Tangente und Normale in irgend einem Punkte einer Parabel treffen die Axe in zwei Punkten, welche vom Brennpunkt gleiche Entfernung haben und auf verschiedenen Seiten desselben liegen.

269. Verbindet man einen Brennpunkt B eines Kegelschnitts mit den Berührungspunkten P, Q und mit dem Schnittpunkte M zweier Tangenten, so halbirt die letztgenannte Verbindungslinie den Winkel PBQ der beiden von B aus nach P und Q gezogenen Strahlen (Fig. 8 und 9, S. 189).

Zufolge des Satzes (26), S. 187[1]) ist M der Mittelpunkt eines Kreises, der die Verbindungslinien der Brennpunkte mit den zwei Berührungspunkten P, Q zu Tangenten hat. Die Gerade MB ist demnach eine durch B gehende Centrale des Kreises und halbirt als solche bekanntlich den Winkel der beiden von B an den Kreis gelegten Tangenten, die mit BP und BQ zusammenfallen.

270. Die Enveloppe aller Geraden, für welche das Product ihrer Entfernungen von zwei festen Punkten constant ist, ist eine Curve zweiter Classe, die die zwei gegebenen Punkte zu Brennpunkten hat.

Es seien y_i und z_i, $(i = 1, 2, 3)$, die Coordinaten der festen Punkte, u_1, u_2, u_3 die Coordinaten einer Geraden. Mit Hilfe von (1), S. 9 erhält man für das obige Product

$$\frac{(y_1 u_1 + y_2 u_2 + y_3 u_3)(z_1 u_1 + z_2 u_2 + z_3 u_3)}{\omega(u, u)\, p_y\, p_z} = \text{const.},$$

und diese Gleichung stellt offenbar eine Curve zweiter Classe dar,

1) Weitere Anwendungen des Theorems (26), S. 187 hat Herr Lucian Gottscho in der Lösung einer Preisaufgabe gegeben, die anschliessend an dieses Theorem Herr Gundelfinger im Jahre 1893 den Studirenden der mathematisch-naturwissenschaftlichen Abtheilung der Technischen Hochschule zu Darmstadt gestellt hatte.

welche nach (20), S. 168 die zwei gegebenen Punkte y und z zu Brennpunkten hat. Ertheilt man der Constanten alle möglichen Werthe, so entsteht eine confocale Schaar von Kegelschnitten.

Uebrigens kann die Gleichung der Curve auch geschrieben werden in der Form $\frac{u_y \cdot u_z}{p_y \cdot p_z \cdot \omega(u, u)} = \text{const.}$; aus den Bemerkungen S. 191 und S. 9 folgt alsdann, dass sie eine Ellipse oder Hyperbel darstellt, je nachdem der Constanten ein positiver oder negativer Werth ertheilt wird.

Der obige Satz bildet übrigens die Umkehrung von (3), S. 179.

271. Zwei conjugirte Polaren eines Kegelschnitts, die sich in einem Brennpunkte der Curve schneiden, sind zu einander normal.

Für y_i und z_i als Coordinaten der Brennpunkte des Kegelschnitts besteht nach (20), S. 168 eine Relation von der Form

$$\lambda_1 \varphi(u, u) - \omega(u, u) = y_u z_u.$$

Sind nun u und v conjugirte Polaren in Bezug auf $\varphi(u, u) = 0$, so ist $\varphi(u, v) = 0$ oder $y_u z_v + y_v z_u + 2\omega(u, v) = 0$, und da die Polaren durch den einen Brennpunkt, etwa y, gehen sollen, verschwinden sowohl y_u als y_v, es bleibt nur $\omega(u, v) = 0$, d. h. die beiden Geraden u und v sind nach S. 13 zu einander normal. (Vgl. übrigens (33), S. 193.)

Aehnlich beweist man die Umkehrung, dass zwei in einem Brennpunkt sich rechtwinklig schneidende Geraden conjugirte Polaren des Kegelschnitts sind.

Anwendung von § 20—21.

272. Man bilde die Gleichung für den geometrischen Ort der Mittelpunkte des Büschels von Kegelschnitten, die dem Coordinatendreieck umschrieben sind und durch einen und denselben Punkt z gehen.

Für den Mittelpunkt x einer Curve zweiter Ordnung bestehen nach (22), S. 25 die Relationen $\frac{1}{2} f'(x_i) = \varrho p_i$, $(i = 1, 2, 3)$, wobei ϱ einen Proportionalitätsfactor bedeutet. Ausgehend von

$$2(a_1 x_2 x_3 + a_2 x_3 x_1 + a_3 x_1 x_2) = 0$$

als Gleichung einer dem Coordinatendreieck umschriebenen Curve erhält man also die drei Gleichungen

$$\begin{aligned} \varrho p_1 &= \phantom{a_1 x_3 +{}} a_2 x_3 + a_3 x_2 \\ \varrho p_2 &= a_1 x_3 \phantom{{}+ a_2 x_3} + a_3 x_1 \\ \varrho p_3 &= a_1 x_2 + a_2 x_1 \phantom{{}+ a_3 x_2} ; \end{aligned}$$

hierzu tritt noch $a_1 z_2 z_3 + a_2 z_3 z_1 + a_3 z_1 z_2 = 0$, so dass man durch Elimination von a_1, a_2, a_3 und ϱ als Ort des Mittelpunktes x erhält:

$$\begin{vmatrix} p_1 & 0 & x_3 & x_2 \\ p_2 & x_3 & 0 & x_1 \\ p_3 & x_2 & x_1 & 0 \\ 0 & z_2 z_3 & z_3 z_1 & z_1 z_2 \end{vmatrix} = 0$$

oder

$$p_1 z_2 z_3 x_1^2 + \cdots - (p_2 z_2 + p_3 z_3) z_1 x_2 x_3 - \cdots = 0,$$

wobei die zu dem vorhergehenden symmetrischen Glieder durch Punkte angedeutet sind. Für $z_i = \frac{1}{\omega_{23}}$ vgl. (165).

273. Man bilde die Gleichung für den geometrischen Ort der Mittelpunkte aller dem Coordinatendreieck eingeschriebenen und eine und dieselbe Gerade v berührenden Kegelschnitte.

Es sei $2(\alpha_1 u_2 u_3 + \alpha_2 u_3 u_1 + \alpha_3 u_1 u_2) = 0$ die Gleichung eines dem Coordinatendreieck eingeschriebenen Kegelschnitts. Zu den drei Gleichungen

$$\begin{aligned} \varrho x_1 &= \qquad\quad \alpha_2 p_3 + \alpha_3 p_2 \\ \varrho x_2 &= \alpha_1 p_3 \qquad\quad + \alpha_3 p_1 \\ \varrho x_3 &= \alpha_1 p_2 + \alpha_2 p_1 \end{aligned}$$

für die Coordinaten x_i des Mittelpunktes tritt noch als vierte hinzu $\alpha_1 v_2 v_3 + \alpha_2 v_3 v_1 + \alpha_3 v_1 v_2 = 0$. Durch Elimination von ϱ, α_1, α_2, α_3 folgt

$$\begin{vmatrix} x_1 & 0 & p_3 & p_2 \\ x_2 & p_3 & 0 & p_1 \\ x_3 & p_2 & p_1 & 0 \\ 0 & v_2 v_3 & v_3 v_1 & v_1 v_2 \end{vmatrix} = 0$$

oder

$$(-p_1 v_2 v_3 + p_2 v_3 v_1 + p_3 v_1 v_2) p_1 x_1 + (p_1 v_2 v_3 - p_2 v_3 v_1 + p_3 v_1 v_2) p_2 x_2 + (p_1 v_2 v_3 + p_2 v_3 v_1 - p_3 v_1 v_2) p_3 x_3 = 0,$$

also die Gleichung einer Geraden, in Uebereinstimmung mit (15), S. 200.

274. Man bilde die Gleichung für den geometrischen Ort der Mittelpunkte aller Kegelschnitte, die das Coordinatendreieck zum Poldreieck haben und durch einen und denselben Punkt z gehen.

Ausgehend von $a_1 x_1^2 + a_2 x_2^2 + a_3 x_3^2 = 0$ erhält man in derselben Weise wie bei (272) für den Ort des Mittelpunktes in variabelen Punktcoordinaten x_i die Gleichung:

$$\begin{vmatrix} p_1 & x_1 & 0 & 0 \\ p_2 & 0 & x_2 & 0 \\ p_3 & 0 & 0 & x_3 \\ 0 & z_1^2 & z_2^2 & z_3^2 \end{vmatrix} = 0$$

oder

$$p_1 z_1^2 x_2 x_3 + p_2 z_2^2 x_3 x_1 + p_3 z_3^2 x_1 x_2 = 0.$$

Für $z_i = \pm\sqrt{\omega_{ii}}$ erhält man den umschriebenen Kreis des Dreiecks. Vgl. (73), (74), (169) und (171).

275. Man bilde die Gleichung für den geometrischen Ort der Mittelpunkte aller Kegelschnitte, die das Coordinatendreiseit zum Poldreiseit haben und eine und dieselbe Gerade v berühren.

Ausgehend von $\alpha_1 u_1^2 + \alpha_2 u_2^2 + \alpha_3 u_3^2 = 0$ erhält man auf gleiche Weise wie bei (273) für den Ort des Mittelpunktes x die Gleichung

$$\begin{vmatrix} x_1 & p_1 & 0 & 0 \\ x_2 & 0 & p_2 & 0 \\ x_3 & 0 & 0 & p_3 \\ 0 & v_1^2 & v_2^2 & v_3^2 \end{vmatrix} = 0$$

oder

$$v_1^2 p_2 p_3 x_1 + v_2^2 p_3 p_1 x_2 + v_3^2 p_1 p_2 x_3 = 0.$$

Eine andere Ableitung von (274) und (275) ergibt sich mit Hilfe von (30) und (31).

---

276. Man untersuche, auf welche Weise die Art der Kegelschnitte eines Büschels, bezw. des zugehörigen Mittelpunktskegelschnitts, durch die Gestalt des als reell vorausgesetzten Vierecks der Grundpunkte bedingt ist[1]).

Was zunächst den Mittelpunktskegelschnitt M betrifft, so ist derselbe nach (10), S. 199 eine Hyperbel, Parabel oder Ellipse, je nachdem sich durch die vier Grundpunkte des Büschels zwei verschiedene reelle Parabeln legen lassen, oder diese Parabeln in eine einzige zusammenfallen, oder imaginär sind. Die Grundpunkte des Büschels mögen nun bestehen aus den Ecken des Coordinatendreiecks und einem Punkte z; nach (272) lautet alsdann die Gleichung des Kegelschnitts M:

$$p_1 z_2 z_3 x_1^2 + p_2 z_3 z_1 x_2^2 + p_3 z_1 z_2 x_3^2 - (p_2 z_2 + p_3 z_3) z_1 x_2 x_3$$
$$- (p_3 z_3 + p_1 z_1) z_2 x_3 x_1 - (p_1 z_1 + p_2 z_2) z_3 x_1 x_2 = 0.$$

1) Vgl. Möbius: „Der barycentrische Calcul", Leipzig 1827, § 253 und § 254 (Bd. 1 der gesammelten Werke, S. 325—327); ferner vergleiche man Steiner: „Vermischte Sätze und Aufgaben", Journal für die reine und angewandte Mathematik, Bd. 55, S. 372f., 1858, oder auch „Gesammelte Werke", Bd. 2, S. 678 f.

Die Gattung dieser Curve M ist dieselbe wie die einer anderen Curve, deren Gleichung aus derjenigen von M durch Addition von

$$(p_1 x_1 + p_2 x_2 + p_3 x_3)(x_1 z_2 z_3 + x_2 z_3 z_1 + x_3 z_1 z_2)$$

hervorgeht, denn beide Curven werden von $p_x = 0$ in denselben Punkten getroffen. Man erhält hierdurch die Gleichung

$$p_1 z_2 z_3 x_1^2 + p_2 z_3 z_1 x_2^2 + p_3 z_1 z_2 x_3^2 = 0,$$ [1])

welche eine Ellipse oder Hyperbel repräsentirt, je nachdem

$$p_1 p_2 p_3 z_1 z_2 z_3 (p_1 z_1 + p_2 z_2 + p_3 z_3)$$

> 0 oder < 0 ist, d. h. zufolge (3) je nachdem der Punkt z in Bezug auf das Coordinatendreieck trigonal oder tetragonal gelegen ist; im Falle $p_z = 0$, also wenn z im Unendlichen liegt, ist der Kegelschnitt M eine Parabel. Mit Rücksicht auf die Betrachtungen S. 199 erhält man aus dem Vorstehenden das Resultat:

„Haben vier Punkte in einer Ebene eine solche Lage gegen einander, dass jeder derselben ausserhalb des Dreiecks, welches die drei anderen bilden, befindlich ist, so lassen sich durch sie zwei verschiedene Parabeln beschreiben. Liegt dagegen einer der vier Punkte innerhalb des von den drei anderen gebildeten Dreiecks, so kann durch sie keine Parabel beschrieben werden". [2]) Im ersten Falle ist der Mittelpunktskegelschnitt eine Hyperbel, im anderen Falle eine Ellipse.

Es mögen nun noch die übrigen Kegelschnitte betrachtet werden, welche man durch die vier Grundpunkte legen kann. Wir behaupten, dass hier der Satz gilt:

„Wenn von vier Punkten in einer Ebene jeder derselben ausserhalb des von den drei anderen gebildeten Dreiecks liegt, so lassen sich durch sie sowohl Ellipsen als Hyperbeln und zwei verschiedene Parabeln beschreiben. Liegt aber der eine innerhalb des von den drei anderen gebildeten Dreiecks, so können durch sie weder Ellipsen noch Parabeln, sondern bloss Hyperbeln geführt werden". [3])

Zum Beweis dieses Satzes führen wir in den Ausdruck

$$F(p, p) = -a_1^2 p_1^2 - a_2^2 p_2^2 - a_3^2 p_3^2 + 2a_2 a_3 p_2 p_3 + 2a_3 a_1 p_3 p_1 + 2a_1 a_2 p_1 p_2,$$

dessen Vorzeichen über die Gattung der Curve

---

1) Derjenige Kegelschnitt, welcher das Coordinatendreieck zum Poldreieck, den Punkt z zum Mittelpunkt hat, besitzt nach (30) dieselbe Gleichung. Mit Rücksicht auf (75) und (17) erkennt man auch, dass sie einen Kreis nur dann darstellt, wenn z der Höhenschnittpunkt des Coordinatendreiecks ist.

2) Vgl. Möbius a. a. O. § 253.

3) Möbius ibid. § 254.

$$f(x, x) \equiv 2(a_1 x_2 x_3 + a_2 x_3 x_1 + a_3 x_1 x_2) = 0$$

Auskunft gibt, an Stelle der Coefficienten a willkürliche Parameter v ein, indem wir mit Rücksicht auf $\frac{a_1}{z_1} + \frac{a_2}{z_2} + \frac{a_3}{z_3} = 0$ setzen

$$a_1 = \frac{v_3}{z_2} - \frac{v_2}{z_3}, \quad a_2 = \frac{v_1}{z_3} - \frac{v_3}{z_1}, \quad a_3 = \frac{v_2}{z_1} - \frac{v_1}{z_2},$$

oder wenn $\frac{1}{z_i}$ ersetzt wird durch u_i, so folgt $a_1 u_1 + a_2 u_2 + a_3 u_3 = 0$ und $a_1 = u_2 v_3 - u_3 v_2$, $a_2 = u_3 v_1 - u_1 v_3$, $a_3 = u_1 v_2 - u_2 v_1$. Hierdurch verwandelt sich $F(p, p)$ in

$$- (u_2 v_3 - u_3 v_2)^2 p_1^2 - (u_3 v_1 - u_1 v_3)^2 p_2^2 - (u_1 v_2 - u_2 v_1)^2 p_3^2 \\ + 2(u_3 v_1 - u_1 v_3)(u_1 v_2 - u_2 v_1) p_2 p_3 + \cdots,$$

also in einen Ausdruck, der gleich Null gesetzt zufolge (53), S. 34 in variabelen Liniencoordinaten v das Schnittpunktepaar der Geraden $u_x = 0$ mit dem Kegelschnitt (vgl. (39) und S. 216)

$$E(x, x) \equiv p_1^2 x_1^2 + p_2^2 x_2^2 + p_3^2 x_3^2 - 2 p_2 p_3 x_2 x_3 - 2 p_3 p_1 x_3 x_1 \\ - 2 p_1 p_2 x_1 x_2 = 0$$

darstellen würde. Ist dieses Punktepaar imaginär, so behält der letzte Ausdruck von $F(p, p)$ für alle Werthe der v sein Vorzeichen, und zwar das negative, es bleibt also $F(p, p)$ auch für alle Werthe der a negativ, d. h. durch die Grundpunkte des Büschels können nur Hyperbeln gelegt werden. Der Kegelschnitt $E(x, x) = 0$ wird aber nach S. 36 von der Geraden $u_x = 0$ in imaginären oder reellen Punkten getroffen, je nachdem

$$p_1 p_2 p_3 (p_1 u_2 u_3 + p_2 u_3 u_1 + p_3 u_1 u_2) \equiv \frac{p_1 p_2 p_3}{z_1 z_2 z_3} (p_1 z_1 + p_2 z_2 + p_3 z_3)$$

> 0 oder < 0 ist, d. h. je nachdem der Punkt z in Bezug auf das Coordinatendreieck trigonal oder tetragonal gelegen ist. Im ersten Falle bestehen die Curven des Büschels nur aus Ellipsen. Das Schnittpunktepaar von $E(x, x) = 0$ mit $u_x = 0$[1]) ist dagegen reell, d. h. der Ausdruck $F(p, p)$ kann für beliebige Werthe der v_i, also auch der a_i, sein Vorzeichen wechseln, wenn der Punkt z tetragonal liegt; wegen des Vorzeichenwechsels von $F(p, p)$ gehen also in diesem Falle durch die Grundpunkte des Büschels sowohl Hyperbeln als Ellipsen und Parabeln, für welch letztere nach S. 199 die Anzahl gleich 2 ist.

Eine andere noch tiefer eindringende Behandlung ist folgende[2]). Auf ein gemeinsames Poldreieck bezogen seien

1) Man beachte, dass die Gerade $u_x = 0$ die Harmonicale des Punktes z (vgl. (40)) in Bezug auf das Dreieck $x_1 x_2 x_3$ darstellt.

2) Diese Methode kann auch zur Behandlung des Falles von vier imaginären

$f(x, x) \equiv \lambda_1 x_1^2 + \lambda_2 x_2^2 + \lambda_3 x_3^2 = 0$ und $g(x, x) \equiv x_1^2 + x_2^2 + x_3^2 = 0$ die Gleichungen zweier Kegelschnitte, die ein Büschel $\lambda g - f = 0$ mit vier reellen Grundpunkten bestimmen; dabei müssen die x_i^2 theilweise negativ sein. In Liniencoordinaten erhält man für dieses Büschel die Gleichung $\frac{u_1^2}{\lambda - \lambda_1} + \frac{u_2^2}{\lambda - \lambda_2} + \frac{u_3^2}{\lambda - \lambda_3} = 0$, woraus folgt, dass die Coordinaten des Mittelpunktes der dem Parameter λ entsprechenden Curve die Werthe besitzen $\varrho x_i = \frac{p_i}{\lambda - \lambda_i}$, $(i = 1, 2, 3)$, mit ϱ als Proportionalitätsfactor[1]). Die Parameter der zwei in dem Büschel enthaltenen Parabeln sind durch die mit $p_1 x_1 + p_2 x_2 + p_3 x_3 = 0$ gleichbedeutende quadratische Gleichung bestimmt

$$\frac{p_1^2}{\lambda - \lambda_1} + \frac{p_2^2}{\lambda - \lambda_2} + \frac{p_3^2}{\lambda - \lambda_3} = 0;$$

besitzt dieselbe zwei complexe Wurzeln, so ist der Mittelpunktskegelschnitt M eine Ellipse und, wie wir nun wissen, sind alle Curven des Büschels Hyperbeln. Hat jedoch die quadratische Gleichung reelle Wurzeln λ' und λ'', so ist M eine Hyperbel, das Büschel besteht aus Ellipsen, Hyperbeln und zwei Parabeln. Den zwischen λ' und λ'' gelegenen Werthen des Parameters λ entspricht eine stetige Reihe von Mittelpunkten, also ein Zweig der Hyperbel M; allen ausserhalb des Intervalles von λ' bis λ'' gelegenen Werthen des Parameters λ, wozu auch $\lambda = \pm \infty$ gehört, entspricht wieder eine stetige Reihe von Mittelpunkten: der andere Zweig der Hyperbel M; für $\lambda = \lambda'$ und $\lambda = \lambda''$ erhält man hingegen die unendlich fernen Punkte von M, denen als Curven des Büschels, wie erwähnt, die zwei Parabeln zugehören. Man erkennt ferner, dass aus Gründen der Stetigkeit die Mittelpunkte der in dem Büschel enthaltenen Ellipsen einen Zweig des Kegelschnitts M, die Mittelpunkte der Hyperbeln den anderen Zweig von M erfüllen[2]).

277. **Man untersuche, auf welche Weise die einem Vierseit eingeschriebenen Kegelschnitte nach der Lage ihrer Mittelpunkte angeordnet sind**[3]).

Schnittpunkten verwandt werden. Vgl. den Artikel über die Kriterien für die Realität der Schnittpunkte zweier Kegelschnitte im vorliegenden Theile des Anhanges.

1) Natürlich sind die p_i theilweise imaginär.

2) Vgl. Steiner a. a. O.

3) Vgl. Steiner a. a. O., im Journal für die reine und angewandte Mathematik, Bd. 55, S. 374, in den „Gesammelten Werken", Bd. 2, S. 680.

Auf das gemeinsame Poldreiseit bezogen seien

$$F(u, u) \equiv \lambda_1 u_1^2 + \lambda_2 u_2^2 + \lambda_3 u_3^2 = 0$$

und

$$G(u, u) \equiv u_1^2 + u_2^2 + u_3^2 = 0$$

die Gleichungen zweier Kegelschnitte, durch welche eine Schaar

$$\lambda G - F \equiv (\lambda - \lambda_1) u_1^2 + (\lambda - \lambda_2) u_2^2 + (\lambda - \lambda_3) u_3^2 = 0$$

mit vier reellen gemeinsamen Tangenten bestimmt sei. Die dem Parameter λ entsprechende Curve der Schaar ist nach S. 55 eine Ellipse, Hyperbel oder Parabel, je nachdem

$$K \equiv (\lambda - \lambda_1)(\lambda - \lambda_2)(\lambda - \lambda_3)\{(\lambda - \lambda_1)p_1^2 + (\lambda - \lambda_2)p_2^2 + (\lambda - \lambda_3)p_3^2)\}$$

> 0, < 0, $= 0$ ist. Führt man in diesen Ausdruck die Coordinaten

$$\varrho y_i = (\lambda - \lambda_i) p_i, \quad (i = 1, 2, 3),$$

des Mittelpunktes ein, so verwandelt er sich in

$$\frac{y_1 y_2 y_3}{p_1 p_2 p_3}(p_1 y_1 + p_2 y_2 + p_3 y_3),$$ [1]

wobei der jedenfalls positive Proportionalitätsfactor ϱ^4 im Zähler weggelassen wurde. Hieraus folgt mit Rücksicht auf (4), dass der Kegelschnitt eine Ellipse oder Hyperbel ist, je nachdem sein Mittelpunkt in Bezug auf das der Kegelschnittschaar gemeinsame Poldreiseit trigonal oder tetragonal liegt. Ausserdem liegen nach (15), S. 200 die Mittelpunkte aller Curven der Schaar auf einer Geraden $\mathfrak{M}$, welche durch die Mitten α, β, γ der drei Diagonalen des Vierseits geht, denn die zwei Endpunkte jeder Diagonale bilden ein der Schaar angehöriges Punktepaar; die Diagonalen selbst sind nach (20), S. 145 die Seiten des gemeinsamen Poldreiseits. Dem unendlich fernen Punkte δ der Mittelpunktsgeraden $\mathfrak{M}$ entspricht natürlich eine Parabel (die einzige nicht zerfallende, die im allgemeinen in der Schaar enthalten); passirt man beim Durchlaufen der Geraden $\mathfrak{M}$ die Punkte α, β, γ,[2] δ in ihrer alphabetischen Reihenfolge und ist etwa die Strecke $\delta\alpha$ in Bezug auf das Poldreiseit tetragonal gelegen, daher $\alpha\beta$ trigonal, $\beta\gamma$ tetragonal, $\gamma\delta$ wieder trigonal gelegen, so enthalten nach dem Vorausgehenden die Strecken $\alpha\beta$ und $\gamma\delta$ die Mittelpunkte zweier Gruppen Ellipsen, während die Mittelpunkte zweier Gruppen Hyperbeln auf den Strecken $\beta\gamma$ und $\delta\alpha$ liegen.

---

1) Bei der Transformation von $f(x, x) = 0$ und $g(x, x) = 0$ in eine Summe von je drei Quadraten können zwar die y_i bezw. p_i rein imaginär werden, der obige Ausdruck würde aber stets reell bleiben.

2) Man beachte die in (207) erwähnten ausartenden Parabeln.

Zu demselben Resultat wäre man gelangt bei directer Benutzung des oben mit K bezeichneten Ausdrucks; führt man in K den der Parabel entsprechenden Parameter

$$\lambda' = (\lambda_1 p_1^2 + \lambda_2 p_2^2 + \lambda_3 p_3^2) : (p_1^2 + p_2^2 + p_3^2)$$

ein, so wird $K = (\lambda - \lambda_1)(\lambda - \lambda_2)(\lambda - \lambda_3)(\lambda - \lambda')(p_1^2 + p_2^2 + p_3^2)$. Es wäre jetzt nur zu beachten, dass λ' grösser als die kleinste und kleiner als die grösste der drei Grössen λ_1, λ_2, λ_3 sein kann; immer lassen sich die Grössen λ so ordnen, dass z. B. die Folge λ_1, λ', λ_2, λ_3 entweder eine wachsende oder abnehmende Zahlenreihe bildet.

Zufolge (177) erfüllen die Mittelpunkte aller unter sich ähnlicher Kegelschnitte, welche das Coordinatendreieck zum Poldreieck haben, die Curve vierter Ordnung

$$4\tau p_1 p_2 p_3 y_1 y_2 y_3 (p_1 y_1 + p_2 y_2 + p_3 y_3) + \operatorname{tg}^2\alpha (\omega_{11} p_1 y_2 y_3 + \omega_{22} p_2 y_3 y_1 + \omega_{33} p_3 y_1 y_2)^2 = 0,$$

die in den Ecken des Coordinatendreiecks je einen Doppelpunkt hat. Da diese Curve von der Geraden $\mathfrak{M}$ in vier Punkten geschnitten wird, gibt es unter den einem Vierseit eingeschriebenen Kegelschnitten im allgemeinen je vier einander ähnliche[1]). Jedoch gibt es nur zwei eingeschriebene gleichseitige Hyperbeln, und zwar sind ihre Mittelpunkte die Schnittpunkte des dem Poldreiseit umschriebenen Kreises $\omega_{11} p_1 y_2 y_3 + \omega_{22} p_2 y_3 y_1 + \omega_{33} p_3 y_1 y_2 = 0$ mit der Geraden $\mathfrak{M}$.

Man kann an das Vorausgehende die Aufgabe knüpfen, die Mittelpunkte derjenigen dem Vierseit eingeschriebenen Kegelschnitte zu bestimmen, für welche $\operatorname{tg}^2\alpha$ ein Maximum oder Minimum wird. Nach (192) ist $\operatorname{tg}^2\alpha = -\frac{8 q_1 q_2 q_3 r}{P_U^2}$, worin q_i die Abstände des Mittelpunktes y von den Seiten des der Schaar zugehörigen Poldreiseits bezeichnen, während r den Radius des umschriebenen Kreises, P_U die Potenz von y in Bezug auf diesen Kreis bedeutet. Da nun die Mittelpunkte y auf der Geraden $\mathfrak{M}$ liegen und die Lothe q_i, abgesehen von den Sinus der Winkel, unter denen $\mathfrak{M}$ gegen die Seiten des Poldreiseits geneigt ist, gleich sind den Strecken $y\alpha$, $y\beta$, $y\gamma$, da ferner P_U gleich dem Product $y\alpha' . y\beta'$ ist, wenn α', β' die Schnittpunkte von $\mathfrak{M}$ mit dem umschriebenen Kreis bedeuten, so wird die eben genannte Aufgabe

---

1) Die geometrische Behandlung der ähnlichen Kegelschnitte, die einem Büschel, bezw. einer Schaar angehören, lässt sich sehr übersichtlich auch unter Beihilfe des Satzes (222) vermöge der zwei in (220) berührten Theoreme erledigen, auf welche sich die dort angeführten und für diese Behandlungsweise zu berücksichtigenden Citate des Werkes von Schröter beziehen.

identisch damit, auf $\mathfrak{M}$ einen Punkt y der Art zu bestimmen, dass $\frac{y\alpha \,.\, y\beta \,.\, y\gamma}{y\alpha'^2 \,.\, y\beta'^2}$ ein Maximum oder Minimum wird.

Bei Einführung irgend eines Anfangspunktes auf der Mittelpunktslinie möge y die Abscisse η haben, ferner seien α, β, γ, α', β' die Abscissen der durch die gleichen Buchstaben bezeichneten Punkte; alsdann verwandelt sich der letztangegebene Ausdruck in

$$\frac{(\eta-\alpha)(\eta-\beta)(\eta-\gamma)}{(\eta-\alpha')^2(\eta-\beta')^2},$$

und durch logarithmische Differentiation folgt

$$\frac{1}{\eta-\alpha}+\frac{1}{\eta-\beta}+\frac{1}{\eta-\gamma}=2\left(\frac{1}{\eta-\alpha'}+\frac{1}{\eta-\beta'}\right)$$

als Bedingung für ein Maximum oder Minimum.

Uebrigens ist die ganze Discussion auch ohne Differentiation durchführbar, lediglich durch nähere Betrachtung der Function

$$\frac{(\eta-\alpha)(\eta-\beta)(\eta-\gamma)}{(\eta-\alpha')^2(\eta-\beta')^2}.$$ [1])

---

278. Liegen die vier Grundpunkte eines Kegelschnittbüschels auf einem Kreise, so ist der Mittelpunktskegelschnitt des Büschels eine gleichseitige Hyperbel und die Axen aller Kegelschnitte des Büschels sind parallel zu den zwei auf einander normal stehenden Asymptoten dieser Hyperbel [2]).

Nach (216) sind im vorliegenden Falle die Axen der zwei in dem Büschel enthaltenen Parabeln zu einander normal; die Asymptoten des Mittelpunktskegelschnitts M sind aber nach (9), S. 199 zu diesen Axen parallel, daher ist M eine gleichseitige Hyperbel. Mit Hilfe von (12), S. 199 f. ergibt sich, dass die Hauptaxen aller Kegelschnitte des Büschels zu den Asymptoten dieser Hyperbel parallel sind.

Hieraus folgt weiter:

279. Wird ein Kegelschnitt von einem Kreise in vier Punkten geschnitten, so sind die sechs Halbirungslinien der Winkel zwischen den drei Paar Gegenseiten des Vierecks der Schnittpunkte zu je drei den Hauptaxen des Kegelschnitts parallel [3]).

---

1) Vgl. hierzu Plücker: „Analytisch-geometrische Entwicklungen", 2. Bd., Essen 1831, S. 222 ff.

2) Vgl. Schröter: „Die Theorie der Kegelschnitte, gestützt auf projectivische Eigenschaften" (zweiter Theil der von Geiser und Schröter herausgegebenen Vorlesungen Steiner's über synthetische Geometrie), 2. Aufl., Leipzig 1876, S. 311.

3) Vgl. Steiner: „Vermischte Sätze und Aufgaben", Journal für die reine und angewandte Mathematik, Bd. 55, S. 359, 1858, oder auch „Gesammelte Werke", Bd. 2, S. 665 f.

Denn die Halbirungslinien derjenigen zwei Winkel, welche von den Geraden eines Paares der Gegenseiten gebildet werden, können als die Axen dieses Geradenpaares angesehen werden.

Dieser Satz lässt sich auch in folgender Weise aussprechen:

280. „Halbirt man in einem Viereck im Kreise sowohl die Winkel zwischen den Diagonalen als auch die Winkel, welche die gegenüberliegenden Seiten einschliessen, so sind von den sechs Geraden, welche diese Winkel halbiren, drei und drei parallel", und selbstverständlich sind die drei ersten zu den drei anderen normal[1]).

---

281. Die Pole einer Geraden v in Bezug auf die Kegelschnitte einer confocalen Schaar liegen auf einer zu v normalen Geraden.

Für $\lambda\varphi(u, u) - \omega(u, u) = 0$ als Gleichung der confocalen Schaar ist nach (14), S. 200 der Ort der Pole von v die Gerade

$$g_x \equiv \sum \pm (\varphi'(v_1)\ \omega'(v_2)\ x_3) = 0.$$

Da hier $\omega(u, u) = 0$ das imaginäre Kreispunktepaar darstellt, sind $\omega'(v_i)$, $(i = 1, 2, 3)$, die Coordinaten des Normalencentrums der Geraden v; dieselben genügen aber, wie die Determinante für g_x zeigt, der Gleichung $g_x = 0$, d. h. $g_x = 0$ ist zu der Geraden $v_x = 0$ normal. Ebenso erkennt man aus der Determinante, dass $g_x = 0$ Normale desjenigen bestimmten Kegelschnittes der Schaar $\lambda\varphi(u, u) - \omega(u, u) = 0$ ist, welcher die gegebene Gerade v berührt, denn die Coordinaten des Berührungspunktes $\lambda\varphi'(v_i) - \omega'(v_i)$, $(i = 1, 2, 3)$, genügen ebenfalls der Gleichung $g_x = 0$. Vgl. (18), S. 201 bei gegebenen x_i und veränderlichen v_i.

***282.** Excurs über binäre kubische Formen.

Es sei gegeben eine binäre kubische Form:

$$f(x, y) \equiv ax^3 + 3bx^2y + 3cxy^2 + dy^3;$$

ihre Hesse'sche Covariante ist alsdann

$$h(x, y) = \frac{1}{36}\left[\frac{\partial^2 f}{\partial x^2}\frac{\partial^2 f}{\partial y^2} - \left(\frac{\partial^2 f}{\partial x . \partial y}\right)^2\right]$$

und hat das Gewicht 2. Eine andere Covariante ist

$$q(x, y) \equiv \frac{1}{3}\left(\frac{\partial f}{\partial x}\frac{\partial h}{\partial y} - \frac{\partial f}{\partial y}\frac{\partial h}{\partial x}\right),$$

---

1) Steiner: „Aufgaben und Lehrsätze, erstere aufzulösen, letztere zu beweisen", Journal für die reine und angewandte Mathematik, Bd. 2, S. 97, 1827, oder auch „Gesammelte Werke", Bd. 1, S. 128.

sie hat das Gewicht 3. Die Discriminante r der kubischen Gleichung $f(x, y) = 0$ ist

(1) $$r = 4(ac - b^2)(bd - c^2) - (ad - bc)^2$$

und stimmt überein mit der Discriminante der Hesse'schen Covariante

(2) $$h(x, y) = (ac - b^2)x^2 + (ad - bc)xy + (bd - c^2)y^2.$$

Für $q(x, y)$ findet man

(2a) $$q(x, y) = (a^2d - 3abc + 2b^3)x^3 + 3(abd + b^2c - 2ac^2)x^2y + 3(2b^2d - acd - bc^2)xy^2 + (3bcd - ad^2 - 2c^3)y^3.$$

Wir transformiren nun f mit Hilfe der Substitution

(3) $$x = \alpha X - \beta Y, \qquad y = \alpha' X - \beta' Y,$$

deren Umkehrung gegeben ist durch

(3a) $$-\Delta X = \beta' x - \beta y, \qquad -\Delta Y = \alpha' x - \alpha y,$$

wobei

(4) $$\Delta \equiv \alpha' \beta - \alpha \beta'$$

die Determinante der Transformation bedeutet.

Durch (3) möge f übergehen in

(5) $$F(X, Y) \equiv AX^3 + 3BX^2Y + 3CXY^2 + DY^3.$$

Alsdann besteht die Relation

(6) $$\Delta^2 h(x, y) = H(X, Y) = (AC - B^2)X^2 + (AD - BC)XY + (BD - C^2)Y^2,$$

und wenn man auch hier die Discriminante bildet, folgt

(7) $$\Delta^2 \cdot \Delta^4 \cdot r = 4(AC - B^2)(BD - C^2) - (AD - BC)^2.$$

Ist die Discriminante r von Null verschieden und sind insbesondere $\alpha' : \alpha$ und $\beta' : \beta$ in (3a) die Wurzeln der quadratischen Gleichung $h(x, y) = 0$, so müssen in $F(X, Y)$ die Coefficienten B und C gleich Null sein, denn die Form (6) muss nun proportional sein zu XY, d. h. man hat $AC - B^2 = 0$, $BD - C^2 = 0$, $AD - BC \gtrless 0$. Es kann aber A nicht verschwinden, sonst wäre auch $B = 0$ und $F(X, Y)$ hätte den Factor Y^2; ebenso kann D nicht verschwinden, sonst wäre auch $C = 0$ und $F(X, Y)$ hätte den Factor X^2. Andrerseits folgen aus $AC - B^2 = 0$ und aus $BD - C^2 = 0$ die Gleichungen

$$(AC - B^2)C + (BD - C^2)A = 0 \text{ und } (AC - B^2)D + (BD - C^2)B = 0$$

oder

$$(AD - BC)B = 0 \quad \text{und} \quad (AD - BC)C = 0,$$

daher ist nothwendig $B = C = 0$.

Es erhält also unter den gegenwärtigen Annahmen F die einfache Gestalt:

(8) $$F(X, Y) = AX^3 + DY^3;$$

für die Covariante Q findet man

(9) $$\Delta^3 q = Q = AD(AX^3 - DY^3).$$ [1])

Nach Zerlegung in Factoren sei nun

(10) $$f = (x - \lambda_1 y)(x - \lambda_2 y)(x - \lambda_3 y).$$

Man kann alsdann $x - \lambda_i y = 0$, $(i = 1, 2, 3)$, geometrisch als drei Strahlen betrachten, die bezogen sind auf zwei Grundstrahlen $x = 0$ und $y = 0$; oder wenn man $X = 0$ und $Y = 0$ als Grundstrahlen einführt, so zeigt sich, dass die drei durch $F = 0$ gegebenen Strahlen die Parameter haben $\lambda_1 = -\sqrt[3]{\frac{D}{A}}$, $\lambda_2 = -\varepsilon\sqrt[3]{\frac{D}{A}}$, $\lambda_3 = -\varepsilon^2\sqrt[3]{\frac{D}{A}}$, wobei ε und ε^2 die complex conjugirten dritten Wurzeln der positiven Einheit bedeuten. Das Doppelverhältniss je zweier dieser Strahlen zu $X = 0$ und $Y = 0$ besitzt entweder den Werth ε oder ε^2. Die Darstellung von Q in (9) ergibt den Satz, dass die drei durch $Q = 0$ dargestellten Strahlen erhalten werden, indem man zu je einem Strahlenpaare von $F = 0$ und zu dem übrig bleibenden dritten Strahle von $F = 0$ je den vierten harmonischen bestimmt. Aus dieser Deutung geht hervor, dass q von der Form ist[2])

(11) $$\begin{aligned} -27q = &\{(2\lambda_1 - \lambda_2 - \lambda_3)x + (2\lambda_2\lambda_3 - \lambda_1\lambda_2 - \lambda_1\lambda_3)y\} \\ &\{(2\lambda_2 - \lambda_3 - \lambda_1)x + (2\lambda_3\lambda_1 - \lambda_2\lambda_3 - \lambda_2\lambda_1)y\} \\ &\{(2\lambda_3 - \lambda_1 - \lambda_2)x + (2\lambda_1\lambda_2 - \lambda_3\lambda_1 - \lambda_3\lambda_2)y\}, \end{aligned}$$

denn man kann in der That die Gleichung, die sich ergibt, wenn man den ersten dieser drei Factoren gleich Null setzt, in die Form bringen

(12) $$\frac{\lambda_1 - \lambda_2}{\lambda_1 - \lambda_3} : \frac{x - \lambda_2 y}{x - \lambda_3 y} = -1.$$

Die Hesse'sche Covariante h wird[3])

---

1) Zwischen den Grössen Q, R, F und H besteht die einfache Relation:
$$Q^2 + RF^2 + 4H^3 = 0.$$
Nach Division durch Δ^6 folgt $q^2 + rf^2 + 4h^3 = 0$, und zwar gilt diese Relation für alle Werthe der Coefficienten von F, die R nicht zu Null machen; sie besteht daher auch für alle Werthe der Coefficienten von f, die r nicht zu Null machen, d. h. die Relation gilt identisch, mithin auch im Falle $r = 0$.

2) Vgl. Salmon: „Lessons introductory to the Modern Higher Algebra", 4. Aufl., Dublin 1885, S. 184.

3) Ibid. S. 185. Vgl. auch Hesse: „Transformation einer beliebigen homogenen Function dritten Grades von zwei Variabeln durch lineäre Substitution neuer Variabeln in eine Form, welche nur die dritten Potenzen der neuen Variabeln enthält." Journal für die reine und angewandte Mathematik, Bd. 38, S. 265. 1847.

$$(13)\quad \begin{aligned}-9h = \{(\lambda_1 + \varepsilon\lambda_2 + \varepsilon^2\lambda_3)x + (\lambda_2\lambda_3 + \varepsilon\lambda_3\lambda_1 + \varepsilon^2\lambda_1\lambda_2)y\}\\ \{(\lambda_1 + \varepsilon^2\lambda_2 + \varepsilon\lambda_3)x + (\lambda_2\lambda_3 + \varepsilon^2\lambda_3\lambda_1 + \varepsilon\lambda_1\lambda_2)y\}.\end{aligned}$$

Das Doppelverhältniss eines Strahlenpaares von $F = 0$ zu dem noch übrigen dritten Strahle von $F = 0$ und zu einem Strahle von $H = 0$ besitzt nämlich den Werth $-\varepsilon$ oder $-\varepsilon^2$; andrerseits kann die Gleichung, die sich ergibt, wenn man den ersten Factor von (13) gleich Null setzt, in die Form gebracht werden

$$(14)\quad \frac{\lambda_1 - \lambda_3}{\lambda_2 - \lambda_3} : \frac{x - \lambda_1 y}{x - \lambda_2 y} = -\varepsilon.$$

Man nennt vier Strahlen, deren Doppelverhältniss gleich einer imaginären dritten Wurzel aus -1 ist, äquianharmonisch gelegen.

***283.** Man bestimme diejenigen (sechs) Kegelschnitte des Büschels $\lambda g - f = 0$, für welche die vier Grundpunkte ein gegebenes Doppelverhältniss bilden[1]).

Zieht man von irgend einem Punkte y einer bestimmten Curve $\lambda_0 g - f = 0$ des durch $f = 0$ und $g = 0$ erzeugten Kegelschnittbüschels nach den vier Grundpunkten Strahlen, so bilden diese letzteren ein gewisses Doppelverhältniss, das sogenannte Doppelverhältniss der vier Grundpunkte für den Kegelschnitt $\lambda_0 g - f = 0$. Dasselbe hat nach (14), S. 124 stets gleichen Werth, wo auch der Punkt y auf $\lambda_0 g - f = 0$ angenommen werden möge. Es wird nun gefragt, welche Gleichung der Parameter λ erfüllen muss, damit das Doppelverhältniss einer gegebenen Zahl s gleich werde.

Lässt man den auf $\lambda_0 g - f = 0$ gelegenen Punkt y mit einem der vier Grundpunkte zusammenfallen, so bestehen die vier zu betrachtenden Strahlen aus der Tangente $\lambda_0 g(y, x) - f(y, x) = 0$ in diesem Grundpunkte und aus den drei durch ihn gehenden Geraden $\lambda_i g(y, x) - f(y, x) = 0$, $(i = 1, 2, 3)$, des Kegelschnittbüschels. Hierbei ist λ_i eine Wurzel der durch μ homogen gemachten kubischen Gleichung $\Psi_0(\lambda, \mu) \equiv \lambda^3 B - 3\lambda^2\mu\Theta + 3\lambda\mu^2 \mathrm{H} - \mu^3 A = 0$, so dass das Doppelverhältniss s identisch wird mit dem aus $\lambda : \mu = \lambda_0$ und aus den Wurzeln von $\Psi_0(\lambda, \mu) = 0$ gebildeten. Da dieses Doppelverhältniss durch eine lineare Transformation nicht geändert wird, kann man an Stelle von λ und μ neue Variabeln einführen durch

$$(1)\quad \lambda = \alpha\lambda' - \beta\mu', \quad \mu = \gamma\lambda' - \delta\mu',$$

---

1) Vgl. Gundelfinger: „Zur Theorie des Kegelschnittbüschels", Zeitschrift für Mathematik und Physik, 20. Jahrgang, S. 153—159, 1874.

wobei jetzt λ', μ' nicht wie früher, S. 364, die Factoren der Hesseschen Covariante $h(\lambda, \mu)$ von $\Psi_0(\lambda, \mu)$ sein sollen, sondern irgend zwei Factoren von $\Psi_0(\lambda, \mu)$ selbst. Ueberhaupt möge sich die Form $\Psi_0(\lambda, \mu)$ durch diese Transformation verwandeln in $3\lambda'\mu'(\lambda' - \mu')$, und $\lambda - \lambda_0\mu$ möge übergehen in $\lambda' - \sigma\mu'$. Hier bedeutet $\sigma = \lambda' : \mu'$ das Doppelverhältniss von $\lambda' = 0$, $\mu' = 0$, $\lambda' - \mu' = 0$ und $\lambda' - \sigma\mu' = 0$, oder auch das oben mit s bezeichnete Doppelverhältniss der vier Wurzeln von $\Psi_0(\lambda, \mu)\{\lambda - \lambda_0\mu\} = 0$.

Wir führen nun die Covarianten h und q der Form $\Psi_0(\lambda, \mu)$ ein. Nach (*6*), bezw. (*13*) und (*2a*), bezw. (*11*) in (282) ist in unserem Falle

$$(2)\quad \begin{cases} \Delta^2 h(\lambda, \mu) = -\lambda'^2 + \lambda'\mu' - \mu'^2 = -(\lambda' + \varepsilon\mu')(\lambda' + \varepsilon^2\mu'), \\ \Delta^3 q(\lambda, \mu) = 2\lambda'^3 - 3\lambda'^2\mu' - 3\lambda'\mu'^2 + 2\mu'^3 \\ \qquad = (\lambda' + \mu')(2\lambda' - \mu')(\lambda' - 2\mu'), \text{ wobei } \Delta = \beta\gamma - \alpha\delta, \end{cases}$$

daher

$$(3)\qquad -\frac{h^3(\lambda, \mu)}{q^2(\lambda, \mu)} = \frac{(\lambda'^2 - \lambda'\mu' + \mu'^2)^3}{(\lambda' + \mu')^2(2\lambda' - \mu')^2(\lambda' - 2\mu')^2},$$

und wenn man für $\lambda' : \mu'$ das Doppelverhältniss s einführt, folgt

$$(4)\qquad -\frac{h^3(\lambda, \mu)}{q^2(\lambda, \mu)} = \frac{(1 - s + s^2)^3}{(1 + s)^2(2s - 1)^2(s - 2)^2} = \frac{(s + \varepsilon)^3(s + \varepsilon^2)^3}{(1 + s)^2(2s - 1)^2(s - 2)^2}.$$

Diese Gleichung sechsten Grades in $\lambda : \mu$ liefert die Parameter derjenigen sechs Kegelschnitte des Büschels $\lambda g - \mu f = 0$, für welche die vier Grundpunkte das gegebene Doppelverhältniss s bilden.

Die vorstehenden Betrachtungen lassen sich leicht auf die Kegelschnittschaar $\nu G(u, u) - F(u, u) = 0$ übertragen. Die Parameter $\nu = \nu_1 : \nu_2$ der drei in dieser Schaar enthaltenen Punktepaare werden erhalten durch Auflösung der kubischen Gleichung

$$(5)\qquad \Phi(\nu_1, \nu_2) \equiv \nu_1^3 B^2 - 3\nu_1^2\nu_2 B\mathrm{H} + 3\nu_1\nu_2^2 A\Theta - \nu_2^3 A^2 = 0.$$

Da vermöge der linearen Substitution $\lambda = A\nu_2$, $\mu = B\nu_1$ die binäre Form $\Psi_0(\lambda, \mu)$ übergeht in $\Psi_0(A\nu_2, B\nu_1) = -AB \cdot \Phi(\nu_1, \nu_2)$, so ist

$$(6)\qquad \begin{cases} h(\lambda, \mu) = \dfrac{1}{36}\left[\dfrac{\partial^2\Phi}{\partial\nu_1^2}\,\dfrac{\partial^2\Phi}{\partial\nu_2^2} - \left(\dfrac{\partial^2\Phi}{\partial\nu_1 \cdot \partial\nu_2}\right)^2\right] \\ -q(\lambda, \mu) = \dfrac{1}{3}\left[\dfrac{\partial\Phi}{\partial\nu_1}\,\dfrac{\partial h}{\partial\nu_2} - \dfrac{\partial\Phi}{\partial\nu_2}\,\dfrac{\partial h}{\partial\nu_1}\right]; \end{cases}$$

hierbei war zu beachten, dass die Substitutionsdeterminante den Werth $-AB$ besitzt. Mit Rücksicht auf (*4*) erhält man also:

$$(7)\qquad -\frac{h^3(A\nu_2, B\nu_1)}{q^2(A\nu_2, B\nu_1)} = \frac{(1 - s + s^2)^3}{(1 + s)^2(2s - 1)^2(s - 2)^2}.$$

Diese Gleichung ist in s vom sechsten Grade, woraus folgt:

*284. In der Schaar $\nu_1 G(u, u) - \nu_2 F(u, u) = 0$ gibt es sechs Kegelschnitte, für welche die vier gemeinsamen Grundtangenten ein gegebenes Doppelverhältniss bilden[1]).

Ferner gilt der Satz:

*285. Das Doppelverhältniss der vier Grundpunkte des Büschels $\lambda g - f = 0$ für die Curve zweiter Ordnung $f = 0$, bezw. $g = 0$ ist dasselbe wie dasjenige der vier gemeinsamen Tangenten von $f = 0$ und $g = 0$ für die Curve $g = 0$, bezw. $f = 0$[2]).

Denn für $\lambda = 0$ verwandelt sich (4) in dieselbe Gleichung wie (7) für $\nu_2 = 0$; ebenso liefert die Substitution $\mu = 0$ in (4) dieselbe Gleichung wie $\nu_1 = 0$ in (7).

* Zusammenhang zwischen der Combinante ψ, den äquianharmonischen und harmonischen Kegelschnitten, sowie dem Poldreiseit des Büschels.

*286. Für die Kegelschnitte

$$(1) \qquad f \equiv \lambda_1 x_1^2 + \lambda_2 x_2^2 + \lambda_3 x_3^2 = 0, \quad g \equiv x_1^2 + x_2^2 + x_3^2 = 0$$

hat die Combinante ψ nach (27), S. 208 den Werth:

$$(2) \qquad -\frac{1}{3}\psi \equiv \mathsf{A} x_1^2 + \mathsf{B} x_2^2 + \Gamma x_3^2 = 0,$$

wobei

$$(3) \qquad \begin{cases} \mathsf{A} = (\lambda_1 - \lambda_2)(\lambda_1 - \lambda_3) \\ \mathsf{B} = (\lambda_2 - \lambda_3)(\lambda_2 - \lambda_1) \\ \Gamma = (\lambda_3 - \lambda_1)(\lambda_3 - \lambda_2). \end{cases}$$

Auch besteht noch die Relation[3])

$$(4) \qquad -\frac{1}{9}\psi \equiv (\Theta f + \mathsf{H} g - 2\chi),$$

in welcher 2χ durch (6) und (4) in § 17 definirt ist. Ferner werde gesetzt $\mathsf{A} x_1^2 = A$, $\mathsf{B} x_2^2 = B$, $\Gamma x_3^2 = C$, so dass

$$(5) \qquad -\frac{1}{3}\psi = A + B + C.$$

Alsdann stellen auch

$$(6) \qquad A + \varepsilon B + \varepsilon^2 C = 0 \quad \text{und} \quad A + \varepsilon^2 B + \varepsilon C = 0$$

zwei Kegelschnitte des Büschels $\lambda g - f = 0$ dar, und zwar werden, wie sogleich gezeigt werden soll, dieselben in jedem der vier Grund-

1) Vgl. Gundelfinger a. a. O. S. 158.

2) Ibid. (Fussnote).

3) Diese Relation bleibt auch noch giltig, wenn zwei der Grössen λ_i einander gleich werden; vgl. das entsprechende Raisonnement in der Fussnote 1) zu S. 365.

punkte je von einem der beiden Strahlen berührt, deren jeder zu den nach den drei übrigen Grundpunkten gezogenen Strahlen äquianharmonisch gelegen ist. Die Curven (*6*) heissen daher die **äquianharmonischen Kegelschnitte** des Büschels.

Ebenso sind

(*7*) $-2A+B+C=0,\quad A-2B+C=0$ und $A+B-2C=0$

diejenigen Kegelschnitte des Büschels, für welche das analog wie bei (*6*) betrachtete Doppelverhältniss gleich -1 ist.

Beweisen wir zunächst die Behauptung über (*6*). Die kubische Gleichung zur Berechnung der in dem Büschel $\lambda g - f = 0$ enthaltenen Geradenpaare ist $(\lambda-\lambda_1)(\lambda-\lambda_2)(\lambda-\lambda_3)=0$; ein Factor ihrer Hesse'schen Covariante hat daher nach (*13*), S. 366 die Gestalt

$$\lambda(\lambda_1+\varepsilon\lambda_2+\varepsilon^2\lambda_3)+(\lambda_2\lambda_3+\varepsilon\lambda_3\lambda_1+\varepsilon^2\lambda_1\lambda_2)$$

und ergibt in Verbindung mit $\lambda g - f = 0$, d. h. $\lambda = f:g$, die Gleichung

$$(\lambda_1+\varepsilon\lambda_2+\varepsilon^2\lambda_3)(\lambda_1x_1^2+\lambda_2x_2^2+\lambda_3x_3^2) \\ +(\lambda_2\lambda_3+\varepsilon\lambda_3\lambda_1+\varepsilon^2\lambda_1\lambda_2)(x_1^2+x_2^2+x_3^2)=0$$

oder

$$A+\varepsilon B+\varepsilon^2 C=0.$$

Mit Hilfe des zweiten Factors der Hesse'schen Covariante erhält man

$$A+\varepsilon^2 B+\varepsilon C=0.$$

Die oben für die Kegelschnitte (*7*) ausgesprochene Behauptung beweist man ganz analog unter Benutzung der kubischen Covariante q. Der Factor $\lambda(2\lambda_1-\lambda_2-\lambda_3)+(2\lambda_2\lambda_3-\lambda_1\lambda_2-\lambda_1\lambda_3)$ derselben ergibt in Verbindung mit $\lambda g - f = 0$ die Gleichung

$$(2\lambda_1-\lambda_2-\lambda_3)(\lambda_1x_1^2+\lambda_2x_2^2+\lambda_3x_3^2) \\ +(2\lambda_2\lambda_3-\lambda_1\lambda_2-\lambda_1\lambda_3)(x_1^2+x_2^2+x_3^2)=0$$

oder

$$2A-B-C=0.$$

Auf Grund der vorangehenden Bemerkungen zu (*6*) und (*7*) folgt, indem in (*13*), S. 366 und (*11*), S. 365 $x=f$, $y=g$ gesetzt wird:

$$(8)\quad\begin{cases} -9h(f,g)=(A+\varepsilon B+\varepsilon^2 C)(A+\varepsilon^2 B+\varepsilon C), \\ -27q(f,g) \\ \quad =(2A-B-C)(-A+2B-C)(-A-B+2C). \end{cases}$$

Als weitere Covariante möge noch eingeführt werden

$$(9)\qquad \Omega\equiv\frac{1}{8}\sum\pm\left(\frac{\partial f}{\partial x_1}\,\frac{\partial g}{\partial x_2}\,\frac{\partial\psi}{\partial x_3}\right);$$

für (*1*) berechnet findet man

$$\Omega=9(\lambda_2-\lambda_3)(\lambda_3-\lambda_1)(\lambda_1-\lambda_2)x_1x_2x_3,$$

daher

$$(10) \qquad \Omega^2 = -81ABC.$$

Da nun für willkürliche Werthe A, B, C stets die Identität stattfindet

$$27ABC = (A+B+C)^3 - 3(A+B+C)(A+\varepsilon B+\varepsilon^2 C)(A+\varepsilon^2 B+\varepsilon C) + (2A-B-C)(-A+2B-C)(-A-B+2C),$$

so ergibt sich mit Hilfe von (10), (5) und (8) die Relation

$$(11) \qquad \Omega^2 = \frac{1}{9}\psi^3 + 27\psi \cdot h(f,g) + 81q(f,g).$$

Die simultanen Invarianten Θ und H, gebildet für die zwei äquianharmonischen Kegelschnitte, verschwinden, denn sie werden, wie man leicht sieht, gleichbedeutend mit $1+\varepsilon+\varepsilon^2 \equiv 0$.

Bildet man ferner für die zwei äquianharmonischen Kegelschnitte die Gleichung der harmonischen Curve zweiter Classe H, so wird dieselbe

$$2H \equiv \mathsf{B}\Gamma(\varepsilon^2+\varepsilon^4)u_1^2 + \Gamma\mathsf{A}(\varepsilon+\varepsilon^2)u_2^2 + \mathsf{AB}(\varepsilon+\varepsilon^2)u_3^2 = 0,$$

also gleichbedeutend mit der Gleichung von $\psi = 0$ in Liniencoordinaten. Dasselbe Resultat ergibt sich, wenn man die Gleichung der harmonischen Curve zweiter Ordnung $\chi = 0$ aufstellt. Wir können daher sagen:

***287.** „Die Combinante ψ wird eingehüllt von allen Geraden, welche die beiden äquianharmonischen Kegelschnitte nach harmonischen Punktepaaren schneiden, und ist gleichzeitig der geometrische Ort aller Punkte, von welchen aus sich an dieselben beiden Kegelschnitte harmonische Tangentenpaare legen lassen.“ [1])

Ein weiterer Satz lautet:

***288.** Die zwei äquianharmonischen Curven und ψ bilden ein System dreier Kegelschnitte, von welchen je zwei einander in Bezug auf den dritten „als Directrix polar entsprechen“, d. h. die in Bezug auf eine der drei Curven genommenen Polaren von Punkten einer anderen Curve des Systems umhüllen die dritte Curve[2]).

Man zeigt dies nach ähnlichem Verfahren wie bei (66).

Für die drei harmonischen Kegelschnitte gilt der Satz:

***289.** „Jeder der drei harmonischen Kegelschnitte hat mit ψ eine doppelte Berührung, wobei die Berührungssehnen

1) Gundelfinger a. a. O. S. 157.

2) Ibid.

mit den Seiten des gemeinsamen Polardreiecks zusammenfallen."[1])

Folgt sofort daraus, dass z. B. die Gleichung des harmonischen Kegelschnitts $2\mathsf{A}x_1^2 - \mathsf{B}x_2^2 - \Gamma x_3^2 = 0$ auch geschrieben werden kann in der Form $3\mathsf{A}x_1^2 - \psi(x, x) = 0$.

***290.** Jeder der drei harmonischen Kegelschnitte geht durch unendlich viele Poldreiecke von $\psi(x, x) = 0$.

Die Gleichung von $\psi = 0$ in Liniencoordinaten ist nämlich $\frac{u_1^2}{\mathsf{A}} + \frac{u_2^2}{\mathsf{B}} + \frac{u_3^2}{\Gamma} = 0$; um zu zeigen, dass z. B. der harmonische Kegelschnitt $2\mathsf{A}x_1^2 - \mathsf{B}x_2^2 - \Gamma x_3^2 = 0$ durch unendlich viele Poldreiecke von ψ geht, wäre nach (11), S. 162 zu beweisen, dass die Invariante Θ, gebildet für beide Curven, verschwindet. Man findet aber in der That für diese Invariante den Werth $\frac{2\mathsf{A}}{\mathsf{A}} - \frac{\mathsf{B}}{\mathsf{B}} - \frac{\Gamma}{\Gamma} \equiv 0$. Offenbar sind die in (289) und (290) angegebenen Beziehungen der harmonischen Kegelschnitte zu $\psi = 0$ für diese Curven charakteristisch.

***291.** Kriterien der Realität für die Schnittpunkte zweier Curven zweiter Ordnung.

Die Gleichungen der vier Schnittpunkte zweier Kegelschnitte $f(x, x) = 0$ und $g(x, x) = 0$ sind nach (37), S. 141:

$$(1)\quad (\lambda_2 - \lambda_3)\sqrt{F - 2\lambda_1 H + \lambda_1^2 G} \pm (\lambda_3 - \lambda_1)\sqrt{F - 2\lambda_2 H + \lambda_2^2 G} \pm (\lambda_1 - \lambda_2)\sqrt{F - 2\lambda_3 H + \lambda_3^2 G} = 0,$$

wobei $\lambda_1, \lambda_2, \lambda_3$ die Wurzeln sind der kubischen Gleichung

$$(2)\quad \Psi_0(\lambda) \equiv \lambda^3 B - 3\lambda^2 \Theta + 3\lambda \mathsf{H} - A = 0,$$

also auch $\Psi_0(\lambda) = B(\lambda - \lambda_1)(\lambda - \lambda_2)(\lambda - \lambda_3)$.

Ist die Discriminante

$$(3)\quad R \equiv 4(B\mathsf{H} - \Theta^2)(A\Theta - \mathsf{H}^2) - (\Theta\mathsf{H} - AB)^2 = \frac{B^4}{27}(\lambda_1 - \lambda_2)^2(\lambda_2 - \lambda_3)^2(\lambda_3 - \lambda_1)^2$$

dieser kubischen Gleichung negativ, so hat die Gleichung bekanntlich eine reelle und zwei complex conjugirte Wurzeln. Hält man in (1) das Vorzeichen des ersten Gliedes fest (es sei positiv gewählt), und ist λ_1 die reelle Wurzel, so sind alsdann die beiden folgenden Glieder complex conjugirt, und (1) ergibt entsprechend den verschiedenen Vor-

1) Gundelfinger a. a. O.

zeichen der Wurzeln jedenfalls zwei reelle und zwei imaginäre Schnittpunkte.

Ist die Discriminante (*3*) positiv, so hat (*2*) drei reelle Wurzeln, es werden daher auch die drei Ausdrücke $F - 2\lambda_i H + \lambda_i^2 G$ reell. Haben dieselben gleiches Vorzeichen, so sind die vier Schnittpunkte nach (*1*) reell; das Vorzeichen kann alsdann, da die Geradenpaare $\lambda_i g - f = 0$ $(i = 1, 2, 3)$ in diesem Falle reell sind, nach S. 36 nur negativ sein. Haben zwei der Grössen $F - 2\lambda_i H + \lambda_i^2 G$ ein anderes Vorzeichen als die dritte, so sind die vier Schnittpunkte imaginär.

Bezieht man die beiden Kegelschnitte

$$(4)\quad f(x,x) \equiv \sum_1^3{}^i \sum_1^3{}^k a_{ik} x_i x_k = 0, \quad \text{und} \quad g(x,x) \equiv \sum_1^3{}^i \sum_1^3{}^k b_{ik} x_i x_k = 0$$

auf das gemeinsame Poldreieck, so werden ihre Gleichungen nach (30) und (29) in § 14:

$$(5)\quad \begin{cases} f(x,x) = \lambda_1 X_1^2 + \lambda_2 X_2^2 + \lambda_3 X_3^2 = 0 \\ g(x,x) = X_1^2 + X_2^2 + X_3^2 = 0, \end{cases}$$

wo z. B. X_1 nach (25), (15) und (13) in § 14 definirt ist durch

$$(6)\quad X_1 = \left[\frac{\sqrt{F - 2\lambda_1 H + \lambda_1^2 G}}{\sqrt{B(\lambda_1 - \lambda_2)(\lambda_1 - \lambda_3)}}\right]_{u_i = \frac{1}{2} g'(x_i)},$$

analog X_2 und X_3.

Hierbei wird vorausgesetzt, dass die Determinante B von $g(x,x) = 0$ nicht verschwindet; diese Annahme ist erlaubt, da es im Folgenden nur auf die Bestimmung der Schnittpunkte, bezw. die Realität derselben ankommt.

Ist r die Determinante der Substitution, durch welche die ursprünglichen Gleichungen (*4*) in die Gestalt (*5*) transformirt werden, so ist

$$(7)\quad r^2 B = 1,$$

und nach (27) in § 20:

$$(8)\quad -\frac{1}{3} r^2 \psi = (\lambda_1 - \lambda_2)(\lambda_1 - \lambda_3) X_1^2 + (\lambda_2 - \lambda_1)(\lambda_2 - \lambda_3) X_2^2 + (\lambda_3 - \lambda_1)(\lambda_3 - \lambda_2) X_3^2.$$

Mit Hilfe von (*6*) und (*7*) kann für (*8*) gesetzt werden

$$(8a)\quad -\frac{1}{3}\psi = (F - 2\lambda_1 H + \lambda_1^2 G) + (F - 2\lambda_2 H + \lambda_2^2 G) + (F - 2\lambda_3 H + \lambda_3^2 G),$$

worin

$$u_i = \frac{1}{2} g'(x_i).$$

Diese Formel, die wir soeben für den Fall ungleicher Wurzeln von (*2*) mit Hilfe der kanonischen Formen (*5*) abgeleitet haben, gilt ganz allgemein. Schreibt man nämlich die rechte Seite von (*8a*) in der Form $3F - 2(\lambda_1 + \lambda_2 + \lambda_3)H + (\lambda_1^2 + \lambda_2^2 + \lambda_3^2)G$ und drückt man nun die Summen $\lambda_1 + \lambda_2 + \lambda_3$ und $\lambda_1^2 + \lambda_2^2 + \lambda_3^2$ durch die Coefficienten von (*2*) aus, so folgt

$$-\frac{1}{9}B^2\psi = B^2F + \Theta(3\Theta G - 2BH) - 2B\mathsf{H}G,$$

wobei rechts u_i durch $\frac{1}{2}g'(x_i)$ zu ersetzen ist. Alsdann verwandelt sich die rechte Seite nach (7a) und (7b) in § 17 in $B^2(\mathsf{H}g - 2\chi + \Theta f)$, es folgt also $-\frac{1}{9}\psi = \Theta f + \mathsf{H}g - 2\chi$ in Uebereinstimmung mit (*4*), S. 368.

Die nothwendige und ausreichende Bedingung dafür, dass die Ausdrücke $F - 2\lambda_i H + \lambda_i^2 G$ $(i = 1, 2, 3)$ für beliebige Werthe der $u_k = \frac{1}{2}g'(x_k)$ negativ seien, fällt also auf Grund von (*8a*) damit zusammen, dass die Combinante ψ eine positive definite Form ist.

Bevor wir diese Untersuchung über Realität der Schnittpunkte weiter fortsetzen, wollen wir für $\psi(x, x) = 0$ noch die Gleichung in Liniencoordinaten ableiten. Aus (*8*) findet man

$$\frac{1}{9}r^6 \cdot \Psi(u, u) = -(\lambda_2 - \lambda_3)^2(\lambda_1 - \lambda_2)(\lambda_1 - \lambda_3)U_1^2$$
$$-(\lambda_3 - \lambda_1)^2(\lambda_2 - \lambda_3)(\lambda_2 - \lambda_1)U_2^2 - (\lambda_1 - \lambda_2)^2(\lambda_3 - \lambda_1)(\lambda_3 - \lambda_2)U_3^2$$

und erhält nach Einführung der Werthe der U_i aus (36), S. 141 mit Rücksicht auf die Relation $r^2B = 1$ die Gleichung:

$$(9) \qquad -\frac{1}{9}r^4\Psi(u, u) = (\lambda_2 - \lambda_3)^2(F - 2\lambda_1 H + \lambda_1^2 G)$$
$$+ (\lambda_3 - \lambda_1)^2(F - 2\lambda_2 H + \lambda_2^2 G) + (\lambda_1 - \lambda_2)^2(F - 2\lambda_3 H + \lambda_3^2 G).$$

Wir wollen nun die kubische Gleichung (*2*) durch eine Variabele μ homogen machen. Alsdann ist die Hesse'sche Covariante h von (*2*) nach (*13*), S. 366 gegeben durch

$$(10) \quad -18h(\lambda, \mu) = B^2\{(\lambda_2 - \lambda_3)^2(\lambda - \lambda_1\mu)^2 + (\lambda_3 - \lambda_1)^2(\lambda - \lambda_2\mu)^2 + (\lambda_1 - \lambda_2)^2(\lambda - \lambda_3\mu)^2\},$$

wofür wegen $r^2B = 1$ auch gesetzt werden kann

$$-18r^4h(\lambda, \mu) = (\lambda_2 - \lambda_3)^2(\lambda - \lambda_1\mu)^2 + (\lambda_3 - \lambda_1)^2(\lambda - \lambda_2\mu)^2 + (\lambda_1 - \lambda_2)^2(\lambda - \lambda_3\mu)^2.$$

Es geht also (*9*) aus (*10*) dadurch hervor, dass man setzt $\lambda^2 = F$, $\lambda\mu = H$, $\mu^2 = G$. Andrerseits hat man für die Hesse'sche Covariante von (*2*) den Ausdruck

$$h(\lambda, \mu) = (B\mathsf{H} - \Theta^2)\lambda^2 + (\Theta\mathsf{H} - AB)\lambda\mu + (A\Theta - \mathsf{H}^2)\mu^2,$$

daher wird

(11) $$\frac{1}{162}\Psi(u,u) = (B\mathrm{H} - \Theta^2)F + (\Theta\mathrm{H} - AB)H + (A\Theta - \mathrm{H}^2)G.$$

Nach (8) ist

$$r^8 \sum \pm (\psi_{11}\psi_{22}\psi_{33}) = 27(\lambda_2 - \lambda_3)^2(\lambda_3 - \lambda_1)^2(\lambda_1 - \lambda_2)^2,$$

andrerseits ist $B^4(\lambda_2 - \lambda_3)^2(\lambda_3 - \lambda_1)^2(\lambda_1 - \lambda_2)^2 = 27R$, in Folge von $r^2 B = 1$ wird daher

(12) $$\sum \pm (\psi_{11}\psi_{22}\psi_{33}) = 729R.$$

Denkt man sich nun eine Transformation wie (35), S. 28 angewandt auf

$$\psi(x,x) = \psi_{11}x_1^2 + 2\psi_{12}x_1x_2 + \psi_{22}x_2^2 + 2\psi_{13}x_1x_3 + 2\psi_{23}x_2x_3 + \psi_{33}x_3^2,$$

so zeigt (36), S. 29, dass die Relation stattfindet[1])

$$\psi_{11}\cdot\psi(x,x) = (\psi_{11}x_1' + \psi_{12}x_2')^2 + (\psi_{11}\psi_{22} - \psi_{12}^2)x_2'^2 + \frac{\psi_{11}\cdot\sum\pm(\psi_{11}\psi_{22}\psi_{33})}{\psi_{11}\psi_{22} - \psi_{12}^2}x_3^2.$$

Hieraus geht hervor, dass ψ stets dann und nur dann definit ist, wenn $\psi_{11}\cdot\left(\sum\pm\psi_{11}\psi_{22}\psi_{33}\right)$ und $\psi_{11}\psi_{22} - \psi_{12}^2$ gleiche Vorzeichen haben.

Da wir nun an und für sich den Fall $R > 0$ betrachten, muss also $\sum\pm(\psi_{11}\psi_{22}\psi_{33})$ positiv sein, ebenso ψ_{11}, denn $\psi(x,x)$ sollte nach (8a) und S. 373, Zeile 13 eine positive definite Form darstellen; hieraus folgt, dass auch

$$\Psi_{33} = \psi_{11}\psi_{22} - \psi_{12}^2 > 0$$

sein muss. Die Bedingung, dass sich die Kegelschnitte (4) in vier reellen Punkten schneiden, ist daher

$$R > 0, \quad \psi_{11} > 0, \quad \Psi_{33} \equiv \psi_{11}\psi_{22} - \psi_{12}^2 > 0.$$

Es ist klar, dass man allgemeiner hierfür setzen könnte:

$$R > 0, \quad \psi_{ii} > 0, \quad \Psi_{kk} > 0, \quad \text{wobei } i \gtrless k.$$

Im Falle der einfachen Berührung der beiden Kegelschnitte hat die Gleichung (2) zwei gleiche Wurzeln, etwa $\lambda_1 = \lambda_2$; R verschwindet. Für die Realität der beiden übrigen Schnittpunkte ist nothwendig, dass das Geradenpaar, welches der Doppelwurzel entspricht und nach S. 133 und 155 den stets reellen Berührungspunkt mit den zwei übrigen

---

1) Da $\sum\pm(\psi_{11}\psi_{22}\psi_{33})$ nach (12) $\gtrless 0$, so muss $\psi_{11} = \psi(1,0,0)$ nach (1), S. 65 von Null verschieden sein; gleiches gilt von $\psi_{11}\psi_{22} - \psi_{12}^2$, da sonst nichtverschwindende Werthe p_1, p_2 existiren, für welche $\psi_{11}p_1 + \psi_{12}p_2 = 0$ und $\psi_{21}p_1 + \psi_{22}r_2 = 0$, d. h. für welche $\psi(p_1, p_2, 0) = 0$ wäre.

Schnittpunkten verbindet, reell sei; hierzu genügt $F - 2\lambda_1 H + \lambda_1^2 G < 0$, oder nach (*11*) $\Psi(u, u) > 0$ für die Coordinaten aller Geraden u_i, die nicht durch den Berührungspunkt gehen. Aehnlich wie S. 51 kann man auch sagen, dass irgend eine der drei Hauptunterdeterminanten $\Psi_{ii} > 0$ sein muss. Im entgegengesetzten Falle sind die zwei übrigen Schnittpunkte imaginär.

Im Falle der doppelten Berührung ist $\lambda_1 = \lambda_2$ und

$$F - 2\lambda_1 H + \lambda_1^2 G \equiv 0,$$

daher auch $\Psi(u, u) \equiv 0$. Die Gleichung $\lambda_1 g - f = 0$ repräsentirt die stets reelle Berührungssehne doppelt zählend, $\lambda_3 g - f = 0$ die Tangenten in den zwei Berührungspunkten. Die beiden Berührungspunkte sind also reell oder imaginär, je nachdem das Geradenpaar $\lambda_3 g - f = 0$ reell oder imaginär ist, d. h. je nachdem

$$F - 2\lambda_3 H + \lambda_3^2 G < 0 \text{ oder } > 0$$

für die Coordinaten u_i aller Geraden, die nicht durch einen der Berührungspunkte gehen. Man könnte zufolge (*8a*) auch sagen, dass die zwei Berührungspunkte reell oder imaginär sind, je nachdem $\psi(x, x) > 0$ oder < 0 ist für jeden Punkt x, der nicht auf der Berührungssehne liegt, d. h. kürzer je nachdem eine der Grössen $\psi_{ii} > 0$ oder < 0. Diese Sehne wird übrigens, wie (*8a*) zeigt, im gegenwärtigen Falle doppelt zählend auch durch $\psi(x, x) = 0$ dargestellt.

Setzt man $h_{11} = B\mathrm{H} - \Theta^2$, $2h_{12} = \Theta\mathrm{H} - AB$, $h_{22} = A\Theta - \mathrm{H}^2$, so ist nach (*11*) $\frac{1}{162}\Psi(u, u) = h_{11}F + 2h_{12}H + h_{22}G$; man kann daher sagen, dass im Falle der doppelten Berührung sämmtliche Hauptunterdeterminanten Ψ_{ii} verschwinden müssen, dagegen können h_{11} und h_{22} nicht gleichzeitig Null sein, weil sonst in Folge von

$$R = 4(h_{11}h_{22} - h_{12}^2) = 0$$

auch h_{12} verschwinden und alsdann Osculation vorliegen würde. Die Berührungspunkte sind reell oder imaginär, je nachdem irgend eine der Grössen ψ_{ii} positiv oder negativ ist.

Im Falle der Osculation verschwinden zufolge der Fussnote zu S. 136 die Ausdrücke h_{11}, h_{12} und h_{22}.

Die Kegelschnitte des Büschels haben endlich vier zusammenfallende Punkte gemeinsam, wenn $\psi(x, x) \equiv 0$. Es geht dies aus den Betrachtungen S. 135 und 136 hervor, wenn man dabei die oben gefundene Relation (*8a*) beachtet.

Wir wollen nun die erhaltenen Resultate über die Realität der Schnittpunkte zweier Curven zweiter Ordnung $f(x, x) = 0$, $g(x, x) = 0$ übersichtlich zusammenstellen.

Es sei im Folgenden

$$\psi(x, x) \equiv \sum_1^3{}_i \sum_1^3{}_k \psi_{ik} x_i x_k \equiv \frac{3}{2} \sum_1^3{}_i \sum_1^3{}_k \frac{\partial^2 N}{\partial x_i \, \partial u_k} \frac{\partial^2 N}{\partial x_k \, \partial u_i},$$

wobei $$N \equiv \frac{1}{4} \sum \pm \left(\frac{\partial f}{\partial x_1} \frac{\partial g}{\partial x_2} u_3\right);$$

ferner sei $$R = \frac{1}{729} \sum \pm (\psi_{11} \psi_{22} \psi_{33}) = 4(h_{11} h_{22} - h_{12}^2),$$

$$\Psi(u, u) \equiv \sum_1^3{}_i \sum_1^3{}_k \Psi_{ik} u_i u_k = 162 (h_{11} F + 2 h_{12} H + h_{22} G),$$

wobei $h_{11} = B\mathsf{H} - \Theta^2$, $2h_{12} = \Theta \mathsf{H} - AB$, $h_{22} = A\Theta - \mathsf{H}^2$.

I) $R \gtrless 0$: vier verschiedene Schnittpunkte.

1) $R < 0$: zwei reelle und zwei imaginäre Schnittpunkte.

2) $R > 0$: vier reelle oder vier imaginäre Schnittpunkte.

a) $\psi_{ii} > 0$ und $\Psi_{kk} > 0$, $i \gtrless k$, vier reelle Schnittpunkte (i und k irgend zwei bestimmte, verschiedene Zahlen aus der Reihe 1, 2, 3)[1]),

b) die Bedingungen a) sind nicht erfüllt: vier imaginäre Schnittpunkte.

II) $R = 0$: specielle Fälle der Berührung.

1) Nicht alle Ψ_{ii} gleich Null: einfache Berührung, zwei Schnittpunkte fallen zusammen; die beiden anderen sind:

a) reell, wenn unter den drei Grössen Ψ_{ii} eine willkürlich ausgewählte positiv ist[2]),

b) imaginär, wenn unter den drei Grössen Ψ_{ii} eine willkürlich ausgewählte negativ ist[3]).

2) Alle Ψ_{ii} gleich Null, nicht aber alle ψ_{ii}:[4])

a) h_{11} und h_{22} nicht gleichzeitig Null: doppelte Berührung, und zwar

α) reell, wenn unter den drei Grössen ψ_{ii} eine willkürlich ausgewählte positiv ist,

β) imaginär, wenn unter den drei Grössen ψ_{ii} eine willkürlich ausgewählte negativ ist.

b) $h_{11} = h_{22} = h_{12} = 0$: Osculation.

c) Auch alle ψ_{ii} gleich Null[5]): die vier Schnittpunkte fallen zusammen.

---

1) Wenn diese Bedingungen neben $R > 0$ für irgend ein bestimmtes i, bezw. k erfüllt sind, so gelten sie auch für jedes i, bezw. k.

2) Es ist dann für jedes Werthsystem $u_1 : u_2 : u_3$, welches $\Psi(u, u) = 0$ nicht erfüllt, $\Psi(u, u) > 0$.

3) Es ist dann für jedes Werthsystem $u_1 : u_2 : u_3$, welches $\Psi(u, u) = 0$ nicht erfüllt, $\Psi(u, u) < 0$.

4) Man könnte auch sagen $\Psi(u, u)$ identisch Null, nicht aber $\psi(x, x)$.

5) Man könnte auch sagen $\psi(x, x) \equiv 0$.

***292.** Um die Realität der vier gemeinsamen Tangenten von $f(x, x) = 0$ und $g(x, x) = 0$ zu untersuchen, hat man genau dieselben Betrachtungen wie zuvor durchzuführen, jedoch ausgehend von einer Combinante $\varphi(u, u)$, welche aus $F(u, u)$ und $G(u, u)$ in derselben Weise zu bilden ist wie $\psi(x, x)$ aus $f(x, x)$ und $g(x, x)$. Man findet

$$-\frac{1}{3}\varphi(u, u) = \lambda_2\lambda_3(\lambda_1 - \lambda_2)(\lambda_1 - \lambda_3)u_1^2 + \cdots$$
$$+ \lambda_1\lambda_2(\lambda_3 - \lambda_1)(\lambda_3 - \lambda_2)u_3^2,$$

oder auch $\frac{1}{9}\varphi(u, u) = -(A\Theta G + B\mathsf{H}F - 2ABH)$; an Stelle von $\Psi(u, u)$ tritt

$$\Phi(x, x) = AB\{(A\Theta - \mathsf{H}^2)Bf + (\Theta\mathsf{H} - AB)\chi + (B\mathsf{H} - \Theta^2)Ag\}.$$

Andere, allerdings etwas complicirtere Kriterien sind zum ersten Male (auch für Schnittpunkte) von Herrn K. Kemmer[1]) gegeben worden.

***293.** Man bilde die in (292) erwähnte Combinante $\varphi(u, u)$ für die auf rechtwinklige Coordinaten bezogenen Kegelschnitte

$$a^2u_1^2 + b^2u_2^2 - u_3^2 = 0 \quad \text{und} \quad u_1^2 + u_2^2 = 0,$$

also für die Curven einer confocalen Schaar.

Man findet $-\frac{1}{3}\varphi(u, u) = (a^2 - b^2)u_1^2 - (a^2 - b^2)u_2^2 + 1$, und dieser Ausdruck stellt gleich Null gesetzt die conjugirte gleichseitige Hyperbel zu derjenigen dar, welche die Verbindungslinie der zwei Brennpunkte der confocalen Schaar zur reellen Hauptaxe hat. Ueber die geometrische Bedeutung der letzteren vgl. die unten[2]) citirte Abhandlung von Steiner.

---

294. Wie viele Punkte gibt es auf der Curve zweiter Ordnung $f(x, x) = 0$, in denen der Krümmungsradius r einen gegebenen Werth besitzt?

Aus (17), S. 213 folgt $r^2\tau^2A^2p_x^6 - \omega^3(f_1, f_2, f_3) = 0$; nach (199) ist aber $\omega(f_1, f_2, f_3) = [a, \omega]f(x, x) - 2H$, wofür nun $-2H$ gesetzt werden kann, da der Punkt x auf $f(x, x) = 0$ liegen soll. Wir erhalten also $r^2\tau^2A^2p_x^6 + 8H^3 = 0$ oder

---

1) „Kriterien der Realität für die Schnittpunkte von Linien zweiter Ordnung". Inaugural-Dissertation. Giessen 1878.

2) „Elementare Lösung einer geometrischen Aufgabe, und über einige damit in Beziehung stehende Eigenschaften der Kegelschnitte". Journal für die reine und angewandte Mathematik, Bd. 37, S. 185, 1847, oder „Gesammelte Werke", Bd. 2, S. 414.

$$\left(r^{\frac{2}{3}}\tau^{\frac{2}{3}}A^{\frac{2}{3}}p_x^{\,2} + 2H\right)\left(r^{\frac{2}{3}}\tau^{\frac{2}{3}}A^{\frac{2}{3}}p_x^{\,2} + 2H\varepsilon\right)$$
$$\left(r^{\frac{2}{3}}\tau^{\frac{2}{3}}A^{\frac{2}{3}}p_x^{\,2} + 2H\varepsilon^2\right) = 0,$$

wobei ε und ε^2 die complex conjugirten dritten Wurzeln der positiven Einheit bedeuten. Jeder der drei Klammerfactoren stellt eine Curve zweiter Ordnung dar, doch ist nur die erste reell; ihre Schnittpunkte mit $f(x, x) = 0$ liefern diejenigen Punkte, in denen r einen gegebenen Werth hat. Im allgemeinen gibt es also deren je 4, wenn wir von den 8 jedenfalls imaginären absehen, die bei Berücksichtigung der complexen Klammerfactoren in Betracht kommen. Die vier Punkte von gleichem Krümmungsradius r liegen auf der Curve

$$r^{\frac{2}{3}}\tau^{\frac{2}{3}}A^{\frac{2}{3}}p_x^{\,2} + 2H = 0,$$

welche einen mit dem Directorkreis $H = 0$ und somit auch mit $f(x, x) = 0$ concentrischen Kreis darstellt, was übrigens aus Gründen der Symmetrie klar ist. Bei der Parabel zerfällt nach S. 148 f. der Directorkreis in die Directrix und die unendlich ferne Gerade; daraus geht hervor, dass bei der Parabel die Punkte von gleichem Krümmungsradius auf Parallelen zur Directrix gelegen sind.

295. Wie viele Punkte gibt es im allgemeinen auf einer Curve n^{ter} Ordnung, in denen der Krümmungsradius r einen gegebenen Werth besitzt?

Aus (20), S. 213 folgt

$$r^2(n-1)^2\tau^2 p_x^{\,6}\sum \pm (f_{11}\, f_{22}\, f_{33})^2 - \omega^3(f_1, f_2, f_3) = 0,$$

d. h. alle Punkte von gleichem Krümmungsradius r liegen auf einer Curve $6(n-1)^{\text{ter}}$ Ordnung; da sie auch auf der Curve $f(x_1, x_2, x_3) = 0$ gelegen sind, gibt es im allgemeinen je $6n(n-1)$ Punkte von der verlangten Beschaffenheit.

296. Es gibt im allgemeinen $6k(k-1)$ Tangenten einer Curve k^{ter} Classe, in deren Berührungspunkten der Krümmungsradius r einen gegebenen Werth besitzt.

Folgt aus (14), S. 212 in gleicher Weise wie das Resultat von (295) aus (20), S. 213; speciell für Curven zweiter Classe findet man mit Hilfe von (15), S. 212 ein ähnliches Resultat wie bei (294): es können höchstens vier reelle Punkte von gleicher Krümmung vorhanden sein.

297. Man beweise, dass die Gleichung des Krümmungsmittelpunktes, der dem Berührungspunkte einer Tangente u der Curve k^{ter} Classe $\varphi(u_1, u_2, u_3) = 0$ zugehört, die Form besitzt

$$\begin{vmatrix} \frac{\partial D_1}{\partial u_1} & \frac{\partial D_1}{\partial u_2} & \frac{\partial D_1}{\partial u_3} & v_1 \\ \frac{\partial D_2}{\partial u_1} & \frac{\partial D_2}{\partial u_2} & \frac{\partial D_2}{\partial u_3} & v_2 \\ \frac{\partial D_3}{\partial u_1} & \frac{\partial D_3}{\partial u_2} & \frac{\partial D_3}{\partial u_3} & v_3 \\ \varphi'(u_1) & \varphi'(u_2) & \varphi'(u_3) & 0 \end{vmatrix} = 0,$$

wobei v_1, v_2, v_3 variabele Liniencoordinaten bedeuten und die D definirt sind durch

$$D_1 = \varphi'(u_2)\omega'(u_3) - \varphi'(u_3)\omega'(u_2), \quad D_2 = \varphi'(u_3)\omega'(u_1) - \varphi'(u_1)\omega'(u_3),$$
$$D_3 = \varphi'(u_1)\omega'(u_2) - \varphi'(u_2)\omega'(u_1).$$

298. Man suche im Anschluss an (297) die Länge des zum Berührungspunkte der Tangente u gehörigen Krümmungsradius der Curve k^{ter} Classe $\varphi(u_1, u_2, u_3) = 0$. (Vgl. die Fussnote 1) zu S. 212.)

299. Die Evolute einer Curve n^{ter} Ordnung ist von der Ordnung $3n(n-1)$.

Es ist beim Beweis dieses Satzes zu fragen, in wieviel Punkten eine Gerade $u_y = 0$ die betr. Evolute schneidet; man hat also nach (23), S. 214 gleichzeitig zu betrachten die Gleichungen

$$(n-1)\tau p_x^2 \cdot \sum \pm (f_{11} f_{22} f_{33}) u_x + \boldsymbol{\omega}(f_1, f_2, f_3) \cdot \omega(f, u) = 0$$

und $f(x_1, x_2, x_3) = 0$, von denen die erste in den x vom Grade $3(n-1)$, die zweite vom Grade n ist. Aus beiden folgen im allgemeinen $3n(n-1)$ Werthsysteme von $x_1 : x_2 : x_3$, womit obige Behauptung bewiesen; natürlich ist vorausgesetzt, dass die gegebene Curve n^{ter} Ordnung keine singulären Punkte enthält. Das Auftreten solcher Punkte würde diese Zahl $3n(n-1)$ reduciren.

Zu derselben Zahl $3n(n-1)$ gelangt man auch in folgender Weise.

Aus der Definition der Evolute folgt, dass ein Punkt y dieser Curve angehört, wenn von den n^2 Normalen, die nach S. 204 von y nach der Curve n^{ter} Ordnung $f(x_1, x_2, x_3) = 0$ gezogen werden können, zwei zusammenfallen, d. h. wenn $f(x_1, x_2, x_3) = 0$ von der Curve n^{ter} Ordnung (22), S. 204, auf der die Fusspunkte jener Normalen liegen, berührt wird (vgl. auch S. 216 unten); wir wollen die Gleichung dieser letzten Curve durch $g(x_1, x_2, x_3) = 0$ bezeichnen, und haben nun zu untersuchen, von wie hohem Grade in den y die Bedingung der Berührung wird. Es werde zuvor allgemeiner gefragt, wie hoch in den Coefficienten der Gleichung einer Curve m^{ter} Ordnung $g(x_1, x_2, x_3) = 0$

die Bedingung dafür ist, dass $g = 0$ die Curve n^{ter} Ordnung $f = 0$ berührt[1]). Ersetzt man $g = 0$ durch $g + \lambda h = 0$, wo $h = 0$ eine andere Curve m^{ter} Ordnung darstellen möge, so hat man zunächst für die Berührungspunkte x von $f = 0$ mit $g + \lambda h = 0$ die drei Gleichungen $\varrho f'(x_i) = g'(x_i) + \lambda h'(x_i)$, $(i = 1, 2, 3)$, aus denen durch Elimination von ϱ und h folgt $\sum \pm (f'(x_1)\, g'(x_2)\, h'(x_3)) = 0$. Die Schnittpunkte dieser Curve von der Ordnung $n - 1 + 2(m - 1) = n + 2m - 3$ mit $f = 0$ sind diejenigen Punkte, in denen f von einer Curve des Büschels $g + \lambda h = 0$ berührt wird. Da die Anzahl dieser Schnittpunkte $(n + 2m - 3)n$ beträgt, müssen die Coefficienten von $g + \lambda h = 0$, also auch die von $g = 0$ allein, in die Bedingung der Berührung im Grade $(n + 2m - 3)n$ eingehen. In dem oben speciell vorliegenden Falle ist $g(x_1, x_2, x_3) = 0$ von der n^{ten} Ordnung, die Bedingung der Berührung von $g = 0$ mit $f = 0$ wird daher in den Coefficienten von g, somit auch in den y_i, vom Grade $(3n - 3)n$ oder $3n(n - 1)$, d. h. die Evolute einer Curve n^{ter} Ordnung ist von der Ordnung $3n(n - 1)$.

*300.** Man gebe einen Weg an zur Bildung der Gleichung für die Evolute einer Curve k^{ter} Classe $\varphi(u_1, u_2, u_3) = 0$.

Sind u_1, u_2, u_3 die Coordinaten der Tangente irgend eines Punktes der gegebenen Curve, v_1, v_2, v_3 die Coordinaten der zugehörigen Normale, so hat man $\omega'(v_1)u_1 + \omega'(v_2)u_2 + \omega'(v_3)u_3 = 0$; ferner ist $\varphi'(u_1)v_1 + \varphi'(u_2)v_2 + \varphi'(u_3)v_3 = 0$, da die Normale durch den Berührungspunkt der Tangente u geht. Um die Gleichung der Evolute in Liniencoordinaten zu erhalten, sind die u_i zu eliminiren aus der Gleichung k^{ten} Grades $\varphi(u_1, u_2, u_3) = 0$, aus einer Gleichung ersten Grades und einer vom Grade $(k - 1)$. Die beiden letzten Gleichungen sind in den v_i linear, während $\varphi(u_1, u_2, u_3) = 0$ die v_i überhaupt nicht enthält. Die Resultante ist alsdann, wie in der Algebra gezeigt wird, in den v vom Grade $k(k - 1) + k \cdot 1 = k^2$. Zugleich folgt, dass für eine Curve k^{ter} Classe die Evolute von der Classe k^2 ist.

Zu demselben Resultat gelangt man in nachstehender Weise: Setzt man der Kürze halber $x_i = \omega'(v_i)$, so liegen die Gleichungen vor:

$$\varphi(u_1, u_2, u_3) = 0, \quad \varphi'(u_1)v_1 + \varphi'(u_2)v_2 + \varphi'(u_3)v_3 = 0,$$
$$u_1 x_1 + u_2 x_2 + u_3 x_3 = 0.$$

Die Elimination von u_1, u_2, u_3 liefert das Product der Gleichungen der $k(k - 1)$ Tangenten, welche die gegebene Curve $\varphi = 0$ mit

1) Vgl. hierzu „Analytische Geometrie der höheren ebenen Curven von Salmon", deutsch bearbeitet von W. Fiedler, 2. Aufl., S. 103.

$$\varphi'(u_1)v_1 + \varphi'(u_2)v_2 + \varphi'(u_3)v_3 = 0$$

gemeinsam hat; speciell erhält man wieder den Ausdruck für die Evolute in variabelen Liniencoordinaten v_i durch die Substitution $x_i = \omega'(v_i)$, so dass also im Eliminationsresultate die v_i vermöge der x_i eingehen im Grade $k(k-1)$ und vermöge der in

$$\varphi'(u_1)v_1 + \varphi'(u_2)v_2 + \varphi'(u_3)v_3 = 0$$

explicit stehenden v_i im Grade $k \cdot 1$, somit insgesammt im Grade $k(k-1) + k = k^2$.

301. Man bestimme den geometrischen Ort der Punkte y, von denen an die Curve zweiter Ordnung $f(x, x) = 0$ vier Normalen von gegebenem Doppelverhältniss gelegt werden können[1]).

Die Fusspunkte der Normalen werden nach (22), S. 204 aus $f(x, x) = 0$ ausgeschnitten durch die gleichseitige Hyperbel

$$g(x, x) \equiv \sum \pm \left(\frac{1}{2}\,\omega'(f_1)\, x_2\, y_3\right) = 0.$$

Nach (283) ist nun für diese Curve $g(x, x) = 0$ und für $f(x, x) = 0$ zu bilden die kubische Form

$$\Psi_0(\lambda, \mu) \equiv \lambda^3 B - 3\lambda^2\mu\Theta + 3\lambda\mu^2 \mathsf{H} - \mu^3 A,$$

in welcher jedoch H verschwindet, wie bereits S. 217 unter Angabe des Grundes erwähnt. Alsdann hat man, von dieser kubischen Form ausgehend, die Gleichung $-\frac{h^3(\lambda, \mu)}{q^2(\lambda, \mu)} = \frac{(1 - s + s^2)^3}{(1+s)^2(2s-1)^2(s-2)^2}$ zu bilden, in der s das gegebene Doppelverhältniss bedeutet (vgl. (4), S. 367). Im allgemeinen gehen die y_i in $h(\lambda, \mu)$ im vierten Grade ein, in $q(\lambda, \mu)$ im sechsten Grade; der Ort der Punkte y ist also im allgemeinen eine Curve 12. Ordnung. Da jedoch speciell von einem Punkte y des Kegelschnitts $g(x, x) = 0$ des Büschels $\lambda g - \mu f = 0$ die vier Normalen von gegebenem Doppelverhältniss gezogen werden sollen, so ist zu setzen $\lambda = 1$, $\mu = 0$, wodurch sich $h(\lambda, \mu)$ nach S. 364 reducirt auf $-\Theta^2$, $q(\lambda, \mu)$ auf $-AB^2 - 2\Theta^3$. Diese Ausdrücke wären nun zu substituiren in $-\frac{h^3(\lambda, \mu)}{q^2(\lambda, \mu)} = k$, wobei zur Abkürzung gesetzt ist

$$\frac{(1 - s + s^2)^3}{(1+s)^2(2s-1)^2(s-2)^2} = k;$$

man erhält alsdann $\Theta^6 - k(AB^2 + 2\Theta^3)^2 = 0$ oder

$$\left\{\Theta^3 + \sqrt{k}(AB^2 + 2\Theta^3)\right\}\left\{\Theta^3 - \sqrt{k}(AB^2 + 2\Theta^3)\right\} = 0,$$

die Curve 12. Ordnung zerfällt also in zwei Curven sechster Ordnung.

---

1) Die hier gegebene Methode wurde im Jahre 1877 Herrn W. Fiedler von Herrn Gundelfinger mitgetheilt.

Speciell für $s = 0$ müssen zwei von den vier Normalen zusammenfallen, der Punkt y also auf der Evolute liegen; wenn $s = 0$, wird $k = \frac{1}{4}$ und man erhält in der That als Ort von y die zwei Curven sechster Ordnung $4\Theta^3 + AB^2 = 0$ und $AB^2 = 0$, deren erste in Uebereinstimmung mit (35), S. 217 die Evolute darstellt, während die zweite nach (38), S. 217 das doppelt zu zählende Product aus den Hauptaxen von $f(x, x) = 0$ und der unendlich fernen Geraden repräsentirt.

302. Man bilde eine Gleichung zur Bestimmung der Fusspunkte der Normalen, welche von einem beliebigen Punkte y nach einem Kegelschnitt $f(x, x) = 0$ gezogen werden.

Sind y_i die Coordinaten des beliebig gegebenen Punktes, x_i die Coordinaten eines Normalenfusspunktes, $\omega'(f_i)$ die Coordinaten des Normalencentrums der Tangente in x, so bestehen die Relationen $y_i = \lambda x_i + \omega'(f_i)$, $(i = 1, 2, 3)$, denn die drei Punkte y, x und das genannte Normalencentrum liegen in einer Geraden (vgl. auch (19), S. 213). Nach Einführung der Werthe $\omega'(f_i)$ folgt unter Anwendung der in (6), S. 85 gebrauchten Bezeichnungsweise:

$$\begin{aligned} y_1 &= (\alpha_{11} + \lambda)x_1 + \alpha_{12}x_2 + \alpha_{13}x_3 \\ y_2 &= \alpha_{21}x_1 + (\alpha_{22} + \lambda)x_2 + \alpha_{23}x_3 \\ y_3 &= \alpha_{31}x_1 + \alpha_{32}x_2 + (\alpha_{33} + \lambda)x_3. \end{aligned}$$

Es sei nun $\mathsf{B} \equiv \sum \pm (\beta_{11}\beta_{22}\beta_{33})$ die aus den Coefficienten der x in diesen drei Gleichungen gebildete Determinante, so dass also z. B. $\beta_{22} = \alpha_{22} + \lambda$, $\beta_{31} = \alpha_{31}$ u. s. f.; ferner sei B_{ik} die Unterdeterminante von β_{ik} in B. Die Auflösung obiger Gleichungen nach x_i ergibt alsdann $\mathsf{B}x_i = \mathsf{B}_{1i}y_1 + \mathsf{B}_{2i}y_2 + \mathsf{B}_{3i}y_3$. Diese Werthe der x substituirt man in $f(x, x) = 0$ und erhält dadurch eine biquadratische Gleichung für λ, denn die B_{ik} enthalten λ im zweiten Grade. Durch Einsetzen der Wurzeln λ in $\mathsf{B}x_i = \mathsf{B}_{1i}y_1 + \mathsf{B}_{2i}y_2 + \mathsf{B}_{3i}y_3$ ergeben sich die Coordinaten x_i jener Normalenfusspunkte.

Anwendung von § 22—26.

303. Man beweise, dass die Hessiane, sowie die Cayleysche Curve eines Kegelschnittnetzes Combinanten sind.

Gehen wir aus von dem Netz $\varkappa\varphi + \lambda\psi + \mu\chi = 0$, so ist zu zeigen, dass sich bei Substitution von

$$\varkappa_i\varphi + \lambda_i\psi + \mu_i\chi = 0, \ (i = 1, 2, 3),$$

an Stelle von φ, resp. ψ, resp. χ die Ausdrücke für die Hessiane und für die Cayley'sche Curve nur um eine Potenz der Determinante der Substitution $\sum \pm (\varkappa_1 \lambda_2 \mu_3)$ ändern.

Wenn man nun für $\varkappa_i \varphi + \lambda_i \psi + \mu_i \chi$ entsprechend den Werthen 1, 2, 3 des Index i zur Abkürzung setzt $f(x, x)$, $g(x, x)$, $h(x, x)$, so wird die Gleichung der Hessiane des durch f, g und h bestimmten Netzes:

$$\sum \pm (f'(x_1), g'(x_2), h'(x_3)) = \sum \pm (\varkappa_1 \lambda_2 \mu_3) \cdot \sum \pm (\varphi'(x_1) \psi'(x_2) \chi'(x_3)),$$

womit für die Hessiane obige Behauptung erwiesen ist.

Die Gleichung der Cayley'schen Curve werde dadurch aufgestellt, dass man zuerst den Polkegelschnitt einer Geraden u in Bezug auf $f(x, x)$ und $g(x, x)$ sucht. Derselbe wird

$$N(x, x) \equiv (\lambda_1 \mu_2 - \lambda_2 \mu_1) N_1 + (\mu_1 \varkappa_2 - \mu_2 \varkappa_1) N_2 + (\varkappa_1 \lambda_2 - \varkappa_2 \lambda_1) N_3 = 0,$$

wobei zur Abkürzung gesetzt ist

$$N_1 \equiv \sum \pm (\psi'(x_1) \chi'(x_2) u_3), \qquad N_2 \equiv \sum \pm (\chi'(x_1) \varphi'(x_2) u_3),$$
$$N_3 \equiv \sum \pm (\varphi'(x_1) \psi'(x_2) u_3).$$

Jetzt muss noch zu $N(x, x)$ und zu $h(x, x)$ die Gleichung des harmonischen Kegelschnitts gebildet werden. Die Curve $N_1 = 0$ wird nun von jeder Geraden u in einem Punktepaare getroffen, das harmonisch liegt zu den Schnittpunkten dieser Geraden sowohl mit $\psi = 0$, als mit $\chi = 0$; daher ist

$$(N_1, \psi)_{11} u_1^2 + 2 (N_1, \psi)_{12} u_1 u_2 + \cdots \equiv 0 \quad \text{und}$$
$$(N_1, \chi)_{11} u_1^2 + 2 (N_1, \chi)_{12} u_1 u_2 + \cdots \equiv 0.$$ [1]

Aehnliches gilt von N_2 und N_3. In Folge dessen bleiben bei Bildung der Gleichung des harmonischen Kegelschnitts von N und h nur übrig die Glieder:

$$\varkappa_3 (\lambda_1 \mu_2 - \lambda_2 \mu_1) \{ (N_1, \varphi)_{11} u_1^2 + 2 (N_1, \varphi)_{12} u_1 u_2 + \cdots \} +$$
$$+ \lambda_3 (\mu_1 \varkappa_2 - \mu_2 \varkappa_1) \{ (N_2, \psi)_{11} u_1^2 + 2 (N_2, \psi)_{12} u_1 u_2 + \cdots \} +$$
$$+ \mu_3 (\varkappa_1 \lambda_2 - \varkappa_2 \lambda_1) \{ (N_3, \chi)_{11} u_1^2 + 2 (N_3, \chi)_{12} u_1 u_2 + \cdots \}.$$

Jede dieser drei geschweiften Klammern enthält denselben Ausdruck für die dem Netz $\varkappa \varphi + \lambda \psi + \mu \chi = 0$ zugehörige Cayley'sche Curve; von letzterer ist daher die Cayley'sche Curve des durch f, g, h bestimmten Netzes in der That nur verschieden um den Factor $\sum \pm (\varkappa_1 \lambda_2 \mu_3)$.

---

1) Ueber die Bezeichnungsweise vgl. (12), S. 130.

304. Man bilde die Gleichung der Hesse'schen Curve eines Netzes, dessen einzelne Curven sämmtlich einen und denselben Punkt gemeinsam haben.

Als Seiten des Coordinatendreiecks führen wir ein die Tangenten $x_1 = 0$, $x_2 = 0$ zweier Kegelschnitte $\varphi(x, x) = 0$ und $\psi(x, x) = 0$ des Netzes in dem allen Curven gemeinsamen Punkte P; die Tangente $x_1 = 0$ von φ trifft ψ in einem zweiten Punkte Q, die Tangente $x_2 = 0$ von ψ trifft φ in einem zweiten Punkte R; die Gerade QR sei die dritte Seite des Coordinatendreiecks. Wird eine weitere Curve des Netzes durch das Geradenpaar $x_1 x_2 = 0$ gebildet, so erhält man als Gleichung des Netzes:

$$\varkappa(a_{22}x_2^2 + 2a_{12}x_1x_2 + 2a_{13}x_1x_3) + \lambda(b_{11}x_1^2 + 2b_{12}x_1x_2 + 2b_{23}x_2x_3) + 2\mu x_1 x_2 = 0,$$

und hier kann noch (vgl. (303)) $a_{12} = b_{12} = 0$ gesetzt werden. Für die Hessiane des Netzes folgt

$$f(x_1, x_2, x_3) \equiv a_{13}b_{11}x_1^3 + a_{22}b_{23}x_2^3 - 2a_{13}b_{23}x_1x_2x_3 = 0,$$

eine Curve dritter Ordnung, die in dem gemeinsamen Punkte der Kegelschnitte des Netzes einen Doppelpunkt hat mit den Geraden $x_1 = 0$, $x_2 = 0$ als Doppelpunktstangenten. (Auf der Geraden $x_3 = 0$ liegen die Wendepunkte dieser Curve dritter Ordnung, d. h. diejenigen Punkte, in denen der Krümmungsradius unendlich gross ist, also nach (20), S. 213 der Ausdruck $\sum \pm \left(\frac{\partial^2 f}{\partial x_1^2} \frac{\partial^2 f}{\partial x_2^2} \frac{\partial^2 f}{\partial x_3^2}\right)$ verschwindet.) Durch passende Wahl des Einheitspunktes kann die Hessiane in der Form dargestellt werden $X_1^3 + X_2^3 + 6k X_1 X_2 X_3$[1]$) = 0$.

305. Für dasselbe Kegelschnittnetz die Gleichung der Cayley-schen Curve aufzustellen.

Nach der auf S. 225 angegebenen Methode bilden wir zuerst die Gleichung des Polkegelschnitts einer Geraden u in Bezug auf

$$\varphi \equiv a_{22}x_2^2 + 2a_{13}x_1x_3$$

und $\chi \equiv x_1 x_2$, alsdann die Gleichung der harmonischen Curve zweiter Classe zu dem Polkegelschnitt und zu $\psi \equiv b_{11}x_1^2 + 2b_{23}x_2x_3$. Man findet alsdann für die Cayley'sche Curve:

$$u_3(a_{22}b_1 u_3^2 - 4a_{13}b_{23}u_1u_2) = 0,$$

sie zerfällt also in den allen Kegelschnitten des Netzes gemeinsamen Punkt und eine Curve zweiter Classe, welche in den Ecken $u_1 = 0$,

---

1) Vgl. Hesse: „Ueber Curven dritter Ordnung und die Kegelschnitte, welche diese Curven in drei verschiedenen Punkten berühren.“ Journal für die reine und angewandte Mathematik, Bd. 36, S. 168, 1847.

resp. $u_2 = 0$ des Coordinatendreiecks von dessen Seiten $x_2 = 0$, resp. $x_1 = 0$ berührt wird, während $x_3 = 0$ die Berührungssehne, $u_3 = 0$ deren Pol darstellt.

306. Haben alle Kegelschnitte eines Netzes eine gemeinsame Sehne, so zerfällt die Hessiane in diese Sehne und einen Kegelschnitt.

Die drei Gleichungen

$$f(x, x) = 0, \quad f(x, x) + 2m_x q_x = 0, \quad f(x, x) + 2n_x q_x = 0$$

stellen drei Kegelschnitte dar, welche durch die Schnittpunkte der Geraden $q_x = 0$ mit $f(x, x) = 0$ hindurchgehen. Die Gleichung des Kegelschnittnetzes ist daher im vorliegenden Falle

$$\varkappa f(x, x) + 2\lambda m_x q_x + 2\mu n_x q_x = 0.$$

Die Hessiane des Netzes wird

$$\begin{vmatrix} f_1 & m_x q_1 + q_x m_1 & n_x q_1 + q_x n_1 \\ f_2 & m_x q_2 + q_x m_2 & n_x q_2 + q_x n_2 \\ f_3 & m_x q_3 + q_x m_3 & n_x q_3 + q_x n_3 \end{vmatrix} = 0$$

oder auch

$$q_x^2 \sum \pm (f_1 m_2 n_3) + q_x m_x \sum \pm (f_1 q_2 n_3) - q_x n_x \sum \pm (f_1 q_2 m_3) = 0,$$

wobei sich in der That der Factor q_x ausscheiden lässt. Mit Hilfe der Identität

$$\begin{vmatrix} f_1 & f_2 & f_3 & f(x, x) \\ q_1 & q_2 & q_3 & q_x \\ m_1 & m_2 & m_3 & m_x \\ n_1 & n_2 & n_3 & n_x \end{vmatrix} \equiv 0$$

folgt

$$f(x, x) \cdot \sum \pm (q_1 m_2 n_3) - q_x \sum \pm (f_1 m_2 n_3) + m_x \sum \pm (f_1 q_2 n_3)$$
$$- n_x \sum \pm (f_1 q_2 m_3) \equiv 0,$$

so dass die Gleichung des in der Hessiane enthaltenen Kegelschnitts die Gestalt erhält

$$2q_x \sum \pm (f_1 m_2 n_3) - f(x, x) \sum \pm (q_1 m_2 n_3) = 0.$$

Führt man die Coordinaten des Schnittpunktes z der beiden Geraden m und n ein durch $z_1 = m_2 n_3 - m_3 n_2$, u. s. w., so entsteht

$$2q_x f(z, x) - q_z f(x, x) = 0.$$

Auch diese Curve hat mit den Kegelschnitten des Netzes die Sehne $q_x = 0$ gemeinsam; ausserdem trifft sie irgend eine Curve $g(x, x) = 0$

des Netzes in deren Schnittpunkten mit der Polare $g(z, x) = 0$ des Punktes z in Bezug auf $g(x, x) = 0$.

Von Wichtigkeit ist endlich noch die Bemerkung, dass die Polare des Punktes z in Bezug auf den der Hessiane angehörigen Kegelschnitt $2q_x f(z, x) - q_z f(x, x) = 0$ mit der gemeinsamen Sehne der einzelnen Curven des Netzes zusammenfällt; der Punkt z ist nach (197) zugleich derjenige, in welchem sich die übrigen Sehnen schneiden, die je zwei Curven des Netzes gemeinsam sind.

307. Haben alle Kegelschnitte eines Netzes zwei Punkte gemeinsam, so zerfällt die Cayley'sche Curve in drei Punkte, nämlich in die zwei gemeinsamen und in einen dritten Punkt, der mit demjenigen identisch ist, in welchem sich nach (197) die übrigen gemeinsamen Sehnen von je zwei Curven des Netzes schneiden.

Wie in (306) wird ausgegangen von dem Netz

$$\varkappa f(x, x) + 2\lambda q_x m_x + 2\mu q_x n_x = 0.$$

Nach der Bemerkung am Schlusse von § 23 kann man die Gleichung der Cayley'schen Curve bilden, indem man erst den Polkegelschnitt von $q_x m_x = 0$ und $q_x n_x = 0$ berechnet und alsdann zu ihm und $f(x, x) = 0$ die harmonische Curve zweiter Classe. Die Gleichung des ersteren kann auf dieselbe Art abgeleitet werden, wie die der Hessiane in (306), nur sind die f_i daselbst zu ersetzen durch die u_i; man findet $q_x \left\{2\sum \pm (u_1 m_2 n_3) \cdot q_x - \sum \pm (q_1 m_2 n_3) \cdot u_x\right\} = 0$, der Kegelschnitt zerfällt also in die gemeinsame Sehne $q_x = 0$ und die Gerade

$$r_x \equiv 2\sum \pm (u_1 m_2 n_3)\, q_x - \sum \pm (q_1 m_2 n_3)\, u_x = 0.$$

Die harmonische Curve zweiter Classe zu $f(x, x) = 0$ und $q_x r_x = 0$ ist $\begin{pmatrix} q & u \\ r & u \end{pmatrix}_{a_{ik}} = 0$, oder auch $2\sum \pm (u_1 m_2 n_3) \cdot \begin{pmatrix} q & u \\ q & u \end{pmatrix}_{a_{ik}} = 0$, zufolge der obigen einfachen Relation, welche zwischen den drei Geraden $q_x = 0$, $r_x = 0$, $u_x = 0$ besteht, vermöge deren dieselben durch einen und denselben Punkt gehen. Der Factor $\begin{pmatrix} q & u \\ q & u \end{pmatrix}_{a_{ik}} = 0$ stellt aber nach (53a) in § 4 das Schnittpunktepaar der Geraden $q_x = 0$ mit $f(x, x) = 0$ dar, während $\sum \pm (u_1 m_2 n_3) = 0$ die Gleichung des in (306) durch z bezeichneten und daselbst näher besprochenen Punktes ist.

308. Haben alle Kegelschnitte eines Netzes drei Punkte gemeinsam, so besteht die Hessiane aus den drei Verbindungslinien dieser Punkte, die Cayley'sche Curve aus den drei Punkten selbst.

Es genügt hier das Netz zu betrachten, welches durch alle dem

Coordinatendreieck umschriebenen Kegelschnitte gebildet wird; man kommt dann sehr leicht zu obigem Resultat.

Dualistisch zu den voranstehenden Sätzen ergeben sich die folgenden:

309. Die Hessiane eines Kegelschnittgewebes, dessen einzelne Curven eine Tangente gemeinsam haben, ist eine Curve dritter Classe, welche die gemeinsame Tangente zur Doppeltangente hat.

Ausserdem lässt sich noch Folgendes über diese Curve sagen. Es seien P und Q die Berührungspunkte der Doppeltangente mit der Hessiane und $\varphi(u, u) = 0$, bezw. $\psi(u, u) = 0$ irgend zwei Kegelschnitte des Gewebes; von P kann alsdann noch eine weitere Tangente an $\psi(u, u) = 0$ gezogen werden, von Q eine solche an $\varphi(u, u) = 0$. Durch den Schnittpunkt S dieser beiden Tangenten gehen die drei Rückkehrtangenten der Curve dritter Classe, d. h. die Tangenten in solchen Punkten, in denen die Länge des Krümmungsradius gleich Null ist. Nach (14), S. 212 genügen diese Tangenten u der Gleichung $\sum \pm \left(\frac{\partial^2 F}{\partial u_1^2} \frac{\partial^2 F}{\partial u_2^2} \frac{\partial^2 F}{\partial u_3^2}\right) = 0$, wenn durch $F(u_1, u_2, u_3) = 0$ die Hessiane dargestellt wird. Vgl. (304).

310. Die Cayley'sche Curve eines Kegelschnittgewebes, dessen einzelne Curven eine Tangente gemeinsam haben, zerfällt in diese Gerade und in einen Kegelschnitt. Bei gleicher Bezeichnung wie in (309) sind P und Q die Berührungspunkte der beiden Tangenten PS und QS, also S der Pol der Berührungssehne. Vgl. (305).

311. Haben alle Kegelschnitte eines Gewebes zwei gemeinsame Tangenten, so zerfällt die Hessiane in den Schnittpunkt dieser Tangenten und in einen Kegelschnitt. Vgl. (306).

312. Die Cayley'sche Curve eines solchen Gewebes zerfällt in die beiden gemeinsamen Tangenten und in eine dritte Gerade. Auf ihr liegen die Spitzen der übrigen drei Paare von Tangenten, die je zwei Curven des Gewebes gemeinsam sind. Vgl. (307).

313. Haben alle Kegelschnitte eines Gewebes drei Tangenten gemeinsam, so besteht die Hessiane aus den drei Schnittpunkten dieser Tangenten, die Cayley'sche Curve aus den drei Tangenten selbst. Vgl. (308).

314. Man bilde die Gleichung der Hessiane eines Kegelschnittnetzes, in welchem sich eine Doppelgerade befindet.

Für $\varkappa\varphi(x, x) + \lambda\psi(x, x) + \mu w_x^2 = 0$ zerfällt die Hessiane in

$w_x = 0$ und in $\sum \pm \left(\frac{\partial \varphi}{\partial x_1} \frac{\partial \psi}{\partial x_2} w_3\right) = 0$, den Polkegelschnitt der Geraden w in Bezug auf das Büschel $\varkappa \varphi(x, x) + \lambda \psi(x, x) = 0$.

Uebrigens ist die Doppelgerade eines Netzes für das conjugirte Gewebe eine gemeinsame Tangente, denn wenn eine Curve $\varphi(u, u) = 0$ conjugirt sein soll zu der Doppelgeraden $w_x{}^2 = 0$, so heisst dies die Gerade w soll die Curve berühren. Die Hessiane des Netzes ist aber nach (38), S. 240 identisch mit der Cayley'schen Curve des conjugirten Gewebes; nach (310) besteht sie also aus der Geraden $w_x = 0$ und aus einem Kegelschnitt.

315. Die Cayley'sche Curve eines Kegelschnittnetzes, in welchem sich eine Doppelgerade befindet, ist eine Curve dritter Classe, welche diese Gerade zur Doppeltangente hat.

Die Cayley'sche Curve des Netzes ist nach (39), S. 240 identisch mit der Hessiane des conjugirten Gewebes, das zufolge (314) aus Kegelschnitten besteht, die eine Tangente gemeinsam haben.

Repräsentirt $\varkappa \varphi(x, x) + \lambda \psi(x, x) + \mu w_x{}^2 = 0$ das Netz, so ergibt sich übrigens nach S. 225 die Gleichung der Cayley'schen Curve dadurch, dass man in der Gleichung $\sum \pm \left(\frac{\partial \varphi}{\partial x_1} \frac{\partial \psi}{\partial x_2} u_3\right) = 0$ des Polkegelschnitts einer Geraden u an Stelle von $x_1 : x_2 : x_3$ einführt

$$(w_2 u_3 - w_3 u_2) : (w_3 u_1 - w_1 u_3) : (w_1 u_2 - w_2 u_1).$$

Nach (309), bezw. (304) muss sich die Cayley'sche Curve schliesslich darstellen lassen durch einen Ausdruck von der Form

$$a U_1^3 + b U_2^3 - 6k U_1 U_2 U_3 = 0.$$

316. Die Hessiane eines Kegelschnittnetzes, in welchem sich zwei Doppelgeraden befinden, besteht aus den beiden Geraden und aus der in Bezug auf irgend eine Curve des Netzes genommenen Polaren des Schnittpunktes der zwei Geraden.

Denn die Hessiane des Netzes $\varkappa \varphi(x, x) + \lambda v_x{}^2 + \mu w_x{}^2 = 0$ hat die Gleichung $v_x w_x \cdot \sum \pm (\varphi'(x_1) v_2 w_3) = 0$.

317. Die Cayley'sche Curve eines Kegelschnittnetzes, in welchem sich zwei Doppelgeraden befinden, besteht aus dem Schnittpunkte der beiden Geraden und aus dem harmonischen Kegelschnitt zu diesem Geradenpaare und zu irgend einer Curve des Netzes.

Nach S. 225 erhält man die Gleichung der Cayley'schen Curve des Netzes $\varkappa \varphi(x, x) + \lambda v_x{}^2 + \mu w_x{}^2 = 0$, indem man die Bedingungsgleichung dafür aufstellt, dass die Gerade $u_x = 0$ die Curve $\varphi(x, x) = 0$

und das Geradenpaar $v_x w_x \cdot \sum \pm (v_1 w_2 u_3) = 0$ in zwei harmonischen Punktepaaren schneidet. Ist $\varphi(x, x)$ definirt durch

$$\sum_1^3{}^i \sum_1^3{}^k a_{ik} x_i x_k = 0,$$

so würde man als Cayley'sche Curve den Punkt $\sum \pm (v_1 w_2 u_3) = 0$ und die Curve zweiter Classe $\begin{pmatrix} v & u \\ w & u \end{pmatrix}_{a_{ik}} = 0$ erhalten.

318. Die Gesammtheit der Kegelschnitte, welche ein gegebenes Dreieck zum Poldreieck haben, bildet ein Netz; die Hessiane desselben besteht aus den Seiten, die Cayley'sche Curve aus den Ecken des betreffenden Dreiecks.

Wählt man das gegebene Dreieck zum Coordinatendreieck, so ist die Gesammtheit der in Rede stehenden Kegelschnitte gegeben durch $\varkappa x_1^2 + \lambda x_2^2 + \mu x_3^2 = 0$; man kommt alsdann leicht zu obigem Resultat.

Da dieses Netz drei Doppelgeraden enthält, so besteht das conjugirte Gewebe aus der Gesammtheit aller Kegelschnitte, welche diese Geraden berühren; die Hessiane des Netzes ist nach S. 240 identisch mit der Cayley'schen Curve des Gewebes, die Cayley'sche Curve des Netzes identisch mit der Hessiane des Gewebes. Mit Hilfe von (313) wäre man also gleichfalls zu obigem Resultat gelangt.

---

319. Die Cayley'sche Curve eines Netzes von Kreisen besteht aus dem imaginären Kreispunktepaare und dem gemeinsamen Potenzmittelpunkte.

Dass das imaginäre Kreispunktepaar der Cayley'schen Curve angehört, folgt sofort aus (307); dass der noch übrige Bestandtheil dieser Curve der Potenzmittelpunkt ist, zeigt (307) in Verbindung mit (71).

320. Die Hessiane eines Netzes von Kreisen besteht aus der unendlich fernen Geraden und einem Kreise, der alle Curven des Netzes rechtwinklig schneidet, dem sogenannten Orthogonalkreise des Netzes.

Dass die unendlich ferne Gerade dem Orte angehört, folgt sofort aus (306). Ein weiterer Bestandtheil der Hessiane ist nach (306) ein Kegelschnitt, der gleichfalls durch die zwei, allen Curven des Netzes gemeinsamen Punkte hindurchgeht, also in unserem Falle ein Kreis ist; er möge durch O bezeichnet werden. Der in (306) durch z bezeichnete Punkt ist jetzt der Potenzmittelpunkt aller Kreise des Netzes;

seine Polare in Bezug auf den Kreis O fällt nach (306) mit der gemeinsamen Sehne aller Kreise des Netzes, also mit der unendlich fernen Geraden zusammen, woraus hervorgeht, dass der Potenzmittelpunkt z aller Kreise des Netzes zugleich Mittelpunkt von O ist. Jedenfalls ist also O mit dem Orthogonalkreis concentrisch. Dass aber beide zusammenfallen, ergibt sich in folgender Weise: Die Hessiane ist nach III, S. 220 der geometrische Ort für die Spitzen aller in dem Netze enthaltenen Geradenpaare. Diese Spitzen rühren zum Theil von denjenigen ausartenden Kreisen her, welche durch die unendlich ferne Gerade und die Radicalaxe irgend zweier Kreise des Netzes gebildet werden (vgl. S. 59), und zwar erfüllen sie dann, wie bereits erwähnt, die unendlich ferne Gerade; zum Theil rühren sie her von den in dem Netze enthaltenen circularen Geradenpaaren (vgl. (224)) und erfüllen alsdann den Kreis O, der somit ein Ort für die Grenzpunkte aller dem Netze angehörigen Kreisbüschel ist. Irgend ein Radius von O ist daher, da der Mittelpunkt z Potenzmittelpunkt ist, als Tangente an einen (allerdings ausartenden) Kreis des Netzes zu betrachten. Mithin muss O der Orthogonalkreis aller in dem Netze enthaltenen Kreise sein.

321. Die Directorkreise aller Kegelschnitte eines Gewebes bilden ein Netz.

Denn die Gleichung des Directorkreises irgend einer Curve

$$\eta(u, u) \equiv \varkappa\varphi(u, u) + \lambda\psi(u, u) + \mu\chi(u, u) = 0$$

des Gewebes ist nach (29), S. 148 in den Parametern $\varkappa$, λ, μ linear.

322. Die Directorkreise aller einem Dreieck eingeschriebenen Kegelschnitte bilden ein Netz, dessen Hessiane aus der unendlich fernen Geraden und aus demjenigen Kreise besteht, für welchen das gegebene Dreieck Poldreieck ist. Nach (320) ist dieser Kreis zugleich Orthogonalkreis für alle Kreise des Netzes und nach (230) Ort der Mittelpunkte aller eingeschriebenen gleichseitigen Hyperbeln.

Zu den dem Dreieck eingeschriebenen Kegelschnitten gehören als ausartende Gebilde die paarweise genommenen Ecken des Dreiecks; die zugehörigen Directorkreise haben die Seiten des Dreiecks zu Durchmessern und schneiden sich zu je zweien in den Endpunkten einer Höhe. Die Höhen sind daher Radicalaxen für Kreise des Netzes, der Höhenschnittpunkt also der Mittelpunkt des Orthogonalkreises. Sind nun A, B, C die Ecken des gegebenen Dreiecks, A_1, B_1, C_1 die Fusspunkte der zugehörigen Höhen und ist H der Höhenschnittpunkt, so bestehen nach der elementaren Definition der Potenz (vgl. auch (251)) die Relationen

$$HA \cdot HA_1 = HB \cdot HB_1 = HC \cdot HC_1;$$

da ferner z. B. die Seite BC, auf welcher der Höhenfusspunkt A_1 gelegen ist, mit HA_1 einen rechten Winkel einschliesst, so sind A und A_1, wie in der elementaren Planimetrie gezeigt wird, harmonische Pole in Bezug auf einen Kreis mit dem Mittelpunkte H und dem Radius $\varrho = \sqrt{HA \cdot HA_1}$. Nun ist aber $HA \cdot HA_1$ auch gleich der Potenz des Punktes H in Bezug auf diejenigen Kreise, welche AA_1 zur Schnittsehne haben und zu denen die über AC und AB als Durchmessern construirten Kreise gehören; daraus geht hervor, dass jener Kreis mit dem Mittelpunkte H und dem Radius $\varrho = \sqrt{HA \cdot HA_1}$ der Orthogonalkreis des Netzes der Directorkreise ist. Für ihn sind A und A_1, analog B und B_1, sowie C und C_1 conjugirte Pole, er hat daher in der That das gegebene Dreieck zum Poldreieck. Aus $\varrho^2 = HA \cdot HA_1$ folgt wieder wie in (75), dass der Radius des Kreises, somit auch der Kreis selbst, nur dann reell ist, wenn HA und HA_1 gleiche Richtung haben, d. h. wenn H ausserhalb des Dreiecks ABC liegt, wenn also ABC ein stumpfwinkliges Dreieck ist.

Aus Vorstehendem folgt:

323. Die Tangenten, welche von dem Schnittpunkte H der Höhen eines Dreiecks an die über den Seiten als Durchmessern construirten Kreise gezogen werden können, sind von gleicher Länge, und zwar eben so lang wie die Tangenten, welche von H an die Directorkreise der vier dem Dreieck eingeschriebenen Kreise gezogen werden können.

324. Die Entfernung l des Schnittpunktes der Höhen eines Dreiecks von dem Mittelpunkte irgend eines dem Dreieck eingeschriebenen Kegelschnitts ist gegeben durch $l^2 = \varrho^2 + (a^2 \pm b^2)$, wobei ϱ den Radius desjenigen Kreises bezeichnet, für welchen das gegebene Dreieck Poldreieck ist, während a und b die halben Hauptaxen des eingeschriebenen Kegelschnitts bedeuten. Dabei hat in $a^2 \pm b^2$ das positive oder negative Vorzeichen zu stehen, je nachdem die Curve eine Ellipse oder Hyperbel ist.

Folgt aus (322) mit Rücksicht auf (229). Uebrigens erkennt man wieder sofort, dass die Mittelpunkte aller einem Dreieck eingeschriebenen gleichseitigen Hyperbeln ($a^2 - b^2 = 0$) auf demjenigen Kreise liegen, für welchen das Dreieck ein Poldreieck ist (vgl. 164).

325. Die Radicalaxe der Directorkreise von irgend zwei Kegelschnitten, die einem Dreieck eingeschrieben sind, ist Directrix für eine dem Dreieck eingeschriebene Parabel.

Folgt aus (322) mit Rücksicht auf (237) und (238).

326. Die Directorkreise aller Kegelschnitte desjenigen Gewebes, dessen Curven ein gegebenes Dreiseit zum Poldreiseit haben, werden von dem umschriebenen Kreise des Dreiseits orthogonal geschnitten.

Wählt man als Dreiseit das Coordinatendreiseit, so ist

$$\varkappa u_1^2 + \lambda u_2^2 + \mu u_3^2 = 0$$

die Gleichung des Gewebes; zu den Curven des Gewebes gehören auch die doppelt zu zählenden Ecken des Dreiseits und die zugehörigen Directorkreise bestehen aus dem von der betreffenden Ecke aus gezogenen circularen Geradenpaare. Der Orthogonalkreis des Netzes der Directorkreise muss auch diese Geradenpaare rechtwinklig schneiden, daher nach den Ausführungen zu (320) durch deren Spitzen gehen, also durch die Ecken des oben erwähnten Poldreiseits.

327. Die Mittelpunkte aller gleichseitigen Hyperbeln, die sich in irgend einem Kegelschnittgewebe befinden, liegen auf einem Kreise. (Vgl. (169).)

Der Mittelpunkt jeder gleichseitigen Hyperbel kann nach (230) aufgefasst werden als der der Curve zugehörige Directorkreis (vgl. (11), S. 59); die Directorkreise des Gewebes bilden aber ein Netz, auf dessen Orthogonalkreis also die Mittelpunkte jener gleichseitigen Hyperbeln liegen müssen.

328. Die Directricen aller in irgend einem Kegelschnittgewebe enthaltenen Parabeln gehen durch den Mittelpunkt des Orthogonalkreises aller Directorkreise des Gewebes.

Jede Directrix ist, zusammen mit der unendlich fernen Geraden, als Directorkreis der zugehörigen Parabel anzusehen; alle Directorkreise bilden ein Kreisnetz, dessen Orthogonalkreis also auch die Directricen der Parabeln rechtwinklig schneidet, d. h. diese Directricen müssen durch den Mittelpunkt jenes Orthogonalkreises gehen. Vgl. auch (320) und den Schluss von (306).

---

329. Man nennt Polviereck[1]) einer Curve zweiter Classe ein solches, bei dem zwei Paare Gegenseiten conjugirte Polaren in Bezug auf die Curve sind. Nach einem Satze von Hesse[2]) besteht alsdann

---

1) Vgl. Reye: „Die Geometrie der Lage", 3. Aufl., 1. Abth., 1886, S. 220.

2) Vgl. S. 220 f.

auch das dritte Paar Gegenseiten aus conjugirten Polaren. Es gilt nun der weitere Satz[1]):

Die Verbindungslinien der Ecken A, B, C eines Dreiecks mit den Polen a, b, c der gegenüberliegenden Seiten gehen durch einen und denselben Punkt D, der mit A, B und C ein Polviereck bildet.

Sei nämlich zunächst D der Schnittpunkt der Geraden Aa und Bb, so ist $ABCD$ ein vollständiges Viereck, durch dessen Ecken die drei Geradenpaare gelegt sind: BC und AD, CA und BD, AB und CD. Die Geraden des ersten Paares sind conjugirt, denn AD geht nach Construction durch den Pol a von BC; ebenso sind CA und BD conjugirt, denn BD geht nach Construction durch den Pol b von CA. Nach dem oben erwähnten Satze von Hesse sind alsdann auch die Geraden AB und CD des dritten Paares conjugirt, d. h. CD geht durch den Pol c von AB.

Man construirt demnach irgend ein Polviereck, indem man drei Ecken A, B, C desselben willkürlich annimmt; durch sie ist die vierte Ecke D bestimmt.

330. Wenn eine Curve zweiter Ordnung

$$g \equiv \sum_1^3{}_i \sum_1^3{}_k \, g_{ik} x_i x_k = 0,$$

die zu einer Curve zweiter Classe $F = 0$ conjugirt ist, durch drei Ecken A, B, C eines Polvierecks $ABCD$ von $F = 0$ hindurchgeht, so muss auch noch die vierte Ecke D auf $g = 0$ liegen[2]).

Die Geradenpaare BC und AD, sowie CA und BD bilden zwei Curven zweiter Ordnung, zu denen die vier doppelt zu zählenden Punkte $A = U_\alpha^2$, $B = U_\beta^2$, $C = U_\gamma^2$, $D = U_\delta^2$ conjugirt liegen. Nach § 26 muss daher die Gleichung der Curve zweiter Classe $F = 0$ von der Form sein $F(u, u) = a_1 U_\alpha^2 + a_2 U_\beta^2 + a_3 U_\gamma^2 + a_4 U_\delta^2$, so dass die Bedingung der conjugirten Lage wird:

$$[F, g] \equiv a_1 [U_\alpha^2, g] + a_2 [U_\beta^2, g] + a_3 [U_\gamma^2, g] + a_4 [U_\delta^2, g] = 0,$$

wobei $[U_\alpha^2, g]$ zur Abkürzung gesetzt ist für

$$g_{11} \alpha_1^2 + 2 g_{12} \alpha_1 \alpha_2 + \cdots + g_{33} \alpha_3^2,$$

und analoges gilt von den übrigen $[U^2, g]$. Nun ist aber nach Voraussetzung $[U_\alpha^2, g] = [U_\beta^2, g] = [U_\gamma^2, g] = 0$, also muss, wenn nicht

---

1) Vgl. Reye a. a. O., S. 221, sowie die S. 220 citirte Arbeit von Hesse im Journal für die reine und angewandte Mathematik, Bd. 20, S. 302, Nr. 15. 1840.

2) Reye a. a. O. S. 225.

a_4 bereits Null ist (d. h. wenn nicht die Ecken A, B, C bereits ein Poldreieck von F bilden) auch

$$[U_\delta^2, g] \equiv g_{11}\delta_1^2 + 2g_{12}\delta_1\delta_2 + \cdots + g_{33}\delta_3^2$$

verschwinden.

Beispiel eines Kegelschnittgewebes mit zwei Doppelpunkten.

331. Man beweise nachstehenden Satz von Steiner[1]):

„Der Ort einer Geraden G, welche in zwei gegebenen festen Kreisen A^2 und B^2 solche Sehnen s und s_1 bildet, deren Verhältniss irgend einen gegebenen Werth k hat, so dass $s : s_1 = k$, ist allemal irgend ein bestimmter Kegelschnitt G^2; und alle auf diese Weise bestimmten Kegelschnitte, wofern der Werth k nach einander alle Grössen durchläuft, bilden eine Curvenschaar[2]), $B(G^2)$, mit vier (reellen oder imaginären) gemeinschaftlichen Tangenten (R, R_1, S, S_1), und zwar gehören die gegebenen Kreise A^2 und B^2 selbst mit zu diesem Büschel, nämlich sie entsprechen beziehlich den Werthen $k = 0$ und $k = \infty$. Dem Werthe $k = 0$ oder $s = s_1$ entspricht die Parabel $\mathfrak{P}^2$, welche den Mittelpunkt M der Centrale der beiden Kreise A^2, B^2 zum Brennpunkt und die Radicalaxe L zur Tangente im Scheitel hat. Dem Werthe $k = a : b$[3]) entsprechen beide Aehnlichkeitspunkte $\mathfrak{x}$ und $\mathfrak{x}_1$, die zusammen eine specielle G^2 sind."

Der Mittelpunkt y des Kreises A^2 hat von der Geraden $G(u_x = 0)$ die Entfernung $\dfrac{u_y}{p_y\sqrt{\omega(u,u)}}$, daher ist $\left(\dfrac{s}{2}\right)^2 = a^2 - \dfrac{u_y^2}{p_y^2\cdot\omega(u,u)}$; für z als Mittelpunkt des Kreises B^2 ist analog $\left(\dfrac{s_1}{2}\right)^2 = b^2 - \dfrac{u_z^2}{p_z^2\cdot\omega(u,u)}$. Setzt man $A^2 \equiv a^2p_y^2\omega(u,u) - u_y^2$, $B^2 \equiv b^2p_z^2\omega(u,u) - u_z^2$, so ist $p_z^2A^2 - k^2p_y^2B^2 = 0$ die Gleichung des gesuchten Kegelschnitts. Für variabele Werthe von k^2 stellt dieselbe offenbar eine ganze Schaar von Kegelschnitten dar. Dem Werthe $k = a : b$ entspricht das Punktepaar $a^2p_y^2u_z^2 - b^2p_z^2u_y^2 = 0$, welches aus den zwei Aehnlichkeitspunkten besteht, denn es liegt auf der Verbindungslinie der Mittelpunkte y und z. Der Werth $k = 1$ liefert den Kegelschnitt:

$$(a^2 - b^2)p_y^2p_z^2\omega(u,u) + p_y^2u_z^2 - p_z^2u_y^2 = 0,$$

---

1) „Ueber einige neue Bestimmungs-Arten der Curven zweiter Ordnung nebst daraus folgenden neuen Eigenschaften derselben Curven". Journal für die reine und angewandte Mathematik, Bd. 45, S. 210, 1852, oder auch „Gesammelte Werke" Bd. 2, S. 467.

2) Bei Steiner steht „einen Curvenbüschel".

3) a und b sind die Radien von A^2, bezw. B^2.

dessen Brennpunktepaar $p_y^2 u_z^2 - p_z^2 u_y^2 = 0$ nach (12) aus dem Mittelpunkt der Strecke yz und aus dem unendlich fernen Punkt der Centrale besteht; dieser Kegelschnitt ist daher eine Parabel, deren Axe mit der Centrale zusammenfällt. Auch die Radicalaxe der beiden Kreise A^2 und B^2 ist eine Tangente der Parabel, denn für die Radicalaxe ist jedenfalls $s = s_1$, daher $k = 1$; da diese Gerade auf der Centrale, also auf der Axe der Parabel normal steht, ist sie die Scheiteltangente. Bei beliebigem Werthe von k hat der Mittelpunkt des Kegelschnitts die Gleichung $k^2 p_y u_z - p_z u_y = 0$; das eine Brennpunktepaar ist gegeben durch $k^2 p_y^2 u_z^2 - p_z^2 u_y^2 = 0$, liegt also harmonisch zu den Mittelpunkten der beiden Kreise. Allerdings stellt diese letzte Gleichung das reelle Brennpunktepaar nur dann dar, wenn k^2 positiv ist, d. h. wenn s^2 und s_1^2 gleichzeitig positiv oder gleichzeitig negativ sind oder mit anderen Worten: wenn die Gerade, welche die Sehnen s und s_1 bildet, die Kreise A^2 und B^2 beide reell oder beide imaginär trifft[1]).

Will man den Ort der Brennpunkte aller Curven der Schaar $p_z^2 A^2 - k^2 p_y^2 B^2 = 0$ haben, so ist diese Gleichung, ähnlich wie es bei einem einzigen Kegelschnitte schon S. 113 geschah, zusammenzustellen mit dem imaginären Kreispunktepaare $\omega(u, u) = 0$. Man erhält hierdurch das Kegelschnittgewebe

$$\varkappa\{a^2 p_y^2 \omega(u, u) - u_y^2\} p_z^2 - \lambda k^2 \{b^2 p_z^2 \omega(u, u) - u_z^2\} p_y^2 + \mu \omega(u, u) = 0,$$

das gleichbedeutend ist mit dem Gewebe $\varkappa u_y^2 + \lambda u_z^2 + \mu \omega(u, u) = 0$. Die Punktepaare desselben, also die Brennpunkte der oben betrachteten Schaar, liegen nach VI, S. 228 auf der Cayley'schen Curve des Gewebes, welche nunmehr in die Verbindungslinie yz und in denjenigen Kegelschnitt zerfällt, von welchem an das Punktepaar y, z und an $\omega(u, u) = 0$ harmonische Tangentenpaare gezogen werden können. (Dies folgt durch dualistische Uebertragung aus (317)). Die von einem Punkte des eben genannten Kegelschnitts nach y und z gezogenen Geraden müssen also einen rechten Winkel einschliessen, d. h. die Curve ist der über der Strecke yz als Durchmesser errichtete Kreis.

Durch das Vorhergehende sind, mit Rücksicht auf die Gleichung $k^2 p_y u_z - p_z u_y = 0$ des Mittelpunktes von G^2, die nachstehenden Sätze[2]) bewiesen:

---

1) Die Grösse k^2 ist offenbar negativ, wenn der eine Kreis in reellen, der andere in imaginären Punkten getroffen wird. In ähnlicher Weise gilt die am Schlusse von (193) für den Fall eines positiven λ^2 abgeleitete Gleichung auch dann noch, wenn λ^2 negativ ist, d. h. wenn die Potenz des Punktes x negativ wird.

2) Steiner a. a. O. In dem angeführten Satze sind die Mittelpunkte der zwei gegebenen Kreise mit A und B bezeichnet; ihre Verbindungslinie mit X.

„Die Mittelpunkte der Ortscurven, $B(G^2)$, liegen sämmtlich in der Axe X, auf welche zugleich auch je eine Axe von jeder Curve fällt. Ob die erste oder zweite Axe der Curve auf X fällt, hängt davon ab, ob ihr Mittelpunkt jenseits der Strecke AB, oder ob er in dieser Strecke liegt. Dadurch scheiden sich die Curven in zwei Abtheilungen, etwa $Gr(G_1^2)$ und $Gr(G_2^2)$. In Hinsicht der Brennpunkte dieser beiden Gruppen hat es folgende Bewandtniss:

Die Brennpunkte der $Gr(G_1^2)$ liegen in der Axe X und jedes Paar Brennpunkte f und f_1 ist zu den Punkten A und B zugeordnet harmonisch. Dagegen liegen die Brennpunkte der $Gr(G_2^2)$ in dem Kreise M_0^2, welcher die Strecke $AB = 2c$ zum Durchmesser hat, so dass jedes Paar Brennpunkte zugleich die Endpunkte einer zu diesem Durchmesser senkrechten Sehne des Kreises sind."

332. „Die Tangenten jedes Kegelschnittes G^2, welcher mit zwei Kreisen A^2 und B^2 vier reelle oder imaginäre Tangenten gemeinsam hat, bilden in diesen Kreisen solche Sehnen s und s_1, deren Verhältniss constant ist, d. h. für alle Tangenten denselben bestimmten Werth k hat".[1])

Folgt aus der Gleichung des Kegelschnittes G^2, die von der Form sein muss $A^2 - \lambda B^2 = 0$; man hat nur in diese Gleichung auf Grund der schon in (331) benutzten Formeln die Grössen s^2 und s_1^2 einzuführen.

Ueber Kegelschnitte, die zwei andere doppelt berühren.

(Netze und Gewebe mit zwei Doppelgeraden, bezw. Doppelpunkten.)

Soll ein Kegelschnitt $h(x, x) = 0$ zwei andere $f(x, x) = 0$ und $g(x, x) = 0$ doppelt berühren, so muss es gerade Linien $v_x = 0$ und $w_x = 0$ geben der Art, dass

$$h(x, x) \equiv f(x, x) + v_x^2 \quad \text{und} \quad h(x, x) \equiv \lambda g(x, x) + w_x^2,$$

d. h. man hätte $f - \lambda g \equiv w_x^2 - v_x^2 \equiv (w_x + v_x)(w_x - v_x)$; es müssen somit die Geraden v und w durch die Spitzen eines der drei Geradenpaare gehen, welche in dem Büschel $f - \lambda g = 0$ enthalten sind, und ausserdem müssen v und w zu dem betreffenden Geradenpaare harmonisch liegen. Den drei Wurzeln $\lambda_1, \lambda_2, \lambda_3$ der kubischen Gleichung (4), S. 132 entsprechend gibt es somit drei Systeme von Berührungscurven. Mit Rücksicht darauf, dass nach (17), S. 138 die Spitzen der

---

1) Steiner a. a. O.

drei in $f - \lambda g = 0$ enthaltenen Geradenpaare für jede Curve des Büschels ein Poldreieck bilden, folgt der Satz von Steiner[1]):

333. „Die gesammten Kegelschnitte C^2, welche beide gegebenen Ellipsen[2]) A^2 und B^2 doppelt berühren, zerfallen vermöge ihrer Beziehung zu den drei Polen x, y und z in drei verschiedene Schaaren $S(C_x^2)$, $S(C_y^2)$ und $S(C_z^2)$, welche sich jedoch im allgemeinen gleich verhalten und gleiche Eigenschaften haben, so dass wir der Kürze halber nur von der einen Schaar, etwa von $S(C_x^2)$ zu sprechen brauchen."

„Berührt eine Curve C_x^2 die Ellipse A^2 in den Punkten p und p_1 und die Ellipse B^2 in den Punkten q und q_1, so gehen die Berührungssehnen pp_1 und qq_1 durch den Pol x und sind allemal zu den Gegenseiten $\mathfrak{X}$ und $\mathfrak{X}_1$ zugeordnet harmonisch."

Auch die Umkehrung dieses Satzes wird von Steiner aufgestellt:

334. „Zieht man durch den Pol x irgend zwei zu den Seiten $\mathfrak{X}$ und $\mathfrak{X}_1$ zugeordnete harmonische Gerade, etwa G und H, so schneiden sie die Ellipsen A^2 und B^2 beziehlich in solchen Punkten pp_1 und qq_1, in welchen dieselben von einer Curve C_x^2 berührt werden; und ferner schneiden sie verwechselt, H die A^2 und G die B^2, in solchen Punkten p^0, p_1^0 und q^0, q_1^0, in welchen A^2 und B^2 von einer anderen Curve C_x^2 berührt werden."

Ist nämlich $f - \lambda_1 g = \mathfrak{X} \cdot \mathfrak{X}_1$, so wird auch gleichzeitig für beliebige Werthe μ und ν:

$$f - \lambda_1 g = \frac{1}{4\mu\nu}\{(\mu\mathfrak{X} + \nu\mathfrak{X}_1)^2 - (\mu\mathfrak{X} - \nu\mathfrak{X}_1)^2\},$$

oder man hat

$$4\mu\nu f + (\mu\mathfrak{X} - \nu\mathfrak{X}_1)^2 \equiv 4\mu\nu\lambda_1 g + (\mu\mathfrak{X} + \nu\mathfrak{X}_1)^2$$

und

$$4\mu\nu f - (\mu\mathfrak{X} + \nu\mathfrak{X}_1)^2 \equiv 4\mu\nu\lambda_1 g - (\mu\mathfrak{X} - \nu\mathfrak{X}_1)^2.$$

Hierbei sind $\mu\mathfrak{X} - \nu\mathfrak{X}_1 = 0$ und $\mu\mathfrak{X} + \nu\mathfrak{X}_1 = 0$ die oben mit G und H

---

1) „Allgemeine Betrachtung über einander doppelt berührende Kegelschnitte", Journal für die reine und angewandte Mathematik, Bd. 45, S. 213, 1852, oder „Gesammelte Werke", Bd. 2, S. 472. In dieser Abhandlung finden sich auch die übrigen Sätze, die im Folgenden zwischen Anführungszeichen gesetzt sind. Die wahre Quelle, aus der Steiner seine Sätze geschöpft hat, dürfte jedoch nicht die Theorie der Kegelschnittnetze sein, sondern, wie die Ausführungen des Herrn W. Fiedler treffend zeigen, die Methode der descriptiven Geometrie. Vergleiche W. Fiedler: „Ueber die Durchdringung gleichseitiger Rotationshyperboloide von parallelen Axen". Acta Mathematica, Bd. 5, S. 331—408, 1884.

2) In Bezug auf den hier genau citirten Wortlaut Steiner's möge bemerkt werden, dass nach der Einleitung zu dieser Nummer im Folgenden ((333) – (342)) statt der Ellipsen A^2 und B^2 irgend zwei Kegelschnitte gesetzt werden können.

bezeichneten Geraden. Es bedarf wohl keiner näheren Erläuterung, wie mit den beiden letzten Identitäten die Steiner'sche Behauptung erwiesen ist.

Ist x die Ecke des gemeinsamen Poldreiecks der Kegelschnitte $f = 0$ und $g = 0$, in der sich $\mathfrak{X}$ und $\mathfrak{X}_1$ schneiden, und ist X die Gegenseite dieser Ecke, so zeigt die Form $4\mu\nu f + (\mu\mathfrak{X} - \nu\mathfrak{X}_1)^2 = 0$ der Gleichung irgend eines der doppelt berührenden Kegelschnitte die Richtigkeit des Satzes:

335. „Alle Curven C_x^2 haben gemeinschaftlich x und X zu Pol und Polaren."

Auch kann man zeigen:

336. „Von den gemeinschaftlichen Secanten je zweier Curven C_x^2 geht immer ein Paar, etwa G und H, durch den Pol x, und sie sind allemal zu $\mathfrak{X}$ und $\mathfrak{X}_1$ zugeordnet harmonisch."

Zum Beweise werde gesetzt

$$\psi(\mu, \nu) \equiv 4\mu\nu f + (\mu\mathfrak{X} - \nu\mathfrak{X}_1)^2 \equiv 4\mu\nu\lambda_1 g + (\mu\mathfrak{X} + \nu\mathfrak{X}_1)^2;$$

sind μ_1, ν_1 willkürliche Parameter, so ist alsdann

$$\mu_1\nu_1 \cdot \psi(\mu, \nu) - \mu\nu \cdot \psi(\mu_1, \nu_1) \equiv (\mu\nu_1 - \mu_1\nu)(\mu\mu_1\mathfrak{X}^2 - \nu\nu_1\mathfrak{X}_1^2),$$

und zufolge dieser Identität stellt jedenfalls $\mu\mu_1\mathfrak{X}^2 - \nu\nu_1\mathfrak{X}_1^2 = 0$ ein Paar gemeinschaftlicher Secanten der Kegelschnitte $\psi(\mu, \nu) = 0$ und $\psi(\mu_1, \nu_1) = 0$ dar, und zwar geht dieses Paar durch den Schnittpunkt x von $\mathfrak{X}$ mit $\mathfrak{X}_1$ und liegt harmonisch zu dem Paare $\mathfrak{X}$, $\mathfrak{X}_1$.

337. „Die acht Berührungspunkte je zweier Curven C_x^2 mit den Ellipsen A^2 und B^2 liegen jedesmal in irgend einem Kegelschnitt D^2."

Zunächst werde als Abkürzung eingeführt $\mathfrak{X}^2 = \mathsf{A}$, $\mathfrak{X}_1^2 = \Gamma$, $2f - \mathfrak{X}\mathfrak{X}_1 \equiv 2\lambda_1 g + \mathfrak{X}\mathfrak{X}_1 \equiv \mathsf{B}$, wodurch man erhält

$$\psi(\mu, \nu) \equiv \mu^2\mathsf{A} + 2\mu\nu\mathsf{B} + \nu^2\Gamma.$$

Ferner gilt nun die Identität

$$\begin{aligned}&(\mathsf{A}\mu^2 + 2\mathsf{B}\mu\nu + \Gamma\nu^2)(\mathsf{A}\mu_1^2 + 2\mathsf{B}\mu_1\nu_1 + \Gamma\nu_1^2)\\ &-\{(\mathsf{A}\mu + \mathsf{B}\nu)\mu_1 + (\mathsf{B}\mu + \Gamma\nu)\nu_1\}^2 \equiv (\mathsf{A}\Gamma - \mathsf{B}^2)(\mu\nu_1 - \mu_1\nu)^2\\ &\equiv \{(f - \lambda_1 g)^2 - (f + \lambda_1 g)^2\}(\mu\nu_1 - \mu_1\nu)^2 \equiv -4\lambda_1(\mu\nu_1 - \mu_1\nu)^2 fg,\end{aligned}$$

daher

$$\begin{aligned}&\{(\mathsf{A}\mu + \mathsf{B}\nu)\mu_1 + (\mathsf{B}\mu + \Gamma\nu)\nu_1\}^2\\ &\equiv (\mathsf{A}\mu^2 + 2\mathsf{B}\mu\nu + \Gamma\nu^2)(\mathsf{A}\mu_1^2 + 2\mathsf{B}\mu_1\nu_1 + \Gamma\nu_1^2) + 4\lambda_1(\mu\nu_1 - \mu_1\nu)^2 fg.\end{aligned}$$

Diese Identität zeigt nicht nur, dass die acht Berührungspunkte der Kegelschnitte $\psi(\mu, \nu) = 0$ und $\psi(\mu_1, \nu_1) = 0$ mit $f = 0$ und $g = 0$

auf dem Kegelschnitt $(\mathsf{A}\mu + \mathsf{B}\nu)\mu_1 + (\mathsf{B}\mu + \Gamma\nu)\nu_1 = 0$ liegen, sondern sie liefert auch (bei gleicher Bezeichnung wie in (333)) die Umkehrung:

338. „Legt man durch die vier Berührungspunkte p und p_1, q und q_1 irgend einen willkürlichen Kegelschnitt D^2, so schneidet er die gegebenen Curven A^2 und B^2 in vier solchen neuen Punkten p^0 und p_1^0, q^0 und q_1^0, in welchen dieselben von einer anderen Curve C_x^2 berührt werden.“[1])

Sind r, s, t, u die vier Schnittpunkte der Kegelschnitte $f = 0$ und $g = 0$, so gilt ferner der Satz:

339. „Jede vier Berührungspunkte p, p_1, q, q_1 liegen einerseits mit den Ecken r und s in einem Kegelschnitte, etwa M^2, und andererseits mit den Ecken t und u in einem Kegelschnitte M_1^2.“

Dieser Satz ergibt sich mit Hilfe der Identität

$$(\mu^2\mathsf{A} + 2\mu\nu\mathsf{B} + \nu^2\Gamma)\nu_1^2 - (\mu_1^2\mathsf{A} + 2\mu_1\nu_1\mathsf{B} + \nu_1^2\Gamma)\nu^2$$
$$\equiv (\mu\nu_1 - \mu_1\nu)\{(\mu\nu_1 + \mu_1\nu)\mathsf{A} + 2\nu\nu_1\mathsf{B}\},$$

vermöge deren rechts Γ eliminirt ist, und ganz analog könnte man verfahren, um A zu eliminiren. Die Gleichung $(\mu\nu_1 + \mu_1\nu)\mathsf{A} + 2\nu\nu_1\mathsf{B} = 0$ des Kegelschnitts M^2 zeigt nun, dass derselbe durch die Schnittpunkte von $\mathfrak{X}$ mit $\mathsf{B} = 0$, also durch die Punkte r und s geht; andererseits liegen, wie die linke Seite der Identität zeigt, auf M^2 auch die Schnittpunkte zweier Kegelschnitte $\psi(\mu, \nu) = 0$ und $\psi(\mu_1, \nu_1) = 0$, die f und g doppelt berühren.

Da überdies $\mathsf{A} = \mathfrak{X}^2$, $\mathsf{B} = 2f - \mathfrak{X}\mathfrak{X}_1 = f + \lambda_1 g$, so berühren sich auch alle Curven M^2 in den Punkten r und s, und zwar sind die gemeinschaftlichen Berührungstangenten $\mathfrak{R}$ und $\mathfrak{S}$ die Tangenten des Kegelschnitts $f + \lambda_1 g = 0$ in seinen Schnittpunkten mit $\mathfrak{X} = 0$.[2])

Man hat daher den Satz:

340. „Die gesammten Kegelschnitte M^2 berühren einander in den Punkten r und s, so dass sie daselbst gemeinschaftliche Berührungstangenten, etwa $\mathfrak{R}$ und $\mathfrak{S}$ haben mit der gemeinschaftlichen Berührungssehne $rs = \mathfrak{X}$ und somit einen speciellen Curven-Büschel, $B(M^2)$, bilden.“ Analoges gilt natürlich von den Kegelschnitten M_1^2.

---

1) Die Willkürlichkeit des Kegelschnitts D^2 tritt in seiner Gleichung dadurch zu Tage, dass sie den Parameter $\mu_1 : \nu_1$ enthält.

2) Ueber die geometrische Bedeutung des Kegelschnitts $f + \lambda_1 g = 0$ vgl. (218).

Ein weiterer Satz benutzt das Vierseit, welches durch die vier gemeinsamen Tangenten R, S, T, U der Kegelschnitte $f=0$ und $g=0$ gebildet wird; er lautet:

341. „Werden zwischen je zwei Paar zusammengehöriger Berührungspunkte p und p_1, q und q_1 die vier Wechselsehnen pq, pq_1, p_1q und p_1q_1 gezogen, so berühren dieselben insgesammt einen bestimmten Kegelschnitt, etwa X^2, welcher dem Vierseit $RSTU$ eingeschrieben ist und auch die zwei Gegenseiten $\mathfrak{X}$ und $\mathfrak{X}_1$ berührt (indem die letzteren, sowie die Tangenten R, S, T, U specielle Wechselsehnen sind)." Die Gleichung von X^2 ist $F(u,u)-\lambda_1{}^2 G(u,u)=0$.

Die Gleichungen der Kegelschnitte durch zwei Paare Berührungspunkte sind nach (337) von der Form $\varkappa \mathsf{A}+\lambda \mathsf{B}+\mu \Gamma=0$; diese Curven bilden daher ein specielles Netz, und die oben genannten Wechselsehnen sind Geraden, die dem Netze angehören. Nach VI, S. 222 umhüllen dieselben die Cayley'sche Curve des Netzes, welch letztere im vorliegenden Falle, da $\mathsf{A}=\mathfrak{X}^2=0$ und $\Gamma=\mathfrak{X}_1{}^2=0$ Doppelgeraden darstellen, nach (317) aus dem Schnittpunkte x dieser beiden Geraden und aus dem harmonischen Kegelschnitte zu irgend einer Curve des Netzes, etwa $\mathsf{B}=f+\lambda_1 g$, und zu $\mathfrak{X}\mathfrak{X}_1=f-\lambda_1 g$ besteht. Die Gleichung des harmonischen Kegelschnitts wird

$$F(u,u)-\lambda_1{}^2 G(u,u)=0;$$

daher sind die Geraden des speciellen Netzes $\varkappa \mathsf{A}+\lambda \mathsf{B}+\mu \Gamma=0$ zum Theil Tangenten von $F-\lambda_1{}^2 G=0$, zum Theil gehen sie durch den Punkt x. Die Curve $F-\lambda_1{}^2 G=0$ berührt, wie ihre Gleichung zeigt, die vier gemeinsamen Tangenten R, S, T, U von $f=0$ und $g=0$, und als harmonischer Kegelschnitt zu $f-\lambda_1 g=0$ und $f+\lambda_1 g=0$ berührt sie nach S. 144 auch die in deren Schnittpunkten, den Grundpunkten des Büschels, gezogenen Tangenten von $f+\lambda_1 g=0$; ferner berührt sie das Geradenpaar $f-\lambda_1 g=0$.

Die Hessiane des Netzes doppelt berührender Kegelschnitte $S(C_x{}^2)$ besteht nach (316) aus dem Geradenpaare $\mathfrak{X}, \mathfrak{X}_1$ und aus der in Bezug auf irgend eine Curve des Netzes genommenen Polaren des Schnittpunktes x von $\mathfrak{X}$ und $\mathfrak{X}_1$. Mit Hilfe von XVII, S. 232 und unter Rücksicht darauf, dass $F-\lambda_1{}^2 G=0$ von Wechselsehnen berührt wird und einen Bestandtheil der Cayley'schen Curve bildet, folgt:

342. Der Berührungspunkt jeder Wechselsehne mit dem Kegelschnitt X^2 liegt harmonisch zu den Schnittpunkten dieser Wechselsehne mit dem Geradenpaare $\mathfrak{X}, \mathfrak{X}_1$ und mit der Polaren des Punktes x in Bezug auf irgend einen der doppelt berührenden Kegelschnitte $C_x{}^2$.

Nach diesem allgemeinen Satze berichtigen sich einige Angaben Steiner's, die bereits von Herrn Schur als unrichtig erkannt worden sind[1]).

Aus den Sätzen (333) bis (342) folgen leicht die entsprechenden für diejenigen Kegelschnitte, welche speciell zwei Kreise doppelt berühren. Vor Allem ist hier aber zu bemerken, dass von den drei Systemen $S(C_x^2)$, $S(C_y^2)$, $S(C_z^2)$ eines im Vergleich mit den beiden anderen besonders ausgezeichnet ist, indem eine Ecke x des gemeinsamen Poldreiecks der beiden Kreise $f=0$ und $g=0$ nach (224) in Richtung der Radicalaxe im Unendlichen liegt, während die beiden anderen Ecken y und z zugleich die Grenzpunkte des Büschels von Kreisen $f-\lambda g=0$ sind. Wir wollen der Kürze halber auf die den früheren Sätzen entsprechenden jetzt nicht näher eingehen, sondern verweisen auf die betreffende Abhandlung von Steiner[2]). Nur die nach (341) von den Wechselsehnen umhüllte Curve, sowie den Ort der Brennpunkte aller Kegelschnitte, welche die zwei Kreise doppelt berühren, wollen wir noch etwas näher betrachten, und zwar für dasjenige System doppelt berührender Kegelschnitte, dessen Berührungssehnen nach (333) durch den im Unendlichen gelegenen Pol x gehen, also zur Radicalaxe parallel sind und von ihr gleich weit abstehen.

343. Es seien

$$f \equiv \binom{y\ x}{y\ x}_{\omega_{ik}} - r^2\tau p_y^2 p_x^2 = 0 \quad \text{und} \quad g \equiv \binom{z\ x}{z\ x}_{\omega_{ik}} - s^2\tau p_z^2 p_x^2 = 0$$

die Gleichungen der zwei Kreise mit den Mittelpunkten y, bezw. z und den Radien r, bezw. s; alsdann ist nach (180) und (182)

$$p_z^2 f - p_y^2 g = 0$$

der Ausdruck für das Product aus der Radicalaxe und die unendlich ferne Gerade; die bisher mit λ_1 bezeichnete Grösse besitzt also den Werth $p_y^2 : p_z^2$. Ferner wird

$$F(u,u) = \tau p_y^2 [u_y^2 - r^2 p_y^2 \omega(u,u)], \quad G(u,u) = \tau p_z^2 [u_z^2 - s^2 p_z^2 \omega(u,u)];$$

für den nach (341) von den Wechselsehnen umhüllten Kegelschnitt $F - \lambda_1^2 G = 0$ erhält man somit die Gleichung

$$p_z^2 u_y^2 - p_y^2 u_z^2 - p_y^2 p_z^2 (r^2 - s^2)\omega(u,u) = 0.$$

---

1) Vgl. Steiner's gesammelte Werke, Bd. 2, S. 740.

2) „Ueber einige neue Bestimmungs-Arten der Curven zweiter Ordnung nebst daraus folgenden neuen Eigenschaften derselben Curven.“ Journal für die reine und angewandte Mathematik, Bd. 45, S. 196 ff., 1852, oder „Gesammelte Werke“, Bd. 2, S. 454 ff.

Man erkennt sofort, dass die Brennpunkte dieser Curve gegeben sind durch $p_z u_y \pm p_y u_z = 0$, wobei $p_z u_y + p_y u_z = 0$ nach (12) den Mittelpunkt der Strecke yz darstellt, während $p_z u_y - p_y u_z = 0$ auf der gemeinsamen Centrale der zwei gegebenen Kreise im Unendlichen liegt.

Hieraus geht hervor, dass der Ort der Wechselsehnen eine Parabel X^2 ist mit der Centrale der zwei Kreise als Axe und mit der Radicalaxe als Scheiteltangente; übrigens würde dies rein geometrisch auch daraus folgen, dass die Curve $F - \lambda_1^2 G = 0$ von den Geraden $\mathfrak{X}$ und $\mathfrak{X}_1$ des Paares $f - \lambda_1 g = 0$ berührt wird.

Aus (342) ergibt sich ferner:

344. Der Schnittpunkt $\mathfrak{m}$ einer Wechselsehne w mit der Radicalaxe $\mathfrak{X}$ liegt in der Mitte zwischen dem Berührungspunkte der Parabel X^2 mit dieser Wechselsehne und dem Schnittpunkte von w mit der Centrale. Da die Radicalaxe zugleich Scheiteltangente der Parabel X^2 ist und der Mittelpunkt M der Strecke yz den Brennpunkt bildet, so folgt mit Rücksicht auf (23), S. 186: Die Normale, welche vom Punkte M auf eine Tangente der Parabel X^2 gefällt wird, trifft dieselbe in dem mit $\mathfrak{m}$ bezeichneten Punkte; es ist klar, wie man hiernach umgekehrt beliebig viele Tangenten von X^2 construiren kann. Da der Kegelschnitt X^2 mit den zwei Kreisen $f = 0$ und $g = 0$ nach (341) vier Tangenten gemeinsam hat und eine Parabel ist, erhält man mit Hilfe von (332) und (331) den Satz:

345. „Jede Wechselsehne bildet in den gegebenen Kreisen gleiche Sehnen; d. h. schneidet z. B. die Gerade pq die Kreise A^2 und B^2 zum zweiten Mal, etwa in den Punkten p^0 und q^0, so ist stets die Sehne $pp^0 = qq^0$." [1])

Betrachten wir nun noch die Brennpunkte derjenigen Kegelschnitte, welche die zwei Kreise A^2, B^2 doppelt berühren. Geht man von den Gleichungen der Kreise $F(u, u) = 0$, $G(u, u) = 0$ in Liniencoordinaten aus, so ist die Ableitung der Gleichung des die beiden Kreise doppelt berührenden Kegelschnittsystems genau analog zu dem früher (S. 398 ff.) betrachteten allgemeinen Falle bei Punktcoordinaten. An Stelle des Geradenpaares $f - \lambda_1 g = 0$ tritt jetzt ein Punktepaar $F - \lambda' G = 0$, das auf der Centrale yz liegen soll. Aus den oben angegebenen Ausdrücken für F und G findet man leicht $\lambda' = r^2 p_y^4 : s^2 p_z^4$ so dass

$$s^2 p_z^4 F(u, u) - r^2 p_y^4 G(u, u) = 0 \quad \text{oder} \quad \tau p_y^2 p_z^2 (s^2 p_z^2 u_y^2 - r^2 p_y^2 u_z^2) = 0$$

1) Steiner a. a. O.

dieses Punktepaar darstellt; es gehört der Schaar von Kreisen $F-\lambda G=0$ an und besteht aus dem Schnittpunkte der zwei äusseren, andrerseits dem der zwei inneren Tangenten der Kreise $F=0$, $G=0$, d. h. $F-\lambda' G=0$ repräsentirt die zwei Aehnlichkeitspunkte von A^2 und B^2. Wir wollen für dieselben als Abkürzung einführen

$$u_m \equiv (sp_z u_y + rp_y u_z) = 0, \quad u_n \equiv (sp_z u_y - rp_y u_z) = 0,$$

so dass $F-\lambda' G$ gleichbedeutend wird mit $\tau p_y^2 p_z^2 u_m \cdot u_n$.

Wir führen nun mit Steiner die Definitionen ein: „Die Berührungstangenten der Curve C^2 und der Kreise A^2 und B^2, d. h. diejenigen Tangenten, welche in den Punkten p und p_1, q und q_1 zugleich die Curve und die respectiven Kreise berühren, sollen P und P_1, Q und Q_1 heissen.“

„Der Schnitt PP_1, d. h. von P mit P_1, heisse $\mathfrak{p}$, und der Schnitt QQ_1 heisse $\mathfrak{p}_1$; ferner mögen die Wechselschnitte PQ und P_1Q_1, PQ_1 und P_1Q beziehlich durch $\mathfrak{q}$ und $\mathfrak{q}_1$, $\mathfrak{r}$ und $\mathfrak{r}_1$ bezeichnet werden, so dass also $\mathfrak{p}$ und $\mathfrak{p}_1$, $\mathfrak{q}$ und $\mathfrak{q}_1$, $\mathfrak{r}$ und $\mathfrak{r}_1$ die Gegenecken des vollständigen Vierseits PP_1QQ_1 sind.“

Alsdann folgt dualistisch zu (341) der Ort für Wechselschnitte, indem man zu $F(u,u)$ und $G(u,u)$ die Ausdrücke in Punktcoordinaten $\mathfrak{f}(x,x)$ und $\mathfrak{g}(x,x)$ herstellt und alsdann $\mathfrak{f}-\lambda'^2\mathfrak{g}=0$ bildet. Natürlich sind $\mathfrak{f}(x,x)$ und $\mathfrak{g}(x,x)$ den früheren $f(x,x)$ und $g(x,x)$ proportional, nämlich $\mathfrak{f}(x,x) = -\tau^2 r^2 p_y^6 f(x,x)$, $\mathfrak{g}(x,x) = -\tau^2 s^2 p_z^6 g(x,x)$, daher wird $\mathfrak{f}-\lambda'^2\mathfrak{g}=0$ gleichbedeutend mit

$$\tau^2 r^2 s^2 p_y^6 p_z^6 \left\{ r^2 p_y^2 \begin{pmatrix} z & x \\ z & x \end{pmatrix}_{\omega_{ik}} - s^2 p_z^2 \begin{pmatrix} y & x \\ y & x \end{pmatrix}_{\omega_{ik}} \right\} = 0,$$

und diese Gleichung repräsentirt nach (181) den über der Verbindungslinie der beiden Aehnlichkeitspunkte als Durchmesser construirten „Aehnlichkeitskreis“. Wie nach (341) die Wechselsehnen zum Theil Tangenten von $F-\lambda_1^2 G=0$ sind, zum Theil durch den Punkt x gehen, so liegen jetzt die Wechselschnitte $\mathfrak{p}$, $\mathfrak{p}_1$ auf der Centrale X, die Wechselschnitte $\mathfrak{q}$, $\mathfrak{q}_1$, $\mathfrak{r}$, $\mathfrak{r}_1$ auf dem Aehnlichkeitskreise $\mathfrak{f}-\lambda'^2\mathfrak{g}=0$.

Der zu $\psi(\mu,\nu) \equiv \mu^2 \mathsf{A} + 2\mu\nu \mathsf{B} + \nu^2 \Gamma = 0$ in (337) dualistische Ausdruck liefert nun das System doppelt berührender Kegelschnitte; um ihn zu erhalten ist an Stelle von $\mathsf{A} = \mathfrak{X}^2$, $\Gamma = \mathfrak{X}_1^2$, $\mathsf{B} = f + \lambda_1 g$ in (337) bezw. zu setzen

$$u_m^2, \quad u_n^2, \quad s^2 p_z^2 u_y^2 + r^2 p_y^2 u_z^2 - 2 r^2 s^2 p_y^2 p_z^2 \omega(u,u),$$

welch letzterer Ausdruck gleichbedeutend ist mit $F + \lambda' G$. Werden an Stelle von u_y und u_z die Ausdrücke u_m und u_n eingeführt, so ergibt sich für das System doppelt berührender Kegelschnitte die Gleichung

$$\mu^2 u_m^2 + \nu^2 u_n^2 + \mu\nu(u_m^2 + u_n^2) - 4\mu\nu r^2 s^2 p_y^2 p_z^2 \omega(u, u) = 0.$$

Diese Curven gehören also dem System an

$$\varkappa' u_m^2 + \lambda' u_n^2 + \mu' \omega(u, u) = 0,$$

d. h. einem speciellen Kegelschnittgewebe. Ein ähnliches Gewebe trat bereits in (331) auf; dort wurde auch gezeigt, dass die Cayley'sche Curve der Ort für die Brennpunkte der einzelnen Curven des Gewebes ist und aus der Verbindungslinie der zwei Punkte u_m und u_n, sowie aus dem über mn als Durchmesser construirten Kreise besteht:

346. Es liegen also die Brennpunkte der das obige Gewebe bildenden doppelt berührenden Kegelschnitte zum Theil auf der Centrale, zum Theil auf dem Aehnlichkeitskreise. Die Gleichung des Gewebes zeigt übrigens noch, dass die in ihm enthaltenen Punktepaare $\varkappa' u_m^2 + \lambda' u_n^2 = 0$, d. h. die auf der Centrale X befindlichen Wechselschnitte $\mathfrak{p}$ und $\mathfrak{p}_1$ zu den zwei Aehnlichkeitspunkten harmonisch gelegen sind.

Bezüglich weiterer Einzelheiten sei nochmals auf die oben citirte Abhandlung von Steiner verwiesen. Uebrigens ist durch die Ergebnisse der Nummern (333)—(346) in Zusammenhang mit (193) und (194) der allgemeine Theil der Steiner'schen Arbeit erledigt. Man hat nur zu beachten, dass in (334) mit Rücksicht auf S. 324, Zeile 14 zu setzen ist $4\mu\nu = \frac{8l^2}{[a, \omega]}$, $\nu = l^2$ $\left(\text{daher } \mu = \frac{2}{[a, \omega]}\right)$, ferner $\mathfrak{X}_1 = p_x$, $\mu\mathfrak{X} = R_x$.

Brennpunktcurve für die einem Vierseit eingeschriebenen Kegelschnitte.

Es sei $\varkappa\varphi(u, u) + \lambda\psi(u, u) = 0$ die Gleichung der einem Vierseit eingeschriebenen Kegelschnittschaar. Aehnlich wie in (331) folgt alsdann, dass die Cayley'sche Curve des Gewebes

$$\varkappa\varphi(u, u) + \lambda\psi(u, u) + \mu\omega(u, u) = 0$$

der Ort der in dem Gewebe enthaltenen Punktepaare, also der Ort für die Brennpunkte der genannten Schaar ist.

347. Die Hessiane des Gewebes wird nach III, S. 226 von den Trägern der Punktepaare, d. h. von den Axen aller Kegelschnitte der Schaar umhüllt. Ferner gelten wieder alle aus § 22 — § 26 folgenden Sätze über Kegelschnittgewebe, nur ist zu beachten, dass nunmehr das imaginäre Kreispunktepaar $\omega(u, u) = 0$ dem Gewebe angehört. Da nach (38), S. 240 die Cayley'sche Curve identisch ist mit der Hessiane des conjugirten Netzes, so lässt sich z. B. Satz V, S. 222 anwenden, und zwar würde alsdann folgen, dass die in dem Punktepaar $\omega(u, u) = 0$ gezogenen imaginären Asymptoten der Cayley'schen Curve dritter Ordnung sich in einem Punkte q dieser Curve schneiden, der conjugirt ist zu dem reellen, dritten Schnittpunkte $\varkappa$ der unendlich fernen Geraden mit der Curve. Hieraus geht hervor, dass q den im Endlichen gelegenen Brennpunkt, $\varkappa$ den unendlich fernen Brennpunkt der einzigen Parabel darstellt, die in der Kegelschnittschaar enthalten ist[1]).

Eine weitere Eigenschaft der Brennpunktscurve C_3 ergibt sich aus XIV, S. 231, wenn wir wieder die Cayley'sche Curve als Hessiane des conjugirten Netzes auffassen. Hiernach bilden die Strahlen, welche irgend einen Punkt von C_3 mit zwei conjugirten Polen verbinden, eine Involution, und zwar sind die Doppelstrahlen dieser Involution nunmehr zu einander rechtwinklig, da die imaginären Kreispunkte unter den conjugirten Polen enthalten sind; daraus folgt, dass alle Strahlenpaare der Involution dieselben Winkelhalbirenden besitzen. Man erhält somit nachstehenden Satz von Schröter[2]):

348. „Zieht man von irgend einem Punkte a der allgemeinen Brennpunktscurve C_3 zwei Strahlen nach zwei beliebigen andern Punkten derselben b und c und nach den conjugirten β und γ, so ist allemal $\sphericalangle\, bac = \sphericalangle\, \beta a \gamma$", oder diese beiden Winkel ergänzen sich zu zwei Rechten.

Der letzte Zusatz über die Ergänzung zu zwei Rechten findet sich allerdings bei Schröter nicht. Doch folgt aus dem eben erwähnten Satze, wie Schröter zeigt[3]), das Theorem von Steiner[4]):

349. „Sind a und α, b und β, c und γ die Brennpunkte irgend dreier demselben Vierseit eingeschriebenen Kegelschnitte, so findet zwischen ihren gegenseitigen Abständen allemal die Relation statt, dass z. B.

$$\frac{ac \,.\, \alpha c}{bc \,.\, \beta c} = \frac{a\gamma \,.\, \alpha\gamma}{b\gamma \,.\, \beta\gamma}$$

ist."

Zufolge des Hesse'schen Satzes IV, S. 220 kann man sich nämlich leicht drei conjugirte Polepaare construiren; bilden die Punkte

1) Vgl. Schröter: „Ueber eine besondere Curve 3ter Ordnung und eine einfache Erzeugungsart der allgemeinen Curve 3ter Ordnung". Math. Annalen, Bd. 5, S. 58, 1871.

2) „Ueber Curven dritter Ordnung". Math. Annalen, Bd. 6, S. 87, 1872.

3) A. a. O. S. 88.

4) „Lehrsätze". Journal für die reine und angewandte Mathematik, Bd. 45, S. 180, 1852, oder „Gesammelte Werke", Bd. 2, S. 434.

a, b, c ein Dreieck, so liegen alsdann die zugehörigen conjugirten Pole α, β, γ auf einer und derselben Geraden, und zwar ausserdem α auf der Seite bc des Dreiecks, β auf ca, γ auf ab. Man hat alsdann

$$\frac{ac}{bc} = \frac{\sin(abc)}{\sin(bac)}, \quad \frac{\alpha c}{\beta c} = \frac{\sin(\alpha\beta c)}{\sin(\beta\alpha c)}, \quad \frac{a\gamma}{\beta\gamma} = \frac{\sin(a\beta\gamma)}{\sin(\beta a\gamma)}, \quad \frac{\alpha\gamma}{b\gamma} = \frac{\sin(\alpha b\gamma)}{\sin(b\alpha\gamma)},$$

woraus mit Rücksicht auf

$$\sin(abc) = \sin(\alpha b\gamma), \quad \sin(\alpha\beta c) = \sin(a\beta\gamma),$$

$$\sin(bac) = \sin(\beta a\gamma), \quad \sin(\beta\alpha c) = \sin(b\alpha\gamma)$$

die Steiner'sche Relation folgt.

350. Zur Ableitung der Gleichung der Brennpunktscurve kann man noch folgenden Weg einschlagen.

Sind $q_x = 0$, $r_x = 0$, $s_x = 0$, $t_x = 0$ die vier gemeinsamen Tangenten aller Kegelschnitte der Schaar $\varkappa'\varphi(u, u) + \lambda'\psi(u, u) = 0$, so repräsentirt die Gleichung

$$\varkappa q_x^2 + \lambda r_x^2 + \mu s_x^2 + \nu t_x^2 = 0$$

im Verein mit

$$\varkappa\omega(q, q) + \lambda\omega(r, r) + \mu\omega(s, s) + \nu\omega(t, t) = 0$$

das zu dem Gewebe $\varkappa'\varphi(u, u) + \lambda'\psi(u, u) + \mu'\omega(u, u) = 0$ conjugirte Kegelschnittnetz; denn jede Curve des Netzes liegt conjugirt zu $\varphi(u, u) = 0$, zu $\psi(u, u) = 0$ und zu $\omega(u, u) = 0$, also zu jedem Kegelschnitt des Gewebes. Die Hessiane dieses Netzes ist, wie bereits oben erwähnt, identisch mit der Cayley'schen Curve des Gewebes, d. h. mit der Brennpunktscurve für die dem Tangentenvierseit eingeschriebene Kegelschnittschaar. Bei Ableitung der Gleichung der Hessiane hat man zu beachten, dass diese Curve der Ort für die Spitzen aller Geradenpaare des Netzes ist; daher müssen die drei Gleichungen bestehen:

$$\varkappa q_x q_i + \lambda r_x r_i + \mu s_x s_i + \nu t_x t_i = 0, \quad (i = 1, 2, 3),$$

und hierzu tritt noch die Relation

$$\varkappa\omega(q, q) + \lambda\omega(r, r) + \mu\omega(s, s) + \nu\omega(t, t) = 0.$$

Bei Elimination von $\varkappa, \lambda, \mu, \nu$ erhält man für die Hessiane die Determinante vierten Grades

$$\begin{vmatrix} q_x q_1 & r_x r_1 & s_x s_1 & t_x t_1 \\ q_x q_2 & r_x r_2 & s_x s_2 & t_x t_2 \\ q_x q_3 & r_x r_3 & s_x s_3 & t_x t_3 \\ \omega(q, q) & \omega(r, r) & \omega(s, s) & \omega(t, t) \end{vmatrix} = 0,$$

also

$$\omega(q,q)\,.\,(rst)r_x s_x t_x - \omega(r,r)\,.\,(stq)s_x t_x q_x + \omega(s,s)\,.\,(tqr)\,t_x q_x r_x - \omega(t,t)\,.\,(qrs)q_x r_x s_x = 0.$$

Wenn statt des beliebigen Vierseits insbesondere ein Dreiseit und die unendlich ferne Gerade gegeben sind, bestehen die Kegelschnitte der Schaar aus den dem Dreiseit eingeschriebenen Parabeln; wird der Einfachheit halber das Coordinatendreiseit zu Grunde gelegt, so erhält man als Gleichung der Brennpunktscurve

$$p_x \begin{vmatrix} p_1 & x_1 & 0 & 0 \\ p_2 & 0 & x_2 & 0 \\ p_3 & 0 & 0 & x_3 \\ 0 & \omega_{11} & \omega_{22} & \omega_{33} \end{vmatrix} = 0,$$

welche nun in Uebereinstimmung mit (264) und (257) in die unendlich ferne Gerade und den umschriebenen Kreis des Dreiseits zerfällt.

351. Man bilde ähnlich wie in (350) die Gleichung der Brennpunktscurve für diejenigen Kegelschnitte, welche ein gegebenes Dreiseit zum Poldreiseit haben und eine feste Gerade berühren. Vgl. (262) und (265).

352. Es mögen nun die im Vorausgehenden gefundenen Resultate über die Brennpunktscurve einer Kegelschnittschaar angewandt werden auf den Fall, dass die zwei Gewebe vorliegen

$$1)\quad \varkappa u_a\,.\,u_d + \lambda u_b\,.\,u_c + \mu\,\omega(u,u) = 0,$$

$$2)\quad \varkappa u_a\,.\,u_c + \lambda u_b\,.\,u_d + \mu\,\omega(u,u) = 0.$$

Die Cayley'sche Curve des ersten Gewebes ist der Ort der Brennpunkte aller Kegelschnitte, die einem durch die Geraden ab, ac, db, dc gebildeten Vierseit eingeschrieben sind, während die Cayley'sche Curve des zweiten Gewebes der analoge Ort für diejenigen Kegelschnitte ist, die dem Vierseit der Geraden ab, ad, cb, cd eingeschrieben sind. Ausserdem sind für 1) die Punktepaare a und d, sowie b und c conjugirte Polenpaare, während von a und c, sowie b und d gleiches gilt mit Bezug auf das Gewebe 2). Mit Rücksicht auf den Satz von Schröter in (348) folgt alsdann, dass von jedem Punkte einer der beiden Brennpunktscurven, die den Geweben 1) und 2) zugehören, die Strecken ab und cd unter gleich grossen Winkeln erscheinen oder unter solchen Winkeln, die sich zu zwei Rechten ergänzen[1]); und zwar gibt es auf jeder Curve einen Theil, von dessen Punkten aus

1) Vgl. (231).

die Strecken gleich gross erscheinen und einen anderen Theil, für den die betreffenden Winkel Supplementwinkel sind. Die Nothwendigkeit dieser Erscheinung wird schon dadurch erklärt, dass auf Grund der Kriterien in (277) jede der beiden in 1) und 2) für $\mu = 0$ enthaltenen Kegelschnittschaaren im allgemeinen zwei Gruppen Ellipsen und zwei Gruppen Hyperbeln aufweist und dass von jedem Punkte der Cayley-schen Curve eines jeden der beiden Gewebe, also von dem Orte der Brennpunkte, die Strecken ab und cd unter gleichen oder supplementären Winkeln erscheinen können auf Grund elementarer Sätze[1]).

Auch zeigt sich dies bereits in dem einfacheren Falle, wo die Strecken ab und cd in einem Punkte zusammenstossen, so dass etwa b mit c zusammenfällt; die beiden obigen Gewebe sind alsdann

$$3)\quad \varkappa u_a u_d + \lambda u_b^2 + \mu\,\omega(u, u) = 0,$$

$$4)\quad \varkappa u_a u_b + \lambda u_b u_d + \mu\,\omega(u, u) = 0.$$

Im Falle 3) folgt dualistisch zu (315), dass die Cayley'sche Curve des Gewebes eine Curve dritter Ordnung ist, die den Punkt b zum Doppelpunkt hat. Bei Ableitung ihrer Gleichung verfahren wir ähnlich wie S. 225, bilden also zuerst den Ausdruck für den einem Punkte x nach (16), S. 200 zugehörigen Polarkegelschnitt N; man findet

$$\mathsf{N} \equiv u_b \,.\, u_a \,.\sum \pm (d_1\, b_2\, x_3) + u_b \,.\, u_d \,.\sum \pm (a_1\, b_2\, x_3) = 0.$$

Alsdann ist die Bedingung dafür aufzustellen, dass von dem Punkte x an $\mathsf{N} = 0$ und $\omega(u, u) = 0$ harmonische Tangentenpaare gelegt werden können. Man erhält hierdurch

$$H_{ab} \,.\sum \pm (d_1\, b_2\, x_3) + H_{bd} \,.\sum \pm (a_1\, b_2\, x_3) = 0,$$

wobei H_{ab} und H_{bd} die Ausdrücke für die den Punktepaaren a, b, bezw. b, d zugehörigen Directorkreise bedeuten, also für diejenigen Kreise, welche die Strecken ab, bezw. bd zum Durchmesser haben (vgl. (231)).

Eine einfache Construction der Brennpunktscurve von 3)[2]) ergibt sich folgendermassen. Der Ausdruck $\lambda u_b^2 + \mu\,\omega(u, u)$ in der Gleichung des Gewebes 3) repräsentirt nach (2), S. 57 gleich Null gesetzt für beliebige Werthe der Parameter λ, μ ein System concentrischer Kreise um den Mittelpunkt b. Aus

1) Vgl. Geiser: „Die Theorie der Kegelschnitte in elementarer Darstellung" (erster Theil der von Geiser und Schröter herausgegebenen Vorlesungen Steiner's über synthetische Geometrie), 2. Aufl., Leipzig 1875, S. 59 und 93. Diese „elementaren" Sätze ergeben sich übrigens sofort mit Hilfe der Figuren 8 und 9, S. 189.

2) Vgl. Schröter, a. a. O. Math. Annalen, Bd. 6, S. 86.

$$\varkappa u_a u_d + \lambda u_b^2 + \mu \omega(u, u) = 0$$

folgt alsdann, dass die Punktepaare dieses Gewebes 3), also Punkte der Curve dritter Ordnung, erhalten werden, indem man von den Punkten a und d an die concentrischen Kreise um b die Tangentenpaare legt. Die Schnittpunkte je zweier Tangentenpaare, die demselben Kreise angehören, sind auf der Curve dritter Ordnung gelegen; denn die Coordinaten dieser Punkte genügen der Gleichung des Gewebes 3).[1]) Auch erkennt man aus der Construction, dass in der That von irgend einem Punkte der Curve die Strecken ba und bd entweder gleich gross oder unter Supplementwinkeln erscheinen; die Curvenbogen, auf denen das eine oder andere stattfindet, werden durch die Punkte a und d, welche gleichfalls der Curve angehören, begrenzt.

Einen eigenthümlichen Fall repräsentirt das Gewebe 4). Dualistisch zu (307) folgt, dass die Cayley'sche Curve nunmehr zerfällt in das circulare Geradenpaar $\begin{pmatrix} b\, x \\ b\, x \end{pmatrix}_{\omega_{ik}} = 0$, dessen Spitze in b liegt, und in die Verbindungslinie der beiden Punkte a und d. Von allen Punkten, die auf dieser Linie zwischen a und b gelegen sind, erscheinen offenbar die Strecken ba und bd unter Supplementwinkeln; von allen Punkten, die auf einer Verlängerung der Strecke ad gelegen sind, erscheinen ba und bd gleich gross.

Bei Anwendung der in (231) abgeleiteten Gleichungen zeigt sich, dass für $\alpha_i = a_i$, $\beta_i = \gamma_i = b_i$, $\delta_i = d_i$ die nicht zerfallende Curve dritter Ordnung erhalten wird, wenn man in $K . m_y \mp H . n_y = 0$ das Vorzeichen — wählt, während die ausartende Curve dem Vorzeichen $+$ entspricht.

353. Die Axen aller Kegelschnitte, welche in den Geweben 3) und 4) enthalten sind, gehen zum Theil durch den Punkt b, zum Theil umhüllen sie je eine Parabel, welche speciell im Falle 3) aus der Steiner'schen Parabel des Punktes b in Bezug auf das Punktepaar a, d besteht.

Die Enveloppe der Axen ist die Hessiane der betr. Gewebe; im Falle 3) ergibt sich dualistisch zu (314) als Hessiane der Punkt $u_b = 0$ und der Kegelschnitt $\sum \pm (\varphi'(u_1)\, \omega'(u_2)\, b_3) = 0$, wobei

$$\varphi(u, u) = u_a u_d,$$

und dieser Kegelschnitt repräsentirt nach S. 201 f. die Steiner'sche

1) Vgl. VI, S. 228.

Parabel von b in Bezug auf $\varphi(u, u) = 0.$[1]) Im Falle 4) erhält man dualistisch zu (306) wiederum den Punkt b und die Parabel

$$2u_b \cdot \sum \pm \left(\frac{1}{2}\,\omega'(u_1)\,a_2\,d_3\right) - \omega(u, u) \cdot \sum \pm (b_1\,a_2\,d_3) = 0.$$

Wir wollen die Enveloppe der Axen aller Kegelschnitte einer Schaar noch in einem anderen Falle betrachten, der uns zu der sogenannten Steiner'schen Curve dritter Classe führt.

Die Steiner'sche Curve dritter Classe[2]).

354. Die Axen aller Parabeln, die ein gegebenes Dreiseit zum Poldreiseit haben, umhüllen eine Curve dritter Classe mit einer Doppeltangente und drei Rückkehrpunkten.

Alle Parabeln, die das Coordinatendreiseit zum Poldreiseit haben, sind gegeben durch

(*1*) $\alpha_1 u_1^2 + \alpha_2 u_2^2 + \alpha_3 u_3^2 = 0$, wobei $\alpha_1 p_1^2 + \alpha_2 p_2^2 + \alpha_3 p_3^2 = 0.$

Wir stellen nun diese Schaar von Parabeln mit $\omega(u, u) = 0$ zusammen zu der Gleichung

(*2*) $$\alpha_1 u_1^2 + \alpha_2 u_2^2 + \alpha_3 u_3^2 + \mu\,\omega(u, u) = 0,$$

welche ein Gewebe darstellt, da die Parameter α_i der Bedingung $\alpha_1 p_1^2 + \alpha_2 p_2^2 + \alpha_3 p_3^2 = 0$ unterworfen sind. Die Hessiane des Gewebes ist die von den Axen der Parabeln eingehüllte Curve; um ihre Gleichung abzuleiten, sind die nach u_i $(i = 1, 2, 3)$ genommenen partiellen Differentialquotienten von (*2*) gleich Null zu setzen, d. h. man hat

$$\begin{aligned} \alpha_1 u_1 \qquad\qquad &+ \frac{1}{2}\,\omega'(u_1) = 0 \\ \alpha_2 u_2 \qquad &+ \frac{1}{2}\,\omega'(u_2) = 0 \\ \alpha_3 u_3 &+ \frac{1}{2}\,\omega'(u_3) = 0, \end{aligned}$$

und hierzu tritt noch

$$\alpha_1 p_1^2 + \alpha_2 p_2^2 + \alpha_3 p_3^2 = 0;$$

---

1) Näheres über diese Parabel findet man in der oben citirten Abhandlung von Schröter in Bd. 6 der Math. Annalen.

2) Steiner: „Ueber eine besondere Curve dritter Classe (und vierten Grades)", Journal für die reine und angewandte Mathematik, Bd. 53, S. 231—237, 1856, oder „Gesammelte Werke", Bd. 2, S. 639—647. Vgl. auch Cremona: „Sur l'hypocycloïde à trois rebroussements", in demselben Journal, Bd. 64, S. 101—123, 1864.

durch Elimination der α_i erhält man die Gleichung der Curve in Gestalt der Determinante

$$(3)\qquad \begin{vmatrix} u_1 & 0 & 0 & \frac{1}{2}\,\omega'(u_1) \\ 0 & u_2 & 0 & \frac{1}{2}\,\omega'(u_2) \\ 0 & 0 & u_3 & \frac{1}{2}\,\omega'(u_3) \\ p_1^2 & p_2^2 & p_3^2 & 0 \end{vmatrix} = 0.$$

Die unendlich ferne Gerade $p_x = 0$ ist für diese Curve eine Doppeltangente, denn ersetzt man u_i durch $p_i + \lambda v_i$, $(i = 1, 2, 3)$, so verschwinden die Coefficienten von λ^0 und λ^1 auf Grund der Relationen $\omega'(p_i) = 0$, der Factor von λ^2 repräsentirt gleich Null gesetzt das Paar der Berührungspunkte der unendlich fernen Geraden mit der Curve. (Vgl. auch (309).) Für den synthetischen Nachweis der drei Rückkehrtangenten vergleiche man die wiederholt citirte Arbeit von Schröter[1]); für die analytische Bestimmung der Rückkehrtangenten gewährt (309) die nöthigen Hilfsmittel.

Die Steiner'sche Curve dritter Classe steht in einer einfachen Beziehung zu der Brennpunktscurve derjenigen Parabeln, welche das der Betrachtung zu Grunde liegende Dreiseit zum Poldreiseit haben, also nach (265), bezw. (351) zu dem Feuerbach'schen Kreise des Dreiseits und zu der unendlich fernen Geraden. Diese Beziehung ist folgende:

355. Legt man von einem Punkte des Feuerbach'schen Kreises das Tangentenpaar an irgend eine der Parabeln, die das zugehörige Dreiseit zum Poldreiseit haben, so sind die Winkelhalbirenden dieses Geradenpaares Tangenten der Steiner'schen Curve dritter Classe und somit auch Axen zweier Parabeln, deren vier Schnittpunkte nach (217) auf einem Kreise liegen.

Nach VIIIb und VIIIa, S. 228 lassen sich nämlich von irgend einem Punkte der Brennpunktscurve an die Kegelschnitte des zugehörigen Gewebes Tangentenpaare einer Involution legen, deren Doppelstrahlen conjugirte Polaren der Hessiane, also Tangenten der Hessiane sind. Im vorliegenden Falle müssen diese Doppelstrahlen zu einander rechtwinklig sein, denn sie müssen harmonisch liegen zu dem nach den imaginären Kreispunkten gezogenen Geradenpaare, das ja gleichfalls dem betr. Gewebe angehört; daraus folgt aber, dass die Doppelstrahlen die Winkelhalbirenden sind aller übrigen Geradenpaare der Involution.

---

1) Math. Annalen, Bd. 6, S. 96.

Zu genau derselben Steiner'schen Curve (*3*) in (354) gelangt man bei Lösung der Aufgabe:

356. Man bilde die Gleichung derjenigen Curve, welche von den Scheiteltangenten aller einem Dreiseit eingeschriebenen Parabeln umhüllt wird. Vgl. (264) und (261).

Sind y_i, bezw. t_i, $(i = 1, 2, 3)$, die Coordinaten des Scheitels, bezw. des unendlich fernen Punktes der Scheiteltangente der Parabel, sind ferner z_i, $(i = 1, 2, 3)$, die Coordinaten des Berührungspunktes der Curve mit der unendlich fernen Geraden, so besteht die Relation

$$(1) \qquad \alpha_1 v_2 v_3 + \alpha_2 v_3 v_1 + \alpha_3 v_1 v_2 \equiv v_y v_z - v_t^2,$$

falls die Parabel dem Coordinatendreiseit eingeschrieben ist; dabei ist (vgl. (62), S. 102) $\omega(v, v) = v_z^2 + v_t^2$. Die Coordinaten u_i der Scheiteltangente genügen nun den Gleichungen $u_y = 0$ und $u_t = 0$; da aber nach (*1*) $y_i z_i - t_i^2 = 0$, so lässt sich $u_y = 0$ ersetzen durch

$$\frac{u_1 t_1^2}{z_1} + \frac{u_2 t_2^2}{z_2} + \frac{u_3 t_3^2}{z_3} = 0$$

oder durch

$$u_1 z_2 z_3 t_1^2 + u_2 z_3 z_1 t_2^2 + u_3 z_1 z_2 t_3^2 = 0.$$

Mit Rücksicht auf die, aus $\omega(v, v) = v_z^2 + v_t^2$ folgenden Relationen $z_i z_k = \omega_{ik} - t_i t_k$ lässt sich die letzte Gleichung in die Form bringen

$$u_1 \omega_{23} t_1^2 + u_2 \omega_{31} t_2^2 + u_3 \omega_{12} t_3^2 - t_1 t_2 t_3 (u_1 t_1 + u_2 t_2 + u_3 t_3) = 0,$$

wofür auch gesetzt werden kann

$$(2) \quad \omega_{23} u_1 (p_2 u_3 - p_3 u_2)^2 + \omega_{31} u_2 (p_3 u_1 - p_1 u_3)^2 + \omega_{12} u_3 (p_1 u_2 - p_2 u_1)^2 = 0;$$

denn u_t ist gleich Null, da der Punkt t auf der Scheiteltangente u liegt, und aus $u_t = 0$, $p_t = 0$ folgt

$$t_1 : t_2 : t_3 = (p_2 u_3 - p_3 u_2) : (p_3 u_1 - p_1 u_3) : (p_1 u_2 - p_2 u_1).$$

Die Curve (*2*) ist mit der in (354) erhaltenen identisch, wie man durch Vergleichung der Coefficienten sofort erkennt.

Eine dritte Erzeugungsweise genau derselben Steiner'schen Curve dritter Classe, die in (354) und (356) erhalten wurde, ist folgende:

357. Die Asymptoten aller einem Dreieck umschriebenen gleichseitigen Hyperbeln umhüllen die Steiner'sche Curve dritter Classe.

Die Hessiane des Gewebes (*2*) in (354) ist nämlich nach (39), S. 240 für das conjugirte Netz die Cayley'sche Curve, also die Enveloppe aller Geradenpaare des conjugirten Netzes; die Gleichung des letzteren ist

$$(1) \qquad a_1 x_2 x_3 + a_2 x_3 x_1 + a_3 x_1 x_2 + \mu p_x^2 = 0,$$

wobei

$$a_1 \omega_{23} + a_2 \omega_{31} + a_3 \omega_{12} = 0;$$

denn auf Grund der Bedingungsgleichung $a_1\omega_{23} + a_2\omega_{31} + a_3\omega_{12} = 0$ und zufolge $\omega(p, p) = 0$ ist jede Curve dieses Netzes conjugirt zu jeder Parabel des Gewebes (*2*) in (354). Nach (162) stellt aber nunmehr $a_1x_2x_3 + a_2x_3x_1 + a_3x_1x_2 = 0$ die Gesammtheit des Büschels gleichseitiger Hyperbeln dar, die dem Coordinatendreieck umschrieben sind (vgl. auch (166)), und die Geradenpaare des Netzes (*1*) sind (vgl. (26), S. 45) die Asymptotenpaare der gleichseitigen Hyperbeln.

358. Viertens kann man die Curve in (354) dadurch ableiten, dass man die Gleichung des zu dem Netz (*1*) in (357) conjugirten Gewebes aufstellt und dessen Hessiane bildet. Es möge diese Aufgabe ganz allgemein gelöst werden, indem wir ein beliebiges Dreieck zu Grunde legen, dessen Ecken gegeben seien durch $u_\alpha = 0$, $u_\beta = 0$, $u_\gamma = 0$; ist alsdann $u_\delta = 0$ die Gleichung des dem Dreieck zugehörigen Höhenschnittpunktes, so lautet die Gleichung des conjugirten Gewebes

$$\varkappa u_\alpha^2 + \lambda u_\beta^2 + \mu u_\gamma^2 + \nu u_\delta^2 = 0,$$

wozu noch die Bedingungsgleichung tritt

$$\varkappa p_\alpha^2 + \lambda p_\beta^2 + \mu p_\gamma^2 + \nu p_\delta^2 = 0,$$

damit jede Curve des Gewebes auch conjugirt sei zu dem Glied p_x^2 des Netzes (*1*) in (357). Hieraus geht hervor, dass sämmtliche Curven des Gewebes Parabeln sind, und zwar enthält das Gewebe alle Parabeln, für welche die vier Punkte α, β, γ, δ ein Polviereck bilden im Sinne von (329). Dabei ist u_δ gleichbedeutend mit

$$\frac{u_\alpha}{\begin{pmatrix}\alpha & \beta\\ \alpha & \gamma\end{pmatrix}_{\omega_{ik}}} + \frac{u_\beta}{\begin{pmatrix}\beta & \gamma\\ \beta & \alpha\end{pmatrix}_{\omega_{ik}}} + \frac{u_\gamma}{\begin{pmatrix}\gamma & \alpha\\ \gamma & \beta\end{pmatrix}_{\omega_{ik}}} = 0.$$

Für die Hessiane erhält man, dualistisch zu (350), die Gleichung

$$\begin{vmatrix} \alpha_1 u_\alpha & \beta_1 u_\beta & \gamma_1 u_\gamma & \delta_1 u_\delta \\ \alpha_2 u_\alpha & \beta_2 u_\beta & \gamma_2 u_\gamma & \delta_2 u_\delta \\ \alpha_3 u_\alpha & \beta_3 u_\beta & \gamma_3 u_\gamma & \delta_3 u_\delta \\ p_\alpha^2 & p_\beta^2 & p_\gamma^2 & p_\delta^2 \end{vmatrix} = 0,$$

welche sich für

$$u_\alpha \equiv u_1 = 0, \quad u_\beta \equiv u_2 = 0, \quad u_\gamma \equiv u_3 = 0,$$

$$u_\delta \equiv \frac{1}{\omega_{23}} u_1 + \frac{1}{\omega_{31}} u_2 + \frac{1}{\omega_{12}} u_3 = 0,$$

d. h. wenn das Coordinatendreiseit der Betrachtung zu Grunde gelegt wird, reducirt auf:

$$\begin{vmatrix} u_1 & 0 & 0 & \frac{1}{\omega_{23}}(\omega_{23}u_1 + \omega_{31}u_2 + \omega_{12}u_3) \\ 0 & u_2 & 0 & \frac{1}{\omega_{31}}(\omega_{23}u_1 + \omega_{31}u_2 + \omega_{12}u_3) \\ 0 & 0 & u_3 & \frac{1}{\omega_{12}}(\omega_{23}u_1 + \omega_{31}u_2 + \omega_{12}u_3) \\ p_1^2 & p_2^2 & p_3^2 & \left(\frac{p_1}{\omega_{23}} + \frac{p_2}{\omega_{31}} + \frac{p_3}{\omega_{12}}\right)^2 \end{vmatrix} = 0.$$

Diese Gleichung ist mit (*3*) in (354) gleichbedeutend, indem sie aus (*3*) in (354) durch Multiplication mit $-\frac{1}{\omega_{23}\omega_{31}\omega_{12}}$ hervorgeht.

359. Welche Curve wird von den Axen aller einem Dreiseit eingeschriebenen Parabeln umhüllt? Vgl. (347).

Die Axen sind als Verbindungslinien der Brennpunkte die Träger aller Punktepaare, welche in dem durch

$$\alpha_1 u_2 u_3 + \alpha_2 u_3 u_1 + \alpha_3 u_1 u_2 + \mu\omega(u, u) = 0,$$
$$\alpha_1 p_2 p_3 + \alpha_2 p_3 p_1 + \alpha_3 p_1 p_2 = 0$$

bestimmten Gewebe enthalten sind; für die Hessiane findet man die Curve dritter Classe

$$\begin{vmatrix} 0 & u_3 & u_2 & \omega'(u_1) \\ u_3 & 0 & u_1 & \omega'(u_2) \\ u_2 & u_1 & 0 & \omega'(u_3) \\ p_2 p_3 & p_3 p_1 & p_1 p_2 & 0 \end{vmatrix} = 0.$$

Da alle Kegelschnitte des Gewebes die unendlich ferne Gerade zur gemeinsamen Tangente haben, ist diese Gerade nach (309) eine Doppeltangente der Curve dritter Classe. Wie nun eine Curve dritter Ordnung mit Doppelpunkt drei Wendepunkte besitzt, so hat die Curve dritter Classe mit Doppeltangente drei Rückkehrpunkte. Wir sind also auch bei vorliegender Aufgabe wieder zu einer analogen Curve dritter Classe geführt worden wie bei (354), (356) und (357).[1])

Auf gleiche Weise wie in (355) erhält man mit Rücksicht auf den Schluss von (350) und (264) den Satz:

360. Legt man von einem Punkte des einem Dreieck umschriebenen Kreises das Tangentenpaar an eine der dem Dreieck eingeschriebenen Parabeln, so sind die Winkelhalbirenden dieses Geradenpaares

---

1) Vgl. Steiner: „Vermischte Sätze und Aufgaben", Journal für die reine und angewandte Mathematik, Bd. 55, S. 371, 1858, oder „Gesammelte Werke", Bd. 2, S. 677 f.

Tangenten der in (359) erhaltenen Curve dritter Classe und somit auch Axen zweier eingeschriebenen Parabeln, deren vier Schnittpunkte nach (217) auf einem Kreise liegen.

361. Welche Curve wird von den Scheiteltangenten aller Parabeln umhüllt, die ein gegebenes Dreiseit zum Poldreiseit haben? Vgl. (265) und den Beweis zu (261).

Bei analoger Behandlung dieser Aufgabe wie in (356) gelangt man zu der Gleichung

$$\omega_{11}u_1(p_3u_1 - p_1u_3)(p_1u_2 - p_2u_1) + \omega_{22}u_2(p_1u_2 - p_2u_1)(p_2u_3 - p_3u_2) + \omega_{33}u_3(p_2u_3 - p_3u_2)(p_3u_1 - p_1u_3) + \omega_{23}u_1(p_2u_3 - p_3u_2)^2 + \omega_{31}u_2(p_3u_1 - p_1u_3)^2 + \omega_{12}u_3(p_1u_2 - p_2u_1)^2 = 0.$$

Von dieser Curve dritter Classe gilt gleiches wie bei der in (360) erhaltenen: sie hat die unendlich ferne Gerade zur Doppeltangente und besitzt drei Rückkehrpunkte.

Zum Schlusse der voranstehenden Betrachtungen möge noch bemerkt werden, dass die meisten speciellen Sätze, welche in der S. 410 citirten Abhandlung Steiner's enthalten sind, sich aus den allgemeinen Theoremen in §§ 22—26, aus dem Satze (249) und aus dem Umstande ergeben, dass die Cayley'sche Curve des in (359) betrachteten Gewebes nach (350) und (264) durch den dem betr. Dreieck umschriebenen Kreis und die unendlich ferne Gerade gebildet wird, die Cayley'sche Curve des Gewebes in (354) nach (351) und (265) in den Feuerbach'schen Kreis und die unendlich ferne Gerade zerfällt.

---

*Um die Vorzüge der analytisch-geometrischen Methode bei Behandlung verwickelter Probleme der Integralrechnung darzulegen, erschien es zweckmässig, im Folgenden (362) und (363) noch zwei Anwendungen dieser Art aufzunehmen.

***362.** Anwendung der Poldreiecke auf ein Integral von Aronhold.

Bezeichnet in beliebigen homogenen oder Dreieckscoordinaten

$$(1) \qquad f(x_1, x_2, x_3) \equiv \sum_1^3{}^i \sum_1^3{}^k a_{ik} x_i x_k = 0, \quad a_{ik} = a_{ki},$$

die Gleichung eines Kegelschnitts, so ist nach den Ausführungen von Aronhold[1]) unter der Voraussetzung

1) Journal für die reine und angewandte Mathematik, Bd. 61, S. 96—103, 1862.

$$(2)\qquad f(x, y, 1) = 0$$

das Integral

$$(3)\qquad J = \int \frac{dx}{\frac{1}{2} f'(y)(u_1 x + u_2 y + u_3)},$$

oder das für beliebige ξ_1, ξ_2, ξ_3 damit identische Integral[1])

$$(3a)\qquad \int \frac{\sum \pm (\xi_1 x_2\, dx_3)}{\frac{1}{2}[\xi_1 f'(x_1) + \xi_2 f'(x_2) + \xi_3 f'(x_3)](u_1 x_1 + u_2 x_2 + u_3 x_3)} = J$$

durch einen einzigen Logarithmus nach folgender Regel darstellbar:

Man bezeichne mit

$$(4)\qquad F(u, u) \equiv \sum_1^3{}_i \sum_1^3{}_k A_{ik} u_i u_k$$

den Ausdruck in Liniencoordinaten für den Kegelschnitt (*1*) und berechne bei beliebig fixirtem Vorzeichen von $\sqrt{-F(u, u)}$ die Werthe $\xi_1 : \xi_2 : \xi_3$ aus dem System linearer Gleichungen[2])

$$\sqrt{-F(u, u)}\, \xi_1 = \frac{1}{2}(u_2 f'(\xi_3) - u_3 f'(\xi_2))$$

$$\sqrt{-F(u, u)}\, \xi_2 = \frac{1}{2}(u_3 f'(\xi_1) - u_1 f'(\xi_3))$$

$$\sqrt{-F(u, u)}\, \xi_3 = \frac{1}{2}(u_1 (f'(\xi_2) - u_2 f'(\xi_1)),$$

so wird

$$(5)\qquad J = \frac{1}{\sqrt{-F(u, u)}} \log \frac{\xi_1 f'(x_1) + \xi_2 f'(x_2) + \xi_3 f'(x_3)}{x_1 u_1 + x_2 u_2 + x_3 u_3} + \text{Const.}$$

Dieses Ergebniss ist praktisch zunächst nur verwendbar, wenn $F(u, u)$ einen negativen Zahlenwerth besitzt. Da die Umformung des Logarithmus in eine cyklometrische Function nicht ohne mühsame Rechnung durchführbar, und da überdies die elegante Fassung des Endergebnisses nicht gerade auf der Hand liegt, möge im Folgenden das Integral (*3*) auf einem (von dem Aronhold'schen völlig verschiedenen) Wege abgeleitet werden, der sämmtliche Umformungen mit Leichtigkeit gibt und die Bedeutung einiger der wichtigsten Sätze von § 4 für die Integralrechnung zur Anschauung bringt.

---

1) Ueber die Identität der Integrale (*3*) und (*3a*) vgl. Aronhold a. a. O., S. 97—98.

2) Zufolge der Entwicklungen S. 35 f. gibt die Auflösung dieses Systems entsprechend dem Vorzeichen von $\sqrt{-F(u, u)}$ die Coordinaten des einen oder anderen Schnittpunktes der Geraden $u_x = 0$ mit dem Kegelschnitt (*1*).

Zu dem Zweck seien y_1, y_2, y_3 die Coordinaten eines Punktes, für welchen

(6) $$u_1 y_1 + u_2 y_2 + u_3 y_3 = 0\,, \quad \text{dagegen } f(y_1, y_2, y_3) \gtrless 0;$$

ferner sei

(7) $$\begin{cases} z_1 = \frac{1}{2} f'(y_2) u_3 - \frac{1}{2} f'(y_3) u_2 \\ z_2 = \frac{1}{2} f'(y_3) u_1 - \frac{1}{2} f'(y_1) u_3 \\ z_3 = \frac{1}{2} f'(y_1) u_2 - \frac{1}{2} f'(y_2) u_1, \end{cases}$$

so dass also der Punkt z den Schnittpunkt von $u_x = 0$ mit der Polare des Punktes y in Bezug auf den Kegelschnitt (*1*) darstellt.

Durch die Substitution

(8) $$x_i = y_i X_1 + z_i X_2 + \frac{1}{2} F'(u_i) X_3, \quad (i = 1, 2, 3),$$

wird nun die Curve (*1*) auf ein Poldreieck bezogen, denn ihre Gleichung verwandelt sich in

$$f(x, x) \equiv f(y, y) X_1^2 + f(z, z) X_2^2 + A F(u, u) X_3^2.$$

Zum Nachweis dieser Behauptung beachte man, dass aus (*8*) durch Multiplication mit $\frac{1}{2} f'(y_i)$, bezw. $\frac{1}{2} f'(z_i)$, bezw. u_i und jeweilige Summation in Bezug auf i von 1 bis 3 mit Rücksicht auf $u_y = 0$, $u_z \equiv 0$, $f(y, z) \equiv 0$ die Auflösungen hervorgehen

(8a) $$X_1 = \frac{f(y, x)}{f(y, y)}, \quad X_2 = \frac{f(z, x)}{f(z, z)}, \quad X_3 = \frac{u_x}{F(u, u)}.$$

Ferner wird

$$\frac{1}{2} f'(x_i) = a_{i1} x_1 + a_{i2} x_2 + a_{i3} x_3 = \frac{1}{2} f'(y_i) X_1 + \frac{1}{2} f'(z_i) X_2 + A u_i X_3,$$

daher

(9) $$\begin{cases} f(x, x) = f(y, x) X_1 + f(z, x) X_2 + A u_x X_3 \\ \qquad\quad = f(y, y) X_1^2 + f(z, z) X_2^2 + A F(u, u) X_3^2. \end{cases}$$

Wenn man noch die leicht abzuleitende Beziehung

$$f(z, z) = f(y, y) \cdot F(u, u) - A u_y^2 = f(y, y) \cdot F(u, u)$$

beachtet, so folgt durch Einführung der Werthe der X_i aus (*8a*) in die Gleichung (*9*), dass $f(x, x) = 0$ gleichbedeutend ist mit

(10) $$F(u, u) \cdot f^2(y, x) + f^2(z, x) + A f(y, y) \cdot u_x^2 = 0.$$

Wir wollen zunächst annehmen, dass $F(u, u) > 0$ sei, d. h. dass die Gerade $u_x = 0$ die Curve (*1*) nicht in reellen Punkten schneidet. Alsdann muss nach (*10*) jedenfalls $A f(y, y) < 0$ sein, denn der Kegelschnitt soll reell vorausgesetzt werden. Es werde nun gesetzt

$$(11)\qquad \frac{\sqrt{F(u,u)}\,f(y,x)}{\sqrt{-Af(y,y)}\,u_x} = \cos t, \quad \frac{f(z,x)}{\sqrt{-Af(y,y)}\,u_x} = \sin t,$$

woraus folgt

$$\frac{\sqrt{F(u,u)}}{\sqrt{-Af(y,y)}}\, d\left(\frac{f(y,x)}{u_x}\right) = -\sin t \cdot dt$$

oder

$$(12)\qquad \frac{u_x\sqrt{F(u,u)}}{f(z,x)}\, d\left(\frac{f(y,x)}{u_x}\right) = -dt.$$

Es ist aber

$$u_x^2 d\left(\frac{f(y,x)}{u_x}\right) = u_x f(y,dx) - f(y,x)(u_1 dx_1 + u_2 dx_2 + u_3 dx_3),$$

andrerseits

$$\sum \pm (z_1 x_2 dx_3) = \begin{vmatrix} \frac{1}{2}f'(y_1) & \frac{1}{2}f'(y_2) & \frac{1}{2}f'(y_3) \\ u_1 & u_2 & u_3 \end{vmatrix} \cdot \begin{vmatrix} x_1 & x_2 & x_3 \\ dx_1 & dx_2 & dx_3 \end{vmatrix}$$

$$= f(y,x)(u_1 dx_1 + u_2 dx_2 + u_3 dx_3) - u_x f(y,dx),$$

daher

$$(13)\qquad u_x^2 \cdot d\left(\frac{f(y,x)}{u_x}\right) = -\sum \pm (z_1 x_2 dx_3),$$

so dass sich (*12*) verwandelt in

$$(14)\qquad \frac{\sqrt{F(u,u)}}{f(z,x)\cdot u_x} \sum \pm (z_1 x_2 dx_3) = dt.$$

Hieraus folgt sofort

$$(14a)\qquad \int \frac{\sum \pm (z_1 x_2 dx_3)}{f(z,x)\cdot u_x} = \frac{1}{\sqrt{F(u,u)}}\, t + \text{Const.},$$

wobei natürlich links die z_i durch beliebige andere Grössen ξ_i ersetzt werden könnten (vgl. *3a*).

Wenn $F(u,u) < 0$, d. h. wenn die Gerade $u_x = 0$ den Kegelschnitt (*1*) in reellen Punkten schneidet, schreiben wir (*10*) in der Form

$$(15)\qquad \left(f(z,x) + \sqrt{-F(u,u)}\,f(y,x)\right)\left(f(z,x) - \sqrt{-F(u,u)}\,f(y,x)\right) = -Af(y,y)\,u_x^2,$$

wo die beiden Factoren der linken Seite die Tangenten des Kegelschnitts (*1*) in seinen Schnittpunkten mit $u_x = 0$ darstellen. Der Gleichung (*15*) wird jedenfalls genügt durch die Substitution

$$(16)\qquad \begin{cases} \dfrac{f(z,x) + \sqrt{-F(u,u)}\,f(y,x)}{u_x} = t, \\[2ex] \dfrac{f(z,x) - \sqrt{-F(u,u)}\,f(y,x)}{u_x} = -\dfrac{Af(y,y)}{t}, \end{cases}$$

aus welcher folgt

$$\frac{2 f(z, x)}{u_x} = t - \frac{A f(y, y)}{t}, \quad \frac{2\sqrt{-F(u, u)}\, f(y, x)}{u_x} = t + \frac{A f(y, y)}{t};$$

ferner ist

$$2\sqrt{-F(u, u)}\, d\left(\frac{f(y, x)}{u_x}\right) = \left(t - \frac{A f(y, y)}{t}\right)\frac{dt}{t},$$

daher

$$\frac{u_x\sqrt{-F(u, u)}}{f(z, x)} \cdot d\left(\frac{f(y, x)}{u_x}\right) = \frac{dt}{t},$$

so dass man mit Hilfe von (*13*) erhält:

$$(17) \qquad \frac{\sum \pm (z_1\, x_2\, dx_3)}{f(z, x) \,.\, u_x} = \frac{-1}{\sqrt{-F(u, u)}}\,\frac{dt}{t}$$

und

$$(17a) \qquad \int \frac{\sum \pm (z_1\, x_2\, dx_3)}{f(z, x) \,.\, u_x} = \frac{-1}{\sqrt{-F(u, u)}} \log t$$

$$= \frac{-1}{\sqrt{-F(u, u)}} \log \frac{f(z, x) + \sqrt{-F(u, u)}\, f(y, x)}{u_x} + \text{Const.}$$

(vgl. (*6*) und (*7*)).

Auch mit Hilfe der hyperbolischen Functionen lässt sich im Falle $F(u, u) < 0$ der Werth des Integrals (*17a*) ausdrücken. Wir wollen hierbei zwei Fälle unterscheiden, je nachdem $Af(y, y)$ positiv oder negativ ist; es sei zunächst $Af(y, y) > 0$, etwa gleich $+\Delta^2$. Alsdann lässt sich (*10*) in die Form bringen

$$\left(\frac{\sqrt{-F(u, u)}\, f(y, x)}{\Delta \,.\, u_x}\right)^2 - \left(\frac{f(z, x)}{\Delta \,.\, u_x}\right)^2 = 1;$$

setzt man jetzt

$$(18) \qquad \begin{cases} \dfrac{\sqrt{-F(u, u)}\, f(y, x)}{\Delta \,.\, u_x} = \cos\text{hyp}\, \tau = \dfrac{1}{2}(e^\tau + e^{-\tau}), \\[2ex] \dfrac{f(z, x)}{\Delta \,.\, u_x} = \sin\text{hyp}\, \tau = \dfrac{1}{2}(e^\tau - e^{-\tau}), \end{cases}$$

so folgt in ähnlicher Weise wie oben

$$(18a) \qquad \int \frac{\sum \pm (z_1\, x_2\, dx_3)}{f(z, x)\, u_x} = -\frac{1}{\sqrt{-F(u, u)}}\, \tau + \text{Const.}$$

Wenn $Af(y, y) < 0$, etwa gleich $-\Delta^2$ ist, schreibt man (*10*) in der Form

$$\left(\frac{f(z, x)}{\Delta \,.\, u_x}\right)^2 - \left(\frac{\sqrt{-F(u, u)}\, f(y, x)}{\Delta \,.\, u_x}\right)^2 = 1,$$

setzt

$$\frac{f(z, x)}{\Delta \cdot u_x} = \cos \operatorname{hyp} \tau, \qquad \frac{\sqrt{-F(u, u)}\, f(y, x)}{\Delta \cdot u_x} = \sin \operatorname{hyp} \tau$$

und findet wieder

$$(18b) \qquad \int \frac{\sum \pm (z_1\, x_2\, d x_3)}{f(z, x) \cdot u_x} = -\frac{1}{\sqrt{-F(u, u)}}\, \tau + \text{Const.}$$

Um weitere Theoreme zu erhalten, setzen wir

$$(19) \quad y_1 = u_2 a_3 - u_3 a_2, \quad y_2 = u_3 a_1 - u_1 a_3, \quad y_3 = u_1 a_2 - u_2 a_1;$$

alsdann ist $f(z, x)$ nach (7) zunächst gleich

$$\sum \pm \left(\frac{1}{2} f'(y_1)\; u_2\; \frac{1}{2} f'(x_3)\right),$$

und wenn man für y_i die Werthe (19) einführt, wird

$$\frac{1}{2} f'(y_i) = \sum \pm (a_{i1} u_2 a_3),$$

daher

$$(20) \qquad f(z, x) = \begin{vmatrix} a_{11} & a_{12} & a_{13} & u_1 & a_1 \\ a_{21} & a_{22} & a_{23} & u_2 & a_2 \\ a_{31} & a_{32} & a_{33} & u_3 & a_3 \\ u_1 & u_2 & u_3 & 0 & 0 \\ \frac{1}{2} f'(x_1) & \frac{1}{2} f'(x_2) & \frac{1}{2} f'(x_3) & 0 & 0 \end{vmatrix}$$

$$= F(u, u) a_x - F(u, a) u_x.$$

Hieraus folgt

$$(21) \qquad \frac{F(u, u) \cdot a_x}{u_x} = F(u, a) + \frac{f(z, x)}{u_x},$$

und durch Multiplication dieser Gleichung mit (14) erhält man:

$$(22) \quad \frac{F(u, u) \cdot a_x \cdot \sum \pm (z_1\, x_2\, d x_3)}{u_x^{\,2} \cdot f(z, x)} = \frac{F(u, a)}{\sqrt{F(u, u)}}\, dt + \frac{\sqrt{-A f(y, y)}}{\sqrt{F(u, u)}} \sin t dt,$$

wobei für $\frac{f(z, x)}{u_x}$ der aus der zweiten Gleichung (11) folgende Werth eingesetzt wurde. Die Integration von (22) ergibt sich sofort mit Benutzung der ersten Gleichung (11) in der Gestalt[1])

$$(23) \qquad F(u, u) \int \frac{a_x \cdot \sum \pm (z_1\, x_2\, d x_3)}{u_x^{\,2} \cdot f(z, x)} = \frac{F(u, a)}{\sqrt{F(u, u)}}\, t - \frac{f(y, x)}{u_x}$$

$$= F(u, a) \cdot \int \frac{\sum \pm (z_1\, x_2\, d x_3)}{f(z, x) \cdot u_x} - \frac{f(y, x)}{u_x},$$

wobei $f(y, x) = \sum \pm \left(\frac{1}{2} f'(x_1) u_2 a_3\right)$.

1) Vgl. hierzu Aronhold a. a. O. S. 105 f.

Beiläufig folgt im Falle $F(u, u) = 0$:

$$\int \frac{\sum \pm (z_1\, x_2\, dx_3)}{f(z, x) \,.\, u_x} = \frac{1}{F(u, a)} \cdot \frac{f(y, x)}{u_x} + \text{Const.}$$

Wird die Gleichung (*21*) auf die n^{te} Potenz erhoben und hierauf mit (*14*) multiplicirt, so erhält man allgemeiner[1])

$$(24) \qquad \frac{F^n(u, u) \,.\, a_x^n \,.\, \sum \pm (z_1\, x_2\, dx_3)}{u_x^{n+1} \,.\, f(z, x)} =$$

$$= \left[F(u, a) + \sqrt{-Af(y, y)} \sin t\right]^n \cdot \frac{dt}{\sqrt{F(u, u)}} \,.$$

Bei der Integration hätte man hier so zu verfahren, dass nur Potenzen von $\sin t$ und $\cos t$ auftreten, für die alsdann die Werthe (*11*) zu substituiren wären.

Mit dem Vorhergehenden ist gezeigt, wie das Integral

$$\int \frac{a_x^n \,.\, \sum \pm (z_1\, x_2\, dx_3)}{u_x^{n+1} \,.\, f(z, x)}$$

zurückgeführt werden kann auf das einfachere

$$\int \frac{\sum \pm (z_1\, x_2\, dx_3)}{u_x \,.\, f(z, x)} ,$$

welches auf Grund von (*14a*) und (*17a*) durch eine cyklometrische Function oder einen Logarithmus ausgedrückt wird, je nachdem $F(u, u) > 0$ oder < 0 ist.

Auch die Integration von

$$\int \varphi(x, y) \,.\, dx,$$

wobei $\varphi(x, y)$ eine beliebige rationale Function von x und y ist, während x und y durch die Gleichung zweiten Grades $f(x, y, 1) = 0$ verbunden sind, ist vermöge der Formeln (*8*) zurückgeführt auf die Integration rationaler Functionen entweder von $\sin t$ und $\cos t$ (im Falle (11)) oder von t (im Falle (16)). Zum Zweck eines eingehenderen Studiums dieses allgemeinen Falles vergleiche man die Entwickelungen von Aronhold zu Gleichung (6)—(9), S. 130f. in der oben citirten Abhandlung.

---

1) Man vergleiche auch hier die Darstellung bei Aronhold a. a. O. S. 109 ff.

***363. Ueber eine Verallgemeinerung der Weierstrass-schen Methode, elliptische Integrale auf die Normalform zu reduciren**[1]).

Die Grundlage der soeben genannten Methode besteht darin, dass das Integral

$$(1) \qquad \int_{x_0}^{x} \frac{dx}{\sqrt{R(x)}}, \quad R(x) = Ax^4 + 4Bx^3 + 6Cx^2 + 4B'x + A'$$

vermöge der Substitution

$$(2) \quad \begin{cases} s = \dfrac{G_1(x_0, x) + \sqrt{R(x_0)}\sqrt{R(x)}}{2(x - x_0)^2}, \\ G_1(x_0, x) = x_0^2(Ax^2 + 2Bx + C) + 2x_0(Bx^2 + 2Cx + B') \\ \qquad\qquad + (Cx^2 + 2B'x + A') \end{cases}$$

in die Normalform

$$(3) \qquad \int_{s}^{\infty} \frac{ds}{\sqrt{4s^3 - g_2 s - g_3}}$$

übergeführt wird. Bei der hohen Bedeutung, welche diese Substitution (*2*) namentlich bei Anwendungen der elliptischen Functionen besitzt, wollen wir im Folgenden eine analoge Formel für das allgemeinere Integral

$$(4) \quad J = \int \frac{\sum \pm (c_1\, x_2\, dx_3)}{\left[\frac{1}{2} c_1 g'(x_1) + \frac{1}{2} c_2 g'(x_2) + \frac{1}{2} c_3 g'(x_3)\right] \sqrt{f(x, x)}}, \quad g(x, x) = 0$$

gewinnen, in welchem $g(x, x)$ und $f(x, x)$ irgend zwei ternäre quadratische Formen

$$(5) \quad \begin{cases} g(x, x) \equiv \sum_{i=1}^{3} \sum_{k=1}^{3} b_{ik} x_i x_k, \quad b_{ik} = b_{ki}, \\ f(x, x) \equiv \sum_{i=1}^{3} \sum_{k=1}^{3} a_{ik} x_i x_k, \quad a_{ik} = a_{ki}, \end{cases}$$

bedeuten, und welches beim Schliessungsproblem der dem Kegelschnitte $g(x, x) = 0$ eingeschriebenen und dem Kegelschnitte $f(x, x) = 0$ umschriebenen Polygone auftritt[2]). Abgesehen davon, dass die auf

---

1) Der Inhalt der hier folgenden Entwickelung wurde im Jahre 1886 von Herrn Gundelfinger dem der Wissenschaft leider so früh entrissenen Mathematiker Halphen mitgetheilt. Vgl. auch das Werk von Halphen: „Traité des fonctions elliptiques et de leurs applications", Bd. 2, Paris 1888, S. 411.

2) Vgl. Gundelfinger: „Ueber das Schliessungsproblem bei zwei Kegelschnitten", Journal für die reine und angewandte Mathematik, Bd. 83, S. 171–174, 1877.

$\int \frac{dx}{\sqrt{R(x)}}$ bezüglichen Formeln sofort aus dem Integrale (*4*) hervorgehen, wenn man

$$g \equiv 4x_1x_3 - x_2^2, \quad \text{also} \quad x_1 : x_2 : x_3 = x^2 : 2x : 1,$$

$$f \equiv Ax_1^2 + 2Bx_1x_2 + Cx_2^2 + 2Cx_1x_3 + 2B'x_2x_3 + A'x_3^2$$

annimmt, sind in (*4*) noch eine Anzahl weiterer wichtiger und vielfach behandelter Integrale enthalten.

Hat z. B. $g(x, x)$ die Gestalt

$$g(x, x) \equiv x_1^2 + x_2^2 - x_3^2 = 0,$$

oder, was auf dasselbe hinauskommt, setzt man

$$x_1 : x_3 = \cos\varphi, \qquad x_2 : x_3 = \sin\varphi,$$

so gelangt man zu dem von Gauss in der „Determinatio attractionis etc.“[1]) und von Jacobi[2]) behandelten Integrale. Ebenso kann man das Pentagramma mirificum von Gauss[3]) äusserst elegant ohne Auflösung einer kubischen Gleichung nach den hier mitzutheilenden Formeln behandeln, wenn man $g = 0$ als die Gleichung eines Kegels zweiter Ordnung in rechtwinkligen Raumcoordinaten x_1, x_2, x_3 und $f = 0$ als die Gleichung des dazu gehörigen Reciprokalkegels auffasst.

Wir behaupten nun:

(*6*) Bedeuten c_1, c_2, c_3 die Coordinaten eines willkürlich, aber fest gewählten Punktes auf dem Kegelschnitt $g(x, x) = 0$ und setzt man

$$(7) \qquad G(\lambda) \equiv \sum \pm (\lambda b_{11} - a_{11} \;\; \lambda b_{22} - a_{22} \;\; \lambda b_{33} - a_{33}) \\ = \lambda^3 B - 3\lambda^2\Theta + 3\lambda \mathrm{H} - A,$$

$$(8) \quad \begin{cases} \psi(x, x) \equiv 3\mathrm{H}g(x, x) - 2\chi(x, x), \\ \text{wobei } \chi(x,x) \equiv \sum_1^3{}_i \sum_1^3{}_k (a, b)_{ik} f_i g_k, ^{4)} \quad f_i = \frac{1}{2} f'(x_i), \\ \qquad g_k = \frac{1}{2} g'(x_k), \end{cases}$$

1) Commentationes soc. reg. scient. Gotting. rec., Bd. 4, S. 21—48, 1818, oder Gauss' Werke, hrsgg. von der kgl. Ges. d. Wissensch. zu Göttingen, Bd. 3, S. 331—355.

2) Journal für die reine und angewandte Mathematik, Bd. 8, S. 253 ff., 1832.

3) Gauss' Werke, Bd. 3, S. 481—490.

4) Durch Vergleichung der Coefficienten von λ^1 in (5), S. 160 erkennt man, dass

$$\sum_1^3{}_i \sum_1^3{}_k (a, b)_{ik} f_i g_k = \sum_1^3{}_i \sum_1^3{}_k (A, B)_{ik} x_i x_k.$$

so geht vermöge der Transformation

$$(9)\qquad \lambda^2 g(c,x) - 2\lambda f(c,x) - \frac{\psi(c,x)}{B} = 0, \qquad g(x,x) = 0$$

das Differential

$$(10)\qquad dJ = \frac{\sum \pm (c_1\, x_2\, dx_3)}{g(c,x)\sqrt{f(x,x)}}, \qquad g(x,x) = 0$$

über in:

$$(11)\qquad -\frac{d\lambda}{\sqrt{G(\lambda)}}.$$

Zum Beweis dieser Behauptung werde zur Abkürzung eingeführt

$$(12)\qquad \Phi(x,x) \equiv \lambda^2 g(x,x) - 2\lambda f(x,x) - \frac{\psi(x,x)}{B};$$

alsdann kann man die Transformation (9) einfach ausdrücken durch

$$(13)\qquad \begin{cases} \Phi(c,x) \equiv \frac{1}{2}\Phi'(c_1)x_1 + \frac{1}{2}\Phi'(c_2)x_2 + \frac{1}{2}\Phi'(c_3)x_3 = 0, \\ g(x,x) \equiv \frac{1}{2}g'(x_1)x_1 + \frac{1}{2}g'(x_2)x_2 + \frac{1}{2}g'(x_3)x_3 = 0. \end{cases}$$

Hieraus folgt

$$(14)\qquad \varrho x_1 = \frac{1}{4}\{\Phi'(c_2)\,g'(x_3) - \Phi'(c_3)\,g'(x_2)\},$$

und analoge Werthe hat man für ϱx_2 und ϱx_3, wobei der Proportionalitätsfactor ϱ ähnlich wie S. 35 f. gegeben ist durch

$$(15)\qquad \varrho^2 = -\frac{1}{4}\{B_{11}\Phi'(c_1)^2 + 2B_{12}\Phi'(c_1)\,.\,\Phi'(c_2) + \cdots\},$$

oder auch durch

$$(15a)\qquad \varrho^2 = 4(\lambda^3 B - 3\lambda^2\Theta + 3\lambda \mathrm{H} - A)f(c,c),$$

denn es besteht die Identität

$$(16)\qquad \begin{aligned} -\frac{1}{4}\{B_{11}\Phi'(c_1)^2 + 2B_{12}\Phi'(c_1)\,.\,\Phi'(c_2) + \cdots\} \\ = 4(\lambda^3 B - 3\lambda^2\Theta + 3\lambda \mathrm{H} - A)f(c,c), \end{aligned}$$

welche mit Hilfe „kanonischer Formen" für $g(x,x)$ und $f(x,x)$ bestätigt werden kann[1]). Durch Einführung der Werthe für ϱx_i in (10) erhält man

$$(17)\qquad \begin{cases} dJ = -\frac{1}{4}\begin{vmatrix} c_1 & c_2 & c_3 \\ dx_1 & dx_2 & dx_3 \end{vmatrix} \,.\, \begin{vmatrix} \Phi'(c_1) & \Phi'(c_2) & \Phi'(c_3) \\ g'(x_1) & g'(x_2) & g'(x_3) \end{vmatrix} \\ \qquad\qquad : \varrho\,.\,g(c,x)\,.\sqrt{f(x,x)} \\ = -\begin{vmatrix} \Phi(c,c) & \frac{1}{2}(\Phi'(c_1)dx_1 + \Phi'(c_2)dx_2 + \Phi'(c_3)dx_3) \\ g(c,x) & \frac{1}{2}(g'(x_1)dx_1 + g'(x_2)dx_2 + g'(x_3)dx_3) \end{vmatrix} \\ \qquad\qquad : \varrho g(c,x)\sqrt{f(x,x)}, \end{cases}$$

1) Vgl. auch die Bemerkung am Schluss dieser Betrachtungen, S. 426.

woraus zufolge $g'(x_1)dx_1 + g'(x_2)dx_2 + g'(x_3)dx_3 = 0$ hervorgeht:

$$(17a) \qquad dJ = \frac{\frac{1}{2}(\Phi'(c_1)dx_1 + \Phi'(c_2)dx_2 + \Phi'(c_3)dx_3)}{\varrho\sqrt{f(x,x)}}.$$

Andrerseits folgt durch totale Differentiation der Substitution (9):

$$(18) \quad \frac{1}{2}(\Phi'(c_1)dx_1 + \Phi'(c_2)dx_2 + \Phi'(c_3)dx_3) + 2d\lambda(\lambda g(c,x) - f(c,x)) = 0;$$

daher wird

$$(19) \qquad dJ = \frac{-2d\lambda(\lambda g(c,x) - f(c,x))}{\varrho\sqrt{f(x,x)}},$$

und hier kann für $\lambda g(c,x) - f(c,x)$ nach Auflösung der in λ quadratischen Gleichung (9) gesetzt werden

$$\sqrt{\frac{g(c,x)\,.\,\psi(c,x) + Bf^2(c,x)}{B}},$$

so dass sich (19) verwandelt in

$$(20) \qquad dJ = \frac{-2d\lambda\sqrt{g(c,x)\,.\,\psi(c,x) + Bf^2(c,x)}}{\varrho\sqrt{B}\sqrt{f(x,x)}}.$$

Es besteht nun die Relation

$$(21) \quad \begin{cases} (f(c,c)f(x,x) - f^2(c,x))B \\ = g(c,x)\,.\,\psi(c,x) - (3\mathrm{H}g(c,c) - \chi(c,c))g(x,x) + \chi(x,x)\,.\,g(c,c), \end{cases}$$

welche mit Hilfe kanonischer Formen bewiesen werden kann und sich im gegenwärtigen Falle zufolge $g(x,x) = 0$ und $g(c,c) = 0$ reducirt auf

$$(22) \qquad g(c,x)\,.\,\psi(c,x) + Bf^2(c,x) = Bf(c,c)f(x,x).$$

Auf Grund dieser Gleichung erhält man aus (20):

$$dJ = -\frac{2\sqrt{f(c,c)}\,d\lambda}{\varrho},$$

folglich mit Rücksicht auf (15a):

$$(23) \qquad dJ = \frac{-d\lambda}{\sqrt{\lambda^3 B - 3\lambda^2\Theta + 3\lambda\mathrm{H} - A}} = \frac{-d\lambda}{\sqrt{G(\lambda)}}.$$

Hier wäre noch zu setzen $\lambda B - \Theta = 4s$.

Bezüglich der Bestimmung des Vorzeichens sei endlich bemerkt, dass $\sqrt{f(x,x)}$ vorgelegt, also gegeben ist; bei $\sqrt{f(c,c)}$ kann das Vorzeichen willkürlich gewählt werden, doch ist alsdann das Vorzeichen von $\sqrt{G(\lambda)}$ in dem Ausdrucke $\varrho = 2\sqrt{f(c,c)}\sqrt{G(\lambda)}$ so zu wählen, dass in den Auflösungen (14) der Substitution (9) die x_i demjenigen der beiden Schnittpunkte von $g(x,x) = 0$ und $\Phi(c,x) = 0$ angehören, welcher durch ein fest gewähltes Vorzeichen von ϱ in (14) bestimmt wurde.

Was die geometrische Bedeutung der Substitution (*9*) betrifft, so möge noch bemerkt werden, dass die Identität (*21*) im Falle $g(c, c) = 0$, der ja bei unserer Untersuchung vorliegt, auch geschrieben werden kann in der Form

$$(24) \quad Bf(c, c)\, f(x, x) - \chi(c, c)\, g(x, x) = g(c, x)\, \psi(c, x) + Bf^2(c, x),$$

aus welcher mit Hilfe der Entwickelungen S. 83 f. hervorgeht, dass $Bf(c, c)\, f(x, x) - \chi(c, c)\, g(x, x) = 0$ derjenige Kegelschnitt des Büschels $f(x, x) - \lambda g(x, x) = 0$ ist, welcher nach (5) in § 15 die Tangente $g(c, x) = 0$ von $g(x, x) = 0$ gleichfalls berührt. Andrerseits zeigen die rechte Seite von (*24*) und die Substitution (*9*), dass derselbe Kegelschnitt die Enveloppe[1]) aller Geraden ist, die für veränderliche Werthe von λ durch $\lambda^2 g(c, x) - 2\lambda f(c, x) - \frac{\psi(c, x)}{B} = 0$ dargestellt werden.

Will man speciell die übrigen gemeinschaftlichen Tangenten des letzterwähnten und des Kegelschnitts $g(x, x) = 0$ haben, so ist nach S. 36 auf Grund von (*13*) und (*15*) zu setzen $\varrho = 0$ oder

$$B_{11}\Phi'^2(c_1) + 2B_{12}\Phi'(c_1)\Phi'(c_2) + \cdots = 0.$$

Es zeigt sich hier eine Bestätigung des Umstandes, dass nach (285) das Doppelverhältniss der vier gemeinsamen Tangenten von (*24*) gleich ist dem Doppelverhältniss der vier auf $g(x, x) = 0$ gelegenen Grundpunkte des Büschels $\lambda g(x, x) - f(x, x) = 0$.

Die allgemeine Auflösung der Substitution (*9*) oder (*13*) ist durch (*14*) und (*15*) gegeben.

---

1) Den unendlich vielen Werthen des Parameters λ in (*9*) entsprechen unendlich viele Geraden, welche eine Curve, die sogenannte Enveloppe des Systems von Geraden, umhüllen. Wie bereits in (220) erwähnt wurde, erhält man die Gleichung der Enveloppe dadurch, dass man die Discriminante derjenigen Gleichung bildet, welche den Parameter als Veränderliche enthält.

Alphabetisches Sachregister.

Die Zahlen beziehen sich auf die Seiten. Die Buchstabe K. ist als Abkürzung gebraucht für Kegelschnitt; die übrigen als Abkürzungen dienenden grossen Buchstaben bezeichnen das Wort, unter dem sie vorkommen. Die Worte eingeschrieben oder umschrieben beziehen sich, wenn nichts anderes bemerkt ist, auf ein Dreieck.

www.ingramcontent.com/pod-product-compliance
Lightning Source LLC
LaVergne TN
LVHW020554110826
845149LV00002B/270

* 9 7 8 1 4 1 8 1 8 4 0 8 7 *